MANAGEMENT
AN INTEGRATED
APPROACH

管理学

（原书第2版）

[美] **兰杰·古拉蒂**（Ranjay Gulati）　　**安东尼 J. 梅奥**（Anthony J. Mayo）　　**尼汀·诺里亚**（Nitin Nohria）◎著
哈佛大学商学院　　　　　　　　哈佛大学商学院　　　　　　　　哈佛大学商学院

杨斌◎等译

机械工业出版社
China Machine Press

图书在版编目（CIP）数据

管理学（原书第 2 版）/（美）兰杰·古拉蒂（Ranjay Gulati），（美）安东尼 J. 梅奥（Anthony J. Mayo），（美）尼汀·诺里亚（Nitin Nohria）著；杨斌等译 . —北京：机械工业出版社，2018.4（2024.6 重印）

（华章教材经典译丛）

书名原文：Management: An Integrated Approach

ISBN 978-7-111-59524-3

I. 管… II. ①兰… ②安… ③尼… ④杨… III. 管理学 IV. C93

中国版本图书馆 CIP 数据核字（2018）第 054456 号

北京市版权局著作权合同登记 图字：01-2017-2474 号。

本书是哈佛商学院兰杰·古拉蒂、尼汀·诺里亚等教授的最新力作，颠覆了大多数管理学教材以管理职能为主线的框架，而是根据战略、组织设计和个体领导力这三大管理学支柱展开。要想获得商业成功，必须设计并培育出具有防御力的战略。这一战略的执行则依靠各种各样的组织设计决策，包括资源配置、组织结构和关键性能指标的整合。最终，战略和组织设计都是个体领导力行为的结果。因此，理解领导者如何识别并开发相应的技能十分重要。

本书适于管理类及相关专业的本科生、MBA 和研究生使用，也可供相关从业人士参考。

出版发行：机械工业出版社（北京市西城区百万庄大街 22 号 邮政编码：100037）

责任编辑：程天祥　　　　　　　　　　　　责任校对：李秋荣

印　　刷：北京捷迅佳彩印刷有限公司　　　版　　次：2024 年 6 月第 1 版第 9 次印刷

开　　本：185mm×260mm　1/16　　　　　印　　张：28.75

书　　号：ISBN 978-7-111-59524-3　　　　定　　价：79.00 元

客服电话：（010）88361066　68326294

活教材与活教学

哈佛商学院三位正当年的大学者联手编一本《管理学》教材，其实并不是一件很"自然"的事，虽然人们一想到管理教育，总会首先想到哈佛。此事稀罕的原因，一是哈佛商学院高度专注和强调案例教学法，甚至到了某个极端，非得以案例贯穿全课不可，而知识点和概念体系只能借助协同案例的注释材料（notes）来补足；二是通常管理学教材的读者并非 MBA 或者高管教育项目的学生——哈佛商学院最为擅长并为主体的教学对象。

因此，究竟为了什么而写这么一本《管理学》教材？这个问题，就成了选择使用这本书的一个必答题，作者们当然不想仅仅凭借哈佛的名头来赢得师生的选用，确实需要给出一个开卷的理由。

作者们的"初心"是写一本"不一样"（different）而不只是"更好"（better）的管理学教材，刻意从三个方面有所创新：

一是强调"整合"（integrated），内容上有别于之前此类教材主要是以管理职能来架构各部分的通行做法，把战略视角、组织视角和领导力视角这三个管理支柱融为一炉，并在各处都关照、强调这三者之间的相互作用，力求营造一种对经营的整体感（战略如何决定组织方式，组织又怎样影响到竞争力与领导力，领导行为又对整个组织的绩效与战略达成如何作用），力图为纠正管理学或管理教育遭人诟病的"见树不见林"的积弊做些努力。

二是重视"实践"（practical），知识、概念、理论固然要在教材中详略得当地建构起体系，但是管理学本来的高度实践性、情境性，要求通过"湿漉漉"的内容让读者有找到感觉（sense-making）、投身其中的可能，更多的哈佛有代表性的精华案例微缩加工后进入相关各章，成为本书的一大亮点。较之于其他教材更多虚构小故事式的带入方式，这些案例也为教授们按需选择哈佛案例，进行剪裁合宜的深度教学提供了某种索引。案例之外，文中所提到的经济与商业的例子既有经典又多时新，许多统计、进展都跟踪到 2015 年前后，避免了管理教材与现实脱节（irrelevant）的常见病。

三是面向"全球"（global），作者尝试着引入更多美国之外、发达国家之外的视角与素材，印度、中国等新兴经济体中的企业也都有所涉及（相对而言，中国企业的案例和基于中国情境的概念与理论还很不够），虽然此方面的路还很长很长。作为中国的教师，这方面一定要靠自己来大力补足，应该做到以中国本土案例为主，每一议题都应思考研讨之于中国情境的适用性以及中国视角的研究成果，才算基本合格。

这三个差异化的定位，可谓雄心勃勃，从成书（包括第 2 版）来看，"整合"与"实践"这两条还算站得住，"全球"特色则仍属有心无力。追求"整合"视角，意义不容小觑，在某种意义上，是以具体的行动来回应着明茨伯格《管理者而非 MBA》以及本尼斯 *How Business Schools Lost Their Way* 诸如此类质疑。管理学院的管理学科研究中，微观的组织管理与宏观的战略管理通常都是分系而治的，创新、创业的研究也有宏微观之分。站到人才培养的角度，教战略者、教组织者、教领导力者，通常各管各"分"；由此而成的分隔，不仅影响到学习者对于经营整体缺乏系统把握，而且会强化组织实践中人们"以本职能为先，出问题则归罪于外"的不当价值观。哈佛商学院的高管课程中，很重要的一条经验就是打碎这些学科界限，因为高管没法把一个遇到的实际挑战，归类到这是单纯的战略问题还是组织问题，不该指望第 3 章方法只能解答第 3 章习题这种过家家式的严丝合缝。而第二个"实践"的定位，屈服于编写教材篇幅的无奈，案例从通常的二三十页缩成一两页，深究一下真的有悖于案例教学所坚持的管理学不能"脱土论道"的基本准则，毕竟简化过度的情境设置会让管理探讨脸谱化、刻板化。所以，我说权且当那是以摘要为索引之用——浅尝略知味，其解须周章。

这样在定位上有所引领探索，对于教材的使用范围和方式会产生什么影响呢？这个问题，其实还牵扯到一个更为基本的问题，管理学教材是编给什么人用的？在理想情况下，管理学教材适合于自学以求粗通、涉猎以求旁通之用。事实也确实如此，许多没学过管理学课程而备考管理类研究生的同学，成了管理学教材最认真的读者；许多在工作中希望通过阅读来补充些管理学知识的暗自加油者，也经常看到他们的管理学教材上写划得很仔细。而针对管理学课程，我希望教师仅仅把此书作为一本参考读物来使用，任课教师应该有体系较为完备的中国案例和阅读素材，应该在课堂上以案例和素材展开热烈的探讨，而把这本书作为学生伴随课程展开的一个工具，始终保持对管理学体系的总体把握和对许多具体概念理论的备查浏览。这里郑重地请求各位：如果要用这本书做教材，就请一定要活用，要不还不如干脆不用。我一直以来最为担心的，其实是把管理学课堂作为满堂灌 PPT 上引经据典（讲课中加上插科打诨）的"管理知识速成"，学管理变成记忆背诵刷书应试的路数。千万不要这样做。本科开设管理类专业受到的批评（许多人认为不适宜开办），很大一部分来自于针对缺乏生活、很少实践的 18～22 岁的学生，很容易使学管理变成学"书本"知识，而管理学科的知识的重要本质却在于——"活"。

2013 年清华恢复举办管理学本科双学位（很大部分是面向工科学生），我自告奋勇教开篇《管理学概论》。课堂上我问的多，讲的少，"习惯了掌握知识"的学生们想要本教材心里才踏实，逼得我找到这本新出不久的《管理学》（算是缘分）。有了教材去教学，我不断调整拿捏的，就是这个"教材在教学中到底怎么用"的问题。想来想去，试来试去，体会这个"度"，就在"活"字上。

教材的存在，是要成为教学的重要支撑之一，但是真正的好教学，课程不只是课堂，教课不是教书，修课不是读书，教学大纲不该照搬教材章节。教材不能变成教学的束缚；教师，特别是高校教师，管理类尤甚，要把教材"活"用，这是教学"活"起来的重要一步。如果读了教材就不用来课堂，或者课上听懂了则教材便无价值了，这就成了死教材呆教学。教材与教学，二者要协同：教材要引起对教学的好奇，教学要引起对教材（以及更多阅读）的兴趣，教材要让教学有回味，教学要让教材变鲜活。教材要重视覆盖——剪裁得体，要面向中人——深浅适宜，教学更强调针对——重难特点，以及尽可能地深入浅出、各得其所。面面俱到的教学就成了念经宣科，挂一漏万的教材则称不上是教材。教学有节，教材尤甚，生动但不能激动；要有机会让有代表性的立场、视角纷呈，但要允执其中，不妄加臧否，不因为自己熟悉认同某派某类观点就浓墨重彩，不能碰上自己不欣赏的部分就语焉不详。

说来简单，实为不易。所以，写教材真是功德事（惠及万千师生），但绝对是苦差事（积土积水之功），更要有真本事（名师名课方可）。好教材的价值没有被充分尊重，论文专著而后才是教材的某种学术贡献排序，妨碍了好教师投身于编好教材中，这迟早得变一变。

这本教材在宣传时难免会冠上"哈佛商学院院长领衔"的说法，但诺里亚院长只是作者之一，另外两位作者不仅学术造诣深厚，而且都长期设计并教授集成度高、挑战度大的高管教育项目，他们编写教材时，心里笔下一直都留意着教学如何展开，怎么才能出一本服务于"活"教学的"活"教材。现在教材在手，教学活不活，就看我们的了！

教材是用来（活）用的，而不是用来（死）读的。共勉。

杨　斌

清华大学管理学教授

清华大学副校长兼教务长

2018 年 4 月 16 日于清华园

前言 | Preface

管理的现实

我们对本书第 1 版收到的反馈、鼓励和支持深表感激。当我们几位作者打算写一本新的管理学教材时，尽力想做到的是捕捉到在持续变化和发展的环境中的管理现实。飞速变化和不断加强联系的全球商业环境要求管理者和企业保持灵活、敏捷和敏锐。为了让变革富有实效、业绩持续发展，管理者必须了解做出战略选择后的影响，如何选择企业组织的最优形式以及怎样运用领导力。在本书的第 1 版中，我们将这三个核心要素（战略、组织设计和领导力）称为管理学的三个支柱；这三者构成了管理的坚实基础，但绝非一成不变。随着各种情境和环境的变化，企业的战略也必须做出相应变化，而新战略的制定和执行通常就需要新的组织结构和新的领导力来适应。

当今的领导者需要能够理解战略和组织设计中的细微之别与精妙之处，才能够在竞争日趋激烈和变化纷繁的市场中持续占据有利地位。与此同时，对领导力的理解也必不可少，如此管理者才能建立和培养一个高效能的团队来落实战略。为了达到基业长青的理想目标，管理者需要深入理解这三个支柱的相互作用，以便对战略如何影响组织设计，组织设计如何作用于外部竞争实力和内部团队动力，领导力又如何影响企业最终绩效等方面拥有全面而整体的把握。

在第 2 版里，我们将继续探讨战略如何影响组织设计，领导者如何能达成和维持战略定位，组织要素是怎样影响企业绩效和员工动力的，领导者们该如何领导团队，全球商业环境又是怎样塑造了市场竞争格局，等等。本书既包括了基础的战略和组织理论，也涵盖了对企业管理者的大量有价值的研究。相较于第 1 版，我们努力在以下方面做得更好：揭示不同战略决策的结果和影响，以及随之而来的组织设计配套以及与之匹配的领导力。我们的目标是希望帮助使用本书的学生或读者能从系统性的角度理解今天这个复杂和不断变化的商业环境，为未来的领导和管理角色做好更充分的准备。

本书的结构

本书划分为四个主要部分：①管理学综述；②战略视角；③组织视角；④个人视角。每一部分的各章节都进行了扩展和更新，以笼括最新的研究成果和商业实践案例。我们希望借助书中详尽、精彩和富有实际指导意义的案例，来消除理论和实践之间的鸿沟。

本书的第一部分包括三个章节，内容集中于探讨商业大环境；其中介绍了商业的历史沿革，也引入了管理学的三大支柱。这一部分对商业内部环境、外部环境做了全面阐述，并就全球化给商业带来的影响进行了专项说明。其中对全球化的关注也贯穿了全书：包括组建跨文化的高效团队、市场进入策略、全球沟通以及跨市场谈判等内容。此部分还融入了全书的另一主题，即商业伦理和企业社会责任。在本书中，我们对市场变化的速度和深度进行了更全面的观察，例如全球金融危机及其对公司、个人及各地市场的影响；基于此讨论，对企业的各种利益相关方也有了更深入的阐释。新版本带来了更丰富的个人、企业面临的道德两难问题的案例，讲述了如何更好地处理这些问题的方式。

本书的第二部分介绍战略视角的内容，包括第 4 章战略概述、第 5 章业务层战略、第 6 章公司层战略三个章节。新版本加入了更多来自世界各地的案例，丰富了战略执行的内容，对相关多元化和非相关多元化也有系统讲述。

本书第三部分为管理的组织视角，包括五个章节。此部分重点介绍组织如何作为落实战略目标的保障，并阐述了领导者在组织设计、组织文化、人力资本及绩效衡量上如何做出明智的决策。第 2 版对不同的组织形式进行了更全面的介绍，在授权部分增加了新内容，对组织文化如何影响绩效也有更深入的讨论。绩效管理一章有较大幅度扩充，包括介绍财务管理的新板块，对平衡计分卡的全面介绍以及标杆管理的新模型。最后一章则对组织变革模型以及创新在组织和战略演进中的作用进行了更深入的讨论。

本书的最后一部分将焦点转移到个人，既涵盖了怎么管理自己，也包括了怎么管理他人。这一部分以九章的篇幅全面系统地介绍了为获取企业良好业绩需要的领导能力要素，包括激励和鼓舞他人的能力，切实影响他人行为的能力，协调冲突的能力，争取双赢局面、有效传达目标的沟通能力等。在第 2 版中，我们增加了不同领导力类型的有效性研究，对运用权力和建立权威的系统探讨，在决策中认知偏好差异会带来的不同影响，关于集体智力、内生动力、人际关系特性等新内容。

"参与、建构、实践、领导"的交互式学习方式

在《管理学》第 2 版里，我们希望让学生深入参与，真正以管理者的角度去思考和行动。本书遵循以下路径来达到课程目标：参与（让学生投入到商业情境中），建构（引导建立起知识体系，让概念和术语彼此关联起来），实践（概念和理论到现实世界中去应用），领导（让学生真正站在管理者的角度去思考问题和应用知识）。

特色模块

本书通过真实新鲜的案例、思考练习、个人作业等形式让学生掌握组织和个人在管理中的关键要点。这些典型模块如下：

- "自测"环节位于每一章的开始，让读者可以快速地评估他们对该章内容的熟悉程度。
- "领导力开发"是让学生们练习成为一名管理者，包括丰富的基于技能设计的活动。这一模块将理论转换为现实，从"what"达到"how"。
- "视野"是在特定章节给正文内容做出补充，丰富知识体系。
- "案例"允许学生从章节内容出发，更深入地探索和研究案例。

作者简介 | About the Authors

兰杰·古拉蒂（Ranjay Gulati）

兰杰·古拉蒂是哈佛商学院 Jaime and Josefina Chua Tiampo 讲席教授，组织行为系主任，企业领导力、企业战略和相关组织问题的专家。他最近的研究集中于在动荡的市场中建立高速增长的企业时需要面对的领导力和战略的挑战。他此前的研究则关注了企业内部及企业之间协作的驱动力和相关影响，揭示了企业应在何时、通过何种方式在企业内部和企业之间加强合作协同，以提升业绩表现。

古拉蒂教授曾担任美国管理学会企业政策与战略委员会主席，是美国管理学会、美国战略管理协会的资深会员，被 ISI-Incite 提名为全美十年间最受关注的十位经济和商业学者之一。《经济学人》(*The Economist*)、《金融时报》(*Financial Times*)、《经济学人智库》(*Economist Intelligence Unit*) 等将他列为研究工作对商业实践最有指导性的商学院教授之一。同时，他也是哈佛麦克阿瑟学者和斯隆基金学者。古拉蒂教授已在《管理科学季刊》(*Administrative Science Quarterly*)、《哈佛商业评论》(*Harvard Business Review*)、《美国社会学》(*American Journal of Sociology*)、《战略管理学报》(*Strategic Management Journal*)、《斯隆管理评论》(*Sloan Management Review*)、《美国管理学会学报》(*Academy of Management Journal*)、《组织科学》(*Organization Science*) 等一流期刊发表过研究成果，还为《华尔街日报》(*Wall Street Journal*)、《福布斯》(*Forbes*)、《战略与商业》(*strategy+business*)、《金融时报》(*Financial Times*) 等撰稿，并担任多个一流期刊的编委会成员。

古拉蒂教授是哈佛商学院高级管理项目（AMP）的主任，为高管教育项目（EDP）讲授建立以顾客为中心的组织、顾客关系管理、战略联盟管理、兼并与收购，以及动荡市场中的可持续竞争优势等模块的课程。他也积极参与定制化的高管教育课程。在古拉蒂教授的执教生涯中，他曾获得若干教学奖项，例如凯洛格商学院（在哈佛之前，他曾在西北大学的该学院任教）颁发的最佳教授奖。

古拉蒂教授还活跃在企业咨询的舞台上，为世界各地、各个规模的企业提供商业建议；其咨询客户包括：通用电气、SAP（思爱普）、诺华制药、中国银行、赛诺菲制药、卡特彼勒、艾尔建、大都会、塔吉特、日立、本田、高通、安泰保险、未来品牌、福特、赛法思·肖律师事务所、拉法基建材、麦格劳-希尔、洛克韦尔-柯林斯、默克公司、通用磨坊、雅培、百特、瑞士信贷、微软等。他还是许多创业公司的顾问委员会成员，并担当商业诉讼的专家证人。

古拉蒂教授在哈佛大学获得博士学位，在麻省理工学院（MIT）斯隆管理学院获得管理学硕士学位，在华盛顿州立大学和新德里的圣斯蒂芬斯学院分别获得计算机科学和经济学的学士学位；现居马萨诸塞州的牛顿市。

安东尼 J. 梅奥（Anthony J. Mayo）

安东尼·梅奥是哈佛商学院组织行为系的 Thomas S. Murphy 高级讲师，领导力创新项目的主任。他目前担任哈佛商学院 MBA 项目中领导力实践发展（FIELD）模块的课程主管，该模块是哈佛 MBA 第一学年的必修实践课程，包括领导力开发、全球化、企业家精神等内容。

作为领导力创新项目的主任，安东尼管理了多个关于发掘领导力、全球化中的领导力的综合研究项目，并负责不少聚焦于领导力发展的高管教育项目。他是高潜力领导力发展（HPLD）、高管领导力（LSE）、影响力与领导力（LI）、最大化发挥领导力潜能（MYLP）以及领导力最佳实践（LBP）等项目的联合创始人，并且是多项定制化领导力发展计划的主要贡献者。他目前为各种高管培训项目提供战略支持。

在加入哈佛商学院之前，他曾于数据库营销领域就职，担任过广告代理公司 Hill Holiday、数据库管理公司 Epsilon 和营销服务公司 DIMAC 的高级经理。

安东尼在哈佛商学院获得 MBA 学位，在波士顿学院获得学士学位，现居马萨诸塞州的尼德姆。

尼汀·诺里亚（Nitin Nohria）

尼汀·诺里亚从 2010 年 7 月 1 日起担任哈佛商学院第 10 任院长，他此前是领导力创新项目的联合主席，负责教工发展项目的高级副院长，组织行为系主任。

诺里亚院长的学术兴趣主要涵盖人类动机、领导力、企业转型与责任、人类行为与可持续发展等主题，迄今已与他人合著或合编了 16 部著作。最近的《领导力理论与实践手册》（*Handbook of Leadership Theory and Practice*）是基于哈佛商学院百年庆典期间举办的座谈会成果，为推进领导力研究发展而出版的纲要性著作。诺里亚院长也是超过 50 篇期刊文章、书籍章节、案例、研究论文等的作者。他担任了 Tata Sons 集团的董事，也是麻省总医院的理事会成员，并曾为世界各地的公司提供咨询意见。他应邀接受过 ABC、CNN、NPR 的采访，其观点广泛见诸《商业周刊》（*Business Week*）、《经济学人》《金融时报》《财富》（*Fortune*）、《纽约时报》（*New York Times*）、《华尔街日报》等刊物。

在 1988 年加入哈佛商学院之前，诺里亚院长在麻省理工学院斯隆管理学院获得管理学博士学位，在印度理工学院获得化学工程学士学位。他还于 1996 年在伦敦商学院做过访问学者。

目录 | Contents

哈佛商学院案例一览 |

PART

1

管理学综述

第 **1** 章

管理学概论

|学习目标|

在学习这一章后，你应当能够：

1. 区分管理学的三大支柱——战略定位、组织设计和个体领导力。
2. 描述管理和领导的互补之处，以及技术技能、人际技能和概念思维技能在组织内不同管理水平上的重要性。
3. 厘清管理实践的产生过程。
4. 描述企业目的视角的变迁，以及企业及其商业环境之间的关系演变。
5. 描述利益相关者理论，以及各种利益相关者关系如何强化企业的整体业绩。

|开篇自测|

你的管理和领导优势是什么

阅读以下内容，在每一项内容后回答"是"或"否"，评估你的管理和领导优势。

1. 我擅长规划项目。
2. 在团队工作中，我会运用战略性思考提出愿景，并设立目标实现它。
3. 我能够熟练地做预算和财务规划。
4. 我鼓励变革，并乐于挑战现状。
5. 我能够通过建立结构并分配任务来组织人们落实一项工作。
6. 我知道如何激励他人。
7. 我乐于为复杂问题提出解决办法。
8. 我具备让不同群体协同工作，并与之共同达成目标的能力。
9. 我是一个肯负责的人，能为各种情形带来秩序。
10. 我通过热情和情感联结影响他人。

如果以上大部分奇数题你回答"是"，那么你已具备管理优势的坚实基础。如果以上大部分偶数题你回答"是",那么你已经具备领导优势的坚实基础。如果这两项你都达到了,那么你已经精通管理者和领导者的角色平衡。

1.1　概述

今日的世界比以往任何时候都更需要动态的和灵活的领导者。全球化进程的加快,技术的快速发展,竞争环境的持续变化,需要领导者能使自己及公司快速适应新的现实。企业中不变的就是它常常需要改变。变化已成为现实,能历经时间考验的企业需要领导者拥抱变化,并主动使公司准备好适应变化的影响。在动态的企业环境中,维持相关性使领导者每天都要面临困难的抉择。是扩展产品种类迎合消费者需求,还是消除浪费,将公司的精力集中在更少的产品上?直接与竞争对手正面对抗,还是将资金用于创立全新的产品或服务?如何激励自己的员工?如何在组织内赢得信任与承诺?该关注组织的学习与发展,还是关注盈利能力?

领导者需要知道如何利用技术的进步,如何管理并领导松散且多样化的劳动力,如何预见并应对持续不断的竞争、地缘政治的变化和不确定性,如何在全球范围内竞争,以及如何在运作中体现社会责任并负责任。[1]广受欢迎的描述当今企业竞争环境的术语 VUCA,缩写自突变的(volatile)、不确定的(uncertain)、复杂的(complex)和模糊的(ambiguous)。突变的情境具有不可预测性,需要管理者反应敏捷,适应性强。不确定的情境需要管理者收集并处理大量的甚至相互冲突的信息(见表 1-1)。[2]新环境下的成功需要领导者具备如下方面的知识:①战略定位;②组织设计;③个体领导力(见图 1-1)。

表 1-1　商业运营环境:VUCA——突变的、不确定的、复杂的、模糊的

		情境特征	应对措施
V	突变的	不稳定且不可预测的变化	保持灵敏与灵活
U	不确定的	缺乏变化重要性的知识	寻求知识与信息
C	复杂的	许多相互关联的部分	调整方法,适应环境
A	模糊的	缺乏起因及其影响的知识	实验

资料来源:Adapted from Nathan Bennett and G. James Lemoine, " What a Difference a Word Makes: Understanding Threats to Performance in a VUCA World," Business Horizons, Vol. 57, 2014, pp. 311–317.

战略制定、组织设计和领导力之间的相互作用并不是函数关系上的线性过程,而是交互式的动态过程。本书中的原理、用途和管理学视角始终都在揭示战略、组织设计和个体领导力行为彼此间的相互依存和相互联系。一个组织的战略取决于其竞争格局的本质与背景,以及管理团队的技能和能力。而对所处局势的认知反过来也要依靠企业管理者对机会和威胁的识别力,以及通过领导并组织企业资源实现在市场上有效竞争的能力。

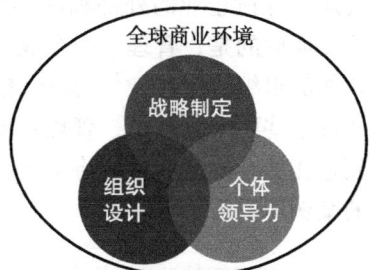

图 1-1　管理的三大支柱

企业的战略选择和领导方式需要不断调整和改变以保持关联性。战略通常对组织设计和成功所需的领导力有决定性影响。领导者风格和企业的组织结构也同样会影响当某一业务面临竞争时的战略选择。

本质上，战略、组织设计和领导力必须以一体化的、动态的方式协同作用。

本教材的章节设置是根据战略、组织设计和个体领导力（管理学三大支柱）展开的。战略视角中，包含了对商业竞争中的环境格局以及在不断变化的环境中帮助组织整合资源获取成功的战略要素的认知。从战略的视角（第二部分）将要讨论的主要问题包括：企业应当如何去竞争？竞争格局怎样影响成功与失败的可能性？什么样的策略才能使一个公司适应环境的发展变化？全球化在过往和未来对企业的竞争地位造成怎样的影响？

知晓战略选择的方向只是解决管理学难题的第一步。接下来的内容涉及开发并配置组织的各个组件（如组织设计、文化、人力资源实践和绩效管理）以实现战略目标。缺少这一步，任何战略都无法正确实施，所有思想都会失败。为此，本教材的第三部分将从组织的视角定义在不断变化的环境中面对竞争时企业调整结构的方式。其中涉及的主要问题有：什么样的组织结构才能使企业的资源最优化？企业文化怎样才能巩固核心价值观并为强健的组织性能奠定基础？如何衡量组织性能？一个组织如何在持续变化的竞争格局中保持关联性和竞争力？

最后，一个组织无非就是一群要共同达成同一目标的个体。问题是，一个人如何协调并激励这些不同的个体共同工作？答案在于有效的管理。本教材的最后一部分将探讨管理的重要组成以及行为。所属章节是关于在未来全球化企业中，你如何成为更加有效的领导者。领导者必须先要清楚他们自身的定位，以及是什么在驱动他们有效地激励并影响他人。第四部分将要讨论的问题包括：管理者如何运用权力并实施影响？管理者如何制定关键策略并引导冲突？怎样激励他人？如何组建起一支有效率的团队？管理者如何在沟通中传达紧迫感与同情心？

战略、组织设计、个体行为在一个广阔的商业背景中互相影响。事实上，环境会直接影响公司的战略机遇和个体管理行为的自主权。这就是为什么我们在图 1-1 中，要在环境框架中包围着三个管理视角。除了环境能够塑造特定机遇的可获得性和可行性，管理者也可以通过一系列行动，包括技术商业化，支持或反对政府行动，人口统计因素变动的资本化来影响商业环境。

近年来，全球化越来越重要，而且企业社会责任的扩展已经从根本上改变了商业环境。开放性的第 2 章和第 3 章将会分别概述全球化和企业社会责任，以及它们如何塑造商业环境。

在第 1 章中，我们将会讨论管理学的基础内容，并说明多年来人们观察企业的视角的演变过程。正如我们将会看到的，企业从仅对股东负有责任，转变为对不同的利益相关者负有责任。在这种观点下，一个企业的目的因市场复杂性和动荡程度的提高而发生改变。我们还会通过探讨企业的外部和内部环境来展示企业在其业务中会遇到的各种势力和利益相关者。需要明确的是，管理一个企业的利益相关者和环境是相当困难的任务，但是这么做对建立高效能的组织非常关键[3]。高效能的组织与其相对低效的竞争者相比，更能够满足环境的要求。通过这些要求的满足，管理者能够驱动企业业绩并在市场中获得竞争优势。若不能理解各种利益相关者的复杂性，将会为企业招致灾难性的后果。沃尔玛试图进入加州英格尔伍德市场的案例即说明了这一点。

案例 1-1

沃尔玛的商业环境

世界最大的零售商沃尔玛自 20 世纪 60 年代创立之后，一直处在不断发展壮大的轨迹中。创始人山姆·沃尔顿赋予沃尔玛历史性的战略，即在半乡村市场上开设商店，为那些原本只能从多家小商店进行采购来满足需要的消费者，提供多样化的商品和具有竞争力的价格。在 20 世纪七八十年代，沃尔玛在美国快速扩张，在许多市场中提供最低价格。当诸如凯马特、西尔斯百货等零售商苦不堪言时，沃尔玛却始终在刷新它的业绩纪录[4]。

2014 年，沃尔玛雇用了 220 万人，公司销售额达到 4 760 亿美元，净收入 160 亿美元[5]。过去的 20 年中，沃尔玛改变了零售商店格局，新开了很多像传统零售商店那样提供杂货商品的新型超级购物中心（见图 1-2）。尽管发展迅速，但沃尔玛扩张仍有困难，尤其是在佛蒙特州和加利福尼亚州。虽然佛蒙特的乡镇似乎是沃尔玛的天作之合，但是这个州和其他州比起来，却有着美国最少的人均沃尔玛销售额。许多佛蒙特的小型社区发起了具有侵略性的反沃尔玛运动，人们认为沃尔玛的到来会侵蚀当地零售商的成功，不可挽回地毁掉本州小镇的魅力[6]。

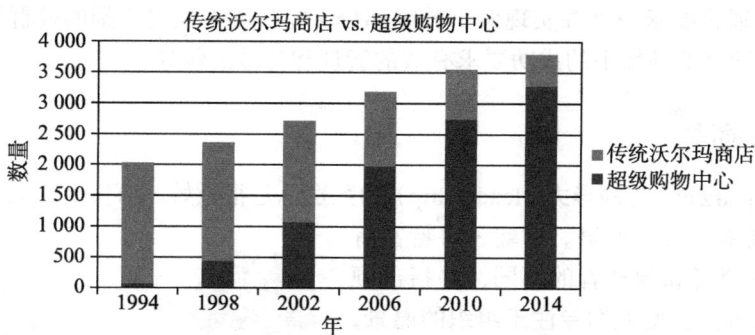

图 1-2　超级购物中心的增长情况，1994～2014

资料来源：Wal-Mart Stores, Inc. annual reports for 1999, 2004, 2010, and 2014.

沃尔玛在加利福尼亚也遇到了相似的阻力。在拉昆塔镇超级购物中心首次开业成功之后，沃尔玛看中了洛杉矶附近的市场。但是，当公司拟定英格尔伍德超级购物中心计划时遭到了市议会成员的严肃反对。早在 2002 年他们就曾试图通过立法阻止沃尔玛商店在镇上新建商铺，扩大规模。沃尔玛的主管们为此感到困惑：为什么一个城镇会拒绝像超级购物中心这样既能够提供新的工作岗位（估算为 1 200 个），又能增加税收收入（估算为每年 500 万美元）的新商业企业。

沃尔玛同样面临着在力图进入新市场时会遇到的典型的竞争压力。如美国的许多市场一样，加州杂货行业的竞争十分激烈，整个行业普遍毛利较低。加州市场当时正被西夫韦、艾伯森和克罗格占据。当英格尔伍德提案被大肆宣传时，沃尔玛加州杂货的许多竞争对手采取了一系列行动应对这个连锁店新进者的威胁。在许多市场上，沃尔玛进入杂货行业会导致某些商品价格降低 3%～5%。因此，加州的许多大型杂货连锁店试图通过降低员工工资和减少医疗保险来维持对沃尔玛的成本竞争力[7]。由于那些竞争对手杂货店的员工遭受工资削减，食品和商业联合工会（United Food and Commercial Workers，UFCW）持续向英格尔伍德市议会施压，令其阻止沃尔玛建造超级购物中心。许多人提出沃尔玛的到来将会继续导致全市范围内的工资降低。这对于一个与洛杉矶周边其他地区相比已经以高失业率和低收入水平为标签的城市而言，实在是个糟糕的前景。

沃尔玛的主管们目睹这一事件的展开，在内部产生了关于下一步行动的争论。很多人认为，在市议会的意图明确之前推行这一提案是毫无意义的。因此，沃尔玛通过让市民为提案投票来推动事情进展。批评者称沃尔玛会因其低于贫困线标准的员工工资和医疗保险制度而伤害到本地居民。洛杉矶市资助的一项研究表明,沃尔玛超级购物中心会破坏工作机会并迫使其竞争者减少工资支付[8]。与之相比,洛杉矶城市经济发展公司在由沃尔玛资助的一项研究中得到了完全相反的结论,声称沃尔玛杂货品类的家庭购买所节省下的资金,让消费者得以在其他项目上增加开销,从而反过来导致了就业增加[9]。最终,投票者们完全排斥沃尔玛的主动行为,沃尔玛被迫放弃英格尔伍德计划。

直到最近,沃尔玛开设新店时即使有反对之声,也不会有多少。而如今沃尔玛开设新店仿佛处处受阻。如果你是沃尔玛的管理者,你会如何应对这种情形?沃尔玛本可以做何不同尝试?

沃尔玛案例强调了当今商业环境中管理和领导的复杂性。有效的管理不仅仅是创造利润,管理的工作通常要求识别并实现各个关键部分(包括员工及更广阔的社群)的需要的能力。本质上,国际商业环境中的成功要求有效的管理和巧妙的领导。

1.2 管理与领导

管理(management)与**领导力**(leadership)的区别总是很微妙。事实上,大部分人在谈论企业经营时会混用这两个术语。约翰·科特富有创见地分析了管理者和领导者的不同,并指出领导者为企业设定方向,使人们专注于组织的愿景,并激励和鼓舞他人(见图1-3)[10]。与之相反,他指出管理者通常致力于制订计划和预算,组织并配置资源,以及控制和解决问题。

管理通常被定义为在工作中以高效且有效的方式与一群人一同或通过这群人实现想要达到的目标的行为。领导力的定义是通过鼓舞和激励来驱动变革与创新的能力。战略的开发与执行要求

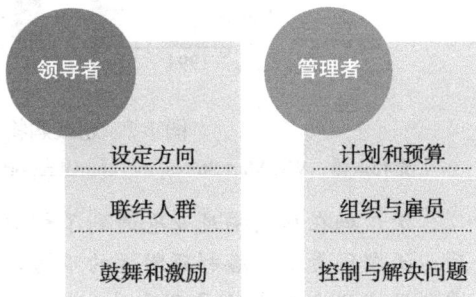

图 1-3 领导者和管理者的职责

领导者和管理者拥有技能和专业知识。对于一个组织的成功而言,战略的开发与执行是同等重要的。缺乏好的执行计划的愿景或方向通常只是个梦想,而一个无愿景支撑的计划在执行时往往缺乏战略考量和竞争优势。

例如,西南航空公司的愿景是其前首席执行官赫布·凯莱赫(Herb Kelleher)在获悉加州的一个短途通勤航空公司,在与那些主要航空公司的航线相比短上许多的航线上运送旅客时形成的。凯莱赫推测相当多的旅客十分厌倦长距离驾驶(500～1 000公里),但可供选择的航班却又贵又少。凯莱赫的愿景是让旅客们将驾车出行改为短途飞行。这个让航空旅行与驾车旅行相竞争的愿景与大部分更关注长途飞行的航空公司提出的愿景完全不同。当凯莱赫提出这一公司愿景时,他的管理团队能够精准地予以执行。他们通过组织公司的资源并专注于效率、一致性、速度和成本效益来实现这一点[11]。

在成功的道路上,组织需要发展并培养组织内各层级的管理者和领导者,而非仅仅是顶层。事实上,组织通常是基于那些比CEO级别低许多的个体提出的建议和投入来实现改革与创新的[12]。成功经营所需的技能通常会随着一个人在组织中的级别和责任的改变而发生变化[13]。技术技能在早期非常重要,但随着个体在组织中的提升,这些技能逐渐让位于更加战

略层面的能力。例如，基层管理者必须经常专注于技术或流程问题以保证经营正常运行。新入职的初级员工通常会被指派具体的操作角色并要求一定程度的熟练度与技巧。当你在公司中升职时，领导力技能变得更为重要；其中，非常重要的是，并不是高层管理人员才需要领导力，现在大部分公司都希望它们的低层管理人员也能像领导者一样经营和思考。

更高一层的管理者倾向于关注诸如财务报表、规划、人才招募和团队建设的工作。虽然技术技能仍很重要，但中层管理者倾向于在人际技能上花更多的时间，如团队的管理和开发，以及运用管理技能，与高级主管共事并对组织战略的开发和改进提供分析。

再往上，高层管理者应该为组织设立愿景和纲领，并监督战略的执行。他们必须在为那些可预见或不可预见的突发事件制订权变计划时平衡短期和长期期望。为了达到这一目标，他们必须同时运用领导力和管理技能。如果他们缺少其中一个技能，则必须保证具有互补技能的人能够支持他们。为了在组织中取得支持，高层领导者需要依靠强大的沟通能力和人际技能[14]。概念思维技能在这一层级是极其重要的（见图 1-4）[15]。

尽管个人的能力会随着位置提升而发生改变，但每个人都可以拥有非常独特的风格并达到成功。这一点很重要。有些领导者性格外向，而另一些却听从他们内心的声音做出决策。

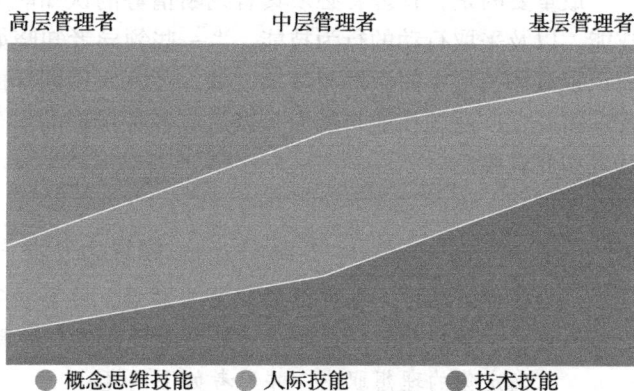

图 1-4　不同管理层级所需技能的重要性和相关度

有些人是反应迅速且冲动的，而另一些却小心谨慎，需要更长的时间来做决定。虚荣、谦虚，这样的领导者也都存在。根据彼得·德鲁克（Peter Drucker）的观点，卓有成效的领导者并非是指运用特定的领导风格的人，而是那些运用自身风格并能够有所收效的人[16]。

无论一个个体处于组织中的何等位置，技术技能、人际技能和概念思维技能都是与其相关的重要技能。关键区别在于每项技能的强度水平[17]。概念思维技能在高层主管中运用频繁，而技术技能对新进员工和一线主管更为重要。这种技能分解在商业和非商业情境中是同样适用的。想想一支足球队的情形。球员们尽最大努力训练球技；他们需要团队协作，也需要知道队伍的策略，但他们最为关心的仍是球技。教练同样关注球员们的球技，并提供训练和指导，但他还必须要确保这些独立的球员们能够像一支球队那样协作。教练制定策略和打法，从而进一步开发团队的能力。此外，球队的所有者必须能够辨识并支持人才，但他们在诸如创收和长期投机这类战略问题上花费了大量时间。

管理者和领导者的主要技能（概念思维、人际和技术）与本教材中所讲的组织结构是相互联系的（见图 1-5）。在战略视角部分（第二部分），我们将花相当长的时间来讨论企业领导者如何通过战略开发和定位从而在竞争格局中改变行动。这

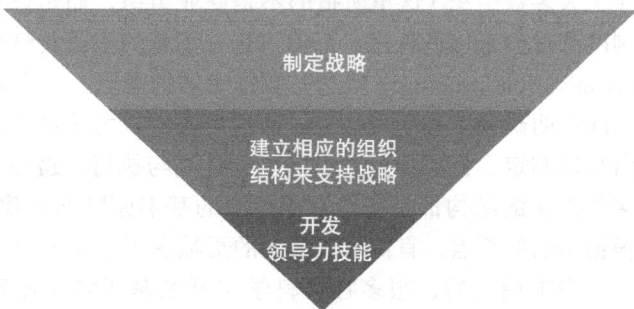

图 1-5　从全局战略到个体行动

种认清局势和自身定位的能力，依赖于良好的概念思维能力。在组织视角部分（第三部分），我们将更关心结构问题，其中涉及概念思维、人际和技术技能，比如，创建怎样的组织结构才能最大程度地发挥员工的天赋。在本书最后一部分中，我们会探讨个体如何培养技能（技术、人际与概念思维）从而成为一个领导者，并为必要的组织和战略决策做好准备。

我们将从全局战略视角开始，找到企业在全球商业生态系统中的定位。战略开发后的执行和交付非常重要。在这一环节，组织结构、流程设计和绩效管理都会发挥作用。怎样的结构和流程才能为达成战略目标提供最好的支持？哪些资源是得以直接利用的？哪些资源是需要后续开发的？企业如何在持续变化的格局中保持其关联性？这些问题的答案来自于组织视角。防御性策略和有效的组织结构是个体行为和领导力作用的结果。

最重要的是，管理者必须具有判断情势的认知能力，知晓相应情势下该如何行动的社会技能，以及采取行动的行为技能。[18]一些领导者知晓如何行动却无力实现，一些却无法有效地识别具体情形中的微妙与复杂之处，还有人用同样的管理方法应对各种不同情形。有效的管理需开发广泛的技能与能力，以适应各种情形的需要。这也是为什么关注个人领导能力的开发如此重要。

领导力开发

在你从学校毕业并开启职业生涯后，你会被寄予期望，充分开发并有效整合你的技术、概念和人际技能，以满足管理和领导的需要。

确定你的理想职业，并思考如下问题：

- 你能否识别初级工作所需的技术技能？
- 管理一个团队所需的人际技能是什么？
- 一个高层管理者如何运用概念思维技能树立愿景和制定战略？

基于你对理想职业所需技能的分析，确定你成功所需的三个目标，并制定职业生涯规划。

1.3　管理学视角的变迁

最早正式阐述组织运营的大小和复杂程度的理论，是在 20 世纪早期由德国社会科学家马克斯·韦伯（Max Weber）提出的。他致力于解释在扩张中，组织如何获得秩序并把事情做好。他的基本观点在于，组织扩张时因为要处理内部劳力的分工而变得笨重。为了获得秩序，大多数组织（这里所指的不是商业组织，而是像军队和政府这样的非商业机构）会完善制度和过程来创造秩序。韦伯对这一领域的主要贡献在于提出了**官僚组织结构**（bureaucratic organization structure）概念。根据韦伯的观点，一个理想的官僚机构应具有如下特征：个体之间有明确分工和职责区分；通过严明的权力等级达成协作；有标准化的制度和规程；计划由高层制定、低层执行，纵向区分计划与执行；遵照专门的标准进行选拔与提升。[19]当今大多数组织的结构都是基于官僚组织的基本原则而构建的。[20]最典型的官僚组织是美国军队。根据韦伯的观点，官僚形式最大的贡献在于它使得组织更加理性和高效。[21]

在韦伯之后，很多社会科学家开始基于科学原理探索组织结构。**科学管理**（scientific management）的创始人弗雷德里克·泰勒（Frederick Taylor）是这部分工作的主要开拓者。

科学管理关注的问题是如何设计任务、工作与激励制度，并运用诸如时间和动作研究的工业工程方法提高生产能力。这些研究结果构成了泰勒关于公司内部有效监管原则的基础。[22] 通过这种方法，将组织比作一台加满油的机器，管理者则可视为这台机器的操作者。管理者基于这些科学研究制定出特定的行动，以期得到确定的生产结果。泰勒认为，员工的动机受经济利益驱动且是理性的。

20 世纪 30 年代，管理学理论逐渐转变了将组织视作机器的观点。这一时期出现了**人际关系运动**（human relations movement）[23]，强调工作中非正式社会关系的重要性。人际关系专家反对像科学管理中那样将组织视为机器，认为组织应当被理解为一个由许多同样关心企业的生存和有效运转的相互依存的人们所组成的系统。经过人际关系运动，人们对企业的关注重点从产出转变为非正式的社会性的一面。从这个角度来说，组织不仅带来利润，还起到了让人们交往和学习的作用。

到了 50 年代，管理学理论再一次发生变化，考察不同组织间的区别，并说明企业如何运用这些知识来适应新的情境和环境。一场关于企业该如何组织的争论就此展开。一些理论学家认为所有企业的组织存在最优形式，其他人则认为最优形式取决于组织竞争的环境本质。后者认为组织形式取决于社会、心理、技术和经济状况。[24]

这一时期的组织结构研究中最为深刻的见解是，那些设计为执行确定的固定任务和执行不确定的创新任务的组织通常是有差异的。本时期的许多研究者认为，企业所处的环境和需要完成的任务会推动组织的组织和管理。根据这一观点，那些强调效率的企业最好是保持固定的、机械的组织结构。反过来，那些强调创新的企业最好是保持非正式的组织结构。[25]

20 世纪 60 年代，主流思想不再认为特定的企业应当使用特定的组织结构。最终达成共识，并不存在适合所有组织的最优形式，且理想形式取决于它自身的环境。这一时期出现的**企业的权变观**（contingent view），认为有效的组织结构建立在组织与其环境中各个组成部分相互联结并匹配的基础上。[26] 社会、政治与商业环境在组织结构的塑造中起到了很大作用。根据权变观，组织结构应当与企业的顾客、文化和所执行的工作相匹配（见图 1-6）。

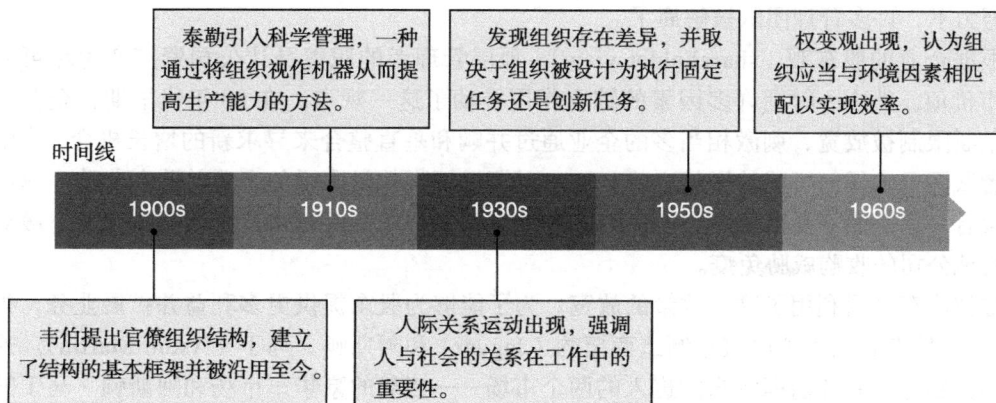

图 1-6　组织研究的重要历史事件

当前的组织研究主要是对原有理论加以扩展。总之，组织设计并不存在万全之策。在做出组织设计决策时，管理者必须评估与外部环境相关的战略目标和企业内部的资源能力。这就是理解环境重要性的原因。

1.4 企业目的的变迁

如今的**商业环境**（business environment），包括了塑造并影响企业内部和外部环境的全部相关势力和因素，与几年前相比要复杂许多。这些年来，关于如何应对商业环境并驱动绩效的观点也发生了变化（见图 1-7）。

在 20 世纪相当长的一段时间里，许多管理者认同**管理观**（managerial view），把企业视为一台机器，实现原材料到卖给消费者的产品的转变。在这一框架下，管理者关注企业与其供应商、消费者、所有者和员工之间的关系。在这一时期，像沃尔玛在英格尔伍德被迫与之抗争的那些更广泛的群体，并不在管理的关注范围内。事实上，许多企业顶多是将本地政府和非政府组织之类的外部群体视作一种烦扰。本时期，管理者占据主导权，很多情况下都仅有有限的对其权力的核实和平衡。

图 1-7　企业目的的变迁

管理观	● 截至 20 世纪 60 年代 ● 关注点：生产
股东观	● 20世纪60 年代到 80 年代 ● 关注点：财务表现
利益相关者观	● 20世纪90 年代至今 ● 关注点：服务多群体

一直到 60 年代为止，股东并不像今天这样拥有权力。合资公司并未出现，企业收购也尚不流行。因此，管理者们并不会面对许多来自股东的威胁，比如提升绩效或是开发新产业。

但是，到了 60 年代后期，许多管理者开始将目光聚焦在股东身上。在 70 年代，美国的企业受到两股力量的夹击：①缓慢的经济增长和高度通货膨胀；②美国市场越来越严重的外来竞争压力。[27] 许多公司开始停止增长，利润停滞。许多公司所有人（即股东），感觉到他们丧失了对公司运营的话语权，管理者并未保证他们的利益。[28] 与此同时，股东已经不再是个人，而是具有集中的影响力和话语权的机构。因此，管理焦点转移至股东（即所服务的主要利益相关者）的利益。由于缺乏增长和盈利，许多美国大型企业账面上的资产和现金与其股票价格相比被贬值了。金融批评家谴责那些高层领导者未能将股东利益最大化；在金融投机者的努力下，许多管理团队被解雇了。

根据企业的**股东观**（shareholder view），顶层管理者的职责是让公司资产产生尽可能高的股市价值。[29] 这一时期许多因素的综合作用推动了这一观点。在 80 年代早期，企业并购的反垄断限制被放宽，刺激相当多的企业通过并购和垂直整合来寻求新的增长机会。[30] 由于管理者试图寻求任何可能的增长方式，这一时期见证了数量剧增的企业并购和收购。总而言之，没有一家企业不受市场压力的影响，也没有一家企业能够对来自私人股本公司、敌对阵营或其他公司的收购威胁免疫。

福特汽车公司利用了这一政策的放宽。为了能够为股东提供更多利益并扩展业务，福特在 80 年代后期收购了英国汽车制造商捷豹（Jaguar）和阿斯顿·马丁（Aston Martin）。这两家公司分别标志着此前福特未能进入的两个市场——捷豹的豪华车市场和阿斯顿·马丁的高端跑车市场。[31] 通过收购捷豹，福特公司还得以进一步拓展其西欧市场。[32]

相似地，20 世纪 80 年代早期，弗兰克·洛伦佐（Frank Lorenzo）利用航空行业的新监管环境，用他小小的得克萨斯国际航空恶意收购了更大的洲际航空。通过一些聪明的金融策略，洛伦佐迫使刚收购的公司破产，打破了工会的权力，从而降低了航空公司的成本结构。这奏效了：洛氏公司的利润高涨。当洲际航空摆脱破产时，洛伦佐继续着他的收购狂欢，两

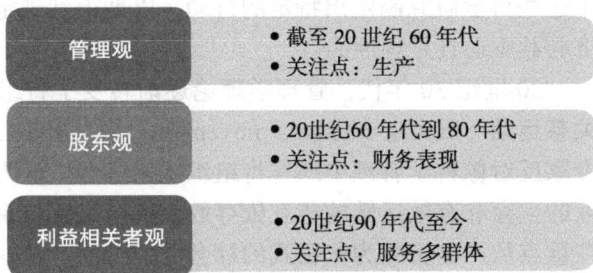

年不到的时间里收购了东方航空、纽约航空、人民航空，使得洲际航空成为美国最大的航空公司。洛伦佐把航空公司当成金融的模型，只关注利润和股东价值，完全忽视了这些金融决策对员工和顾客的影响。许多管理者，像洛伦佐一样，认为组织只效忠于股东，员工、团体和消费者是次要的。这种对股东利益的过度强调导致的结果是，80 年代后期许多美国公司在外来竞争中处于不利地位。对于一些企业来说，对股东利益的片面关注导致了企业对新产品投资的缺乏和质量标准的逐渐降低。当那些更加机敏的企业通过开发新产品、关注消费者需求和承诺质量等方法攫取市场份额时，这些企业显得猝不及防。洛伦佐洲际航空的成功是短命的。由于缺乏对公司的投资以及对消费者需求的重视，管理层与员工之间信任遭到侵蚀，导致洛伦佐提前从公司离开。[33]

在股东观达到顶峰的同一时期，许多企业面临的内外部环境也开始变得更加复杂。许多典型美国企业的外部环境因外来竞争而经历动荡。由于贸易保护措施对一些行业的隔离，包括美国三大汽车公司（通用、福特和克莱斯勒）在内的许多美国企业在 80 年代以前都面临着极小的外来竞争。美国三大汽车公司面临的竞争压力非常小的另一个原因是，新兴经济体中的汽车公司都还处于起步阶段。然而，日本汽车制造商从 70 年代开始入侵美国市场，这为三大汽车公司所处环境注入了新的需要应对的复杂因素。

然而，企业环境复杂性的增加并不仅仅归因于外来竞争。企业环境中一系列外部群体也让企业在 80 年代开始面对越来越大的压力，比如环保活动家、动物权利组织和当地政府。许多群体在这一时期开始涌现（见图 1-8）。

尽管近来关注生态足迹和碳排放在企业间流行开来，但并非一直如此。许多企业在 20 世纪相当长的时间里完全无视环境问题。像采矿、石油和天然气这类对环境影响很大的行业以及废物处理业对环境问题几乎都未给予任何关注。但这一切都在 80 年代发生了改变。公众开始注意到这些企业经营活动所产生的副产品。随着酸雨和烟雾这些词汇为普通公民所熟知，许多企业不得不应对环境问题。

图 1-8　主要环保组织成立的时间

资料来源：American Institute of Philanthropy, http://www.charitywatch.org/toprated.html#enviro, January 15, 2015.

在企业外部环境变得愈加复杂的同时，许多企业也必须应对来自内部环境的新压力。随着企业股东观的发展，股东持续推动管理者们达成特定的季度目标。管理者的注意力在应对外部复杂性的新来源和应对效益产出方面的股东压力之间延伸。这些方面的影响共同催生出人们观察企业的新范式。

企业的**利益相关者观**（stakeholder view）是在经济环境逐渐增长的复杂性和动荡之中涌现的。企业的利益相关者观因 E. 爱德华·弗里曼（E. Edward Freeman）1984 年出版的《战略管理：利益相关者方法》而广受欢迎，此观点确定并分析与企业相互影响的多样群体，并试图调整组织实践，满足多样群体要求（见图 1-9）。[34] 一个典型的企业可能会与这些群体存

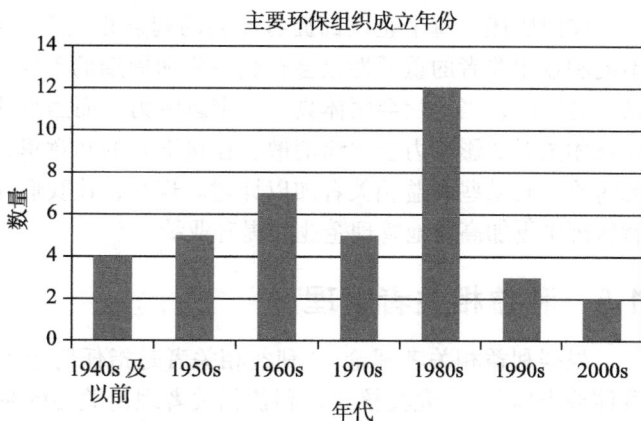

在关系或负有责任：政府、当地社区、股东、利益团体、消费者、竞争者、媒体、员工、环保主义者以及供应商。尽管这里所列举的并不详尽，但它仍展现了与企业产生关联的各种各样的群体。企业的利益相关者观起初是作为一个帮助管理者更好地认知今日市场格局下企业复杂的内外部环境的工具而产生的。在洛伦佐离开洲际航空之后，该公司迎来了一系列不成功的首席执行官，直到戈登·贝休恩（Gordon Bethune）掌舵。不是把航空公司当成金融实体，只关注最大化短期业绩，贝休恩制订了一份综合性的变革计划，处理消费者、员工、投资者和供应商的需求。运营航空公司的整体方案培育出之前不曾存在的合作精神。一年之内，该航空公司就从行业中最差的信誉和业绩结构转变为最好的。在贝休恩采取了一系列战略措施使得航空公司彻底回头时，最终成功的关键在于更广阔的利益相关者观。[35]

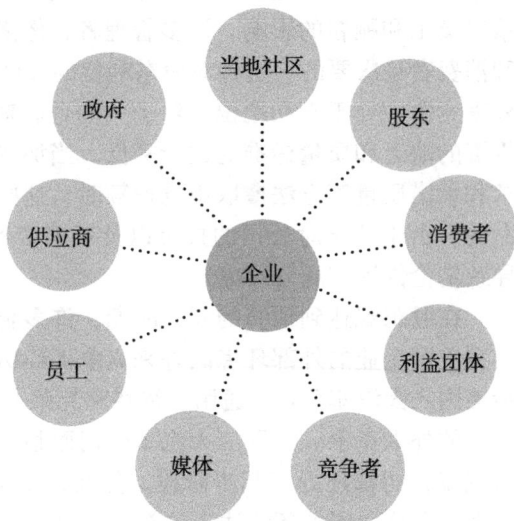

图 1-9 企业的利益相关者观

如前所述，每个企业都拥有不同的利益相关者集合，影响着企业在市场格局中的表现。不同利益相关者的重要性也会在企业生命周期的不同节点发生变化。[36] 比如，当企业新进入某一地区时，当地社会团体具有一定影响力。而当企业在当地成功经营一段时间之后，这一利益相关者的影响力会逐渐消散。在接下来的几章里，我们会在对企业内外部环境更加细致的讨论中对某些利益相关者加以详述。现在，让我们先来看看管理者怎样才能运用利益相关者管理来更加高效地管理企业并提升业绩。

1.5 利益相关者管理

根据利益相关者理论，"利益相关者是指任何于组织目标的实现产生影响或受其影响的群体或个体"。[37] 究其核心，利益相关者理论关心的是那些影响企业决策或从决策中受益的人。[38] 组织利益相关者管理的第一步是识别出企业的所有重要利益相关者。虽然图 1-9 中提供了一组利益相关者，但这决不能代表所有的组织。利益相关者管理的第二步涉及设计一套正式的流程或体系来处理企业的各种利益相关者关系。

1.5.1 构建利益相关者图谱

利益相关者管理的第一步是描绘出全部利益相关者与企业的关系（见图 1-10）。管理者必须最终确定哪些群体和个体会影响企业或受企业影响。[39] 管理者可以借鉴图 1-9 作为这一过程的起始模板，并在此基础上增加或删减企业的利益相关者。如前文所述，每一个企业都有其特定的利益相关者群体。有一些利益相关者较其他人会更重要。比如，我们认为那些掌控了至关重要的资源的利益相关者是极其重要的。[40] 一旦建立了最初的利益相关者图谱，管理者需要进一步确定每一个利益相关者下特定的子群体。例如，仅仅在图谱中将"政府"标识为重要的利益相关者是不够的。管理者应当力图对这一群体做更为详尽的细节扩展，详细地标识出那些与企业相互影响的特定政府机构。

第一步		第二步		第三步		第四步
• 描绘利益相关者与企业的关系	→	• 确定利益相关者下特定的子群体	→	• 确定每个利益相关者的利益	→	• 明确利益相关者之间的关联

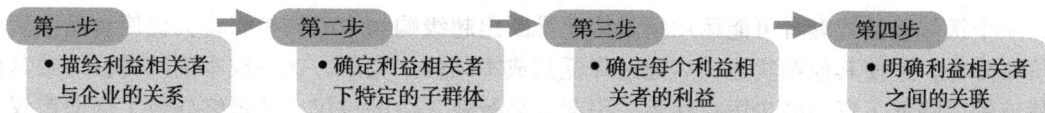

图 1-10　构建利益相关者图谱的过程

构建图谱的第三步是确定每一个群体或子群体在与企业的牵涉中寻求的利益是什么。例如，一个企业或许会将政府列于利益相关者图谱中，而环境保护局（Environmental Protection Agency，EPA）是这一类别的子群体。EPA 在与企业的关系中的目的或许在于减少生产过程中的碳排放。通过详细地标识这种关系，企业能够更好地理解为什么 EPA 会对组织予以关注，以及如何应对这类关注。

总之，在构建图谱的过程中可能还会出现一些关键问题。第一，企业的利益相关者及其关注点并不是一成不变的。EPA 关心碳排放问题并不意味着它将来不会对废物处理政策予以关注。第二，图谱中的许多利益相关者在将来有可能就某一特定问题而联合起来。正如我们在沃尔玛案例中看到的那样，由于市议会和当地工会联合在一起，企业遭受了强大的阻力。在此例中，两个典型的互不合作的群体却合力堵截沃尔玛进入当地市场。作为一个管理者，你必须意识到这类联合发生的可能性。近年来，通过投资更多员工的健康福利（工会关注的重点）和启动减少运营对环境影响的工作（环保主义者和社区组织者关注的重点），沃尔玛试图提高声誉。[41]

1.5.2　利益相关者管理工具

一旦构建利益相关者图谱的过程完成，管理者就需要继续制定相应的机制，使得企业能够更好地识别并回应那些新的利益相关者和环境中的复杂性。这绝不是个简单的工作。管理者可以通过多种方式开发这些利益相关者机制，包括战略评估和环境扫描。

在**战略评估**（strategic review process）中，公司高管在正式的评估会议上会见业务部门经理。[42] 在会议中，业务部门经理对所辖部门的表现予以评估，并展示他们对部门前景的看法。战略评估一般囊括了财务绩效和目标、新业务前景、研发更新、制造能力、人才管理及竞争威胁等方面的信息。尽管战略评估的原本目的是战略制定与目标设定，领导者却可以通过这种讨论将企业的利益相关者图谱融入新的战略项目中来。例如，当沃尔玛决定在加州推广超级购物中心时，管理者本该启动战略评估，讨论这一重要计划需伴随的运营、财务和组织战略。在这一会议中，管理者会讨论这一新战略举措将对各种利益相关者关系造成怎样的影响。基于这些讨论，沃尔玛本可以制定各种战略来应对市议会可能带来的阻碍。从某种意义上说，将利益相关者分析融入战略评估其实是试图确保新的提议能够被充分地理解和评估。通过这种方法，领导者可以预先处理多种利益相关者的潜在担忧。

第二个利益相关者管理工具是**环境扫描**（environmental scanning），它能够用于识别并理解利益相关者的回应与行动。[43] 通过环境扫描，管理者们在其商业视域中搜索会对企业的未来产生影响的关键事件或动态。[44] 这些进行环境扫描的管理者与那些忽视企业所经历的局势的管理者相比，倾向于带来更好的财务业绩。对于那些经常利用新兴趋势的企业家来说，更是如此。[45]

管理者可以通过多种途径实现环境扫描，包括**情景构建**（scenario building）和趋势分析。在情景构建中，管理者试图预测当多个事件或利益相关者联系在一起时可能发生的结果。例如，一个沃尔玛的管理者可能运用情景构建推断出超级购物中心的扩张将会促使食品杂货店的价格降低，迫使其他杂货连锁店通过降低其成本结构来竞争。这一成本削减将会导致其他杂货连锁店降低工资并减少医疗保险，引起食品行业工会的抗议，并最终导致工会向市议会施压，阻止沃尔玛进入当地市场。这种分析显然是可变的，但它在用于识别可能会对企业造成伤害的情景时是非常有效的。

在识别多种可能情景之后，管理者可以将其注意力转移到**权变计划**（contingency planning）上来，为企业未来的各种合理可能性做好准备。[46] 在权变计划中，管理者通常会设定各种可能性发生的概率，并详细制定出一系列行动步骤。

另一个用于预测利益相关者的回应与行动的办法是**趋势分析**（trend analysis）。在趋势分析中，通过对关键变量的监控和建模，帮助预测环境、经济或劳动问题中可能发生的变化。尽管趋势分析并不是一门严格的科学，但它在帮助管理者更好地理解特定环境变量会对企业及其利益相关者造成何种影响时是一种非常有效的工具。环境扫描和趋势分析的成功尤其依赖于管理者如何对企业所面临的风险与机会做出评估。[47]

清楚何时以及如何做出战略调整并不容易。管理者必须超越内部运营的视界，为那些涌现出来的竞争威胁做好准备，并利用好潜在的新机会。[48] 从某种意义上说，管理者需要拥有洞察周遭的视野——一种超越了管理每日运营的边界，看得更加长远的能力。那些擅长此道的管理者具备**情境智慧**（contextual intelligence）。他们理解环境因素对企业运营的影响，并知道如何影响这些因素以及如何做出反应。[49]

管理者可以通过了解历史先例以及它们如何影响一个行业来培养情境智慧。对一个行业的历史动态和事件的了解可以帮助管理者们更好地顺应未来可能发生的相似事件所造成的影响。了解一个行业的历史基础同样可以帮助管理者通过审视过去的失败而获知什么是不能做的。最后，管理者可以把握住经历新情景和新环境的机会，锻炼他们的环境扫描技能（见图1-11）。[50] 例如，如果一家企业希望在中国或印度找到新的供应商，企业管理者需要走访这些地方以更好地了解可能的机遇以及世界各地的文化对工作的影响。

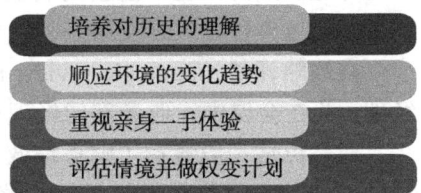

培养对历史的理解

顺应环境的变化趋势

重视亲身一手体验

评估情境并做权变计划

图1-11　培养情境智慧

1.5.3　管理不确定性

商业环境中的许多方面是难以解释的。各种势力会对某一行业的演变或某个企业的经营造成何种影响，这种预测尤其困难。参与培养情境智慧（如环境扫描）的过程能够帮助缓解一部分内生的不确定性与风险。[51]

即便管理者尽其最大努力，商业环境的发展方向总会有一定程度的不确定性。[52] 管理者能够恰当地对不确定性程度做出估计是很重要的。如果管理者们低估了行业的不确定性，他们将不能为竞争威胁做好准备，或是利用潜在的新机会。如果管理者们高估了不确定性，他们可能会丧失行动能力，并假定无论他们做何尝试都无法影响到他们的商业环境。当某一行业受多种因素的影响，或这些相关因素处于持续变化之中时，管理者通常会面临更大的不确定性（见图1-12）。[53] 环境发生变化的概率将会影响管理者从事环境扫描和企业调整运营的程度。[54]

在讨论过利益相关者管理及其应用之后，我们来看看一个利益相关者非常多样化的企业是如何应对非常复杂的环境的。

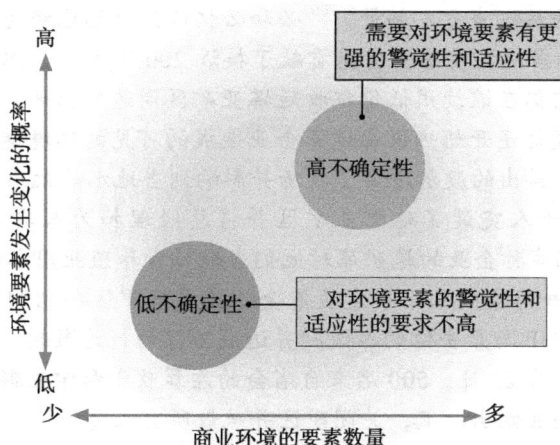

图 1-12　环境对不确定性的影响

案例 1-2

必和必拓的廷塔亚铜矿

尽管你可能并未听说过必和必拓公司（BHP Billiton），但你很可能拥有它们的一件产品或是住在由它们生产的材料建造的房子里。近几年，随着中国和印度的经济增长，这家金属矿业公司的势力和地位都有所增长。BHP 是全球矿业巨头，其铝矿、铁矿、煤矿、铅矿、铜矿和锡矿开采业务遍布全世界 21 个国家的 130 个位置。2014 年，企业的收益为 670 亿美元，净收益为 140 亿美元。[55]

作为全球扩张的一部分，这家公司获得了位于秘鲁安第斯地区埃斯皮纳省的廷塔亚（Tintaya）铜矿。尽管铜矿能够为秘鲁政府带来更大的利益，却无法为大多数埃斯皮纳省的本地居民带来任何好处。事实上，廷塔亚的矿业向来是当地居民与矿区诸多运营者之间争论的来源。这个成立于 1985 年的国有企业起初向当地 125 户居民征收了 2 368 公顷土地，并于此建立矿区；当地居住的是处于农耕社会的原住民。[56] 据说，作为对这块土地的回报，秘鲁政府向农民们支付了每公顷至少 10 索尔（约合每 2.45 英亩⊖3 美元），并承诺给他们采矿相关的岗位。[57] 但是，岗位的数量很少，当地很多家庭也因为失去土地而变得贫穷。[58]

随着 21 世纪初金属价格的持续飞涨，秘鲁的财富也随之增加（见图 1-13）。日渐崭露头角的秘鲁矿业也吸引了许多非政府组织的关注，并随后在一些底层社会中引起了广泛的不安。全国范围内针对大规模开采

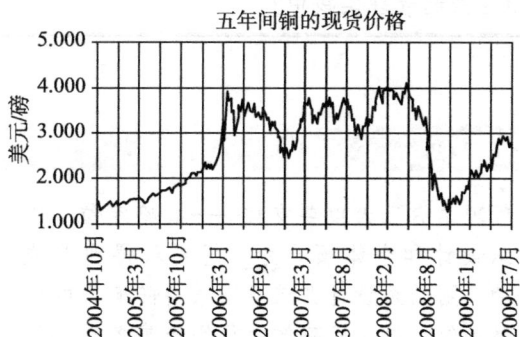

图 1-13　五年间铜的现货价格

资料来源：Kitco-Spot copper historical charts and graphs, kitcometals.com, www.kitcometals.com/charts/copper_historical_large.html, accessed October 7, 2009. Used by permission.

⊖　1 英亩 =4 046.856 平方米。

及其环境、社会影响的抗议声愈发频繁。[59] 必和必拓认为自己已经为当地社会提供了超过600个工作岗位，还为当地发展基金自愿贡献了接近200万美元。但是，许多当地人开始厌烦这家企业，因为它仍在继续用低价征收廷塔亚矿区周边的土地。除了关心必和必拓的土地收购，当地社会成员还开始热议由这家企业造成的可见的环境退化。居住在操作区附近的居民称公司处理厂排出的废水污染了牧场并影响到当地水的饮用。[60]

2003年春季，近千人突袭了廷塔亚矿区并将总经理扣为人质。这个群体的人来自Ccañipia河流域，他们声称企业的尾矿库对他们当地日常养殖业用水的水源造成了污染。[61] BHP与该群体谈判，并同意成立一个发展基金，并贡献矿区年利润中一定的百分比给这个基金。与此同时，BHP与袭击他的人谈判并达成协议的行为激起了采矿社区中的其他群体的愤怒。[62] 2005年5月23日，500名来自省会的左翼政党和学生群体聚集在矿区门外对协议条款提出抗议。企业做出决定，关闭矿区并疏散所有人员。[63]

在整个过程中，BHP没能识别出各种利益相关者的重要性。很显然，当20世纪90年代企业从秘鲁政府那里得到矿区时，它并没有合适的利益相关者战略。尽管在那以后，企业试图在21世纪初制定一个相应战略，它的疏忽最终还是导致了这一危机情形。尽管后来该铜矿重新开张，必和必拓在2006年还是决定卖掉它。

案例思考

1. 管理者要对危机情形做出反应。一个可供选择的战略是试图预先阻止危机的发生。BHP的管理者们本可以采取哪些不一样的行动来阻止这场危机？

2. 情境智慧是至关重要的管理技能。BHP廷塔亚铜矿的管理者本可以对商业环境和运营做出怎样的分析，来影响或回应这一危机？

3. 对于廷塔亚铜矿的主管来说，为什么管理不确定性是一个困难的工作？情景构建如何帮助他们管理不确定性？

4. 企业的利益相关者观考虑多个群体是如何与企业相互作用的。在这一案例中，谁是关键的利益相关者？你会与哪些利益相关者合作来阻止这一危机？

5. 从廷塔亚铜矿的案例中习得的重要教训是什么？你如何将这些习得的教训运用在其他企业的管理实践中？

本章小结

1. 管理学有三大重要支柱——战略定位、组织设计和个体领导力。想要获得商业成功，则必须设计并培育出具有防御力的战略地位。这一战略的执行则依靠各种各样的组织设计决策，包括资源配置、组织结构和关键性能指标的合并。最终，战略和组织设计都是个体领导力行为的结果。因此，理解领导者如何识别并开发相应的技能十分重要。

2. 在全球商业环境中获得成功需要有效的管理和领导。管理是指在工作中以高效且有效的方式与一群人一同或通过这群人实现想要达到的目标的行为，而领导力则是通过鼓舞和激励来驱动变革与创新的能力。管理和领导技能是互补的。

卓越的领导者能够开发并运用技术技能、人际关系技能和概念思维技能。这些技能相对重要程度取决于个体在组织中的位置。对于初级员工来说，技术技能至关重要。技术技能往往能帮助新员工叩开公司的大门。人际关系技能对于新进员工也非常重要，因为他们需要加入工作团队中；不过，新员工必须依赖技术技能，在组织中展现能力。

对于管理层来说，技术技能仍旧很重要，但与人际技能和概念思维技能相比就略为逊色。管理者的工作涉及团队管理的各个方面，需要很强的人际关系处理技巧。管理者还需要支持创新活动和参与情景规划，这两项工作都需要依靠概念思维技能。在公司高层，领导者必须专注于认知能力的发挥，制定战略定位，帮助企业在市场中有效竞争。他们并不是在真空中完成这一切。他们必须与其他人一同工作，通过有效的沟通激励组织成员，而这恰是人际技能的核心要点。

3. 在过去 100 年中，关于管理学的观点一直在发生变化。从官僚组织结构到科学管理，再从人际关系运动到管理的权变观。管理的权变观指出，在组织结构、商业环境和公司的领导层之间应该彼此协调或匹配。

4. 商业环境变得越来越复杂，商业的目的也发生了一连串改变。廷塔亚铜矿和沃尔玛的案例向我们展示了管理者面临的许多巨大挑战。管理者再也无法通过狭隘的管理观或股东观来评估企业和所在行业。

5. 如今，管理者必须考虑企业的环境中牵涉的各种利益相关者，以及这些利益相关者如何影响企业或反过来受到企业行为的影响。除此之外，管理者还必须了解公司的外部和内部环境的各个方面。

绘制出利益相关者图谱和环境图景是利益相关者管理的第一步。管理者还要使用各种管理手段，比如战略评估、环境扫描和情景构建来确保企业满足了重要利益相关者的需求。这些过程也能帮助管理者更好地应对不确定性和风险。

关键词

官僚组织结构（bureaucratic organization structure）
商业环境（business environment）
情境智慧（contextual intelligence）
权变计划（contingency planning）
权变观（contingent view）
环境扫描（environmental scanning）
人力资源运动（human relations movement）
领导力（leadership）
管理（management）

管理观（managerial view）
情景构建（scenario building）
科学管理（scientific management）
股东观（shareholder view）
利益相关者观（stakeholder view）
战略评估（strategic review process）
趋势分析（trend analysis）
突变的、不确定的、复杂的、模糊的（VUCA）

课后练习

讨论话题

1. 描述管理学的三大支柱如何互相影响。公司的战略如何影响组织的设计？什么情况下，管理者能够影响组织的战略？

2. 多样的情景因素如何影响商业环境？管理者可以运用什么手段影响环境？

3. 什么是影响今日商业最重要的情境因素？一个管理者或者企业如何影响该因素？

4. 结合管理者和领导者商业成功的重要的技能（包括技术的、人际的和概念的）。什么技能对管理者 / 领导者来说更为重要？为什么？

5. 公司的股东观和利益相关者观有什么优势和劣势？如果你是一家公司的股东，你希望管理团队遵循什么观点？为什么？如果你是员工，你的观点会有所变化吗？

6. 在塑造商业环境中，非营利组织和利益团体分别扮演什么样的角色？

7. 回顾图 1-12。如果你即将创业，你想要在一个确定性高还是低的行业？每一种环境有什么优势和劣势？在每一种环境中，想要成功需要什么技能？

管理研究

1. 使用图书馆资源，找到不同管理观点的例证。
   - 官僚组织结构
   - 科学管理
   - 人力资源
   - 权变观

2. 管理视角如何随时间改变？你如何描绘如今的管理实践？在未来 5 到 10 年，你认为管理实践会发生哪些改变？

3. 选取一家企业并绘制利益相关者图谱。企业的内部和外部环境将会发生哪些变化？

企业如何应对这些变化？

行动练习

1. 花一些时间，了解一位有资历的管理者在晋升并承担更大的职责的过程中，经历了怎样的个体变化。与本章中的图 1-4 相似，画出个人生涯的不同时期中，技术技能、人际技能和概念思维技能的重要性。

2. 拜访一家本地企业，并收集信息，锻炼你的情境智慧：
   - 找出影响行业的历史事件。
   - 扫描内部和外部环境，识别影响业务的当前趋势。
   - 基于现有环境，找到另一个可以成为本地企业学习对象的行业或企业。
   - 为你拜访的企业制定两种未来情景。在这些情景中，你会推荐哪种权变计划？

商业环境

学习目标

在学习这一章后，你应当能够：

1. 描述商业环境中各种变化的情境力量如何影响企业的竞争地位。
2. 理解全球化的作用，包括贸易协议和贸易组织在塑造商业环境中的作用。
3. 明确企业外部环境的主要维度都是什么，包括总体环境和作业环境中的组成部分。
4. 区分企业内部环境的四个组成部分：所有者、董事会、员工和文化。

开篇自测

你和你的商业环境

审视、捕捉你的商业环境，并从中学习的能力，是一项重要的管理胜任力。请在每一项内容后回答"是"或"否"，以评估你在这一领域的胜任力。

1. 我阅读商业刊物中的文章，并上网了解最新的时事新闻。
2. 我知道技术的发展和使用是如何影响外部环境的。
3. 我追踪经济数据，并视之为衡量外部环境表现的指标。
4. 我能够觉察出影响外部环境的社会文化趋势。
5. 我理解人口数据是如何辅助商业决策的。
6. 我了解企业是在全球环境下运营的，并因此关注那些发生在世界不同地区的事件。
7. 当分析一家企业时，我会找出企业的竞争者以及它们对企业的环境的影响。
8. 我理解在塑造企业的环境时，客户和供应商扮演着重要的角色。
9. 我理解企业里的不同所有制结构，以及企业董事会起到的管治作用。
10. 我了解企业的员工及其文化是重要的内部环境因素。

如果以上多项内容你回答"是"，那么你就对你的商业环境有所觉察。

2.1 概述

企业及其领导者并不是在与世隔绝的状态下运营的。它们是一个总在持续发展变化的庞大生态系统中的一部分。正如我们在第1章中讨论的，如今的商业环境是VUCA——突变的（volatile）、不确定的（uncertain）、复杂的（complex）和模糊的（ambiguous）。成功的企业领导者会对VUCA的全球商业环境中的变化做出回应，并尽力影响这些变化。一些领导者将主要精力放在通过游说来影响政府在其环境中扮演的角色。另外一些领导者会找到成长中的细分市场或目标客户群体，通过开发产品和服务来满足特定的需求。还有一些领导者通过投资研发来使技术创新商业化。通过这些方法，企业的领导者不仅采取积极姿态回应环境，还积极主动地管理其环境并制定相应的战略调整。[1]

前十年的环境为商业环境如此迅速的变化提供了翔实的证据。这些变化要求管理者的适应性更加敏捷。各类企业的管理者都面临信贷危机的影响；银行及其他机构向家庭和次级客户贷款加剧了这一问题。美国房价在21世纪的前10年里急速上涨，人们并未察觉到问题。购房增加也推动了许多其他行业，包括汽车、家居装饰、家用电器、景观美化等。但是，到2007年年底，许多客户无法再负担按揭贷款，他们的无力还款造就了前所未有的金融崩溃。到2008年年底，金融巨头雷曼兄弟、美国国际集团和美林均无以为继。此外，许多老牌企业也纷纷破产，比如有86年历史的KB Toys和60年历史的Circuit City。短短几年之内，整个商业格局发生了巨变；客户多疑、资金紧张、员工不安，管理者必须在这样一个新环境中争相寻找出路。美国的失业率从2007年的4.6%增长到2010年的峰值9.6%。[2] 当失业率从2010年的峰值持续下降时，很多人，包括新近的大学毕业生，要找到和他们的技能、教育和经验匹配的工作非常困难。

2008年后的衰退余波并未孤立地作用于美国。金融危机全球性地辐射到欧洲的许多国家，特别是希腊和西班牙，它们遭受着沉重的债务和非常高的失业率。而欧洲与世界其他地区的挣扎，又反过来影响了美国企业的成功，这证明着全球经济互为依存的关系。正如我们将在本章中看到的，管理者不再只关注美国经济——他们必须更好地了解全球经济。

尽管在过去几十年中发生了许多看似混乱的事件，但它们恰恰体现了商业持续变化的本质。这些事件对管理者来说既是挑战，也是机遇。表2-1列出了过去100年构成道琼斯工业指数的企业名录。我们可从中观察到这种变化是多么剧烈，以及它们如何影响着企业的沉浮。

表2-1 1896、1956、2015年道琼斯工业指数组成

1896年5月26日	1956年7月3日	2015年1月31日
美国棉油公司	联合化学公司	3M公司
美国晶糖厂	美国制罐公司	美国运通公司
美国烟草公司	美国冶炼公司	美国电话电报公司
芝加哥煤气公司	美国电话电报公司	波音公司
蒸馏与牲畜饲料公司	美国烟草公司	卡特彼勒公司
通用电气公司	伯利恒钢铁公司	雪佛龙公司
Laclede煤气公司	克莱斯勒公司	思科系统公司
国家铅业公司	玉米产品精加工公司	可口可乐公司
北美人航空	杜邦公司	杜邦公司
田纳西煤铁公司	伊士曼－柯达公司	埃克森美孚公司
美国皮革公司	**通用电气公司**	**通用电气公司**
美国橡胶公司	通用食品公司	惠普公司

（续）

1896 年 5 月 26 日	1956 年 7 月 3 日	2015 年 1 月 31 日
	通用汽车公司	家得宝公司
	固特异公司	英特尔公司
	国际收割机公司	IBM
	国际镍业公司	摩根大通公司
	美国国际纸业公司	强生公司
	佳斯迈威公司	麦当劳公司
	美国国家酿酒公司	默克公司
	美国国家钢铁公司	微软公司
	宝洁公司	耐克公司
	西尔斯 – 罗巴克公司	辉瑞制药公司
	加州标准石油公司	宝洁公司
	美国新泽西标准石油公司	旅行家集团
	美国德士古石油公司	联合科技公司
	联合碳化公司	联合健康集团
	联合飞机公司	威瑞森通信公司
	美国钢铁公司	VISA 信用卡公司
	西屋电气公司	沃尔玛百货
	伍尔沃斯公司	沃尔特·迪士尼公司

资料来源："Dow Jones Industrial Average: Components," available at Dow Jones website at http://www.djaverages.com/,accessed January 31, 2015.

1956 年出现在道琼斯指数中的 30 家企业，仅有 7 家仍旧出现在 2015 年；其中有两家企业（雪佛龙和美国电话电报公司）在这 59 年间一次或多次被移除。2013 年，在道琼斯指数中上榜长达 54 年的美国铝业公司被耐克所取代。当前的榜单中也包括了一些新工业巨头，如卡西欧、微软和沃尔玛。这些公司都是在过去的几十年里上榜，然而，有一家企业，却在时间的考验中屹立不倒。

通用电气公司，在其 1896 年最初出现在道琼斯工业指数之中后始终存在。通用电气通过不断地适应和改善其策略与业务流程，确保它的产品和服务保持相关性。比如，如果你反观 20 世纪 80 年代早期通用的业务组成，你会发现其中 75% 的业务是基于制造业，另外 25% 是基于服务。而到了 21 世纪，这些数字却完全颠倒过来：75% 的业务基于服务，另 25% 来自于制造业。[3]

在其整个历史中，通用电气能够不断重塑自身。例如，其首任首席执行官（CEO）查尔斯·科芬（Charles Coffin）创建了一种集中控制的基于功能的组织结构，而这又被继任的喜欢分散结构的首席执行官查尔斯·威尔逊（Charles Wilson）所废除。在 50 年代末期与 60 年代初期，其首席执行官拉尔夫·科迪纳（Ralph Cordiner）投资于计算机，而继任的弗雷德里克·博尔奇（Frederick Borch）则取消该投资。在 70 年代后期，首席执行官雷金纳德·琼斯（Reginald Jones）建立了企业高级管理层，并投资了一个煤矿。几年后，首席执行官杰克·韦尔奇（Jack Welch）放弃了此类部门的设置方法，并卖了那个煤矿。这样的公司重塑一直在继续。随着韦尔奇投资保险以及许多金融业务，他的继任者杰弗里·伊梅尔特（Jeffrey Immelt）则放弃了很多这样的业务（见图 2-1）。通用电气公司具备在如此长的一段时间里始终保持其相关性的能力，正是各任首席执行官能够精确读懂和影响全球环境的明证。这是通用电气始终能够在道琼斯指数保持其地位的主要原因。

创建中心 组织结构		创建通用 电气金融 服务公司		组织去中心化扩展应用 业务投资计算机		建立部门管理层 投资煤矿		放弃保险 投资研发 放弃应用业务
Charles Coffin 1892-1913	Edwin Rice 1913-1922	Gerard Swope 1922-1939 1942-1944	Charles Wilson 1940-1942 1944-1950	Ralph Cordiner 1950-1963	Frederick Borch 1963–1972	Reginald Jones 1972-1980	Jack Welch 1980-2001	Jeffrey Immelt 2002—

投资研究及 X-射线技术	转变二战期间的 核心业务 专注标准化	专注战略规划 放弃计算机业务	放弃煤矿 缩减部门管理层 转变至75%的服务上 投资保险

图 2-1　通用电气历任 CEO（1892 ～目前）

资料来源：Anthony J. Mayo.

　　不断增强的市场全球化加速了变化的速度和强度。为了保持竞争力，公司不能仅在国内市场销售。例如麦当劳、星巴克、苹果和 Facebook 这样的公司都经历过在本土的缓慢增长。为了应对该趋势，这些公司（麦当劳在 1967 年，苹果在 1980 年，星巴克在 1996 年，Facebook 在 2006 年）均冒险尝试国外市场，来寻找新的增长来源。到 2014 年，国际市场的收入占据了这些公司收入中的很大一部分（麦当劳的 67%，苹果的 62%，星巴克的 31%，以及 Facebook 的 54%）。[4] 在新兴经济体如中国和印度，有着更大的机会。2012 年，中国的中产阶级人数已达到了 2 亿人，几乎等同于美国的总人口数。[5] 到 2020 年，中国的中产阶级人数预计将达到 5 亿人。作为一个整体，亚太地区的中产阶级将占世界的 54%（见图 2-2）。[6] 这样的发展为那些可以有效跨越不同区域的企业提供了许多新的机会。

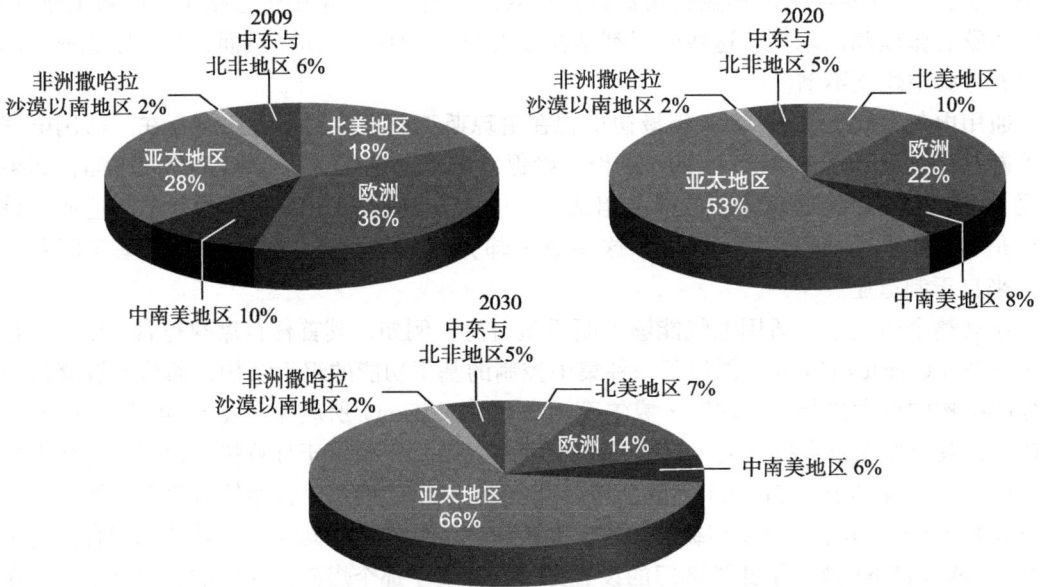

图 2-2　2009 年、2020 年和 2030 年全球中产阶级分布

资料来源："Hitting the Sweet Spot: The Growth of the Middle Class in Emerging Markets," Ernst & Young, 2013, available at http://www.ey.com/GL/en/Issues /Driving-growth/Middle-class-growth-in-emerging-markets---China-and-India-tomorrow-s-middle-classes.

全球化也带来了挑战，包括在许多行业中新出现的强有力的竞争对手。在计算机行业，戴尔和苹果必须与中国的联想公司（联想曾收购了 IBM 的个人电脑业务）进行竞争。在汽车行业，如通用公司此类全球生产商必须面对中国的奇瑞汽车和吉利汽车的竞争。家电和电子行业也出现了一些强大的新竞争对手，包括中国的海尔、韩国的三星和 LG 公司。

把握全球商业环境对企业维持成功是至关重要的。许多公司在全球化拓展的过程中遭受了失败。一个能够在不断变化的商业环境中保持成功的国际化公司就是可口可乐。

在本章中，我们将探索全球化的力量以及那些组成企业商业环境的内外部因素。掌握竞争格局，理解如何、何时去应对威胁和机遇对一个公司的长期可持续性发展是至关重要的。

案例 2-1　可口可乐公司

从 2000 年到 2012 年一直占据全球企业榜首的可口可乐公司，在 2014 年举办了其 128 周年庆典，并成为世界上第三大品牌公司。[7] 与通用公司一样，可口可乐公司在长达一个世纪的时间里保持着企业的相关性和市场生存力。与通用公司不同的是，可口可乐在其大部分历史中，更关注自身核心产品线的延伸和扩散。核心产品线的基础是从 1936 年到 2011 年存储在亚特兰大 SunTrust 银行的一个地下室的秘密可乐配方。作为品牌 125 周年庆的一部分，该秘密配方被重新安置在了公司总部，被包装在特别的外壳下，展示于可口可乐的新互动世界。

约翰 S. 彭伯顿（John S. Pemberton）是佐治亚州亚特兰大的一名药剂师，他在 1886 年创办了这家公司，当时他把一种独特的糖浆和碳酸水混合在一起，在雅各布斯的药房里卖汽水。其中有一位顾客叫阿萨·坎德勒（Asa Candler），他的同事向他推荐了这款饮料，来治疗他的持续性胃部不适和头痛。咖啡因和碳酸盐的结合似乎减轻了坎德勒的痛苦，他很快就迷恋上了这个产品。

在喝了这具有重大意义的第一杯饮料之后，坎德勒从彭伯顿手中买下了配方，并开始了一场积极的促销活动，以扩大可口可乐的销售。到 1895 年，可口可乐的身影出现在了美国的每一个州和地区。

坎德勒在美国以外的第一次扩张是在 1906 年，当时在加拿大、古巴和巴拿马开设了装瓶业务。也是这一年，坎德勒签署了 D'Arcy 广告公司作为可口可乐公司的购买代理商。这段关系持续了 50 年，并创造出许多令人难忘的广告和促销活动，其中包括可口可乐的圣诞老人形象。挖掘公司的社会意识对销售可口可乐及其成为美国和全球品牌标志性产品至关重要。一个对于可口可乐公司在历史上的商标宣传语的快速调查，突显出该公司与美国民众建立联系的方式（见表 2-2）。

表 2-2　可口可乐的宣传语（节选）

年份	宣传语	历史背景
1900	头痛疲劳，请喝可口可乐	定位为药用产品，最初在药店出售
1906	伟大国家的无酒精饮料	由于美国的禁酒运动，定位为酒精饮料的另一种选择
1929	清凉一刻	在 20 世纪 20 年代大繁荣时期，定位为放松机会
1937	简单又便宜	大萧条时期，被定位为性价比高、方便简易的产品
1949	沿着公路走四方	可乐随美国的郊区化而扩张
1960	可口可乐，一起放松	可乐的营销开始适应 20 世纪 60 年代的随和氛围

（续）

年份	宣传语	历史背景
1971	我愿拥有可乐世界	"冷战"期间，可乐与促进世界和平的自由精神保持一致
1990	挡不住的诱惑	抵挡来自百事和其他可乐产品的竞争
2005	要爽由自己	可口可乐持续努力将自己定位为首个原创可乐品牌

资料来源: Coca-Cola Company, "Coke Lore: Slogans for Coca-Cola," available at http://www.thecoca-colacompany. com/heritage/cokelore.html, accessed July 18, 2012.

当坎德勒发起可口可乐第一次全球化运动时，是罗伯特·伍德拉夫（Robert Woodruff）非常有责任感地要将可口可乐塑造成一个真正的全球品牌。伍德拉夫在1923年成为公司总裁，并服务了六十多年。他在广告方面投入巨资，并于1926年成立了可口可乐外国事业部，为世界各地的罐装商服务。此时，可口可乐在比利时、哥伦比亚、德国、墨西哥、西班牙等地都开展了装瓶业务。

可口可乐是在二战期间被大力推向了世界舞台。当时伍德拉夫宣布，可口可乐将以仅仅5美分的价格提供给在海外服役的士兵们。通过这个看似慷慨的提议，伍德拉夫便能够获得在战争期间被严格定量配给的糖。如果一家公司证明其产品达到了某种重要的军事功能，就可以取消配给限制。尽管人们很难想象可口可乐是一种军事需要，但该产品确实为军队提升了士气，而伍德拉夫则利用士兵和美国人之间的联系来推进他的事业。这一策略的效果非常好，该公司获得政府补贴，在全球范围内建立了64个装瓶厂，最终导致了超过5亿瓶可口可乐的消费。美国士兵喝可乐的同时，不知不觉地成为该公司的全球营销大使。[8] 当战争结束时，该公司拥有现成的全球基础设施，在全球定位上拥有巨大的领先优势。到20世纪50年代末，外国销售额约占公司总收入的1/3。

在其历史的前半段时间里，该公司只销售了一种产品——可口可乐。1955年，意大利那不勒斯公司引入了芬达橙，这种情况开始发生变化。当产品在意大利大获成功后，它被带到了美国。从这个时候开始，一系列新产品被陆续推出，包括1961年的雪碧、1963年的TAB、1966年的Fresca、1972年的Mr. PIBB、1979年的Mello Yello，以及1982年的健怡可乐。

可口可乐在全球扩张的努力并不总是一帆风顺的。例如，1979年可口可乐成为第一家重返中国的美国公司。20世纪末，该公司已在中国设立28个装瓶厂，到2008年中国举办夏季奥运会的时候，可口可乐已与多家本地企业合作，共同研发和分销多种饮料。[9]

可口可乐公司在全球舞台上取得的最大成功是在墨西哥，那里的软饮料消费是世界上最高的。可口可乐在墨西哥经营了几十年，其主要增长出现在20世纪90年代，当时墨西哥政府取消了销售、包装和销售碳酸饮料的规定。新法律使得可口可乐公司可以扩大和利用其在该国的分销网络。分销在墨西哥是至关重要的，因为该国的大多数苏打水的消费者不是在家，而是在现场消费。随后，消费者立即退还这些瓶子，以获得退款。对于可口可乐来说，拥有一个强大的分销网络是至关重要的，因为可口可乐能够定期、系统地补充小型本地零售商店的供应。该公司还通过收购一家大型的果汁产品，增加了在墨西哥的业务。[10] 该公司的努力使可口可乐产品的人均消费量大幅增长。[11]

到2014年，可口可乐已经扩展到600多个品牌，其中7个产生了超过10亿美元的收入，分布在200多个国家。[12] 在2013年公司产生的469亿美元收入中，约45%来自北美以外的销售。虽然该公司饮料的人均消费量在美国较高，但在俄罗斯、中国和印度，人均消费量却较低。虽然与美国和墨西哥相比，这些消费数量较小，但却在显著增加。1992 年，俄罗斯和中国的人均消费量缓慢增长一两盎司，而印度的人均消费量增长几乎为零。[13]

该公司还投入了大量的精力来推动在美国的销售。一个表现出希望的运动是"分享可口可乐"。2014 年夏天，可口可乐将 250 名最受欢迎的青少年和千禧一代的名单放在可乐瓶上。该运动还包括可在流动亭上提供的个性化罐子，以及可在个人媒体中共享的"虚拟"个性化可乐瓶。结果是国内消费增长了 2%，这是数年来的首次上涨。[14] 公司通过推广其核心的可乐产品，以及适应当地的风俗和口味，来推进公司的发展。

案例思考

1. 是什么因素造就了可口可乐公司成为如此强大的国际品牌？
2. 可口可乐公司是如何在 128 年中保持相关性？
3. 为什么在创立 50 年后，可口可乐公司改变了它的产品策略？
4. 墨西哥与美国的饮料市场有何不同？
5. 可口可乐公司将如何增加如印度和俄罗斯等新兴市场的饮料消费？公司是否应该多关注于本土品牌或努力增加其核心产品的消费？

2.2　全球化

全球化（globalization）指的是不同地域之间在经济、科技、社会文化和政治制度之间的整合与相互依赖。[15] 全球化的概念可追溯至数千年以前。其早期形式出现于罗马帝国时代，当时罗马帝国所征服的领土广泛而遥远，这些地区就吸收了帝国的文化和产品，并作为原材料和珍贵商品的来源。这条通往全球一体化的路径在接下来的几个世纪里断断续续地发展着，直到 16 ~ 17 世纪随着葡萄牙和西班牙帝国的出现而达到高潮。这两个国家都扩大着探索与商业活动。

同时，荷兰的东印度公司开始了亚欧地区之间的贸易关系。作为第一家跨国公司，荷兰东印度公司成立于 1602 年，旨在以商人协会来减少竞争、实现规模经济以及增加全球贸易。它也是第一个给股东发行股票的公司。到 1670 年，荷兰东印度公司成为世界上最富有的企业，雇用人数超过 50 000 人。荷兰东印度公司不仅是荷兰的金融资产，也是其政治资产。公司被荷兰政府赋予了广泛的自主权与活动余地，例如有权力建设军事要塞，维护军队力量，以及与当地君主达成条约。在强有力的领导者的带领下，公司击败了英国舰队，并取代了东印度群岛的葡萄牙，进一步巩固了荷兰在这些区域的贸易。结果，荷兰东印度公司在 16 ~ 18 世纪的大部分时间里保持繁荣，并协助了荷兰从西班牙独立出来的战争。[16]

随着欧洲的帝国与其殖民地之间的贸易，国际贸易加速发展，但在第一次世界大战期间及之后的时期里逐渐衰落，战争的灾难导致许多国家转向自我依赖。第二次世界大战后，许多领先经济体和政治体更加大力地推动全球化，减少贸易保护主义。这样的举措促成了一些国际贸易协议与机构的建立，包括关税及贸易总协定（GATT）、世界贸易组织（WTO）、东南亚国家联盟（ASEAN）、欧盟（EU）、北美自由贸易区（NAFTA）以及其他联盟。所有这些机构的出现，促进了国家之间的贸易开放，打开了更好的投资通道。

2.2.1　全球贸易协议

第二次世界大战后，美国、英国与加拿大政府开会设计了一系列国际联盟和机构，以增强世界经济。通过这些会议,一些重要的国际机构出现了,包括世界银行和国际货币基金组织(IMF)。同时,世界大国们尝试去建立一个能够调节关税的国际贸易组织。在这个组织还没有建立之前,关税及贸易总协定(GATT)就作为降低关税的临时措施。此协议基于三大原则:最惠国待遇原则、国民待遇原则以及共识原则。最惠国待遇原则指的是,如果一个GATT 的成员就任何一项产品的关税或其他方面给予另一成员以好处,它就必须立即和无条件地将这一优惠待遇给予其他成员。国民待遇原则要求成员方对进口产品与本国同类产品给予相同的规则约束和待遇。共识原则指的是贸易争端会通过争端各方的一致协议而解决。[17]

通过关税及贸易总协定的诸多谈判会议,贸易商品的关税从 1940 年的平均 50% 减少到 1980 年的 40%。[18]1985 年到 1994 年,关贸总协定举办了"乌拉圭回合"谈判,进一步削减关税并创建一系列包括服务业、资本、知识产权、纺织业和农业等各个领域的贸易协议。乌拉圭回合更值得注意的是,它推出了关贸总协定的继承者——世界贸易组织(WTO),用来监督和自由化国际贸易。世贸组织的建立,是为了形成不同国家和地区间贸易的规则,谈判与实施新的贸易协定,并监管成员方遵守这些条款。[19]

2.2.2 国际贸易和自由贸易组织

国际贸易由世界出口商品的价值所定义,在 2008 年全球金融危机之后,其一年内大约下降了 12%。接下来的时间里,全球贸易逐渐有所提升,但平均每年增长低于 3%。如 2013 年,世界贸易大约只增长了 2.5%。金融危机对世界贸易的余波冲击,也可以体现在全球国内生产总值(GDP)的增长缓慢上。全球 GDP 于 2013 年增长了 2.2%,并预测在 2014 年会增长 3.1%,远远低于 20 年间(1983 ~ 2013)的平均增速 5.3%。[20]2013 年,全球范围内的 GDP 增长并不一致:发达经济体的增长为 1.1%,而新兴 / 发展中经济体的增长为 4.4%,其中以中国的 7.5% 和印度的 5.4% 最为领先(见表 2-3)。

一系列自由贸易协议支持了世界贸易,这些协议是根据众多国家 / 地区之间的谈判而确定的,并受世贸组织的监督。2015 年,WTO 便监管了将近 400 份区域性贸易协议,其中以欧盟、北美自由贸易协定、东盟和南方共同市场(MERCOSUR)为最大代表者(见表 2-4)。北美洲、欧洲与亚洲的贸易远远高于非洲、中东地区、南美洲和中美洲的贸易。欧洲具有最高的贸易集中性(指的是贸易集中于特定地区的一些国家),而非洲则具有最低的贸易集中性。例如,2013 年,62% 的欧盟商品出口于欧盟成员国,而非洲则仅有 16% 的商品出口于非洲国家,其主要的出口市场为欧盟。[21]

表 2-3 各地区 GDP 与贸易额(年度变化百分比,2012 ~ 2013)

地区	GDP	出口额	进口额
全球	2.2	2.5	1.9
北美	1.8	2.6	1.2
中南美	3.0	1.4	3.1
欧洲	0.3	1.5	−0.5
独联体	2.0	0.8	−1.3
非洲	3.8	−2.4	4.1
中东	3.0	1.9	6.2
亚洲	4.2	4.7	4.5

资料来源:World Trade Organization, "World Trade Report 2014," available at WTO Web site, http://www.wto.org /english/res_e/booksp_e/wtr14-1_e.pdf, accessed January 31, 2015.

表 2-4 部分区域性贸易协定

贸易协定	代表国家
东南亚国家联盟(ASEAN)	文莱、柬埔寨、印度尼西亚、老挝、马来西亚、缅甸、菲律宾、新加坡、泰国、越南

（续）

贸易协定	代表国家
中美洲共同市场（CACM）	哥斯达黎加、萨尔瓦多、危地马拉、洪都拉斯、尼加拉瓜
西非国家经济共同体（ECOWAS）	贝宁、布基纳法索、佛得角、科特迪瓦、冈比亚、加纳、几内亚比绍、利比里亚、马里、尼日尔、尼日利亚、塞内加尔、塞拉利昂、多哥
欧盟（EU）	奥地利、比利时、保加利亚、克罗地亚、塞浦路斯、捷克、丹麦、爱沙尼亚、芬兰、法国、德国、希腊、匈牙利、爱尔兰、意大利、拉脱维亚、立陶宛、卢森堡、马耳他、荷兰、波兰、葡萄牙、罗马尼亚、斯洛伐克、斯洛文尼亚、西班牙、瑞典、英国
海湾合作委员会（GCC）	巴林、科威特、阿曼、卡塔尔、沙特阿拉伯、阿联酋
南方共同市场（MERCOSUR）	阿根廷、巴西、巴拉圭、乌拉圭、委内瑞拉
北美自由贸易协定（NAFTA）	加拿大、墨西哥、美国
南部非洲发展共同体（SADC）	安哥拉、博茨瓦纳、刚果、莱索托、马达加斯加、马拉维、毛里求斯、莫桑比克、纳米比亚、塞舌尔、南非、斯威士兰、坦桑尼亚、赞比亚、津巴布韦

1. 欧盟（EU）

1950 年，欧洲国家希望寻找促进区域内政治与经济稳定性的途径，这便是欧盟的起源背景。它最初以欧洲煤钢共同体（该组织是为了减少欧洲国家煤炭与钢铁的贸易壁垒）为人们所熟知，1993 年《马斯特里赫特条约》的签署建立了欧盟的法律框架，这使得欧洲煤钢共同体最终发展为当前的形式。欧盟的形成创建了一个统一市场，由适用于所有成员国的法律系统运作，保证了人员、商品、服务和资本的流动自由。[22]

1999 年，欧盟推出了其共同货币——欧元，由欧元区（28 个欧洲主要经济体的经济联盟）的 17 个成员国所采用。这个单一的货币代替了多种国家货币，并统一了共同市场，使欧盟成为与美国抗衡的经济体。[23]欧元的设计，是为了帮助欧洲建立一个单一市场，缓解公民与商品的旅行障碍，消除汇率问题，提供价格透明度，创建一个单一的金融市场并确保价格的稳定和较低的利率。[24]

2008 年的全球金融危机对于欧盟来说是一场更大的灾难。包括波兰、爱尔兰、意大利、希腊和西班牙在内的一些国家面临严重的经济下滑，这些国家的公共债务和失业率达到前所未有的严重程度。一些欧元区国家领导人与欧洲央行在稳定欧洲危机中扮演了重要角色，他们鼓励优惠贷款，推进整个欧洲地区的财政改革。尽管如此努力，但问题依然存在。2013 年，欧盟的整体失业率达到 10.5%，其中希腊超过了 16%，而西班牙和葡萄牙更是高于 25%。更令人不安的是，希腊、爱尔兰、意大利和葡萄牙的公共债务已经超过了国内生产总值（GDP）的 120%。[25]基于该情况，鼓励欧盟内外贸易十分重要。

2. 北美自由贸易协定（NAFTA）

1994 年，随着美国、加拿大与墨西哥签署了消除三国之间贸易关税的协定，《北美自由贸易协定》开始生效了。今天，以成员国的 GDP 总和来看，该组织已经成为世界上最大的贸易集团。从一开始，成员国之间的大部分商品关税被减少或取消，但贸易集团仍存在一些主要限制，主要集中于特定的农产品上。通过该协定，美国与墨西哥加强了它们之间的经济与政治联系。美国在世界上的最大商品出口国是加拿大，占据了其出口总额的 19%；其次为墨西哥，占据 14%；接着是中国，占据 7%。[26]2014 年，美国向墨西哥出口了超过 2 210 亿美元的商品，向加拿大出口了超过 2 800 亿美元的商品。[27]

开放的贸易与关税的减少，让各国许多行业受惠，其中包括汽车业、建筑设备制造业以及农业公司，三个国家之间的贸易额也大幅增加。从《北美自由贸易协定》生效开始，美国与协定伙伴国之间的贸易增加了 208%。[28]

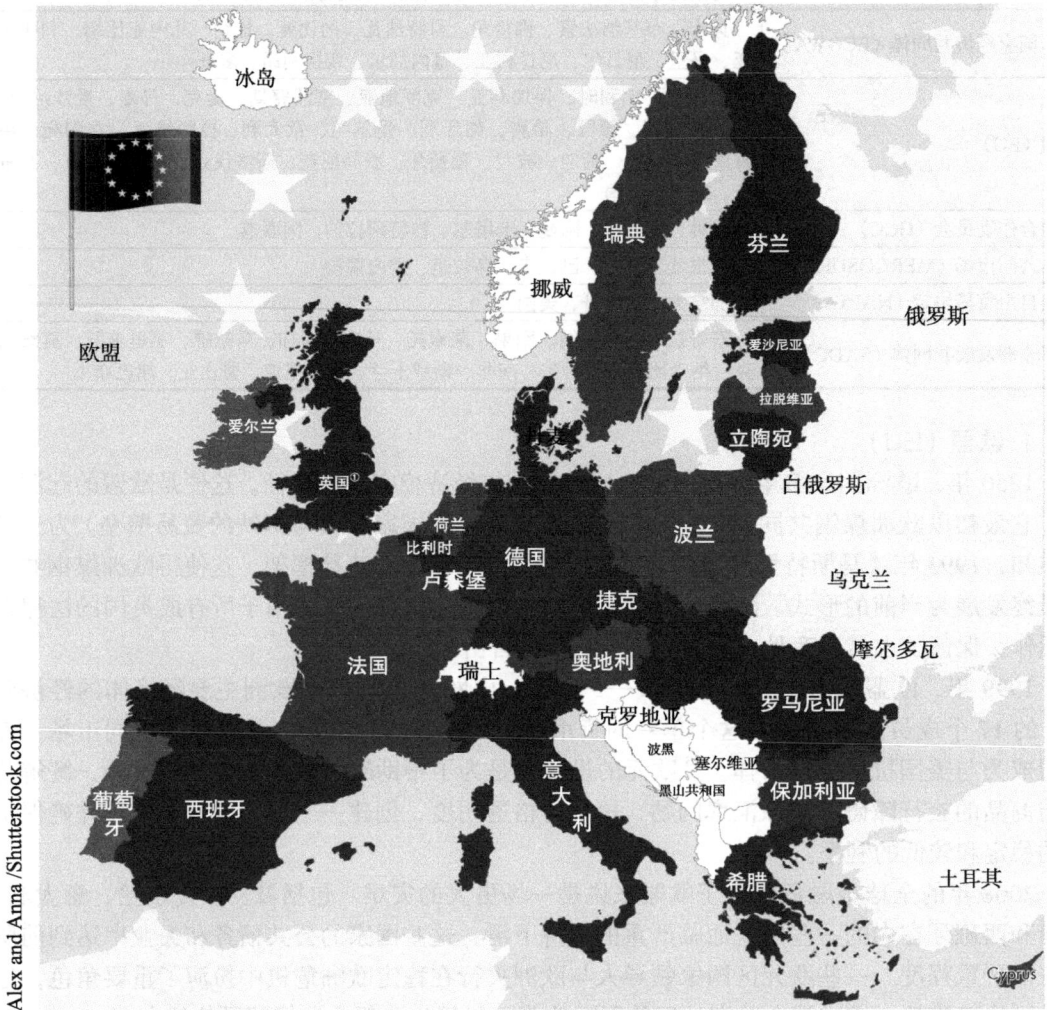

①英国目前正在进行脱欧谈判。

3. 东南亚国家联盟（ASEAN）

东南亚国家联盟于 1967 年建立，以达成区域的三个主要目标，包括①加速经济增长；②促进社会与文化发展；③确保和平稳定。东盟最初的成员国包括印度尼西亚、马来西亚、菲律宾、新加坡和泰国。在此之后，另外五个国家也加入了联盟，它们是文莱、柬埔寨、老挝、缅甸和越南。在世界上主要的贸易组织中，东盟有一个最大的特点就是具备最多样化的群体：成员国新加坡的经济总量是该组织中最落后国家——缅甸的 80 倍。这样的差距从人口基数上也可以看出：印度尼西亚的 2.3 亿人口是新加坡的 50 倍左右。[29]

如此多样化的成员组成使得东盟在促进区域整合的过程中遇到了一些挑战。正如图 2-3 所示，东盟贸易的活跃度远远低于欧盟与北美自由贸易组织。为了加速区域整合，东盟成员国创建了"东盟经济共同体"（AEC）来促进贸易自由化，它能够让区域内的商品、服务和投资更为自由地流动。

许多东南亚国家联盟成员快速发展联盟靠近中国、印度的大型发展机遇，这为未来扩张和经济发展提供了坚实的基础。自从 20 世纪 90 年代，东南亚国家联盟与中国的贸易已经翻了三番，而与美国的贸易则停滞不前。[30]

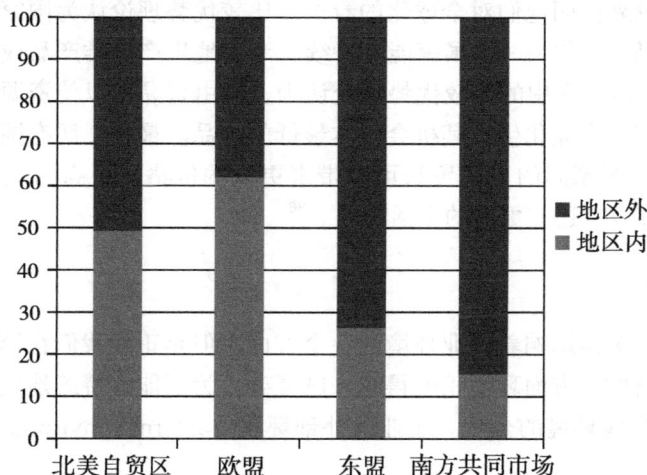

图 2-3　区域性贸易区的商品出口明细（2013 年）

资料来源：World Trade Organization, "International Trade Statistics, 2014," http://www.wto.org/english/res_e/statis_e / its2014_e/its14_toc_e.htm, accessed January 31, 2015.

4. 南方共同市场（MERCOSUR）

南方共同市场是世界第四大区域贸易组织，包括阿根廷、巴西、巴拉圭、乌拉圭和委内瑞拉。与其他贸易组织类似的是，成立于 1991 年的南方共同市场也是通过减少关税、自由化商品流通来促进区域的经济增长。南方共同市场致力于在南美洲建立起世界经济的主宰力量。

与东盟类似，南方共同市场在成员国之间的贸易增长率方面不断努力着（见图 2-3）。燃料与矿业产品是其重要的出口基础，该组成部分在不断增长；2012 年获批加入组织的委内瑞拉石油资源丰富，将有可能使区域内部和外部的燃料贸易比重更大。[31]

5. 自由贸易有利于全球经济吗

一般来说，贸易联盟的扩散推动着世界贸易的发展，为全球范围内的国家与公司提供了经济机遇。尽管许多批评者谴责这些协议的一些副作用，但整体经济影响通常还是正向的。然而，并不是所有问题都是非黑即白，贸易限制措施可能会对一些公司的生存产生严重的影响，例如金吉达（Chiquita）。

香蕉是世界上最重要、最受人欢迎的农产品之一，每年的产量超过 7 000 万吨。在 20 世纪的大部分时间里，金吉达公司在国际香蕉产业里占据着统治地位，该公司于 1994 年曾被估值为 51 亿美元。1993 年，欧盟启用了新的香蕉进口制度，对进口自拉美国家的香蕉进行限额，而拉美国家正是金吉达公司的香蕉来源地。[32] 同时，欧盟免除了来自其他国家如多米尼加、圣卢西亚、圣文森特、格林纳达的香蕉关税。新政策的制定，为这些贫困地区的经济增长提供了保障。最终，金吉达公司丢失了其市场份额的 20% ～ 50%，其股票从 1991 年的 40 美元下跌至 1994 年的 13.63 美元。[33]1996 年，世界贸易组织明令欧盟停止强制限额措施，因其涉嫌贸易限制与保护主义。

正如你所看到的，贸易限制对于公司的财富具有重大的影响。在金吉达的事例中，关税的限制导致公司丢失了其最重要的目标市场。尽管有一些支持欧盟政策的意见，但最终限额政策对于市场上的大多数高效生产商是不利的。

全球化与自由贸易的支持者们认为，减少贸易壁垒可以让全球经济变得繁荣。这些支持者们用比较优势理论来证明他们对全球化的看法。比较优势理论认为国家应该专门生产本国机会成本最低的产品。[34] 如果一个国家能够持续、专业地生产这类产品或商品，那么它就是更高效的生产者。[35] 经济学中的比较优势理论认为，自由贸易可以使资源分配更加有效，因为自由贸易鼓励国家去专业化生产其机会成本最低的产品。最终，所有国家将受益于更低价的产品。一般来说，国家间的自由贸易可以带来更低的价格、更高的就业率、更广泛的出口，对发展中国家而言，还有更高的生活标准。[36]

2.3 外部环境

全球化的力量显著地影响着商业环境的各个方面，但是正如我们在第 1 章的沃尔玛案例中看到的，企业运营的各方面环境正变得越来越复杂。为了能够持续地成功，管理者必须理解企业运营所处的商业环境的全貌。企业的**外部环境**（external environment）是指所有影响企业经营的外部势力。

为了便于讨论，我们将企业的外部环境分成两个部分：**总体环境**（general environment）和**作业环境**（task environment）（见图 2-4）。图的外层由企业的总体环境组成，表示影响企业的主要外部势力。其中的一些因素与其他因素相比，会对企业产生更大的影响。例如，政治与法律势力在美国的医疗行业很有影响力，它们对医疗保险和制药企业的运营方式有重大影响。社会文化和技术的力量则在 Facebook、Twitter 和 LinkedIn 这类社交网站的扩张中扮演重要角色。全球以及政治势力也影响着那些依靠石油、天然气和木材这类原材料进行生产制造的企业。

中间层由作业环境组成。企业的作业环境是指持续对企业造成直接影响的实体，包括竞争者、供应商和客户。当苹果公司在 2010 年推出 iPad 时，它不仅仅创造了一种新的计算平台，还对其

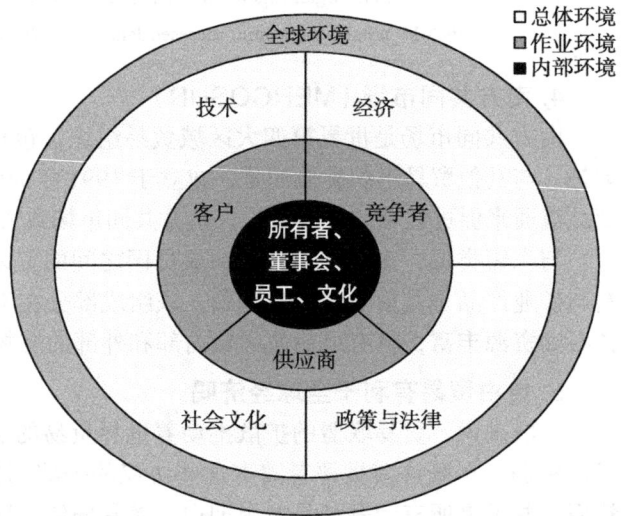

图 2-4　企业的商业环境

资料来源：Adapted from L. J. Bourgeois, III, "Strategy and Environment: A Conceptual Integration," *Academy of Management Review*, Vol. 5, No. 1, January 1980, p. 26.

竞争者随后推出相似产品造成了巨大压力。包括摩托罗拉、戴尔和东芝在内的一些企业快速响应，在 iPad 推出仅仅一年后，市场上就有了 11 个品牌。[37] 与总体环境中的各个维度相比，这些群体能够对企业施加更加巨大且快速的影响。

2.3.1 总体环境

尽管总体环境中的各个维度并不像作业环境中的那样直接地影响企业，但由于它们在长

期内会对企业及其行业造成影响，理解它们仍是十分重要的。这些维度构成了战略环境的基础，一个行业内的所有企业都在其中竞争。[38]

管理者所要做的第一步是找到与企业相关的外部维度，并开发应对的战略。我们先看看总体环境中的外部维度是如何影响麦当劳的（见图 2-5）。

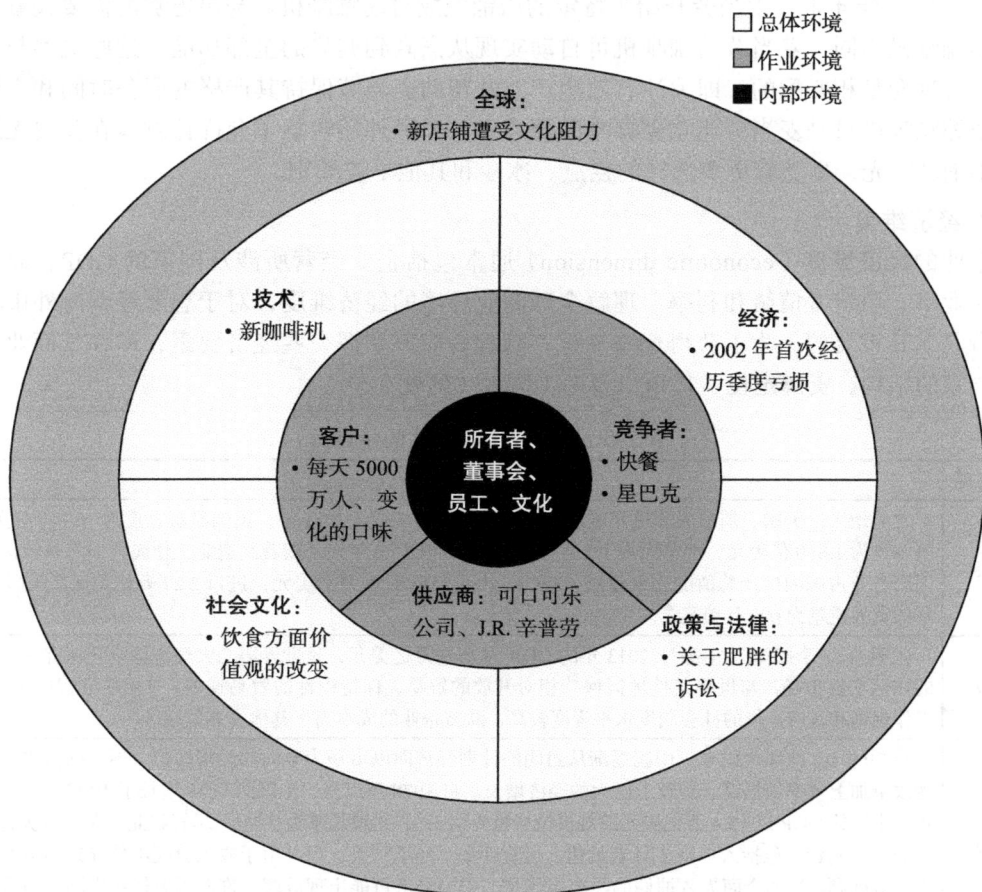

图 2-5　麦当劳的商业环境

1. 技术维度

技术维度（technological dimension）是指一家企业用于制造产出的方法，或是企业用于达成产量的体系或流程。技术维度通常包括企业生产线依托的技术，或是企业运行配给系统所需的软件和硬件。这一维度在过去的 20 年间经历了愈加快速的变化。

尽管技术以多种方式对企业和行业造成影响，成功的企业却能利用新的创新。有时候，长期看来最为成功的企业，并不见得是那些率先将技术商业化或是实施创新的企业。比如，Napster 公司最早引发了在线数字音乐革命，并受到消费者的欢迎。但由于它没能意识到包括政府监管机构、艺术家和唱片公司在内的其他关键利益相关者的重要性，致使它为苹果公司引进一种让各部分群体都得到满足的商业模式做了嫁衣。

尽管麦当劳的业务并不像其他企业那样密切地受到技术力量的驱动，但它确实要依靠技术来驱动新商业机会，并让经营有效运转。前几年，麦当劳首次引入了特色咖啡饮料售卖。这一举动是它作为快餐连锁店的一次尝试，巩固了其在快速早餐服务行业的领先地位。早餐三明治市场是麦当劳最为重要的利润丰厚的产品线之一，公司曾受到逐渐增长的竞争威胁困扰。2013 年，麦当劳的市场份额占到快速早餐行业的 19%，其竞争对手星巴克与邓肯甜甜圈各自占 7% 的市场份额。[39]

为了帮助麦当劳引进包括浓咖啡和卡布奇诺在内的一系列特色咖啡饮品，企业需要借助新技术。2007 年年末，麦当劳开始为特定的店铺发放自动咖啡机。与星巴克的需要大量手动操作的咖啡机不同，麦当劳的咖啡机可自动实现从烹煮到调味的全部功能。这些机器与麦当劳的核心理念是相匹配的，即关注有效生产，并帮助麦当劳保持其严格的服务时间和交付标准。浓缩咖啡机只是麦当劳建立麦咖啡的努力之一，另外还包括了允许让顾客在免费无线的环境中消磨时光，享受着更多选择的糕点、冰沙和其他早餐类别。

2. 经济维度

企业的**经济维度**（economic dimension）通常包括企业经营所涉及国家的 GDP、通货膨胀、失业率、消费者情绪和利率。理解全球商业环境的经济维度，对于想要经营海外市场的管理者是尤其重要的。为了获得这些知识，管理者应该掌握一些经济要素，即在其商业范围内的国家的结构、资源定位、货币以及劳工问题（见表 2-5）。

表 2-5　世界主要经济体的特点

世界区域	经济状况
北美	北美地区由美国、加拿大和墨西哥组成，并以美国为主导。2013 年，美国经济总量为 16.7 万亿美元，墨西哥为 1.8 万亿美元，加拿大为 1.5 万亿美元。20 世纪 90 年代，随着制造业工作岗位向海外转移，美国服务业占国内生产总值的比重超过了 79%。由于出口 1.58 万亿美元，进口 2.27 万亿美元，美国 2013 年的贸易逆差为 690 亿美元[40]
欧盟	欧盟由 28 个成员国组成⊖，2013 年的 GDP 为 15.9 万亿美元，是世界第二大经济体。它拥有一个开放的内部交易市场，与世界其他地区保持相对开放的贸易，保持中性的贸易逆差。[41] 由于欧盟的工会化、工作规则和政府运作的社会制度水平程度较高，欧盟企业的成本高于其他大多数地区
中国	自 20 世纪 70 年代以来，中国逐渐从封闭的计划经济向以市场为导向的经济转型，逐步推行改革。这些改革加上效率的提高，导致了巨大的经济增长。自 1978 年以来，中国的 GDP 增长了 10 倍以上。2013 年，中国的 GDP 以 13.4 万亿美元的规模位居世界第三①，年增长率为 7.7%。尽管如此，在中国从商仍要克服一些问题，包括人口众多且老龄化、通货膨胀、环境污染，以及由于收入分配不佳导致的消费需求不足等问题。[42] 如今商界领袖们的一个担忧是，中国经济可能出现放缓。许多国家依赖中国作为重要的贸易伙伴，其经济的任何放缓都可能影响全球金融危机的脆弱复苏
印度	印度是世界上第四大经济体，达到 5 万亿美元。尽管有一半以上的劳动力受雇于农业，但全球化的知识服务是其经济增长的主要来源，占印度产出的一半以上。从 20 世纪 90 年代初开始，印度一直在通过放松管制、私有化上市公司、减少对对外贸易的控制来发展开放的市场经济。在此过程中，面对的主要挑战包括大范围贫困、基础设施不足以及国民难以获得高等教育等社会问题[43]
日本	日本是 20 世纪后半期经济增长最快的国家之一：20 世纪 60 年代增长 10%，70 年代增长 5%，80 年代增长 4%。以生产汽车、电子产品、机床、金属、船舶、化学品和纺织品闻名的日本，目前是第五大单一经济体，2013 年 GDP 为 4.7 万亿美元。但是，由于日本政府目前的债务占 GDP 的 226% 以及人口老龄化，日本经济面临着相当大的挑战[44]

① 此处作者疑以"大中华区"为统计口径，加入了当年港澳台等地的 GDP。"世界第三"，亦以区域为比较基础得来（中国当年 GDP 以近 10 亿美元位列世界各国第二位）。特此说明。——编者注

加拿大、澳大利亚、日本以及德国等发达国家具有较高自由度的市场原则，这和美国是类似的。这些国家有着稳定的经济条件，在通货膨胀与利率方面的变动性比发展中国家低。

⊖　英国已经脱欧、现在为 27 个成员国。

在很多欠发达国家，因为其经济处于不稳定的初级阶段，通货膨胀与利率的波动性有可能会很大。管理者在进军新市场时，必须能够考虑到这些因素。而在企业已经开始经营后，这些因素依然需要重点考虑，这是因为它们可能会影响区域内的消费需求以及企业的日常经营。

管理者还必须考虑到全球不同地区的资源定位。大多数的区域市场在资源发展和利用方面和美国并不一样。在美国，大多数管理者将通信网络、高速公路系统等各类基础设施看成是理所当然的，但对于大多数发展中国家而言，正好相反，它们没有可靠的高速公路系统，这就可能成为在这些国家开展商业的障碍。面对欠发达的资源定位和基础设施，全球管理者需要在跨市场的商业运作中保持灵活的姿态。

管理者在跨界运营商业时还需要调查货币问题。通常来说，大部分发达国家具备稳定的货币流通，币值在一个相当可预测的范围内波动。但在欠发达地区，当地的货币可能每日都剧烈地摇摆不定，并改变着消费者的购买力。这让企业利用全球区位为当地消费者进行分配面临难题。当本地货币兑美元大幅度贬值时，企业如果无法及时面对差距而采取价格调整，就有可能产生经济损失。

最后，管理者在全球市场中需要考虑劳动力现状。全球市场的劳动力在技能掌握与受教育程度方面参差不齐。对于那些在高科技领域与高技能制造业的公司而言，拥有稳定的高级员工群体对于企业的成功尤其重要。通常而言，一个公司想要从国内扩展为全球范围的运营，员工的搬迁成本是非常昂贵的。很多公司只会调任其高层执行官，而很少调任大量的底层员工，这是因为其成本效益太低了。许多全球化公司主要依赖本地人去做底层工作。当前在美国，发放给技能工人 H1B 签证（该签证可以令掌握某些技能的人在美国工作）的数量成为争论的焦点。许多信息科技公司正在游说政府增加该签证数量，以满足日益增长的科技技能方面的需求。

住房建造行业尤其容易受经济变化的影响。托尔兄弟（Toll Brothers）是美国最大的单户住宅和规划社区的建筑商之一，在 2003 年至 2006 年间每年增长 30%。[45] 低利率和便利融资造就了这一惊人的增长。但至 2007 年，随着住房建设陡然减少，这家企业遇到了巨大障碍。建造完工的新房数量从 2006 年的 198 万个单位跌至 2007 年的 150 万个单位，并且继续下滑，直到 2011 年的 584 000 个单位。[46] 这一衰减是许多经济因素作用的结果，包括 GDP 疲于增长，失业率增加，信贷市场紧缩，以及利率增长。[47] 住房建设通常作为经济格局可能趋向的指引者。从 2011 年至 2014 年，新房建造数量增至 883 000 个单位，仍然比八年前的一半还低。[48]

自 1948 年创立起，麦当劳在全球 121 个国家拥有超过 36 000 家餐厅。在 2014 年，企业销售额为 274 亿美元，净利润 48 亿美元。然而，尽管这些数字看起来很厉害，但在过去的一些年里这家企业也经历了苦苦挣扎的阶段。据报道，从 2011 年开始其销售额与利润呈持平或下跌状态。这样平庸的业绩使其在过去的十年里变动了三位首席执行官。麦当劳的问题是许多因素作用的结果，包括日益增长的竞争、消费者口味的变化以及其他的一些因素，我们将在接下来关于企业总体环境的各个维度的讨论中予以解答。

3. 政策与法律维度

外部环境中的**政策维度**（political dimension）是指市场中会对企业造成影响的政治事件和活动。在全球范围内经营的企业会遇到不可忽视的政治势力。比如，当地政府的政策制定者可以通过限制原材料获取或是改变高昂的许可证费用来影响企业的可能机遇。本质上，他们具有改变竞争格局的力量。[49] 例如在 2013 年，印度撤销了辉瑞的抗癌药物的专利——索坦，以让当地的制造商生产一种更便宜的药物。尽管印度法院要求专利局重新评估这个案子，这也表现了企业在市场运营中面对不同监管制度时所遇到的挑战。[50]

许多国家每天都在上演着骚乱和暴力。这个因素也会直接或间接地影响经营全球市场的公司。当平民骚乱导致了公司财产的损失时，这种影响就是直接的。在第 1 章中的必和必拓铜矿案例中，政治敏感的情况已经演变成了在煤矿的骚乱，迫使管理者不得不解散和废止商业活动。政治骚乱也会间接地影响公司，例如破坏国家的消费信任度。最终，许多公司需要在探索评估中对全球特定市场的潜力有所意识。比如，这就是许多国际石油公司在过去的数十年间，于全球不同地区开展商业时反复遇到的问题。

2010 年 9 月，斐济政府撤销了大卫·罗斯（David Roth）——斐济水（占据了斐济国家出口的 20%）在加利福尼亚州总部的当地经理的签证。他被控告在向其母国美国出售水时人为压低价格，以降低对斐济的义务税。斐济官方同时也警告斐济水公司，如果不及时解决这一税务问题，那么也将撤销作为公司产品来源的地表含水层通道。[51]在这样的争议中，该公司一度决定暂停在斐济的业务，但最终还是重新开业，并同意遵守新的税收政策。这个案例说明了，过多地依赖单一产品以及单一产品来源对一个公司而言是多么不稳定。从那之后，该公司拓展了其新的产品线：特选葡萄酒。

法律维度（legal dimension）是指企业在市场中需要遵循的政策和法规。在一些行业里，法律和法规决定了企业制作产品（如食品行业）或市场营销（如制药行业）的方式。例如，美国国会最近就是否提高在美国销售的所有汽车的燃油效率标准产生了争论。国会提议截至 2016 年，将燃油效率标准从 27 英里每加仑⊖提高到 35 英里每加仑。这一立法的提出是为了回应人们对于由二氧化碳排放导致的全球变暖步伐加快的担心。如果这一立法被通过，美国所有的汽车销售企业都将直接受到影响，许多企业将被迫彻底更改其发动机和燃油系统的设计。2012 年，奥巴马当局又提出，截至 2025 年，燃油效率标准要高达 54.5 英里每加仑。[52]

过去的十年里，麦当劳因为其出售的食物而接受严格的监督。一般情况下，麦当劳菜单中主打巨无霸和麦乐鸡此类高脂肪、高热量的食物。20 世纪 90 年代末期，许多批评声音指向麦当劳，认为其应对成人和儿童肥胖症日益高发的情况负有直接责任。2001 年，一位律师写了一份针对麦当劳的责任诉讼书，声称其当事人在吃了麦当劳之后变得肥胖。[53]尽管这份诉讼最终被驳回，但公司需改善菜单的压力日益增大。2012 年，麦当劳与一些其他快餐连锁店达成协定：将菜单上每项食物的卡路里公布出来，这样做的目的是为了对消费者更加透明，使其更好地了解自己的选择。[54]麦当劳公布卡路里的行为并非完全利他主义。作为奥巴马总统的第一个任期期间医疗改革的一部分，20 个或更多地区中所有的餐馆最终将不得不公布其每项菜单中的卡路里数值。在这方面，麦当劳试图在被联邦强迫要求之前就开始行动了。

4. 社会文化维度

外部环境的**社会文化维度**（socio cultural dimension）是指人口方面的特征以及社会的价值观和风俗。人口老龄化和种族结构的变化是能够对企业造成更显著影响的人口力量。管理者在运营业务和招聘员工时必须考虑到这些因素。在 21 世纪中期，超过 20% 的美国人口的年龄将达到 65 岁；在 2015 年这一数字为 15%。[55]65 岁以上人口的增长主要是因为婴儿潮（美国最大的一波人口激增）一代的老龄化。婴儿潮指的是在二战之后的 1946 ~ 1964 年期间，美国诞生了超过 7 800 万人口，其中最早的一批人在 2011 年达到 65 岁。日本和德国 65 岁以

⊖ 1 英里 =1 609.344 米；1 加仑 =3.785 41dm³。

上人口比例的增长更为迅速，而印度和尼日利亚人口却年轻许多（见图2-6）。考虑人口统计学上的经济效应，日本和德国甚至为鼓励国民生更多的孩子提供经济激励。两国希望更多的新出生人口能最终产生更广泛的就业基础，以便支持预期会增长的照顾老人的成本。[56]

2014年人口数据

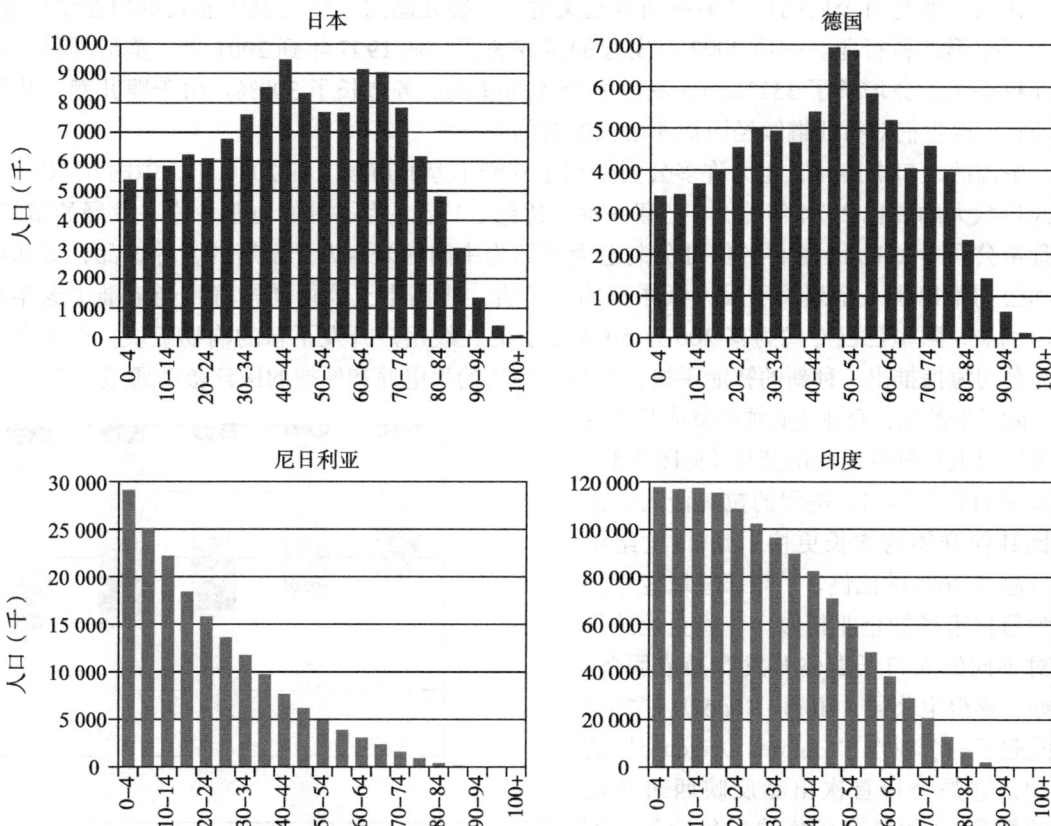

图 2-6　日本、德国、印度和尼日利亚的人口变化

资料来源：U.S. Census Bureau, 2015.

随着美国人口年龄的增长（见图2-7），许多大型企业将会面临将很大一部分高层管理者替换为更加年轻的员工。许多企业将在更小的人才储备中选择这一代的接替者。为了完成这一工作，企业很可能需要放眼公司外部来填补关键岗位。这种做法与先前许多大型企业从组织内部任用和提升的传统经历完全不同。其他企业可能会着眼于那些富有经验的高龄员工，并提供给他们第三甚至第四段职业生涯。这种情况下，这些企业可以通过灵活的工作安排和轮班制度来延伸高管们传统意义上的退休年龄。

人口老龄化对企业还有额外的意义，尤其是对那些想要开发针对这一人群的产品和服务的企

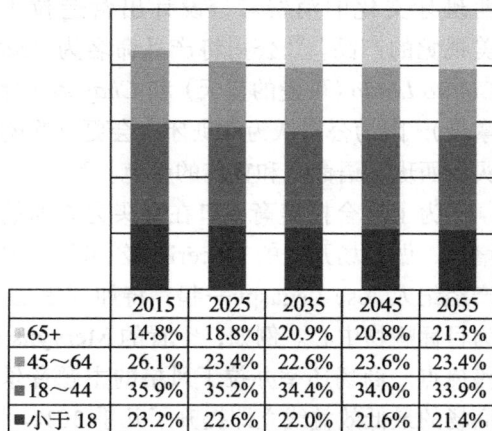

	2015	2025	2035	2045	2055
65+	14.8%	18.8%	20.9%	20.8%	21.3%
45～64	26.1%	23.4%	22.6%	23.6%	23.4%
18～44	35.9%	35.2%	34.4%	34.0%	33.9%
小于18	23.2%	22.6%	22.0%	21.6%	21.4%

图 2-7　美国人口年龄分布

资料来源：http://www.census.gov/population/projections/data/national/2012/summarytables.html.

业而言。由于老年人群体拥有更多的可支配收入和闲暇时间，他们对于许多行业来说都是特别具有吸引力的目标市场。美国职业高尔夫球协会（PGA）曾经展开一项研究，出生于婴儿潮的人的参与是业务增长的关键，因为这一群体组成了打高尔夫球人群的近 40%。随着男性和女性年龄的增长，他们将步入打高尔夫球最为活跃的年龄段，且 PGA 的官员们声称培养这一代人的参与对今后的体育事业而言是关键。[57] 婴儿潮这一代人也比前人更加在意外表，影响了整形外科行业。一项 2002 年发起的研究表明，从 1997 年到 2001 年，整形外科行业的外科手术业务增长了 352%，65 岁以上个体的隆胸业务增长了 300%。由于婴儿潮一代注重外表，医生们对行业继续经历快速增长抱有信心。[58]

中国的人口老龄化，也为许多公司带来了利润丰厚的市场。到 2030 年，中国 65 岁以上的人口数大约要比 2014 年的 1.1 亿翻一番，达到 2.1 亿。为了更好地服务这一发展的市场，像雅培公司（Abbott）这样的保健品制造商开始为中国的老年人开发新的营养饮品，又如金佰利公司推出了一系列关于成人纸尿裤的新广告。中国本土公司同样将目光瞄准了老年市场。例如，阿里巴巴专门为其 200 万 50 岁以上的在线用户开发了新的购物版块；中国电子产品公司海信推出一种新的智能手机，有易于使用的手电筒和便捷的医疗救助通道。[59]

除了老龄化，企业还必须调整或开发战略来应对人口种族结构的变化（见图 2-8）。在未来的数十年间，美国的拉美裔人口预计比其他群体的增长更快，到 21 世纪中期将超过 26% 的比例。[60] 与那些以老年群体为目标市场的企业相似，一些企业选择针对不同的人口子群体开发产品或服务。例如，家得宝公司（Home Depot）在 2005年发起了一个叫作"Colores Origenes"的活动，这是公司首次出品反映西班牙历史的拥有 70 种鲜亮颜色的配色涂料。家得宝公司希望激励那些想要在家装中捕捉西班牙文化的消费者，设计出营造拉丁美视觉的产品。[61] 公司将产品命名为 *Azul Cielito Lindo*（可爱的蓝天）和 *Chayote*（合掌瓜），因为公司认为西班牙人会更喜欢购买由西班牙语命名和宣传的颜色。[62]

为了迎合拉美裔人口在购买力方面的增长，做商场开发的 Macerich 公司与房地

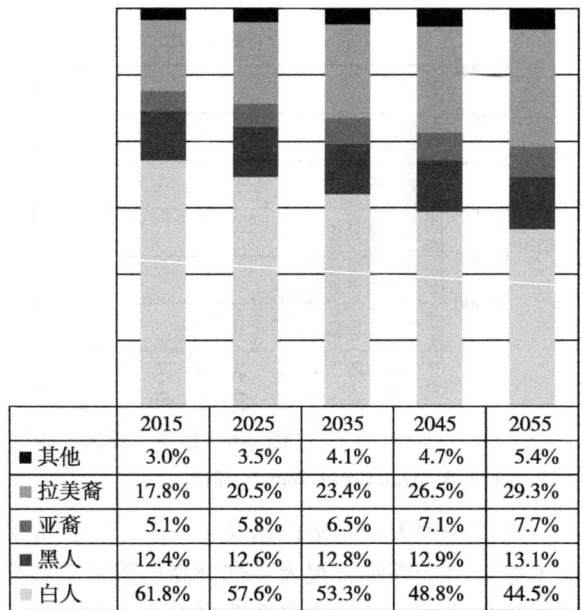

	2015	2025	2035	2045	2055
■ 其他	3.0%	3.5%	4.1%	4.7%	5.4%
■ 拉美裔	17.8%	20.5%	23.4%	26.5%	29.3%
■ 亚裔	5.1%	5.8%	6.5%	7.1%	7.7%
■ 黑人	12.4%	12.6%	12.8%	12.9%	13.1%
□ 白人	61.8%	57.6%	53.3%	48.8%	44.5%

图 2-8　美国人口种族分布

资料来源：http://www.census.gov/population/projections/data/national/2012/summarytables.html.

产经纪人 Jose Legaspi 一起，将加利福尼亚州与亚利桑那州的闲置或利用的购物中心，转变为目标购物中心。例如，空置的 Mervyns 被转成 Mercado 商场，并布置了鳞次栉比的主题零售摊点。商场还举办拉丁风格的主题音乐会和烹饪活动，以服务当地社区。最终的结果是，商场的最低效益线立即提升了几乎 30%。[63]

尽管全球化的力量导致人们文化品位和行为趋于统一，全球许多市场在重要的文化维度上依旧截然不同。对于管理者而言，当需要尝试在国外经营时，第一步就是去获取或感受新的文化。许多国家在宗教信仰、社会规范和语言上都有着明显的区别。例如语言，可能会对

不同国家公司之间的贸易产生巨大的影响。据估计，使用同一语言的国家之间的贸易，比使用不同语言的要高出三倍。[64]

宜家公司在进入泰国市场时，就经历了语言和社会规范的影响。许多宜家家具采用了好玩的北欧名字，但有时这些名字在其他语言中有着不同的含义。[65] 例如，宜家的 Redalen 床取名自挪威的一个小镇，在北欧很受欢迎，但在泰国，这个名字就有明显的色情含义。像宜家这样拓展至全球的公司，需要对语言和当地习俗足够敏感，以避免冒犯或误解。对宜家而言，它的全球吸引力一部分来源于它的快速和产品有趣的北欧名字，因此这样的权衡取舍是艰难的。

如果说语言障碍是容易克服的，那么社会价值观对于一个想要在全球范围内发展的公司而言，则是更大的挑战。**社会价值观**（social values）指的是个人在其生活和社会交往中的扎根深处的行为准则。[66] 一个社会的价值观会在两方面影响一个公司。首先，一个国家的社会价值观会影响公司本地员工的行为方式；其次，它还会影响消费者对于某个商品属性的喜好程度。下面来讨论社会维度中一些更重要的方面（见表2-6）。

表 2-6　通行的社会维度

社会维度	描述
权力距离高低	被低权力距离吸引的人偏好共同决策与达成共识，而赞成高权力距离的人则偏好尊重权威。低权力距离指的是民主的社会，如奥地利和丹麦；高权力距离指的是专制的社会，如部分拉美国家
个体主义与集体主义	个体主义倾向于关注个人目标与成就，而集体主义倾向于关注集体目标与关系。美国主要是个体主义，而拉丁美洲国家显示出较强的集体主义
合作性与竞争性	被合作型关系吸引的人偏好合作和团队参与，而被竞争型关系吸引的人偏好个体成就、竞争与独断。以往的研究将此维度分为女性气质的（合作型）与男性气质的（竞争型）。美国和德国倾向于竞争型，而瑞典则更多聚焦于关系的合作方面
不确定性规避的高低	一个社会的成员如何应对最小化不确定性带来的焦虑。高不确定性规避的国家，如大部分拉丁美洲国家，偏好更多的规则、计划与结构；而低不确定性规避的国家，包括爱尔兰、瑞典、丹麦和新加坡，则能较为轻松地应对模糊性
长期导向与短期导向	在做出商业决策时，所赋予考虑的未来与条件的重要性。亚洲国家往往具有长期导向，而西方国家则为短期导向

资料来源：Based on data from Geert Hofstede and Michael H. Bond, "The Confucius Connection: From Cultural Roots to Economic Growth," *Organizational Dynamics,* Vol. 16, Autumn 1988, pp. 4-21, and David Livermore, *Expand Your Borders.* (East Lansing, MI: Cultural Intelligence Center, 2013).

在表2-6中所列举的五个维度可以帮助管理者更好地解释一个特定国家的社会价值观（见图2-9）。然而，请记住这些维度代表的是特定社会的泛化情况，在不同国家内会有所变动。公司可能会遇到一些完全不同于这些泛化情况的个人或企业。为了提高效率，管理者应该掌握他们想要入驻的市场中的文化，并据此采取适应性策略。我们将在第19章重点讨论跨文化交流的问题。

我们在前面一节中提到过，在过去10年中，麦当劳因为菜单和许多消费者价值观的改变，受到了严格的监督。肥胖症和糖尿病在儿童和成年人中的比例已经增长到了警戒水平。随着这些趋势的显现，许多消费者开始改变他们关于饮食和健康的观点及价值体系。除此之外，许多人开始公开批评麦当劳这样的快餐连锁店，暗指肥胖率增长和销售额增长之间的关联。

在广受欢迎的纪录片《超码的我》（Super-Size Me）中，导演打算在一个月里每餐都吃麦当劳的食品，看看这会对他的体重和健康造成怎样的影响。这种媒体对于企业有毁灭性的影响。由于这部电影以及其他像《快餐国度》(*Fast Food Nation*)这样的批评书籍，麦当劳开始接受社会价值观的转变，对饮食和健康予以关注。麦当劳停止供应超大装的薯条和饮料，并在其菜单中增加了更加健康的新产品（比如沙拉、燕麦片和新鲜水果）。

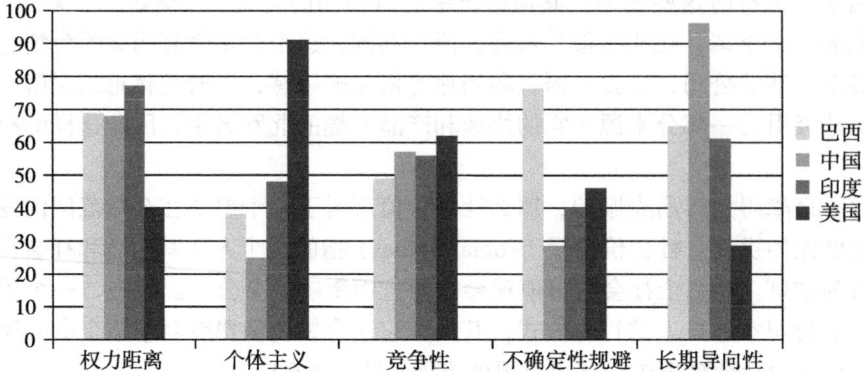

图 2-9　国家社会价值评分

资料来源：Adapted from Geert Hofstede and Michael H. Band, "The Confucius Connection: From Cultural Roots to Economic Growth." *Organizational Dynamics,* Vol. 16, Autumn 1988, pp. 4–21.

麦当劳充分利用了环境中的全球机遇，这一点超过了其他大多数公司。麦当劳在上百个国家运营餐馆，并每天服务于 6 900 万人。[67]这家企业在莫斯科和科威特城这样遥远的地方也拥有餐厅。2014 年，越南的第一家麦当劳开业。对许多人来说，麦当劳餐厅提供了品尝美国滋味的机会。但是，其他人却批评这家企业的扩张，声称这家连锁店使得许多地区的文化认同度降低。不管怎样，环境的全球维度为企业带来了巨大的成功，增加了营业额和企业知名度。

2.3.2　作业环境

企业的作业环境包括是指那些以更为快速的方式对企业造成直接影响的实体，包括竞争者、供应商和客户。与总体环境中的各个维度不同，这些团体有能力对企业造成更大、更持续的影响。再一次，我们将借助麦当劳公司的事例，在接下来的几节中逐个讨论这些组成部分。

1. 竞争者

任何一个与企业有同样的目标客户群，并为之生产产品和服务的组织，都是企业的**竞争者**（competitors）。技术的扩张、全球化的快速步伐以及创新的速度，都极大地改变了竞争格局。技术和全球变化使得包括电子工业、汽车业和计算机产业在内的许多行业的竞争加剧。

美国汽车制造业在过去的十年中经历了两次重要的转变。第一，作为新兴市场的中国和印度成为增长最迅速的地区，这要求美国汽车制造商为适应二者而设计新的汽车。第二，美国汽车制造商还要面临与这些新兴市场的本土汽车制造商的激烈竞争。中国和印度的汽车产量在 2003 ～ 2007 年间保持了每年两位数的增长率，使得这些企业具有了进入国际市场的经济实力。印度塔塔汽车公司在 2008 年从福特手里购买了捷豹和路虎，中国的吉利公司在 2006 年成为首个现身底特律车展的中国汽车制造商。吉利 2010 年从福特收购了沃尔沃，其他一些企业与西方企业联合，扩大对美国市场出口，甚至在美国投放新产品。[68]

美国半导体行业正面临来自中国企业的竞争压力。随着 2004 年中国芯片制造商中芯国际（SMIC）、炬力（Actions）和中星微电子（Vimicro）在纽约证券交易所相继上市，种种迹象表明中国将会迅速占领这一行业。[69]2003 年到 2013 年，中国的半导体行业的复合年增长率达到了 23%，半导体消费的复合年增长率为 19%，而世界平均水平才 6%。截至 2013 年，中国在全球半导体市场上的份额超过了 55%，同时中国主流半导体公司的数量增长到 50 个。[70]

麦当劳的竞争者名单相当广泛。这家企业自然与当地市场的所有其他餐馆都存在竞争，当地的中餐馆、墨西哥餐厅和印度餐馆都是麦当劳的竞争者。但是，麦当劳认为其他的快餐厅才是它的直接竞争者。像 Wendy's 汉堡、汉堡王、塔可钟和 Hardee's 汉堡，都提供了与麦当劳相敌的产品。近期，麦当劳需要与大量更集中的休闲快餐厅竞争，如 Panera Bread。在其传统的汉堡领域，Five Guys 和 Shake Shack 成了它强大的竞争对手。[71]事实上，如果你沿着美国的任何一条商业街驱车行驶，你很可能会看到这些餐馆彼此紧邻。尽管这些企业组成了公司的传统竞争者，麦当劳还将许多其他企业（如星巴克）纳入竞争者范畴。如我们早先看到的，2005 年星巴克为各个店面引入了早餐三明治。对麦当劳来说，这一举措意味着巨大的威胁，因为消费者们现在可以从星巴克获得一份完整的早餐，而不是在星巴克购买一杯咖啡后再来麦当劳购买早餐三明治。

2. 供应商

供应商（suppliers）为企业提供资源或服务，来帮助其创造产品和服务。在许多情况下，企业在内部生产所有的东西并不经济。例如，苹果公司仅生产 iPhone 手机 10% 的硬件，其余 90% 都由其供应商生产。除了拥有很多彼此独立的供应商，企业通常还会在特定部分持有多个供应来源，以减少对某一特定企业的依赖性。

像许多公司一样，麦当劳也有一长串的供应商。公司依靠特定的企业供应薯条所需的马铃薯，汉堡所需的碎牛肉，以及饮料中的苏打水（可口可乐）。2010 年，麦当劳购买了 8 亿磅⊖的牛肉（美国消费了其中的 3%），2.31 亿磅的奶酪，7.5 亿磅的鸡肉和 6 亿磅的苹果。[72]这些年来，从供应商的角度来看，麦当劳赢得了作为合作者和客户的好名声。这家企业倾向于挑选几家供应商，并与之建立长期、深厚的关系。在谈判中，麦当劳的关注点是产品质量和精确规格。例如，麦当劳汉堡中的肉饼必须由 83% 的食草牛精瘦肉（肩肉）和 17% 的饲养牛精选肥牛肉（下肋骨）组成。[73]这种细致程度使得企业全球连锁店中的操作和产品都能保持一致。

3. 客户

企业的**客户**（customers）是指购买企业的产品或服务的人或其他组织。对许多管理者来说，客户代表着企业环境中最为重要的部分。如果没有客户和销售，企业将无法生存。在许多企业中，你会听到"客户就是上帝"和"客户永远是正确的"这样的口号。这些描述反映出作业环境中这一部分的重要性。许多企业有着不同的客户群。例如，一家像 Staples 这样的企业既有零售客户，也有商业客户。事实上，或许你可以被视作这家企业的零售客户，如果你购买了其文具的话。不过，企业也拥有一长串的商业客户名单（比如，本地企业），它们使用其产品作为办公用品。尽管这两种客户对企业来说都很重要，企业与此二者的关系和销售流程却有着极大的区别。

尽管麦当劳在为客户提供方便且始终如一的产品方面已是先驱，它仍旧尝试通过引入开

⊖ 1 磅 =0.453 6 公斤。

心乐园餐和室内游乐场来吸引更多的客户。通过这些努力，麦当劳正试图服务于那些提倡方便快捷的客户，以及那些寻求特定就餐体验的客户。尽管麦当劳的成功主要归功于始终如一的就餐体验，这家公司还是在全球范围内扩张的过程中尝试了对地区菜单进行改良。像麦当劳这样的公司，经常必须考虑的问题是在跨区域的经营中，如何标准化定价其产品与服务，才能更好地适应本土市场。

2003 年，麦当劳在中东地区引入了 McArabia 三明治，以在这个地区的消费者中树立品牌。这种三明治比美国菜单中的产品要辣很多，并加入了一种蒜香芝麻酱。但是，为了迎合摩洛哥当地客户的独特品味，这种产品在摩洛哥分店中被改良的痕迹更为明显。比使用芝麻酱更甚，麦当劳这次使用了莳萝、胡荽、辣味番茄酱、灯笼椒和圆面饼。麦当劳也在中国香港出售虾堡，在日本出售柠檬胡椒沙卡鸡肉饼，并在新加坡出售新加坡红辣椒风味的早餐。这仅仅是麦当劳为了适应世界各地客户的口味而进行的食谱改良中很少的几个例子。[74]

2.4 内部环境

企业的**内部环境**（internal environment）是由企业内部对企业造成影响的许多维度组成的。企业内部环境的典型组成部分包括所有者、董事会、员工和文化。这里面的每个维度都直接影响着企业的业绩和竞争地位。

2.4.1 所有者

企业的**所有者**（owners）是指拥有对组织的法律控制权的人或机构。在许多情况下，企业被一个人或一小群人所拥有（见图 2-10）。事实上，独资企业构成了美国企业的主要部分；79% 以上的美国企业雇用人数少于 10 人（比如，当地干洗店和比萨店）。[75] 其他企业也许具有更大的规模，但还是保持了私有制。这些企业并不在纽约证交所这样的地方交易它们的证券。它们用一定数量的股票代表所有者在企业中的权益。一些企业避免公开上市，从而逃避来自华尔街对季度收益实现预期的压力和审查。

另一方面，许多大型企业却由股东公开持股，并在股票市场上频繁交易。在股票市场上交易的上市公司，必须遵守联邦和州的若干政策，例如定期公开报告其收益情况。

对麦当劳来说，个人股东和法人股东共同拥有这家企业。你可以立刻上线并购买麦当劳的股份。尽管你持有的股份非常少，你

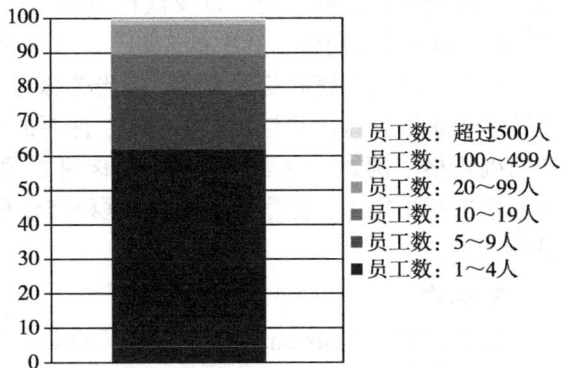

图 2-10　美国企业员工规模分布

资料来源：U.S. Census Bureau, "Number of Firms, Number of Establishments, Employment, and Annual Payroll by Enterprise Employment Size for the United States and States, Totals: 2012," released January 23, 2015.

仍被认为是企业所有者中的一部分，并被赋予投票的机会。麦当劳这类企业同样拥有法人股东（例如，富达投资集团和加州公务员退休基金——加州的养老金体系）。通常来说，法人股东拥有企业的几千甚至几百万股份。因而，法人股东能够对企业施加更大的影响力，并时常向企业施压，改变战略和管理。

2.4.2 董事会

董事会（board of directors）是指一群由股东选举产生的个体，负责监督企业的整体方向。尽管股东是公司的部分拥有者，但他们很难监督管理者在做什么来为他们的利益服务。因此，董事会作为中间组织可以监督管理者，确保其为股东的利益服务。董事会可以以多种形态和规模出现。一些企业的董事会主要由企业高管组成，而另一些企业的董事会则由非高管的实质代表组成。近来，企业开始让董事会的结构多元化，以回应21世纪最初几年里的一些企业丑闻。对安然公司和世通公司这类企业的董事会的主要批评是缺乏监管。董事会的一大功能是监督企业的战略和管理实践。许多批评者发出质疑，当安然公司高管操纵大量财务舞弊时，董事会又在做些什么。由于这些事件的发生，许多企业开始让其董事会更加独立，并减少高管中的人选。

当安然申请破产、世通严重误报年度收益时，许多腐败被揭露，立法行动也立即产生。[76]至2002年7月，《萨班斯-奥克斯利法案》通过，从根本上改变了董事会成员在企业中扮演的角色。董事会成员不再负责监督企业的整体运营，而是被授权编制财务报表和确保正面报道。这一法案进而为企业高管、企业董事、律师和会计规定了新的职责，使得一切都在新监管委员会的监督之下。[77]尽管这为上市公司建立了更为严格的规则，但它也增加了许多项目的成本，比如审计费用、诉讼费用、董事薪酬以及保险费。不过，这一法案仍被认为是有效的，因为企业和审计自此之后产生了一套严格的财务纪律。[78]如今若发生舞弊行为，股东可以向董事会追究责任。

麦当劳的董事会由高管、非高管成员，以及其他对麦当劳业务和客户有所了解的企业中的许多个体组成。2015年，麦当劳的董事会包括了其首席执行官史蒂夫·伊斯特布鲁克（Steve Easterbrook）和12位非高管成员，如美泰公司前首席执行官罗伯特·艾科特（Robert Eckert）、芝加哥艺术学院院长瓦尔特·马西（Walter Massey），以及耐克董事长珍妮·杰克逊（Jeanne Jackson）。

2.4.3 员工

企业的**员工**（employees）是企业内部环境中极其重要的组成部分。企业的员工是指那些制造产品并提供服务以使企业生存下去的人。如果没有能干且积极的员工，一个企业将无法在市场中具备竞争优势。许多企业既有永久员工，也有临时员工。永久员工是指那些工作合同中并未标注到期日的员工。而另一方面，临时员工可能只是在繁忙的圣诞季被雇来帮忙。例如亚马逊公司就与城镇中一些距离分销仓库很近的休闲车公园合作，让节前销售高峰雇用的临时工住在那里。一些想挣点外快或者寻找新体验的退休人员聚集在这些"亚马逊城镇"里，一住就是几个月。亚马逊公司在休闲车公园的表演中征募新的临时工，并承诺为其解决停车费用。亚马逊通过这样的方法解决了临时工的问题。[79]

正如企业的外部环境正变得越来越复杂，企业内部环境的复杂性也因为新员工的加入而上升。如今，比以往任何时候更甚，工作场所正充斥着各种性别、种族、信仰和国籍的人。如前面提到的，成功的企业要学会如何利用这种多元化。

员工的工会地位也可以作为区分他们的特征。一些员工属于正式的工会或群体，这些组织帮助他们与雇主讨价还价并谈判。尽管近来美国工会人数在减少，许多行业（如航空、汽车和电影行业）仍很大程度上受工会影响。

麦当劳的 190 万员工可以被分为两个截然不同的群体。在位于伊利诺伊州的公司总部，企业数千名员工从事市场营销、财务和运营工作，支持着全球的所有公司。这些员工执行的是企业的一些传统活动。与许多企业一样，麦当劳通过汉堡大学项目为它的员工提供培训机会。而在零售方面，企业有一些员工是餐厅管理者，也有一些是雇用的钟点工，他们在柜台后面负责食品的准备和递送。虽然麦当劳在过去的这些年中一直因为这类员工的待遇而受到指责，但这家公司确实为这些雇员直接提供了晋升为餐厅主管或是到总部工作的机会。事实上，40% 的执行官最早都是麦当劳地方餐厅的工作人员。[80]

2.4.4　文化

文化（culture）这个词对你来说或许意味着什么。人们总爱讨论某一家企业、学校、班级或运动队的文化。你或许曾谈论过你大学班级的文化是轻松且合作的。事实上，你学校的文化或许正是你决定加入它的原因之一。尽管文化这个词在描述某个组织时几乎无所不在，但它却很难定义。就其核心而言，文化体现了一个组织究竟是什么，或代表着什么。

一些人基于像企业的实体环境这样的有形因素来界定企业的文化。这些可以观察到的特征可能包括企业的实体空间、人们的穿着方式、工作安排的时间与模式，以及企业成员的整体行为。[81] 基于这些观察，许多人将某一特定的文化打上正式或非正式的标签。然而，这些可视的标志只是企业的人为产物，并不能代表文化本身。

从本质上讲，文化是对一个组织应当运转的方式以及一个组织中的个体彼此间应有的行为的一种基本假设模式。当成员加入一个组织时，他们被或明确或含蓄地教导什么才是他们的预期行为。[82]

企业文化经历了很长时间的发展。对许多企业来说，文化是创始人性格的副产物。在许多情况下，企业是以某一个人或一个小群体的价值观、信念与设想为基础的。史蒂夫·乔布斯对苹果文化的影响、赫布·凯莱赫对西南航空文化的影响、理查德·布兰森对维珍文化的影响超越了几十年。在其他一些企业中，文化则是企业所在的社会的产物。

像许多企业一样，麦当劳的文化可以追溯到它的创始人雷·克洛克（Ray Kroc）。在 20 世纪 50 年代，克洛克从加州麦当劳兄弟处购买了特许经营权。克洛克看到了这家餐厅在全美范围内经营的巨大潜力。他同样也看到了向食品准备和递送过程引进严格的流水线纪律所能带来的惊人利润前景。这种对细节的关注造就了公司总部的文化，并可以在全世界的许多店铺中寻到踪影。尽管这种快餐公司面临着频繁的人事变动，麦当劳却能够将这种文化传播到上千家店铺，使得消费者无论是在威斯康星还是在莫斯科，都能够获得同样的服务，品尝到同样的巨无霸。

一个企业的文化对于吸引、发掘并维持具有竞争力的劳动力，以及在市场格局中打造竞争优势，都有着至关重要的作用。在第 8 章组织文化中，我们将更为详细地讨论这一话题，以及解释一个管理者如何借助文化的发展和成长来对企业做出积极的影响和改变。

本章小结

1. 各种环境力量的结合，创造了一个比 10 年前更加全球化的市场。全球化的产生，来源于世界范围内贸易壁垒的消除和关税的减少。尽管全球化导致工作机会从成本较高的地区流转到成本更低的地区，但它带来的仍主要是积极的影响。面向全球开放的市场为公民和消费者的就业、商业与产品带来了机遇。

2. 尽管全球化让很多人生活得更好，它却对企业的管理者提出了不小的挑战。即使并没有进入全球的竞技场，他们也必须意识到全球商业环境对其企业或行业的影响。在更少的贸易壁垒下，企业将会面临更激烈的竞争。诸如关贸总协定、北美自由贸易协定、东南亚贸易联盟以及南方共同市场等贸易协议，以及世界贸易组织这样的贸易组织，也改变了管理者对竞争的思考方式。

3. 企业的外部环境包括两个主要部分——总体环境和作业环境。总体环境是指那些对企业造成重要影响的外部势力，包括技术、经济条件、政策和法律框架、社会文化因素，以及全球化。作业环境是指那些对企业有更为直接的影响的维度，包括竞争者、供应商和客户。

4. 除了回应并影响外部环境，管理者还需要密切关注企业内部的作业环境。内部环境是由那些影响企业运营方式的维度组成的，包括所有者、董事会、员工和组织文化。这里面每一个组成部分都需要特定程度的关注，以创造和保持企业的竞争优势。

关键词

董事会（board of directors）
比较优势（comparative advantage）
竞争者（competitors）
客户（customers）
经济维度（economic dimension）
员工（employees）
外部环境（external environment）
总体环境（general environment）
全球化（globalization）
全球维度（global dimension）

内部环境（internal environment）
法律维度（legal dimension）
所有者（owners）
政策维度（political dimension）
社会价值观（social values）
社会文化维度（socio-cultural dimension）
供应商（suppliers）
作业环境（task environment）
技术维度（technological dimension）

课后练习

讨论话题

1. 为什么一些公司在全球化扩张中比其他公司更成功？在全球化扩张的过程中，管理者应当思考哪些因素？

2. 你认为一个美国公司向中国或印度这样的新兴市场扩张更容易，还是中国或印度公司向美国扩张更容易？如果你是这两类情景下的公司的广告商，你可以做些什么？两类广告的相似处在哪里？不同处又在哪里？

3. 你认为全球扩张具有最大机遇的市场在哪里：亚洲、南美或是非洲？为什么？

4. 贸易联盟和区域贸易协议的优缺点是什么？

它们对商业和社会带来好处了吗？谁是区域性贸易联盟的最大受益者？为什么？

5. 在公司本土化和全球化的商业过程中，社交媒体具有怎样的影响？你认为还有什么科技力量会在未来五年中影响全球经济格局？

6. 在总体环境的主要维度（技术、经济、政策/法律和社会文化）中，你认为哪种是最复杂的？管理者如何影响它们中的每一个？

7. 美国人口老龄化带给商业什么样的机遇？又带来了什么样的挑战？

8. 公司应当如何看待美国正在不断变化的人口种族结构？这样的变化带来了什么机遇

和挑战? 借力这样的大变动, 什么公司可以有所作为?

9. 管理者如何影响公司的内部环境?

10. 在未来的 10 年内, 你认为麦当劳将会处在怎样的地位? 公司的关键优势和潜在挑战有哪些?

管理研究

1. 通用公司和可口可乐公司保持了超过 100 年的相关性。为什么? 找出一个保持相关性至少 50 年的公司, 思考其成功的秘诀是什么。

2. 选取一家你可以进行环境分析的企业。思考如下问题。

   • 指出并描述影响其外部环境的各种势力。

   • 指出企业内部环境的各个组成部分, 以及它们如何对企业产生影响。

   • 请你预测, 未来五年中哪些相关势力会对企业造成更大影响。评估这些势力对企业意味着机遇还是挑战。

3. 找到一家最近不得不应对危机的企业。

   • 哪些环境因素导致了这场危机?

   • 画出时间轴, 展现管理者是如何应对这场危机的。

   • 管理措施都是有效的吗?

   • 管理行为都是合乎道德的吗?

行动练习

1. 与一个非营利组织的领导者共同工作, 接触组织的内外部环境。与同学分享你的评定。

   • 你对非营利组织的评定与营利组织相比有何不同?

   • 企业能够从非营利组织的环境中学到什么?

2. 用影像记录你所在的大学城中一家零售企业的商业环境。影像中应当包括以下几个方面:

   • 分析企业利益相关者

   • 讨论企业外部环境的不同维度

   • 讨论企业如何管理其竞争者和供应商

   • 分析其目标客户

   • 讨论企业的组织文化以及文化如何影响业绩

3. 找到出生在不同国家的两位管理者。利用表 2-6 中的国家价值取向的霍夫斯泰德模型, 让两人按照以下的维度来回答各自国家的价值观:

   • 低权力距离 vs. 高权力距离

   • 个人主义 vs. 集体主义

   • 合作精神 vs. 竞争精神

   • 长期取向 vs. 短期取向

   在每个人回答了各自国家的价值观后, 询问这些价值观如何影响其领导方式。

第**3**章

伦理与企业社会责任

| 学习目标 |

阅读本章内容后，你应当能够：

1. 区分不同的伦理框架，并描述这些伦理框架对管理者探寻复杂伦理决策的方式造成的影响。
2. 描述管理者在组织内部和外部可能会面对的不同类型的伦理两难困境。
3. 解释一家企业的伦理、法律和经济义务，并解释这些义务会如何影响其社会责任行为。
4. 概述企业社会责任与公司整体表现之间的关系。

| 开篇自测 |

你的伦理信条是什么

伦理是对道德的研究，道德则是用来判断是非善恶的准则。我们的伦理信条会受生活经历、文化传统和个人价值观的影响。请用"是"或"否"来回答下面的问题，思考你的伦理信条都有哪些。

1. 能为最多的人带来最大利益的行为就是道德的。
2. 行为的错与对，应当根据结果而不是意图来判断。
3. 人们应当为他们所采取的行动争取最大化的利益，不惜违反规则。
4. 规则的制定是为了有向善的结果。
5. 在判断行为是否道德时，动机很重要。
6. 人们在做出道德判断时，应当遵循一种标准化的流程。
7. 当面对一个艰难的决定时，人们的价值观和道德观会指导他们的行为。
8. 有道德的行为是遵从社会期望的结果。
9. 对于道德操守的评价应当考虑到人们在价值观、舆论以及信仰上的差异。
10. 管理者应该考虑到他们的决定带来的社会影响。

根据你的回答，请思考你对伦理所持的观点是什么，你的伦理信条会对自己的管理行为造成怎样的影响。

3.1 概论

马克·扬（Mark Yang）得到了一家技术安全公司的暑期实习机会，他很激动。因为已有的实习经历和商业知识将可以让他在市场研究中做出贡献，并且能够对公司的核心产品改进贡献一分力量。但当他和领导谈话后，激动却变成了担心。领导要求他在做市场调研的同时，以学生的身份参与一个学校的研究项目。因为领导认为已有的和潜在的客户都更容易对非公司代表敞开心扉，谈论他们的担忧和问题。扬对于领导的这个要求感到很纠结。他非常喜欢这家公司，并且想要做好，以此得到毕业后的留任机会。理论上来说，他确实可以按照公司的要求来做，因为他确实是学生。但是当他仔细考虑这个需要隐藏自己身份的问题时，他觉得越来越不舒服。他不知道该怎么做。[1]

有些表面上看起来很简单的对错选择其实并不是那么简单，尤其是当一些人需要付出个人代价的时候。例如，扬相信如果他不按照领导的意思做，他就不会得到留任的机会。值得因为不伪装损失一个工作机会吗？在旁观者看来，答案似乎是很清楚的，但是当你身在其中，却往往容易看不清。

作为一名管理者，你将会面临许多两难的情形。决策都没有明确的正确答案，谨慎制定的计划将有可能面临无法预见的障碍，重要的人际关系可能会面临严峻的压力，从而导致冲突和分歧。你只能依赖你的价值观、信念和**伦理**（ethics）来做出这些决定。这看似是一个简单的概念，但伦理的学习仍然是商场上最复杂的话题之一。[2]它的核心是，伦理是对道德标准以及它们对行为产生的影响的研究，**道德**（morality）是人们衡量对错善恶的准则。

作为一名管理者，你在承担经济、法律和道德等方面的义务时，要面对来自老板、股东、客户以及下属等各方各面的压力。很难让所有人的利益诉求达成一致。各方相互矛盾的优先级选择和业绩压力，通常会使管理者忘记那些发自内心的声音，尤其是在担心遭到处罚、感到难堪和失去升职机会时。在这个案例中，扬觉得伪装自己的身份会使得自己良心不安，于是他向领导坦露了他的担忧，领导的回答却令他倍感轻松。领导对于让员工扮演这样一个角色做出了道歉，并且他们一起完成了一个互相认可的暑期项目。[3]

身为管理者，伦理困境变得更加复杂。一个社会中衍化的道德标准经常和另一个社会中的产生冲突。例如，受贿在许多国家是非法的，但在某些国家，受贿是被认可的。这导致管理者有时提出的观点可能只在某些国家适用。除此之外，仍然有许多人知道应该如何做却不做，为什么呢？在这一章中，我们会提供大量的伦理决策案例，来帮助你更好地探寻灰色或不清晰情形下的道德问题。

在做出伦理决策时，权衡组织中所有利益相关方的利益诉求十分重要。[4]股东寻求的是商业利益的最大化，员工期待企业能够提供安全的工作环境和合理的薪酬福利，客户希望企业在所提供产品和服务的质量上是可信赖且公开透明的，而公众对企业的要求则是做一个"好公民"。我们在第1章中就曾讨论过，商业理念会如何从股东的观念转变成所有利益相关方的观念。现如今，许多组织都会受到国内以及世界范围内的评价，判定它们是否是负责任的社会公民。2011年仅有20%的公司公布了社会责任报告，而2013年，标准普尔500家公司中的72%都公布了这一报告。[5]公司会通过做一些有意义的造福社会的活动来实现企业社会责任（CSR）。

CSR 可以提升一个公司的品牌，公司可以收取更高的价格、吸引更好的员工，最终提升股价。[6] 由于商业竞争提高了人们的生活标准，也为更多的人提供了更多的东西，可持续发展和能源变得越来越重要。近年来，"效率"和"可持续性"这两个词几乎主导了所有政治和商业议题。但是 CSR 并不是对所有组织都适合。一家公司需要谨慎地考虑 CSR 是否合适、划算，并且和企业其他的策略一致。如果不是，CSR 就会成为昂贵且无效的努力。

在本章中，我们将探讨有关伦理和企业社会责任的各类理论，这些理论将有助于公司和管理者平衡利益相关方的需求，并在保持高道德和法律水准的同时实现经济利益。[7] 在企业这种环境下做出明智的伦理决策并能贯彻实施是需要技巧的，这源自你的经验和所接受过的训练。[8] 让我们来看看，默克（Merck）公司在面对无法想象的压力和不确定性面前，是如何管理其伦理决策的。

案例 3-1

默克公司与河盲症 [9]

在非洲和拉美热带地区河流沿岸的偏远村落，有将近 1 800 人感染了河盲症。[10] 这种疾病是由一种在人际间因受某种黑色苍蝇的叮咬而传播的微小寄生虫所导致，这种苍蝇通常在河流中产卵。这种蠕虫会藏在人们的皮肤下，成虫长达 2 英寸⊖，造成直径 0.5 英寸到 1 英寸不等的囊肿，并在这些囊肿里，繁衍出数以百万计的后代，在人体的皮肤下四处游走，所到之处会导致皮肤褪色。感染者通常会奇痒难当，甚至有些人会因此自杀。最终，当这些小虫进入眼睛后，会导致感染者失明。但由于其他地区的土地不够肥沃，无法维系整个村落的生存，绝大多数村民被迫仍然居住在河流沿岸，让这种疾病成为他们生命中无法摆脱的威胁。

能够消灭这种人体寄生虫的唯一药物十分昂贵，有副作用，还需要长期住院治疗，所有这一切都令为感染者提供治疗显得不太可行。但在 1979 年，默克公司的科研专家威廉·坎贝尔博士（William Campbell）发现，公司最畅销的一种兽药，ivermectin，可以杀死这种寄生虫。进一步的分析表明，该药有可能为河盲症感染者提供一种低价、安全且方式简单的治疗办法。在发现了这种可能性后，坎贝尔请求公司董事长 P. 罗伊·瓦格罗斯（P. Roy Vagelos）博士允许他研制可用于人体的该种药物。这个决策并不简单。研制一种药物的成本可能会高达 1 亿美元，即便可以成功研制出药物，那些感染者也会由于太过贫穷而无力承担药物的费用，而且在那些偏远地区，药品分销也不是件容易的事情。此外，人们还可能误用这种药物，产生副作用，这都可能会引发对默克公司的负面报道。

默克公司的管理人员无法做出决策。医疗保健的成本日益增长，医疗保险和医疗补助所能承担的部分又是有限的，国会也准备通过一项法案，这会让公司的竞争对手能更容易复制和营销通用类药品。[11] 由于默克公司还要面对日益衰退的经济状况和产业压力，管理者们对是否要研制这种收益前景并不乐观的药物感到踌躇不决。为了决定是否生产用于人体的 ivermectin，瓦格罗斯与管理团队多次召开紧急会议。他们最终决定，这种治疗河盲症的药物可以为人类带来的福祉不可忽视。许多管理者认为，无论成本多高，经济回报多小，公司都对研制这种药物负有道义上的责任。在 1980 年年末，瓦格罗斯批准了为研制人体用 ivermectin 提供资金的预算案。

⊖ 1 英寸 = 0.025 4 米。

经过七年的临床测试和研究，默克公司终于成功研制出了人体用 ivermectin——一种只需每年服用一次就能彻底根除体内寄生虫并防止再次感染的药片。不幸的是，默克公司最初的担忧变成了现实。没有人购买这种药物，无论是受感染地区所属的政府、美国政府还是世界卫生组织。因此，默克公司决定向可能被这种疾病感染的人群免费提供这种药物。[12] 之后，默克公司又遇到了另外一个障碍，没有一种有效的分发渠道可以让那些需求最迫切的人们拿到这种药物。在世界卫生组织的协作下，默克公司还资助了一个全球性的委员会，通过这个委员会，可以把药品安全地分发给第三世界国家并防止药品在黑市被转卖。截至 1996 年，数以百万计的人拿到了这种药物，这改变了他们的生活，使他们从因疾病导致失明的绝境和可能被感染疾病的威胁中得到解脱。

在一次采访中，当被问及为何公司会投入这么多资金用以研制、生产和分发这种无利可图的药品时，瓦格罗斯的回答是，一旦公司认为一种兽药有可能会治愈某种严重的人类疾病，公司唯一的伦理选择就是要研制这种药品。他还说，人们会记得默克公司曾如何帮助过他们。[13] 瓦格罗斯宣称，公司了解这样的行为对长期利益的战略重要性。

案例思考

1. 为什么默克公司会因是否研制用于人体的 ivermectin 而踌躇不决？

2. 研制人体用 ivermectin 的收益和成本都有哪些？

3. 为什么罗伊·瓦格罗斯博士和他的团队最终决定研制人体用 ivermectin？

4. 你认为默克公司投资研制人体用 ivermectin 是如何为公司利益相关方和公司声誉创造价值的？

3.2　伦理框架

在做出商业决策时，管理者能否只考虑法律相关因素，而不是伦理？[14] 对于商业伦理，许多人会持这样一种态度。由于法律是一系列每个人都要遵守的强制性条款，他们认为法律应适用于公共生活，而伦理则只适用于私人生活。做出上述论断的那些人还认为法律已经涵盖了商业伦理，因此，没必要再多做些什么让自己显得更道德。[15]

然而法律并不总是指明正确的途径。在 20 世纪 50 年代，石棉是一种被广泛应用的建筑材料，因为它强度高、耐久性强且具有防火性能。虽然建筑商明明知道石棉会导致许多致命疾病，包括癌症，但仍坚持使用这种材料。超过 1 亿美国人因身处建筑行业或居住在使用石棉材料建筑的房屋中，而暴露在石棉的危害之下。[16] 虽然使用石棉是合法的，但显然这却是不道德的。从另一个角度看，那些合法的想法可能未必是道德的。[17] 例如，在南北战争后近一个世纪，种族隔离都是合法的。虽然许多人声称，法律为商业提供了道德支柱，但实际上，法律只是最底线的社会准则。[18]

投资者希望企业能够让利润最大化，但很多客户却希望企业在具有社会责任的行动上展现出领导力，如减少污染和浪费，禁止内部交易，以及促进公民权和人权等。为了有效地管理这些复杂决策，领导者应当不仅要满足各种相互矛盾的利益诉求和责任，还应当按照符合自己价值观的方式行事。因此，他们需要拥有强大的道德指南针。[19] 道德指南针是一系列指导性的原则，可以帮助个人探寻复杂的伦理挑战，它通常是从对个人价值观的深入理解中得到的。这种理解可以帮助人们在面对道德抉择的情形时更好地找到适合自己的选择。扬在面对公司暑期实习的决定时，就依赖了他自己的道德指南针。在本小节中，将会讲述有关道德法则和道德概念的一些更深层面的知识，这将有助于管理者构建他们自己的道德指南针，并因此可以在伦理不确定性中找到自己的方向。[20]

3.2.1 功利主义

托马斯·杰斐逊（Thomas Jefferson）在《独立宣言》中曾写道："人人生而平等，造物主赋予他们某些不可让与的权利，其中包括生存权、自由权和追求幸福的权利。"在这里杰斐逊向世人所宣告的是，什么是一个国家应有的道德基石。生命和自由毋庸置疑是其中的一部分，但在其他可以构建这一道德基石的事物中，他选择了幸福。无疑，这些美国国家的奠基人和其他很多国家的奠基者们，都受到了**功利主义**（utilitarianism）的影响。作为一种最为常见且应用最广的伦理框架，功利主义的理论基础是"最大幸福原则"。

功利主义作为一种哲学理念，认为如果能为最大多数的人带来最大化的利益或效用，这样的行为就是道德的。[21] 当面对决策时，人们应当对每种备选方案进行成本－效益分析，并选择效用最大的那一个。[22] 在商业中，管理者应当为相关方寻求好的成果，在确认他人的利益诉求和行动可能造成的结果时保持客观的态度，并在平衡他人和自身利益诉求时保持公正。[23] 幸福、效用和快乐被看作是"好"的事物，而痛苦和不快乐则被看作"坏"的事物。能够带来幸福或消除痛苦的行为就是对的。[24]

尽管功利主义有很强的力量和大范围的影响力，在一些情形下，它也是不适用的。例如，本着为多数人提供最好的商品的原则，可能导致多数人偏好的"垄断"与忽略少数人。[25] 试想，一个公司可以同时为它的股东、员工和社会群体提供最好的东西吗？如果不能，哪部分利益相关者会获得最好的东西呢？在一个多家利益相关者的社会，很难做出好的选择。决定常常意味着需要平衡，而其他的一些框架或许可以避免这些缺点。

3.2.2 康德主义

康德主义（Kantianism）是另外一种在 20 世纪最主流的伦理模式，但它与功利主义有本质上的区别。康德主义者认为，在判断道德行为时，动机是最重要的因素，而不是行为所带来的正面或负面的结果。换言之，人们必须因正确的理由做出正确的决策。[26] 例如，许多公司只有当这样做是有利可图或当它们希望可以借此达到好的宣传效果时，才会做正确的事。根据康德主义的准则，这类决策是谨慎的，但不是道德的。[27] 但只要结果是道德的，是否有好的动机，又有何关系呢？康德主义提出，这类行为不会建立信任感。如果某个人因坏的或中性的意图而产生了好的结果，我们会相信他将来还会制造好的结果么？[28] 京瓷公司创始人稻盛和夫就是信奉这一理念的领导者，他对自己所采用的业绩管理方式做出如下解释：

> 我会把员工的业绩表现评为四个等级。最高一级的是那些可以完成业绩指标并具备挑战精神和积极态度的员工。如果有的人不能完成业绩指标，但付出了努力，并且态度积极，他们会被评为第二等级。那些没有诚心或努力付出，只是因为运气好或其他原因碰巧完成了业绩指标的员工，属于第三等级。而既没有积极的态度也没有完成任务的员工，只能被评为第四等级。[29] 我们不只是看结果……我们把过程视作非常重要的因素。

回想你所崇拜的商业领袖。你崇拜他们什么？是他们产生的结果还是产生结果的过程？许多人崇拜史蒂夫·乔布斯的创造力、客户洞察力和设计才能。他提升产品优雅性和功能性的能力也已经被载入史册。他被认为是使得苹果公司的产品可以满足客户需求和股东利益的重要原因。但是，从记载中看乔布斯领导公司的方法，他被认为是一个喜怒无常的领导，经常对待员工缺乏尊敬。那么他是一个好的商业领袖吗？许多人会说是——对于他们，结果定义一切。然而对于其他人，他们也关心这些结果产生的方式。这里有一个评价领导者的三要素框架：①领导的动机或目的；②他实现自己动机的方式；③他的努力产生的结果（见图 3-1）。对于康德主义来说，动机尤其重要。

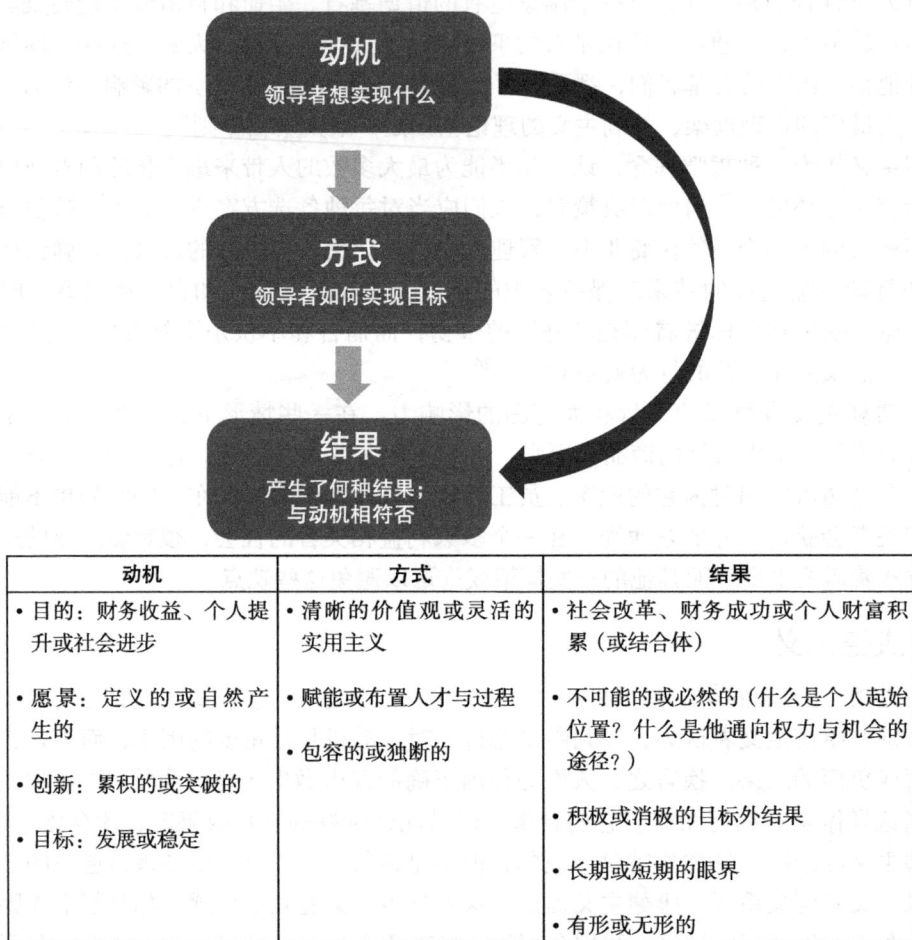

动机	方式	结果
• 目的：财务收益、个人提升或社会进步	• 清晰的价值观或灵活的实用主义	• 社会改革、财务成功或个人财富积累（或结合体）
• 愿景：定义的或自然产生的	• 赋能或布置人才与过程	• 不可能的或必然的（什么是个人起始位置？什么是他通向权力与机会的途径？）
• 创新：累积的或突破的	• 包容的或独断的	• 积极或消极的目标外结果
• 目标：发展或稳定		• 长期或短期的眼界
		• 有形或无形的

图 3-1　动机、方式与结果

资料来源：Anthony J. Mayo.

康德认为，人应当被看作一种结果，而不仅仅是为了达成某个结果的手段。那样做就像把人当机器一样对待，而无视人作为一种理性存在所应得的尊重。[30] 根据康德的观点，对于人的尊重，不只是必需的，而且是一种义务。组织会因持这样的态度而从中受益。[31] 以西南航空为例，公司的格言是："尊重每一个人"。员工会因此自由地表达自己的意见，并对公司忠诚度极高。在"9·11"事件后，员工自愿无偿加班，为公司节省费用，在遭遇严峻的经济不确定性的情况下，维持公司的正常运营。[32]

但在康德主义者看来，好的动机并不是决定行为道德与否的唯一标准。康德主义的理念是共通的准则，应该指导一个理性人的行为。他认为最基本的法则是："除非我的行为准则可以成为一种共通法则，否则我就永远不应当这样去做。"换言之，人们应当预想到，如果他们的行为成为一种共通法则，将会是怎样的。只有那些在这些共通条件下仍符合逻辑并且是良善的人，才会被认为是有道德的。

3.2.3 品德和品格

尽管前文中所提到的伦理理论都关注对人们所承担的义务和应当履行的基本权利，但品德伦理学者却认为这些还不够。许多人认为，与一个遵循义务法则的人相比，那些能展示出强大道德品格和正直感的人更可信。[33] 有学者把品格定义为：①一个人在某种环境中识别道德因素的能力；②一个人在做出道德判断时能做到多好；③依据自己所做出的判断，一个人行为的一致性程度如何；④一个人在教导他人展示出品格时能做到多好。[34]

在商业中，有些人认为，人们应当依赖那些有品德的人所做出的决策。所谓有品德的人是指具有优秀品格而不是只关注权利和义务的人。[35] 一个人只有首先对所处的道德情境做出识别，才有可能解决道德问题。[36] 在 20 世纪的大部分时间中，许多人认为好的商业品德是盈利能力和竞争力。如果管理者依据自己的品德做出决策和采取行为，组织将是可盈利的，并且竞争也会是良性的。但这种品德通常会导致艾尔·邓拉普（Al Dunlap）这类管理者的出现，他是 Sunbeam 公司的 CEO，有"电锯艾尔"之称，因为他总是爱解雇员工并关闭工厂，即便这些工厂还有盈利。对他来说，只有股票价格和盈利能力才是有价值的商业目标；许多人为此在并不必需的时候丢掉了工作和生计。[37]

品德伦理（virtue ethics）起源于两位最早期的哲学家亚里士多德和柏拉图。这一理论认为，道德最主要的功能就是形成善良的品格，这与人们提高某些技巧的方式类似，如创造力和冲突管理能力等。[38] 有关道德发展最有开创性的研究是由劳伦斯·科尔伯格（Lawrence Kohlberg）做出的，是他创建的"道德发展阶段论"这一理论。道德发展阶段论主要包括归属三种水平的六个阶段，是一个持续的过程，并伴随人的一生（见表 3-1）。前习俗道德通常在儿童时期的早期出现，但成年人也可能会展现出这种道德推理。随着人们从具有依赖性的儿童期进入更加独立的青春期，习俗道德会随之出现，但这一推理水平也会在成年人身上有所体现。最后是后习俗道德水平，在人们对道德价值观有更深层的了解后才会有所体现，这些人可以理解价值观从何而来，并能够比较不同文化中价值观的不同。有的人一生都不会达到这一推理水平。

表 3-1 道德发展阶段

水平	阶段	描述
前习俗道德水平	服从和惩罚	常见于儿童，他们视规则为确定且绝对的。遵守规则就意味着可以不受惩罚
	利己主义和交换	儿童会依据服务于个体需求的方式来解释他们的观点并对行为做出判断
习俗道德水平	人际关系	关注于符合社会期望和履行社会角色；强调顺从、善待他人，并会考虑选择会如何对关系造成影响
	维护社会秩序	人们开始把社会看作一个整体，因此他们关注依据某些规则维持社会秩序，承担责任，并尊重权威
后习俗道德水平	社会契约与个体权利	人们开始试图解释造成与他人之间价值观、观念和信仰不同的原因。虽然法律对维系一个社会非常重要，社会成员还应当在这些准则上达成一致
	共通原则	根据共通原则和抽象推理，人们会遵循这类国际化的正义原则，即便这些原则与法律和规则有冲突

资料来源：Adapted from Lawrence Kohlberg and Richard H. Hersh, "Moral Development: A Review of the Theory," *Theory Into Practice,* Vol. 16, No. 2, 1977.

功利主义、康德主义和品德伦理可以帮助一个人在涉及道德的时候提供一个有效的视角。正如我们看到的，这些哲学同样可以指导一个领导者在企业内部培养企业文化。除了个人的行为外，领导者必须考虑到他们公司的所有的道德义务和法律情况。

3.2.4 公正

公正（justice）为社会提供了判断什么在道德上是正确或错误，以及公平或不公平的框架，并且建立了评价或者惩罚不道德行为的方法。[39] 公正也是这样一个概念，即，道理行为必须建立在平等、公平以及公正地维护社会秩序这些准则之上。[40]

分配公正（distributive justice）关注的是社会财富与繁荣在社会成员间的分配方式。支持这一观点的人被称为"平等主义者"，他们认为个体差异在道德上是微乎其微的。例如，他们支持收取高税率累进税以达到财富的公平分配。[41] 但假使让能力更强的人拥有更多的金钱，他们将有可能为其他人提供更好的服务，又会怎样呢？社会不会从这种不平等中获利吗？想想由亿万富翁比尔·盖茨所创建的盖茨基金会，这个基金会为教育和社会福利提供了数以百万的资金。社会是否因为比尔·盖茨的财富变得更好？哲学家、政治家和其他领导者一直在考虑什么是对社会最有利的。

根据哲学家约翰·罗尔斯（John Rawls）的理论，每个人都应当被允许拥有尽可能多的基本自由（道德权利），但一旦得到这种基本权利，而这种权利能让社会中每一个人都受益时，社会成员中就会存在不平等。[42] 由于出身、家族历史和天赋等造成的不平等并不是人们应得的，社会应当让这些不平等变得更加平等，并且为处于先天劣势的群体提供支持。[43] 对于政府和企业而言，平衡基本权利和财富等的不平等非常重要。例如，在一家公司中，如果两个人职位相同，但其中一个人更为资深，这个人就应当拿更高的薪水，因为可以想象他的工作表现会更好。反过来，这个人有能力提升公司的财务状况，最终提升其他每一个人的财务状况。虽然这个例子很简单，当管理者需要权衡来自不同利益相关方的压力时，会更难做出决策。

程序公正（procedural justice）是指规则的制订应当是明确的，在遵守规则时要有一致性，并且规则在执行时也应当是公正的。程序公正能够帮助人们通过政治立法制订规则，并通过正当程序执行这些规则。[44]

领导力开发

领导者有责任在组织中创建一种道德的氛围。领导者首先要做到塑造道德行为模式、做出平等的决策，以及构建互信的企业文化等。此外，领导者必须承担约束违反道德准则做事的那些员工的责任，并且有责任确保员工在做出决策时不仅仅关注结果，也会关注"做正确的事"。领导者应当在下述几个方面体现出有道德的行为方式：

- 员工招聘和选拔
- 员工入职和日常培训
- 政策和规范制定
- 对员工的行为给予奖励或惩罚
- 维系管理会计系统
- 监督业绩管理体系

- 管理决策制定流程 [45]

　　回想你曾见过某位领导者创建道德氛围的经历。这位领导者是如何鼓舞和激励道德行为的？有哪些支撑体系帮助这位领导者加强了他所推行的道德准则？你从他的道德行为中学到了什么？你将如何把所学到的这些体会应用到自己的领导力提升过程中？

3.3　伦理两难困境

　　做一个善良的人并拥有健康的个人伦理观，在处理商业环境下的伦理问题时，可能并不足够。[46] 伦理的两难困境，很少是像了解对或错那么简单。在很多时候，管理者必须在两种错误中做出选择，如，在组织结构重整的过程中，应当辞退谁？由于管理者必须对公司的政策做出解读，执行公司的规定，招聘、解雇、约束并监督员工，他们在组织中似乎是在扮演某个具有决定性的角色并被看成是行为榜样。[47]

　　虽然大多数人天性本是善良的而且意图也是好的，但在很多情况下个体也可能做出不道德的决策，认识到这一点对我们来说很重要。例如，当客户经理在拟定与客户的合同附件时，他们可能不太愿意说明一些有问题的信息，或者对那些可能会让他们受偏好影响的行为做出提示。[48] 更令人惊讶的是一些医生的行为。2002 年之前，肝脏移植手术会根据患者的病情恶化程度决定为哪些患者优先实施。因此，在重症监护室（ICU）的患者通常可能会排在最前面。为了让需要进行肝脏移植但病情却未严重到需要在 ICU 接受治疗的患者能尽快接受这项手术，有些医生会捏造 ICU 治疗通知单。你怎样评价这些医生的道德水平，他们谎称病人需要进入 ICU 接受治疗，尤其考虑到他们都宣读过希波克拉底誓言？他们的意图可能是好的，但是他们的行为却令人质疑。在这样的情况下，如果患者的主治医师是诚实的，不愿捏造 ICU 治疗通知，就会因此更难得到实施肝脏移植手术的机会。[49]

3.3.1　受托责任

　　在商业中一个很重要的道德义务就是信托关系。当一家企业拥有代表另一家企业的资产、信息和权利时，信托关系就产生了。在商业中，一个投资建议者是其客户的**受托人**（fiduciary）；合作伙伴关系中的一方是另一方的受托人；公司职员、管理者和执行者是企业和股东的受托人。[50]

　　信托关系意味着一些除普通正式关系之外的法律责任。这些责任包括坦白和揭发，合理谨慎，忠诚自制。在一般的关系中，一方可以根据个人喜好透露或多或少的信息。但是在信托关系中，受托人有义务对他的受益人坦白并且披露所有的相关信息。受托人有忠贞不贰的义务，即意味着他们不仅仅要保护和争取更多的受益人的利益，并且要避免把自己的利益凌驾于受益人之上。[51] 综上，法律要求受托人竭尽所能地为受益人争取利益，并且不能从所得利益中获益。[52]

3.3.2　常见的企业道德困境

　　企业的组织者和管理者处理与环境、客户、员工的关系时，他们会面临许多的道德困境。在 20 世纪的美国工业界，商业在上述三方面的关系处理中都有飞速的进步。他们不仅仅对环境负责，同时也对客户和员工负责。这样的进步一方面是由于企业本身的努力，另一方面要归功于类似消费者联盟这样的外部组织。除此之外，一些立法措施，例如消费者保护法、食品药物检测、同等雇用机会法和环境保护法也强制公司配合新的标准运行。

当经济从制造业时代发展到信息时代，管理道德就更为重要。在信息传播中需要用到道德理性。因为信息在被允许使用的时候，就存在被用于控制、权力和操纵的风险。例如，现在许多公司都涉足个人市场，获取消费者的个人信息，截取他们浏览的广告信息。尽管这个可以提升消费者的体验，但是公司之间共享的信息是非常私人化的，并且有可能落入坏人之手。身份盗取在美国是一个很严重的问题。在2012年，超过1 600万美国人经历了不同形式的身份盗窃，而且这一数字在2014年接近2 000万。[53] 当某人盗取了别人的身份信息后，他可以利用社会保险号、姓名、信用卡信息等这些私人的信息来实施诈骗或犯罪。这些犯罪的后果是很严重的，因为被盗窃人需要花费大量的钱财和时间来重新恢复他们的好名声和信用。[54] 近日，美国国税局（IRS）被当成了身份盗窃的目标。犯罪团伙成功破解了IRS的电脑系统，获取了纳税人的身份信息，他们利用这些信息实现了不正当的税收退还。例如，Rashia Wilson弄到了足够的非法偿还钱财，因此她买了一辆价值92 000美元的奥迪汽车。她因为非法偿还的成功非常激动，因此在Facebook上发了一张她和成堆的钱的合影，并宣称她是"IRS税收诈骗女王"。虽然这张照片在Wilson受审时起到了作用，但仍然存在许多犯罪分子因为没有证据未被检举。在2013上半年，超过160万纳税人被身份盗窃攻击。[55]

1. 环境困境

作为在商业伦理领域人们最热衷讨论的话题之一，污染是多年来公众辩论的核心问题。随着各国对长期可持续发展和全球性气候变暖问题的日益关注，污染仍将会是今后一段时间的核心问题。在此，管理者所要面对的首要问题是：企业应当对后世子孙承担哪些义务？[56] 随着从19世纪到20世纪以来的工业化扩张，空气污染这一社会成本显著提升。很多产业因此遭受了负面影响，其中就包括农业和木材行业。在空气中硫氧化物密度很高的地区，酸雨会造成破坏性的影响。因污染所造成的更为严重和长期的后果还包括，民众长期的对健康问题的担忧以及温室效应对全球气候和天气的影响。[57]

自城市居民开始使用下水系统后，又出现了水污染的问题。盐分、金属和生物材料等污染物不仅会对水生生物造成损害，还会威胁到人类的健康。[58] 例如，发生在2010年的英国石油（BP）原油泄漏事件向墨西哥湾倾入了数百万加仑⊖的原油，不仅威胁到野生动植物的生存，最终危及整个墨西哥湾沿岸的生态环境。在设计石油钻台和其安全系统时，英国石油的工程师已经意识到，如果在钻探储油层时压力异常，有可能会导致爆炸。在这场灾难发生前几个小时，管理者们收到了压力度数超高的报警，提示他们应当停止钻探。但最终的决策是继续工作下去。此后有关本次事故的一份报告显示，英国石油的安全机制和维护记录中的很多问题最终导致了这次灾难性事件的发生。[59] 管理者必须在他们对环境所承担的道德义务和由此为企业带来的成本之间做出平衡。

除了污染问题，资源枯竭也是越来越严重的环境问题。资源枯竭可能对当今一代人没有必然的影响，但会为后世子孙带来成本。由于考虑到这些资源因素而做出的伦理决策只会带来长期收益，而人们又有选择短期获益的偏好。[60] 这样的短期眼光对未来人类是一个致命的打击。

2. 隐私权

隐私权（privacy）是最为棘手的伦理问题之一，它影响到客户和员工。虽然在《人权法

⊖ 1加仑（美制）= 3.785 41立方分米。

案》中并未提及保护隐私权的内容，但人们对隐私权却有强烈的感受。隐私权被定义为人们有权利决定与自身相关的被披露的信息类型和被披露的程度。[61] 近年来，类似谷歌（Google）和 Facebook 这些公司已经对人们分享的内容增加了很多限制，这些公司曾因它们太过宽松的政策而遭受批评。消费者报告组织近日公布了一项 Facebook 隐私政策的报告，揭露了一些令人担忧的真相。例如，在一个人访问带有 Facebook "喜欢" 按钮的页面时，Facebook 会收到一个报告，不论这个人是否点击了按钮或者是否是 Facebook 的会员。除此之外，尽管 Facebook 的会员信息限制为仅对朋友公开，他们相同的朋友却可以使用 Facebook 的一些应用来交换朋友的信息，并且在没有人知道的情况下。[62]

在商业环境中，对于一名管理者来说，要避免这类侵犯性行为几乎是不可能的，主要是因为他们要承担监督下属工作的职责。尽管为了提高团队的整体表现而了解下属的技能和他们的职业理想可以接受，但有些行为确实过度侵犯了下属的隐私，包括监听电话，安装隐藏的摄像头，或使用严密的监视系统来监控电话时长和敲击键盘的次数等。[63]

关键是在尊重下属隐私和了解他们之间做到很好的平衡。为此，管理者在从下属处探寻信息时，应当遵循以下三个简单的原则：这些信息应当与手头要处理的问题直接相关；必须征得员工的同意；了解信息的方法应当是常规且合理的。例如，调查员工的政治信仰，使用隐藏式摄像头、隐藏式麦克风等设备，以及测谎等方式都是侵犯隐私的做法。但是，当员工在组织中担任更高层的职位时，他们需要在更多公开的场合代表公司形象，因此，他们的私人活动可能会变得与公司相关。例如，公司副总裁的酗酒行为可能会影响他展示出公司的专业性。[64]

3.3.3　道德困境中的个人角色扮演

尽管公司可以发布政策和声明，来定义它们如何处理与环境、客户和员工的道德困境，实际的决定仍然需要管理者来做。许多人在面对共通的道德挑战时可以做出正确的决定，但是仍然存在某些情况，个人的决定会错误。这就是所谓的灰色地带，即存在有限的信息和大量的不透明，但是当一个人决定走一条更加危险和潜在非法的路径时，情况又会变得很清晰。人们经常使用下面的三条原则中的一条来判断他们的决定是否合理：

（1）每个人都做过。如果我也这么做，会有什么不同呢？事实上，这个观点的本质是使得带有疑问的行为成为一项标准，在一些情况下，它可能是有些人需要的。

（2）这个行为的影响没有那么大，因此它不会伤害到别人。这个观点是一个存在风险的想法。如果一个人在小事情上依据这个观点做出了决定，那么他很有可能在大事情或复杂的事情上也会如此。

（3）我只是在做别人叫我做的。这个观点将责任转移到他人身上，因此使得个人免受责任之累。[65]

尽管这些依据可以使人们在做决定的时候感觉轻松，但它们也是相当危险的，而且很容易使一个人在面临更加危险的情形时缺乏判断力。例如在面对利益冲突、内幕交易、商业秘密和受贿等道德困境时，误导性的动机常常导致一个人做出错误的事情。

1. 利益冲突

当员工与管理者代表公司参与某些活动，而这些活动所能带来的结果中也包含他们的个体利益时，就会出现**利益冲突**（conflict of interest）。尤其是当他们自身利益与公司利益相矛盾，或他们的判断与他们应对公司承担的责任之间存在偏差时，这个问题会尤为严重。[66] 例如，如果一位管理者的儿媳是某家公司的销售人员，这家公司生产这位管理者所在公司需要的某种制造工具，则这位管理者可能会更愿意把这笔生意给自己人，而不是另外一家更值得信赖或者价格更低的公司。[67]类似的冲突还会在下述情形中出现，当人们做出有偏好的判断，而参与了直接竞争、误用权力以及泄露机密时。[68]

2. 内幕交易

领导者常常有一些获取垄断信息的渠道，例如盈利预测、实验研究结果、潜在的诉讼等。利用这些信息来实现个人的价值是很吸引人的。如果一个管理者在信息公开前利用内幕信息来打赌一个公司的股票是涨是跌，这就属于非正当的**内幕交易**（insider trading）。不幸的是，快速获得经济收入的诱惑往往会妨碍一个人的判断。2002 年，Steve Madden，女鞋生产线的创始人，承认帮助分值股票公司操纵超过 20 起首次公开发行（IPO）事件，导致投资者损失将近 1 亿美元。结果，Madden 被判刑 41 个月，并且需要交纳超过 400 万美元的罚金。[69]

最近，美国政府控诉 SAC 资本的内幕交易行为，后达成协议交纳 12 亿美元的罚款。尽管公司的负责人 Steve Cohen 被免于起诉，他的八个前雇员却被控告了，而且公司也因此走上下坡路。其中被控诉最严重的罪行涉及戴尔（Dell）和两家麻醉药公司——Elan 和 Wyeth 的股票交易。一位交易员在戴尔公布财务状况之前得到了戴尔公司大部分的财务消息，因此他卖掉了 SAC 持有的戴尔的所有股份，并且赌公司的股票会跌。这个内幕消息使得 SAD 在避免因持有戴尔股票而受损的同时，获取了大量的利润。这名利用内幕消息的交易员也因此被判处 3 年的徒刑。类似地，另外一位交易员利用他知道的有关 Elan 和 Wyeth 的预期盈利信息赌两家公司的股票会跌，从而使 SAC 避免了损失而且得到了 27.5 亿美元的收益，这个交易员获得了 900 万美元的奖励。操纵这起交易的交易员最终被判处 9 年有期徒刑，并被要求交还所得。[70]

3. 商业机密

商业机密是公司最重要的资产之一。**商业机密**（trade secret）是指那些用于商业活动，通常不被他人所知的任何形式的信息。与研发（R&D）相关的商业机密尤其有价值，因为这类商业机密通常会让公司获得商业竞争中的战略优势。[71]例如，谷歌公司的搜索算法就是被严密保护的商业机密。专利、版权以及注册商标这类商业机密是受法律保护的知识产权（IP），这也意味着这些可被看作有形资产。[72]这些知识产权的所有者可以向他人销售、特许授权或转让这类商业机密的所有权。员工在工作中所具备的技能不在此之列，因为员工不是公司的财产。因此，员工在未经公司同意的情况下，不能披露商业机密，否则将会面临法律责任，同时也会破坏公司的竞争力。

制药行业主要依靠知识产权保护法来保护公司的知识性资产以确保长期财务收益。由于研发周期长，受食品和药品管理局（FDA）的管制，而且要做多期临床试验，制药行业的成本要比其他任何行业都高。因此，制药公司在寻求法律对这类知识产权的保护时，也付出了更多的努力。它们不仅游说在国内享有更长的专利保护期，还要求美国政府通过减少在那些知识产权保护法较为宽松的国家生产仿制药品，而在全球范围内保护知识产权。[73]

4. 行贿

行贿是人类有史以来最古老也最基本的道德违规行为，早在公元前 1 世纪，罗马共和国就有有关于此的强制性惩罚。行贿是指一方为自己或所代表一方谋求通常是不公正的利益，而向另外一方提供有价值的东西，从根本上导致信任关系被破坏。虽然最初行贿主要涉及政府官员，但如今行贿也在私人组织中出现。[74] 行贿会引发大量的问题。组织会因此遭受负面的经济后果，如资源不能被高效地使用、更高的运营成本以及让投资者丧失信心等。[75]2011年，美国监管机构控告 IBM 公司过去十年间在亚洲从事行贿活动，指出有超过 100 名公司员工曾把装着现金的购物袋交到政府人员的手中，以获取价值数百万美元的合同。为了避免这场诉讼，IBM 同意缴纳 1 000 万美元达成和解。[76] 在政府层面，行贿会对经济发展造成危害，因为这会降低效率，滋生民众愤世嫉俗的情绪，并扭曲国际间的竞争。[77]

由于行贿的成本非常之高，绝大多数国家都将行贿定为犯罪行为，并制定法律以免政府官员受贿。[78] 甚至还有反行贿国际公法。尽管各国和国际上都做出了大量的努力，行贿仍然是全球范围内普遍存在的问题。在许多案例中，财务处罚并不严重。例如在 IBM 的案例中，公司为了避免诉讼而缴纳的 1 000 万美元仅仅是其 2011 年净收入的 0.06%，这怎么和 IBM 在行贿过程中获得的额外收益比呢？在一些案例中，公司甚至会通过成本 – 收益分析来判断在一个贿赂行为中的最好和最坏情况。

透明国际组织（Transparency International）是一家非政府机构，致力于与腐败现象做斗争，这家机构每年都会公布"清廉指数"。根据 2014 年报告，全球 175 个国家中，有 70% 的国家得分低于 50（最高清廉得分为 100），这意味着全球腐败问题仍很严重（见表 3-2）。[79] 许多"腐败"的国家中都有跨国公司，美国管理者要与当地的各类组织打交道以保障获得资源和销售产品。如果你是一名管理者，因要完成财务指标面对着巨大的压力，你是否会行贿以确保得到某个分销渠道？如果你在与同事竞争某次升职机会，同时你得知他会用行贿的手段以达到超过你的业绩表现，你又会怎样呢？

表 3-2　2014 年透明国际组织清廉指数前十名与后十名国家排名

前十名国家（评分）	后十名国家（评分）
丹麦（92）	索马里（8）
新西兰（91）	朝鲜（8）
芬兰（89）	苏丹（11）
瑞典（87）	阿富汗（12）
挪威（86）	南苏丹（15）
瑞士（86）	伊拉克（16）
新加坡（84）	土库曼斯坦（17）
荷兰（83）	乌兹别克斯坦（18）
卢森堡（82）	利比亚（18）
加拿大（81）	厄立特里亚（18）
第 17 名——美国（74）	

资料来源：Transparency International 2014 Index available at http://www.transparency.org/cpi2014/results, accessed February 14, 2015.

5. 揭发

虽然员工要承担对利益相关方的道德义务，但他们还要对企业负责。实际上，员工的主要责任是为了公司的目标而工作，并且避免做出可能对公司目标造成损害的行为。[80] 但是有时员工可能会做出严重违背道德准则的行为，而他人可能需要对此加以干预并且揭发这种行为。**揭发**（whistle-blowing）通常是指组织中某位成员揭露某些信息的行为，这些信息可以证明公司内部或公司外部监管机构高层管理人员的违法或不道德行为。[81]

2002 年，《时代》杂志表彰了三位长久以来一直揭发她们所属组织的不正当行为的女性，莎朗·沃特金斯（Sherron Watkins）、科琳·罗列（Coleen Rowley）和辛西娅·库珀（Cynthia Cooper）。安然公司（Enron）的副主席莎朗警告安然的主席 Ken Lay，公司一直在用不正当的统计手段夸大自己的资产和收入。FBI 的一位法务专员罗列，给主任写了一封信，指出 FBI 当局没有对明尼阿波利斯市发出的关于穆萨维的信息跟进，导致后者在 2001 年 9 月 11 日的恐怖事件中行动。库珀揭发世通公司（WorldCom）公司做假账来掩盖 3.8 亿美元的损失。这三起揭发事件本来是保密的，但是揭发者的名字在组织不小心泄露的备忘录中被公开了。[82]

最近，雪莉·亨特（Sherry Hunt），花旗贷款的一个副总裁和担保员，道出了公司的贷款欺骗。像许多家银行一样，花旗银行因为无限制的贷款，助长了全球金融危机。为了维持增长，公司的一些担保部门夸大了申请人的年收入等一些虚假信息。在没有得到公司执法部门的注意后，亨特诉诸美国司法部门寻求正义。[83]

尽管揭发者在行为上是道德的，但他们通常会为这种唱反调的行为付出巨大的代价。他们会被列入黑名单，被解雇，受到威胁，并被不公正地对待，而且他们通常会在经济上遇到困难。例如，亨特被两名高级主管威胁，要求她撤销造假记录并且更改质检报告。[84] 除此之外，有过揭发行为的人因为被视为不忠诚而难找到下一份工作。[85] 有趣的是，不管结果如何，许多揭发者都表示，假如再碰到类似的情况，他们也一定会揭发，因为他们觉得坐视不管是不对的。[86]

3.4 企业社会责任

如今，商业组织要满足更广泛目标所面对的压力越来越大，这些目标已经不再仅仅是财务表现。[87] 虽然管理者面对着来自外部各类组织的压力，如人权观察组织（Human Rights Watch）、动物防御同盟会（Animal Defense League）以及环境保护局（Environmental Protection Agency）等，他们还会为履行企业社会责任而面对来自员工的压力。[88] 在过去的日子里，企业已经对此做出了响应。2011 ～ 2013 年间，《财富》500 强花费了将近 200 亿美元在企业社会责任上。甲骨文（Oracle）、阿斯利康（AstraZeneca）和哈利伯顿（Halliburton）这三家企业均贡献了超过 10 亿美元用于回馈社会。[89]

企业社会责任（corporate social responsibility，CSR）作为企业应尽的义务是在 1953 首次被提出的，旨在让公司所制定的政策、做出的决策和采取的行动能够符合社会的整体目标和价值观。[90]CSR 这一理念所隐含的基本假设是，企业和社会是紧密交织在一起的：企业需要依赖消费者购买他们的产品，而消费者需要依赖企业所提供的商品维持幸福健康的生活。[91]与政府类似，企业与公众之间也存有社会契约——一系列隐含的权利与义务。虽然这个契约中的细节会随着社会的变化而变化，它仍然是企业正当性的来源。[92] 换言之，如果公司在与公众的交易中不恪守分寸，社会将会采取行动反对这家公司。例如，消费会选择不购买自己不喜欢的那家公司的产品，而有才华的员工也可能会离开那家不为被他尊重的公司。

3.4.1 经济、法律及伦理责任

理论家们明确提出了企业需要承担责任的三个主要领域：经济、法律和伦理。如果企业对这三方面都有所促进，它们就能在所有利益相关方中公平地分配财富。虽然这三个方面看似是独特的且各不相关，但其间确实有重合之处。在商业活动中，企业可以只对某一个、某

两个或全部三个方面提供支持（见图 3-2）。[93]

经济责任（economic responsibility）是指企业要承担获取利润并增加股东价值的职责。商业机构是社会中最基本的经济单元，因此，企业要承担这样一种职责，即制造人们需要的商品和服务，并且可以通过销售这些商品和服务而盈利。商业中的多个层面都是建立在这个基本假设之上的。[94]公司会采用各种各样直接或间接的行为以提高利润。这些直接行为可能会包括降低生产成本和避免法律诉讼等，而间接行为则包括打造强大的品牌形象以及提高员工的道德水平等。间接行为是指那些无形的，但

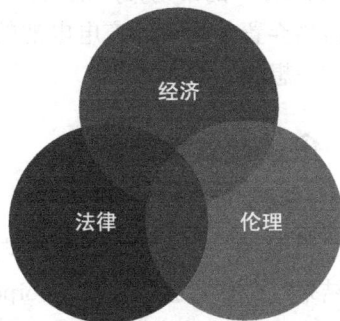

图 3-2　企业在社会中所承担的核心责任

随着时间的推移会提高经济效益的事务（例如，提高员工的道德水平、增强消费者对品牌的认知度，以及在整个组织中培育强大的领导力等）。[95]

法律责任（legal responsibility）可以被简单地看作要遵守与商业行为相关的州及联邦法律。正如社会可以让企业承担生产者的角色一样，它还为企业设置了一个在经营时必须恪守的边界。换言之，社会希望企业在法律的边界内履行其经济责任。公司维系法律责任的方式也有很多种。最常见的有：遵守法律、预见可能的违法行为，以及避免民事诉讼等。[96]例如，丰田公司在报告了加速器会嵌进底盘这一问题后，自愿在全球范围内召回 500 万部汽车，而因此避免了巨额的诉讼费用。[97]通常，法律是企业应当遵守的最底线的准则（参见图 3-3）。近年来的丑闻迫使法律制定者们不得不提高商业准则的门槛，《萨班斯－奥克斯利法案》就是很好的例证。因安然公司的假账案，国会通过了这项法案以避免公司高层管理人员、总监和其他人影响财务审计或篡改财务报表。在这一法案中，为妨碍联邦调查而销毁任何文件也属于违法行为。[98]此外，2008 年全球危机余波未了之时，国会又在 2009 年通过了一项法案，旨在提高政府对金融市场的调控能力，这又一次

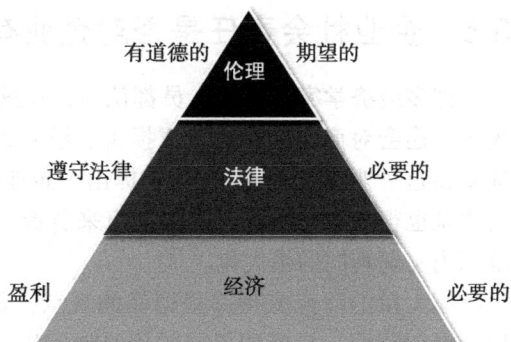

图 3-3　企业社会责任的职责

资料来源：Adapted from Archie B. Carroll, "The Pyramid of Corporate Social Responsibility: Toward the Moral Management of Organizational Stakeholders," *Business Horizons,* 1991, pp. 39-48.

反映出了公众对美国公司的不信任。这项法案将创设一个新的委员会来检测金融市场中的风险，同时创设一个新的具有权力的监管机构以保护金融产品消费者的权益。法案还呼吁制定针对复杂交易工具（也称为衍生品）的相关法规。[99]

在经济和法律责任之外，企业还应当对社会承担**伦理责任**（ethical responsibility），这是普通大众所期望看到的行为。尽管伦理责任很难被定义，但管理者可以运用在上文中所讨论的伦理框架来了解如何根据利益相关方的期望做出伦理决策。伦理两难困境一节中也提供了大量如何在处理现实世界的问题时应用这些伦理框架的例证。例如，过去关注的仅仅是按公平的原则进行招聘和为员工提供安全的工作环境，当今的伦理氛围已经要求企业要解决可持

续性和污染的问题。Ritz Camera 是美国最大的相机零售和图片公司，近期发布了一项名为"Call2Recycle"的市场推广活动。作为活动的一部分，Ritz 公司会为用户免费提供一种便捷且可以恰当弃置使用过的充电电池的途径。这个项目正是基于循环利用将提高可持续性并减少浪费这一想法。[100]

3.4.2　企业社会责任感

许多研究人员已经开始在经济、法律和伦理框架这一范畴之外寻找能够使企业践行 CSR 的方式。[101] 其中一个主要的问题是与责任感相关的：公司会如何制订计划和政策而为社会带来好的结果？**企业社会责任感**（corporate social responsiveness）是指当社会希望企业做得更多时，企业应当如何对此做出响应。[102] 在英国石油公司制造了 2010 年墨西哥湾原油泄漏危机后，其管理者对公众批评所做出的响应是，设立一项 200 亿美元规模的基金，用以赔偿因原油泄漏而受到影响的人们。[103] 在面对类似的压力需要做出响应时，有很多种方式可供管理者使用：他们可以反抗、包庇、辩护、引导、利用公共关系，使用法律手段，谈判或解决问题。可以做出及时响应的公司通常都会有以下三种行为：①它们会持续监控并评估环境状况；②它们会尽可能确认利益相关方的需求；③它们会设计专门的计划和政策以做出响应，改变状况。[104] 在下一节的内容中，我们会阐述如何把这些 CSR 行为与企业的战略相结合，并使其成为企业竞争优势的重要来源。

3.5　企业社会责任是否对企业有益

许多经济学家和研究人员都认为，在这样一个资本社会中，CSR 不仅会降低企业的财务表现，还会对商业的目的造成损害。没有人比米尔顿·弗里德曼（Milton Friedman）更强硬地坚持这种观点，他在 1970 年提出，企业唯一的社会责任就是提高利润。他认为，虽然社会福祉也很重要，但这应当由政府来负责，而企业能够做到的最好的事情就是在法律允许的范围内实现利润的最大化。[105]

有大量的研究支持弗里德曼的观点，显示出 CSR 行动会对经济业绩造成负面影响。使用大量如利润、投资回报或股价等财务指标与 CSR 指数对 CSR 行动进行分析后，这些研究者指出，更高的 CSR 行动表现会导致未来更低的财务业绩。[106] 他们的推论是，CSR 需要投入特定的成本而对利润造成影响，但是只会带来不确定的收益，因此永远无法补足利润。[107] 近来，有大量的研究表明，用类似的标准进行分析后的结果是，CSR 对财务业绩有正面或中性的影响，有力地反驳了上述观点。[108] 这些研究人员认为，CSR 应当被看作一种投资，会提高效率和创新能力，使企业获得长期财务收益。[109]

谢家华（Tony Hsieh）是一家线上鞋业零售商美捷步（Zappos）的创始人，他致力于公司的慈善事业和财务表现。2011 年，他在拉斯维加斯被遗弃的市中心投资了 35 亿美元，来重新焕发当地的生机。他将美捷步的办公室从拉斯维加斯的市区移到了名为 City Hall 的旧城，并且买了 60 英亩的地和 100 栋建筑。在接下来的几年，他又投资了当地许多新的商业和新的公寓区，并且通过亲自搬到其中一个新公寓，来说服员工离开他们原有的社区，迁移到拉斯维加斯市区。除此之外，他还在此建立了许多新的技术公司。由于这些公司的员工需要餐厅、杂货铺和娱乐设施，带动了一个新的城市中心的崛起。他相信这些投资最后都会转化为丰厚的财务回报，即"商业回报"。[110]

　　CSR 与利润之间存在正向的联系，这已经被普遍接受，这种正向联系会让企业变得更为强大。[111] 消费者是造成这一现象的主要原因：他们不仅对践行 CSR 的企业持赞赏态度，还会依据企业的 CSR 行动做出购买决策。[112] 例如，最近一项尼尔森的调查显示，55% 的顾客愿意花更多的钱来买具有社会和环境责任感的公司的产品和服务。[113] 公司还会因此获得其他形式的收益，如减免税金，吸引有才华的员工，避免法律诉讼，在价值链中节约成本，以及减少损失成本等。[114] 例如，类似 Arco 和宝洁这样的公司通常会把盈利和声誉部分归功于公司在环保方面所做出的努力。[115]

使 CSR 成为一种竞争优势

　　虽然一个健康的社会需要有成功的企业，而一个成功的企业也需要有一个健康的社会来提供不断增长的需求。[116] 践行 CSR 可以成为机遇、创新和竞争优势的来源：它是对企业未来的投资。[117] 因此，企业要像看待战略一样看待 CSR。CSR 必须有明确的计划，被仔细地监督执行，并要定期做出评估。[118] 在 2010 年，帕纳拉面包（Panera Bread）的创始人 Ron Shaich 重新定位了公司的慈善活动。尽管公司之前每年会投入超过 1 亿美元的现金和产品给大量的团体，他觉得这些努力太过分散，于是决定开一家帕纳拉关爱中心（Panera Cares），一家帕纳拉烘焙咖啡厅。这家餐厅在其他方面都和传统的帕纳拉餐厅一样，除了它们针对的是经济有困难的群体。餐厅没有食物标价和现金登记，它通过捐赠的方式，使得顾客根据他们自己的能力付款。为了实现自我运转，公司小心谨慎地选择可以面向更大客户群体的地方开店，以此得到更多的捐款。[119] 拿 2014 年来说，这种类型的餐厅服务了超过 100 万人，并且挣得了传统经营模式收入的 75%。[120]

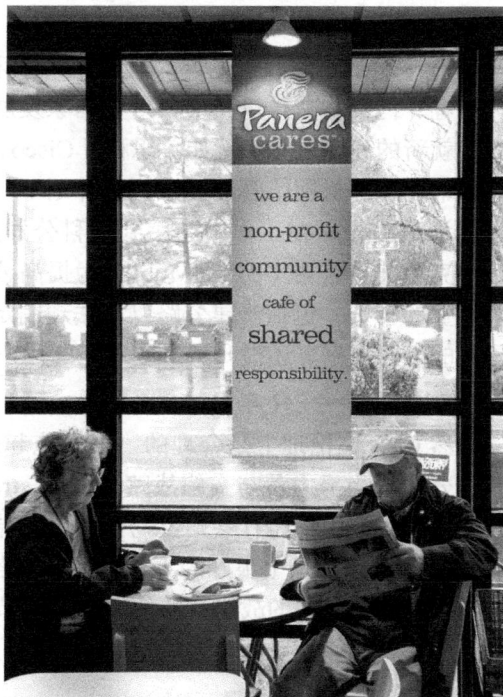

ZUMA Press, Inc. / Alamy

1. 支持核心商业活动

　　当 CSR 可以为公司的核心商业活动提供支持时，CSR 就具有战略意义，这些核心商业活动会对公司的使命、愿景和战略有所贡献。[121] 劳动力是其中最重要的一个方面。吸引并留住技能娴熟、有创造力和工作态度积极的员工，是公司满足客户需求和将自身与竞争对手区分开来的必要条件。[122] 此前，公司能获得成功通常是因重视生产工艺、能够获得资本市场的支持、规模经济、专利以及产业吸引力所造就的。尽管这些竞争优势的来源依然重要，但招募最具才华的应聘者正变得越来越重要。[123] 在一项成为"全国首家零垃圾排放的汽车厂商"的竞选中，斯巴鲁汽车采用了一个员工的创意想法。该想法建议减少包装和组装线上的流程，该员工也因此获得了奖金和一辆全新的斯巴鲁汽车。这项计划使公司节省了大量的资本，从而可以进行其他的投资，同时也使公司的领导形象变得更加受欢迎。[124]

　　Marc Benioff，一家致力于使公司可以追踪其顾客动向的科技公司 Salesforce.com 的创始人，始终将企业社会责任作为 1999 年成立公司以来制定决策的一个参照标准。他提出了公司慈善事业 1-1-1 模型，即公司将 1% 的股份、产品和员工工作时间拿出来用于基金会的建设。公司的基金会支持各种各样的市民活动，包括健康医疗、教育和旧金山附近的住房支付。Benioff 相信他们致力于企业社会责任这一行为对于求职者来说一定很有竞争力，尤其是在硅谷这样需要大量的科技人员的地方。旧金山众多科技天才的聚集以及先进技术的发展导致了高不可攀的房价，也引起了城市其他区域的房价增长。Benioff 的公司一直在努力，希望可以解决一部分问题。同时，他也一直活跃于说服其他的科技公司来增加它们的社会责任感，投资建设更多可以支付得起的房子。[125]

有研究表明，参与 CSR 行动积极性更高的企业，往往会被看作是更有吸引力的工作场所，这意味着有才华的员工会更愿意寻求这类雇主，并且更愿意在这样的公司中长期任职。[126]通过吸引更高质量的劳动力，公司可以形成一种竞争优势。积极参与 CSR 行动的员工会有更好的个人形象，转而提高他自身的道德水平和公司的盈利能力。[127]例如，家得宝公司就允许员工在工作时间参与周边社区志愿组织的活动。通过这样做，员工会感到更加快乐，还会因此获得对工作有帮助的新技能。[128]

除了与人相关的因素以外，公司还可以利用 CSR 提高自身所处商业环境的质量。通过投资教育、污染物减排以及第三世界国家发展等，公司可以提高生产效率，并因社会财富提升而造就新的商业机会。例如，思科（Cisco）公司创办了一项名为"思科网络学院"的教育计划来培训计算机网络管理员。这个计划不仅会为高中毕业生提供有吸引力的就业机会，也通过培训这些今后在工作中会用到思科公司产品的网管人员，确保了公司的长期发展。再如，埃克森美孚公司（ExxonMobil）为提高公司业务所在的发展中国家的基础设施建设，捐赠了大量的物资，包括修建公路以及法规制定等。通过这样做，公司不仅提升了自己在发展中国家的运营水平，还提升了这些地区的用户需求。[129]

2. 创建战略 CSR 平台

虽然 CSR 在伦理上是合理的，但实施起来却很困难，尤其是当企业第一次开展 CSR 行动时。公司应当努力参与实施**战略 CSR**（strategic CSR），这样可以把 CSR 行动与公司商业活动直接挂钩，因此将社会财富与公司财富结合在一起。下面这个四步法对于希望实施战略 CSR 的管理者来说是个很好的工具。在评估各利益相关方诉求得出交集之后，管理者还应当把这些行动融入公司的战略，并使用前面章节中所介绍的概念加以管理（见图 3-4）。

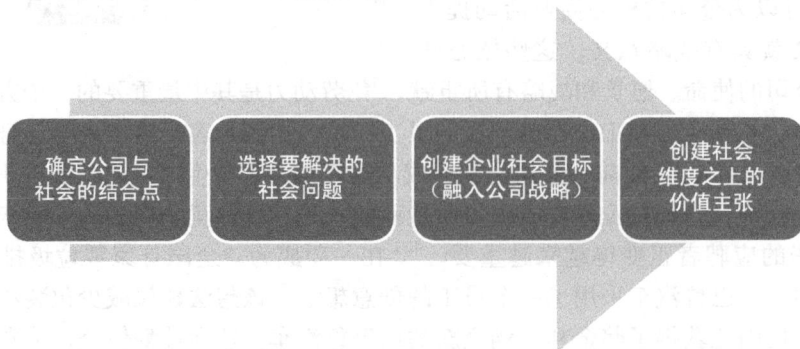

| 确定公司与社会的结合点 | 选择要解决的社会问题 | 创建企业社会目标（融入公司战略） | 创建社会维度之上的价值主张 |

图 3-4 实施 CSR 四步法

　　在第一步中，公司应当确定所有自内而外和自外而内的结合点。自内而外的结合点是由处于公司价值链之上，会对社会造成影响的所有活动构成的，包括公司招聘和解雇员工的政策，温室气体排放，以及供应链管理等。[130] 自外而内的结合点则是由可能影响公司提高生产效率和执行战略等方面能力的社会层面所构成，包括产业法规、可获得的自然资源、可选择的人力资源以及竞争性对抗等。

　　当公司在选择要解决的社会问题时，有关 CSR 的一个重要指导原则是，不是要考虑这项举措值不值得去做，而是要考虑这样做是否能有机会在为社会创造利益的同时，也能让公司受益。公司应当避免去解决与商业活动无关的通用性问题，而是要去解决与公司价值链直接相关或可以改变公司所处行业竞争情境的问题。例如，对于一家类似南加州爱迪生电力公司（Southern California Edison）这类的公用事业公司而言，支持一家本地的舞蹈团就是一个通用性问题。但同样的资助行为对于美国运通（American Express）而言，可能就会影响其所处的竞争情境，因为这家公司所依赖的是高端娱乐消费和旅游业。[131]

　　在选择某个特定的问题之后，公司应当创建一个社会目标，其中应涵盖自内而外和自外而内两个维度。以全食食品超市（Whole Food）为例，其商业模式是建立在这样一个理念之上的，即，人们会为健康、美味和环境友好的产品支付额外的费用。全食食品超市用其购买力改变了现代工厂化农业的运作方式，让动物在被屠宰前以一种人性化的方式被对待。这家公司还拥有并运营着自己的海鲜产品加工厂，以确保公司的采购策略不会对其他海洋生物造成影响。2006 年 1 月，这家公司还从风电厂采购了有史以来最大的一笔可再生能源配额，以满足公司所有的用电需求。[132]

　　最后，公司应当利用这个社会目标，为公司的价值主张增加社会维度的考量，这是公司为用户而做的，需要满足的一系列独特需求。通过在公司的价值主张上增加社会维度的考量，公司可以说明形成社会影响力应当是公司整体战略的一部分。例如，全食食品超市的价值主张就是要为那些热衷于食品安全和环境保护问题的人们提供有机、天然和健康的食品。这一重点使公司能够为其产品收取额外的费用。[133] 并不是所有的公司都像全食食品超市一样，可以通过消费者愿意因为公司的 CSR 活动支付额外的价格而获利。作为公司的决策者，有大量的选择，CSR 可以成为潜在收入来源的一种方式，但是也要根据产业的性质和竞争情况判断。

本章小结

　　伦理是有关是与非、道德与非道德的研究。许多商业决策都不是简单的对错选择。互相矛盾的利益诉求，模糊不清的数据，以及不同个体和不同文化视角之间的差异，都构成了管理决策制定的复杂性。管理者通常还需要探寻不明确的状况或灰色地带。在这些情况下，伦理框架可以为管理者提供帮助。

1. 在企业利益与社会利益相冲突时，这些伦理框架可提供指导。管理者如何确定什么是最重要且相关的利益权衡？管理者个人的道德

哲学及他所持的是非观，经常在处理伦理困境时扮演重要角色。拥有功利主义观的人们认为，道德来自于做出为大多数人提供福祉的决定。其他人认为道德来自于动机及道德责任；他们相信，个人应遵循正确的原因并做出正确的决策。还有些人将道德决策建立在公正的概念基础上。

2. 企业在环境、顾客、员工等方面始终存在着共通的道德困境问题。在涉及商业问题的时候，管理者要始终不断地审视他们与

这些组成部分的关系，确保自己正当的行为。在个人做决定时，会面临利益冲突、内幕交易、商业秘密和受贿的困难抉择。当企业不能以一种恰当且道德的方式研究这些两难困境时，它们将极有可能卷入法律诉讼或者被揭发。

3. 企业社会责任是伦理观在商业中的应用，人们期望企业能够做出有社会责任的行为。一家公司应当对股东、用户、员工以及公众承担经济、法律和伦理责任。因此，企业必须平衡相互冲突的利益和财产

诉求以保持竞争力。这是管理中有关利益相关方的一部分观点。

4. 对于一家公司来说，企业社会责任与财务表现之间的关系可能并不清晰。但有一点是明确的，即企业践行 CSR 不应当是说空话。CSR 如果能与公司的战略和商业活动相关联，则有可能成为一种竞争优势。具有战略意义的社会责任可以让公司将重要的资源、专业技能和洞察力用于能够造福社会且具有经济影响力的行动之中。

关键词

利益冲突（conflict of interest）

企业社会责任（corporate social responsibility, CSR）

企业社会责任感（corporate social responsiveness）

分配公正（distributive justice）

经济责任（economic responsibility）

伦理责任（ethical responsibility）

伦理（ethics）

受托人（fiduciary）

内幕交易（insider trading）

公正（justice）

康德主义（Kantianism）

法律责任（law responsibility）

道德（morality）

隐私权（privacy）

程序公正（procedural justice）

战略企业社会责任（strategic CSR）

商业机密（trade secrets）

功利主义（utilitarianism）

品德伦理（virtue ethics）

揭发（whistle-blowing）

课后练习

讨论话题

1. 反思你自己的价值观和信念。你的价值观是从哪里得来的？有哪些人和事影响了你对于商业和领导力的看法？

2. 比较功利主义和康德主义。这两个道德框架有何异同？哪一个和你的价值观更相符？为什么？

3. 企业是否有提升社会道德的义务？在新兴市场中道德义务是否一样？

4. 回顾表 3-1 中的道德发展阶段。每一阶段是如何影响一个人的行为方式的？

5. 什么动机或情形会导致一个人陷入利益或者商业机密的思想斗争中？一个公司如何

保证它的员工做正确的事情？

6. 什么会使一个学生在课堂上说谎或者论文剽窃？

7. 为什么揭发者需要为他们的行为付出很高的个人代价？

8. 一个企业如何评判其对于环境保护的义务？

9. 为什么公司需要追寻企业社会责任？正当的和错误的理由分别是什么？

10. 思考一个企业的经济、法律和道德责任。哪一个最重要？哪一个最不重要？

管理研究

1. 回想一部塑造一些商业管理者形象并关注伦理两难决策的电影。电影中所展现的是

怎样的伦理问题？在制造这个伦理问题上，管理者要承担哪些责任？利益相关方是否为管理者施加压力，要求他们解决这个伦理问题？

2. 美国道德村协会（Ethisphere Institute）每年会发布"全球最具商业道德企业排行榜"。在过去的几年中，有超过 3 000 家公司被提名（或自我提名）。美国道德村协会使用一种被称为道德商数（Ethics Quotient）的评级系统。这一评级体系会审查企业的道德规范、诉讼和违规历史记录，评估企业可持续商务行为中的投资，以及它们为改善企业公民形象而开展的活动，还会将被提名企业的业内同行、供应商和客户对其所做的反馈作为考量因素。

请研究一家在"全球最具商业道德企业排行榜"榜单上的公司。这家公司进行了那些道德管理行动？你认为组织文化和领导力行动对这些道德行为有怎样的影响？你认为这家公司在道德行为上的投资是如何为利益相关方创造价值的？这家公司是否在公司价值观和企业社会责任间创建了某种协同效应？

行动练习

在你所在的社区中选择一个组织，并对其进行伦理和企业社会责任审计。用下面的检查清单评估这个组织的道德管理行动和其践行企业社会责任的方式。

- 这个组织是否为其成员明确规定了哪些是恰当行为的行为守则？如果有，请审阅。
- 这个组织是否有针对伦理问题的培训计划？如果有，课程内容是什么？
- 这个组织是否有为管理财务资源制定的检查和平衡系统？如果有，请审阅。
- 这个组织的领导者是如何规范道德行为的？
- 这个组织是如何将伦理和企业社会责任融入它的战略规划之中的？
- 组织中的成员是否赞赏道德行为，并对其做出高度评价？
- 这个组织会如何惩罚不恰当的道德行为？
- 这个组织是否对企业社会责任行为制定了评价标准？
- 这个组织是否会在公开渠道报告它的企业社会责任行为？

PART
2

第二部分

战 略 视 角

第 4 章

战略概述

学习目标

在阅读这一章后，你应当能够：

1. 解释战略的历史根基。
2. 建立企业的战略框架，讲述企业的目的，分析企业内外部环境，明确愿景、使命与目标，并描述战略制定过程。
3. 描述企业如何通过定义具体行动，在不同行动间权衡取舍，并使行动彼此协调来获得竞争优势。
4. 说明业务层战略和公司层战略的区别。
5. 对比不同的全球战略之间的优缺点。
6. 描述企业进入全球市场的各类方法。

开篇自测

你是否是战略型思考者

战略思维是一个认知过程。它使领导者能够分析信息并做出决策，从而为组织塑造可持续的竞争优势。请在以下各项内容后回答"是"或"否"，以评估你的战略思维技能。

1. 在团队工作中，我会描绘愿景，从而指导我们的战略。
2. 当我需要对某一情形做出反馈时，我会理解全局，并以一种全新的、不同的方式看待事物。
3. 在分析一家企业时，我会考虑该企业的竞争者，以及它们如何回应其战略行动。
4. 我擅长利用数据来厘清模式与关系。
5. 我能理解组织战略与环境变化趋势的关联。
6. 我能理解顾客定位在一个企业的战略中是何等重要。
7. 在研究一家企业时，我会思考它在行业中的战略定位。

8. 我能对一个企业的内部环境如何支持它的战略形成认知。

9. 我很熟悉商业模型，它们帮助我评估一个企业的战略。

10. 当需要弄懂信息的含义时，我很擅长提出恰当的问题。

如果你在多数内容后回答了"是"，那么你已经像一个战略领导者那样思考问题了。

4.1 概述

我们已经知道商业环境在持续变化，变得越发复杂。为适应这种持续变化的环境，企业必须建立起周密的战略并加以落地。就其核心而言，**战略**（strategy）是为客户创造价值的一系列行动的集合，包含了划定业务领域、决定产品系列、确定目标客户等方面的取舍及决策，以运用各种资源达到组织目标。[1] 换言之，战略是管理者为组织实现目标而制定的"行动方案"。而将一项具体战略落地，则是围绕着企业做什么以及如何做上的选择和取舍[2]，需要"做出艰难的选择或冒险的赌注"[3]。

当一家企业通过实行其他企业难以复制或根本无法复制的战略，从而比其竞争者创造出更多经济价值时，我们称这家企业取得了**竞争优势**（competitive advantage）。为了使这种竞争优势得以持续，企业还需要不断对它的战略选择和实施方式加以审视，以适应持续变化的外部环境。与此同时，企业的战略须与其内部能力禀赋相符。[4]

战略并非仅适用于商业领域。对于非营利组织、运动队、国家，以及其他想要在各自环境中取得稳固竞争地位的组织来说，战略都是至关重要的。奥克兰运动家（Oakland Athletics）和巴尔的摩金莺（Baltimore Orioles）这两支棒球队在过去十多年中的竞争经历，充分展现了明智的战略选择在竞争激烈的体育市场中是多么的重要。

案例 4-1
职业棒球联盟的军备竞赛

在 20 世纪 90 年代末，职业棒球联盟（MLB）的薪酬水平达到历史新高。有一些队伍，比如纽约扬基队和波士顿红袜队，相互之间开始竞争有限的几名高薪球员。价格争夺战爆发，像阿利克谢·罗德里格斯（Alex Rodriguez）这样的天才球员，年收入能够达到 1.5 亿～2 亿美元。身处大球市的大城市球队可以负担这些高额薪水，因为它们可以通过出售门票和签订利润丰厚的转播合同来赚得足够多的钱。但对于中端市场的城市来说，比如巴尔的摩和奥克兰，它们赚取的收入无法与大球市的薪酬水平相匹敌。

随着球队排名和球员市场逐渐被洋基、红袜这样的球队占领，许多评论家开始控诉这种体系结构，认为它阻碍了中端市场和较低端市场的球队与大球市的球队竞争。尽管评论家的大部分指责都是正确的，职棒联盟并不是一个公平的竞争环境，但是，有一支球队似乎让人看到，小市场的球队也可以与那些巨头竞争。

奥克兰运动家队曾经勉强算是大球市中的大球队。在 20 世纪 80 年代，球队的所有者们为马克·麦奎尔（Mark McGwire）和乔斯·坎塞科（Jose Canseco）这样的顶级球员花费了大量资金。所有者们并没有把球队视作一项赚钱的事业，而是一个赢得社会声誉的手段。90 年代初球队被转手他人，新的所有者们并没有足够的资源像以往那样经营球队。比赛场陈旧而衰败，粉丝群也日渐变小，所有者们必须找到新出路。

1997 年，他们雇请了前联盟球员比利·比恩（Billy Beane）出任总经理（GM）。比恩一度是纽约大都会队最闪耀的新星。他是我们所说的那种"不可错过的球员"，因为球探们深信他将成长为一个巨星。尽管他有着强大的身体技能，但比恩却从未在大联盟赛场上取得成功。在结束了平凡的棒球生涯之后，他开始在奥克兰队的前台部门工作，并最终成为总经理。比恩知道他不能采用与其他球队管理者相同的策略；他需要有一个新战略，找到那些高质量、低薪酬的天才球员，从而胜任球队所有者托付于他的重任。

比恩战略的核心思想是，大多数联盟球队对才能的评估都是不恰当的。基于他自身的经验，比恩知道大多数球探仅仅是通过观看比赛来发掘新星。他们更偏好那些年轻、体能卓越的高中球员。多数球探并不使用计算机或技术统计来评估球员。相反，他们想要看到的是这个球员可以奔跑多长、掷球多快、击打多远。

通过研究和统计分析，比恩发现，球探们一贯评估的项目是无法预示棒球运动员日后的成功的。他发现球探关注的三项指标并不像上垒率那样重要；上垒率衡量了一个球员在击打、跑位和对手失误中，上垒的成功率。上垒率与常见的平均击打率的不同之处在于，除了击打能力，它还顾及了击球手上垒过程中需要的跑位和利用外野手失误的能力。那些符合球探品味的球员通常有着良好的上垒率，但还有许多不知名的球员，他们的上垒率要高得多。

1997 年，比恩开始开展他的选人战略，主要挑选具有高上垒率的大学球员。这些球员中的许多人都未被其他球队发现，因此他们的薪酬与明星球员相比要低很多。在 1997 年，Ben Grieve 和 Miguel Tejada 分别在其 21 岁和 23 岁的时候与球队签约，并在大联盟赛事中取得巨大的成功。Grieve 获得了 1998 年度最佳新秀奖；Miguel Tajada 6 次入选全明星阵容，并在 2002 年获得年度最有价值球员奖（MVP）[5]。当比恩的战略内容传到其他球队管理者耳中时，最初获得的反应都是嘲笑。但是，结果不言自明。自比恩担任总经理的第二年，也就是 1999 年起，奥克兰运动家队的平均获胜率达到 58%，但球队的薪水却是整个联盟球队的后 1/3[6]。尽管比恩在任期间球队没能赢得一场世界大赛，但他们却在 10 年中 5 次闯入季后赛。

与之相反的是，巴尔的摩金莺队是大联盟中最为优秀的球队之一，在过去的 50 年间，4 次赢得世界大赛冠军。事实上，在 20 世纪六七十年代间，这支队伍一度是大联盟最有势力的统治者，几乎年年闯入季后赛。但是，在 1983 年取得世界冠军后，这支队伍陷入了长达 10 年的低谷，再没有闯入季后赛。许多人将这支队伍的衰败归咎于它 80 年代早期的行为。为了获得资深球员，球队将许多年轻球员卖给了别的队伍。经历了所有权更替，以及新星球员的匮乏，这支球队苦苦挣扎了近十年；甚至，在 1988 年新赛季开始之际，它连续输掉了最初的 21 场比赛（这可创下联盟新纪录了）。

差不多在比恩去运动家队任职的同时，巴尔的摩金莺队开始推行新的战略。1993 年，新的老板买走了这支球队，并且，他很乐意支付重金来获得那些高薪自由球员。巴尔的摩队并没有选择寻找新的竞争方式，而是效仿扬基队和红袜队，将它的薪酬扩张到难以维系的水平。但是，巴尔的摩队并没有足够的资源与这些队伍迎面抗争，最终导致它错失了许多出色球员，并在一两个主要球员上花费过多。尽管这一战略使得金莺队在沉寂 10 年之后于 1996 年和 1997 年再次闯入季后赛，但是，两次都输给了大球市的球队。在 1997 年赛季之后，球队继续获得高薪自由球员，不过程度有所降低，多是出于出勤和收入水平的下降。由于资源的进一步减少，以及无差别的战略，球队逐渐陷入了无尽的衰落之中。从 1998 年到 2006 年，球队平均获胜率为 44%，从未在任何赛季中取得成功，但其薪酬却比奥克兰运动家队平均高出 59%（见图 4-1）。

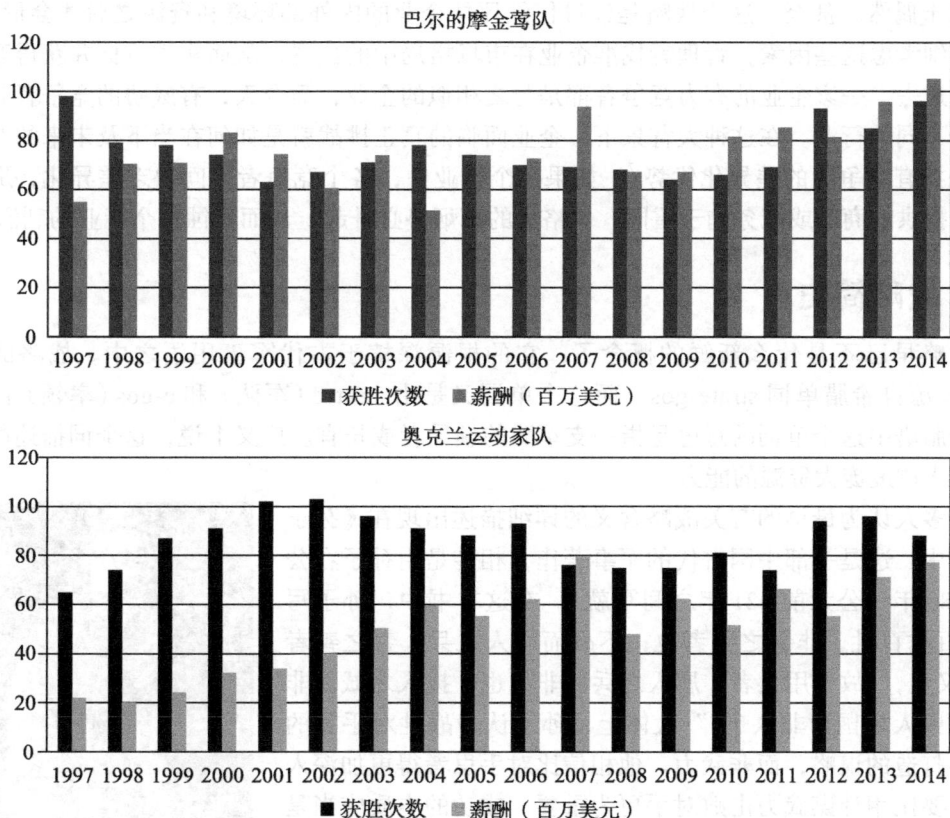

巴尔的摩金莺队

■ 获胜次数　■ 薪酬（百万美元）

奥克兰运动家队

■ 获胜次数　■ 薪酬（百万美元）

图 4-1　1997 年到 2014 年巴尔的摩金莺队和奥克兰运动家队的获胜次数和薪酬水平

资料来源：Baltimore Orioles, "Year by Year Results," at http://baltimore.orioles.mlb.com/bal/history year_by_year_results.jsp, accessed February 20, 2015; Oakland Athletics, "Year by Year Results," available at http://oakland.athletics.mlb.com/oak/history/year_by_year_results.jsp, accessed February 20, 2015; and *USA Today*, "MLB Salaries," available at http://www.usatoday.com/sports/mlb/athletics/salaries/2014/team/all/ and http://www.usatoday.com/sports/mlb/orioles/salaries/2014/team/all/, accessed February 20, 2015.

案例思考

1. 有哪些环境和竞争因素能够解释大联盟球员薪酬水平的上涨？
2. 球队的总经理在球队战略的制定和实施中，扮演着什么角色？
3. 请比较奥克兰运动家队和巴尔的摩金莺队在战略上的异同。
4. 企业能够从职棒联盟球队的战略中学习到什么？

　　正如你所看到的，通常来说，成功与失败的区别，就在于能否形成一套连贯的战略，使领导者得以充分利用他的资源。这些例子说明了战略和**绩效**（performance）在竞争中的重要性。金莺队和运动家队有着相似的资源，但在过去的 10 年间，由于运动家队运用了差异化战略，其表现始终优于金莺队。近期运动家队的表现不佳，这表明它需要重新评估它的战略，从而获得新的有防御性和持续性的竞争优势。在贯穿本章及本书的许多事例中，都会展现企业通过优秀的战略和绩效，从而取得更大的成功和更多利润的故事。

与成功的职业球队类似，所有成功的企业也需拥有精心设计的战略，而这些战略的制定并非出于偶然。甚至，这个战略是经过仔细评估企业的内外部环境和资源之后才会形成的。通过仔细考虑这些因素，管理者找准企业在市场格局中的位置，从而实现目标并获得竞争优势。在过去，一家企业的有力竞争者都是与之相似的企业；而今天，有威胁的竞争者时常来自完全不同的行业。在这种大背景下，企业面临的真正挑战就是如何在当下及未来的竞争者面前保持有竞争力的差异化优势[7]。如果一个行业中，各个竞争者之间缺乏差异化，那各个企业所提供的商品或服务趋于雷同，价格战的硝烟势必升起，从而侵蚀整个行业的利润。

4.2 战略简史

战略早已不是什么新鲜的概念了；它的根源深植于古代军事用语之中。战略的英文 strategy 源自希腊单词 strate-gos，而这个单词又是由 stratos（军队）和 e-gos（率领）衍生而来。希腊语中这个单词的意思是指一支军队的领导者或长官。广义上说，这个词描述的是领导者个人调度庞大资源的能力。

许多人认为最早的有关战略含义的详细描述出现在《孙子兵法》中；这是一部中国古代的军事著作，相传是由孙子在公元前 480 年~公元前 221 年之间写就[8]。在这本书中，孙子写道："百战百胜，非善之善者也；不战而屈人之兵，善之善者也。"又说，"故善用兵者，屈人之兵而非战也，拔人之城而非攻也，毁人之国而非久也。"大体上，孙子认为战胜对手靠的是精心打造的谋略，而非武力。他相信比对手思考得更加深入长远，要比用计谋武力击败对手更为重要。成功的本质应当是运用战略来避免冲突[9]。这一见解与目前地缘政治学的争论十分相似，那就是究竟该运用外交手段还是武力来解决纷争。许多国家同时推行这两种行动方针。

几千年来，军事战略的发展和运用常常反映出国家的成功与否。事实上，罗马帝国这样的民族国家成功运用了军事战略，制定出一套击败敌国的全面计划。在此情形下，罗马军事战略家们对他们所拥有的势力（内部环境）和敌人的势力以及条件（外部环境）进行评估，并基于此拟订作战方案。对罗马人来说，每一场战役的军事战略都会依敌人的不同而改变。在这种情境中，战略是一个为了达成特定目标而制定的行动计划。像孙子这样的军事战略家将战略和战术做了明确区分。对军事统帅来说，战术是指战场上军队将会采取的具体行动（比如，冲锋或侧翼夹击），而战略是指对整个战争的大规划，且通常目的是为形成整体军事优势。

战略在商业领域的应用，正是在这些军事基础上萌发出来的。人们将战略概念运用于商业领域；"商场如战场"这句话，相信你并不感到陌生。从最基本的层面来看，商场和战场有很大的共性——对击败对手并在竞争中取胜的渴望。无论是在沙场上还是在华尔街发动一场战争，任何一个想要在竞争中牢牢占据上风的组织，都遵循着同样的交战规则。那就是：

- 比对手收集更多更有效的信息。
- 分析信息，并列出有力（strong）有据的选项。
- 在选项中迅速做出选择。
- 将战略选择转化为果敢的行动[10]。

根据孙子的看法，收集信息是战略开发中不可或缺的一部分。《孙子兵法》有云："夫未战而庙算胜者，得算多也；未战而庙算不胜者，得算少也。多算胜，少算不胜。"[11] 信息的收集与分析在战争中的地位是无比重要的，而对于理解商业格局而言，这一点同样很重要。决策者们都必须充分了解对手及竞争环境。

由于需要对商业格局加以了解，早期企业领导者们将关注点放在企业规划（corporate planning）和分析上，视之为战略的基础。二战后期，由于许多业务的规模、范围和复杂性都有所增加，企业规划变得流行起来。在**集团化**（conglomeration）时期，企业通过非相关多元化实现扩张，本质上来说就是收购不同行业的公司；这时候，企业规划的流行尤其明显。管理者们倾向于运用企业规划将多个业务线理清楚。规划的过程涉及展开详细预测，以及设定具体的业务层目标。随即，通过一系列预期在特定时间内予以执行的具体行动步骤，这些目标得以被制度化（落地）。企业通常会制订三到五年的规划，并会定期更新。

尽管这一规划过程能够为总经理和其他高管提供企业的未来发展蓝图，但是，这些规划往往很快就跟不上竞争格局的变化了。许多企业并未选择基于竞争格局的改变对规划做出修正，而是盲目地决定实施规划。自然，结果是不大有效，而且，规划的有效性和重要性也开始渐渐衰减。[12] 这种现象在 20 世纪七八十年代尤其明显。那时，面对那些更为机敏和灵活的国际竞争者，美国企业失去了其竞争优势。许多人指出过于热衷企业规划是美国企业竞争力流失的罪魁祸首。一些研究者认为，由于管理需要遵循那些严格的制度，规划从本质上削弱了一个企业的创新能力。[13]

规划确实存在不足，特别是在脱离现实的时候；但是，企业在对可能后果缺乏了解的情况下，就做出重要的投资和资源配置决定，也是很愚蠢的。这种情况下，关键决策将会系于个人直觉，缺少理性根据。企业规划的关键不仅在于计划完备，更在于确保整个计划是灵活且有很强适应性。这些计划不该只是高管抽屉里的档案，也不该未经思考就被僵硬地予以执行。计划贵在鲜活。它们应该是一份有生命力的文档，帮助管理者应对可能的机遇和威胁。为了保持有效性，这些计划应当时常被修正和更新。更新计划作为一个"流动"的过程，是在日益复杂的环境中开发战略的关键要素。艾伦·穆拉利（Alan Mulally）担任福特汽车的 CEO 期间，他每周召集重要部门负责人，举行两个半小时的业务分析会，以确保公司的业务计划按预期落地，并适应变化的市场竞争环境。穆拉利使用不同颜色来标注计划状态：红色表示存在问题，绿色则进展顺利。2014 年，福特选任新一届 CEO 时，负责组织这一业务周会的马克·菲尔兹（Mark Fields）当选。菲尔兹对业务周会的组织经历，让他得以对福特面临的机遇和挑战都了然于胸。通过这一制度安排，福特公司保证了自己的业务计划在每一时刻的合理性。[14]

4.3 战略与组织：框架

我们在第 1 章讨论过，管理者需要理解其所处的内部和外部环境，以确保他们能够有效地满足广泛的利益相关者群体。企业战略开发的先决条件是，明确谁才是至关重要的利益相关者，以及企业希望达成什么目标。在开发企业战略时，管理者必须做出如下决策：

- 我们的目标是什么？
- 环境会如何影响我们？
- 哪些利益相关者是至关重要的？
- 我们将在哪些行业和地区内竞争？

- 我们为谁服务?
- 我们如何让自己有别于其他竞争者?

尽管这些问题对于战略开发来说都很重要,但第一个问题才是关键所在,因为它说明了企业究竟为何而存在。

4.3.1 企业的目的

企业为何而存在? 它服务于谁? 又出于何种意图? 在过去的几十年中,人们在这些问题上争论不休,只为了说明企业的**目的**(goal)。一般来说,企业的目的可被定义为组织整体期望得到的结果、产出或最终状态。根据诺贝尔经济学奖得主米尔顿·弗里德曼的观点,企业的目的是盈利。[15] 换句话说,一个企业应当努力创收,并使收益尽可能地高于成本。弗里德曼认为,一个企业应当在法律框架内只专注这一项任务,关心如何取悦企业的股东和所有者,并为他们创造价值。

近来,许多学者和管理者都就企业对利润的单一关注展开热议;他们认为企业对许多其他的利益相关者也怀有责任。如我们在第 3 章讨论的,许多企业开始认同企业社会责任(CSR),为更多利益相关者服务,并将其作为一种竞争优势来看待。尽管越来越多的人开始关注利益相关者理论,但仍有许多人认为企业的唯一目的就是为股东盈利——当然,是在"君子爱财,取之有道"的基础上。

4.3.2 分析内部和外部环境

如前所述,制定战略的第一步是企业内部和外部环境分析(见图 4-2)。如果战略中缺乏对环境的评估,那么即使有一个很好的想法,也可能会输给那些对各个因素进行评估并基于评估结果形成战略的竞争者。第 2 章曾经讲过,任何一家企业都会受到其内部和外部环境中诸多势力的影响。管理者必须识别出其公司内部环境中的所有组成部分,包括企业的目的、资源和技能,从而对企业的潜能做出评估。除此之外,管理者还必须探索企业的外部环境,尤其要关注环境中那些会对企业未来可能的成功或失败造成影响的相关势力。管理者们还需要识别出哪些势力可以被企业影响,从而支持组织的目标。在分析内部和外部环境时,管理者需要全面了解企业的各种利益相关者所拥有的权力和需求。某些利益相关者与其他人相比更有影响力,这取决于具体的行业及业务。管理者必须识别出哪些利益相关者具有最大的影响力,并采取有效的方法来满足他们的需要。

一旦管理者仔细检查了这些因素,他就能更好地厘清企业存在的原因,做出一系列决策,并建立一套能够让企业实现远景的行动体系。这个过程的最终目标是打造一个行动网络,使行动间保持策略维度的匹配,且难以被复制。这个行动网络构成了企业的**核心竞争力**(core competencies),并反过来帮助企业建立起竞争优势。网飞公司(Net flix)是一家在线DVD 租赁公司,其核心竞争力非常明确,包括如下几点:

- 操作简单,网页直观。
- 基于超过 20 亿观众评分的个性化电影推荐服务。
- 重视用户体验的持续提升。
- 具有将无门槛订阅服务转化为有利可图的商业模式的能力。[16]

网飞公司希望通过巩固这些核心竞争力,使自己与竞争对手区别开来。

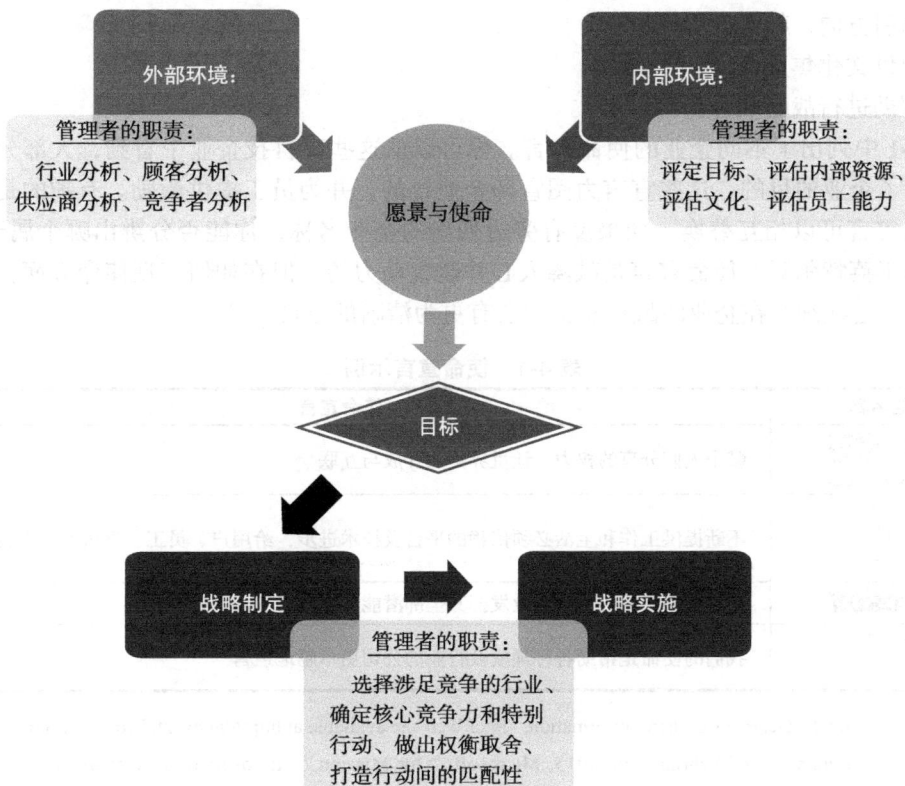

图 4-2 战略框架

4.3.3 愿景、使命和目标

一个企业若想获得成功,就必须有明确的愿景,描绘它要如何为客户带来价值,并满足各种利益相关者。Warren Bennis 和 Burt Nanus 认为,"所谓愿景,就是把一个组织的实际、可靠且精彩纷呈的未来图景,详尽地展现出来;那是一种从许多重要方面来讲,都会优于现状的情况。"[17] **愿景**(vision),是一个概念,也是一幅蓝图,描绘了一家企业想要获得什么,以及打算如何实现它。为企业树立愿景是组织的领导者最为重要的职责之一。通常来说,个体是因为受到愿景的激励,所以选择加入企业,并创造出优于预期的业绩。

企业愿景传达了企业在未来想要实现的崇高理想,而企业**使命**(mission)却明确界定了企业为了客户将采用何种行为。[18] 许多企业通过**使命宣言**(mission statement)来阐释理念。使命宣言指明了企业存在的原因。宣言里通常会写明企业将呈现何种行为,服务于哪些市场,以及将如何使自己与其他竞争者区分开来。[19] 大多数企业都会花费大量时间打造使命宣言,以沟通客户和激励员工。使命宣言会为员工树立企业优先意识,这样一来,使命宣言实际上充当了指导企业行为的准则。员工知道什么才是被期许的行为,知道他们的组织正在走向何方。[20] 其结果往往是员工的生产力得到提高。一些研究者发现那些全方位树立使命宣言的企业,相比于那些草率为之的企业,倾向于有更好的业绩表现。[21] 有效的使命宣言能够为企业带来如下好处:

- 明确企业的目的。
- 为员工建立动机和归属感。

- 指引方向，鼓舞人心。
- 提供文化焦点。
- 帮助进行战略取舍。[22]

表4-1中列出了不同企业的使命宣言。你可以从这些高科技企业中看到，大部分企业宣言都指明了企业的目的。这些宣言力图宣扬企业目的，并为员工提供激励。有趣的是，似乎很多使命宣言可以相互替换。如果没有旁边列出的企业名称，你能否分辨出哪个属于微软，哪个又属于英特尔呢？使命宣言是鼓舞人心并蕴含动力的，但在如何实现使命方面，却缺乏具体细节。这些细节在企业的战略实施中会有更为清晰的显现。[23]

表 4-1　使命宣言示例

企业名称	使命宣言
facebook	赋予人们分享的权力，让世界更加开放与互联
intel	不断提供工作和生活必须依赖的平台及技术进步，给用户、员工、身边人带来更好生活
Microsoft	帮助全世界的人们和企业发挥其全部潜能
SAP	我们的使命是帮助各种规模及行业的公司更卓越地运营

资料来源：Intel, "General Company Information," Intel Web site available at http://www.intel.com/intel/company/corp1. htm, accessed February 20, 2015; Microsoft, "Our Mission," Microsoft website available at http://www. microsoft.com/enable/microsoft/mission.aspx, accessed February 20, 2015; SAP, "About SAP AG," SAP website available at http://global.sap.com/corporate-en/investors/pdf/sap-fact-sheet-en.pdf accessed February 20, 2015; and Facebook, "About," Facebook website available at https://www.facebook.com/facebook/ info?tab=page_info, accessed February 20, 2015.

愿景和使命确定了企业的总体方向，而**目标**（objectives）为企业提供了一系列可衡量的里程碑或标杆，让企业能够对取得的进展做出评估。目标描绘的是，在某一特定时期和特定区域内，企业想要有何作为；这其中包括财务表现、市场份额以及引进新产品等等。在大部分企业，这些目标将融入年度计划编制之中。

一旦管理者树立了企业的愿景、使命和目标，那么他就必须着手实施商业战略。企业的内部和外部环境分析，以及企业的愿景和使命，都是**战略制定**（strategy formulation）过程的输入项。[24]值得注意的是，战略既不同于愿景和使命，也不同于目标和战术。**战术**（tactics），是企业执行其战略的具体措施，例如发布一项新产品，进入一个新市场，或是重组某些组织架构等。[25]

在制定战略时，管理者试图找到一种方法，让企业最优化地配置资源，从而在市场格局中取得有利的地位。目标确定了企业想要获得什么，战术描绘了企业如何去达到它的目标，而战略意指企业如何在市场中定位自身，以及如何在定位基础上调配其资源。

4.3.4　战略制定

战略开发应当是一个既有计划性，也有不确定性的过程。在战略开发中，有计划的那部分会涉及系统化评估，分析内外部环境，打造应对或影响环境因素的规划，设立企业想要达到的目标和标杆。战略中的计划性部分通常来自于企业中的子群体和个体，比较有代表性的是战略规划人员和直线经理人，他们对企业每日运营和竞争格局有着深刻理解。[26] CEO 及其团队对企业愿景与使命的核心内容的把握是一个由上至下的过程。

然而，即使是拥有最棒的规划，也没有一家企业能预见到竞争市场中的方方面面。竞争者将会以怎样的方式回应别家企业的行动或是改变环境因素，这通常是难以预料的。正因如此，企业的领导者需要适时反思企业的战略、目标、战术等要素，是否在不断变化的环境条件下仍然适用？这一对企业战略、目标、战术的再评估过程，是战略制定流程中的重要环节。[27] 一线管理者往往直面行业动态的最前线，因此，他们所处的位置恰好能让他们发现潜在的新机会和严重威胁。让一线管理者加入到战略制定过程中，更能促进组织内部对战略部署达成共识，并提高成功实施的可能性。[28] 尽管战略开发中的计划性部分是由上至下的，但战略开发中不确定性的来源却往往是由下至上的。也就是说，这种不确定性是从组织中的每一个个体身上喷薄而出的。

战略开发过程并不总是以图 4-2 中的线性方式展开的；它甚至会随时间演进。外部环境具有持续变化的本质，因而要求管理者们持续进行环境扫描，以确定它对企业的影响。企业战略中的某些方面会在很长一段时间内维持不变，而其他方面则容易发生频繁变化。[29] 一些变化发端于简单的战术行为（例如为了清仓而降价），但可能迅速演变成一项重大的战略转型（例如发现了在较低价格上的广阔市场）。

部分企业拥有很稳定的战略。对那些处于成熟行业或严格管制行业的企业来说，尤其如此。在这种情形下，战略中的许多方面都相对稳定，有时还是预先决定的。单个企业的行动不大可能对商业环境造成显著的影响。

而在一个动态、快速变化的行业中，战略和选择可能会受制于这种持续变化。管理者必须具备一种能力，识别出外部环境中哪些方面会对企业造成影响，以及这种影响会达到何等程度。在这种环境下，唯一不变的是变化，从而也就难以提前预设一种明晰的战略。

团宝网（Groupon）是一家提供本地娱乐产品打折的公司，经营项目包括博物馆、餐馆和景点等。从战略的计划性和不确定性，到一家企业的轨迹如何难以预料地被市场力量所左右，这家公司向我们展现了二者之间的平衡。公司创始人 Andrew Mason 在攻读芝加哥大学硕士学位期间，曾创办网站 www.ThePoint.com。出于揭露政治事件背后真相的动机，他希望为任何想要获得支持的活动发起人提供一个平台。这个网站很快经受了国内压力，并非因为它对公众生活的影响，而是因为那些有争议的甚至有时很愚蠢的活动。例如，有人提议给芝加哥造一个圆顶，以保证城市一年四季温暖如春；这个提议获得了成千上万的支持者。没过多久，这家网站开始赔钱。[30]

在反思他的商业模式时，Mason 却发现了一个重要趋势：那些最成功的活动，往往都能让消费者联合起来，产生巨大的购买力。基于这个发现，他改变了战略，和七名员工一起开始联络当地商家，达成产品和服务协议。这些当地公司的营销预算往往比较少，如今却有机会获得成百上千位新客户，而这些客户以往甚至都不会看这些商家一眼。为了换取这个面向大众的机会，这些公司要和团宝网平分利润。例如，在 2010 年年初，团宝网以 12 美元的价格售出 20 000 套原价 25 美元的芝加哥游艇之旅，两家公司平分了通过团宝网渠道赚取的23.8 万美元的利润。通过对初始战略加以改进，Mason 获得了巨大的成功：截至 2010 年，团宝网的业务已扩展到多达 85 个城市，并即将成为有史以来最快获得 10 亿美元收入的企业（击败了苹果、谷歌和亚马逊）。[31]

2010 年，谷歌出价 60 亿美元希望收购团宝网，但 Mason 失策地拒绝了这笔要约。团宝网后续几年走得很艰难：它的成功很快吸引了众多竞争者进入团购市场，严重削减了公司的市场份额和股价。从 2011 年到 2015 年，团宝网的股价下跌约 70%，Mason 也最终丢掉了自己的工作。此时此刻，团宝网又需要重新评估其战略，以重新在市场中立足。最后，公司开始开展团宝电商（Groupon Goods）的业务：利用公司掌握的 2 亿个用户 e-mail 来销售打折电子用品和其他家用商品。这一业务结果增长迅猛。截至 2013 年，团宝电商已经占了公司整体 26 亿美元年收入的 70% 以上。[32]

在考虑一个企业的战略时，管理者必须做出一系列选择，具体如下：

- 企业所要提供的产品和服务的范围与种类。
- 企业如何在市场格局中寻求自身定位。
- 企业运营的规模与尺度。
- 企业的组织结构。
- 如何衡量成功。

正如我们在本章接下来的内容中将会看到的，这些选择往往是相互依赖和补充的。[33] 也就是说，一个企业该如何组织，取决于它打算生产什么及如何实现生产。企业所做的这些选择，应该能组合成一个完整的整体；这比个体累加的结果要更大。[34] 企业将在哪个领域（行业）开展竞争的选择十分重要，而关于企业将要如何竞争的选择也同样重要，即企业为实施其战略所选择的方式。

4.4 战略实施

在管理者制定战略之后，他需要考虑三部分内容（见图 4-3）。[35] 首先，管理者必须意识到竞争战略本质上是创造差异点。战略是指有意地选取一系列不同的行为，来为客户传递价值。[36] 如果在提供的产品或服务中，不包含那些有助于为客户传递价值的行为，那么这项业务从长期来看无法保持盈利。

其次，尽管选择一组特别的行动十分必要，但管理者也必须决定什么是不能做的。换句话说，管理者必须在战略制定时做出权衡取舍。如果没有这些权衡，最终将导致企业在过多的市场上竞争，而缺乏相应的竞争优势。

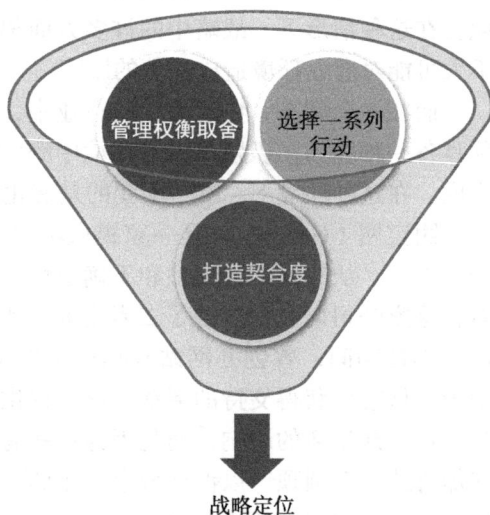

图 4-3 战略的三个步骤

最后，管理者必须让所有的行动之间都非常契合，这样企业提供的产品和服务才不会轻易被竞争者复制。在生产客户想要的产品和服务时，这些行动必须是可持续且相互联结的。

整个行动体系必须以业绩表现为根基，否则企业将在竞争中落败。通过企业自身打造行动和契合度是不够的。业绩与执行必须用来完善这个体系。战略实施的理论看似简单，但许多管理者都未能抓住每一步行动的关键，建立的战略并不完善，最终导致失败。为了帮助我们更好地理解这一战略实施过程，我们将更为详细地考虑这三个步骤，并看看相关的案例。

4.4.1 选择一系列行动

一个战略需要概括出企业希望实现什么（即，将服务于哪个市场，生产何种产品，等等）

以及它将寻求怎样的方式来实现目标。[37] 例如，西南航空公司维持了一套独特的行动，使之与竞争者区别开来，并维持一套低成本模式。这家企业专注于飞抵那些大都会区附近未被使用的机场；只提供一种机型（波音 737）；经营短途旅程，从而避免了传统的轮辐式体系；飞机上并不提供餐点，也不提供座位安排。当西南航空进入一个新市场区域时，常规定要以低于该区域已有航线平均价格 70% 的水平提供服务。西南航空所有这些行动，都直接针对那些可能考虑其他交通方式的客户（如汽车或火车），为他们提供低成本服务。[38]

自其建立开始，西南航空公司就鼓励其员工专注于服务客户，并享受这个过程。[39] 西南航空公司前首席执行官凯莱赫这样说道：“乐趣是人们的兴奋剂。他们越是享受工作，工作的效率也就越高。”[40] 西南航空公司的每位主管都在提倡乐趣文化。伴随这种文化，西南航空得以将员工流动率控制在极低的水平，过去十年中平均均为 5% 左右。这一文化也让西南航空与其他航空公司相比，得以支付较低的薪水，因为员工想要为这家企业工作。在西南航空，“乐趣因素”帮助企业保持了低成本和高利润。

与之相反的是，那些大航空公司提供的正是西南航空所不提供的服务。比如，达美（Delta）航空公司作为大航空公司的代表，使用正式的轮辐式体系，提供餐点和座位安排，几乎飞往任何地方，并使用多种型号的飞机。达美航空和西南航空采取的不同战略路径导致了这两家公司的利润率有着巨大差别。相比达美的步履维艰，西南航空建立了一套独特的行动体系，形成了清晰的战略，其结果是连续 41 年的盈利。

在消费品行业，吉列公司通过采取某些特定行动，来寻求自家产品与竞争者的差别。其中一些行动包括大量的研究和开发（R&D），随之而来的是像锋速 3 和复合型剃须刀这样的创新产品引入市场。吉列公司通过采取这些行动，使自己的产品在市场上具有更高的感知价值。随着在研发和广告方面的巨大投入，这家公司也做出了相应的战略选择，放弃低成本模式，原因是那些行动与同时实现低成本和盈利是矛盾的。与吉列公司相比，它的竞争者比克公司（Bic）则专注于成本领先策略。它在研发和广告上的投入要少于吉列公司，却能够以低得多的价格出售其产品。[41] 而另一方面，吉列的战略却使它能够为锋速 3 和复合刀片收取较高的价格，因为它的产品在市场中具有认知价值。在 2015 年，吉列复合型剃须刀的售价为 12 美元，并附带价值 5 美元的替换刀片；而比克剃须刀的单个刀片价格却低至 40 美分。

西南航空和吉列公司都建立了一套独特的行动体系，从而为客户传递价值。这些独特的行动使得公司在其各自的行业中占据了**战略地位**（strategic position）。战略地位是指，一个企业通过提供产品和服务，以及它所选择的实现这一过程的方式，从而在行业中占有一席之地。[42] 当一家企业选择其行动集合时，它实际上也是在决定将在某一行业中占有的战略地位。最为常见的战略地位是基于成本领先、差异化或集中化的战略。[43] 西南航空凭借成本领先地位来竞争，而吉列公司则是基于差异化战略。

另一个常见战略，集中化战略，是指将关注点聚焦并缩窄到行业中的小众市场，而不是整个行业本身。在集中化战略中，成本领先和差异化仍是最为常见的战略定位，但企业是在利用这些方法来迎合那些被大公司忽视的细分市场。因此，这些公司往往规模较小。[44] 恒达理财公司（Edward Jones）就是这样一个例子，我们在接下来的章节中会详细讲述。

4.4.2 做出权衡取舍

企业无法让所有人都感到它们无所不能。如果企业尝试这样做，那它们往往看起来缺乏重点。这种缺乏重点会让潜在客户感到迷茫，也会困扰那些试图为公司提供服务的员工。[45]

权衡取舍的概念往往会被曲解，并在企业和生活中被误用。权衡取舍在人们生活中的方方面面普遍存在。事实上，人们每天都在做出权衡取舍，但却没有意识到他们正在这么做。例如，你可能会决定在午间休息时迅速找点东西充饥，这样你就能复习下一课的笔记。这些复习能帮助你快速回顾课堂材料，令你做好参与课堂讨论的准备。在这个例子中，你在准备课堂内容和与朋友一同坐下来享受午餐之间，做出了明确的权衡取舍。

恒达理财公司是美国规模最大、盈利最多的散户投资经纪公司，在全美拥有超过 11 000 千家事务所。像西南航空公司一样，这家美国中西部的投资企业选择了一套独特的行动来服务其客户。恒达财务公司将其战略描述为"通过遍布全国的理财顾问事务所网络，向委托理财决策权的保守型个人投资者提供方便且可信的面对面理财服务"。[46] 恒达理财很明确自己做出的许多权衡取舍。其中一个关键抉择就是，企业试图服务的客户类型。这家企业力图为农村客户提供理财服务，而这些客户通常比居住在大城市的人拥有更少的财产。这家企业采用了一系列行动，在维持低成本的同时，也迎合了这些农村用户更为保守的需求。

该公司也对经纪人的行为有所限制。与其他经纪公司相比，恒达理财并没有提供同样多的理财产品和服务（例如大宗商品、期权和全面的投资银行业务）。这一系列行动与许多大型经纪公司的一贯行动形成鲜明反差。但是，恒达理财相信，为了能够服务于它的农村客户，做出这些明确的权衡取舍是更为明智的。这家公司研究了市场格局，认识到客户重视并愿意花钱购买的是什么，并打造其组织结构来为客户提供这些服务。

4.4.3 打造行动间的契合度

为了使一个战略具备有效性和防御性，管理者必须在其选择的行动间建立契合度和匹配性。那些拥有优秀战略和盈利能力的企业，通常采用的是一系列能彼此强化的行动，使得整个体系难以被复制。打造这种行动间的"契合"，是为了使企业与竞争者相比，能够降低成本或是增加差异化。行动间的战略契合不仅仅是竞争优势的基础，也是优势可持续性的根本。事实上，与模仿某一广告活动或是一系列产品特征相比，竞争对手想要匹敌一整套彼此关联的行动，是更为艰难的。[47]

例如，丰田汽车公司采用了一套内部相关联的行动体系，并使其获得总体上的成功和盈利。这套被称为丰田生产体系的系统，涉及了一系列连锁行动，以促进生产线上的自学习和不断完善。就如同 DNA 链一样，这些规则规范了人们如何开展工作，如何与其他人互动，产品和服务如何流动，以及人们如何识别并处理流程问题。这些规则严格地说明了每一步（从工人到高管，从安装安全带到重建生产厂）应采取怎样的行动。偏离规范的行为能够被立即发现，这刺激人们在实时实验中快速响应，以根除他们工作中的问题。[48]

对许多外部的观察者来说，丰田生产体系中最为重要的特征是它的建构。比如，工位上都配有紧急绳，供工人发现问题时拉下。事实上，许多丰田的竞争者希望能达到丰田级别的盈利水平，相继尝试模仿丰田的生产体系。[49] 可是，尽管丰田的许多行动都被竞争者们广泛知晓，但很少有企业能够复制整个体系，原因在于丰田公司创造了罕有的契合度。

战略的形成对于一个企业的成功而言是极为重要的。战略制定和实施的步骤可能看似简单，却往往很难制定，也更难实施。整个过程最终还是要回到打造企业行动的契合度上。如果行动间缺乏契合，那么一个有特点的战略将无法持久。如我们在前面许多例子中看到的，那些塑造了独特的行动体系的企业，往往在行业中维持着相较于竞争者的业绩优势。管理者应该基于一些关键标准来评估他们的战略（见表 4-2）。

表 4-2 企业战略质量评估标准

标准	评估
外部契合	战略是否与环境局势相匹配
内部契合	战略能否撬动企业的关键资源
差异化	战略是否为企业提供了有特点、有差异并且可持续的市场地位
可实施性	企业能否有效地执行这个战略

资料来源：Adapted from Donald C. Hambrick and James W. Fredrickson, "Are You Sure You Have a Strategy?" *Academy of Management Executive*, Vol. 15, No. 4, November 2001.

4.5 业务层战略与公司层战略

在本章前半部分，我们在一个广泛的层面讨论了企业的战略——它希望实现什么，以及希望如何实现它。组织在某个行业或多个行业中创造并维持竞争优势的方式，是受到两类战略的驱动：**业务层战略**（business-level strategy）和**公司层战略**（corporate-level strategy）（见图 4-4）。我们接下来将简要介绍这两类战略。在后续章节中也将会有更为详细的阐述。

4.5.1 业务层战略

业务层战略蕴含着"一个企业将如何在给定业务上竞争，并在其竞争者间定位自身"。[50] 在设定业务层战略时，管理者需要对行业结构的吸引力和企业资源做出评估，以决定企业应该如何竞争。基于这些评估，管理者通常会在三种通用的战略方针中做出选择：低成本、差异化或集中化。如本章先前提到的，西南航空公司采取了航空业中的低成本经营策略，吉列公

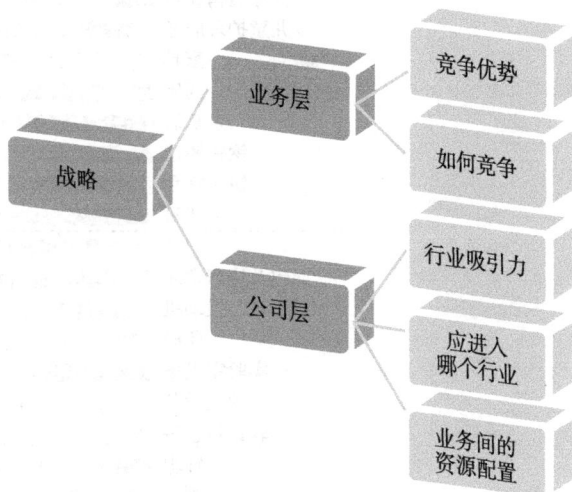

图 4-4 业务层战略和公司层战略

资料来源：Adapted from Robert M. Grant, *Contemporary Strategy Analysis: Concepts, Techniques, Applications* (Cambridge, MA: Blackwell Publishers, 1991), p. 20.

司选择了男性消费品行业中的差异化战略，而恒达理财公司推行的是集中化战略。我们将会在第 5 章中看到，经营策略是与行业动态和演变紧密相联的。

4.5.2 公司层战略

公司层战略在层级上要高于业务层战略，通常是要指导企业开展哪些业务；包括了在哪些行业参与竞争，是否垂直整合，是否购买公司或出售业务单元，以及如何在各个维度共享资源。除此以外，公司层战略通常也包含了找到及开发战略同盟或合作伙伴这一任务。总之，公司层战略是"一个组织同时管理多个行业和市场上的经营时，可供选择的战略集合"[51]。公司层战略从本质上界定了一个组织的业务和行为方式的优先级。

不同行业具有不同的盈利水平，这一数据很大程度影响着管理者要如何制定业务层战略和公司层战略（如图 4-5）。在下一章中，我们将介绍五力模型。它能帮助你更好地理解行业

中发生了怎样的变动，以及不同的交互作用如何决定了行业利润。而另一方面，不论企业处于哪一行业，都将面临何时及如何进行全球化经营的挑战。

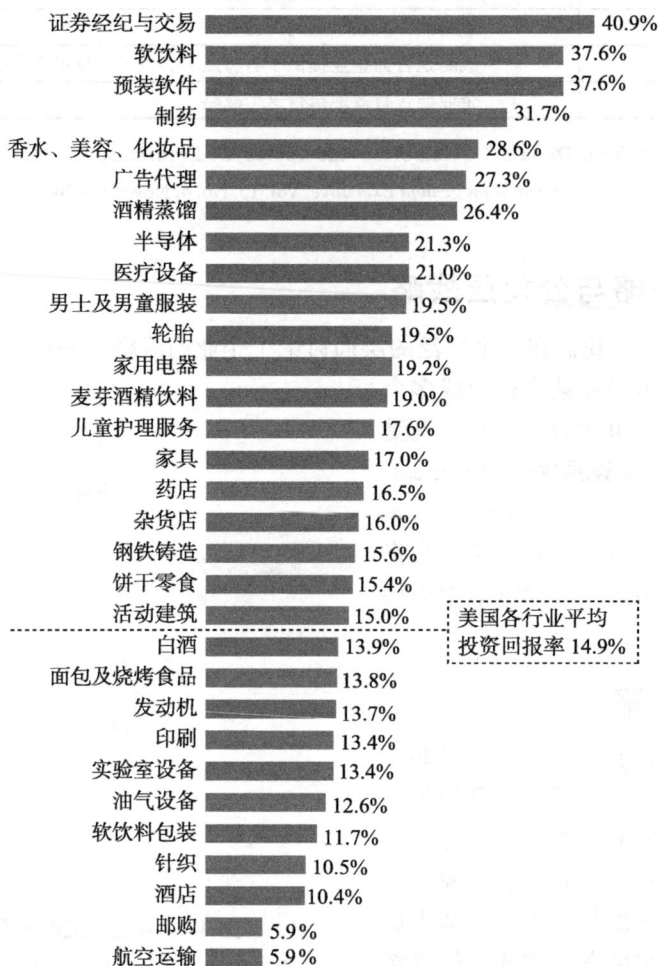

行业	投资回报率
证券经纪与交易	40.9%
软饮料	37.6%
预装软件	37.6%
制药	31.7%
香水、美容、化妆品	28.6%
广告代理	27.3%
酒精蒸馏	26.4%
半导体	21.3%
医疗设备	21.0%
男士及男童服装	19.5%
轮胎	19.5%
家用电器	19.2%
麦芽酒精饮料	19.0%
儿童护理服务	17.6%
家具	17.0%
药店	16.5%
杂货店	16.0%
钢铁铸造	15.6%
饼干零食	15.4%
活动建筑	15.0%
白酒	13.9%
面包及烧烤食品	13.8%
发动机	13.7%
印刷	13.4%
实验室设备	13.4%
油气设备	12.6%
软饮料包装	11.7%
针织	10.5%
酒店	10.4%
邮购	5.9%
航空运输	5.9%

美国各行业平均投资回报率 14.9%

图 4-5　美国各行业平均投资回报率，1992 ～ 2006

资料来源：Michael E. Porter, "The Five Competitive Forces That Shape Strategy," *Harvard Business Review* 86 (Jan 2008):78–93. Copyright © 2008 by the President and Fellows of Harvard College; All rights reserved. Reprinted by permission of HBS Publishing.

4.6　全球化战略

随着世界经济联系的愈加紧密，我们看到越来越多的企业进行跨国经营。有时候甚至很难指出某家企业发源于何地，因其业务所在的地区实在太多。在众多的地区、市场开展业务也同时带来了经营的复杂性。核心挑战之一是如何平衡经营地区数量和对任一地区业务的响应能力。一方面，企业需要进入更多的地区，同时在许多市场开展业务，以扩大全球化规模，从大规模经济中获益；与此同时，所进入的每一个区域市场又要求企业因地制宜地经营，以能够与当地企业进行竞争。

尽管全球化战略中的不同策略看起来颇为相近，现实情况中也经常交叉使用，但它们之间却有着明确的差异。主要的差异来自如何取舍经营效率和定制化程度。部分企业在全球化战略中倾向于对大范围市场均销售同质化产品的策略；这类企业采取集中化管理，并在经营中聚焦于生产效率和成本控制。另一些企业则追求定制化，以保证其产品符合当地市场环境和消费偏好。这种情况下，企业充分采取本地化管理方式。还有一些企业则希望混合这两种方式，企图兼顾经营效率和本地定制化程度。

当企业需要敏锐感知并回应本地市场的需求和品味时，可以采取**多国策略**（multinational strategy）；这种策略就要求企业的产品需充分定制化。**全球策略**（global strategy）的关注点则是整体上的规模经济和全球效率，而非迎合地区品味；其首要目的是成本控制。**国际化策略**（international strategy）是多国策略和全球策略的融合。像全球策略一样，公司保留对子公司的控制权；而与多国策略相似的是，公司允许子公司开发新产品和新理念，迎合当地消费者的品位。**跨国策略**（transnational strategy）则关注效率、地区响应能力和组织学习能力。

4.6.1 多国策略

在多国模型中，母公司掌管本地子公司，并给予子公司自治权，开发适合当地人品味的产品。本地子公司会在该地区发挥所有的公司职能。例如，多国子公司通常会在本地开展促销和市场推广活动，从而赢得本地消费者的好感。在子公司中建立销售和营销组织会带来大量支出。根据不同的多国组织方式，企业可能会拥有多个市场营销组织，试图让产品更加本地化。这种做法不仅增加了整个系统的额外成本，还让不同部门的协调更加困难。

4.6.2 全球策略

与多国策略相反，全球策略意图在所有市场上提供标准化的产品。全球策略的主要目的之一就是充分利用生产环节的规模经济。通过在一个集中场地制造大量产品，企业可以充分利用这种大规模生产带来的效率和成本节约。电器行业正逐渐被运用全球策略的公司主宰。在 20 世纪五六十年代，晶体管和集成电路出现，在降低制造环节成本的同时，还提高了生产的最小有效规模。60 年代早期，彩电生产的最小有效规模为每年 5 万台；而在 80 年代初，这个数字增长到 50 万台。[52] 与此同时，研发和营销成本也相应提高，将更多本地厂商排除在竞争之外。此外，消费电子产品零售商（如百思买）的涌现也对制造商施加压力，迫使它们降低成本结构。

随着持续的技术革新和品味同质化，整个消费电子产业都趋向于全球化的规模经济模式。[53]20 世纪 70 年代，许多日本竞争者（如松下电器）都借助这种全球策略在消费电子产品市场赢得了主导地位。以松下为品牌标识，这家日本企业通过在相对集中的中央生产车间中制造标准化的产品而获得了高额利润和市场份额。最近的故事，则是苹果公司将这一策略应用于 iPhone、iPod 和 iPad 产品上，同样获得了成功。不过，虽然这种策略对于可标准化的产品十分有效，但并非适用于所有产品。本地市场的品味和偏好往往存在区别。在考虑采用全球策略时，管理者必须清楚地了解自己的产品是在所有地区都标准化的，还是需要为当地消费者的偏好进行定制的。

4.6.3 国际化策略

国际化策略结合了多国策略和全球策略的要素。像多国策略一样，国际化策略专注于依靠国外子公司来生产并分销产品。然而，与全球策略相似，包括研发在内的关键操作流程都由母公司来掌控。在某种意义上，执行国际化策略的企业参与竞争的市场往往对本地定制化并无很高要求，也不需要通过规模经济来降低生产成本。通过运用国际化策略，本地子公司依靠母公司获得核心流程支持和技术及创新的扩散。这种模式使得母公司能够紧密控制产品的开发和创新环节。然而，这种模式对于迎合本地产品偏好和打造规模经济并不十分有效。

4.6.4 跨国策略

跨国公司的关键属性是维持战略在三个方面的平衡，即效率、地区反应和组织学习能力。因为有些市场可能需要更多的地区反应，因此这种灵活性能够帮助企业回应全球市场中的动态环境因素。运用跨国策略的企业可以在平衡规模效益和回应地区需求时较为灵活地做出调整。例如，某些生产活动可能会集中在一小部分地区，以实现低成本和规模经济；其他生产活动可能会在各个地区进行，从而迎合当地偏好。跨国策略将某些资源集中在国内，将另一些资源分配给全球业务单元；这会导致资产和能力配置的复杂化。[54]

一家跨国公司还必须具备共享和扩散信息的能力以及组织内部学习能力。例如，英特尔依靠外国子公司来帮助企业识别世界各地市场的创新趋势。在英特尔公司的很长一段历史中，公司都依靠处理器业务实现增长，20世纪八九十年代的年增长率达到20%。然而，在90年代末，随着增长速率减缓，英特尔决定将业务扩展至网络设备、无线电话、信息家电，以及任何与电子商务相关的业务。为了实现这种转型，英特尔公司仅在1999年就花费了60亿美元，收购了12家公司。[55] 许多公司的重要技术（如闪存），都是在国外市场上被发掘或开发，并随后在整个公司扩散开来。[56]

管理者在落地全球化战略时拥有众多选项，他们必须能将自己企业的战略与所在的全球商业环境相匹配。当滚筒烧烤架的发明者韦伯决定进军印度市场时，他们在班加罗尔建立了韦伯体验中心（Weber Experience Center）来教育印度消费者如何进行烧烤。然而，印度市场有着自身的不利因素，不仅许多印度人是素食主义者，而且很多印度家庭也没有像美国那样的后院来安放烤架并烧烤。尽管有上述挑战，印度市场也存在有利因素，例如印度人有着广泛的烤蔬菜、烤鱼、烤皮萨等饮食习惯。除了通过体验中心进行消费习惯教育，韦伯还将他们公司最小尺寸、名为Smokey Joe的烤架作为拳头产品重点推广。这款便携式的烤架也同样是韦伯在中国取得成功的关键。[57]

4.7 进入市场战略

企业决定进入哪个国家或哪个市场，取决于市场潜力和学习潜力。[58] 市场潜力是指在某个特定地区内，市场的整体规模和增长预期。对许多企业来说，像中国这样的新兴市场十分有吸引力，因为中产阶级人口正不断增长。随着新兴市场中的消费者开始赚取更高收入，他们也会需要更多商品。

在选择市场后，管理者需要决定进入该市场的方式。在考虑进入方式时，管理者必须考察两个重要维度。首先，管理者必须决定企业将在多大程度上将产品出口或在当地生产。[59]再者，管理者还必须决定企业将会拥有全部生产资产还是与他人共享所有权。在这一维度中，管理者可以选择低所有权的结构，比如特许经营或许可经营，或是高所有权结构，包括联盟与合伙经营。在其他情况中，企业还可以通过全资子公司的方式保留完整所有权。接下来，我们将会了解四种进入市场的主要形式，并领会不同形式分别适用于何种情形。

4.7.1 出口

出口（exporting）需要公司将产品从国内运往国际市场。例如，在中国制造的玩具会被装船运往美国。为了完成这项工作，企业必须与国际官员签订合约，从而将产品运输并分销给国际市场。整个出口过程会同时带来积极和负面的结果。首先，出口为许多企业创造了以低成本和低风险的方式实施国际扩张的机会。

从负面角度来讲，出口战略的最大挑战在于，公司会失去对国际市场的销售和市场营销的把控。企业往往会将控制权割让给某个国外团体，而这个团体显然不会像公司自身一样了解产品和销售流程。出口还容易受到政治和经济不稳定的影响，关税条例对出口影响之大更是不言自明。

4.7.2 许可和特许经营

另外两种低成本进入方式是许可经营和特许经营。**许可**（licensing）是一种契约关系，表示许可方（出售许可的公司）允许被许可方（购买许可的企业）使用自己的技术、专利、商标、设计、流程、专业知识、知识产权以及其他专有优势，前提是支付一定费用。[60] 大多数国际许可都涉及工业化国家之间的技术转让。许可协议还可能产生于其他行业——消费品、食品和娱乐。2005 年，音乐电视网（MTV Networks）和华纳音乐集团（Warner Music Group）宣布了一项许可协议，允许音乐电视网将华纳音乐视频的目录放在出售给全世界手机网络用户的程序中。[61]

许可还使得许多企业能够先测试海外市场，再决定是否寻求更强力的进入手段。然而，许可也会涉及许多风险，其中最重要的风险就是企业有可能失去专有优势。[62] 当 Angela Ahrendts 于 2006 年入主博柏利（Burberry）时，她对公司进行产品许可的方式感到忧虑。在她看来，公司在许可使用 Burberry 这一品牌上过于激进，在全球范围表现得缺乏一致性与合力。因此，作为上任后的首批要事，她将许可权大量回购，并重新将其赋予符合公司品牌定位（目标为年轻、富有人群的高端潮流品牌）的产品上。[63]

作为一种进入市场的方式，**特许经营**（franchising）与许可有许多相似之处。特许是一种组织形式，特许人（母公司或所有人）允许加盟商使用自己的服务、商标和品牌，但需要加盟商一次性支付特许权使用费，并明确要求加盟商保持一定的质量和服务水准。[64] 许可通常发生在制造企业之间，特许经营则广泛被酒店、连锁快餐等服务性企业采用。百胜餐饮集团（YUM! Brands），旗下包括肯德基、必胜客及塔可钟等品牌，在扩张时就充分使用了特许经营的方式（如图 4-6）。到 2013 年，约 75% 的百胜门店为特许经营店，其中许多是在国外市场。例如，肯德基的 14 000 家门店有超过 65% 不在美国。[65] 百胜在最近的增长计划中，将非洲作为一大重点。为了充分利用好非洲主要城市的快速城镇化和消费升级的东风，百胜已经在 17 个非洲国家拥有了近 1 000 家肯

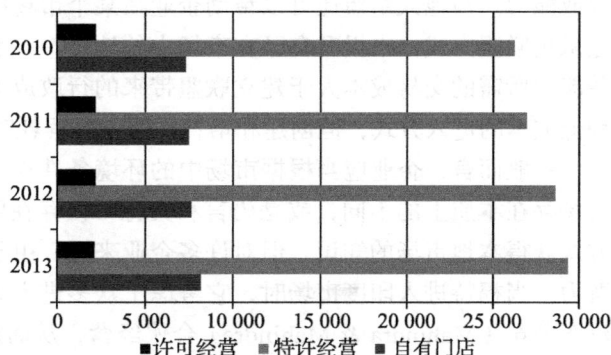

图 4-6　百胜餐饮集团的构成方式

资料来源：YUM! Brands, "YUM! Financial Data," at www.yum.com/investors/restcounts.asp, accessed March 5, 2015.

德基门店，并计划在近期开设更多。[66]

和许可一样，特许经营也是一种低成本的进入市场方式。一般来说，特许人会提供品牌和其他管理流程，而加盟商承担大部分或全部资本风险。企业并不会对加盟商的经营或服务质量加以控制。例如，一个海外市场的酒店加盟商可能会推迟更新房间装饰，尽管合同明确指出它必须每五年更换一次房间家具。在实践中，母公司可能很难强行让加盟商实施这些项目，因为撤回一个特许协议往往是一个漫长且艰难的过程。

4.7.3 合伙和联盟

合伙（joint venture）是指两家企业在某个市场上共同成立一家新公司。在 20 世纪 80 年代，那些试图向中国市场扩张的企业时常采用合伙制，因为那时的中国并不像如今这样对国际市场开放。对于通用汽车这样的企业来说，合伙企业可能仅仅是进入一个国际市场的载体。在合伙中，外国公司可以获得本地公司对当地市场和所属国家的知识。此外，两家企业都会对合伙公司提供资源，使得两家公司可以分担风险。

除却这些优势，合伙在这些年的实践也有着各种各样的结果。从全球范围观察，合伙的成功率在 50% 左右。[67]这个低成功率表明了合伙制本身带有大量风险。这些企业在战略、管理和组织问题上都会面临挑战。关于战略，合伙成员可能会有不同的战略思路，导致多方合作受到影响。至于管理方面，大多数合伙企业的设定都是合伙人共同享有控制权，而这种机制往往会导致双方不合。最后，许多合伙人都发现，各方之间的巨大文化差异是很难克服的问题。

沃尔玛在 1991 年与墨西哥零售巨头 Cifra 组成合伙企业，开始了其全球化旅程。这家合伙企业存在了 6 年。1997 年，沃尔玛收购了 Cifra 的大部分股份并将合伙企业更名为沃尔玛 – 墨西哥。除了早年犯下的一些小错误，沃尔玛在墨西哥的经营极为成功。当沃尔玛最初在墨西哥开店时，它复制了美国的模式，包括提供大型的停车场。但在墨西哥，大部分消费者是乘坐公共汽车去沃尔玛的，并不需要停放私家车的大型停车场。沃尔玛很快发现了这一问题并做出了相应调整，为搭乘公共汽车到达卖场的顾客提供更匹配的服务。截至 2013 年，沃尔玛已经在墨西哥经营着超过 2 000 家门店，并占据该国 55% 的零售业份额。[68]

与合伙制不同，**联盟**（alliance）并不会设立新的实体。在联盟中，合作伙伴缔结并遵守合约，共同参与某个市场中的活动。为了彼此的共同利益，联盟会要求企业与合约方共享资源或能力。与他人结盟还可以帮助企业在某个市场中获得竞争优势或实现竞争制衡。许多企业采用联盟方式，来提升自己在市场中的地位。一般来说，如果建立新的内部实体或开发某种能力所需的交易成本大于建立联盟带来的行政成本，那么企业会实施战略联盟。联盟是一种低成本的进入方式，但创建和培育联盟的过程耗时耗力。

一般而言，企业应当根据市场中的环境条件来实施联盟或合伙。比如，本地市场和国内市场存在本质上的不同，或是语言和文化习惯存在巨大差异。[69]虽然企业也可以通过收购等方式获得本地市场的知识，但对许多企业来说，由于存在文化差异，整合海外收购公司十分费力。当福特进入印度市场时，它考虑了众多进入方式，但最终还是选择与当地的马辛德拉汽车公司（Mahindra & Mahindra）合伙经营，从而定位当地的商业环境。在合伙企业成立 3 年之后，福特将其所持份额从 50% 提升至 92%。[70]

如果国际化经营的整合潜力较低，企业也可以选择合伙或联盟。[71]选择国际化经营的好处之一是能够帮助企业形成学习能力。然而，为了实现这一优势，各个不同的单元必须与公司核心高度集中。如果全球整合不太可能发生，那么企业就应该与合作方一同进入市场。最后，企业有时会被迫参与联盟或合伙，因为一些国家会要求地方参与股权。中国和巴西就邀请外国企业在进入该国市场时找到本地合作方。

当迪士尼在 2011 年开始建设占地 963 英亩的上海迪士尼乐园时，它与三家国有企业组成了合资机构；那三家企业共同拥有合资机构的 57% 份额。虽然迪士尼被要求与中国当地企业组成合伙企业，但它也从合作伙伴那里获得了许多宝贵的市场洞察。例如，中国合作伙伴为乐园中提供的餐饮种类（更多点心和面条类食品）、游乐项目种类（结合迪士尼电影主题和中国元素）等提供了切实建议。上海迪士尼乐园的游客也会遇到米老鼠，但会是穿着中国传统的象征好运吉祥的红色服装，而非它在美国的打扮。通过注重并适应文化元素间的差异，迪士尼希望能够吸引到乐园周围 3 小时生活圈内的 3 亿居民。[72]

4.7.4 全资子公司

最后，企业还可以通过建立**全资子公司**（wholly-owned subsidiary）来进入国外市场。在这种情况下，企业会在国外建立一个功能完整、完全独立的实体公司，来经营在该市场的业务。许多公司都只采用这种进入市场的方式，因为这些企业的技术或流程本身是十分敏感的。对于高科技企业和制药企业来说，无形资产是企业大部分价值所在。因此，许多企业会对许可或联盟的结构感到不安。此外，全资子公司的形式还允许母公司持有高度控制权。如果公司的产品或服务需要紧密的协调活动，那么这种管控就非常重要；这种协调方式是合伙人或联盟方很难了解的。

建立全资子公司是一个昂贵且高风险的过程。在新市场上，企业必须建立生产设施并培训员工。对于那些习惯了美国本土先进的基础设施和技术环境的管理者来说，国外市场与他们熟知的环境完全相反。从这个角度来看，全资子公司的管理者需要调整公司流程，适应本地基础设施和整体环境；在这个过程中必须保持一定的创造力和灵活度。

沃尔玛和塔吉特在加拿大的故事为我们提供了一个通过在本地市场并购来实现国际化扩张的有趣视角。自 1994 年进入加拿大以来，沃尔玛在该国的经营一直很成功。1994 年，沃尔玛收购了 Woolco 在加拿大 142 家门店中的 120 家，更名为沃尔玛，并保留了其员工和高管团队。在沃尔玛收购 Woolco 门店时，它们经营十分困难。而此后没几年，沃尔玛通过应用其在美国的技术和供应链管理经验，成功地让这些门店扭亏为盈。沃尔玛甚至还为喜欢更丰富的家具、宠物和消费电器品种的加拿大顾客定制了部分产品。[73]

而塔吉特直到 2011 年才从 Zellers 手中收购 220 家门店，从而进入加拿大市场。这一收购也是塔吉特走出美国市场的第一次尝试。与沃尔玛能够在加拿大复制其成功相反，塔吉特却步履维艰。公司投入了 40 亿美元开展加拿大业务，却未能实现盈利；在坚持了几年后，塔吉特决定关停所有门店并退出加拿大市场。虽然塔吉特采取了与沃尔玛类似的策略进入加拿大市场，但其收购的门店却有着较差的区位，交通不便，空间更小，需要投入大量资金加以改造。此外，塔吉特在货品供应上也做出了一些错误决策。尽管塔吉特发现了加拿大顾客来到美加边境的塔吉特美国门店是为了购买更新潮、有趣、独特的商品，但在加拿大境内开店时，公司却没有上架类似商品，而只是提供了基础的日常商品。原本希望看到与美国门店类似商品的加拿大顾客，到店后当然十分失望。更有问题的是，即使只提供基础的商品，塔吉特也因糟糕的供应链管理而难以保证存货充足。塔吉特的高管们预计需到 2021 年，公司才可能在加拿大盈利。这一惨淡的前景预估支撑了公司退出加拿大市场的决策。[74]

本章小结

对于企业来说，战略的开发与实施往往决定了输赢。如果没有一套一致且独特的行动和资源，一家企业将无法在市场格局中创造竞争优势。

1. 战略的概念已流传了数千年，其根源深植于军事之中。军事战略家必须认清战争局势，了解对手的优势和弱点，并确定相应的机动战术。商业领导者也须如此。他们需要有竞争格局意识，了解竞争对手的长处和能力，并制定市场进攻计划。

2. 一家企业的战略框架涉及许多内容，首先从确定企业目标开始，之后要分析内部和外部环境，决定哪些资源、挑战和机会可以用来实现企业的愿景、使命和目标。企业的使命宣言概括了企业生存的原因，并指明了企业将采取怎样的行动，服务于哪些客户，以及如何让自己与众不同。在分析了内外部环境并确立了使命之后，企业可以开始制定战略。制定战略通常是一个计划性和不确定性并存的过程。计划性的部分来自于环境评估和企业自身能力，战略规划常运用于此；不确定性的过程则体现在企业持续地重新评估竞争格局。

3. 在战略实施中，企业必须选取一套独特的行动，做出权衡取舍，并打造动间的契合度，从而营造核心竞争力，让企业在市场中脱颖而出。与此同时，管理者必须关注这些行为的表现，从而为客户和其他利益相关者创造价值。

4. 企业打造并保持行业竞争优势的方式，会受到业务层战略和公司层战略的驱动。一个企业的业务层战略概括出了企业在某一特定行业内的竞争方式。三大通用竞争战略方针是：提供低成本或提供差异化的产品或服务，以及集中于某个特定的客户或市场。公司层战略说明了一家企业的竞争将跨越几个行业，以及企业将会以哪种方式共享资源并实现不同维度的产出。

5. 在进行全球化扩张时，企业管理者需要挑选适合其企业目标的战略：从多国策略、全球策略、国际化策略、跨国策略中选择。管理者需要注意在本地化需求响应能力以及全球效率之间找准自己想要的定位。一家优秀的跨国企业不仅将其海外分支视为收入来源，更会视其为企业创新能力和学习能力的来源。

6. 管理者在评估全球化战略时，需要比较不同市场进入策略，如出口、许可、联盟、全资子公司等的优势与劣势。选择适合的市场进入策略需要考虑许多要素，例如市场空间，原材料充足度，核心竞争力资源的获得方法，资金门槛要求，当地合作伙伴的情况，该国的社会和经济政策等。

关键词

联盟（alliances）

业务层战略（business-level strategy）

竞争优势（competitive advantage）

集团化（conglomeration）

核心竞争力（core competencies）

公司层战略（corporate-level strategy）

出口（exporting）

连锁（franchising）

全球战略（global strategies）

目的（goal）

国际策略（international strategies）

合伙（joint venture）

许可制（licensing）

使命（mission）

使命表达（mission statement）

多国策略（multinational strategies）

目标（objectives）

战略定位（strategic position）

战略（strategy）

战略制定（strategy formulation）

战术（tactics）

跨国策略（transnational strategies）

愿景（vision）

全资子公司（wholly owned subsidiary）

课后练习

讨论话题

1. 像苹果、西南航空、亚马逊等公司在各自行业内保持了很强的竞争优势。它们是如何做到的？如果它们想继续保持这一优势的话，应该如何做？

2. 战略规划的优点和缺点分别有哪些？

3. 商业的目的是什么？请使用你脑海中闪过的第一个词来回答下列问题，"医疗是为了健康，法律是为了公正，商业则是为了_____。"你填了什么词？为什么？这个词想表达的含义是？

4. 以麦当劳或沃尔玛为例，在其自己的定义中，它们的经营目的是什么，它们的使命又是什么？

5. 在稳步推进的情形下，公司的战略是如何产生的？在紧急的情形下呢？

6. 战略和战术之间的区别是？

7. 西南航空已经开始调整其战略，开始进入更多的主要热门航线地域。你认为西南航空还能持续保持优势吗？它可能会面临哪些困难，又该如何应对这些挑战？

8. 丰田经常邀请其他公司参观其生产线。为什么其他公司不能很好地模仿丰田生产系统？为什么不能把市场上最好的做法照搬到自己公司里？

9. 每一种全球化战略的优缺点各是什么？企业基于什么来决策采用这一种还是另一种？

10. 每一种进入新市场方式的优缺点各是什么？将这些进入模式从难到易进行排名。

每一种模式适合企业在什么时候使用？

管理研究

1. 选取一家企业，描述它的愿景、使命和使命宣言。这家企业的愿景和使命是否与战略相匹配？其使命和愿景是否强化了它的价值？

2. 选择一家企业并分析它的商业战略。企业战略中是否有一部分包含了伦理实践？

3. 观察本章图 4-5 中的各行业盈利能力列表，你能否提出假说来解释为什么列表中有些行业的盈利能力明显高于其他行业？你认为哪个行业更具吸引力？为什么？

4. 为本章讨论中提到的每一种国际化进入模型找到对应的案例。

行动练习

1. 在本章的前半部分，你已经知道战略并不仅仅存在于商业领域，它也是体育队伍中至关重要的部分。与你的几位同学一起，出席一场本地体育队的活动。

   • 这支队伍的战略是什么？

   • 这支队伍怎样把人才管理实践和战略联结在一起？试举几例。

   • 教练如何让队伍执行战略？

   • 这支队伍是否有显见的竞争优势？

2. 造访一家本地分支企业，并采访一位管理者，了解总部如何与当地机构一同精心打造战略。公司层的战略和当地机构的战略有何区别？

第5章

业务层战略

学习目标

在阅读本章之后，你应当能够：

1. 描述企业在行业内竞争的方法。
2. 指出外部环境中的各种势力如何影响一个行业的吸引力。
3. 描述一个企业的内部环境（包括资源）如何影响其战略选择。
4. 描述一个企业的价值链。
5. 对一个企业展开 SWOT 分析，描述企业内部的优势和劣势，找出市场格局中的机会和威胁。
6. 描述一个企业如何通过三种常见战略（成本领先、差异化或集中化）来获得竞争优势。

开篇自测

构建竞争优势

情景构建是非常重要的管理技能。构建过程中需要观察、解释和行动，并借此厘清情景的意义。当管理者为一家企业的业务层战略建立参考框架时，他们会关注那些能带来竞争优势的行动。请阅读以下内容，并为每项内容打分，以评估你的战略构建技能。

1= 从未；2= 偶尔；3= 有时；4= 经常；5= 总是

1. 我能够描绘出一家企业如何为其顾客创造价值。
2. 在评估一个产品时，我会考虑产品的质量。
3. 在研究一家企业时，我会试图找出减少开支的办法。
4. 我能概括地指出一家企业如何定位自身，从而使其产品和服务差异化。
5. 我认识到有些企业因为缺乏清晰的战略而处于竞争劣势。
6. 我了解行业结构如何影响一个企业的战略。
7. 我知道一些企业以细分市场为目标的深层原因。

8. 我知道一家企业的有形和无形资源是竞争优势的重要决定因素。

9. 在研究一家企业的战略时，我会想到执行中所需的关键行动和支持行动。

10. 在思考一家企业的战略时，我会考虑企业员工的贡献如何创造价值。

基于这份问卷，你在制定战略时的优点是什么？有待提高的是什么？

5.1　概述

本章关注的是一个企业如何在行业内竞争，并确定其竞争战略。作为一个管理者，思考竞争战略选择中潜在的两个问题是有益的。管理者必须回答的第一个问题是，"这个行业是否有吸引力？"行业有着各自的结构和特点，而这些特征决定了企业间竞争的方式和水平，以及盈利潜能。[1]一些行业有着高增长率并持续变化，而其他行业则相对稳定。比如在航空业，出于种种原因，包括高油价、遗留的成本结构、激烈的竞争等等，利润低是由来已久的。但是，糟糕的行业结构状况并不能阻止那些聪明的玩家赚取超额利润。如我们在第 4 章所见的，西南航空就是一个极佳的例子，在困难的行业状况下取得了成功。在评估了行业特点之后，管理者必须问自己第二个问题，"我的企业如何在行业中定位自己？"这一在行业内的定位是制定业务层战略的必要条件。

形成业务层战略，需要管理者评估行业结构的吸引力、外部环境的机会与威胁和企业内部资源，从而找到参与竞争的方法。开发业务层战略时，管理者必须回答三个基本问题：①我们服务于谁（细分市场的宽窄）；②我们提供什么（产品服务种类的多少）；③如何提供（独特的产品策略和交货过程）。图 5-1 明确展示了这三个问题。这些问题的答案往往决定了企业将会遵循哪种一般性战略：成本领先战略、差异化战略、集中化战略，或是某些战略的组合。

为了描述业务层战略的概念，我们将会讨论两家企业，它们都取得了不同水平的成功。这两家企业都为你所熟知。其中一家在激烈的市场竞争中保持了强劲的增长，而另一家则勉强维持了盈利局面。

图 5-1　战略的三个组成要件

案例 5-1

星巴克 vs. 甜甜圈

许多专业人士、家长和学生都会用一杯咖啡开启他们的早晨，这杯咖啡来自星巴克。这家公司的产品几乎随处可见——街角、书店、办公楼、小型超市和自助餐厅。星巴克在北美十分流行，以至于在市区繁忙路段，目光所及处同时有两三家星巴克，并不是什么罕见的事。然而，尽管这家著名咖啡商如今无处不在，但特制咖啡市场在 20 年前还几乎不存在。

霍华德·舒尔茨（Howard Schultz），星巴克奇迹的最大功臣，起初是一名家居用品公司的销售人员。他初次接触特制咖啡，是因为一家名叫星巴克的西雅图客户想要购买他公司生产的锥形塑料过滤器。在看到并品尝了该公司的产品之后，舒尔茨便确信这种咖啡能在全国的个体小餐馆内销售。随后，他辞去了纽约的工作，并与这家年幼的公司签订雇佣合同。由于未能说服高层管理者增设零售点，舒尔茨最终离开了星巴克。

在离开星巴克后，舒尔茨和他的大学同学一起在西雅图地区开设了多家特制咖啡馆。当星巴克最初的所有者打算退出时，舒尔茨集资把它买了下来。自1987年收购星巴克起，他计划在五年内开设125家星巴克咖啡馆。

尽管整个特制咖啡市场仍很分散，大多数消费者对于这种产品概念及其优点也知之甚少，但舒尔茨仍然坚信，拥有独特消费氛围的高端咖啡将会有巨大市场。[2] 他希望重建的消费氛围是那种顾客愿意在店里坐上好几个小时的欧洲咖啡坊的感觉。他志在建立一个品牌和一种消费体验，让人们提起星巴克的名字就想到好咖啡。[3]

星巴克迅速在都市圈网罗了一批信徒，并随后席卷了整个美国。借助独特的战略和精心制定的行动，舒尔茨给消费者和股东都带来了价值。其战略的成果可谓美熬旁人：2014年，这家公司取得了164亿美元的年销售额，并坐拥北美和全球的21 000家店铺（见图5-2）。[4]

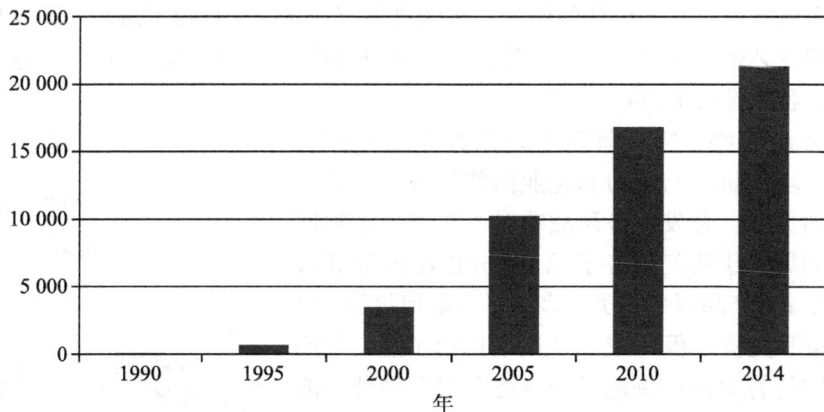

图5-2　1987～2014年星巴克规模的增长

正如你在霍华德·舒尔茨和星巴克的故事中看到的那样，企业的表现和战略确实影响到利润水平。在20世纪80年代初期以前，咖啡行业是全球饮料行业中低增长、低利润的部分。像福爵咖啡（Folgers）和麦斯威尔咖啡（Maxwell House）这样的市场领军者都在打价格战，并主要关注人们在家里的咖啡消费。舒尔茨的战略则基于认定消费者愿意花高价来购买在自己家之外的一个享受咖啡的良好环境。星巴克不仅与其他咖啡店进行直接竞争，同时在咖啡整体消费量上也与福爵、麦斯威尔竞争。

凭借着产品差异化，以及建立一套公司内外的行动体系，使星巴克免于诸多威胁，舒尔茨获得了相较于大咖啡厂商的竞争优势。事后看来，舒尔茨赌的正是消费者乐于花更高的价格换取更好的质量和体验。他通过防御性战略缓和了这种赌博风险，并打造核心竞争力（比如人力资源）来进一步扩大其产品和服务与竞争者和替代品的区别。不过，这种路径对于许多其他试图迅速扩张，走进富有结构挑战性的细分市场的食品和饮料公司来说，却是十分困难的。

甜甜圈的故事充满了跌宕起伏。在2000年，它曾是该年度最为成功的一桩IPO；而仅在三年后，这家公司却受到美国证券交易委员会（SEC）的调查。在SEC针对其会计违规行为展开调查的同时，这家公司也正面临诸多核心问题的考验：由于过度扩张导致的食品和饮料行业结构性定位失策。

　　1937 年，弗农·鲁道夫（Vernon Rudolf）从一位新奥尔良的法国大厨手中买来甜甜圈食谱，并借此创立了甜甜圈公司。在甜甜圈获得本地市场认可之后，公司开始向国内其他地区扩张。这段时期，甜甜圈公司通过公司自建门店和特许经营的方式实现扩张。到 90 年代中期，这家公司从传统特许经营模式转变为开发商特许经营模式，允许本地开发商在指定地域内开设新销售点。2000 年，甜甜圈公司上市。顾客们宁可在新店门口排队数小时，只为了买到热腾腾的糖衣甜甜圈。投资者目睹这一切，公司股价屡攀新高。[5] 受到 IPO 募集资金的鼓舞以及投资者的要求，公司开始在美国和加拿大大肆推广。在五年时间里，公司主要通过新的特许经营模式，从少于 200 家店铺扩张为 433 家（见图 5-3）。

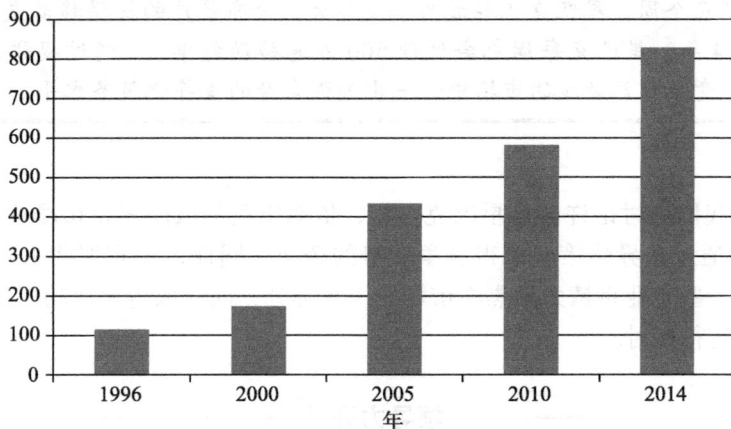

图 5-3　1996 ～ 2014 年甜甜圈门店的增长

　　在甜甜圈公司大举实施扩张战略的同时，许多美国人却开始投奔新的饮食潮流，比如阿特金斯健康饮食法（Atkins）和迈阿密饮食法（South Beach）。这两种饮食法都提倡低卡路里摄入（也就是面包和谷类的摄入）。媒体正在大力宣传这类减肥新法，但甜甜圈公司却没能意识到大众关注点的转移将会对其产品需求造成潜在的负面影响。同样，这家公司也没能及时推出新产品，以避免陷入甜甜圈需求下降带来的困境。随着公司在 2004 年继续开设新店，利润开始大幅下跌，从 2004 年盈利 5 000 万美元跌至 2005 年亏损 1.57 亿美元。[6] 从 2003 年开始，随着甜甜圈业绩下滑，高管们为了维持利润率（有时甚至为了提高利润表现），开始涉嫌会计违规操作。当这些会计犯罪行为被揭发时，公司股价已从 2003 年的 44 美元跌至 2005 年的 6 美元[7]，高管团队被裁退重组。

　　如果你回看 2000 年左右，甜甜圈刚上市时的一些研究分析报告中的内容，你会发现对这个公司的前景截然不同的预测。许多分析人士起初十分看好这个品牌，对它有极高的增长预期，但这家公司既没能意识到外部竞争环境的变化，又对内部操作规程失去了控制。一家企业能否得以长期生存，关键在于它是否具备这种能力，了解并适应那些外部竞争环境变化，包括可预期的和不可预期的。甜甜圈公司没能随着美国人饮食习惯的改变而做出调整。为了重现往日辉煌，甜甜圈着手关停了业务惨淡的那些门店，削减运营成本，并减少低利润率的业务线。这些控制成本的举措让公司能重新考虑新的门店开设计划。这次，甜甜圈很注意不犯相同的错误：更加注重门店布置和地理位置。同时，鉴于美国国内需求的减弱，公司也将扩张重心放在了海外。[8]

　　与之对比鲜明的是，星巴克的增长奇迹应部分归功于这家企业能识别和抓住在 20 世纪的最后 20 年里，美国人愿意花上超过 3 美元来购买一杯特制咖啡的自由消费的浪潮。而在 2008 年全球金融危机的余波中，星巴克不得不重新评估它的商业定位——精简某些产品服务，并减缓其扩张计划。过去为了实现增长，星巴克靠的是国内和全球范围内的迅速扩张的门店数量。而今后的星巴克必须采用不同的战略来度过经济寒冬。例如 2011 年，星巴克宣布它将在零售商店货架上全面推广果汁和茶饮。[9] 为了增强其在零售商店及其直营店的产品丰富度，星巴克收购了果汁公司 Evolution Fresh 和面包商 La Boulange，并和达能集团（Danone）在酸奶产品上结为联盟。这些收购和结盟使得星巴克对其业务的控制力更强。此前，星巴克在其门店中销售百事的果汁，而现在它们都被自有的 Evolution 的产品替代了。2012 年初，星巴克宣布了向顾客提供一项新服务：可以使用智能手机支付订单。仅仅过了几个周，星巴克已经成为全美最大、分布最广的提供移动支付服务的零售企业。[10] 至 2014 年，星巴克每周都会处理 500 万笔移动订单。[11] 通过提供这项服务，星巴克希望在这个竞争日益激烈的市场中进一步加强自身的差异化服务水平。

在本章中，我们将讨论许多像星巴克一样，依靠出色的战略赢得市场优势的公司实例。我们将研究那些通过差异化策略取得竞争优势的企业，同样，还有那些采用成本领先的企业。此外，还有一些企业将精力聚焦在市场的一小部分，同样取得了成功。这三种战略，我们都将在本章中进行探讨。

领导力开发

战略实施的任务是将战略转化为行动。许多管理者都在制定战略时付出大量努力，却在战略实施环节备受煎熬。然而，战略实施确是一家企业业务层战略中至关重要的部分。试想你是一家学生俱乐部的会员，你加入了一支运动队，做一份工作，或是在非营利组织当志愿者。

1. 那些战略目标如何转化为具体的行动步骤？
2. 如何运用领导力驱动他人一同朝目标努力？
3. 你对于战略的实施做出了哪些贡献？
4. 战略的实施成功吗？为什么？

5.2 外部环境如何影响行业吸引力

如我们在第 1 章讲述的，任何一家公司都会受其外部环境的影响。大多数公司也都同样受到某些因素的影响，包括技术、经济、政策和法律、社会文化和全球化。一个有效的战略能够使公司的竞争优势和外部环境显现出的机会相匹配。[12] 在第 1 章所举的例子中，我们看到了市场骚动如何影响一家企业的外部环境。在沃尔玛的案例中，企业在其试图以超级购物中心的形式打入加州市场时遇到了极大的挑战。这个案例和第 1 章中的其他例子使我们了解到，基于企业的诸多利益相关者的视角识别并开发战略，是何等重要。然而，尽管利益相关者的视角能够帮助管理者识别影响因素，但它却无法提供足够详细的信息来帮助管理者进行行业环境评估。迈克尔·波特（Michael Porter）开发的五力模型就是用于解决这个问题的工具之一。

5.2.1 波特五力模型

这一模型的初衷是为了提供评估一个行业长期盈利能力的系统框架。在这个模型中，行业的吸引力由五种基本竞争势力所决定。[13]
如图 5-4 所示，五力模型包括了新进入者威胁、顾客议价能力、替代者威胁、供应商议价能力和来自现有竞争者的压力。通过检验这五种因素，管理者可以对行业远景和远景背后的推动势力形成相当清晰的理解。出色的战略家会以此模型为起点，展开行业优势和劣势分析。这一工具也可用于一个企业评估应该影响、改变哪种势力来使行业更有利于自己。

5.2.2 新进入者威胁

所有企业都会面临其行业中新进入者的威胁。一些行业可能有进入壁垒，使得这种威胁减小，但另一些行业则很容易有新玩家进入。当一个新的竞争者进入行业

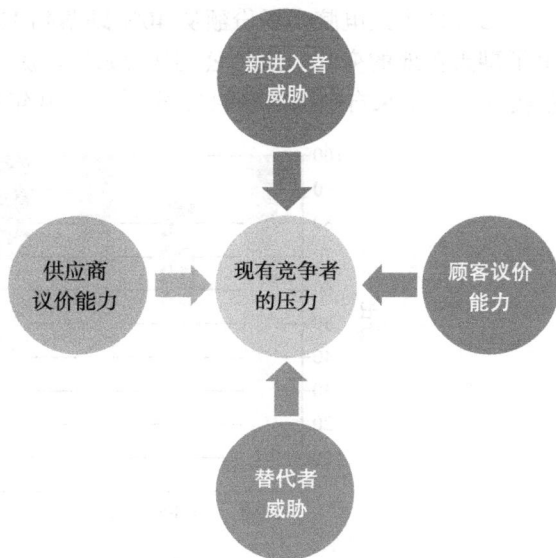

图 5-4　波特五力模型

时，它通常意味着将有更多的相同产品供应给同样的顾客基数，并最终损害所有卖家的利润。尽管所有行业都面临这种竞争威胁（管制行业和国营行业除外），这种威胁的程度却因行业而异。根据五力模型，新进入者威胁的程度取决于行业本身的**进入壁垒**（barriers to entry）以及新进入者对于现有竞争者反应的预期。[14] 进入壁垒因行业而异；当一家公司打算进入某个市场或行业时，往往会受到它的阻碍。常见的进入壁垒包括进入某行业所需的高资本投资，以及让消费者从一个公司产品转移向另一个公司的高成本。我们还将探讨其他形式的进入壁垒。个人电脑行业就是理解进入壁垒的一个极好例子。

个人电脑（PC）如今无所不在，所以人们很容易忘记一些年前这个行业是何种形态。在个人电脑出现之前，计算机市场是由 IBM 公司这种垂直整合型企业统治的。这家公司主要生产大型机和微型机，应用于工业生产和政府管理。到 20 世纪 80 年代早期，许多刚刚成立的公司开始开发供个人应用的电脑。苹果公司最早占有这个市场，在特定人群中获得知名度。[15]1981 年，IBM 公司推出个人电脑，并在短短两年内迅速占领 42% 的市场份额。[16] 然而，与大型机的生产不同，IBM 公司将许多个人电脑组件的生产外包出去，比如英特尔的处理器、微软的操作系统，等等。IBM 还公开了产品结构，以鼓励软件开发者为个人电脑撰写程序。[17]

起初，IBM 公司依靠其品牌效应、销售团队以及与其他合作伙伴的关系，保持了巨大的竞争优势。然而，当 IBM 公司在 80 年代早期向软件和外部制造商公开其产品结构时，它也同时向竞争者打开了一扇门。过去，IBM 一直将系统结构保密，为其大型机开发专用系统。但在个人电脑领域，IBM 进入市场较晚，因此只有通过将某些部分外包出去才能挽回时间损失。仅凭这一个动作，IBM 便推倒了个人电脑行业的高进入壁垒。

随着对 IBM 个人电脑的需求爆发增长，其他企业纷纷开始生产 IBM 兼容机。[18] 数据显

示，康柏电脑公司在推出 IBM 兼容机的第一年里就获得了超过 1 亿美元的收入。[19] 其他兼容机制造商也随之加入，包括戴尔和惠普公司。1986 年，IBM 意识到自己设立了个人电脑行业标准，但这同时为它引来了一群模仿者。[20] 到 1989 年，随着消费者更多偏好便宜的兼容机，IBM 的个人电脑市场份额从 40% 跌落到 17%（见图 5-5）。过去 20 年，个人电脑行业发生了翻天覆地的变化。康柏公司于 2002 年被惠普收购；2004 年，IBM 将其 PC 业务以 12.5 亿美元出售给来自中国的联想公司。[21] 又 10 年后，联想则成了 PC 行业的龙头。

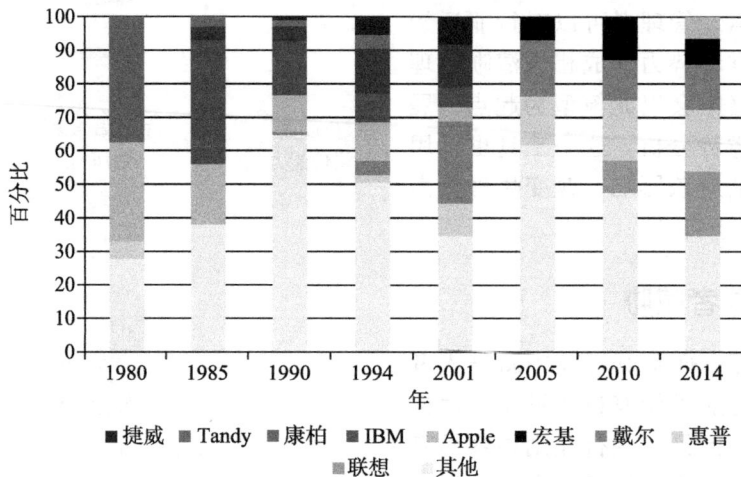

图 5-5 个人电脑市场份额变化趋势，1980 ～ 2014

资料来源：V. Kasturi Rangan and Marie Bell, "Dell—New Horizons," Harvard Business School Case No. 9-502-022, rev. October 10, 2002 (Boston, MA: HBS Publishing, 2002) John Steffens, Computer Industry Forecasts and New Games: Strategic Competition in the PC Revolution (New York: Pergamon Press, 1994) "Home Personal Computers—US—December 2008," December 2008, Mintel www.mintel.com, accessed December 14, 2009 Gartner, "Garner Says Worldwide PC Shipments in Fourth Quarter 2010 Grew 3.1 Percent; Year-End Shipments Increased 13.8 Percent," January 12, 2011 at http://www.gartner.com/newsroom/ id/1519417, accessed March 9, 2015; Garner, "Gartner Says EMEA Region Became Largest PC Market in the World Based on Unit Shipments in 2005," January 18, 2006, at http://www.gartner.com/newsroom/id/492237, accessed March 9, 2015; and IDC, "PC Leaders Continue Growth and Share Gains as Market Remains Slow," January 12, 2015, at http://www.idc.com/getdoc.jsp?containerId=prUS25372415, accessed March 9, 2015

从 IBM 公司和个人电脑市场的例子中不难看出，进入壁垒的降低鼓励了行业内的竞争，并将拉低行业整体的利润水平。而当进入壁垒很高时，例如 IBM 的大型机业务，新竞争者进入的难度大，从而 IBM 和已在行业中的参与方的盈利水平也较高。

既然我们已经看过了进入壁垒的降低导致行业变化的案例，我们接下来将讨论进入壁垒的主要来源，包括供应方的规模经济，需求方的规模效益，顾客转换成本，资本需求，与规模无关的行业在位优势，分销渠道的分配不均以及政府的限制政策。你会发现很多壁垒都会相互关联，增加企业进入市场的挑战。进入壁垒还与行业所处的生命周期阶段相关。当行业或新市场出现时，壁垒往往很低，许多企业都争相建立自己的统治地位。[22] 当行业更加成熟时，对于新公司来说，以和现有企业同等的规模或水准进入行业是十分困难的。

1. 供应方的规模经济

当企业生产一定量的产品，使得更多单元共同分担固定成本时，则出现了供应方规模经济。[23] 实现规模经济后可以威慑进入者，因为这些企业在进入时还无法达到相等的生产规模。[24] 这种基于生产规模的壁垒在许多行业中都可以看到，包括微处理器、钢铁生产、汽车制造等。在这些行业中，车间和设备等固定成本极高。这些高额固定投资，保证了大规模生产者的利润水平，并成为新进入者的主要障碍。

2. 需求方的规模效益

需求方的规模效益是指，当一种产品的购买者数量增加时，购买者乐意支付的价格也提高。[25] 其背后的原因是，如果购买者买其他人都买的商品时，自己也能从中获益。经典的案例比如电话或者传真机等产品，越多人买相同产品，单一消费者越能从中获益。当某产品的总购买人数超过一个特定数量时，获益效应就相应产生。这种规模效益往往会降低消费者对行业新面孔的偏好，从而抵挡新进入者。[26] 微软的 Windows 操作系统的故事是需求方规模效益的经典案例。随着 Windows 持续主宰操作系统市场（2014 年市场份额超过 90%），消费者更愿意购买与市面上的软件产品普遍兼容的操作系统，而潜在的新进入者事实上就被排除在消费者的购买意愿之外。[27] 有趣的是，微软在试图侵占手机操作系统时，遇到的恰恰正是同一种挑战。在手机市场上，消费者已经忠实于苹果和安卓平台的操作系统。2014 年时，Windows 的手机系统仅占 2.7% 的市场份额。[28]

3. 顾客转换成本

转换成本是指当顾客变更供应商时承担的固定成本。[29] 转换成本之所以会出现，是因为当客户采用新的供应方时，不得不改变自己的产品或操作流程。[30] 例如苹果公司就曾面临过如果消费者选择苹果电脑，将付出很高转换成本的问题。苹果的软件系统与市面上大多数的 PC 提供商不兼容，因此当顾客想从其他 PC 换用苹果电脑，不得不费很大的力气去做迁移。另一种典型的情境是投资经纪行业。许多顾客都通过一家经纪公司操作全部投资活动。一般来说，顾客委托经纪公司代管的有股票、基金和养老保险账户。许多顾客在试图更换经纪公司时遇到了很大阻碍。在这种情况下，顾客需要承担很大成本，包括转移账户所需的时间和耐心。这种高转换成本在网上银行也很常见。一旦顾客在银行开户，设定缴费日期和账单信息，那么顾客换到另一家银行的过程肯定不会令人愉悦，不管在另一家银行可能得到的利率有多好。

4. 资本需求

在许多行业中，企业加入竞争需要以大量资本为前提。由于需要投入巨大的财富资源，许多企业都被挡在竞争之外。资本不仅用于固定设备，还会用于维护客户账期、存货投入和承担起步亏损。[31] 许多行业都要花费庞大资本才能进入，包括煤矿开采、制药和钢铁生产。例如制药行业的研发成本非常可观，平均而言，每开发一款新药，需要花费 20 亿美元以上的研制成本。[32] 出于资本需求的考虑，许多潜在进入者都被限制在行业之外。

5. 与规模无关的在位优势

在许多行业中，在位企业维持着一定的成本和质量优势，而潜在对手则无法轻易享有这些优势。[33] 这些优势包括更深入的技术积累、更低的原材料获取成本、政府补贴或是一个强势的品牌。[34] 在 IBM 案例中，专利技术是重要的进入壁垒。当 IBM 将个人电脑的许多组件外包给其他公司时，它自己却破坏了这个进入壁垒。

6. 分销渠道的分配不均

任何一家公司都需要依靠分销渠道把产品和服务分销给消费者。这其中包括批发商以及消费者直接购买的零售商。然而，许多行业（比如饮料行业）的分销渠道过于拥挤。如果你走进一家便利店，你会发现软饮、水和果汁的种类竟然如此繁多。这些产品中，有许多是由可口可乐和百事等跨国大公司生产，并通过全资持有或独家协议控制着分销。对于 Vitamin Water 这样的行业新进入者来说，行业的进入壁垒很高，因为它需要为自己的产品找到分销渠道。它需要有人将其产品提供给零售商，同时，也需要给零售商好处以便他们能上架自己的新产品。为了克服这一问题，Vitamin Water 通过强力促销和市场推广，设法得到独立分销渠道。Vitamin Water 的创始人 Darius Bikoff 积极地向零售商推销自己的产品，时常在曼哈顿逐门逐户拜访零售店主，以期在商店里获得货架空间。经过一番努力，Vitamin Water 终于逐步在这个向来难以打入的行业中找到了立足之地。[35]

7. 政府的限制政策

政府有时会限制甚至强行禁止企业进入某些行业。这些控制方法包括经营许可要求、专利保护、国外投资壁垒和限制企业获取本地原料等。[36] 纽约市的出租车行业受到政府限制政策的保护。在纽约，总共有将近 1.4 万张出租车营业执照。这些执照也叫纽约城的大奖章，这些极具价值的商品被少数几家私营企业控制。由于出租车执照的总量被锁定了，它们在公开市场上的价格甚至到了 100 万美元一张。[37] 这个体系在历史上有效地阻止了创业者自己购买汽车并经营自己的出租车服务。然而，Uber 和 Lyft 等网约车公司的出现开始消融出租车行业的这一坚冰。因此，也无怪乎这些大都市的出租车公司会极力反对这些新公司的发展。

5.2.3 供应商议价能力

五力模型中影响行业利润水平的第二个要素，是这个行业的供应商的相对议价能力。如果在一个行业中，供应商相对强势，那么他们就会制定有利于自己的条款，从而拉低这个行业的平均利润。供应商的作用是为企业提供生产和制造环节必要的资源输入。对大多数企业来说，供应商意指一个广泛的群体，既包括电力公司、原材料生产商（例如钢铁厂）这样的实体企业，也包括员工（提供劳动力输入）、组件生产商，以及从安保到企业咨询等服务提供商。任何企业都有一长串供应商名单，对企业来说，不同的供应商拥有不同的影响力。供应商强势最常见的几种情况包括其供应的产品缺乏替代品，供应商限制产量或供应商群体并没有将企业所处的行业视作主要顾客群。[38] 当然，也有一些其他形式，我们在之后会讨论。现在，让我们先来通过真实案例理解供应商的议价能力。

在近 20 年里，微软公司向其他个人电脑制造商施加了巨大的供应商影响力。作为操作系统软件行业的统治者，微软公司在过去 20 年中维持了超过 90% 的市场份额。微软保持超高份额应归功于操作系统软件行业的进入壁垒。如前面提到的，微软公司享有需求方的规模效益。当 1981 年 IBM 将操作系统开发业务外包给微软公司时，也为这家公司提供了**先发优势**（First-mover advantage）。人们已经证实这种优势很难被超越。如果企业率先向消费者提供他们喜爱的产品和服务，并获得了消费者的品牌忠诚度，则称企业实现了先发优势。一项研究表明，行业中的先行者通常会比后进者享有更大的优势，并能够持续 10 年之久。[39]

通过将微软系统融入 IBM 个人电脑和兼容机的软件标准，Windows 操作系统成为所有个人电脑中必不可少的组成部分。随着时间推移，Windows 的用户数量增加，使得微软公司作为供应商的实力不断增强，让其他竞争者很难进入这个行业。虽然微软也直接向消费者出售 Windows 软件，但公司的大部分销售额都来自于原始设备制造商（OEM）。由于成千上万的用户都使用微软操作系统，对于大多数 OEM 来说，除了将微软系统纳入自己的产品并接受微软强加给它们的价格之外，没有其他选择。

正如你了解的，任何企业都有一长串的供应商名单，这些供应商对企业显示出不同水平的议价能力。当微软公司向 OEM 发挥强大的议价能力时，OEM 的其他供应商却表现出很低的谈判力（例如磁盘驱动器制造商）。需要引起注意的是，任何行业和市场中维持企业供应商关系中的议价能力的因素都不同。

强大供应商群体的特点

在企业的诸多供应商中，有些特点可以决定一个群体是否对企业有影响力。供应商如果具备如下特点，对该企业就更具议价能力。

（1）供应商所在行业比企业所在行业更集中。我们在微软公司的案例中看到过这种情况。操作系统行业中只有一家企业统领整个市场，而在个人电脑行业中却有许多家企业陷入激烈竞争。

（2）行业参与者在改变供应商时需承担转换成本。许多单位被迫采购某些类型的煤炭，因为它们使用的锅炉只能接受含有某些化学成分的煤。如果换成另一种煤炭，单位就必须暂时关闭车间，改造成可以处理新品种煤炭的设备。在这种情况下，单位在煤炭使用方面面临着巨大的转换成本。

（3）供应商群体提供的产品不存在替代品。在制药行业，每家药品和医疗设备生产商基本上生产完全不同的、受专利保护的产品，使得在专利有效期内其他人难以复制相同产品。从而在专利生效期间，需要某一药品或设备的病人、医院对医药厂商的议价能力就很弱。在许多情况下，这些药品或设备都是高度差异化的，不存在替代产品，自然议价能力都集中到了供应商这边。我们在后面的章节中将会看到，那些经受某些疾病折磨的病人并没有其他替代疗法。像 Genzyme 这样的为罕见疾病开发治疗药物的公司，几乎可以完全自由定价。

（4）供应商群体有能力进行行业整合，威胁买方行业。当行业利润丰厚而进入壁垒降低，且供应商本身拥有参与竞争的资源和能力时，这种情况就会发生。Diesel，一家高端服装生产商，就向零售端整合，开设了自己的品牌专卖店。

（5）供应商群体并不十分依赖这个行业。如果这些供应商并没有把这个行业当作主要客户，那么他们可能会采用超高定价，尽可能从这个行业中榨取利润。[40] 该行业并非供应商的主要客户的状况，使得供应商的议价能力增强。如果买方不接受供应商的条款，那他们则以取消供应为威胁，而自身并不受太多影响。对买方而言，如果这是一项必要的生产原料，那除接受以外别无选择。

5.2.4 替代品威胁

来自替代品或可能替代品的威胁同样会限制一个行业的利润水平。以本地出租车行业为例，在世界的大部分地区，它都是一个高利润的行业，因为缺少替代品，同时因为政府管控和许可证限制而具有高进入壁垒。像 Uber（优步）这样的公司为乘客和司机之间提供了便捷的链接，从而颠覆了全球不少大城市的出租车市场。Uber 得以规避所在城市出租车市场的管理规定的手段，是申明自己是一个匹配人们特定交通需求的技术平台，强调自己并非一个交通行业的企业，从而无须遵守适用于出租车辆的相应限制规定，从而绕开了一个关键的行业壁垒。

于 2009 年正式上线的 Uber 最初提供私家专车服务，但迅速就扩展到了更广泛的用车市场。Uber 拥有的先进技术平台能让乘客和司机之间高效沟通，并建立契约关系。至 2014 年，Uber 已经进入了 32 个国家，超过 85 个城市，成为本地出租车及专车行业的重要竞争者。[41]

许多乘客乐意使用 Uber 来代替传统的出租车服务。一些是因为出租车疏于保养，乘坐不舒适；而另一些则是因为出租车常对某些不方便的目的地拒载。[42] 乘客使用 Uber 出行的费用基本和传统的出租车相等，但能够享受包括用车区域更广的一系列其他福利。下载了 Uber 的用户可以在手机上获知车辆的位置，从而更便于安排自己的时间。支付方式也更加便捷。所有订单都通过乘客在 Uber 上注册的信用卡来支付。公司十分注重支付环节以保证没有在车上的现金往来。Uber 会抽取其中 20% 作为服务费用，剩下 80% 则支付给司机。[43] 这种直接支付给司机的方式，减少了传统出租车公司中的中间经理人环节。此外，乘客可以给司机评分，司机也可以给乘客评分。这些信用评分能帮助乘客和司机快速做出判断，是否要坐这辆车或接这个单子。

尽管 Uber 成功地提供了一项对传统出租车和专车的替代服务，它也同样遭受若干质疑：一方面是缺少对司机的充分审核和培训，另一方面是对乘客收取高溢价。就高溢价而言，Uber 会根据乘车需求的强弱来调整乘客所需支付的价格。例如，在热门假期、暴风雪天气或当周末凌晨 2 点许多酒吧散场时，Uber 收取的价格会更高。随着 Uber 的不断扩张，它必须面对来自当地政府的管制，以及来自传统出租车和专车企业的更激烈竞争。目前对 Uber 较多的担忧是谷歌可能在不久的将来进入这个市场，提供自己的本地交通产品。虽然在 2013 年向 Uber 投资了 2.5 亿美元，谷歌仍宣布在 2015 年将开发自己的相关业务。谷歌正在探讨基于 Google 地图来提供一款类似 Uber 的服务，从而能在包括自动驾驶的未来交通系统中占得自己的一席之地。[44]

视野

公共服务中的战略计划——美国联邦邮政

创立自 1775 年的美国联邦邮政（USPS）在经营中已经亏损了数十亿美元，主因是受到互联网这个替代品的威胁。同时，来自其他快递公司，如 FedEx、UPS、DHL 等的竞争也从未减弱。从 1999 年到 2014 年，USPS 的信件量减少 25% 至 1 584 亿件[45]；形成对比的是，2014 年每天的通信文本量（含电子）据测算达 500 亿件[46]。为了改善经营状况，USPS 采取了不少战术层的措施，例如裁员、缩短服务时间、关闭邮政所、减少退休福利待遇等。然而，作为政府性机构，USPS 采取什么战略仍然要由国会决策；当 USPS 陷入财务困境时也由国会出面予以支持。

1. 在互联网迅速发展的大背景下，USPS 应采取什么战略来改善经营状况，扭转当前颓势？

2. 美国国会批准了哪些措施以帮助 USPS 摆脱困境？他们还应该考虑哪些战略举措？

3. 还有哪些组织是依赖政府来决定战略的？USPS 能从这些组织身上学到什么吗？

今天，许多行业都面临着替代品威胁。替代品可以是竞争者生产的产品，或是满足同样顾客需求的其他产品。根据波特五力模型，由于有替代性的产品或服务，行业中企业的定价空间将会存在上限，因此限制了企业的盈利空间。[47] 如果当前企业违背了这一规律，就会让这个行业对替代者而言十分具有吸引力，从而很快进入到这个行业。

当然，有些替代者不会那么明显。例如，当西南航空公司推出低价格的点对点航运服务时，其目标并不是与传统航空公司竞争，而是想要为原先那些驾驶汽车作短途旅行的人们提供另外一种出行选择。西南航空公司为汽车旅行提供了替代品，但同时也成为其他传统航空公司服务的替代品。

5.2.5　顾客议价能力

根据行业的不同，企业的顾客或许会有极其不同的表现和行为。在一些行业中，顾客非常强势。你可以通过观察两个不同的行业来理解这一点：一个行业选择那种企业与企业之间产生购买行为的，顾客是企业的；一个行业选择用户与企业之间产生购买行为的，顾客是个人用户的。让我们来看下行业实例。以向沃尔玛、好市多（Costco）等大型零售商出售个人消费品的消费品公司为例：由于其顾客（大型渠道商）大而强势，公司只能背负巨大压力来尽可能降低成本，以极低利润率出售产品。缓解这一问题的唯一方法是做到像宝洁公司这样大的规模；到了宝洁公司这种体量，就可以与渠道商角力而形成一个较平衡的供应关系。

另一个案例是钢铁生产商。它们的顾客通常是大企业，例如汽车制造商和个人设备制造商。像汽车制造商这样的大顾客很容易对钢铁企业形成很强的议价能力。

在此希望指出的关键信息是，不同类型的顾客可以对企业施加不同程度的压力，这种表现是基于其**议价能力**（bargaining power）。当购买者的采购量很大或供应商的产品基本无差异时，顾客相比供应商拥有更大的影响力。在这些情况下，购买者或顾客有能力迫使行业降低价格。[48] 让我们来看看实践中顾客的影响力如何印证这一点。

在 20 世纪的大多数时间里，钢铁行业一直由几家集成生产商统治。1950 年，三大钢铁巨头（美国钢铁公司、伯利恒钢铁公司和共和钢铁公司）占有了美国将近 60% 的钢铁市场。在这段时期，成功的钢铁生产商都是高度资本化的公司，并向购买者运用强大的供应商议价能力。[49] 大多数购买者除了从距离自己车间最近的生产商那里购买钢材外，没有其他选择。然而，从 50 年代末到 60 年代初，外国竞争者开始进入市场，议价能力也开始转移。在此一时期，日本大型集成钢铁制造商凭借持续增长的生产力，成为美国市场的主要出口商。[50] 此前，美国西海岸的钢材购买者除了本地厂商（比如凯撒钢铁厂）的产品外没有其他选择。然而，日本开始以更低廉的成本生产钢材，并逐渐弥补了与美国本土竞争者之间存在的运输价差。日本之所以能够获得成本领先优势，是因为二战结束后，日本依靠新技术彻底重建了整个钢铁产业。由于使用了更有效的技术，加之政府扶持和合理的人工成本结构，日本制造商最终从价格上击败了美国的竞争者。[51]

随着进口钢材席卷整个美国市场，再加上企业之间生产的钢材并无差别，购买者开始更多地向制钢企业行使购买者议价能力。随着议价能力从供应商转移向顾客，许多钢材企业都开始经历市场份额和盈利水平的双重衰退。[52]议价能力转移和遗留的高成本结构问题共同导致了美国钢铁制造商不可挽回的财富损失。到2002年，美国第二大钢铁制造商，以及排名第三和第五的制造商，全部宣布破产。[53]又10年之后，美国钢铁产业仍然在艰难地与价格更低的国外进口企业相竞争，但此时它们面对的是新的竞争对手：来自中国及韩国的或受政府补贴的钢铁生产商。这些国家的政府补贴让生产企业得以超低价出口，提升了美国钢铁企业的顾客的议价能力。2014年，预计大约有1 000名美国本地钢铁工人因为这些低价的进口钢铁而失去工作。[54]

强大顾客群体的特点

如我们在钢铁行业看到的，强大的顾客群体可以通过对制造商施加价格和质量压力，从而损害制造商的利益。一般来说，在如下情形中，顾客群体会表现出强大的影响力。

（1）与供应商相比，顾客群体更加集中，或购买量巨大。由于规模很大，沃尔玛得以向许多企业施加买方压力。作为世界上最大的零售商，沃尔玛通常都是许多公司的最大顾客。由于其规模和分布，沃尔玛能够对供应商施加后向价格压力，比如宝洁公司和卡夫食品。从某种意义上说，沃尔玛和亚马逊对图书出版行业起到相似的作用：这两家企业都迫使出版商降低价格，即使是最畅销的书籍也不例外。

（2）行业产品无差异。在钢铁行业的案例中我们就看到了这种类型的议价能力。大多数钢铁公司生产的都是无差异的产品，很容易受到低价竞争者的攻击。由于日本钢铁提供了更多选择，顾客开始推动价格降低。

（3）购买者改变卖主的转换成本很小。许多行业的转换成本都非常低，包括办公用品和纸张行业。许多公司都不会与办公用品供应商签订独家合同，而是经常根据价格的不同更换供应商。

（4）购买者可能会后向整合，从事行业内产品的生产。对于软饮装瓶商来说，这种威胁已存在数十年。可口可乐和百事公司都已经采取了这种行动。两家公司多年来一直持有它们的装瓶公司的股权，然而到2010年，百事购买了北美装瓶集团80%的股份，而可口可乐则买下了它最大的装瓶商。

5.2.6 现有竞争者压力

公司间的竞争强度往往取决于行业的结构。有些行业的竞争十分激烈，公司在价格、服务、种类和新产品引进等各方面展开角逐。在某些激烈的竞争中，企业的盈利潜力将会降低，因为每一位竞争者都关注如何超过对手，却没有把目光投向特定的细分市场或其他行动。如果竞争者生产的产品并无差别，那么这个行业很可能存在非常激烈的竞争。

推动对立竞争和价格竞赛的因素

一般来说，当竞争要点集中在价格上时，行业中的对立往往会趋于激化。在以下这些情形中，竞争和对立会更加激烈：

（1）产品或服务缺乏差异化或没有转换成本。大多数商品市场都会陷入这种竞争，因为厂商间的产品往往难以区分。

（2）固定成本高，边际成本低。在航空行业，如果飞机并没有坐满，航空公司会低于成本定价，因为这样至少可以弥补一部分成本。

（3）产能持续大量扩张。对于许多化工行业，产能只会大批量地增加，因而若一家企业无法出售整批货物时，会发动价格竞赛。

（4）产品易贬值。许多技术企业，如微型处理器生产商，都会陷入这种情况下的竞争。随着创新速度不断加快，企业如果存有大量上一代产品，就必须大幅降价，从而摆脱这些过时产品的负担。

（5）竞争者数量较大且规模和实力相当。这种竞争往往发生于本地服务行业（比如干洗店）。大量无差别的竞争者却一同争夺低增长率的市场。

（6）行业增长率低。在早餐谷物行业中，过去十年的商品消费率一直很低。这种情况导致的结果是通用磨坊公司（General Mills）和家乐氏公司（Kellogg）大打价格战。

（7）退出壁垒较高。钢铁行业的退出壁垒向来很高，因为无论企业是否在运营，都要面对各种遗留问题和环境成本。因此导致的结果是，尽管整个行业每年都会受到运营亏损的拖累，但许多美国钢铁生产商还是留在这个行业中。[55]

5.2.7　五力模型的局限性

近些年，许多人都在质疑五力模型的有效性，因为模型本身是静态的。作为一种战略工具，五力模型可以用来评估某一时刻行业的结构组成。然而，竞争往往是动态的，这一点我们在第 6 章将会详细讲到。许多研究都得出同样观点，认为相比于公司层面的构成，行业层面的构成对行业盈利水平的影响并不高。事实上，基于五力模型得到的行业评估结果可以在短时间内发生巨变。很多案例都已经印证了这一点。对于 IBM 来说，当它决定把系统的主要部件外包给业外竞争者时，整个 PC 行业一夜之间就产生了结构性忧患。

尽管遭受这些批评，但当我们评估行业吸引力并建立业务层战略时，波特五力模型依然是最重要的工具。尽管行业各有不同，但这五种势力通常都会直接影响（提高或降低）行业的盈利空间（见图 5-6）。

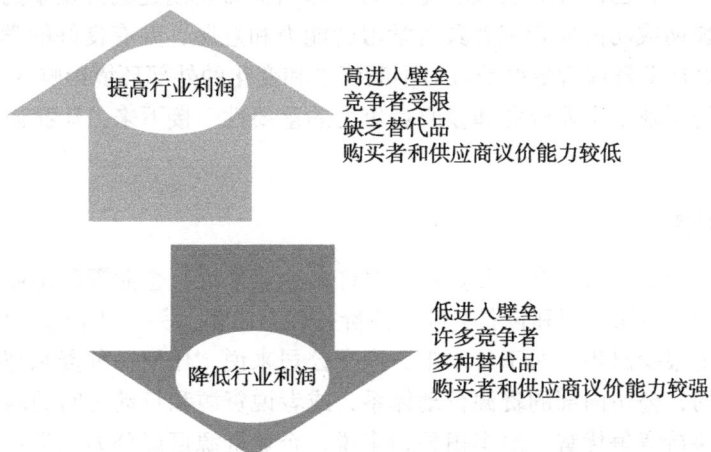

提高行业利润　高进入壁垒
　　　　　　　竞争者受限
　　　　　　　缺乏替代品
　　　　　　　购买者和供应商议价能力较低

降低行业利润　低进入壁垒
　　　　　　　许多竞争者
　　　　　　　多种替代品
　　　　　　　购买者和供应商议价能力较强

图 5-6　五种势力对行业利润的影响

资料来源：Adapted from Michael E. Porter, "Understanding Industry Structure," Harvard Business School Note No. 9-707-493,rev. August 13, 2007 (Boston, MA: HBS Publishing, 2006), pp. 3–4.

管理者在进入某个行业或市场之前、之中和之后，都应该使用这种模型来更好地了解当下的行业结构。这个模型在帮助管理者决定关注点时十分有效。这五种势力为企业决定在哪里及以何种方式竞争提供了战略行动指南。在一个行业中，并不是所有参与者都与企业相关，这五种势力也并非同等重要。对于五种势力的分析可以帮助管理者识别什么才是核心问题。[56]

5.3 企业的内部环境如何影响战略

目前为止，我们讨论的关注点一直是如何评估企业的外部环境。我们讨论了不同行业的盈利空间，并介绍了波特五力模型，用于评估特定行业的吸引力。我们尚未讨论企业的内部环境如何影响战略的制定和企业的表现。企业的内部资源与行业结构同样重要。为了建立可持续的竞争优势，管理者必须同时借助出色的内部资源和适宜的外部行业动态。

聚焦企业内部资源，将其作为竞争力的来源的研究，是源自于对为何在发展良好的行业里，部分企业业绩糟糕，而在不太好的行业里，有些企业却发展良好的问题的分析。这样的企业业绩差异明显来自于企业的内部要素。[57]这吸引着研究者们去考察成功与失败企业之间在行动、流程、资源等要素上的差异。

5.3.1 企业的资源观

将企业视作资源集合的观点通常被称为**企业的资源观**（resource-based view of the firm）。该理论创立于 20 世纪 90 年代，指出资源是企业用来规划并实施战略的优势所在。[58]基于这个理论，企业可以通过采集和获取资源来塑造竞争优势，从而在市场竞争中保持核心竞争力。[59]这个理论还假设，并非同一个行业中拥有相同的资源和能力的所有企业都可以长久保持其优势。[60]

企业资源观带给我们的另一个启发是企业如何处理与外部环境的关系。[61]从定义来看，企业的外部环境是持续变化的，包括政府监管机构、顾客、竞争者和人口特征等在内的外部势力处于不断的演进中。企业有可能在某一天突然发现，原本实用且利润丰厚的产品突然不再被市场青睐。随着环境不断变化，企业需要重新评估内部资源，来保证其仍旧保有核心竞争力。如果企业发现自己已经失去核心竞争力，那么就需要创建或开发新的内部能力。[62]一般而言，企业的长期成功需要管理者具备学习的能力和意愿，并有良好的学习心态。[63]这种学习的心态，可以帮助管理者更好地应对不断演进和变化的外部环境影响。[64]

既然我们已经明晰了企业资源和核心竞争力的重要性，接下来，让我们看看企业具体拥有哪些种类的资源。

5.3.2 企业资源

所有企业都能列出一长串资源和资产。对许多企业来说，企业资源是业务中最容易识别的部分。某些资源（例如车间和设备）可以估价并轻易出售。另一些资源（例如员工和专利）则不容易估价，也很少出售。对于日本丰田汽车公司来说，任何一种资源都很重要。正如我们在第 4 章看到的，公司内部的资源行动体系，或者说资源和行动之间的匹配，使得丰田公司能够在行业中保持竞争优势。对丰田公司来说，企业资源可以分为三类：有形资源、无形资源和人力资源。

1. 有形资源

企业的有形资源很容易辨认。它们通常包括企业的车间和设备，或是用来生产产品的工具。其他种类的有形资源包括地产、库存、原材料以及计算机系统。在丰田公司，有形资源数量庞大且十分重要。例如，丰田在全世界拥有 68 家制造公司，其中 11 家在北美。[65] 这些汽车制造设备组成了丰田资产负债表中数额最大的资产。这家公司还在全世界范围内拥有许多地产，这也是丰田有形资源中的重要部分。

丰田公司的战略是将有形资源（汽车生产车间）安置在美国收入水平较低的农村地区。20 世纪 80 年代，美国政府开始限制进口车辆数量；丰田公司的这一战略就在那时产生。通过在美国本土建造生产车间，丰田公司越过了政府的限制。为了克服美国本土劳动成本高的问题，丰田公司将工厂建在农村，远离了传统的汽车制造产业区（比如底特律）。凭借这一战略决策，丰田公司得以降低劳动成本，并从想要吸引产业进驻农村的当地政府那里获得了让步筹码。

2. 无形资源

企业的有形资源很容易被观察到，但无形资源则不同。无形资源通常包括企业内部流程或系统、品牌、专利、技术、文化以及知识产权。

丰田公司的无形资源不太容易描述，但这些资源同样很重要。正如我们在第 4 章中看到的，丰田公司之所以能成为一家传奇企业，是因为它建立了丰田生产体系。这个体系将生产线和汽车组装流程相结合。虽然生产线看起来和其他汽车车间并无二致，但其背后的机理和管理流程却极为不同。例如，在每位工人的头顶有一个叫作安灯拉绳（andon cord）的装置。当工人在自己的操作平台上遇到问题时，可以按下安灯。如果这个问题在一定时间内无法修正，那么工人或管理员会重新按下安灯，整个生产线停止工作，直到这个问题得到解决。这种机制背后的意义是防止制造环节的错误累加，避免返工成本。丰田公司鼓励所有生产线上的员工想办法让自己的流程更有效率。虽然听起来很简单，但丰田的竞争者却发现这个体系根本无法复制。丰田生产体系与丰田公司内部的生产环境密切相联。丰田公司的品牌传达出产品的高质高效，也是丰田公司另一项重要的无形资产。

3. 人力资源

企业的人力资源包括从基层职员到 CEO 在内的各个级别的员工。以咨询公司或会计事务所为例，尽管这些企业都建立了专有流程、模型或框架，帮助顾客解决问题，但它们最重要的资产却是自己的员工，那些提出观点和模型构想的人。当一个明星执行专员或客户经理离开公司时，公司相当于失去了一大笔财富。

丰田公司的人力资源和它的有形及无形资源一样重要。前面提到，其他汽车生产商这几十年来一直非常羡慕丰田的生产体系。全世界的管理者和学者们都仔细研究这一模型，希望为这个模型找到其他的工业应用。虽然这个体系中的某些结构要素（比如安灯拉绳）非常重要，但丰田生产线的员工也扮演了同样重要的角色。丰田雇用的员工不仅需要拥有一定的技术技能，还需要具备一些关键素养（比如，排除故障的能力、创新思维以及团队合作意识）。

我们从这些案例中可以看到，丰田借助自己各种各样的资源，建立起了这个著名的生产体系。而丰田公司这些成功之处已经引起了顾客和竞争者的关注。事实上，丰田公司最近超过通用公司，成为世界上最大的汽车制造商。此外，丰田公司在过去十年中一直是最盈利的汽车制造商；当它的美国对手面临亏损时，它依旧在盈利。许多公司都试图将丰田生产体系复制于自己的工厂中。为此，许多企业都申请并获得允许参观丰田的车间，近距离观察这个体系究竟如何运作。

你可能会问，"为什么丰田公司会允许自己的竞争者窥视自己最值得夸赞的生产体系？如果竞争者复制这些行为，获得了相似的资源，并削弱了丰田的竞争优势，那该怎么办？"丰田公司允许自己的竞争者参观车间的原因，我们在第4章中已经讨论过了。

具体情况是这样的：企业的活动和资源很重要，但是，活动和资源本身并不是完备的。企业必须建立一套体系，让这些活动彼此协调，从而帮助企业培育出某种核心竞争力，建立长期的竞争优势。[66]丰田公司知道其他公司或许可以复制生产体系中的某些活动，但它同样清楚，没有公司能够复制整套体系。对于丰田公司来说，所有活动之间的匹配、协调，才是竞争优势的真正来源。

5.4 企业价值链

长期成功的企业拥有独特的资源和能力，帮助它们在市场中获得竞争优势。理解企业的资源如何支持其战略的一种有效方法是进行**价值链分析**（value chain analysis）。这种分析方法以系统的方式检阅所有企业活动，并确定它们之间如何互动，构成竞争优势来源。价值链分析将企业分解成各种活动，从而发现整个体系的总成本以及可能的差别化来源。[67]正如本章中许多案例展示的那样，所有企业都拥有一组独特的行动，它们通过这组行动将产品或服务推向市场。对于成功企业来说，这些活动帮助它们实现成本领先或差异化的地位。

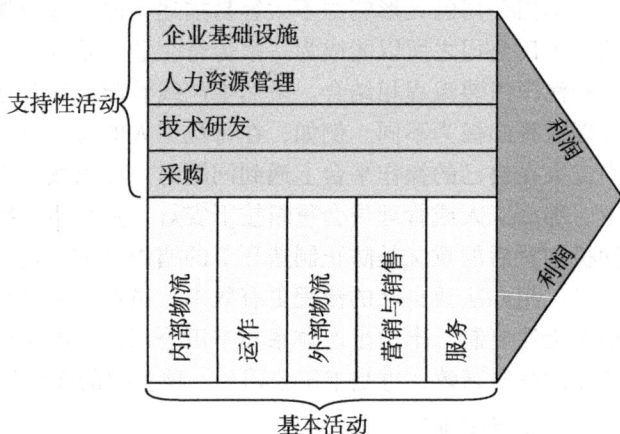

图 5-7　基本价值链

资料来源：Adapted from Adelaide Wilcox King, Sally W. Fowler, and Carl P. Zeithaml, "Managing Organizational Competencies for Competitive Advantage: The Middle-Management Edge," *Academy of Management Executive*, Vol. 15, No. 2, 2001, pp. 96–97.

5.4.1 基本活动和支持性活动

企业的价值链可以分为两部分：**基本活动**（primary activities）和**支持性活动**（support activities）（见图5-7）。基本活动是产品的实际生产、销售和传达给消费者的过程中涉及的活动。[68]

企业的基本活动可以分为五类：内部物流、运作、外部物流、营销与销售和服务。支持性活动为基本活动提供了必要的支持。企业的支持性活动可分为四类：企业基础设施、人力资源管理、技术研发和采购。表5-1和表5-2更为详细地描述了企业的基本活动和支持性活动。

表 5-1　基本活动

内部物流	包括原材料处理、物品入库和库存管理（用来接收、储存和从输入到产品的扩散）
运作	把内部物流提供的输入转化成最终产品形式的过程中所需的一切活动。加工、包装、装配以及设备维修等，都是运作的例子
外部物流	涉及收集、贮藏以及将最终产品传递给客户的分销过程。这类活动包括成品、库存、材料处理和订单处理
营销与销售	用来给客户提供购买产品的方式的活动。为了更有效地推广和销售产品，企业会打广告和举办宣传活动；选取合适的分销渠道；雇用、培养和支持销售团队

（续）

服务	用来提高或保持产品价值的活动。企业从事一系列与服务相关的活动，包括安装、维修、培训和调整等

资料来源：Adapted from Michael E. Porter, *Competitive Advantage: Creating and Sustaining Superior Performance* (New York, NY: The Free Press, 1985).

表 5-2　支持性活动

采购	购买生产产品所需的投入的活动。购买内容包括整个制造环节中消耗的物品（例如原材料和物资）以及固定资产——机器、实验室设备、办公室设备、办公楼等
技术研发	用于完善产品和生产产品的流程的活动。技术研发有多种形式，比如流程设备设计、基础研究和产品设计、服务章程等
人力资源管理	涉及招聘、雇用、培训、发展和薪酬的所有人事部门活动
企业基础设施	所有用来支持整个价值链的工作，包括综合管理、规划、融资、财务、法律支持和政府关系等

资料来源：Adapted from Michael E. Porter, *Competitive Advantage: Creating and Sustaining Superior Performance* (New York, NY: The Free Press, 1985).

5.4.2　价值体系

在价值链分析过程中，管理者应该试图从三个方面分析企业的整体价值体系。第一，管理者应当了解企业如何使用资源和能力去谨慎开展活动，打造核心竞争力。通过学习这一串活动，管理者应当确定在所有这些活动当中，企业究竟从哪里为顾客提供价值。企业的某种能力如果是竞争优势来源，那这种能力必须允许企业比竞争者更好地完成基本活动和支持性活动。[69] 例如，在经过这些分析后，管理者可能会发现企业主要增值活动集中在营销和销售环节。管理者还可能发现外部物流问题是企业面临的主要挑战。通过更透彻地了解企业，管理者能够在接下来的管理活动中，重点关注增值活动，并改善那些非增值活动的业绩。

第二，管理者必须将公司的价值链与竞争者的价值链比较，以更好地了解市场中的竞争形势，从而决定如何进一步加强企业的增值活动。最后，管理者必须在更大的价值体系中审视企业价值链，其中包括供应商、渠道商和顾客的价值链。正如企业为了给顾客带来价值而维护价值链一样，价值体系中的供应商和渠道商也会这样做。供应商也拥有自己的价值链，在这个价值链上，供应商创造和递送企业价值链中的投入部分。渠道系统可以通过为顾客呈现某种重要功能来影响整个体系中的价值。通过研究其他的价值链，管理者能够深入了解不同系统间的联系。这些联系将生产者和供应商紧密联结在一起，从而增强了企业的竞争优势。[70] 丰田公司定期与供应商分享数据和流程，从而搭建二者间的紧密关系。通过研究价值体系中的各种联系，管理者能更好地理解并分辨价值的特定来源。

5.5　SWOT 分析

SWOT 分析（SWOT analysis）是一种非常实用的管理工具，能帮助管理者更好地了解企业的内部和外部环境。[71] 借助这个简单的工具，管理者能够大致描绘企业的内部优势和劣势，以及外部环境中的机会和威胁（见图 5-8）。内部优势可能包括某种人力资源技能、专有技术或是精益生产。这些因素往往能使组织比竞争者更有效率

图 5-8　SWOT 分析

地运转，并且是企业价值链中的重要部分。劣势是指企业经营中的薄弱环节，其中可能包括陈旧的车间和设备、劳动力老化或是依靠某个供应商提供核心材料。分析外部的机会和威胁需要用到许多第 1 章中提到的技巧，包括环境扫描和权变计划。这些活动是帮助企业更加了解环境格局的重要组成部分。在分析中往往包含如下一些关键问题：

- 什么是将企业和竞争者区分开来的核心内部能力？
- 什么是企业独有的销售计划或核心竞争优势？
- 企业内部有哪些薄弱环节？
- 企业需要培育哪些能力？
- 外界环境如何变化？
- 这些变化带来了哪些机会和威胁？

SWOT 分析将管理者对外部环境的理解与企业的能力和竞争优势结合在一起。[72] 像五力模型一样，SWOT 分析只能展现某一时刻企业所处的情形。[73] 为了恰当地发挥这项工具的作用，管理者应当定期重新实施分析过程，并将分析结果真正运用于战略行动，而非仅停留在学术研究的程度。如果企业能够根据现实环境及时调整企业的战略路径，则会比那些战略僵化的企业获得更好的绩效。[74] 通过战略调整，企业可以保持更高水平的**战略弹性**（strategic flexibility）——企业识别并响应外部环境变化，并调动内部资源应对这些变化的能力。[75]

5.6　竞争优势

在理解外部环境和内部资源的各项影响要素后，管理者就可以更好地评估企业应该设计出怎样的战略来在市场中赢得竞争优势。

竞争优势来自于企业为顾客创造超出产品和服务成本的那部分价值的能力。[76] **价值**（value）是指消费者愿意为产品或服务支付的价格。企业可以比竞争者提供更低的价格，或是为消费者提供独特的产品，使产品价值超出消费者需要支付的高成本；通过这些办法，企业为客户创造价值。[77] 行业中的竞争优势是企业实施战略的结果；企业需要制定战略，让自己比竞争者有更好的表现。

西南航空通过建立低成本的运作体系，从而为顾客提供便宜的旅行服务，以此建立了相对于同行的竞争优势。其虽然在一个发展潜力相对不足的行业，但通过对行业要素的扬长避短而实现了目标。[78] 我们也看到了比利·比恩治下的奥克兰运动家队通过建立一套对棒球运动员不同的价值评估体系而获得成功。上述组织赢得竞争优势的方式即是基于自己的资源培养出同行难与匹敌的核心竞争力。[79]

管理者可以从三大基本战略（成本领先、差异化和集中化）中做出选择，帮助企业获得竞争优势。集中化战略是前两种战略的变体，是指管理者选择范围更小的目标市场，并通常在其上实施成本领先或差异化战略（见图 5-9）。

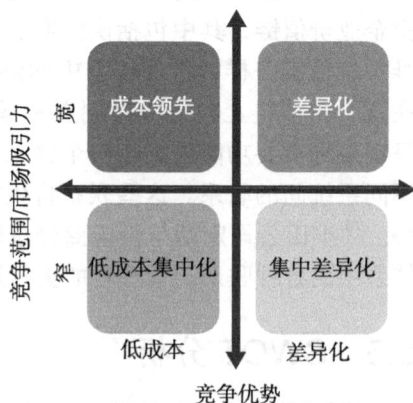

图 5-9　三大基本战略

资料来源：Adapted from Michael E. Porter, "The Five Competitive Forces That Shape Strategy," *Harvard Business Review*, January 2008.

5.6.1　成本领先

许多采用**成本领先**（cost leadership）战略的公司都

致力于以尽可能低的价格向广大消费者提供产品或服务。对于这些企业来说，当决定采取何种行动时，它们必须做出许多重要的权衡取舍。这些权衡取舍往往产生于价格和产品性能或价格和产品质量之间。通过实施这种战略，企业试图以低于所有竞争对手的价格提供质量过得去的产品或服务。这种战略下理想的目标是拥有比价格折扣更低的成本优势，从而帮助企业在通过低价赢得竞争的同时保持利润率。

这种优势的来源有**规模经济**（economies of scale）、专有技术和原材料独有渠道。[80] 当企业生产的产品数量达到一定水平，能够降低每单位产品的成本时，则称企业实现了规模经济。通过这种办法，企业可以分散固定成本。沃尔玛就是一个典型例证。

在运用成本领先战略时，管理者必须获取各种低成本优势的来源，从而保持在市场中持续参与竞争。虽然寻求各种低成本优势来源很重要，但管理者还必须考虑如何与市场中的其他竞争者之间产生差别。例如，企业产品不能与行业中的竞争者们差别过大，因为那样行事，消费者就不再把企业的产品当作其他产品的替代选择了。如果购买者不认同产品的可比性，企业只能被迫制定明显低于竞争者的价格来获得销量。[81]

如果行业内许多企业竞相成为成本领先者，竞争往往会十分激烈，一些企业会以低于成本的价格出售产品，以获取或维持市场份额。通过成为行业中的成本领先者，企业往往可以说服其他人放弃低成本策略，并由此获得竞争优势。[82] 沃尔玛致力于成为世界上最大的公司，以低运营成本的方式呈现极其高效的分销系统。低成本优势使得沃尔玛制定其他零售商难以承担的价格。现在我们已经了解了成本领先的关键内容，接下来让我们看看一家公司如何在实际运营中成功实施这一战略。

案例 5-2

先锋基金

先锋基金（The Vanguard Group）是美国最大的资产管理公司之一，在 2014 年年末，公司管理资产超过 2.5 万亿美元，拥有 12 000 名员工。[83] 先锋基金向个人和机构投资者提供共同基金、买卖基金、债券、存单、养老金、529 学费存储计划、经纪服务和投资顾问服务。[84] 先锋基金的大部分资产都以共同基金的方式安置。先锋集团经营着美国最大的共同基金业务，与富达投资（Fidelity Investments）和普信集团（T. Rowe Price）竞争。与其他共同基金公司不同，先锋基金的发行直接面向顾客，而非通过其他经纪公司。

最初，先锋集团所有的活动都致力于为顾客提供低成本和高质量的服务。在业内，这家公司的费用比率最低[85]，而且所有共同基金都免付佣金，从而无须承担交易成本，因为不存在服务费和销售佣金。

先锋集团实现低成本的另一方法是推广指数基金。指数基金通常反映了重要市场指数（比如标准普尔）并允许投资人拥有一组股票投资组合。这个模型为投资者提供了多样化的选择和较低的交易成本，因为基金经理人会操作投资组合，只有当某家公司推出指数范围时才会做出改动。相反，非指数共同基金的基金经理可能会每星期或每隔几天就为一支基金买入或卖出不同股票，增加了投资人的整体成本。虽然先锋基金将很多精力用于发展指数基金，但它同时也提供和富达公司相似的共同基金业务。借助这一行动，先锋集团能够应对其他公司采取的差异化措施，同时保持自己成本领先的核心能力。

先锋集团还借助其他活动帮助自己巩固行业中的成本领先地位。公司很少在传统媒体上做广告，而是更青睐口碑传播。与其他许多公司在电话中执行交易不同，先锋基金的大多数交易都在网上完成。这一举动使得公司相比于其他竞争者实现了更低的单笔交易成本。

从先锋基金的活动中我们可以看出，业务的每一个方面都是围绕着为顾客带来更低成本展开（见图5-10）。虽然许多竞争者都试图复制先锋基金的一些活动，提供它们自己的指数基金，但先锋基金之所以能保持战略地位，是因为公司的各项活动彼此协调，从各个方面促进了成本的降低。

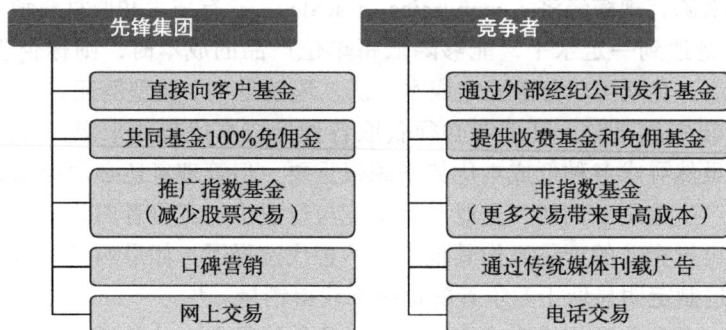

先锋集团	竞争者
直接向客户基金	通过外部经纪公司发行基金
共同基金100%免佣金	提供收费基金和免佣基金
推广指数基金（减少股票交易）	非指数基金（更多交易带来更高成本）
口碑营销	通过传统媒体刊载广告
网上交易	电话交易

图5-10 先锋基金的低成本战略

案例思考

1. 先锋集团作为一家资产管理公司如何定位自身？
2. 先锋集团的核心部分是其低成本战略。哪些活动支持这一战略？
3. 低成本战略如何为先锋基金的顾客创造价值？
4. 列举并详细阐述你认为竞争者无法成功复制先锋基金战略的原因。

5.6.2 差异化

在**差异化**（differentiation）战略中，企业试图让自己在某一方面或某些方面拥有独特之处，从而让消费者愿意支付溢价。[86] 为了实施这一战略，企业必须将自身定位成，为消费者提供对他们有益但又难以被竞争者复制的某种产品特性或服务。与成本领先恰恰相反，如果公司的产品与市场上其他产品在价值上存在差别，那么消费者愿意为产品支付额外费用。[87] 差异化可以在多个方面体现，包括产品特性、分销体系和营销方式。[88]

一家实现并保持差异化的企业拥有创造长期盈利的能力。也就是说，消费者愿意支付的额外费用要高于产品独特化的过程中企业承担的成本。[89] 但当企业试图通过差异化战略获得溢价时，溢价不能高出市场平均价格太多，否则消费者就不会再将这款产品视作低价产品的替代选择。为了实现这一任务，企业需要专注于其目标顾客的价值认知中的某些方面，增加差异化并从消费者那里获得额外出价。[90] 这些企业还应该试着削减那些与差异化无关的活动的成本。比如，如果企业向消费者出售自行车锁，而消费者更看重耐用性，那么企业就应该考虑缩减外观成本，增加防盗材料的支出。

差异化战略的先决条件是企业必须选定实施差异化的维度，一方面要与竞争对手形成对比，另一方面，这些维度也要与消费者相关。[91] 与成本领先战略不同，在一个行业中，可以同时有许多家企业成功实施差异化战略，只要它们选择了不同的差异化内容。现在我们已经了解了差异化战略的关键内容，接下来我们将了解一家企业如何成功实施这一战略。

案例 5-3

巴塔哥尼亚：为顾客和环境带来价值

巴塔哥尼亚（Patagonia）成立于 1973 年，传世人是传奇登山运动员 Yvon Chouinard。公司为消费者提供参与登山和滑雪等户外运动所需的专用服装和设备。巴塔哥尼亚是最成功、最受认可的美国户外运动品牌之一，与许多高端竞争者并列，包括 North Face、Marmot Mountain 和 Mountain Hardwear 公司。这个行业还存在中端市场玩家，包括哥伦比亚户外服饰和其他时尚运动品牌（例如，耐克和锐步）。制造商通过多种渠道售卖产品——普通的户外体育用品商店，如迪克、REI 和 EMS，以及互联网、产品目录、公司直营的品牌专卖店等。

Ed Endicott/WYSIWYG Foto, LLC/Alamy

最主要的差异化来源是产品质量。为了给消费者提供更高质量的产品，巴塔哥尼亚与供应商密切合作。与其他企业直接购买布料不同，这家公司选择与供应商合作，共同为巴塔哥尼亚服装创造新材料。[92] 相反，许多竞争者使用大宗商品面料，以低成本的方式组装成外观相似的产品。在专注于高品质和创新面料的同时，巴塔哥尼亚还试图降低制造过程中的成本，以保持相对于其他低价竞争者的竞争力。

巴塔哥尼亚还凭借与众不同的对待环境的方式获得了竞争优势。事实上，许多人认为这家企业是世界上最注重环保的公司。从使用有机材料，到每年捐赠 1% 的年收入给环保组织，巴塔哥尼亚努力在做出任何决策时都考虑环境问题。为了鼓励回收利用和减少多余废料，公司还鼓励消费者修补他们破损的巴塔哥尼亚滑雪服而非买一件新的。[93] 此外，公司还计划在不久后使 100% 的产品都可回收、可降解。2014 年，这一比例已经到了 70%。[94]

凭借这些差异化战略，巴塔哥尼亚可以比其他专业户外用品生产商用更高的价格出售商品。[95] 其价格往往比其他专业厂商高 15% 到 20%，比大众市场的生产商高 50%（见图 5-11）。

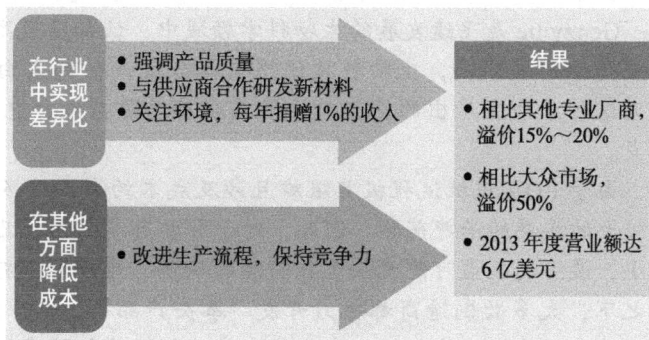

在行业中实现差异化	结果
• 强调产品质量 • 与供应商合作研发新材料 • 关注环境，每年捐赠 1% 的收入	• 相比其他专业厂商，溢价 15%～20% • 相比大众市场，溢价 50% • 2013 年度营业额达 6 亿美元
在其他方面降低成本	
• 改进生产流程，保持竞争力	

图 5-11 巴塔哥尼亚的差异化战略

资料来源: Adapted from Forest Reinhardt, Ramon Casadesus-Masanell, and Hyun Jin Kim, "Patagonia," Harvard Business School Case No. 9-711-020, rev. October 19, 2010 (Boston, MA: HBS Publishing, 2010); Patagonia, Inc. Company Profile," 2009, www.onesource.com, accessed December 10, 2009, and Christopher Steiner, "A Fight for the Mountaintop: Yvon Choinard's Disciple Challenges Patagonia," Forbes, September 10, 2014.

案例思考

1. 巴塔哥尼亚的差异化战略如何为公司带来高边际利润？

2. 你能否找到另一个形成并执行差异化战略的服装制造商的例子？

3. 访问巴塔哥尼亚的网站，阅读有关企业社会责任的内容。这家公司如何将企业社会责任实践融入其战略中？这些实践如何成为差异化战略的一部分？

5.6.3 集中化

在**集中化**（focus）战略中，企业将其销售努力"聚焦"到某一特定地区、特定的购买群体或是特定的产品类别上。企业可以选择实施低成本集中策略，为某一个区域或是顾客群体提供低成本的产品；企业还可以选择实施差异化集中策略，向特定的地区或受众提供差异化的产品。

这两种集中化战略的目的都是在某部分现存市场中开拓差异性。在低成本集中策略中，企业试图锁定那些价格敏感的消费者，满足他们长久以来的需求。在差异化集中策略中，企业试图锁定有特殊需求的顾客，继而满足这些人的需求。在很多情况下，这一特定部分的市场一直被传统的竞争者们所忽视或抛弃；聚焦企业仅专注于这部分市场，因而通常会获得竞争优势。[96]

如果企业在某部分细分市场中持续保持成本领先（成本集中）或差异化（差异化集中），可以预期这些企业具备在相应市场中的竞争优势。[97] 我们已经了解了集中化战略的关键内容，接下来让我们认识一家成功实施集中化战略的公司。

案例 5-4

Genzyme 公司和孤儿药品市场

Genzyme 是飞速发展的生物科学领域中，认知度最高、盈利能力最强的公司之一。与传统药品研发不同，生物科技使用工具合成或仿制蛋白质，使其看起来像人体蛋白。[98] 借助这种方法生产出的药品对许多疾病有显著疗效，包括贫血症、糖尿病和类风湿性关节炎。

由于 FDA 审批流程极其艰难且涉及成本约束，许多公司都更愿意专注于开发患者基数较大的疾病的治疗药物。因此，对于那些可能只困扰几千人的孤儿疾病，由于市场规模过小，最终的收益可能无法负担药品的研制、生产和新疗法推广中的持续资金投入。[99] 此风之下，大多数制造商都努力开发"拳头产品"，看中了产品背后每年 10 亿美元的巨大收入潜力。基于这些数据，我们很容易理解，为何许多细分市场上看不到大制药公司的身影。Genzyme 公司选择了不同的做法。它并没有评估患者的市场规模，而是决定专注于那些病情非常严重但尚无救助方案的领域。Genzyme 的管理者认为，那些缺乏有效治疗手段的重病市场能够允许公司向每位患者收取更高的价格，换之以有效的治疗方案，特别是当治疗方案的成本低于照料未经治疗的病人所要花费的医药成本和社会成本。

Genzyme 最终选定了孤儿药品市场。通常来说，孤儿疾病在全球范围的患者人数不超过 20 万人（见表 5-3）。孤儿药生产商会受到 1983 年的孤儿药品法案的保护。根据这一法案，公共基金可以用来补贴孤儿药品研制，并伴有各种形式的福利，比如七年期的市场专属权，申请联邦资助基金来支付临床试验费用，以及与药品研发相关的临床研究项目的50% 税收减免，等等。[100] 借助孤儿药品法案，Genzyme 回收了部分研发成本，同时，已经面市的产品还能独占市场。这一市场专享权让企业获得了巨大利润。

表 5-3　美国已发布孤儿药品名录

年	药名	疾病	制药公司	美国病患
2005	Retisert	慢性非感染性葡萄膜炎	Bausch & Lomb	175 000
2004	Acetadote	对乙酰氨基酚过量	Cumberland Pharmaceuticals	100 000[①]
2003	Serostim	艾滋病消瘦综合征	Serono Laboratories, Inc.	100 000
2002	Xyrem	猝倒症	Orphan Medical, Inc.	100 000
2002	Zevalin	非霍奇金 B 细胞淋巴瘤	IDEC Pharmaceuticals	90 000
2007	Doxil	多发性骨髓瘤	Johnson & Johnson Pharmaceuticals	80 000
2006	Revlimid	多发性骨髓瘤	Celgene Corporation	80 000
2007	Nutropin Depot	低生长激素分泌症	Genentech, Inc.	80 000
2007	Saizen	低生长激素分泌症	Serono Laboratories, Inc.	80 000
2004	Apokyn	帕金森氏症	Mylan Bertek Pharmaceuticals	50 000[①]
2008	Banzel	严重癫痫	Novartis Pharmaceuticals Corporation	45 000
2004	Vidaza	骨髓增生异常综合征	Pharmion Corporation	40 000
2007	Norditropin	努南综合征	Novo Nordisk Pharmaceuticals	40 000
2006	Prograf	在器官移植时器官排斥	Astellas Pharma, Inc.	35 000
2007	ReFacto	血友病 A	Wyeth Pharmaceuticals, Inc.	23 000
2006	Remicade	克罗恩氏病	Centocor, Inc.	21 000
2006	Sprycel	髓细胞性质白血病	Bristol-Myers Squibb Company	20 000
2008	Xenazine	亨廷顿氏病	Cambridge Laboratories Group	16 000
2005	Arranon	T 细胞急性淋巴细胞白血病	GlaxoSmithKline US	10 000
2006	Myozyme	庞贝病	Genzyme Corporation	10 000[②]
2002	Gleevec	胃肠道间质瘤	Novartis	6 000[①]
2003	Fabrazyme	法布里病	Genzyme Corporation	5 000
2004	Clolar	急性淋巴细胞性白血病	Genzyme Oncology	4 000[①]
2004	Alimta	间皮瘤	Eli Lilly and Company	3 000[①]
2006	Elaprase	黏多糖贮积症 II	Shire Plc	2 300

① 美国每年新增病患。

② 全球患者总数。

Genzyme 通过差异化集中战略获得了竞争优势，并充分利用了孤儿药品市场的有利局面（见图 5-12）。Genzyme 发现了为缺乏治疗方案的人群研制药品的机遇，同时还想方设法让保险公司和政府来支付治疗费用。这一战略使得企业成功研制出多款治疗孤儿病的生物药品，平均毛利率达到 80%。

传统制药公司

- 战略：差异化或成本领先
- 专注于患者人数多的疾病
- 打造"拳头产品"

20万病患

Genzyme

- 战略：差异化集中战略
- 专注于需求未被满足的人群：病情严重但没有治疗方案
- 研发孤儿药品
- 独特的政府福利
  - 七年独占市场
  - 研究支出享受50%税率减免
  - 可以申请捐款基金

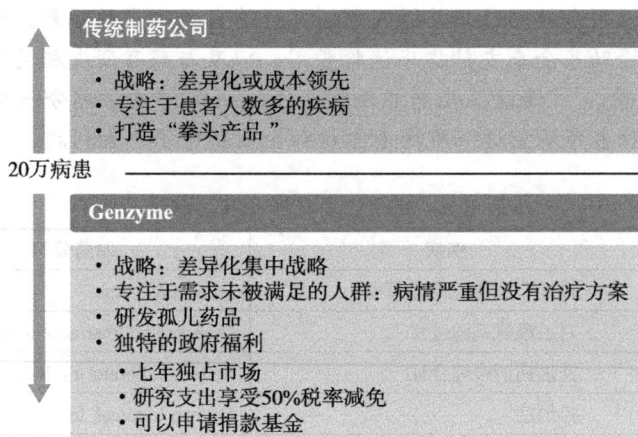

图 5-12　Genzyme 的差异化集中战略

案例思考

1. 描述 Genzyme 如何能够在生物科技领域打造利基市场。

2. 外部环境如何支持差异化集中战略？

3. 为什么当实施集中化战略时，企业的创新能力很重要？

5.6.4 "卡在中间"的那部分

在前面的章节中，我们看到许多案例，介绍企业如何运用三种基本战略进行竞争。每家企业都基于一种战略，制定出清晰的活动方案，从而实现竞争优势。然而，许多企业都无法像例举企业一样持续、清晰地开展业务或执行战略。事实上，许多企业都没有运用基本战略清晰地标识自己的竞争地位。如果企业卷入多种战略，却没能精通任何一种，我们称这样的企业被"卡在中间"。[101] 像这样的公司往往的竞争中处于劣势，因为其他玩家都有更好的定位，且能够各自运用战略实现竞争优势。[102] 虽然这些夹在中间的企业在短期内可能获得利润，但是更为专注的竞争者可以在长期获得更大成功。[103] 在许多行业中，企业幻想满足顾客的一切需求，因而走入了中间战略的陷阱。即便一个潜在的盈利机会与企业的核心业务模式并不匹配，拒绝这样一个机会也并非易事。当企业为了收益而追求收益时，它们往往会失去重点并变得低效。[104]

在达美航空及其低成本子公司的案例中，我们看到企业很难在两种战略并行的同时保持盈利。在达美的案例中，这家航空公司企图通过成立低成本子公司达美快运，以应对来自西南航空公司的低成本营运威胁。虽然子公司最初能够盈利，但其他低成本航空公司渐渐夺走了达美的市场份额，侵蚀了达美的利润。在达美的佛罗里达州市场，西南航空和捷蓝航空都更准确地定位于向顾客提供低成本的航空旅行。与这些低成本承运商不同，达美的整体成本结构使它无法将价格降低到能与另外两家公司较量的水平。此外，达美也未能像捷蓝航空一样提供差异化的项目，包括精心制作的舱内娱乐选择和更舒适的座椅等；而捷蓝航空能够以较低成本提供这些服务。最终，达美航空的中间定位导致了低成本子公司计划的失败。

虽然大多数同时执行成本领先战略和差异化战略的企业都会麻烦缠身，但近期有研究表明，有一些企业，尤其是数字经济体，可以通过整合两种战略而获得成功。互联网科技和社会媒体平台都使企业能以很低的成本锁定特定人群。[105] 实质上，互联网公司可以执行低成本差异化集中战略，也叫作整合战略。在这些新技术出现以前，目标市场营销非常昂贵耗时，因此产生了"卡在中间"的情形。互联网为电子商业缓和了这些问题。虽然以低成本触及顾客是电子商务的基础，但许多成功的企业还是选择将这种成本优势与专注于特定的目标市场相结合。[106]

管理者需要评估行业的各项要素，以判断这个行业是否具有长期的盈利空间。表 5-4 总结了企业根据五力模型，能够使用的三种基本战略。这些战略能够一定程度上减轻，但不能完全消除五种势力给一个行业带来的影响。

表 5-4　基本战略与五力模型结合

	新进入者威胁	供应商议价能力	顾客议价能力	替代者威胁	现有竞争者压力
成本领先	提供成本优势，让新进入者更难获得同样的成本优势	作为成本领先者对此免疫 通常大量采购	已经以低成本运营，受购买者影响较少	可以降低价格，不易受到同价替代品的影响，但可能错过新的产品机遇	强大的成本优势，但会被创新产品取代
差异化	与众不同的竞争力，但需要维持价格/价值平衡	将涨价影响传递给买家	目标市场，购买者不对价格敏感，想要获得差异化的产品	通常需要大量投资以建立顾客忠诚度	很难克服品牌忠诚度
集中化	顾客忠诚，专注于特定细分市场，但规模增长会吸引更多竞争者	可以传递涨价影响，但一般不是大买家	排他性——只有很少的选择，但需要保持价格/价值平衡	品牌忠诚，市场优先，只服务特定的细分市场	具有排他性，通常会限制竞争

资料来源：Based on data from Arthur A. Thompson, Jr. and A. J. Strickland III, *Strategy Formulation and Implementation: Tasks of the General Manager*, 5th edition (Homewood, IL: Irwin, 1992), pp. 106–112.

5.6.5　基本战略与企业员工

如我们在前面许多案例中看到的，三大基本战略的呈现方式不同，即企业采取的行动不同。从员工的视角来看，这些战略也存在区别。

成本领先战略往往要求紧凑的管理体系和成本最小化。[107] 这些活动通常是在某种企业文化的主导下予以强制执行。这种文化通常包含多种特性，包括节俭、纪律性和对细节的关注；这些都可以在西南航空身上看到。在西南航空，企业文化与其战略紧密结合在一起。西南航空付给员工的平均工资低于其他航空公司，而且，公司也不会为员工特权买单，比如居住高级酒店等。然而，企业确实为自己的员工营造了积极有趣的工作环境。如果你非常看重报酬和员工福利，那么西南航空和其他成本领先企业可能并不适合你。

对于凭差异化竞争的企业，文化也是一个重要因素。执行差异化战略的企业的文化中往往鼓励创新并富有冒险精神。[108] 巴塔哥尼亚的文化印证了这些特点。在巴塔哥尼亚，企业鼓励员工用产品和面料做实验，提出更好的设计。此外，巴塔哥尼亚还鼓励员工提早下班去冲浪或攀岩。对于公司管理者来说，这些活动能帮助员工获得产品创意，同时促进了工作与生活的平衡。如果你是一个有创意、热爱创新且独立性很强的人，那么这种实施差异化战略的企业会是你的好去处。

本章小结

1. 企业的业务层战略实质上由三个基本问题的答案所决定：①我们向谁提供服务？②我们提供什么产品和服务？③我们如何提供这些服务？不同企业以不同方式回答这三个基本问题，而这些回答为行业的竞争格局奠定了基础。

2. 在制定企业的业务层战略时，管理者必须彻底评估外部环境。外部环境的评估通常会揭示行业的吸引力。某些行业本身就比其他行业更有吸引力。波特五力模型中包括了对进入壁垒、买方权力、卖方权力、竞争对手和可能替代品的分析与评估，是一种评估行业潜在优势和劣势的方法。

3. 然而，基于对外部环境评价的战略开发是不完备的。管理者还必须评估企业的内部资源，从而决定企业自身的能力和获取资源的能力是否能够提供竞争优势。可以提供优势的内部资源包括有形资源，如地产、存货和设备，以及无形资源，如生产流程、品牌知名度和文化。企业的员工也是强大的内部资源，能够帮助企业在行业内建立核心竞争力。

4. SWOT 分析概括性地指出了企业的内部优势和劣势，以及环境中的机会和威胁。这种工具可以有效地衡量企业的现状和未来在行业中的位置。在决定企业的竞争优势时，这种分析方法也很有帮助。

5. 竞争优势来自于企业为其顾客创造价值的能力。企业往往通过成本和差异的方式创造这种价值。基于这些内容，衍生出三种基本业务层战略：成本领先、差异化和集中化。基于成本领先战略开展竞争的企业试图以尽可能低的价格提供产品和服务。实施差异化的企业提供有特点的产品或服务，且难以被竞争者复制。最后，执行集中化战略的企业可以将成本领先或差异化策略应用于特定的目标市场、地理区域或其他指定实体。

6. 在分析内部资源、评估外部环境并草拟企业战略之后，管理者可以使用价值链工具来将企业分解成各种活动，从而发现哪里能够增加价值。管理者可以继而探索企业和价值体系中其他价值链之间的联系，从而让基本活动和支持性活动之间更好地协调。经过这些步骤，管理者将会对企业的竞争优势有更深入的理解，并且知道如何保持优势。

关键词

议价能力（bargaining power）
进入壁垒（barriers entry）
成本领先战略（cost leadership）
差异化战略（differentiation）
规模经济（economies of scale）
先行者优势（firs-mover advantage）
聚焦战略（focus）
基本活动（primary activities）

企业的资源观（resource-based view of the firm）
战略弹性（strategic flexibility）
支持性行动（support activities）
SWOT 分析（SWOT analysis）
价值（value）
价值链分析（value chain analysis）

课后练习

讨论话题

1. 考虑定义企业战略时的三个基本问题：我们为谁服务？我们提供什么产品？我们如何提供？哪一个问题更难回答？为什么？

哪一个问题的答案更能说明企业在市场中的竞争优势？

2. 如果你是可口可乐公司的高管，你会最重视五力模型中的哪种力量？为什么？如果你是红牛公司的高管呢？答案会发生变化吗？

3. 哪些行业的进入壁垒较低？选择一个行业为例，这个行业的新进入者应该如何充分利用这一特点？

4. 为什么先进入者会在一个行业中取得长期的竞争优势？什么因素能够阻止先进入者利用这种优势？

5. 大多数人将西南航空作为达美航空或是美联航等航空公司的替代者，但其实，它不过是相隔几百英里[⊖]的城市间汽车运输的替代者。还有什么类似这种替代者的商业实例？

6. 比较供应商或顾客的议价能力。强势的供应商或强势的顾客如何对一个行业产生影响？这两类影响有哪些相似点，又有何不同点？

7. 存在内部激烈竞争的行业为什么盈利水平会下降？

8. 回顾企业内部要素的三种基础类型：有形资产、无形资产、人力资产，在一个成熟的行业，哪一类型最为重要？对于一个新兴行业而言呢？

9. 在第 2 章，我们讨论了通用电气已经连续一百多年保持着市场竞争力。这家企业在许多方面都具有很强的战略弹性。类似的企业还有哪些？你认为 Facebook 在未来 20 年内会成为一家巨头企业吗？你认为它要保持竞争力的话，需要做到哪些？

10. 你愿意在一家实行成本领先战略的公司，还是在一家实行差异化战略的公司工作？你的工作会有什么样的不同？

管理研究

对于三种基本战略：成本领先、差异化和聚焦，分别找出一个公司实例。

1. 对于找到的这三家企业，列出支持其战略的企业活动。

2. 用波特五力模型分析每家企业。基于你的分析，这些企业是否处于具有吸引力的行业中？

3. 列出每家企业的有形资产、无形资产和人力资产。

4. 为这三家企业建立价值链。

5. 你会投资哪家企业？为什么？

行动练习

1. 采访一位管理者，他所在的公司尚没有制定清晰的业务层战略。在采访中，尝试了解为什么这家企业"卡在中间"。基于你的访谈内容，哪种基本战略可以帮助企业建立竞争优势？为企业提出一些关于如何实施这一战略的建议。

2. 五力模型中哪种力量可应用于分析 NGO 行业？分析这一行业时，你会新增什么其他力量吗？

⊖　1 英里 =1.609 千米。

第6章

公司层战略

学习目标

在学习本章之后，你应当掌握如下内容：

1. 理解公司层战略中包含了有关多元化、国际扩张和垂直整合的决策。
2. 解释多元化的含义，即一家企业企图在多个行业或地域市场上同时开展竞争。
3. 描述相关多元化和非相关多元化的区别，并总结两种方法的优缺点。
4. 解释企业在国际扩张中采取多元化策略的原因。
5. 描述垂直整合过程，并解释企业选取这一路径的原因。

开篇自测

制定成长战略

公司战略包括为管理多项业务而制定计划，以及决定如何扩张公司版图。它还涉及组织决策和所有权选择，从而使公司各项业务最大限度地利用资源。请对下列命题回答"是"或"否"，评估你是否能够理解多项业务管理中的公司成长战略。

1. 我知道为何称多元化为成长战略。
2. 我能够解释相关多元化和非相关多元化的区别。
3. 在分析增长计划时，我会将进军新业务的成本考虑在内。
4. 我知道当一家企业考虑多元化时，行业吸引力应当被纳入决策考量。
5. 我明白企业如何通过战略定位实现多项业务间的协同效应。
6. 我理解企业如何将国际多元化用作一种成长战略。
7. 我熟悉各种形式的垂直整合，并理解垂直整合的基本原理。
8. 我知道为何特许经营是垂直整合的一个替代方案。
9. 我知道战略联盟作为一种成长战略的优缺点。
10. 我知道某些企业通过外包实现成长的根本原因。

如果大多数问题你回答"是"，那么你已经牢固掌握了公司战略的知识。

6.1 概述

我们在第4章曾介绍过，一家企业的战略包括两个主要部分：业务层战略和公司层战略。借助业务层战略，管理者决定公司如何在某个特定的行业中竞争，并在该行业内众多竞争者中确定自身定位。我们已学习了不同行业具备不同的盈利潜力，并开发了相应的工具来评价行业吸引力。然而，大多数企业都不会仅仅在一个行业内竞争。恰恰相反，许多公司——例如通用电气、宝洁公司（P&G）、京瓷、塔塔集团（Tata Group）以及西屋电气（Westinghouse）——其经营范围都跨越了多个行业。

为了顺利地管理多项业务，一家企业必须制定出公司层战略。公司层战略的定义是：一个组织选择的，同时应用于多个行业和多个市场经营管理的战略方案组合。[1]公司层战略包括决定在多少个行业内竞争，是否垂直整合，是否购买或出售公司，以及如何在各个子公司间共享资源。[2]本质上，这些选项可以归纳为三类：①经营范围，即企业将会加入竞争的市场和业务；②组织设计，即以何种方式协调企业的各项活动；③所有权，即各个业务单元的关系，也即这些业务是否应当通过其他方式（合伙、联盟或合资）被他人获得（拥有）。[3]制定公司战略的最终目标是建立**企业优势**（corporate advantage），即一家公司在各个业务单元间最大限度地配置资源，从而建立竞争优势。[4]换言之，当一家企业当前经营的各项业务带来的总利润大于各项业务被各方独立运营时赚取的利润之和，则称这家企业获得了企业优势。[5]

在本章中，我们将探讨管理者在面对公司层战略决策时必须做出的三个决定：首先，我们将探讨实行多元化策略的动因；其次，我们会探讨国际市场上的多元化；最后，我们将探讨企业是否应该采取垂直整合策略。这些主要策略和组织决策通常被称为"大赌注"，因为它们从根本上决定了企业的竞争方式。[6]在讨论伊始，我们先来看看迪士尼如何成功地制定和执行了公司层的战略。

案例 6-1

沃尔特·迪士尼公司

在过去的半个世纪里，沃尔特·迪士尼公司（Walt Disney Company）一直是世界上最有名、最成功的娱乐公司。尽管公司几经起伏，但它一直是管理学者的研究对象——一家企业如何成功实施公司战略来创造竞争优势和长期利润。

沃尔特·迪士尼和他的兄弟罗伊（Roy）于1923年在加州好莱坞共同成立了这家公司。起初公司苦苦挣扎，但在华特创造出米老鼠形象之后，他们获得了成功。[7]在30年代后期，华特的业务从卡通短片转向完整故事片，包括1937年发行的《白雪公主和七个小矮人》——第一部完整动画电影。

在"二战"期间，由于动画电影需求减少，公司面临财务困境。然而，迪士尼公司通过为政府制作教育动画片和其他业务的多元化，挺过了那段时期。在这次最早的多元化中，沃尔特·迪士尼音乐公司成立，用于控制迪士尼音乐版权和聘请顶级艺术家。从50年代开始，迪士尼公司开始制作实景电影，比如《金银岛》和《老黄狗》。公司还成立了博伟影像发行公司（Buena Vista）来发行公司的电影，并最终节省了每部电影1/3的收入额。在那10年中，迪士尼公司还将业务扩展至电视领域，制作了系列电视节目《迪士尼乐园》，用于宣传公司在加州新开设的同名主题乐园。

在迪士尼乐园区的成功之后，公司紧接着在佛罗里达州的奥兰多开设了另一个主题乐园：幻想世界。新乐园立刻大获成功，第一年游客数量达到 1 100 万，收入达到 1.39 亿美元。为了增加乐园客流量，迪士尼公司开设了一家内部旅游公司，与旅游代理商、航空公司和旅行团打交道。然而，继 1966 年沃尔特·迪士尼去世之后，公司逐渐走向衰败，因为公司的关注点从电影制作变成了建造主题乐园。这家公司 1984 年时险些被蓄意收购，但最终还是凭借一位私人投资者注入的资金存活了下来；这位投资人恢复了罗伊·迪士尼的董事会职务。在迪士尼史上最低迷的时刻，公司控制权交给了新的领导者，而这个人借助公司战略取得的成就几乎比肩通用公司的杰克·韦尔奇。

1984 年迈克尔·艾斯纳（Michael Eisner）接手迪士尼时，公司财务岌岌可危。然而，到 2000 年年底，公司却时来运转，营业额从 16.5 亿美元提高到 250 亿美元。在艾斯纳掌权的前 15 年里，迪士尼公司股东的年总体回报率达到 27%。艾斯纳的第一项工作就是为公司的电视和电影业务注入新活力。在 80 年代早期，由于担心有线电视业务受到冲击，迪士尼公司停止了制作网络电视节目。艾斯纳的做法与此相反，他让公司制作了许多网络电视节目，来支撑公司的品牌形象。艾斯纳接着将关注点放在每况愈下的电影部门，而这个部门 1984 年的票房占有率仅仅只有 4%。新的管理团队彻底改变了迪士尼公司制作电影的种类和方式。在这段时期，迪士尼公司开始制作更多电影（从每年平均 4 部变为 16 部），为大龄观众制作喜剧和实景电影，选择低价演员出演，并对所有电影预算加以严格的财务约束。艾斯纳时代最早的 33 部电影中，27 部电影都实现了盈利，与之相比，行业平均命中率仅为 40%。[8]

在接下来的 10 年中，迪士尼公司将业务扩展至新领域，并借助重大投资再次强调其业务核心。随着 1987 年推出迪士尼专卖店，公司开创"零售娱乐"理念，每平方英尺[⊖]的销售额达到零售业平均水平的两倍。[9]迪士尼还扩张了主题乐园业务，建造了欧洲迪士尼、水上公园和米高梅影城。通过博伟家庭影像部门，迪士尼公司直接向消费者出售录影带，取得了巨大的成功。还有多元化进程，包括制作百老汇戏剧，购买 NHL 冰球队——巨鸭队，以及成立名为 Miramax 和 Touchstone 的新工作室，制作面向成年人的电影。

虽然所有这些行动都扩大了迪士尼的经营范围，但迪士尼还是在 1995 年时收购了美国广播公司，并由此巩固了公司结构，将多元化和垂直整合发挥到极致。凭借这次收购，迪士尼公司成为世界上最大的娱乐公司，将它的创意传播给全世界。经过这次 190 亿美元的收购，迪士尼公司掌控了电视台、有线电视网络、广播电台、报纸和期刊。艾斯纳认为迪士尼公司平衡品牌和创造价值的能力依赖于协同效应。例如，在电影发行前一年，迪士尼动画团队的创作人员会为消费品、家庭影像和主题乐园部门的负责人做展示。参会者将讨论产品选择，每个月都会重新召集会议并更新信息。[10]简而言之，艾斯纳相信，迪士尼的结构通过水平、垂直和地域间的协同作用创造价值，使得不同业务单元间能够共享资源和移植技能（见图 6-1）。

罗伯特·艾格（Robert Iger）作为继任 CEO，延续了艾斯纳的经营策略。在 2006 年，迪士尼从苹果公司手中以 70 亿美元收购了皮克斯工作室。通过这次收购，迪士尼获得了诸如《玩具总动员》《赛车总动员》《勇敢传说》，以及一系列其他皮克斯电影等巨大宝藏，从而为其主题公园、专卖店、电影连锁等核心资产注入新的活力。迪士尼还在 2012 年从卢卡斯影业购买了星球大战系列，也是遵循相同的经营策略。

⊖ 1 平方英尺 =0.093 平方米。

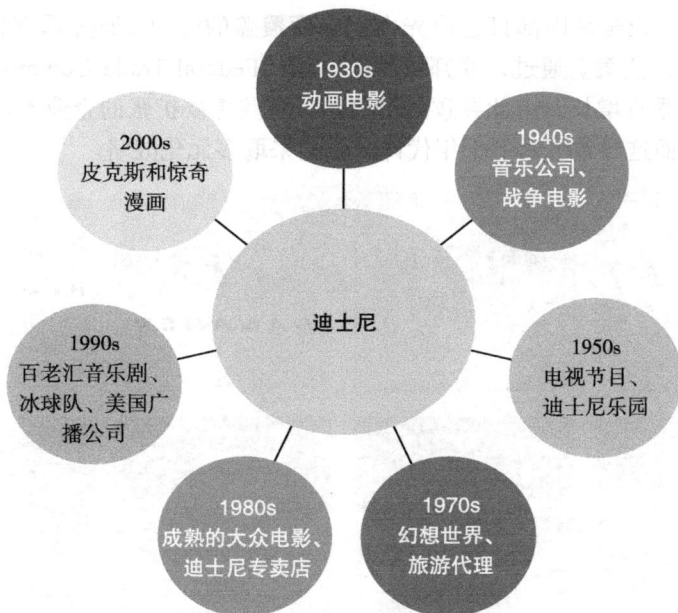

图 6-1 迪士尼公司的多元化

案例思考

1. 迪士尼公司的核心竞争力是什么？迪士尼公司如何将它的核心竞争力与不同的业务联结？

2. 近几年，为了扩大公司优势，迪士尼公司做了哪些关键投资？

3. 在接下来的 5 年中，为了巩固业务组合，你建议迪士尼做哪些投资？

多元化战略要取得成功并不容易。许多学者认为企业应该在一到两个明确界定的行业范围内培养核心竞争力，而非试图涉足很多行业。但另一方面，迪士尼公司等案例也证明了，通过发展合理的组织内部流程，在不同业务单元落地最优化的经营方法等途径，多元化战略能够获得成功。

6.2 多元化战略

公司战略的基石之一就是**多元化**（diversification）的概念。借助多元化，企业涉足多个或相关或不相关的业务，以图创造出比各项业务单独存在时更多的价值（见图 6-2）。虽然多元化战略并不总能带来价值，但多元化战略的最终目的是让整体（合并后的公司）比局部（各个独立的业务单元）的加总表现得更好。

6.2.1 多元化的历史

多元化战略的实践与推广，在美国企业史上几经兴衰。20 世纪中叶，多元化战略拥有小众基础，而自此后，企业开始以狂热的步伐展开多元化。在 50 年代，大多数《财富》500 强企业的收入都来自单一核心业务。然而，在五六十年代，由于监管规则的改变，无意间促进了公司多元化，使这种单一聚焦发生转变。为了扩大盈利基础，许多企业试图收购竞争对手

（通过水平多元化），或是从内部打造原先由供应商覆盖的能力（通过垂直整合）。随着 1950 年《 Celler-Kefauver 法案》通过，联邦贸易委员会（Federal Trade Commission，FTC）不再鼓励企业的水平和垂直增长。由此导致的结果是，那些想要扩张的企业不得不从所处行业外部寻找收购对象，而这导致了六七十年代许多企业采取多元化战略。[11]

图 6-2　多元化公司实例

资料来源："Business Description," *Reuters*, via the OneSource® Business Browser, an online business information product of OneSource Information Services, Inc. ("OneSource"), accessed March 2015.

许多企业开始向其他行业展开多元化，其理论基础是"公司组合"模型，将企业本身视作其各种业务单元的内部资本市场，风险在企业内扩散。管理顾问提倡这种结构，并将它与多样化的股票投资组合比较。[12] 大多数个人及机构在投资股票时，都会寻求建立一个股票组合；通过多种股票的组合，投资收益就不会仅依赖于一到两家公司的表现。多样化组合平衡了高绩效和低绩效的股票表现，从而降低了投资的整体风险。类似地，在这个时期的企业都努力维持一个业务组合来最小化自身的经营风险，避免"将鸡蛋放在一个篮子里"。至 1979 年，45%的《财富》500 强企业都采用业务组合的方式进行了多元化。[13]

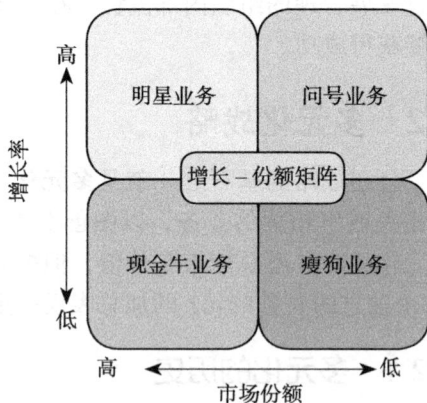

图 6-3　BCG 的增长 - 份额矩阵

资料来源：Adapted from Bruce D. Henderson, On Corporate Strategy (Cambridge, MA: Abt Books, 1979).

增长 - 份额矩阵（也被称为波士顿矩阵，BCG 矩阵），由波士顿咨询公司于 20 世纪 70 年代创立，是一项用于评估企业业务组合情况的流行而简便的方法（如图 6-3）。这个矩阵将业务以两个维度进行分级：增长率，以及市场份额。市场份额用于衡量一个企业的业务在同行业内的竞争能力。拥有高增长率、高市场份额的业务被划分为明星业务。明星业务的高增长率通常也需要公司的大量现金投入才能维持，这类投资的目的是为了使明星业务在增长率降低时能成为或维持市场中的领导者地位。在矩阵的另一端，是低增长率、低市场份额的业务，被命名为"瘦狗"。瘦狗业务是分拆或淘汰的对象。

另两个位置是问号业务和现金牛业务。拥有高增长率、低市场份额的业务是问号业务。这些业务需要大量的投入来获取市场份额。如果得以成功，那么这些业务可以演变为明星业务；当增长率下降时，则转换为现金牛业务。但同时，问号业务也可能跌落为瘦狗业务，如果该业务在增长率下降时仍无法获取足够的市场份额。现金牛业务是拥有优势市场份额、增长较慢的成熟业务。由于上述特性，这些业务无须大量的现金投入；而从这些业务获取的现金能够反哺明星或问号业务。[14]

增长 – 份额矩阵在 20 世纪 70 和 80 年代得到了广泛应用，帮助企业领导者们将其业务分类并采取相应的后续措施。通常方法是维持现金牛、剥离瘦狗，投资于问号业务争取培育为明星业务，发展明星业务以保证其转换为现金牛。[15]该矩阵到今天仍然被业界使用着，但其只是大规模评估业务组合过程中的一部分。像我们在第 5 章讨论的 SWOT 分析一样，它只是企业业务一个时点的快照。在全球化的背景下，更为复杂和多变的市场环境使得企业领导者们需要从更多维度考察公司的业务，而非仅仅是业务自身的增长率和市场份额：①业务之间相互关联而产生的价值；②业务是否能够快速适应市场的能力；③业务的创新能力。[16]

里根总统任职的 80 年代早期，反垄断的监管环境开始发生显著变化。与此前几十年不同，联邦贸易委员会开始基于新的评判因素来评估企业合并。这使得横向扩张核心业务变得更容易，从本质上颠覆了《Celler-Kefauver 法案》的影响。企业从而可以收购从事类似业务的对象，使得业务组合可以既包括不同，也可以包括相近的业务。

与此同时，随着限制收购的法律壁垒消失，以及垃圾债券形式的宽松信贷得以发行，从事恶意收购的投资公司开始涌现。这些投资公司在那个年代也被称为"企业狙击手"。它们试图购买那些经营多种业务的企业，继而将它分解成各个部分，分别卖给其他买家，使得余下的核心业务作为一个独立实体继续运作。[17]狙击手们认为将一个企业解体能够为其带来更多价值。从本质上，他们深信各个部分（独立的业务单元）的价值大于整体的价值。

贯穿整个 80 年代，管理者们对组合模型失去信心，企业狙击手将收购企业逐一分解，多元化趋势再一次反转。从 1980 年到 1990 年，《财富》500 强企业的平均多元化指数从 1.0 跌至 0.67。在这段时期，有些企业开始抛弃分部，专注于核心业务。其他企业抛弃表现较差的子公司，并以一小组更为聚焦的业务单元为核心进行重组。总而言之，企业的多元化水平与七八十年代的全盛时期相比严重衰退。

6.2.2　采用多元化战略的原因

有许多原因使得管理者们试图将组织多元化：①将核心资产或技能在多个不同业务间杠杆化的机会；②增长机遇；③控制并最小化风险的可能性；④国际化扩张的机会；⑤个人利益。通过结合各种相关或非相关业务，管理者们深信自己能够创造**协同效应**（synergy）。一家企业通过整合多种业务中的重复经营活动，部署尚未充分利用的资产，从而实现可持续的成本节约；我们称这种现象为协同效应。[18]企业在同一行业内占据多项业务的首要原因，通常都是为了实现预想中的协同效应。相比于各个实体彼此独立运营，企业通过将各个实体结合起来，试图获得更多利益。

如我们先前提到的，许多管理者实行多元化战略都是为了公司扩张，特别是随着业务走向成熟，内部有机增长的机会越来越小。[19]例如，谷歌进入手机市场，走出成熟的网络搜索业务，就是一次向外扩张的尝试。在许多情形中，企业将实施多元化带动增长作为一种替代的盈利途径，尤其是在应对内部和外部的环境因素变化时。当企业建立起难于被模仿的可持续竞争优势时，多元化战略的效果很好。[20]

关于多元化的另一主要观点是多元化降低了公司层面的风险。[21]基于组合管理的思想，这一观点向我们说明，通过持有多个不同业务，管理者能够将单个业务的风险延展至所有业务的范围。在这种情况下，有人认为，当少数业务表现较差时，多元化业务单元可以平滑公司整体业务表现。在 20 世纪 70 年代早期的集团企业繁荣期，这个观点是管理者选择多元化策略的根本原因。[22]

在现实中，股东可以通过持有多种股票来更有效地分散投资组合的风险。事实上，与企业相比，股东能更好地发挥多元化的这一功能。股东并不需要支付各种交易成本，比如投资银行业务费和控制权溢价，但是当企业试图购买或出售不同业务时，则无法回避这些。股东在调整投资组合时只需要象征性地支付一些交易费用。按照这一逻辑，问题就变成了"为什么管理者仍然坚持认为多元化策略能降低风险？"一些企业相信，多元化能给企业带来多样、稳定的现金流，从而减少其对资本市场的依赖。

企业选择多元化的最后一个原因是基于高层管理者的自身利益和偏好。高层的薪酬通常会与公司的规模和复杂程度相关。一些管理者在试图建立他们自己的控制领域时，想要最小化风险（如上文提到的）；而借助多元化实现增长，就是他们的一种策略。此种动机下的多元化往往无法取得最好的结果，除非这些管理者像对并购一样，对整合给予同等关注。[23]关于执行问题，我们将在后面"多元化的结果"一节继续讨论。下面，让我们看看多元化战略的种类。

视野

小巨人和它们的经营魔咒

"经营魔咒"是小巨人企业具有的独特魅力和激情。在《小巨人：那些选择伟大而非巨大的公司》一书中，Bo Burlingham 将小巨人定义为那些更重视愿景与文化，而非底线和增长的企业。小巨人力图实现诸如工作场所文化、顾客服务以及社会贡献这样的目标，并以此衡量成功。由于通常由私人持有，这些组织并没有公开经营目标和财务状况的义务，因此很难找到可用信息。爱达荷州博伊西市的 ECCO 就是一个小巨人的例子。

1. 根据调研，解释为何 ECCO 被认为是一个小巨人。
2. 对于 ECCO 来说，什么目标比金钱上的成功更为重要？
3. 与由盈利底线和增长压力驱动的大企业相比，ECCO 有何不同？
4. 另找一个小巨人的例子。为什么这家公司选择伟大，而非巨大？

6.3 多元化战略的分类

多元化有如下三种形式：**单一产品战略**（single-product strategy）、**相关多元化**（related diversification）和**非相关多元化**（unrelated diversification），如图 6-4 所示。

单一产品战略的含义不言自明。借助这种策略，企业运用其资源和能力，试图在某个特定市场中塑造核心竞争力。虽然专注于单一产品往往能使企业建立卓越的核心竞争力，但如果产品或服务的需求步入衰退期，则企业将会暴露于更大的周期性风险中。

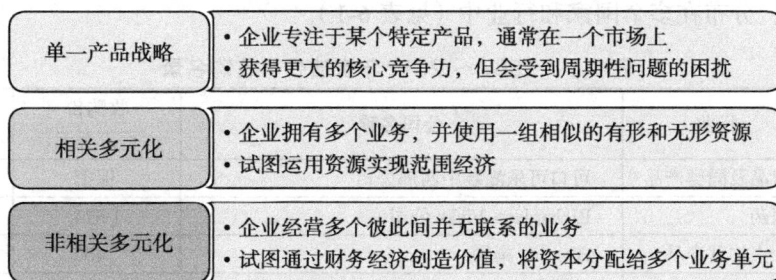

单一产品战略	• 企业专注于某个特定产品，通常在一个市场上 • 获得更大的核心竞争力，但会受到周期性问题的困扰
相关多元化	• 企业拥有多个业务，并使用一组相似的有形和无形资源 • 试图运用资源实现范围经济
非相关多元化	• 企业经营多个彼此间并无联系的业务 • 试图通过财务经济创造价值，将资本分配给多个业务单元

图 6-4　多元化战略的种类和定义

那些实施相关多元化和非相关多元化战略的企业往往能够规避聚焦单一产品带来的周期性问题。尽管许多企业并不会声明自己采取的是多元化战略，大多数管理者还是用某种方式将其业务多元化，以避免单一产品固有的风险。事实上，2005 年，"美国《财富》500 强企业平均经营 4 个不同行业，而其中一些企业经营行业的数量多于 10 个"。[24]

6.3.1　相关多元化

在有形资产（如产能）或无形资产（如强势的品牌或研发能力）上拥有过剩能力或强大潜力的企业会倾向于进行相关多元化。这种多元化使得企业能够将自身目前资源应用到关联行业中。[25] 通过相关多元化战略，企业希望获得**范围经济**（economies of scope），即企业基于一个管理结构实体，同时生产两种以上产品或经营两种以上业务的成本，要低于分别生产每种产品所需成本之和。[26] 范围经济得以实现的源头是通过资源和能力共享能够获得竞争优势。

在不同业务单元之间共享资源以获得竞争优势的一个典型成功案例是 3M 公司。3M 公司是一家业务多元化的技术公司，涉足健康护理、道路安全等多个行业。多年以来，3M 基于自身良好的技术和研发能力，在全球范围内提供了若干著名产品。这些产品包括，Post-It 即时贴、Scotch 透明胶带、液晶电视光学膜、Scotch-Brite 清洁用品等。通过知识共享，3M 的研究团队得以建立根基稳固的研发计划。[27]3M 公司的准则是"产品属于业务线，但技术属于公司"。[28] 这一文化在 3M 公司创立初期就已建立，这么多年延续下来，帮助公司在市场中赢得了竞争优势。3M 公司如今已有 5 万多种产品，正如其 CEO 在 2013 年所言，"研发是这家公司的命脉，也是我们在市场上的制胜法宝。"[29]

对于管理者的挑战，则是找到企业自身资源、能力之间的这类有价值的链接，从而建立竞争优势。在大多数相关多元化战略的执行中，管理者试图通过业务单元间资源和技能的共享与转移来创造价值，具体包括：

- 对于相似的产品，共享销售团队、广告支出和分销渠道。
- 像 3M 一样，充分利用关联密切的技术或研究及开发活动。
- 移植操作知识和流程。
- 平衡多个产品线的品牌效应和信誉度。[30]

宝洁公司多年来一直采用相关多元化战略，收购了像吉列公司这样的日用消费品公司。虽然宝洁公司内部培育出了许多知名消费品牌（如汰渍洗衣粉），公司也还通过并购其他消费品企业来为其消费者带来价值。宝洁相信通过这种相关多元化模式可以给公司带来更多价值，因为多年来宝洁已经建立了可观的市场份额和品牌实力。在过去的半个世纪里，宝洁公司的管理者成功地将这些核心竞争力移植给新并购的业务。从 1979 年开始，宝洁收购了超过 120 家企业，分布在多个国家和行业中（见表 6-1）。

表 6-1　1982 ～ 2012 年宝洁公司收购名录

年份	行业	公司名称	收购价（百万美元）	地区
1982	食品及同类产品	可口可乐灌装中西部公司	保密	美国
1985	医药	Richardson-Vicks 公司	1 674	美国
1987	个人护理产品	Blendax 集团	400	德国
1989	食品及同类产品	Sundor 集团	300	美国
1989	个人护理产品	Noxell 集团	1 340	美国
1990	食品及同类产品	Del Monte 公司旗下 Hawaiian Punch 品牌	150	美国
1990	个人护理产品	Shulton 公司	370	美国
1991	纸制品	加拿大 Pac Forest 旗下 Facelle 品牌	161	加拿大
1991	个人护理产品	露华浓公司旗下蜜丝佛陀、百美思品牌	1 060	美国
1993	纸制品	VP-Schickedanz AG 公司	580	德国
1994	个人护理产品	乔治·贝弗利山庄旗下雅芳品牌	150	美国
1996	纸制品	金佰利旗下四项业务	220	美国
1997	纸制品	Tambrands 公司	2 003	美国
1997	纸制品	Loreto y Pena Pobre	170	墨西哥
1999	食品及同类产品	爱慕思公司	2 300	美国
1999	机械	Recovery 工程公司	276	美国
1999	纸制品	Prosan 公司	375	阿根廷
2001	个人护理产品	百时美 – 施贵宝公司旗下伊卡璐品牌	4 950	美国
2003	个人护理产品	Wella AG 公司	6 121	德国
2004	医药	Vita 制药	207	西班牙
2004	个人护理产品	宝洁和黄有限公司	2 000	中国
2005	金属及其制品	吉列公司	54 906	美国
2005	个人护理产品	高露洁东南分部	保密	马来西亚
2009	个人护理产品	Sara Lee 公司	467	英国
2012	个人护理产品	Arbora & Ausonia 公司	973	西班牙

资料来源：SDC Platinum, a Thomson Financial product, accessed February 2015. © Reuters. Used with permission. http://thomsonreuters.com.

　　范围经济可以通过利用共享有形资产、行政和支持部门、内部成熟机制、无形资产等方式来达到。就利用有形资产的情况，企业可以在不同的业务单元之间分摊固定成本。当一家企业收购一个新的业务单元时，企业可以与之共享物流、销售等部门，为整个新组织节省开销。这个策略被很多消费品公司所采用，例如宝洁。宝洁 2005 年收购吉利公司时，宝洁的管理层就推断企业可以通过整合内部多个功能部门（例如销售部门）来达到范围经济。他们设想，产品下游，例如沃尔玛等超市，如能够从一家公司进货多种所需物品，例如洗衣粉和剃须膏来自同一家公司，其满意度将会更高。同时，宝洁的销售网络同时提供、运送这样多种、成套物品，也能更有效率且成本更低。

　　企业也可以通过在更多业务部门之间共享行政和支持部门（例如人力部门）来获得范围

经济。在增加一个新的业务单元时，企业可以在增加营收的同时维持相同的支持部门成本，因为这些资源是各业务单元可以共享的。

在共享资源之外，企业复用内部成熟机制和流程也能产生协同效应。例如，京瓷公司（一家大型陶瓷行业生产商）收购其他公司时，它会将自己独有的财务汇报和运营标准引入被收购公司。京瓷公司已经建立了一套很紧密可靠的财务汇报机制，使得公司可以敏锐、完整地掌握各部门的盈利水平。这种对细节的把握能力使得京瓷可以更好地了解哪些产品和服务更有价值，从而更快地适应市场变化。这一能力已经成为京瓷内部价值链中的核心竞争能力。

最后，企业还可以共享无形资产来获得范围经济。当母公司收购了相近的业务时，它可以将品牌、商誉等无形资产赋予被收购方。通过这种方式，母公司为新业务单元赋能了其内部价值链中的重要资源。被收购的业务单元借用这些无形资产，在市场上提升知名度、竞争力能够事半功倍。

有些公司也会为了获得**市场支配力**（market power）而采用相关多元化战略。尽管很少见，但这些企业试图以高于市场普遍水平的价格出售它们的产品。为了获得市场支配力，一些公司利用自身规模将竞争者挤出市场。这一目标可以通过多种方法实现，包括掠夺性定价和捆绑销售。

微软就是这样一家利用自身市场支配力挤走竞争者的企业。在 20 世纪 90 年代中期，美国网景公司凭借销售航海家浏览器，成为 10 年中最为成功的上市案例之一。作为先行者，网景公司迅速占领了互联网浏览器业务的主要份额。微软公司对此的回应是，推出自己的 IE 浏览器，并与微软操作系统捆绑销售。借助产品捆绑销售策略，微软公司实际上是在免费发放它的 IE 浏览器软件。尽管微软公司并未言明，但它的最终目标就是将网景公司挤出浏览器市场。微软公司的市场支配源于它在操作系统市场中的统治地位。[31] 凭借其在操作系统领域的市场支配力，微软公司使得网景公司在浏览器市场的早期优势迅速消失。微软在许多产品领域这种颇具侵略性的保证自己市场垄断地位的做法招致了不少中小竞争者的法律诉讼，也引致了政府反垄断调查。尽管微软能够在大多数的此类诉讼中胜诉，但也使得公司的各类扩张计划在多年里被反复慎重地审视。

6.3.2 非相关多元化

如果一家公司持有许多彼此间并无关联的业务，那这家企业实行的就是非相关多元化战略。最好的例子就是维旺迪公司（Vivendi）了。这家公司的历史可以追溯到 19 世纪中期。公司前身是法国一家自来水公司。在整个 20 世纪中，这家公司使用核心自来水业务带来的现金流，向多个行业展开多元化，包括房地产、医疗和通信。尽管这种策略多年来都很奏效，但公司在 90 年代中期却遭遇了财务危机，使得 CEO 们转而全力阻止形势恶化。在 90 年代后期，公司专注于重组和剥离某些业务，并减少公司负债。在新千年开始之际，维旺迪公司开展了新一轮多元化运动，大量并购公司，涵盖了音乐内容和出版业（环球唱片公司）和电子游戏开发业（动视娱乐公司），并将核心自来水业务分离出来。尽管这家公司在过去的 20 年中多次成功改组，但它却在为实现稳定的股本回报率而挣扎。在过去 5 年中，它的平均回报率为负。

非相关多元化战略的最终目的是打造某种**财务经济**（financial economies）。财务经济涉及企业通过不同业务间的资本分配从而节约的成本。一般来说，企业可以借助两种途径实现财务经济：①在不同单元间有效地配置资本；②买入一项新业务，进行资产重组，并以更高的价格卖出去。非相关多元化的问题在于，它会将一家企业置于更高的风险和不确定性之中。大型集团的管理者必须面对多个行业，而多个行业的环境变化，将极大地增加复杂性。

非相关多元化暗含的合理性在于，有效地分配资本将会降低业务的整体风险水平。正如我们前面讨论过的，通过非相关多元化来降低风险是有难度的。然而，在一些个别情形中，非相关多元化策略确实能够带来财务经济。运用这种策略可以带来的好处之一是，一家濒死的公司可以利用某个盈利部门获得的资本支撑一段时间。如果没有这种内部资金的支持，公司可能不得不走向永久性破产。

非相关多元化策略也可以通过业务重组来实现财务经济。在这种情况中，管理者通常会兼并被低估的资产，并试图通过特定的重组活动来提高这些资产的价值。这些活动包括解雇员工和出售资产。然而，这种策略往往难以实施。重组通常需要业务层面的专业知识，而公司的管理者通常不具备这种能力。

6.3.3 多元化测试

从公司层面，多元化既有可能带来价值，也可能摧毁价值；我们在本章开头的案例中已经看到了。所以，管理者何时才应当实行多元化策略呢？本质上，管理者应当试图识别，在何种条件下，多元化能够为股东创造价值。[32] 这些条件可以通过一个三级测试来描绘（见图6-5）。

吸引力测试	进入成本测试	相得益彰测试
• 这个行业是否盈利或有能力盈利	• 进入这个新行业需要付出多少成本	• 这个新行业是否能为公司提供竞争优势

图 6-5　多元化测试

资料来源：Adapted from Michael E. Porter, "From Competitive Advantage to Corporate Strategy," Harvard Business Review, May–June 1987.

1. 行业够有吸引力吗

从长期来看，在单一行业内竞争所能带来的回报率取决于行业的底层结构。如我们在前几章讨论的，有吸引力的行业拥有特定的结构组成，从而使它们与其他行业相比，能够赚取更多的利润。具备吸引力的行业的特征是高进入壁垒、缺乏替代品、低强度竞争，以及供应商和消费者的低议价能力。但是，由于有吸引力的行业通常以高进入壁垒著称，对于很多企业来说，向那些最具有吸引力的行业中推行多元化是很困难的。[33]

在实践中，如果企业自身业务所在行业有结构性劣势，那么企业很难通过收购非相关业务来创造价值。2001年，时代华纳公司（Time Warner）以1 060亿美元收购美国在线（AOL）公司[34]。这就是在结构上缺乏吸引力的行业中推行多元化的例子。这一交易使得老牌传媒巨头时代华纳公司更加多元化，并实现内容交付方向的垂直整合。然而，在收购之时，由于多种原因，互联网服务提供业已开始失去结构吸引力。虽然美国在线公司在90年代中期主导了早期互联网服务业务，但90年代后期，有线电视和电话公司带着巨大的渠道和技术优势进入了这个行业。随着消费者们从拨号上网转向高速宽带和有线电视服务，美国在线公司的市场份额开始大幅下跌。当时代华纳收购美国在线时，整个行业已经沦为资本雄厚的公司的战场。

2. 进入成本高吗

许多管理者还会因为低进入成本，而迈入无吸引力行业的多元化陷阱。进入一个行业所需的成本不能超过管理者期望从新行业的竞争中获得的利润额。许多收购都没有通过进入成本测试，因为管理团队未能准确评估进入行业的成本，或是公司从新行业中可能获得的利润。虽然市场中确实存在低成本收购机会，但这些机会往往涉及低进入壁垒的行业，而这是管理者应当极力回避的。

与之相对的，在多元化策略中，高进入成本同样可能损害公司价值，如同更高的发行价格将会影响股票的投资回报潜力。通常，许多势力都会对公司低价买进新业务造成阻碍。私募股权公司、投资银行和其他投资者坚持不懈地寻找市场中被低估的资产。这一过程的结果就是越来越难找到低价的公司，因为出售过程往往会吸引多个投标人，从而推高了购买目标的价格。

3. 经营能更好吗

根据波特的理论，新建的业务单元（或是新拥有的业务单元）必须通过与母公司的联结来获得竞争优势，反之亦然。[35]他提出的问题是，企业整体的存在能否提升各业务单元整体竞争优势，比各个业务单元各自为政时做得更多、更好？否定回答意味着企业应该避免进入市场，或是不要退出市场，如果它已经在那个市场中竞争的话。如果回答是肯定的，那么管理者应该接着问一个问题："获得这个业务单元的所有权是否能比其他方式带来更多竞争优势？"换言之，如果两项业务共同增加的价值，无法超过它们独自拥有和经营时创造的价值，那企业就不应该多元化。

如果企业通过了相得益彰测试，却没能通过所有权测试，这意味着管理者应该进入新行业，但是应该选择战略联盟等替代方式，而非全资拥有新业务。[36]从这一系列测试中，你会发现，在企业做出向其他业务开展多元化之前，必须经过非常严密的分析。初看上去，测试中的要求似乎很难满足。这些严格的指导方针确保管理者只会当存在创造真实价值的可能性时，才会为企业增加新业务。

6.4 多元化的结果

尽管前文介绍了多元化能带来的益处，但并没有证据表明多元化战略一定优于更加聚焦的战略。[37]根据一项重要研究，当公司从单一业务转变为相关多元化时，业绩会提升；而当公司从相关多元化改为非相关多元化时，业绩会下降。[38]这项研究表明，公司业绩往往呈现倒置的"U"型，即当业绩增长到某一点后，又会由于公司在非相关产业的过度多元化而下降（见图6-6）。

那些借助多元化取得成功的企

业绩表现vs.公司战略

图 6-6　多元化对公司业绩的影响

业，都花费了相当多的时间实施策略和执行流程。出资企业和被收购企业的管理者都是决定多元化成败与否的关键人物。这些管理者应该合作到哪种程度，从而保证资源共享和资产杠杆化的成功实施——成败往往取决于此。很遗憾，许多企业都对协同合作带来的"潜在利润"寄予厚望，却忽视了让这种潜力成为现实所必须做出的努力。[39]

虽然非相关多元化的结果在美国并不乐观，但充分的证据表明这种策略适用于新兴市场国家，比如印度、韩国和智利。许多年来，那些经营多种非相关业务的大型家族企业，或高度多元化的集团公司，都在新兴市场国家获得了成功。这些经济体通常具有以下特点：金融

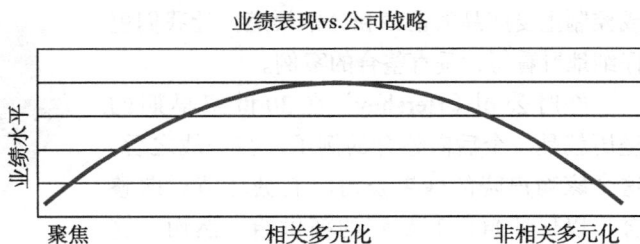

市场管制，政治不稳定，信息流动受限以及多变的人力资源技能。在这种环境中，分散的业务集团往往通过内部市场来获得资金和资源，从而缓解这些挑战带来的威胁。这些独特的家族企业对资金及人才等资源拥有更便捷的获得渠道，并会通过投资一系列不相关的业务来更充分地利用这些优势。尽管经营多种不相关业务增加了经营的复杂度，但这些家族企业的独特资源优势仍然帮助它们获得了市场竞争优势。[40]

一个强大的企业集团品牌，例如塔塔，可以在进行非相关多元化时提供重要的贡献。印度塔塔集团成立于 1868 年，凭借非相关多元化策略成为印度最大、最成功的企业。塔塔集团用极强的道德观和价值观来引导企业，拥有遍布七个业务板块（比如钢铁、茶和酒店服务业）的 95 家公司。在 2014 年，塔塔集团营业额达到 1 030 亿美元，其中 690 亿美元来自于国际业务。[41]

对于多元化企业，公司总部与下属业务单元的合作方式也是影响多元化结果的关键因素。[42] 成功的多元化组织能够在中央集权（比如集中购买和信息技术）和分权自治间找到平衡；前者能够平衡组织的各个部分，后者允许那些更靠近消费者的业务单元实时制定市场和经营策略，从而为整个公司节约成本。[43] 在大集团企业中，这种平衡尤其重要，因为集团总部对于每个业务的运营情况和不断变化的市场环境往往缺乏了解。我们将在第 9 章组织结构中，进一步讨论各种形式的组织设计及其优劣。

6.5 垂直整合

一般来说，**垂直整合**（vertical integration）是指在同一家企业内，某些业务单元可以为其他业务单元输入资源。迪士尼公司在许多年里都呈现出垂直整合的特点，但当它收购美国广播公司时，这种特征变得十分明显。在这种情况下，传统的业务单元开始为广播电视网制作电视节目和电影这类创意素材。在成为迪士尼的一员之前，美国广播公司只能从外界制作商那里购买创意内容，或是自己内部开发。[44] 概念上有两类不同的垂直整合：**后向整合**（backward integration）和**前向整合**（forward integration）（见图 6-7）。后向整合是指企业自己拥有或控制其所需的资源投入。前向整合是指企业自己拥有或控制主要产品的销售和分销渠道。让我们更仔细地看看每种垂直整合的案例。

好时公司（Hershey）在 20 世纪早期的经历就是一个后向整合的例子。在一战之后，这个家喻户晓的糖果公司向制糖环节后向整合，以保证自己有足够的糖供给。然而，这家公司在古巴购买了太多糖厂，以至于它从

后向整合（控制生产流程的资源投入）　前向整合（控制资源输出或主要产品的分销渠道）

图 6-7 前向整合和后向整合

本质上成了其他公司的糖出口商。好时公司对糖市场缺乏了解，糖的价格又大幅下跌，这两个事实几乎导致公司历史在 20 世纪 20 年代终止。最近，许多大型石油公司也会兼并勘探开发服务，以实现后向整合。

迪士尼公司收购美国广播公司的电视网络就是一个前向整合的例子。凭借这一举措，迪士尼收购了它原先的客户，从而掌控了其制作内容的发行机制。还有许多前向整合的成功案例，比如拥有经销网络的汽车制造商和进入零售领域的苹果公司。通过引进自己的零售店，苹果公司得以更好地管理自己与消费者的关系。借助这一策略，公司不再需要依靠那些不太精明的大型电子市场销售员，而改为依靠知识渊博的自家员工。

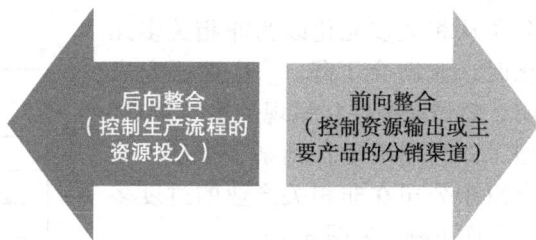

6.5.1 垂直整合的成本

为了理解企业为何垂直整合，我们首先必须清楚经营活动中的总体成本。当企业考虑前向或后向进行整合时，不仅需要看到整合给生产成本带来的变化，还应考虑所有相关活动的成本。在这种情况下，我们需要理解交易成本和行政成本的区别。**行政成本**（administrative costs）是指企业协调各个业务单元的活动时产生的成本。**交易成本**（transaction costs）是指从合同方或供应商那里获取产品和服务时产生的成本，含过程中的合同签署和合同管理等成本。[45]

多年以来，就像人们对多元化的看法一样，有关垂直整合的主流观点也一直在发生变化。在 20 世纪六七十年代的大集团时代，许多管理者深信垂直整合是企业竞争优势的来源，因为企业主要业务所需的资源可以得到稳定供给。在这一时期，由于技术进步，维持内部运营的行政成本降低，许多企业扩大了垂直业务范围。然而到了近期，管理者对借助垂直整合来控制整体价值链的热情减退，他们开始寻求其他垂直合作关系。[46] 他们发现供应商能够更低成本、更好地提供原材料，比自己整合更为合算，能获取更大的规模经济。同时，企业也逐步学会更好地控制外部合作时的交易成本了。

在一些情况下，垂直整合的收益大于成本（见图 6-8）。例如，企业供应链中各个环节的交易成本可能过于高昂，因而垂直整合成为唯一合理的选择。一般来说，价值链中各个环节对接所需的技术含量越高、方式越特别，那么交易成本就越高，因而也就更有理由采用垂直整合策略。在后面的一个案例中，你会了解到服装制造商 Zara 由于部分运营活动相对复杂且对时间敏感，因而选择垂直整合部分价值链。

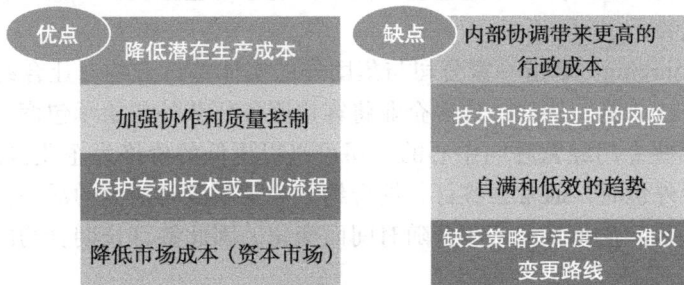

优点	缺点
降低潜在生产成本	内部协调带来更高的行政成本
加强协作和质量控制	技术和流程过时的风险
保护专利技术或工业流程	自满和低效的趋势
降低市场成本（资本市场）	缺乏策略灵活度——难以变更路线

图 6-8 垂直整合的优点和缺点

资料来源：Charles W. L. Hill and Gareth R. Jones, Strategic Management: An Integrated Approach, 2nd edition (Boston, MA: Houghton Mifflin Company, 1992), pp. 208–212; and Kathryn Rudie Harrigan, "Formulating Vertical Integration Strategies," Academy of Management Review, Vol. 9, No. 4, 1984, pp. 638–652.

虽然垂直整合可以帮助企业避开一些交易成本，但它带来的额外的行政成本往往会抵消一部分收益。有一项行政成本是垂直整合后的企业不能回避的。企业在整条价值链上开发核心竞争力的能力将会减弱。由于企业活动遍布整个价值链，企业很难在关键领域发展出相应的核心竞争力，比如分销或市场营销。大多数情况下，选择垂直整合的企业很难在其活动中体现出真正的差异化，因为它涉足价值链中太多不同的环节了。

最后，在垂直整合企业中，激励往往会发生偏差。这个问题我们在前面探讨转移定价时已经讨论过了。在垂直整合企业中，管理者可能并不会尽最大努力为后面更庞大的制造流程生产相应的输入资源，因为内部的转移定价机制已经可以保证这一部分业务的盈利。在这些情况下，与独立于集团控制之外的那些公司相比，内部业务单元并不会面临同等的市场压力。

正如你看到的，企业决定实施垂直整合战略后，会遭遇大量成本。这些成本往往超出了企业从垂直整合中获得的利益。假若如此，企业应该寻求其他的解决方案，而不是从实体上将价值链中的各个环节链接在一起。

6.5.2 垂直整合的替代方案

几乎每一种生产所需的原材料，企业都需要面临是"买"还是"自己做"的选择；即，企业应该从外部供应商购买，还是自己来生产这个原材料。企业做采购的一种极端形式是放出一个订单需求，然后选择最低的报价者作为供应商。这种短期合约，也称作**现货合约**（spot contracts），规定了企业承诺以特定的价格购买某种商品。当食品加工企业需要几十公斤小麦时，管理者可以在商品交易所签订现货合约，购买小麦。而另一种选择是垂直整合，企业自己去生产这个原材料。

企业需要比较每种选择的成本。除了比较采购与生产两种选择的直接成本之外，管理者也必须考虑每种方式获取该原材料的行政成本和交易成本。最后，管理者还需考虑在这个过程中花费的时间和精力。如果这些资源、时间和精力投入到另一种方式上，会比这个方式给公司带来的价值更多吗？

目前在"买"和"自己做"两种选择之间也有着不少混合的选项可供企业选择。垂直整合的最常见的替代形式就是与供应商就某种原材料签署长期合约。管理者借此长期合约来保证该种产品或服务能够稳定供给。合作更强的形式是与外部合作方组建联盟或是一家合伙企业，双方母公司各自控股部分。上述这些中间形式能够为企业提供"买"和"自己做"两种选择各自的一些优势。

而**外包**（outsourcing）是指一家公司与集团外的实体签订合约，让合约方完成原先由集团自己负责的任务或职能。例如，许多企业将客户服务环节外包给承包商，而不是将这部分业务垂直整合。那些专门经营呼叫中心的公司可以以更低的价格为企业提供更优质的服务。当企业将某项职能外包时，通常会签订长期合约，规定某段时期内的活动。然而，这种策略通常会伴随许多风险。企业需求可能会随时间而变化，因此签订长期合约的企业将不得不重新谈判。

圣安东尼奥市的 Rackspace 公司一直将外包作为其主营业务。这家公司成立于 1998 年，为自身不具备能力的中小型企业提供网络主机服务。由于拥有一支专业技术团队，Rackspace 公司实际上充当了这些企业的技术部门的角色。[47]

许多人认为，外包非核心内容在为企业节约成本的同时，也让企业能够更专注于价值链中的核心职能。[48] 随着全球竞争的扩大，企业寻找各种方式压缩价值链中的成本。美国企业面临的竞争者不再只是本国企业，这也是为什么它们必须依靠其他国家和地区固有的劳动成本优势。除此之外，外包还让许多企业得以将更多精力放在核心职能上。正如我们在前面讨论垂直整合时所说，管理者在做出外包决策的同时，必须考虑到平衡企业的交易成本。当企业决定外包某项活动时，这家企业的全部垂直关系都会蒙受一定的交易成本。如果这些成本低于企业保留该项活动时所要花费的行政成本，那么企业应该认真地考虑外包。但是，管理者必须比照企业核心职能的组成部分，衡量外包的成本 – 收益。尽管信息技术目前看起来并不是企业的核心职能，但企业所在的行业可能演变出基于信息系统的竞争态势。管理者必须意识到，如果外包的活动过多，可能会有损企业核心竞争力。出于这种考虑，管理者必须非常慎重地做出外包决策。寻找垂直整合和战略性外包的平衡点是很微妙的，但它可以为企业带来更强大、更稳固的竞争地位。[49] 过于依赖垂直整合可能导致企业与外部市场隔离。相反，过于激进的外包措施可能会削弱公司自身的实力。[50]

案例 6-2

Zara：垂直整合的服装制造商

从零售和营销的角度来看，服装产业可能是最直观显眼的行业。作为一名消费者，你可以从许多渠道选择服装——从服装店到高档专柜再到百货大楼。在这个行业中，那些最成功的企业都深谙服装产业链的艺术，并拥有一套行之有效的公司战略。

虽然许多大型服装制造商都选择将注意力放在价值链中的某个特定部分，西班牙服装制造商 Inditex 却选择在价值链的多个部分垂直整合，从而区分自己的产品并带动业绩。Inditex 经营着六个连锁品牌：Zara、Massimo Dutti、Pull&Bear、Bershka、Stradivatius 和 Oysho。Zara 是其中最大的品牌，在全球拥有超过 2 000 家店铺，是公司的主要收入来源。Zara 为欧洲、北美这种主流市场中的男士和女士生产时尚前卫的服饰。与其他大型服装制造商（比如 Gap）不同，Zara 拥有一个独特的商业结构，并为它奠定了在行业中的竞争优势。

Zara 的大部分时尚产品都是在内部制造，并通过每两周推出新的产品系列，来吸引顾客再次走进 Zara 显眼的店铺购买新的服装。由于商店存货不断变更，Zara 极其依赖店铺经理为公司提供的每日销售数据。凭借这些数据，Zara 的设计师们持续追踪消费者的喜好。Zara 每年从内部和外部供应商那里订购将近 11 000 种不同的材料用于制作服装——不同颜色、布料和尺寸，几十万款产品。而 Zara 的主要竞争者每年订购的材料一般为 2 000 到 4 000 种不等。[51] 为了实现定制化，产品以小批次生产，而对于那些时效性最强的材料，公司就将其制造环节垂直整合。[52] 每周两次，成批的服装从生产中心运往欧洲的各个店铺，因而免去了对仓库的需求，同时也保持了低存货量。在 2014 年，公司投资超过 2 亿美元在新的物流中心建设上，以提升自己向 87 个国家快速运送成千上万套服装的能力。[53]

凭借内部紧密联结的运作体系，Zara 在竞争激烈的全球服装市场中占据了竞争优势地位。传统的时装经销商通常外包很大一部分时装生产线以降低生产成本。虽然外包降低了生产成本，但留给设计、物流的灵活度却有限。传统时装经销商只有各地零售店需要某些产品时才敢大批量生产产品作为库存。这一过程需要大量的准备时间。而 Zara 采取不同策略，专注于快速、及时提供新款服装。如果没有在特定的产品线建立垂直整合结构，那么这家公司就无法像如今这般迅速地为那些对时尚潮流敏感的顾客提供喜爱的服装。

案例思考

1. Zara 的战略与传统的零售商有何不同？

2. Zara 联结了哪些关键活动，来支持垂直整合策略？

3. 对 Zara 来说，垂直整合如何影响其竞争优势？

4. 其他竞争者可以轻松模仿 Zara 的战略吗？

本章小结

1. 公司战略包括为管理多项业务而制定计　　　划，以及决定如何扩张公司版图。它还涉及组织决策和所有权选择，从而使公司各项业务最大限度地利用资源。管理者面前有许多公司层战略可供选择，包括相关多元化、非相关多元化和垂直整合。

2. 通过多元化，一家企业将涉足彼此相关或不相关的不同业务，以争取得到比这些业务分开运营时更多的价值。不同业务部门间的技能移植和资源共享可以为公司创造协同效应，而这正是企业决定实施多元化的重要原因。企业也会为了增加营收、减少运营成本等财务目标而进行多元化。

3. 多元化有两种主要方法，分别是相关多元化和非相关多元化。相关多元化是指企业使用一套相似的有形及无形资源经营多项相近业务。相关多元化的目标是实现范围经济，从而让企业能够在多个类似的业务间协调技能、资源或其他资产。实行非相关多元化的企业的业务组合中，各项业务间并无关联。非相关多元化并不关注企业内部能力的平衡，因为让这些本质上有所差异的业务彼此协作并非易事。非相关多元化的目标往往是创造财务经济。一般来

说，实行相关多元化的企业希望从战略上实现增长和盈利，而实行非相关多元化的企业希望借助财务手段带动公司利润。

4. 由于多元化战略执行时的复杂性，其结果不能被简单预测。无论是执行相关多元化还是非相关多元化，成功的企业都在执行过程中花费了很大的精力。其中管理者扮演的角色非常重要。各个业务管理者相互之间协调配合的程度，是否能保证资源之间的有效共享，通常决定了多元化战略执行的成败。

5. 垂直整合也是公司战略之一。垂直整合是指在同一家企业内，某些业务单元可以为其他业务单元供应原材料／投入资源。当决定是否实施垂直整合时，公司必须认真考虑，与从外部供应商采购相比，垂直整合是否能为公司带来竞争优势。垂直整合成功的关键是理解公司的能力和需求，并在自己生产和外部采购之中找到正确的平衡点。其最终是企业需要评估内部整合的成本（行政成本）与外部采购成本（交易成本）两者的大小。

关键词

行政成本（administrative costs）
后向整合（backward integration）
企业优势（corporate advantage）
多元化（diversification）
范围经济（economies of scope）
财务经济（financial economies）
前向整合（forward integration）
市场支配力（market power）

外包（outsourcing）
相关多元化（related diversification）
单一产品策略（single-product strategy）
现货合约（spot contracts）
协同效应（synergy）
交易成本（transaction costs）
非相关多元化（unrelated diversification）
垂直整合（vertical integration）

课后练习

讨论话题

1. 比较业务层战略和公司层战略的异同。这些战略如何相互呼应？每一种战略的落地最需要哪些领导能力？

2. 处于生命周期中哪个阶段的企业应该考虑

建立和执行其公司层战略？

3. 在企业进行多元化战略时，政府应该扮演什么样的监管角色？应该怎样扮演？根据今天的市场现状，你认为政府对公司层战略的监管，是过严、过松，还是刚好？

4. 相关多元化和非相关多元化各有什么优劣势？企业应该怎么选择采取何种多元化路径？

5. 为何企业很难充分获得多元化的潜在好处？企业能通过哪些努力来尽可能从多元化中获益？

6. 为什么像印度的塔塔集团这种大型家族企业能够在非相关多元化上获得成功？在新兴市场中，哪些环境条件是有助于进行非相关多元化的？

7. 企业在全球范围进行多元化时，可能遇到哪些风险？应如何减轻这些风险？

8. 企业应当在何时考虑进行垂直整合？

9. 企业如何从垂直整合中尽可能获益？

10. 外包已经越发成为垂直整合的一种备选方案。外包有哪些成本和收益？

管理研究

1. 选择一家执行多元化策略的企业，列出其业务涉及的不同行业。运用多元化测试来检验这个企业是否应该在这些行业内竞争。借助互联网和公开报告（如企业年报和 10-K 文件）来收集信息。

2. 宝洁在收购相关企业，以增强自己相对于沃尔玛和塔吉特等零售商的市场优势。还有类似的商业实例吗？

3. 选择一家执行垂直整合战略的企业，并列出垂直整合涉及的生产环节。运用垂直整合测试来检验这家企业是否应该垂直整合，或与外部公司签订合约来满足生产流程中的特定需求。借助互联网和公开报告（如企业年报和 10-K 文件）来收集信息。

行动练习

促成一个与本地企业的头脑风暴会谈。这家企业必须从未执行过任何一种公司战略。与管理者一同探索这家企业的公司战略选择。你可以就如下问题展开讨论：

- 企业的多元化战略选择是什么？
- 对于每种被提出的多元化战略，其优点和缺点分别是什么？
- 企业是否有垂直整合的机会？
- 企业是否有联盟伙伴？如果有，那么这种合伙方式的好处是什么？

PART
3

第三部分

组织视角

第 **7** 章

组 织 设 计

学习目标

在学习这一章后，你应当能够：

1. 理解组织在企业达成战略目标过程中所扮演的角色。
2. 解释组织结构与企业战略之间交错的关系与相互影响的方式。
3. 掌握各种组织结构形式，包括职能型结构、事业部型结构、矩阵结构、网状结构和混合结构；并能指出每种形式的优点和缺点。
4. 根据经营业务所处的不同生命周期来选择恰当的组织结构和领导方式。
5. 描述企业是如何通过组织结构的调整来更好地满足客户需求、改进经营效率的。

开篇自测

组织敏锐度

敏锐度是一种基于认知和洞察，能够在复杂环境中正确做出判断、迅速进行决策的能力。目前商业精英们在探讨商业敏锐度的时候，通常只限于人对于企业的财务、账目以及市场状况的理解力；其实，管理者仍需要对企业如何通过组织设计来达成战略目标这一问题具备良好的敏锐度。

请阅读以下内容，在每一项后回答"是"或"否"，以评估你在组织设计方面的敏锐度。

1. 我能指出组织具备的三种作用。
2. 我能理解组织是如何通过不同管理机制来调整成员行为的。
3. 我能分清集权式组织与分权式组织。
4. 我了解组织为何需要进行劳动分工。
5. 我知道进行组织设计时为何要考虑工作专业化。
6. 我能举例说明组织中采用的协调机制。
7. 我了解组织中存在着没有被摆上台面的非正式结构。

8. 我能体会到组织中具有影响成员行为的政治结构。

9. 我熟知组织的形态如何随其生命周期而变化。

10. 我知道一些企业为提供更好的服务是怎样去增强其组织弹性的。

如果以上多数内容你回答"是",那么你已初步具备了理解组织设计与战略目标间关系的敏锐度。

7.1　概述

在本书的第一部分,我们着重探讨了企业战略层面的问题。前文分析了管理者应该如何评估行业形势、确定竞争定位,并制定一种恰当的战略以赢得市场或者获取利润;这一过程中,管理者需要分析企业所处的环境,决定竞争的目标和最佳手段(成本领先、差异化或集中化),并且对总体的竞争形势有充分的掌握。而在确定了战略方向之后,企业所面临的挑战则是战略的有效执行。具体而言,即是宏观的战略计划怎样落实到微观的每日业务流程中?企业如何才能达成预期的战略目标?

组织是将员工及企业结合到一起而创造产品或服务的基本途径。[1] 虽然一项正确的战略至关重要,但是对企业的长期发展而言,良好的执行更是成功的保障。事实上,企业的战略常会被竞争对手"偷取"或反制,但每个企业的独特组织构造却是很难被他人模仿的,也正是这种组织构造保证了战略的落实与优异的业绩。[2] 我们可以回顾西南航空的案例,很多航空公司都试图学习西南航空的愉悦旅程、低附加值、低成本以及点对点的经营策略,但这些努力绝大多数都以失败告终,因为其他公司难以复制西南航空战略成功的基础:独特的组织设计与组织文化。其他企业在试图复制丰田生产体系时也会遇到相同的麻烦,尽管丰田邀请了许多参观者来观摩其生产过程。

在本书的第二部分,我们将集中研究达成战略目标的工具:组织。我们将揭秘这个"黑盒",考察企业是如何通过组织结构、组织文化、人力资本以及衡量指标等方面的决策来保证战略的有效执行。本章我们将分析各种组织设计、各种组织结构的选择。一个组织的正式结构是管理者必须做出的关键决策,并且随其战略变化,需要定期重新评估目前结构的合理性。如同一座大楼的建筑结构,组织的正式结构决定了其成员的工作方式和工作体验:汇报给谁?工作如何分工?不同的合作如何协作,应由谁来统领?在部分情况下,你可以通过企业的组织架构图来了解其组织结构;但大多数情形是,组织结构的复杂性不是一张图表可以解释的。其中有太多的组织设计决策需由管理者确定,这些决策也深刻影响着组织及其成员。

员工对企业的感受及态度,员工秉持的价值观,都是企业文化的组成部分。这些价值观奠定了企业内工作如何进行、人与人之间如何交互的基本形式。关于企业文化的建设和培育将在第 8 章进行讨论。从组织的本质而言,就是一群个人的集合,通过分工和交互来最终促成组织目标。在第 9 章,我们将研究企业招聘、培养员工的方式方法。

企业为执行战略做出的若干决策需要定期重新评估其合理性。第 10 章我们将讨论的绩效管理就是管理层从组织的整体视角,用以评估目前流程和机制是否还适用于既定目标的抓手。

本部分的最后一个单元(第 11 章),将探讨筹划并推行变革的问题。组织设计可以成为企业的一个竞争优势,特别是当其能发挥凝聚资源的作用以帮助企业追求其目标时。[3] 成功的企业将会随所处环境的变化而不断调整自身的组织结构与文化。

作为第三部分开端的本章，将从总体上介绍组织形成的目的，以及管理者在以落实战略为基础的组织设计中需要考虑的几项重要因素。下面我们将进入一个有趣的案例——联邦调查局十余年来的组织变化历程，它很好地说明了组织的重要性。

案例 7-1

联邦调查局

联邦调查局（FBI）隶属于美国司法部。1908 年，司法部派遣了 34 名特工集中进行犯罪调查工作，这是 FBI 的开端；至 1930 年，在埃德加·胡佛（Edgar Hoover）的领导下，FBI 在全美共建立了 30 个地区分局。担任局长直至 1972 年的胡佛在其任期内将 FBI 发展为全国性的组织。在电影作品与公共案件的帮助下，FBI 获得了国内的广泛认可，被认为是与美国最严重犯罪做斗争的最重要力量。在这一时期，FBI 被分为了两大职能部门：刑侦部与情报部，前者负责处理已发生的案情，而后者定位于预测未来的事件。20 世纪 70 年代，FBI 的主要工作包括反间谍、反集团犯罪、反白领犯罪，80 年代加入了打击毒品，90 年代加入了反恐的内容。但在此期间，各部门所获的关注度大不相同。[4]

FBI 的文化深深受到其基层特工的影响。特工们崇尚正义并从遏制犯罪的过程中获得极大的成就感，如一位特工所言，"我到 FBI 不是来整理文件的，而是来收拾罪犯的"。[5] 同时，FBI 特工也非常看重个人的决策自由度，如一位特工谈道，"男子汉不是坐在电脑前打字；真正的特工只需要一个本、一支笔和一把枪去征服世界"。[6] 因此，基层特工们纷纷愿意到刑侦部门就职，因为所从事的工作是直接追捕罪犯。而情报部门则成为弱势的岗位，因为其工作仅是集中于预测未来——这使得情报部的特工常需要请示上级部门的意见后才可以继续推进自身工作。于是，拥有更明确的指导方针、截止期限、更大决策自由度，也更符合特工价值观的刑侦部门更受特工们欢迎，而这就导致了反间谍部门相较其他三项业务存在人手不足的问题——其中反恐方面的短缺尤甚。[7]

2001 年 9 月 11 日发生的对世贸中心与五角大楼的恐怖袭击震惊了 FBI 上下。而后续调查发现，FBI 与中央情报局（CIA）已在事前掌握了足够的信息，并可以阻止该袭击发生，但因没有实现信息共享而未能及时采取行动。有鉴于此，司法部长与时任 FBI 局长，罗伯特·穆勒（Robert Muller），立刻出台命令改变了 FBI 内部的工作优先级：从原有顺序改为了防止恐怖袭击为首要任务，追查刑事犯罪为次要任务。[8] 为了适应这一变化，FBI 不得不重建其组织结构、再分配特工资源并调整自身目标。

第一步的改变在 "9·11" 事件发生不久后开始。穆勒以加强反间谍部门与反恐部门入手来重构 FBI——他将这两个部门的领导权合并，整合后两部门直接由 FBI 总部管理。与各分局以案件为中心相互独立运作不同，调整后的两部门信息均需汇总给 FBI 的执行助理局长；[9] 并且为了强化交流、保障信息畅通，所有分局都建立了直接向 FBI 总部汇报的情报组。伴随对情报部门的重视程度提高，FBI 新招募了大量情报分析人员，添置了技术装备，并对所有特工增加了情报能力的培训。但与其他组织一样，这些改变也遭遇了来自内部的阻力。FBI 具有悠久的执法传统，这在基层特工，特别是老特工身上有着深刻的文化烙印。

穆勒清楚自己对 FBI 的上述重构努力还不够，他仍需改变 FBI 的总体使命、宗旨和整体战略。FBI 的传统组织模式是各分局在自己负责的地域内根据发现的案情独自开展侦查工作，到最后成功控告罪犯为止；而这一模式在犯罪威胁愈发跨地区、跨国界的新现实背景下显得不再有效。因此，自 2007 年起，穆勒开始着力打造"情报为主导，威胁为中心"的 FBI，并以"国家安全服务机构"作为组织目标。[10] 在新的组织模式下，所有工作都以情报为先导，特工们需要学习识别新的安全威胁，找出信息缺失鸿沟，并着手去填补这个缺失。数据显示，新模式下基层特工们会更主动地去与罪犯和恐怖分子做斗争。从本质上说，这是一种利用信息手段引导执法的可贵尝试。[11]

为了落实上述战略层面与组织层面的变革，穆勒引入了三项举措：战略管理系统、战略执行组和战略绩效会议。这些措施旨在使 FBI 的战略得以明确，工作优先级得以清晰，任务目标得以建立，目标执行得以被监督。[12]

战略管理系统（SMS）旨在发现并指出能够帮助 FBI 实现向新组织结构转型的关键标准与目标。FBI 采用了一套改进后的平衡计分卡，使战略能落实到日常工作活动中，以满足作为政府打击犯罪机构的自身需要；关于平衡计分卡的细节我们将在第 11 章绩效管理中进行探讨。SMS 能够指出战略执行中需要监督和复审的关键方面，提高了 FBI 进行国家安全威胁长期分析的能力。[13] 战略执行组（SET）则用以保证长期、持续的变革得以落实。为改变自 9·11 以来 FBI 在变革上的停滞局面，SET 将刑侦部门与情报部门这两个"对头"统一到"增进国家安全"的使命下。SET 通过强调不能从传统的地区层面，而要从全国乃至国际层面去理解现今安全威胁的方式，在组织内建立起了统一的文化。[14] 最后，战略绩效会议（SPS）在 FBI 上下进行战略沟通并评估执行过程。作为对于分局工作的绩效检查手段，SPS 是由 FBI 的总部人员要求基层特工评估自己如何搜集与分析信息、怎样确定工作优先级、怎样分配资源、怎样将工作流程与战略目标联系起来而运作的。[15]

上述三项举措都旨在使 FBI 的组织结构与组织文化能发生根本性的变化。与其他组织一样，FBI 也在执行的过程中遭遇了很多挑战，最主要的就是来自组织内部的阻力。尽管如此，目前的努力让那些需要改进的领域得以被发现，并帮助穆勒认清了自己需面临哪些挑战，能收获哪些成功。截至 2009 年，穆勒已发现了特工们希望少受行政约束、得到更好的信息技术支持的需求，同时也了解到新招入的情报分析师需要与基层特工相配合才能发挥更大作用。我们看到，穆勒的改革已经小有所成，但在这条路上他还需要克服更多的挑战才能给 FBI 带来一个真正持久的变革。[16]

正如 FBI 的故事所展现的，组织设计往往是一个动态的过程。当外部环境条件或内部工作优先级发生变化时，组织就需要做出相应调整以保证这种变化能够增加效率、发挥作用。而我们可以看到，在过去几十年内，各个组织的宗旨和工作优先级总是处在不断变化和发展中的。

案例思考

1. 为什么 FBI 的组织设计在不断变化？
2. 在改革过程中，FBI 是如何重建组织结构以匹配新战略的？
3. 组织设计中的哪一个重要组件被穆勒局长认为是解决反间谍部门与反恐部门问题的关键因素？
4. 穆勒引入三项举措有哪些目的？这三项举措又是如何达到这些目的的？

7.2 从战略到组织设计

愈发复杂的竞争态势、更快速的环境变化、全球化的商业背景、对资源支持的迫切需求等诸多因素都增强了联结**组织设计**（organizational design）与相应战略的重要性。[17] 组织设计意指组织为实现其战略而采用的组织结构、控制手段或决策等。[18] 一种观点认为战略与组织结构之间存在着严格的优先级关系，即战略的重要性位于组织结构之前；但有充分的证据表明二者是共同演变，相辅相成的——任一方的变化都将影响另一方。[19] 举例来说，一家希望施行成本领先战略的企业将更可能采取强调运营效率、成本控制和内部整合的组织设计方式，而要追求差异化战略的公司则会采用注重创新、组织弹性和缩短生产周期的组织结构。

基于目前的讨论可以发现，如果离开一个明确的组织设计，许多企业很难在市场中建立和维持其竞争力。组织设计会引导管理者做出若干重要的决策。例如，工作应该如何被拆分，又应该赋予员工多大的自主权？工作应该被结构化和标准化吗？企业是否应该重点关注消费者诉求、地域分工、产品类别的控制以及职能的分配？上述任一选择都将影响整个组织的运作情况。[20]

7.2.1 劳动分工

劳动分工这个概念可以追溯到亚当·斯密，是指企业中的工作如何在员工间进行分配。归根结底，企业的存在是为了完成单独个人难以完成的工作。在企业将员工聚集到一起时，就需要为谁应该做什么给出明确的答案。在企业进行劳动分工时，管理者需要做出多项重要决策，其中包括每个员工的职责范围。例如，一名负责为新型手机设计电路的工程师是在一个很精专的岗位，只承担很窄的责任范围；而一名负责了项目预算编制，承担了从研发向试验生产的转化任务的工程师就具备更广的责任范围，要承担更大的责任。这种情况下，这名工程师需要负责从产品设计到生产的多个环节。

管理者考虑各员工的劳动分工时，需要注意这一决策中所包含的取舍关系。一方面，高度专业化的分工能够帮助企业形成在特定岗位上的专家和专业竞争力；但另一方面，过度的专业化会引发员工的工作满意度下降，特别是当工作过于重复、单调时，从而导致离职率升高。当然有趣的是，简单和重复的工作特性，也会使培训新人变得更加容易。

7.2.2 协调机制

在组织内建立劳动分工的一个层面是为个人和小单元进行工作划分，另一层面则是如何协调这些分散的单元而形成合力。为此，管理者需要进一步思考如何协调企业内各成员的活动。

在进行如何分工和协调的思考时，学界存在两个对立的学派。其中的一方，**组织主义者**（organizers）主张在组织设计中应赋以足够的控制力来保证工作的业绩和效率。更强的控制通常包括工作的标准化、职务角色的明确化与特定化，以及等级更森严的领导方式。很多快餐零售连锁企业就是基于一个严格控制的系统来保证所提供产品与服务的质量、速度与一致性的。效率在这些企业中是最受关注的指标：每个职务细节，包括烤一条小面包、炸一块鸡肉饼或是包一个三明治需要多长时间都被以秒为单位计算并固定下来。

控制的极端形式的最好例证是第 1 章讨论过的韦伯提出的**科层制**（bureaucratic approach）管理方法。科层制组织系统高度正规化、形式化并具有严格的规章、流程、政策和指令。职务以等级制排列，高级管理层对组织的发展方向和活动进行指挥，而下层管理人员和员工则负责执行这些命令。[21] 组织中监管的基本机制是通过上级对下属的个人观察和接触来实现监督。在该种系统中，工作被高度专业化，胜任需要经过专业训练并经等级制赋予的上级职权的监督。[22] 要在科层制组织中获得成功，人们需要能接受权威的领导并会学习其中的规章与规则。[23]

随着企业规模和业务复杂性的增加，采用科层制组织方式能依靠建立更正规有效的沟通与控制机制而有效地应对这些变化。[24] 此外，科层制组织也可以承受员工队伍的多元化和高流动性。[25] 尽管科层制组织常被认为是最公平和有效的控制方式，但其正规化的规章制度与监管方式也会给组织带来困扰。等级与约束在一些环境中是优势，但在其他情况下则会起到负面作用。科层制组织在企业需要适应不断变化的市场、充满创造与创新的环境中就并非十分有效了。[26]

与此相反，**行为主义者**（behaviorists）认为更强的控制会降低员工满意度、增长工作惰性并导致创造力的缺失；因此，他们支持建立角色定位、责任分配更加宽松的开放型组织结构。[27] 一个实行了行为主义者所主张的组织结构类型的案例是阳光液压（Sun Hydraulics），它是一家为工业液压动力提供商生产液压插装阀和液压分路阀的企业。当鲍勃·科斯基（Bob Koski）于 1970 年在佛罗里达州创办该厂时，他就立志要创造出一种新的工业生产商组织方式。这家企业里没有工作职务，没有组织结构图，也没有设立职能部门、监管机构和规章制度。正如科斯基所言，"我们唯一的规则就是没有规则"；他还说道，"我们希望员工能够基于广泛的信息为自己做出决定，怎样做才能为企业的目标贡献最多力量"。新员工加入企业后会经历一个工作循环期，即从一处工作转移到另一处，以此来判断自己的技能在哪里能够得到最大程度的发挥。[28] 当然，这种组织体制也并非适合所有人——比如那些依靠组织结构来赢得个人事业成就的人在阳光液压就会感到失落与不适。

尽管他们没有这样描述自己，但阳光液压其实建立了一种**社群制**（clan approach）的控制方式。社群制组织的最大特点在于它包含的是自我监管式团队，并且一个团队将负责多种业务。在社群制组织中，每名成员都进行多样化训练以便胜任各种业务工作，且个人目标和价值观与组织价值观完全吻合。[29] 社群制的一个核心优点是其中员工的自律性。员工基于项目协作，基于组织的使命和价值观，协商得出合理的团队工作方式。[30]

科层制组织对运行在稳定环境中的大型组织来说更加有效，而社群制组织则在条件不确定、工作活动难以准确衡量的环境中更受偏爱。[31] 当一家企业处于不确定性中，员工需要改变去适应不同情境的时候，社群制组织将更为合适，因为其本身就允许多样化工作方式与业绩观的存在。在这种情形下，控制手段可以被取消，而员工将自觉地尽最大努力为公司着想。由于员工的低流动率与雇用保证是建立一个社群制组织所必需的，因此处于价格竞争激烈和对成本敏感的行业中的企业，在试图采用社群制组织时将面临更多挑战（见图 7-1）。[32] 在对如何进行劳动分工和协作做了深入思考后，领导者下一步需要考虑什么样的组织结构会更利于组织战略的落地。

7.3 组织设计：正式结构和非正式结构

组织设计在工作如何分工协作上的决策，会直接影响到采取何种**组织结构**（organizational structure）来满足战略执行需要。虽然管理层控制力是组织设计时的一个重要元素，但是仍有许多其他要素需要被确定，也足以对组织的成功概率产生显著影响。组织结构是指为加强成员的协调行动而采取的组织角色、人际关系、工作流程的配置方式。很多人误以为建立组织结构只需根据部门功能、产品类型和地区分布制作一张图表，但其实确定合理的组织结构需要对企业的综合能力、竞争环境以及总体情况进行详细、深入的分析。一个明确而有效的组织结构将帮助企业最大化利用所掌握的内部资源，并为可预见的变革做好充分准备。

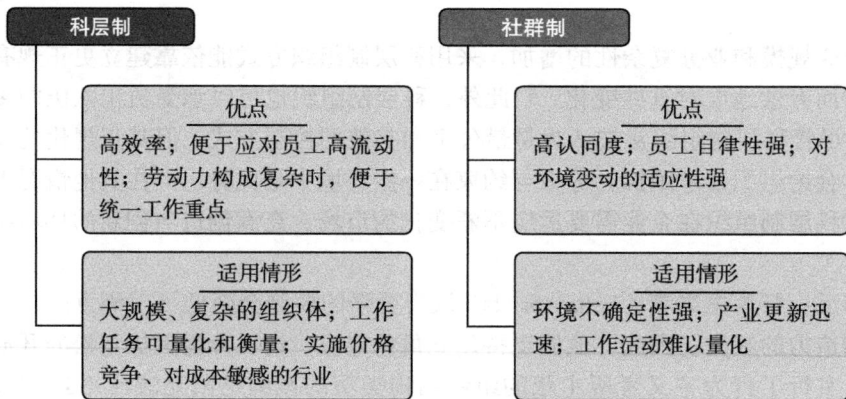

图 7-1 控制的科层制与社群制

资料来源：Adapted from B. R. Baliga and Alfred M. Jaeger, "Multinational Corporations: Control Systems and Delegation Issues," *Journal of International Business Studies*, Vol. 15, Fall 1984, pp. 25–40.

总体而言，组织将在企业中发挥三种基本作用（如图 7-2）。第一，组织结构能基于任务和部门将劳动力合理分配，以便于企业开展多种业务活动。第二，组织结构能通过监督、规章、流程、计划、预算、培训、社会交往等方式协调企业员工的行动。因为业务

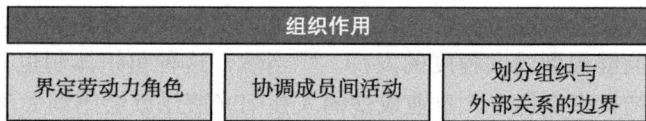

图 7-2 组织的三种作用

活动相互依存性的存在，即一个团队的工作往往会影响其他团队的工作开展，协调在组织中具有非常重要的作用，进而能让员工形成更大合力。也就是说，一个团队的行动和决定通常会影响着另一个团队的工作方式。[33] 最后，组织结构划定了企业的边界并决定了它与所在环境及其他企业的关系。

本节我们将介绍三种基本的组织结构形式：职能型、事业部型、矩阵型。这三种形式并未涵盖组织结构的全部，事实上，企业在现实中常采取某种混合结构；大多数企业都循着渐进变化的路径来设计自己的组织结构，以使其适应业务发展和战略目标的需要。一般而言，企业都以职能型结构作为最初的组织形式，随企业扩张转变为事业部型结构；而如果一些企业需要满足两种以上环境需求（比如产品与职能间，产品与地区间），它们常会使用矩阵结构。下面就让我们来看一看组织结构的三种基本形式和一种混合形式。

7.3.1 职能型结构

当人们想象一家企业的组织结构时，通常都会出现传统职能型结构的形象（见图 7-3）。在一个**职能型结构**（functional structure）中，企业依据其主要业务活动而组建，比如生产、市场、销售、会计等；同时，企业活动也依托这些职能部门而分类开展。[34] 例如，一名销售经理隶属于组织的销售部门，由企业的销售副总裁领导；销售副总裁处于更高的职权等级，并通过计划、规章等方式管理公司所有的销售人员。像销售经理这样的部门员工，既需要完成职能部门目标（如销售目标），也需要完成公司目标（如营业收入增长）；虽然员工需要完成多种目标，但其晋升常由其部门业绩决定。这一结构中，每个职能部门都拥有独立于更高层组织的预算和工作计划，这些预算和计划的制订又基于公司分配给相应部门的资源总量。[35]

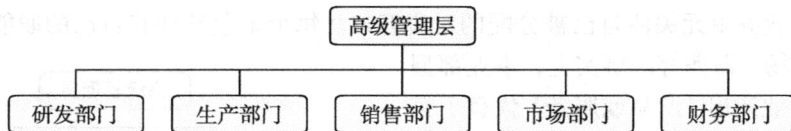

图 7-3 职能型组织结构

职能型结构特别适合于中小规模，或者经营产品数量不多的企业。这一结构为企业提供了简洁、流畅的沟通方式，便于监督和管理，同时也减少了人员和体制冗余。职能型结构的另一大优点是能够提高经营的效率和专业性——通过将员工划分到职能部门中，许多企业依靠由此提升的职能专业化程度而获得了核心竞争力和市场竞争优势。有些时候，许多职能部门还会形成自己独特的团队文化和价值体系。

虽然这种组织结构下的部门凝聚可以让企业建立起竞争力，但也可能造成公司内部协调的困难，如果各个部门相互孤立的话。正如我们在之前章节中已介绍的，一家企业要赢得市场竞争，它的各职能部门需能够进行协调一致的行动来为企业提供竞争力。此处所指"协调"的主要内涵是不同职能部门间的信息沟通。比如，生产部门和销售部门之间必须定期沟通，以使销售部门能够更好地了解产品特性，而生产部门也能从销售人员处获得顾客的反馈信息。为了赢得市场份额，职能型结构的企业必须建立起这种定期沟通机制。公司总经理一般承担着保证这种部门间协作和沟通的责任。职能型结构企业的总经理应该通过计划、预算等各种正式途径来支持这一沟通和协调机制的形成；对此更深入的细节我们将在第 10 章予以讨论。支撑这些正式沟通途径的，也有不同部门之间个人与个人会产生的非正式联结。

在那些主要以生产效率或部门专业性为决定力量的竞争环境中，职能型结构能够发挥最大的优势。在这些环境下，形成规模经济是建立竞争优势的关键途径；而职能型结构的组织很容易达成规模经济，因为其所处内外部环境更加稳定和简单，比如一家寻求达成规模经济的制造企业一般来说只拥有少数几个工厂。显而易见地，在更少的运营资产和更集中的经营区域里，职能部门间的协调会更加简便。

从另一角度看，职能型结构的一个主要缺点是难以适应需要频繁进行部门间沟通的竞争环境。[36] 当企业处于快速变化的经营环境中时，许多采用职能型结构的组织会发现，很难使部门间有足够多的沟通以应对环境变化——许多职能团队只会按照规定去和其他部门进行日常交流，而不会在此之上更进一步，从而使得就组织整体而言难以快速应对环境变化。职能型结构的另一弊端是会让员工对公司整体目标的认识变得狭隘，因为他们只需关注自己部门的指标即可。这种局部聚焦，而非放眼全局的结果，有时会导致决策并非最优的。最后，职能型结构还可能带来问责机制上的问题，因为企业很难衡量每个部门各自的贡献。能确定每个部门给企业带来的成本是多少，但难以将每个职能部门的衡量指标（销售部门除外）与企业的营收指标挂上钩。

7.3.2 事业部型结构

与职能型结构不同，**事业部型结构**（divisional form）是将不同职能部门纳入到各个事业部中（如图 7-4）；在这一结构中，企业可以根据产品、地域甚至是客户来建立事业部，而各事业部都拥有独立的业务以及盈亏衡量指标，由总部来统筹。在这一结构下，每个事业部自行管理收入和成本。在以产品划分的事业部型结构中，每个业务单元聚焦于开发和售卖各自的产品类型。在以地域划分的结构中，每个业务单元关注自己对应的经营地域。在以客户划分的结构中，各个业务单元关注自己被分配的对应客户。每个事业部拥有自己的职能体系，如人事、销售、市场、财务等。事实上，事业部型结构就是以企业产出（产品或服务）代替了企业活动（生产、销售等）作为结构组建依据。

事业部型结构相比职能型结构存在以下几点不同：第一，员工会更以事业部，而非其职能部门作为认同感来源。第二，事业部型结构能够实行更严格的问责机制，因为每一个事业部门都是一个完整的经营实体，具有更易评估的收入与利润指标。因此，在事业部制下的员工通常都会追求自己事业部的更大发展和产出，从而也更能从企业整体出发去评估工作中的机会和风险。第三，个人晋

图 7-4 事业部型组织结构

升更看重的是跨职能的管理能力，而非某职能的专业技能；这使得人才将不再局限于一个领域的专业提升，也会鼓励业务单元内跨职能管理人才的发展。最后，在此结构中跨职能部门的沟通将更为流畅，因为各职能部门都是属于同一事业部的。各部门对自己事业部的向心力得到保证，使得协作更为高效并能专注于共同的事业部目标。

事业部型结构需要由经验丰富的高层管理者来协调各个事业部之间的行动。此类企业的总经理相比在职能型结构中要承担更多的责任。各事业部的总经理，需要在自己事业部内协调各职能部门之间的行动，保证事业部能达成自己的目标。在其之上，是公司的高管层从全公司角度设立发展战略，并协调各事业部执行战略；通常由总部高管们扮演这一角色。

事业部型结构最适合具有高度不确定性的市场环境需要快速适应，或者需要部门间协调行动以推进业务创新或满足客户要求的竞争环境。[37] 这一结构能够适应此类环境是因为，每一事业部都拥有完整的职能部门体系和管理团队，从而可以快速地根据顾客需求和经营环境变化进行业务调整。[38]

不过相较职能型结构，事业部型结构也存在以下几个弊端：其一，事业部型结构通常难以做到规模经济。对一家拥有多个事业部的企业而言，其主要职能部门在事业部内重复建立，阻碍了规模经济的实现；例如，一家具有强烈研发需求的公司如果采用事业部型结构且每个事业部的研发需求又不同的话，公司就很可能在每个事业部都设立研发机构，从而分散了公司的研发力量。当然，如果每个事业部的研发需求差异非常大，这种安排也是合理的。

其二，事业部型结构可能导致事业部间的竞争行为，这在多个事业部拥有相同客户群时非常容易发生；这种情况下，员工将以自身部门利益而非公司整体利益作为出发点。有时一个部门甚至会拒绝分享一个客户的信息给同时服务这个客户的另一部门。因为他们认为这样做可能其他部门会破坏自己与客户之间的良好关系。

其三，这一结构下各事业部间职能部门的专业水平常常参差不齐，从而难以像职能型结构一样发展出各职能部门的高度专业性。总体而言，事业部型结构适合处于多元化经营环境中，基于多类产品线、多个经营区域或多样化客户群体进行经营的企业。[39]

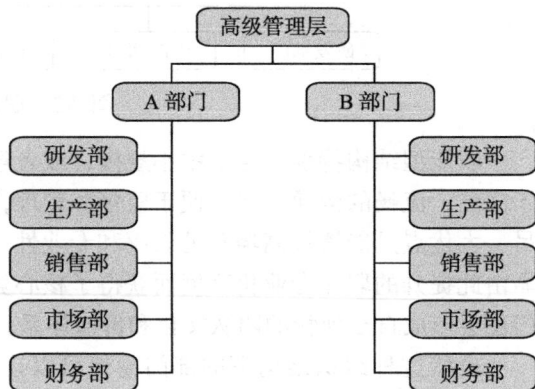

7.3.3 矩阵结构

面临多种经营压力的企业可能会选择另一种组织结构，**矩阵结构**（matrix form）。不同于

简单地进行职能或事业部划分，这种结构下管理层会允许多个重叠的组织单元存在。这样的结果是不少员工会同时为两个或更多的业务单元工作。这些单元会有自己独立的领导层、独立的目标，有时目标还会彼此冲突。这些单元可能会包含我们之前讨论的一个或多个事业部型单元，或者也可能包括一些职能型单元。

通过建立矩阵结构，组织希望努力达到同时关注多个维度目标的效果。例如，很多全球化的大企业会拥有区域业务单元，以便各区域的管理层能够聚焦于如何让产品更好地服务当地市场；但同时，企业也可能拥有全球产品业务团队，以让整个公司的产品在全球有更好的一致性发展。企业也可能让人力资源等部门在全球是统一的，以提升效率和保证标准化。此类矩阵结构的目的就是综合职能型、事业部型结构的优点以更好满足企业需求。

图 7-5 所展示的组织结构是矩阵结构的一个典型类别：职能团队（研发、生产、销售）同时服务于多个产品团队。在这种组织结构中，很多员工都受双重管理：既要向一个产品团队领导汇报，也要向职能部门领导汇报。产品团队的经理关注产品的成功与否，而职能团队的经理关注这个职能的效率（例如市场推广、会计核算、生产等）。这是一个两维矩阵结构的例子。有些企业可能在中间增加其他维度，例如地域。

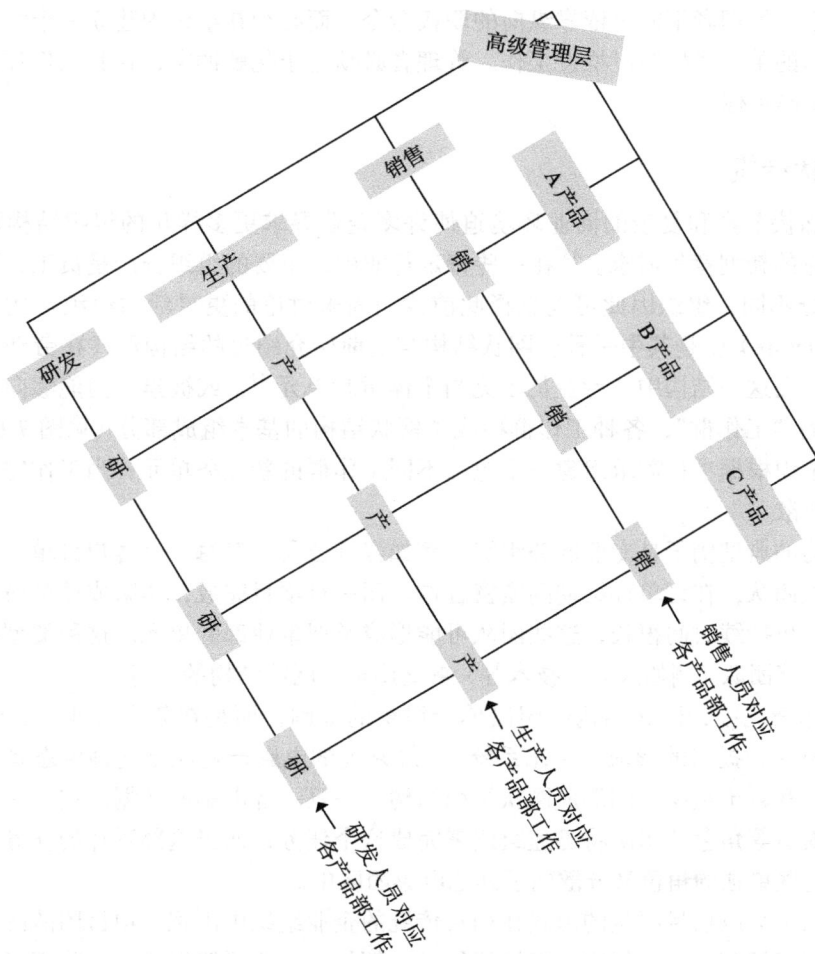

图 7-5　矩阵型组织结构

这种矩阵式的双重汇报结构在某些特定环境中非常有效。首先，在市场环境压力有多个来源时，企业就应采取矩阵结构，以对于每种压力来源都有针对性的团队予以应对。其次，当企业内部交互关系繁多时，管理者也应考虑采用矩阵结构[40]——此类企业中，部门之间具有很强的相互依赖性，也就需要横向与纵向的紧密联结。我们此前讨论的 FBI 就是一个从事业部型结构转变为矩阵结构的例子，因为他们需要更好地协调犯罪侦查部门和情报部门之间的协作关系。

矩阵结构的主要缺陷在于它的复杂性。它常常会让同时兼顾职能部门和事业部工作的管理人员遭遇困惑、降低效率，因为两方的目标并不总是一致。[41] 在许多情况下，员工会同时受到来自两个部门的压力；而由于双重汇报关系的存在，他也很难区分哪一方工作更加重要，从而难以决定如何分配自己的时间。出于这个原因，矩阵结构需要职能部门与事业部间进行大量的协调以保证资源的合理分配，避免可能的冲突。而为了达到这种高度的协调性，矩阵结构要求不同部门的管理者要竭尽所能地去协调各自的目标，尽可能达成一致。[42] 一定的协调压力在矩阵结构中不可避免，而有人认为这可能也是一件好事，因为这强迫组织成员要想出创造性的解决方案，以使组织可以同时满足多维度的挑战。当然，这会花费大量时间，也会降低组织的运作效率。在这种结构中，组织需要十分重视其聘用和提拔的管理者的类型。在矩阵结构中，管理者不能再依靠纵向的职权命令，而必须在组织中建立一个实现跨部门沟通和资源分享的单位或机制以推进工作。管理者必须善于化解冲突，在其工作和职业路径中定纷止争、明确目标。

7.3.4 网状结构

现今愈加快节奏和复杂的商业环境迫使许多企业寻求更多样化的组织结构形式以满足某个特定行业的新型竞争需求。[43] 在一些特定行业中，主要的组织资产是员工，而不同人之间的产出十分不同，组织因此可能选择此前我们尚未讨论的更灵活的组织形式。**网状结构**（network structure）就是其中一种。网状结构与之前所介绍的结构形式在劳动分工上有着很大的不同，在这一结构中，专业员工充当个体贡献单元[44]，或被集合为能够向组织提供某项专业服务的"工作群"，各种工作群构成了网状结构的基本组成部分（见图 7-6）。对每一个新项目，组织根据项目需求组建一个包含不同工作群的新业务单元；当工作完成时，新业务单元即告解散。

网状结构的典型例子是专业服务组织，例如咨询公司。对每一个客户订单，咨询公司会组建一个专项团队，在订单存续期间紧密合作。而一旦项目完成，团队成员会被转移到其他项目。有些订单持续时间很长，这些团队可能形成类似事业部的单元。这种类型的组织也会建立专门的职能团队（例如人力、技术等）来支持整个网状结构的运行。

某些实际情况中，网状结构会超出单个组织的范围，而是在整个行业内若干组织间形成，即一些研究者提出的形成"生态系统"。好莱坞的电影产业就是这种生态系统的一个样例，许多个人和若干组织共同形成网状组织结构。一旦一部电影的计划敲定，一个包括制片人、导演、演员等角色的团队将迅速组建来完成这个任务；而当这部影片的任务完成后，团队将解散，这些单独的角色又分散到了其他电影团队中。

网状结构也会以项目团队的形式在相对传统的企业组织中出现。项目团队的目标是把不同种类的员工组织到一起，促成他们协调行动。例如，企业可能组建一个跨部门的项目团队来开发一款新产品。这个团队可能涵盖工程师、销售人员、市场推广人员、生产人员等。此外，由身处不同地区的员工组成的虚拟团队在网状结构中也很常见。Flextronics，一家订单生产商，就为微软 Xbox 在 2001 年假期的订单专门组建了一个虚拟团队，全程跟进其组装和配送等。微软向位于加州的 Flextronics 下单，要在北美和欧洲同时发布 Xbox。为了完成同时发布的任务，Flextronics 组建了由总部加州员工、在墨西哥和匈牙利的生产部门员工共同组成的虚拟团队。虚拟团队定期举行会议以协调各自工作，保证两个大洲之间的 Xbox 生产和配送工作顺利进行。Flextronics 在很多会议中还会邀请微软员工参加，以保证工作的透明度。[45]

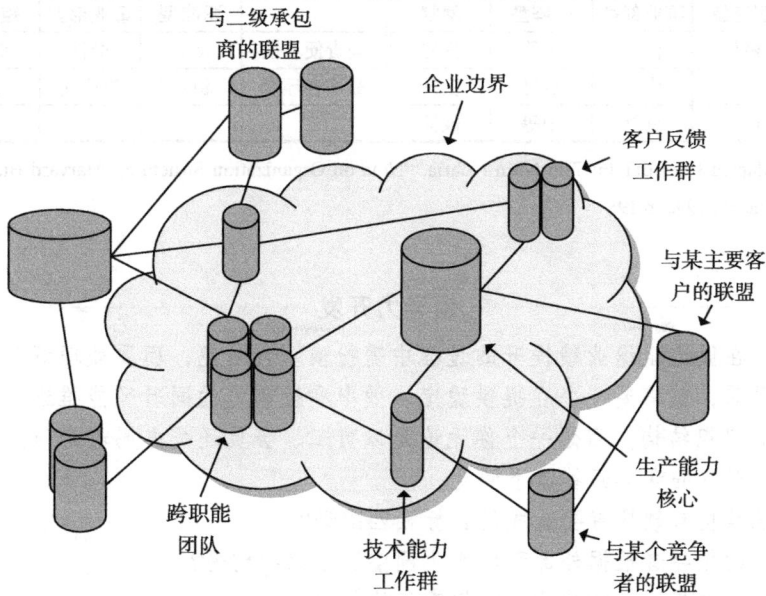

图 7-6　网状组织结构

在网状结构中，上述跨职能产品开发团队可以是暂时性的，也可以是永久性的。[46] 虽然管理层具有比跨职能工作团队更全面的视野信息，但网状结构组织的决策常常由这些基层单位来做出。网状结构组织更加扁平化，一般很少甚至没有中层管理人员来负责高层与基层之间的沟通协调和资源分配。而为了支撑这种扁平化结构，信息和技术需在组织中具备更好的易得性，以保证资源在工作群之间的流畅转移。

网状结构的一大特性在其对于组织内非正式结构的重视。与其他重视正式结构的结构形式不同，网状结构的设计初衷即是依靠工作群和跨职能团队中的员工间非正式结构关系来主导企业的业务活动。此外，网状结构与传统组织结构的不同还在于，职位并不意味着对资源的支配权。[47]

采用网状结构的企业可以对市场环境的变动或竞争对手的策略进行迅速的反应。[48] 这一能力在那些以高速变化和频繁创新为特征的行业中可以帮助企业建立竞争优势。[49] 不过，这种强适应力的代价是资源的重复配置以及较弱的问责机制——虚拟团队可能成员众多、分工分散，难以找到特定的人为一个明确的任务或目标负责。此外，虚拟工作组的良好运作需基于大量的沟通和协调，而技术条件又是这些沟通和协调的保障，因此网状结构组织需要对此类信息技术工具进行高额投入。

总而言之，每一种组织结构形式各有利弊，适合企业的战略和宗旨的才是最好的（见表 7-1）。管理者在进行组织结构选择时必须同时考虑到这些优缺点。在设计组织结构时，需要同时考量组织效率、对市场的响应能力、环境适应力、问责便利性等多重维度。位于传统行业、重视运营效率的企业最适宜选择职能型组织结构；而对更关注市场适应能力和问责的企业，事业部型结构更好；当面对多重压力时，矩阵型结构更为合适。总而言之，合理的组织设计应与企业的战略和目标相适应。不论采取哪种结构形式，组织都应该保证自己对环境变化的足够适应力。

表 7-1　各种组织结构的优缺点

	职能型	事业部型	矩阵型	网状		职能型	事业部型	矩阵型	网状
资源利用效率	极佳	低	中等	良好	问责便利性	良好	极佳	低	中等
响应能力	低	中等	良好	极佳	最适合环境	稳定	异质化	复杂	不稳定
环境适应力	低	良好	中等	极佳					

资料来源：Adapted from Exhibit 7 in Nitin Nohria, "Note on Organization Structure," Harvard Business Press Note, June 30, 1995, p.19.

领导力开发

领导者在促进组织业绩提升的过程中需扮演多种角色，而要处理好各种领导角色之间的关系，就需要一个在提供稳定、效率和控制力的同时又能推进协作、适应力和创新的组织结构。回想一个你无论是以员工、会员还是志愿者身份加入过的组织，根据你对它的观察回答以下问题：

1. 组织结构与领导者要达成的目标相匹配吗？
2. 组织的领导者根据外部环境变化调整过组织结构吗？
3. 组织结构是否鼓励协作、分担责任的行为？
4. 该组织的领导者是怎样通过组织结构对组织进行控制的？
5. 组织结构和业绩指标之间存在明确的联系吗？
6. 你对该组织的组织结构与领导方式之间的相关性如何认识？你会将从中学到的经验如何应用于自己的领导实践中？

7.3.5　非正式结构

前面讨论的都是组织中的正式结构，即组织对个人角色和工作的正式性安排。虽然许多工作是在组织的正式结构中进行，但另一种观点认为，员工之间的大部分交互是在企业的非正式结构中完成的。[50] 非正式结构是指员工个人之间习惯性、基础性的行为所形成的关系和纽带。这些关系可能是在一起工作时产生，也可能在工作时额外的交流或纯粹工作时间外的交流中产生。比如，很多员工经长期习惯会形成非正式的行为模式，像在某个时间一起去吃午餐，让老资历的销售人员与特定客户打交道等。绝大部分员工都会在工作中形成这些关系，反过来，这些关系也对员工之间的后续交互沟通方式产生深远影响。

7.4　决策权

当领导者选定一个组织结构，这将会对组织内信息的流动方式产生深远影响，因为企业内部单元之间的结构关系决定了沟通方式和信息交互方式。[51] 除了信息流动这个要点，组织中的另一重要方面是决策权在组织内的分配，即最后谁利用信息来做出决策。每一种正式的组织结构关于这个问题都有不同的答案。**决策权**（decision rights）包括了制定、批准、执行及控制各种战略和战术决定的权力。

一般意义上讲，决策权应该被赋予企业中那些拥有制定此决策信息最充分的人。某些情况下，拥有最充分信息的人是组织的较低层成员，因此将决策权下放更为合理。管理者将决策权转移给员工的过程叫作**授权**（delegation）。在很多生产型企业中，一线工人比管理者了解更多企业的生产能力和运作流程；在这种情况下，他们就是制定生产层面决策的最佳人选。

虽然授权有授权的好处，但很多管理者对其的疑虑也不少。这种犹疑可能由许多因素导致，例如对下属能力缺乏信心，或者对每一决策都希望掌控的个人欲望。管理者还可能担心，下属的所有行为后果，最后都要由自己承担。而抛开上述授权的不足之处，它给企业带来的积极作用也很明确。授权可以帮助管理者腾出时间精力用于更有价值的方面，也有助于提升员工的工作动力和工作满意度（如图 7-7）。[52] 如果授权不可行、高层管理者倾向于自己做出若干细节决策的话，那就需要在组织设计时让足以辅助决策的信息完整充分地流动到高层，以便做出合理决策。

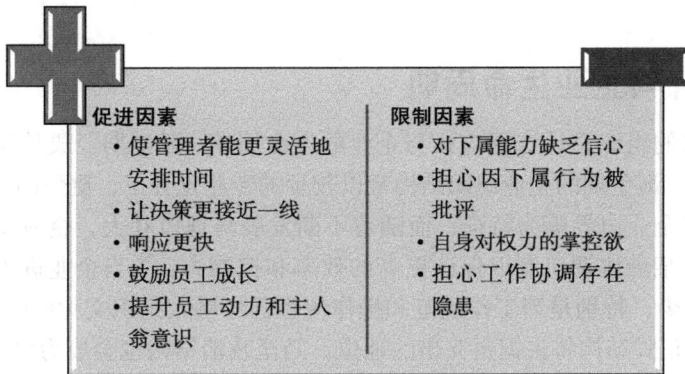

促进因素	限制因素
• 使管理者能更灵活地安排时间 • 让决策更接近一线 • 响应更快 • 鼓励员工成长 • 提升员工动力和主人翁意识	• 对下属能力缺乏信心 • 担心因下属行为被批评 • 自身对权力的掌控欲 • 担心工作协调存在隐患

图 7-7 对授权的促进因素和限制因素

资料来源：Adapted from Gary A. Yukl, *Leadership in Organizations* (Englewood Cliffs, NJ: Prentice-Hall, 1981).

集权的科层式组织以其高效的决策在现实商业领域中得到广泛应用，不过分权式组织也凭其能为员工提供更高的参与度和信任度而不断增强着影响力。我们将在第 10 章详细探讨关于集权和分权设计的重要性，因为这关系到组织中衡量工作的手段如何更有效。

集权式组织（centralized organization）是指一种将决策权集中于上层，以自上而下的等级制组织方式来控制员工行为的组织结构。它一般采用职能型的组织结构。集权式组织通常规模更大、历史更悠久，在成熟行业中更为常见。[53] 权力的集中节约了进行战略调整的时间，也促进了部门间工作的协调性。[54] 企业管理的重担也更多压在了高层管理者身上，因此他们需要收集充足的信息以帮助自己及时做出正确的决策。否则，他们将冒着很大的决策失误的风险，或者成为整天困于事务决策中的"机器"，因为针对每一个选择再去收集信息都会更加费时费力。

分权式组织（decentralized organization）中，重要决策可由企业中的所有层级做出，而非只由高层管理者掌控。很多网状和事业部型的组织都有分权式的元素。当环境中的不确定性增加时，企业也需要变得更加灵敏，这时将责任与决策权更多地授予基层单元会更有效率。[55] 总体上讲，分权式的企业能更灵活地应对新出现的威胁与机遇等环境变化，因为其更能吸引高水平的员工，通过标准化使各部门行动保持一致，并允许更多的个人决策。[56]

定位更明确的职位与职责也减少了上层进行指导的必要性，这一切都增强了一个组织对环境变化和不确定性的适应能力。[57] 在分配决策权时，分权式组织会努力将决策职责下沉，但管理者也需要注意到潜在的利益冲突导致的问题。[58] 例如，一些企业里生产工人是根据自己的总产量来获得收入的，那么当他们拥有决策权时，就可能将生产线速度提高至一个不安全的水平来增加自己的总收入。此外，决策权也应该在低层和高层之间分配平衡，因为基层员工相比管理者而言没有那么充分的信息来做出最优决策。例如一名销售人员可能希望降低某产品的价格来完成交易，但他可能并不知道关于此产品的生产成本，或者企业要盈利所必需的利润率等信息，也可能不会意识到如果对一名顾客给出更低折扣的潜在影响——其他顾客听到这一消息时就也会要求同样低的折扣。

虽然本章我们接触到了许多组织结构系统，但很少存在某种模式的纯粹案例。我们在现实中很难发现一个极端集权或是高度分权的公司，也很少见到一个完全科层制或是纯粹社群制的组织。事实上，我们看到的是这些模式的某种程度上的综合体。一家企业可能使用了事业部结构，但每个事业部内则是矩阵或网状结构。或者，你会发现职能型结构的组织在混合使用事业部结构。

7.5 组织设计与企业生命周期

管理者所做出的组织设计选择应该与企业的生命周期（诞生期、成长期、成熟期与衰退期）相匹配。例如，诞生期的企业组织结构常以较少的专业化分工、更强的协调机制、更广的决策权、更开放的企业边界等为特征；而随着不断发展与规模壮大，企业将更加强调组织中的劳动分工，确立某种协调机制以保证更高的效率和控制力。[59] 当企业进入成熟期后，对协调方面的需求会减少，特别是当工作规范和操作流程已经融入组织文化中时，需求就会更低；此时，组织中的非正式结构将占据更突出的地位，乃至政治结构也会成为更重要的部分。[60]

当一个企业发展变化时，所需领导力的特征也随其生命周期而变化（见图7-8）。在企业组建的初期，领导活动是引领企业走向成长、成熟阶段的重要角色；而管理者则需要从自身的角度学会改变管理的方式方法，以适应不断变化的业务需求和环境条件。[61]

图 7-8　企业生命周期中的领导力角色

资料来源：Adapted from Anthony J. Mayo, Nitin Nohria, and Mark Rennella, *Entrepreneurs, Mnagers, and Leaders: What the Airline Industry Can Teach Us About Leadership* (New York: Palgrave MacMillan, 2009), pp. 1-20.

组织弹性

为获得长期竞争力，企业需要在落实足以支持当前战略目标的组织设计变革时，保持足够适应不断变化的市场条件的灵活度。[62] 企业需要不断变化适应外部环境的改变（如监管或政策变化），也需应对内部条件的转换（如失去或获得了一项核心能力）。同时，企业不仅是去适应环境变化，也能对环境条件产生影响。企业对其所在环境做出影响，同时也根据环境变化做出应对的过程叫作**相互适应**（mutual adaptation）。[63] 相互适应过程在科技、时尚等变化频繁的行业是十分重要的。

如我们将在第 11 章探讨的，企业在保持现有战略运营效率的同时，还为可预见的环境变化做出准备。[64] 而进行两手准备的最常见方法就是组织上的调整——企业会组建一个单独的组织或团队来为未来机遇做准备，而剩余部门则集中于现有核心业务上。在脱离原有组织结构和科层体制后，这些小规模的团队能够采取更自由的发展方式，探索新的市场机遇。[65]虽然这种方法有很多的优点，特别是在鼓励创新时，管理者也需要保证这些独立的团队不会过分孤立于企业大环境；否则，会很难将其创新活动所得整合到现有业务体系中。[66]

最近，企业开始尝试以个人角色定位，而非独立团队的方式对未来进行两手准备。在一些现实案例中，员工们在传统业务外，需要花费一定时间从事前瞻性的业务活动，并鼓励他们提出能够帮助组织适应未来环境的方案；[67] 这些组织同时也对员工这些创新行为进行各方面支持。

7.6　组织设计前沿问题

在过去，许多企业都基于自己现存产品的角度去看待客户的需求，而非真正从客户的角度出发去考察他们的诉求真正有哪些。这种组织会将结构设计为如何最优化地进行产品生产和运输，而非关注于客户的真实需求。这种模式在消费者喜好稳定、市场竞争者稀少时行得通，但在目前这种商业环境下已经越来越少。大部分的企业如今都处于一个更为透明、客户选择众多、客户信息也充分的市场环境。由于市场竞争加剧，企业必须要采取以客户为中心，或者说"从外而内"的组织设计。

让企业的视角转变为从客户出发而非自身出发，这个任务比听起来困难得多。完成这一转变的最大关键点就是企业的组织形式。具体来讲，无论是采用职能型、事业部型还是矩阵型组织结构的企业，都有着内部业务单元形成**"小山头"**（siloed）的可能；即业务单元会更看重自己部门，而非组织整体或者客户。不仅是各个"小山头"之间沟通协调不畅，部门也更为关注内部利益，而非对外关注客户和市场环境。同时，最接近客户、了解客户的部门可能没有能力去推进另一把持产品设计的部门进行改进。将这样的企业转变为从客户出发实际上是一个基础性、系统性的组织调整。

近年来一些全球领先企业通过在组织设计中融入五项要素而成功地将自己的业务重心转向以客户为中心。这五项活动要素分别是：协调、合作、能力发展、打破边界和组织联系。[68]协调，包括在企业内建立结构化的机制与流程来帮助员工跨越部门，协调他们的活动，以求更专一地为客户创造价值。由于部门形成"小山头"后通常配合不畅，管理者需要发现那些需要良好协调的业务部分并相应建立机制来保证更好的协作。这可能包括建立相互分担的工作任务、共建工作小组，以及极端情况下重新划分部门，以保证需要协作的业务由一个更大的部门统一管理。

思科公司在过去 15 年间就是一个调整其组织结构以保证必要的良好协作，努力达到规模经济的案例。在思科，公司在 2001 年的"技术融解"计划后对客户部门和技术部门都进行了重组，这一行动是针对当时企业中出现的冗员冗事局面而进行的。例如，当时不同的客户团队却对不同的客户销售几乎相同的产品，造成了资源的极大浪费。重组后，市场部门与研发部门合并。开始时，公司中的很多人在担心这是否会拉开思科与客户之间的距离；为了解除这种担忧，管理层建立了多种沟通机制保证以客户为中心。重组后，中央市场团队中包括了一个跨部门的技术团队，将公司不同部门的技术能力集中起来。而到最后，这种形式也太过繁复，因此思科又将组织重调一次，来保证公司始终将客户放在第一位。

协调更多是通过外在的引导让不同的部门协作，而合作则更关注工作行为的一致、协同。因此，重点就不只是安排谁应该和谁配合，而是建立起跨部门合作以为客户更好服务的意识。强化合作需要利用文化和其他激励手段，以鼓励组织成员团结一心，凝聚在为客户服务的宗旨下。

培育这一合作环境需要正式与非正式两类要素：正式要素上，企业需建立对以客户为中心的业务活动的激励和评价机制；非正式要素上，管理者应该努力带头营造一个客户至上的文化环境。由于创始人对客户的重视，思科的合作环境自公司建立时就已存在——虽然企业以创新技术起家，但思科经过培训教育员工，凡是客户不需要的技术就是无用的。随着企业离初创之日越来越久远，企业规模的愈加扩大，管理者要保证这些创业原则的贯彻也越发困难。因此思科必须通过各种正式或非正式的途径加强这个以客户为中心的文化。

第三个要素是能力发展。当企业建立起跨越组织藩篱的协调机制时，员工需要一系列新的技能以满足组织的新活动需要。在以顾客为中心的企业中，员工必须能够跨产品、跨服务和跨组织边界地满足客户需求。[69]企业提高对客户关注度的同时，必须记住也要帮助员工培养起相应技能，才能鼓励这种以客户为中心的行为；与此同时，建立适合这些新的多面手的职业发展路径。

以客户为中心的第四个要素要结合我们之前讨论过的决策权分配去看。许多大企业并不会将大的决策权力下放给直接面对客户的销售、市场等部门；而同时，这些部门掌握的丰富的客户信息也不会太顺畅地到达对研发、生产有决策权的部门，从而体现到企业的产品和服务上。结果就是客户信息和决策权之间形成了错配，导致决策并非最优。在这种情况下，企业要么将信息流动到具有决策权的部门，要么重新分配决策权（也就是打破此前的部门边界）给掌握信息的部门。打破边界会赋予直接面对客户的业务单元更大的权力，从而这些单元可以改变客户所接受的产品或服务的结果。

意在加强客户中心性的最后一个要素是与外部合作者建立组织联系。企业可以通过对组织边界的重新设定来更好地为客户服务。[70]这一设定可以通过很多方法实现，包括将非核心功能外包，或者与另一厂家联合来为客户提供价值更高的产品或服务。例如，星巴克通过与其他企业联合来提供更多的产品选择，达到了以客户为中心的目标。公司发现了很多顾客希望在星巴克不能提供服务的地方仍能喝到星巴克咖啡，为了满足这一需求，星巴克与百事公司合作以销售冰镇星冰乐咖啡（因为百事在饮料灌装与分销上具有更专业的经验）来为客户带去更高价值。

综上，许多企业在将它们的组织设计调整为更以客户为中心，这一改变源自于商业环境的变化以及更激烈的全球竞争。这些组织设计的一个关键点是其动态适应性，这些调整需要企业领导者持续而认真的投入。

本章小结

1. 一个明确的战略固然重要，但仅有战略也无济于事。执行是达成企业战略的关键，而组织则是达成战略目标的基本途径。组织设计包括了组织结构、组织文化、人力资本以及衡量指标等方面的决策。这些要素共同帮助组织落实其战略。

2. 战略与组织结构之间是共同变化的，并不是一方必须放在另一方之后进行，但二者必须相互匹配。组织设计通常要求管理者在一系列关系中寻找平衡点，帮助企业在变化的市场环境中获得竞争优势。这些关系包括：如何进行劳动分工，如何明确职务与职责，协调各类活动等。这些决策的选择又反过来成为执行战略的指南。

3. 根据企业的战略，适合的组织结构可能是职能型、事业部型、矩阵型、网状或者某种混合型。每一种组织结构都有特定的优点和缺点。职能型结构利于效率和规模经济。事业部型结构最适合不确定性强的市

场环境。矩阵结构综合了事业部和职能型结构的一些要素，便于将特定的核心能力应用到不同业务单元。而网状结构则适宜多样性和鼓励创新。没有一种完美的组织结构，选择任一种都是一个取舍。

4. 在选定组织结构之后，管理者还需要设计下一层级的各要素，例如决策权的分配。上述重要的决策需要随外部环境与内部资源的变化而进行评估、再调整。基业长青的组织都具有不断变革、适应环境变化的能力，进而保证自身与时代发展同步。领导者也须调整其领导方式以适应企业所处情境和所在生命周期。

5. 近年来，许多企业着力于重建组织结构以提高经营效率或完善客户服务。以客户为中心的变革要求企业跨越其组织中的结构藩篱并改进其经营流程。管理者需要时刻审视现有组织结构是否足以支撑企业成功。

关键词

行为主义者（behaviorists）
科层制（bureaucratic approach）
集权式组织（centralized organization）
社群制（clan approach）
分权式组织（decentralized organization）
决策（decision rights）
授权（delegation）
劳动分工（division of labor）
事业部结构（divisional structure）

职能结构（functional structure）
矩阵结构（matrix structure）
相互适应（mutual adaptation）
网状结构（network structure）
组织设计（organizational design）
组织结构（organizational structure）
组织主义者（organizers）
组织藩篱（silos）

课后练习

讨论话题

1. 关于企业战略和组织设计的决策通过什么方式共同演变？在什么条件下，一个需要先于另一个变化？

2. 职能型、事业部型和矩阵型组织结构各有什么优缺点？为什么随企业的发展，组织

结构会从职能型发展到矩阵型？

3. 当实行网状组织结构时，对领导能力会有什么样的挑战？管理者应如何应对这些挑战？

4. 哪种组织结构最能激发员工的创意和创新？

5. 你觉得你最适应哪种组织结构？会在哪种组织结构中最难受？你希望走一条专业技

能职业路径，还是管理职业路径？

6. 今天，许多企业不再使用正式的组织架构图来描述其组织结构。为什么会这样？

7. 举例说明你为何支持组织主义者或是支持行为主义者。你会更适应科层制还是社群制？为什么？

8. 为什么有些管理者会被授权问题所困扰？

9. 一位在分权式组织中的领导者会面临哪些挑战？

10. 非正式组织结构会如何影响组织设计？

管理研究

1. 挑选处在同一行业、采用类似战略的两家公司，对它们进行如下评估：每家公司是如何实施其战略的？其在组织设计上又采取了哪些行动？

2. 挑选一家初创企业和一家成熟企业，将它们做如下对比：它们的组织体有哪些不同？在企业生命周期的不同阶段，考虑组织建构时的重要因素有哪些差异？

3. 创建一个虚拟公司。这家公司的战略是相对简明的（比如一家定位以低价获取顾客的航空公司）。描述这家公司的战略，并设计一个组织结构以适应这一战略。

行动练习

1. 参观当地一家以客户为中心的销售或服务企业的门店。在参观时，以观察家的冷静视角考察店内的组织活动，拍摄门店与顾客接触的瞬间，同时也将你自己的思考用文字记录下来。最后，基于你的照片和文字，对该企业的组织活动写一篇短文，讨论它们是如何被设计以迎合消费者各种需要的。

2. 和一组同学一起去观看一场艺术表演，例如音乐会、舞剧或是戏剧。在观看演出时，头脑中构思一下演出中的组织结构。思考这一组织结构是如何保证每名演员各尽其职的。分析这一结构是为了适应即兴演出，还是为了适应预排演出。公司能从艺术团体的结构中学习到什么吗？

第8章

组 织 文 化

学习目标

在学习这一章后，你应当能够：

1. 解释组织文化是怎样影响企业的工作完成方式，如何决定企业中受重视的活动类型。
2. 说明一家企业的组织文化如何对其业绩产生影响。
3. 区分组织文化的三个层次：外部人员就可观察到的"文化构件"，内部成员才能体会到的"信仰与价值观"，扎根于企业内部的"组织品格"。
4. 解文化在企业中建立、产生影响并向外部扩散的途径。
5. 说明在企业兼并或需针对环境变化进行改革时组织文化所扮演的角色。

开篇自测

你是一名企业文化学家吗

企业文化学家并不像其他人文学家那样，埋首在故纸堆中去追寻古代文明的原貌，而是通过系统地观察现实组织中的成员们如何共同思考、共同行动以及拥有怎样的共同感受来研究组织行为。现在就请将自己设想为一名企业文化学者，然后以"是"或"否"进行下列判断：

1. 我能意识到组织中存在着对何为恰当行为的潜藏共识，并且它们指导着组织成员的行为。
2. 我能理解信仰和价值观是如何帮助组织成员了解和认同自身角色的。
3. 我能理解故事和传说在传递组织价值观时发挥的作用。
4. 我了解每个组织都拥有作为文化标志的传奇人物。
5. 我观察过组织惯例是怎样起到强化文化的作用的。
6. 我熟悉组织中的仪式如何增进员工间的交往程度。

7.在分析一个组织时，我会基于其文化构件来理解它的文化。

8.我了解组织的创始人将怎样影响组织文化。

9.我知道领导者在组织中扮演着文化示范者的角色。

10.我能在头脑中将一家企业的文化与其可能的业绩表现挂钩。

如果以上多数内容你回答"是"，那么说明你已经在成为一名企业文化学家的道路上迈出了一大步。

8.1 概述

这是一个从总经理到门卫都以"先生""女士"相称的地方，也是一家所有员工都对客人说，"好的，请问还有什么问题吗"的企业。[1]这家公司盛名在外不仅因为比同类公司存续地更久，还在于它如今仍在不断实现增长。20世纪80年代，在其他公司都减少了顾客和员工相关投入时，这家公司还在增加对员工的培训力度，提高自身业务流程的实效性，为顾客提供了更优质的服务——它就是丽思 - 卡尔顿（Ritz-Carlton）酒店。丽思 - 卡尔顿是怎样保持持续增长的呢？答案当然不止一个；但要说这一切成功的基础和所有其他原因的立足点的话，那应该是公司的组织文化。在丽思 - 卡尔顿文化的影响下，员工知道他人对自己抱有怎样的期望，从而能够自觉地投身于提供高质量的服务中。高品质服务是丽思 - 卡尔顿品牌的核心标志，也是其组织文化的最重要部分；事实上，该酒店的每名员工可以为满足一位客人的需求进行2 000美元额度的开支，并且不用提供任何理由。[2]

有这样一个美妙的故事：一名丽思 - 卡尔顿酒店的员工曾帮助了一位客人成功求婚。这位客人在酒店住宿时，要求一名员工为他在沙滩上放上两把椅子，因为他计划在当晚向女友求婚。而在他和女友回到酒店时，他发现两把椅子安放在了鲜花搭成的凉棚下，而酒店员工身穿燕尾服在等候他们——带领他们来到棚下的桌前，点亮烛光，并为这对刚订婚成功的新人送上香槟以庆祝。这一切都未曾经过酒店管理层的参与或是批准。[3]这名员工不是仅仅做了被要求做的，他主动地跨越岗位的界限，为这两位客人带去了一生难忘的体验。而创造这些体验正是丽思 - 卡尔顿文化的核心组成部分，也成为所有员工学习的范本。虽然正式的规章或标准是企业规范员工行为的有力工具，但更有效的看起来还是植根于企业文化中的非正式规则。

如丽思 - 卡尔顿一样，很多企业都想要获得更进一步的业绩增长。它们或者寻求引进前沿技术，或者尝试施行新的战略，或者采取其他改革的举措，以谋求利润增加、成本降低、生产力提高和客户价值提升。但这些举措往往走向失败，合并常常陷入困境，长期业绩的提高也总是不见成果；导致这些失败的原因往往是企业没有充分地重视和定位其组织文化。

一个组织的文化决定了组织内的工作完成方式，也确定了哪些活动会在组织中更受到重视。本部分的前两章探讨了组织应该怎样进行结构设计以让员工去达成特定的战略目标，但是单凭组织结构设计本身并不足以激发员工的积极性——文化在这一过程中发挥着重要作用。企业文化可以成为员工行为的核心驱动力，甚至超过任何正式的规章制度或单元的作用，让员工做出完全不同的行为。

许多公司其实只在口头上重视组织文化，当企业出现"现实"需求时，管理层就会将用于改造组织文化的必要资源调离，而真正优秀的企业无不是将其组织文化作为成功的基石。比如以推出便利贴而闻名的3M公司，它凭借所培育的鼓励创新的企业文化一直引领着行业发展。在 3M，"员工们相信需要通过团队合作、相互质疑和敢冒风险的精神才能推出新产品，改进业务流程。"[4]

从其本质来看，组织文化决定了组织成员的想法、感受和行动，并且几乎是在潜意识中产生影响。[5]形成企业文化并非一日之功，甚至需要若干年的时间。而同时，那些已经有很强文化的企业会发现，改变某些业已形成的文化要素也是非常困难的。由于组织本身和其所处环境的变化，组织需要不时调整其文化内涵，这包括了加强目前起作用的部分，消除已失效的部分，调整组织惯例和相关活动。[6]在这个意义上，组织文化是动态的。[7]那些获得了长期成功的企业都是适应这种内外部变化的成功案例。

在本章中，我们将探讨组织文化的核心内容——文化的形成过程及其怎样成为竞争优势的来源。此外，我们也会介绍领导者在塑造组织文化时扮演的角色。最后，本章会讨论一些更能体现组织文化重要性的情境，包括组织兼并以及外部环境变化。为更好地理解组织文化，下面先让我们走进 Ben & Jerry's 冰淇淋公司的案例。

案例 8-1
Ben & Jerry's 冰淇淋公司

Ben Cohen 和 Jerry Greenfield 的 Ben & Jerry's 冰淇淋公司绝不是仅仅展现出经典商业的运营模式。这两位创始人都是身材肥胖，蓬头垢面，都宁愿穿 T 恤衫和法兰绒衬衫而不是西装革履。这对伙伴参加了同一门关于冰淇淋制作的课程。结果先创办了冰淇淋商店，再成立公司，迅速占领了优质冰淇淋市场。

当他们的公司还年轻时，Ben 和 Jerry 成功塑造了企业文化。此外，公司产品的显著特点是时髦，该特点在各种口味和混合口味中均有体现——员工们把它看作是家人。公司建在佛蒙特州的一个小镇上，以吸引那些看重当地色彩和亲密关系的人们。最初他们的生产只是小规模的，当有大订单时，员工们齐心协力应对挑战，就像团结友爱的家庭携手度过危机一样。员工们尽其所能地工作，不论是否在其职责范围内。当成功时，员工们又共同庆祝。此外，关于公司的关键性决定，员工们也共同商议。

这两位创始人在塑造公司文化的其他方面上也扮演着特殊的角色。对于他们来说，进军冰淇淋行业不是为了变得富有，而是一种探险。除了公司的规模，Jerry 决定同样保持愉悦的精神。他让自己成为一个快乐的经理，总在公司会议上传递各种各样的快乐。而 Ben 则关注公司的道德。在 Ben 的指导下，公司的营销，包括产品包装，都成为一种教育公众社会效果的方式。就是这样，他们怀着社会公德与原料供应商合作。比如，他们从无家可归的人们手中购买蛋糕。1985 年，Ben 目睹了 Ben & Jerry's 冰淇淋公司的成立，它的成立为社区项目提供了资金。这家企业因为很多原因而胜出，不论保护家庭农场还是改善全球变暖。

他们管理公司也会考虑社会的变化。起初，Ben 制定了 5:1 的补偿规则，规定高层管理者的收入不能多于公司底层员工的 5 倍。随着公司的壮大，员工数量增加，公司社团化加强，家庭化减弱。这意味着不是所有人都能参与公司每一个决策。随之而来的是公司计划性增强，岗位描述更加清晰。

为了帮助公司发展，Ben 和 Jerry 招聘了其他擅长促进公司成长的中层管理者。他们的指导给公司带来了更多的成功。但是这些新员工看重经济收获，他们关于公司的基本假设常常与公司的理念相违背。在公司发展的这一节点上，公司的使命宣言起草出来了，明确了公司的价值。该宣言将公司的核心描述为三个有机部分：一个产品的使命，一个社会的使命以及商业使命。[8]Ben 不得不给这三个使命以相同的看待，这也是对这名新的管理者的让步，该名管理者相信利润和成长是每个公司的血液。

随着公司的扩张，5:1 的政策也逐渐式微。最初，公司的所有者和管理者相信这个政策能够帮助他们找到那些被新政策激励的专业人士。由于这项规则，许多有经验的管理者都采取经济措施来为公司服务。他们中的大部分都乐意这样做，因为他们认同公司的文化。随着时间流逝，有经验的管理者觉得这个政策不可能雇用到其他称职的商业管理人。

最终，Ben & Jerry's 5:1 的政策完全被废除了。1990 年，该政策被调整为 7:1。当联合利华在 2000 年兼并了 Ben & Jerry's，它全部中断了报告比例的实践，这也是由于整个公司补偿和工资日趋复杂。但是 5:1 政策的消亡并没有减少公司社会激进者的支持。公司的社会使命依然有生命力。公司每年基于特定缘由捐赠 110 万美元，并且公司的慈善事业也为员工所支持。

当 5:1 的政策已经被证明不起作用了，而更大的社会使命却没有。第一，社会责任的底线确实推动了经济底线。在产品包装、市场营销、网站和公众事件上，注入社会因素已经在食品行业成为一种独特的声音。用更大的世界文化赢得竞争优势引起了公司的社会激进者的共鸣。事实上，研究表明冰淇淋的消费者乐意花费更多去购买那些鼓励社会责任的产品。[9]公司需要重新思考怎样和在哪里去践行它的社会使命，它成功地坚守了两部分底线。

Ben & Jerry's 是一个很好的例子，它告诉我们公司必须调整特定的公司文化来适应市场的挑战。成功的关键是加强具有竞争优势的文化，修正阻碍公司适应性的文化。

案例思考

1. Ben & Jerry's 公司的创始人是如何影响公司文化的？
2. 你怎样描述 Ben & Jerry's 公司的早期文化？
3. 公司在被联合利华兼并后，文化上有哪些改变？

8.2 何为组织文化

组织文化通常被定义为，"团队在解决其适应外部环境及内部矛盾问题的过程中，所学习到的行为方式的某些基本共识，并经实践检验对工作有益，从而被认可、传授给新成员的处理相关问题的正确的理解、思考和感受方式。"[10]换句话说，**组织文化**（culture）向员工提供了在公司里工作如何被完成，成员间如何相处的一套指南和规则。[11]它回应了人们对组织的稳定性、一致性和存在意义的基本需求。从以下几方面入手，我们将能更好地把握组织文化。

- 鉴别组织的价值观、行为哲学、使命宗旨

一系列宏观方针和思想原则指导着企业在处理与股东、员工、客户和其他利益相关者之间关系时的行为方式。企业公开宣称、明确表达的会尽力达成的价值观是什么？这家企业的使命和宗旨是什么？以丽思 – 卡尔顿和思科为例，其核心价值观是服务客户。

- 理解组织的边界

理解一个组织对从事、在意的事务范围的限定，能帮助一名新成员了解什么东西对于该组织是有价值的，并且组织对其员工怀有怎样的期望。这将使员工把注意力集中到对公司最重要的方面上来。

- 理解组织中的权力结构

理解一个组织中权力的获得、维持和丧失规则，也能帮助我们发现该组织对何为恰当、何为错误的潜藏共识，也能帮助我们观察组织的掌权者是谁。这种观察利于帮助理解人们通过何种资源获得权力。

- 理解组织中的工作惯例与规范

人们在组织中是怎样相互影响的呢？在工作团队中隐藏的价值观和规范，比如"一天好工作才配得上一天好报酬"，通过故事和对错误行为的处罚等形式在员工中一代代传递，并揭示了什么才是组织所重视的东西。[12] 严格的规范更加明确了组织中的工作优先级和对工作的期望，进而使员工对工作方式有更深的理解，最终将提高整个组织的工作效率。[13]

- 考察组织的奖惩机制

这一评估可以通过观察组织中庆祝、奖励那些核心价值、核心突破，比如重要项目的完成、公司里程碑等关键事件时所采取的方式来进行。[14] 而相反，观察那些被惩罚或被忽视的行为则能从另一个角度为理解组织文化提供线索。

不妨回想一下你选择大学时的经历。你可能得到过的一个关键性建议是，要挑选一所"适合"你的大学；一些你的"顾问"还会说，当你走入一所"合适的校园"时，你就会懂得这一点的重要性了——你将会很顺利地融入学校中，并且生活得很愉悦。从本质上讲，挑选大学的过程就是选择一个适合你的价值观、个性及人生目标的组织文化的过程。校园氛围、学习方式、教育理念、课外活动、校风校训等都是一所大学的组织文化构成元素。其中如学校基本架构等元素是直接可见的，但更多其他元素并不那么明显，因此需要你对自己的价值观有更深的认知，以完成选择大学过程中最核心的部分：找到匹配你的大学文化。这一方法同样适用于找工作的过程——本质还是寻找一个具有适合你特质的组织文化的企业。

8.3 组织文化对业绩的影响

优质的产品（例如 Ben & Jerry's 冰淇淋）、创新型战略（例如谷歌公司）、高质量客户服务（例如丽思－卡尔顿所提供的）等都是这些公司深厚的文化带来的副产品。丑闻亦然，例如鲁伯特·默多克（Rupert Murdoch）的新闻公司被曝出的电话监听事件，以及摩根大通集团的巨额交易亏空事件等。

厚重的组织文化能极大地帮助公司实现其战略目标，并能带来更好的业绩表现、更高的财务数字以及形成公司独特的竞争优势。[15] 事实上，根据一个对全球 1 200 名高管的调查，91% 的被访者认为对企业的成功而言，企业文化具有与企业战略同等的重要性。[16] 当公司的规模扩大到一定程度后，管理者就很难去指导员工的每一个行动以及保证员工的决策都能与公司目标相符。而如果企业拥有厚重的文化，那么员工就能十分清晰地把握战略目标并将其作为工作指导；企业能够更容易进行规模扩张并且更少需要对员工的控制和协调。[17] 厚重的组织文化将让公司内的角色分工更为明确，运作得更为顺利，因为员工对企业需要怎么做具有明确认知。[18] 这种对于企业期望的明确感，让员工在工作中更加主动，行动也更为一致。[19]

具有强势的文化将给组织带来多方面的好处。在强文化的背景下，组织的各种决策将更可能与组织目标保持一致，从而不需要那么多的协调和监督。[20] 从本质上讲，强文化使得企业可以用低成本的方式保持高效运转，因为内部员工不会对企业各种行动产生疑虑和争议。[21]

此外，文化还明确了在组织中什么行为是恰当的，什么行为是不被接受的，从而在指导员工遵守道德方面发挥着至关重要的作用。事实上，文化被证明是设定组织中何为恰当行为最强的影响因素，其作用甚至超过专门的道德强化计划。[22] 有研究发现，如果员工"个人对组织具有认同感，并且相信公司规范是合乎道德的，那么即便在没有监督的情况下，他们也会自觉地遵守规范"。此时，服从规范已成为了自发行为。

拥有强势文化的公司还常常具有较低的员工离职率，因为文化起到了挑选那些"适合"该公司的员工的作用。[23] 在这种情况下，公司的雇用过程和组织文化紧密地联系到了一起；而这些公司中的员工更能够以主人翁的态度去承担起自己的工作责任。

虽然强势文化能带来许多好处，但也会有其负面作用。强势文化中，不同意见很难产生，容易导致决策未经充分审视而出现偏差；[24] 也容易滋生不道德的行为，因为可能为了强调一个特定目标而忽视、牺牲一部分人。[25] 拥有强文化的组织在变革时遇到的阻力也更大。有研究指出，强势文化在稳定的市场环境中可提升业绩水平，但在多变的环境中却会降低业绩表现。[26] 当所需的适应调整不是企业目前文化的一个核心部分时，强势文化会让适应市场环境的努力变得更加艰难。[27] 企业领导者必须十分关注企业的市场环境、目标和目前采取的行动，以便适时确定何时需要转变企业目前的强势文化。

在强势文化中，组织成员拥有对什么是更重要的价值观的高度共识，且这些价值观也发挥着很大的作用（见图 8-1）。在弱势文化中，组织内既缺乏对价值观的共识，也没有很强的价值观存在。而当组织具有对价值观的共识，却缺乏推动它们的热情时，我们称其具有被动型文化；在这种情形中，员工了解什么是重要的，但不太愿意为其付出额外努力。与此相反的是竞争型文化，这种情形下组织中存在诸多很强的价值观，但缺少对何者更重要的共识，此时组织内部将充满各种团队间的竞争和对立。总而言之，企业拥有多少种价值观并不那么重要，重要的是这些价值观的强度有多大，在组织中的认同度有多高。[28]

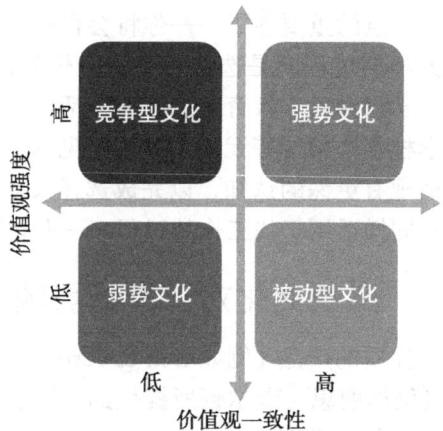

图 8-1 价值观对组织文化的影响

资料来源：Jennifer A. Chatman and Sandra Eunyoung Cha, "Leading by Leveraging Culture," *California Management Review*, Vol.45, No.4, Summer 2003, pp. 24-25; and Yoash Wiener, "Forms of Value Systems: A Focus on Organizational Effectiveness and Cultural Change and Maintenance," *Academy of Management Review*, Vol.13, No.4, 1988, pp. 534-545.

很多情况下一个企业中会围绕地区、产品、职能等形成**亚文化**（subcultures）。在现实中，不同的工作团队会基于和其他团队的对立性比较来建立自己的认同感。虽然这种认同感能够增进团队的合作，使团队的工作效率比各自为战时来得更高，但却同样会导致团队之间的隔阂以及降低对不同意见的接受度。这将给不同团队间的员工沟通及合作带来困难。管理者必须能意识到公司事业部门间的冲突往往是由于各自员工在思考方式、感受方式、行为方式上的不同。如果管理者能正确认知到这些冲突是源自文化差异，那么就能更好地采取针对性措施消除底层共识的不同，从而促进员工合作，解决业务难题。

8.4 组织文化的层次

我们可以从组织的各方面元素，无论是表面的还是隐藏的，来对组织文化进行推测。而为了更好地理解组织文化，你还要能够区分组织文化及其表现形式的层次。当走进一家

Nordstrom 百货商店时，你能直接"感受"到它的文化——Nordstrom 常采用比其他大多数百货公司更为优质、明亮的灯具和地板材料，设施与货品摆放得整洁、有序。除了堪称完美的店内装饰外，你还能体会到销售员的热情与工作效率；如果你常在 Nordstrom 店前驻足的话，你会发现售货员是能跑多么远来询问你需要什么东西。曾经有这样一个故事，一名外国人在他的国家买了一条裤子，然后拿到在他美国办公室旁边的 Nordstrom 店里问是否可以退货；令他难以置信的是，那名年轻的售货员（并非是值班经理）只问了他一下花费多少，然后直接就从收银箱中拿出钱来给了他。[29]

这名员工为什么敢于这样为顾客服务呢？答案就在于他对 Nordstrom 文化的深入理解。与丽思－卡尔顿一样，Nordstrom 也建立了一个允许员工进行任何工作以服务顾客的文化。因此，这些员工不需要被告诉应该怎么做，而只需牢记组织文化期望他们怎么做就行了。

一个组织的文化可以通过多层次来理解，包括文化构件（可观察到的日常行为）、信仰与价值观（被组织和组织成员视为重要的行为方式和精神原则）以及组织品格（组织成员行为方式的深层本质）。[30] 管理者若要理解与评估一个组织的文化，必须从可见的文化构件入手，并回溯到产生这些构件的情境过程中——也就是要去发现隐含在文化构件中的组织品格，以及了解这些品格形成时所涉及的问题和情境。

8.4.1 文化构件

文化构件（artifacts）是可见的组织文化构成单位，包括组织架构、工作流程、工作语言等内容。组织文化中最易观察的一层就是文化构件，但不能认为它们就是组织文化的表面形式。文化构件包含"一个人刚进入一家拥有自己不熟悉的文化的组织中能看到、听到、感受到的所有现象，比如工作团队可见的产出……工作语言、技术、创新、行事风格……已印在纸上的价值观，可见的工作惯例等"。[31] 虽然这一组织文化的可见层次很容易去了解，但也常会对人们产生误导。我们需要明白的是，发现公司中存在哪些文化构件以及了解它们如何在实践中发挥作用的确很容易，但要理解它们为何是今天存在的这个样子则是另一回事了。比如，当你走进一家企业的总部时，你可能会留意到办公室如何布置、员工如何着装以及logo 或海报等其他可见的标志物。这些都是传递了企业文化的可见文件构件。

8.4.2 信仰与价值观

在文化构件之上，组织文化还由其成员所共同拥有或从公司学习到的**信仰与价值观**（beliefs and values）构成。[32] 通常意义上讲，信仰与价值观是指被赋予在组织文化构件上的内在意义，它们决定了对组织而言哪些是重要的，哪些是次要的。稍后我们将看到，组织的价值观常由其创始人所建立，并随其他成员的加入而不断丰富、发展。

8.4.3 组织品格

潜藏在明确表达出的信仰与价值观之下的是一个组织形成其文化构件的真正原因和组织文化的实质所在：组织品格。**组织品格**（assumption）是组织曾源于某种信仰而形成的行为方式，这些方式成功地帮助组织解决了当时的难题，从而逐渐在组织中成为理所当然的存在。[33] 当一种行为方式成为组织品格时，它就不再像信仰和价值观那样可以从组织成员中观察到，而是内在地、自然地、潜意识地发挥作用；从而难以从外部发现，只有组织内部成员才能体会到它。[34] 也就是说，它已经深深地扎根于组织中。

当加入一个新公司时，对新管理者和新员工最大的诱惑就是去关注其文化构件（比如公司成员的整体心态如何，办事风格怎样等），然后就径直开始点评了起来：这个组织文化是多么优秀，或是有多么糟糕。但正如我们之前所言，文化构件具有误导性作用。我们不能对其孤立地予以评价，而需要将文化构件与产生它们的根源结合起来认识；否则，我们就会最终与惠普公司（HP）的卡莉·菲奥莉娜（Carly Fiorina）一样，虽然自己声称推行"惠普之道"，但却没能够真正地理解它。

领导力开发

领导者常常把故事作为一种加强组织文化共识的工具。讲故事能够成为一次很有效率的领导实践，你可以通过它描绘出清晰的组织价值观，并传达这些价值观是如何激励成员去实现组织目标的。

回想你遇到过的一次某位领导者讲故事的经历，看看他是怎样通过故事将价值观和目标结合起来的：

1. 那个故事是怎样通过对情境的精心描绘为领导者的主要意图做好铺垫的？
2. 故事中有英雄式的人物吗？
3. 其中引用了哪些案例来传递价值观？
4. 故事中有提倡某种行动吗？
5. 故事的总体寓意是什么？

案例 8-2

惠普公司

少有企业拥有比惠普公司更为厚重、明确的组织文化。惠普的创始人将公司的商业模式集中在人和利润上，并建立了著名的"惠普之道"企业文化。其文化内涵包括"重视盈利，超过重视收入增长、团队合作、透明化管理、就业稳定、工资平等和灵活的工作时间"。[35] 至 2000 年，惠普已经成为全球最顶尖的科技公司之一，而"惠普之道"也帮助企业登上了《财富》"100 家最值得为之工作的公司"排行榜。

在 20 世纪 90 年代中期，惠普已经成为"打印机市场和 UNIX 平台电脑市场的领军企业，在 PC 市场的份额也不断上升"。[36] 持续的壮大也为公司带来了新的挑战，特别是在 1993 年两名创始人均退休之后。此时，卢·普拉特（Lew Platt）接掌了公司。普拉特是"惠普之道"的坚定拥护者，但有人认为他缺乏一些两名创始人拥有的商业天赋。普拉特发现了推动改革的需要。基于麦肯锡的战略咨询意见，惠普对其业务和资产进行了精简；重组后的惠普专注于打印机和电脑领域，分离出的部分成为安捷伦科技公司。

虽然进行了上述改革，但公司在 90 年代后期仍然很难实现预定的盈利目标。此时，董事会开始为推动公司进一步发展而物色新一任领导，他们寻找的目标是"富有魅力，能够提高公司盈利，具有销售和市场推广的背景，敢于挑战公司文化的强硬派"；[37] 在此标准下，曾于朗讯公司取得巨大成功的卡莉·菲奥莉娜被聘任为公司新的掌门人。菲奥莉娜到任后很快开始了对惠普组织文化的改造，并重新诠释"惠普之道"。在到任一个月后的某次会议上，她打断了一位部门负责人对所面临的市场挑战的汇报，"我在这里只申明一点，你需要完成你的业绩指标，不要找任何借口和理由；如果你完不成的话，我会找能完成它的人来做。"[38]

菲奥莉娜还很快地打破了惠普奉行的平等文化——她购买了一架商务喷气式飞机以供出行。虽然这在当时的 CEO 中并不少见，但却与她的前任，每年在经济舱中度过 20 万英里旅程的卢·普拉特形成了鲜明对比。[39] 虽然进行了这些改变，菲奥莉娜还是声明要继续坚持"惠普之道"，保持它在公司中的影响力。但同时，菲奥莉娜着手推行了业务策略上的巨大改变，重视从销售渠道解决问题，而非原来的关注产品改进。一些员工和董事会成员对这些改革持抗拒态度。不过菲奥莉娜给惠普带来的最大变化还是其收购康柏的决定。

惠普几乎没有采用过并购作为自己的商业策略，但菲奥莉娜坚信联合康柏的力量能够帮助惠普在和对手 IBM 的竞争中赢得优势。这一收购计划遭到了董事会成员大卫·帕卡德（David Packard）的坚决反对——帕卡德的父亲就是公司的创始人之一。在并购完成后，帕卡德起诉菲奥莉娜在事件中有欺骗股东的行为，虽然这场官司中途就撤销了。这场并购的优劣很难判定。合并后的公司得以减少 35 亿美元的成本和近 2 万个岗位；[40] 但惠普除保持了自己在打印机领域的竞争优势外，在个人电脑市场的销售情况并没有显著提高。此外，一些分析师也观察到惠普的股票几乎没有因为并购而遭到稀释，因为公司的核心利润来源仍然是打印机业务，而非个人电脑业务。

并购带来的最大改变是在组织文化上。在 2003 年后，超过半数的员工在工作未满 5 年就离开了惠普；公司在申请 2003 年"100 家最值得为之工作的公司"时也未能如愿上榜。此外，根据惠普一份内部的备忘录显示，"员工对管理层的信誉、值得尊重程度、公平度的评价都较低"。[41]

8.5　组织文化的形成

当组织的成员们开始自发地进行互动，并建立起共同的行为规范时，文化也就将在组织中快速地形成。而在一个正式的组织中，文化的核心部分通常是由创始人开始搭建的。[42] 创始人往往是在自身经历的基础上，带着对建立某些组织品格的很强冲动而创办组织的；也是这些想法让他们产生要创造某种新事物的欲望。

例如，家得宝的创始者们是基于要为顾客提供比所有其他同类企业都好的服务这个想法而建立公司的；这一想法影响了他们如何分配公司资源，怎样进行门店建构，同时也决定了他们会如何看待与顾客交流以实现公司目标这一问题。所以，尽管鲍勃·纳德利（Bob Nardelli）在接任公司 CEO 后试图彻底改变这种企业精神，用自上而下重视运营业绩和效率的文化替代之前以客户为中心的文化，但这一行动的结果是与现有文化发生明显冲突，因此纳德利也很快被新的 CEO 代替了。[43]

8.5.1　创始人的作用

创始人对组织文化影响的大小取决于他们参与组织运作的程度。创始人拥有若干施加其影响力，将某种文化融入组织中的方法，包括：

- 他们消除由风险带来的紧张感的能力

因为创始人承担了公司大部分的风险，因此他们对公司目前所处的状况最为了解，在紧张时刻就能够为员工减轻他们可能会感到的压力。

- 他们让组织品格得以确立的能力

创始人可以坚持那些不能给公司带来经济效益，但可以支撑企业价值观的决策。通过使坚持价值观胜过追求经济效益的方式，创始人可以对组织文化、组织中受重视的事物内容施加很强的影响。

- 他们对创新的鼓励

创始人是公司中唯一可以从事风险活动，而不用对任何人负责的人。因此，创始人通常都因其所处环境而表现出很高的创新积极性，同时也作为一个鲜活的例证去教育组织中的其他员工进行创新。[44]

例如，思科的组织文化源自于 Sandy Lerner 和 Leonard Bosack 对客户的重视。从一开始，他们就将自己的理念融入其业务的开展中；特别是 Sandy，她基于经历而坚定地认为抓住客户就是抓住了成功的钥匙。

当赫布·凯莱赫创立西南航空的时候，他将幽默和快乐的元素灌输到了公司文化中。西南航空的经营战略是提供低成本、点对点的空中旅程，但它是在一个轻松、愉悦，让旅客拥有不间断兴奋点的组织文化中实施的。快乐文化并不意味着西南航空的员工就不辛苦工作，相反，他们比大多数航空公司的员工还要努力，以求帮助企业为更多人提供低成本的空中旅程。在西南航空，员工首先须认同和符合这一快乐服务文化，然后才能得到雇用。[45]

8.5.2　组织中其他领导者的作用

由于其在组织中的特殊地位，领导者需对组织业绩负责，也极大影响着产生这些业绩的工作方式和相应的价值观。[46]员工会向领导者看齐并得出什么更重要，什么会被考核，什么会被嘉奖的结论；正因如此，领导者必须了解自己的某种言行会包含何种意义。[47]换句话说，领导者是组织中的行为示范者，因此必须能敏锐地觉察自己的行为不会导致预料之外的后果。一个强势的组织文化能够促使员工按某种方式行事，而领导者则有责任确保文化所促进的是积极、正面的行为。[48]

领导者可以通过对团队成员的严格要求，以及对突出行为的公开褒奖等途径来利用文化达到提高业绩的效果。此外，领导者还需确保公司发展方向与外部环境变化相适应，从而在公司文化的塑造中扮演着极为重要的角色。[49]在一份对成功企业的调研中，以下几方面因素被认为在领导者与组织文化的关系中发挥了重要作用：[50]

- 鼓舞所有员工尽其所能
- 允许员工进行独立决策和改进经营效率方法的探索
- 基于业绩进行物质奖励，并推动业绩不断上升
- 对员工给予提拔、赞许等精神奖励
- 营造富有挑战性的工作环境
- 建立并坚持一系列价值观

8.5.3　团队的作用

如我们在本章已探讨的，一个组织的文化会受到其创始人和此前经历的深远影响。但另一方面，组织文化也不是一成不变，而是持续发展演进的。有观点认为，组织的文化是随其领导者和员工的行动、决策而不断变化、修订的。在这种理解下，组织文化会是一种"突发"现象——随组织成员的交互和沟通方式而迸发出来。这些交互和沟通会逐步成为组织信念和价值观的一部分。[51]

团队影响文化的途径是通过它们接手问题、解决问题以及理解解决方案的方式方法。每个组织建立初期都会遭遇一些工作上的难题，需要集中组织的力量予以解决。[52] 如果某种解决方案不奏效，那组织下一次遇到相似问题时就将寻找另一种办法；如果该种方案能顺利解决问题，那么它就可能被一次又一次地采用，从而形成了"组织特定路径"。到了某一个时刻，组织成员们都会不再考虑面对某个特定问题时需采用哪种方案，而是直接认为他们应该延续以前的做法。此时，这种解决方案已经无可争议，甚至其制定过程和调整其优先级的过程也不再需要。这就是团队文化的诞生过程。而且，即便是创始人所提出的一套行为方式，也需要被团队中的员工进行如此检验后，才能成为组织文化的一部分。[53]

8.5.4 组织文化的社会化

那么上文中各项文化元素是如何融入组织中的呢？成员又是怎样适应组织文化的？一家企业可以通过很多途径来达到塑造文化的目的，比如在日本丰田汽车公司，所有新入职的员工都必须参加文化培训；而在美国联合包裹服务公司，新任管理人员都必须在各个业务轮岗，包括分类、配发快递等基础岗位。这一使成员理解组织的工作方式、人际交往方式的过程称为**社会化**（socialization）。组织文化的社会化过程可以通过以下形式实现：

● 对理念、宗旨、价值观的正式表述

例如谷歌就以各种文件的形式来表达公司的价值观，甚至公司首次公开发行的募股说明书都附上了公司的经营理念，即他们所称的"十件事"。附信上这样写道，"谷歌不是，也不打算成为一家遵循传统的公司"；[54] 经营理念中列出了公司秉持的价值观，比如"不穿制服仍然可以严肃对待工作"，以及"你不需要坐在工位上去寻找解决问题的办法"等。[55]

● 对物理空间的设计

一个组织在物理空间上的布局，以及组织成员与同事、与客户以及与外部第三方人员间的交流互动方式，能够传递出很重要的组织文化内涵。当谷歌的创始人，拉里·佩奇和谢尔盖·布林，将他们正值发展时期的公司搬到加州山景城的新总部时，他们将其称为"谷歌村"（Googleplex），并着手塑造一系列他们称为"谷歌式"的价值观和公司特点。在谷歌村中，谷歌式文化首先营造了一种轻松的工作氛围，在这里员工可以饲养宠物，运动用球的数量也是办公椅的两倍之多；走廊两侧排列着视频游戏和桌上足球的设施。营造这种轻松氛围是谷歌塑造组织文化的一个步骤。主管业务拓展部的副总裁梅根·史密斯（Megan Smith）曾说，"谷歌高层花费了很大心思在我们物理空间的安排上，比如各功能区域是相互交错的，因为我们希望不同部门、不同团队的员工能够增加相互交流。"[56] 通过这种方法，公司试图安排员工之间的偶遇以促进交流，从而激发新想法和鼓励协作。人事副总裁，拉斯洛·博克（Laszlo Bock），也提到谷歌很关注工作空间的安排。例如，公司"衡量餐厅中排队的长度以保证有时间聊天。同时就餐桌很长，从而员工需要路过并不认识的人，同时也容易挪一下椅子就能和旁边桌的人聊天。员工们都称呼其为谷歌碰碰椅（the Google bump）"。[57] 谷歌管理层对公司物理空间煞费苦心的布置正体现了其对于公司文化的塑造是多么重要。

● 树立榜样，领导者示范，教育和指导

谷歌的管理层希望他们的员工都富有创造力，而他们是按对员工的期望那样，自身就具备创新精神的。管理层的一个创新案例是 80/20 政策，公司在 2007 至 2013 年采用：在谷歌，技术人员被要求花费 20% 的时间于自选的项目中；他们将汇报自己如何利用这部分时间，公司则根据其成果进行考核。Gmail、AdSense、Google Maps 等产品都是在这 20% 的时间中诞生的。[58] 虽然这一规定催生了一些很棒的产品，但公司还希望将对创新的重视落地到每一位员工的工作中。现在，谷歌的领导者希望员工用 100% 的时间投入到新想法和创新活动中，而非仅仅 20%。[59] 树立榜样也是 Jeff Charney 进入 Progressive 保险公司担任首席营销官时依靠的主要手段。Charney "抓着写着 COMPLACENCY、GOSSIP 和 ME、ME、ME 的空啤酒瓶，并用棍子将它们全部打碎"。[60] 这一富有戏剧感的做法成为营销团队的新标杆——大家开始专注于团队协作，而非只顾小部门利益和内斗。

- 奖励机制和相应规则

哪些行为受到认可和奖励体现了一个组织文化中什么才是更重要的。AdSense，谷歌的一个事业部，会在每个季度举行一次"创意比赛"。此外，管理层还会给那些提高了业务效率的员工创意颁发"认可奖"，这一行为也正呼应了公司的一个价值观，"快永远比慢好"。[61] 通过竞争这些奖励，员工很快就领会了在公司中什么更受重视：创新与速度。

- 故事、传奇、格言等的传递

再以谷歌为例，因为在它身上正体现了故事对组织文化塑造的重要作用。有这样一个关于谷歌创始人的故事流传于整个公司，"曾经有一位部门高级经理犯了一个重大的错误，让公司蒙受了数百万美元的损失。但拉里·佩奇告诉她，自己很高兴她犯了这样一个错误；作为公司创始人，他更希望员工因行动超前犯下错误，而不是缓慢谨慎以求平安无事。"[62] 这个故事在公司内口口相传，塑造了谷歌敢于承担风险的文化。故事得以广泛传播正说明了它在教育团队成员时的良好效果。

- 领导者所关注、衡量和掌控的事

Ben & Jerry's 公司的创始人 Ben，希望建立一个被员工们称为"爱心企业"的文化，[63] 而这一文化中的价值观部分是通过管理层所关注的事项传递给员工的。例如，公司的年度报告中不仅记载了经营业绩，还写入了当年公司为社会所做的贡献；传递这一文化的另一个衡量标准是被称为 5:1 薪酬法的规则，即要求公司高管的收入不能是最基层员工的 5 倍以上。这些举措不仅提高了公司中的平等性，还能够吸引那些更看重企业责任的员工加入。

- 领导者对重大事件和危机的反应

在市场极度不景气需要进行大规模削减和整顿时，丰田汽车唯独没有进行裁员。在一片批评声和外界普遍不看好这一决策的情况下，公司仍然坚持留下了所有员工。丰田领导层对危机的这一反应告诉了员工，公司是多么坚持那句流传的公司格言，"我们所做的最大投资是人才"。[64] 很多宣称"人才是公司最重要的资产"的企业当面临危机时也就将这句话抛在了脑后。当组织面临困境时，员工能够体会到其真正坚持的文化是什么。

- 组织结构设计

思科的客户权益部是文化元素如何融入组织设计的典型案例，文化对客户关注被纳入了公司的组织结构中。此外，允许公司中的大部分员工与客户进行交流的设计也是强调公司文化的体现。

- 招聘、选用、晋升、管理员工的标准

组织成员在完成工作任务时体现出的能力特征，是理解一个组织文化中什么更受重视的重要线索。例如谷歌就非常重视聘任的标准。公司人事副总裁拉斯洛·博克曾说，"有很多聪明人并没有被雇用，因为他们并不适合我们的组织文化"。[65] 谷歌的人事部员工通过评估应聘者的认知能力，寻找那些"主动，灵活，具有合作精神，善于沟通交流"[66] 的符合谷歌文化的潜在员工。在这样的人事标准下，谷歌公司的管理层相信他们的员工都是"友好而善意，富有好奇心，具备敏锐的觉察力，在同事的帮助下能够进行良好的自我管理"的人。[67]
换句话说，他们相信通过目前机制选聘的员工将更能适应谷歌文化并为其做出贡献。

综合这些文化的社会化途径，我们可以发现组织文化是由以下几项关键要素决定的，包括：组织中的人员（技能与态度），组织的构建形式（组织架构），所需完成工作的特性（工作要求），以及领导者的作用。这些要素在具体情境中发挥作用，决定了文化塑造的过程（见图 8-2）；它们之间也是彼此联系、相互影响的。

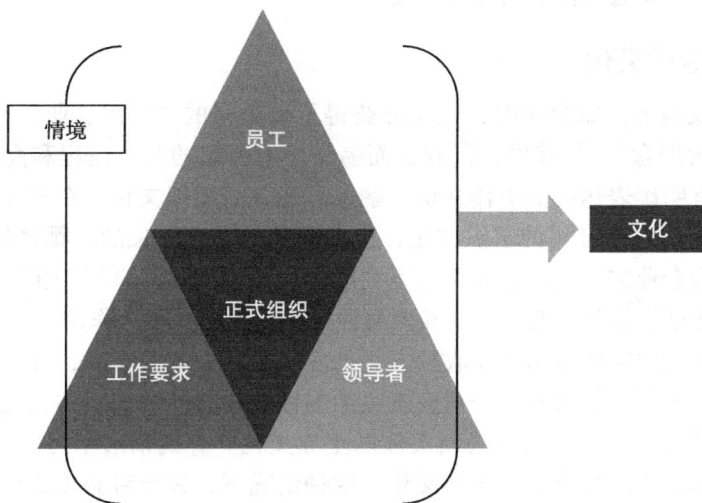

图 8-2 文化的决定因素

资料来源：Adapted from Michael B. McCaskey, "A Framework for Analyzing Work Groups," *Managing People and Organizations*, ed. John J. Gabarro (Boston, MA: HBS Press, 1992), pp. 241-262.

随时间推移，组织文化的社会化过程将形成对组织的更强认同感；这一组织认同（organizational commitment）的达成通常会经历三个阶段：服从、认可、内化（见图 8-3）。组织认同是文化社会化过程的理想结果，代表着员工认同组织及组织目标。而已经内化的文化将使公司业绩更上一个台阶，因为员工会以主人翁的心态进行工作。这样一来，员工们就不会再囿于职位的局限，而是积极主动地帮助企业实现对客户、对其他员工的承诺。[68]

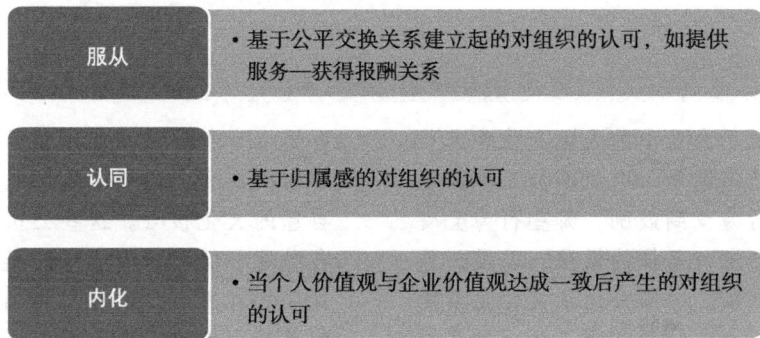

图 8-3 组织认同的形成

资料来源："Building Organizational Commitment," in Charles O'Reilly, "Corporations, Culture and Commitment: Motivation and Social Control in Organizations," *California Management Review*, vol. 31, no. 4 (Summer 1989), pp. 9-25.

8.6 组织文化与特殊时刻

在一个人职业生涯的某些时刻，理解组织文化会变得比平常更为重要，例如新加入一个组织，或刚接手一个新团队时。正如惠普公司的卡莉·菲奥莉娜所指出的，如果抛弃了公司的历史，那走向未来之路将会异常艰难。尽管改变通常是必要的，但了解出发点的情况也非常关键。[69] 在企业并购过程中，理解组织文化极为重要。一项调查显示，90% 的兼并最终未能达到预期目标，而罪魁祸首是文化的冲突。[70]

企业兼并中的组织文化

在一家公司收购另一家公司时，收购方获得了该公司的"资源、业务流程、商业模式，以及蕴含于其中的理念"。[71] 其中，资源显而易见，但公司的业务流程和商业模式都在很大程度上植根于没有明确表达出来的工作共识，融入了隐含的组织文化。在进行并购前，收购方的管理人员必须理解自己公司的组织文化，包括哪些是自己擅长的，哪些是自己做不到的；然后去了解被收购企业的文化，进而思考下列问题：两种文化间有哪些相似之处，又有哪些不同点？需要为此进行哪些改变？如何确保两种文化都发挥其最大作用？

企业并购中最大的问题常出现在收购方想彻底吸收另一家公司时，此时就将爆发组织文化的冲突。极端情况下，把被并购公司完全吸纳的做法将会使该公司的文化彻底消失，或者一些情况下，被并购公司的文化成为新实体的主导文化。并购情形中可能出现的最大挑战，是希望将两种文化真正地融合成一个新文化。这种情况下，领导者必须认真评估双方企业文化的各种元素，设计融合为一个，并通过精密审慎的方式执行下去。然而，不论文化最终要怎么融合，很重要的一点是确认两个要合并的企业拥有不少可兼容的文化部分，从而两个企业的员工将有较广的合作基础。

早年，思科公司是科技行业中很活跃的并购者。思科收购企业的成功经验，包括对收购对象文化的认真评估，以保证符合思科文化。当这种符合度不如预期时，思科会要求被收购方调整为思科式的文化。这种强行改变在被收购公司还处于初创期，自身没有成熟的文化时是有效的。但当被收购方是一家大型企业，或者公司的核心价值观已融入其文化中，这种强行的整合就不再那么可行；否则，收购方最终会发现该公司没有收购前那么大的价值，因为自己已经舍弃了一块很重要的价值组成部分。

本章小结

1. 组织文化体现了企业中的人际交往和工作完成方式。任何新加入组织的员工都需要去了解哪些行为受到鼓励，哪些行为会受惩罚，组织会期待怎样的做法，以及工作需要如何去完成。一部分组织文化元素是很明确的，比如其物理空间设计、对客户服务的重视或者对创新的不懈追求等，而另一些文化构成元素则不那么明显，包括对如何处理特定问题形成的基本共识等。

2. 文化可以成为公司业绩的推进器。思科、

丽思－卡尔顿等企业建立了以客户服务为导向的文化；谷歌和 3M 则以追求创新为自己的文化核心。这些公司的文化都通过各种途径促进了其业绩的提升。但文化也是一把双刃剑。现有文化越强，进行组织变革就越困难；那些具有根深蒂固文化传统的公司通常很难对外部环境变化做出及时调整。这种情况下，常需要新任领导来进行推动。

3. 组织文化的三个层次包括文化构件（可观

察到的日常行为)、信仰与价值观(被组织和组织成员视为重要的行为方式和精神原则)以及组织品格(组织中隐含而独特的深层本质)。未能透彻理解这些隐含元素而想复制他人组织文化的行为常会以失败告终,因为其只能照搬表面的文化构件,无法学到隐含的作用流程。

4. 组织文化形成于组织对工作完成方式和人际交往方式达成一定共识后。而创始人的行为、信仰和品性将对组织文化起到最初的影响。随时间推移,文化会通过正式表述的使命和宗旨、物理空间的设计、领导者的指导和示范、奖惩机制等多种形式更加全面地融入组织中。

5. 在企业进行收购或合并时,应该对文化加以特别的关注。当两家公司具有相似的组织文化时,并购过程中就会更少出现分裂和不良情况;而如果两家公司文化差异很大,特别是规模还相似时,就很难对业务流程进行整合。此时,一些被收购公司会被允许独立运营以使合并后的企业尽可能保持原有竞争优势;但大部分情况下,其中一种文化会占据主流,影响合并后的整个企业。

关键词

文化构件(artifacts)

组织品格(assumption)

信仰与价值观(beliefs and values)

组织文化(culture)

组织认同(organizational commitment)

社会化(socialization)

亚文化(subcultures)

课后练习

讨论话题

1. 组织设计和组织文化通过什么方式相关联?组织文化应当如何影响组织设计的决策?

2. 你如何去评估一个组织的文化?应该从哪些线索入手?

3. 为什么一个组织的品格极难改变?

4. 组织或团队文化中的哪一方面对你最为重要?为什么?

5. 如果一家企业希望培育乐于承担风险、敢于创新的文化,那应该采用什么样的组织设计?应如何制定奖励和反馈机制?

6. 如果一家企业希望培育注重效率、节约成本的文化,又应该在组织设计时注意哪些问题?可以参考西南航空,它成功地在低成本、高效率的基础上建立了崇尚快乐的组织文化。西南航空是如何做到的?

7. 为什么企业会努力建立员工的组织认同?一个上令下行的文化,存在什么缺点?

8. 组织文化能通过哪些方式影响公司的业绩?厚重的组织文化对公司而言,为何会既是优点,又是缺点?

9. 企业应该关注内部的亚文化吗?亚文化何时会对企业有利?

10. 为何组织文化会成为两个公司合并时的重要考量因素?

管理研究

1. 挑选一个你最近加入的组织或团队,请描述它的组织文化;其组织文化的社会化过程又是怎样的?

2. 挑选一家最近完成从创始人过渡到新任CEO领导的企业,思考如下问题:在创始人领导下的组织文化是什么?在新任CEO手中,哪些文化要素被继承了?哪些要素又被抛弃了?

3. 试评估一家最近被收购的企业:它在哪些方面吸收了收购者的组织文化?又在哪些方面保留了自己的原有文化?

4. 采访两三位有多年工作经验的人,了解他们的职业经历。相比他们刚工作时，今天的商业文化和从业者态度有改变吗？如果是的话，有哪些改变？

行动练习

将自己假想为一名文化人类学者，通过下列步骤考察你所在的学校：

1. 搜集可以代表你们学校文化的各类故事、传说、段子。
2. 试描述你们学校文化中的基本价值观或信仰。这些价值观又是如何反过来加强组织文化中的基础品格的？
3. 搜索并回答：学校的创立者如何影响了文化？
4. 寻找并描述现在校园中的"英雄"或"偶像"。
5. 试分类和概括校园中的不同亚文化。将你的研究成果整理成文或演示文稿，向班内同学展示。

第 **9** 章

人力资本管理

|学习目标|

在学习这一章后，你应当能够：

1. 解释人力资源管理如何能成为一家组织的战略性资产。
2. 画出一家组织计划、招聘、选拔员工的主要流程。
3. 解释培训、培养员工的方法。
4. 描述各种环境因素如何作用于人力资本管理。
5. 说明个人在自己职业生涯和个人发展上能够扮演的角色和发挥的作用。

|开篇自测|

战略人力管理

招聘和留住高价值人才已经越发成为企业战略中的重要组成部分。如果离开有能力同时也有动力的员工，一家企业不可能完成自己的战略目标。确保新老员工人尽其能的最佳方法是什么？战略性的人力资源管理如何能促进企业成功？在你思考上述问题时，请回答以下表述你认为是"真"还是"假"：

1. 多数人会高估自己在工作上的表现。
2. 与员工的反馈和薪资沟通应该单独进行。
3. 当员工负责一项任务时，如果授权让他自己尽情发挥，他的工作表现会比指示他逐个完成具体目标时更好。
4. 导师辅导项目对个人职业生涯的成败发挥不了什么作用。
5. 以价值观选聘人才的企业，会比以知识能力选聘人才的企业，更能留住员工和获得好业绩。
6. 最能预测一位新员工在公司内成败的，是其过去的工作经历。

7. 业绩优秀员工的跳槽可能性要比业绩较差员工的跳槽可能性低。

8. 基于团队表现的奖励机制要比基于个人表现的奖励机制更好。

9. 大多数公司都会提前并认真地规划自己的人力资源需求。

10. 员工自愿性离职会伤害公司的根基。

根据你的回答，看看你对战略人力资源管理的认识是怎样的，你对人性的认知又是怎样的。

9.1 概述

在 20 世纪的大部分时间，人力资源（HR）管理只是包括为工作需要招聘员工，设计和执行公平的薪酬方案，提供一系列工作福利保障。今天，人力资源管理同样需要发挥这些作用，但它的内涵更为广阔。在竞争愈加激烈的市场环境中，企业不仅要竞争顾客，还要争抢人才。人才对于企业成功的重要性越来越明显，在一些业务中，人力资本的重要性甚至高于财务资本。而在这个更换工作极为普遍的大环境下，如何能留住企业的核心人力资本是件很富挑战性的工作。企业怎样能够让自己最具价值的人才尽可能长地留任？又如何能激励那些只在公司里待上短暂时间的员工发挥其最大作用？积极主动型的企业会将人力资源视为可以优化的宝贵财富，从而成为获得差异化优势的重要途径，而非一种需要尽可能降低的成本项目。[1] 与财务资本类似，人力资本可以通过投资、培育而获得巨大回报；同理，如果没有着力经营，人力资本也会折旧、削弱。

注重人力资本建设的公司就会是《财富》杂志"最佳雇主"榜单上的常客。每一年，《财富》杂志和最佳职场研究所（Great Places to Work Institute）都将组织一次对超过 400 家企业的员工的调研。这一调研既评估员工的工作尽职度和满意度，也考量工作环境的整体水平。受访者需要就他们对于管理团队能力、工作满意度、工作环境舒适度等的看法回答问卷，提供来自员工层面的信息。而在公司层面，公司还需要提供关于企业文化、员工人口结构、薪酬福利方案、企业经营信条、内部沟通机制、升迁机会、为文化多样性所做的努力等信息。[2] 在总评分中，2/3 基于员工问卷给出，另外 1/3 则由经验丰富的评审员根据公司反馈给出。得分前 100 名的公司将获得"最佳雇主前 100"的称号（见表 9-1）。

表 9-1 最佳雇主排行榜前十名（2011 ~ 2015）

	2015	2014	2013	2012	2011
1	Google	Google	Google	Google	SAS
2	Boston Consulting	SAS	SAS	Boston Consulting	Boston Consulting
3	ACUITY	Boston Consulting	CHG Healthcare	SAS	Wegmans Foods
4	SAS Institute	Edward Jones	Boston Consulting	Wegmans Foods	Google
5	Robert W. Baird	Quicken Loans	Wegmans	Edward Jones	NetApp
6	Edward Jones	Genentech	NetApp	NetApp	Zappos.com
7	Wegmans	Salesforce	Hilcorp Energy	Camden PropertyTrust	Camden Property Trust
8	Salesforce	Intuit	Edward Jones	REI	Nugget Market
9	Genentech	Robert W. Baird	Ultimate Software	CHG Healthcare	REI
10	Camden Property Trust	DPR Construction	Camden Property Trust	Quicken Loans	DreamWorks

资料来源：Data compiled from Top 100 lists from Great Places to Work Institute website, http://www.greatplacetowork.com/best-companies/100-best-companies-to-work-for, accessed March 24, 2015.

像谷歌、韦格曼斯（Wegmans）食品超市等公司常年出现在这个榜单的前列，因为它们认识到了人力资源的战略价值。谷歌为其员工提供一流的食堂、健身房、洗衣房、按摩室、理发服务、洗车服务和干洗服务。[3] 它不仅因为提供富有竞争力的工资和大量福利而被关注，还由于各类丰富而独特的员工项目。例如，员工每为非政府组织服务 5 小时，CEO 拉里·佩奇会为其捐出 50 美元。2012 年，公司甚至资助了一组员工去为印度和加纳的社区项目工作。[4]

韦格曼斯同样为员工提供了丰富的成长机会。每年，这家公司都会投入约 490 万美元作为员工的学费，资助员工提升各种知识和技能。2014 年，公司为超过 3 万名员工提供了共计 9 500 万美元的奖学金。[5] 公司这样做出解读，"在韦格曼斯，我们相信优秀的人聚在一起，为了共同目标而奋斗，那将无往不利……我们同样坚信，只有满足这个公司中每位成员的需要，我们才能达到最终的共同目标。"[6] 与此类似，爱德华·琼斯公司也因其对员工发展的重视而连续多年进入这个榜单。即便在金融危机的市场寒潮中，这家公司也关注于投资员工个人发展，提升员工留任比例。一个可见的事实是，在大萧条最严重的时候，爱德华·琼斯公司也仍然保持盈利并且没有关闭任何一间分支办公室。[7]

在本章，我们将勾勒出企业如何通过计划、招聘、选拔来建设自身战略人力资源管理能力的路径。在计划阶段，企业需要统筹比较其人力资源战略与其经济资源、组织结构现状，以规划公司需要多少员工并安排这些员工的岗位角色。[8] 当已经获得人力资本后，企业则需把重心放在如何管理好人力资本上。为了达到这个目标，本章将讨论若干企业管理人力资本的方法，包括设计和提供培训项目、利用好绩效管理机制、持续适应内外部环境，以保证最优资源被使用在了最合适的地方。

归根结底，一个人的职业生涯发展的责任人是他自己。现今，员工在一家企业待的平均时长越来越短；在整个职业生涯中，你越发可能在多家企业或组织里工作过。对一名员工而言，了解和管理好自己愈加重要，唯此才能打造一个最适合自己的职业生涯。下面这个案例，Zappos.com，就是一家为员工创造了多种有趣的职业路径，极为重视人力资源管理，将其视为成功关键要素的公司。

案例 9-1　Zappos.com

在 1999 年将他的第一家公司以 2.65 亿美元出售给微软之后，25 岁的谢家华创建了一家风投基金 Venture Frogs。他的得意投资案例之一，是名不见经传但成长迅速的线上鞋类零售商 Zappos.com。1999 年，27 岁的 Nick Swinmurn 建立了美捷步，起初名为 shoesite.com。但 Swinmurn 很快将网站名字改为了美捷步，因为此名更便于记忆，并且与西班牙语中鞋的单词，zapatos 类似。在公司刚创建时，售鞋的零售网站超过 1 500 家；但在两年之内，得益于谢家华的投资和管理建议，美捷步已经成为最大的售鞋网站。[9]

美捷步的成功要归功于两个要素：对顾客服务的持续重视，以及厚重的以顾客为中心的企业文化。事实上，这两个要素也是相辅相成的。

自其创立，美捷步就志在消除线上售鞋网站的一些缺陷。尺码、款式、功能和价格是顾客在购鞋时考虑的四大要素。为了满足顾客的这些需求，美捷步提供了更快的次日送达服务和对所有鞋的免费退货服务，以便消费者能够在自己家里尝试所购鞋是否合脚。同时，美捷步也提供比其他售鞋网站更多的款式。更重要的是，美捷步通过网站和呼叫中心为顾客提供了突出的、及时有效的客户服务。综上，美捷步上齐全的款式、快捷的物流以及优秀的顾客服务使得该站能够以全价出售货品，从而得以支撑公司提供高端顾客服务和优秀员工成长环境的战略。

谢家华于2001年决定正式加入美捷步，担任联席CEO；并于2003年转为CEO。Swinmurn以董事会主席身份继续在美捷步任职了几年，但之后就跳槽到新的创业公司了。担任CEO后，谢家华着重强调员工的快乐感。Alfred Lin，美捷步的COO，十分赞同这一决策，"我们只雇用快乐的人做员工，同时我们也努力让他们保持快乐。如果公司没有支持快乐的企业文化，我们就不能办到这一点。我们将此视为公司的战略性资产。虽然我们拥有与1 200～1 500家品牌的良好合作关系，并且在市场竞争中暂时领先，但这些都是可以被他人复制的。我们的网站、销售政策，所有都可以被复制。但我们独特的文化不会。"[10] 谢家华相信，美捷步的独特文化使得公司得以提供高质量的顾客服务，从而区别于其他线上及线下的零售商。

为了实现他重视顾客的承诺，谢家华推动建立了美捷步的10条核心价值准则，以保证公司中所有员工对此的投入。第一条准则是"用服务传递快乐"，其他还包括"建立积极和像家一样的团队""激情而果断""时刻保持谦逊"等。在谢家华眼中，员工的幸福感和其生产力是直接挂钩的。为此，他鼓励员工们"花10%～20%的时间在工作之外、与团队成员的社交活动上"。[11] 他相信，如果员工与其同事建立了良好的个人关系，就也会将这种友好的相处模式用在和顾客的交往上。通过建立这些情感联系，谢家华认为员工将在解决顾客疑难时更加用心，也将更积极主动地思考为顾客服务的新法子。"全心地投入工作"，而非将工作与个人生活分开对待。

美捷步的第三条价值准则是"创造快乐和一点小惊喜"。这一信条很好地落地在了公司的招聘流程中：美捷步的招聘题目包括了填词游戏、走迷宫图、表演卡通剧目。在面试环节，应聘者需要给出符合个人特质的一首歌曲，并在古怪程度和幸运程度两个维度给自己打分。美捷步将更偏好那些有一定古怪程度分值（但不要得分高的），同时幸运程度很高的应聘者。公司招聘经理对此这样解读，"那些给自己在幸运程度打分很高的人，一般更具有创造性、冒险精神和创新思路，正是我们需要的那类人"。[12] 这些价值准则是招聘流程中的"硬条件"。对美捷步而言，价值准则不是挂在墙上的文字，而是需要深深扎根在企业文化和未来员工心中。谢家华说："我们将根据是否遵循我们的价值准则来决定聘用或是开除一名员工，不管他在具体工作岗位上的能力如何。"[13]

2014年，美捷步取消了在Monster.com、CareerBuilder.com等传统在线招聘网站上的招聘渠道，转为要求应聘者必须参加美捷步的招聘社团Zappos Insider的活动，作为申请的唯一通道。通过这个社团的活动，美捷步在职员工与应聘者进行充分沟通，以更好地了解应聘者是否满足公司文化的要求，以及进一步地，适合什么样的岗位。Zappos Insider也给应聘者以更好的机会了解未来他们将与什么样的人共事，以及公司对他们的期望有些什么。[14]

无论哪个岗位的新入职员工，都需要参加一个入职引导项目：接听客服电话。实际上，这是公司评估一名新员工谦逊程度的手段。如果一名财务经理或高管人员对接听客服电话十分不耐烦，那表明他与公司的文化并不契合。为了保证新入职员工与公司文化的绝对契合度，美捷步还对经过四周引导项目后无法适应的员工提供2 000美元的无偿补助，但他们必须离开公司。虽然在这个项目被淘汰的员工很少，但这确是一个评估新员工与公司文化契合度的快捷方法。在员工通过了这四周的引导项目后，每年还可参加超过200个小时的培训项目，包括沟通、冲突管理、客户辅导等务实的新技能提升，或者增加人生幸福感、追寻人生意义等相对务虚的课程。[15]

美捷步对员工的投入收获了巨大回报。公司在 10 年内销售额就突破 10 亿美元，并且 75% 的收入来自于回头客。亚马逊极为赞赏美捷步取得的成就，并在 2009 年以 8.47 亿美元收购了美捷步。这次所有权变动后，谢家华仍然留任并被授权允许在经营管理上保持独立。在收购之后，美捷步也持续位列《财富》杂志"最佳雇主"榜单。

案例思考

1. Zappos.com 的成功秘诀有哪些？

2. 你对美捷步的招聘流程的评价是？

3. 哪一类员工更可能在美捷步取得成功？

4. 美捷步的方法能够被其他公司复制吗？

9.2 获取人力资本

正如我们从 Zappos 中学到的，成功常常始于你在团队中拥有什么样的人才。在对的岗位上用对的人，对树立持续的竞争优势至关重要。在招聘合格的申请者之前，人力资源经理必须与公司领导共事，以便为他们目前和未来的人力需求制订计划。同时，也应掌握内部机构需求和考虑外在商业环境的影响。[16] 可以肯定的是，对 Zappos 这样重视顾客服务的公司而言是合适的员工，却不一定适合那些没那么看重顾客服务的公司。

管理者必须将人力资源实践同公司成长的阶段和战略目标相结合。一个公司可能处于五个成长阶段之一，每个阶段都有不同的人力需求。第一阶段是初创期，这时一个公司被认为是初创型的和不正式的。[17] 当一个公司发展到第二阶段，即功能性增长阶段，这时该公司的技术专业化和正式性得到增强。[18] 在第三个阶段，公司致力于有控制力的增长，该阶段公司发展出了更多的正式程序，并加强了对职业管理的重视。正是在这个阶段，公司开始拓展新的生产线。第四阶段公司进入功能的整合，这时公司发展出众多产品分区，并整合像会计、市场营销等不同功能来给这些分区更多的自治。[19] 最终，在第五阶段，战略性整合阶段，人力资源管理聚焦于灵活性、可适配性和跨业务功能的整合。[20] 当人力资源管理的举措与公司发展阶段相匹配时，才能够发挥最大作用（如表 9-2）。在第一阶段，更具灵活度、愿意从事各类工作来帮助业务生存的员工更受青睐。而当公司业务不断成熟，其他技能的重要性将逐步上升。例如到了第四阶段，公司更应该寻找那些擅长跨业务计划和分析，能够在多种不同产品和服务之间找出它们之间关联性的员工。

表 9-2 人力资源实践与组织成长周期的匹配

阶段一	阶段二	阶段三	阶段四	阶段五
初创	功能性增长	有控制力的增长	功能整合	战略性整合
松散、不正式的管理；基本的工资和福利；灵活的职位定义	符合业务需求的薪酬和福利；增加培训和发展计划；招聘专业人才	正规的评价与目标体系；例行化绩效评估；更多正式的控制机制；更清晰的职位定义	长期目标规划；开展跨业务的培训项目；更为正规的计划和招聘流程	人力资源与公司战略方向深度融合；长期目标规划；培训和发展计划为公司战略服务

资料来源：Lloyd Baird and Ilan Meshoulam, "Two Fits of Strategic Human Resource Management," *Academy of Management*, Vol. 13, No. 1, 1988, pp. 116–128.

考察公司战略与其人力资源管理是否相符的另一个视角是借用我们之前讨论的基本战略框架。正如我们在第5章已经介绍的，公司采用的竞争战略（成本领先、差异化或聚焦战略）将影响企业文化和哪些人更能适应该企业的文化。[21] 成本领先战略的特点是严格的成本控制、低开销和规模经济，因此，人力资源管理实践应该在注重成本效益的同时提高生产力。这种做法可能包括雇用兼职雇员或分包商，在工作分配中提供更好的灵活性，或者简化任务以缩短培训时间。在追求差异化战略的企业中，人力资源管理中应该包括持续的反馈系统，职能间的协作以及员工参与决策和责任。而在聚焦创新的战略中，人力资源实践应该允许更大的自主性和试验空间，并为员工发展和培训提供充足的机会。[22] 如果一家企业像Zappos一样认为顾客服务是其核心差异化要素，那么他们也就需要聘用以服务为核心能力的专业人才。

9.2.1 人力资源规划

在雇用任何人之前，公司必须考虑内部资源需求、潜在需求变化以及外部业务环境。人力资源规划尤其重要，特别是当企业扩展到新的市场时（包括国内和国外）。同时，在企业决定生产新产品和服务、开发新技术、收购公司或考虑缩减规模时，规划也很重要。

即使公司不期望组织发生重大变化，人力资源部门仍然必须制定规划，以确定如何满足当前的人力资本需求。例如，塔吉特公司就注重人力规划，以确保人力定位满足其潜在的增长需求。公司使用分职位、分月份和分部门的员工流动率以及未来业务预测等数据来确定具体的招聘要求。对于一些关键职位，例如业务分析师，塔吉特会在实际需要之前就进行雇用和培训。这使得新员工能够在合适的时点为公司创造价值。塔吉特也鼓励其团队领导和经理能够发展自己团队的实力。在任何时间点，塔吉特的管理人员都应该有一两个正在为其新职位进行训练的直接报告对象。这使得任何空缺的职位都能迅速找到称职的继任者。[23]

成功的人力资源规划需要**职位分析**（job analysis），如同塔吉特使用的方法一样。这是分析一个特定职位的相关信息，以便为该职位提供准确的描述并确定符合该职位的合适人选的过程。职位分析可以以多种方式进行，包括与管理层和当前的工作人员面谈，对工作场所的观察，以及自我管理的问卷测试。[24] 缺乏准确的职位分析可能会导致招聘成本增加、员工间的不平等、对工作准备不足和培训资源浪费等问题。[25]

在评估完公司的人力资源需求后，人力经理需要将他的注意力转向竞争格局，以保证公司提供的薪酬和福利在市场上具有竞争力。大多数职位的薪酬回报是综合其所需的教育、经验和预期从事该工作的候选人情况来决定的。公司通常参照市场中一个相类似职位的水平来设置薪酬水平。如果公司选择从竞争对手或另一家公司雇用员工，则应该提供符合或超过员工当前水平的薪酬。我们将在本章后面部分介绍有关薪酬和福利的更多细节。

商业环境评估对了解具有特定技能水平的员工的供应情况也很重要。例如，在经济衰退期间，有更多的工人失业，因此可能更容易找到合适的人来填补空缺职位，但这并不一定是成功的招聘。在上一次经济衰退（2008～2009年）中，许多工人失业，但其中许多是低技术工人，很少上过或根本没有大学教育。美国高等教育完成者的失业率峰值为5.0%，高中毕业生的失业率峰值为11.1%，初中毕业生的失业率峰值为15.6%。[26] 那些要寻找拥有特定技能水平员工的公司可能发现，即使在经济困难时期也招不到合格的员工。

9.2.2 人才招聘

一旦人力资源经理与公司领导层研究了预期的内部变化，考虑了外部因素如何影响他们的招聘，完成仔细的职位分析，写出职位说明，并确定理想应聘者的特征后，那就是时候开始招聘了。招聘可以在内部和外部进行。内部招聘涉及从目前在公司工作的员工中选择合格的申请人，而外部招聘则是在其他地方寻找合格的申请人。内部招聘有几个好处。首先，内部候选人更为理解公司的文化、背景和产品，这往往使得他们在新的角色中更快适应和发挥更大的作用。此外，通过雇用内部候选人，公司也向员工表明，他们可以获得潜在的职业发展道路，公司鼓励员工成长和发展。内部晋升道路的畅通也有助于在一开始吸引那些希望在一家公司长期扎根的优质应聘者。最后，在内部招聘时，公司知道更多关于候选人对该职位的技能符合度和潜力程度。这种了解使公司能够更积极地、合理地支持员工向新角色的过渡。 Nordstrom，一直位列"最佳雇主前100"之一的公司，就通过在其员工内部招聘经理级管理者，而始终保持其高水平客户服务的声誉。表现突出的新销售员通常在一年内晋升，其中最具潜力的员工还将参加公司为期六个月的轮岗培训计划。[27]

另一家在内部招聘方面特别成功的公司是通用电气（GE）。[28] 通用电气专注于为人才提供适合成长的工作岗位，以便员工在公司工作多年后，能够承担起领导角色。为了达到这个目的，GE 创立了许多内部实习和轮岗项目，使新员工能够体验公司的不同部门的工作。这些项目让新员工对 GE 的了解更广阔，也让 GE 对新员工素质与技能的评估更全面。相互更深的了解使得 GE 能让员工选择长期岗位时匹配度更高：无论是与员工个人技能的匹配，还是与公司需求的匹配。

人力经理们有时也会将目标放在外部应聘者上，例如拥有某些特定大学或特定公司经历的人才。在此过程中，公司可能需借助于人力咨询公司、猎头、招聘网站或是现场招聘会；一些公司还进一步允许移动端投递职位来让自己的招聘环节更加高效。例如，百事公司就认识到了许多应聘者会在排队、餐厅等位或是看球赛等零碎时间使用手机来查询招聘信息。因此，百事就上线了移动端的投递入口，让应聘者不仅可以在手机上搜索信息，更可以直接投递职位。[29]

外部招聘既有优点，也存在一些不足。如果想招募的员工已经就职于其他公司，那公司会不得不提供更高的薪酬来吸引目标员工跳槽；而一旦为他提供了更高薪酬，那就会引发公司里能力相当的原有员工的"同工同酬"问题。[30] 事实上，近期的研究发现，从外部招聘员工，公司将比内部招聘类似水平的员工平均多付出 18% 的薪酬水平。这一份多花的钱不一定会带来更好的业绩。一项研究显示，从外部招聘的员工的平均业绩表现相对较差，被解雇的总体概率也比内部员工高 61%。[31]

尽管外部招聘存在这样那样的问题，但许多公司除此之外别无选择，特别是当它们需要填补公司的某些关键新角色时。保罗·英格里希（Paul English），独木舟的创始人和首席执行官（一家旅游信息的聚合平台），认为无论何时何地，他都将尽最大努力招到最优秀的人，这样也就能保证业务成功了；即使有时候没有直接的职位空缺。英格里希解释道："我非常痴迷于招聘。在独木舟有一个笑话是，如果我们出差到旧金山，当飞机降落时，我的同事会问：'你在这次航班上又招了多少人呢？'"[32] 当发现一个有潜力的候选人时，英格里希会在 7 天内完成招募，不论是否有空缺职位。对英格里希而言，寻找优秀人才是独木舟的一个关键性的战略目标[33]——公司的发展是建立在技术专家的能力之上的。

许多雇主通过现有员工的推荐而找到新的人才。通过这种方式，公司能够减少一些从外部招聘的未知数。例如，现有雇员可以充当公司对申请人的主要参照对象。而且，由于员工熟悉公司，他也更有能力向潜在申请人描述职位的实际情况和公司文化。本质上，这种类型的描述被称为**真实工作预览**（realistic job preview，RJP）。RJP 是向求职者提供信息的过程，它突出了工作最重要的条件，包括其积极和消极的方面。[34] 传统的职务介绍一般不包括职位的消极方面。虽然看起来很奇怪，招聘人员会向潜在候选人透露工作的不吸引人的方面，但是 RJP 已被证明可以减少员工流动率。[35] 本质上，是因为求职者对他们的期望和性质有更全面的了解，之后才做出正式承诺。公司还必须考虑到，在某些情况下，如果职位的负面因素阻碍了一些人继续招聘过程，那么 RJP 可以缩小申请者范围。[36] 在人力资源经理招募了一批申请人，并已告知他们工作的积极和消极方面之后，下一个任务就是选拔最好的候选人。

9.2.3 人才选拔

今天的公司会利用各种各样的信息来选拔最好的求职者。这个过程与大学录取学生的过程类似。在大学招生中，学校会收集各种定量数据，如考试成绩和排名，以及定性信息，例如推荐、参与活动和荣誉列表，以及报名者与校友、招生老师面谈时的记录。公司也要收集其应聘者的各种定量和定性信息。这可能包括认知和个性测试、大学 GPA、标准化考试成绩、由应聘者提供的基本背景信息以及访谈和推荐信息。公司也开始使用社交媒体来了解未来的新员工。虽然具有争议，但一些雇主要求应聘者提供他们的 Facebook 密码。看申请人在真实社交环境中是如何表现的，对雇主而言很有价值；特别是对那些强价值观导向、期望员工遵守这些价值观的雇主来说，尤为有用。

由于大多数职位申请都产生大量信息，因此翻阅、排序、从中找到最好的候选人参加面试对公司而言也是一个艰巨的任务。这个问题在近年来变得更加突出：求职网站让投递职位更加方便，导致平均每个职位的申请人数量陡增。这种情况下，许多公司只通过简历来寻找关键信息，从而选择一些突出的候选人进入下一轮。而另一些公司会在过程中增加一种额外指标，利用能力测试来对所有应聘者排序。一些研究人员认为，能力测试比通过简历来预测未来表现要更为有效。[37] 能力测试通常包括一系列定量和定性问题，应聘者必须在限定时间内回答这些问题。这些测试为雇主评价每一位候选人提供了标准化的结果，这对于要从一个多样化的应聘者群体中筛选相对优秀的人是更有效率的。但是，虽然能力测试在中低层职位招聘时相当普遍，却很少用于选拔高层管理者。

员工也在以类似的方式评估公司。他们使用 glassdoor.com 等网站来评估潜在的雇主。这个网站包括工资、当前员工对管理层评分等信息。

视野

寻找合适的应聘者

越来越多的公司开始使用人格测评来筛选合适的应聘者。以施乐公司（Xerox）为例，公司在招聘新的呼叫中心员工时已经弃用了以往的考察从业经验的招聘方法，而换用人格测评来评估应聘者的创造力和好奇心。施乐发现更有探寻精神的员工有更大概率在公司长期留任，使得公司花费在培训上的人均 5 000 美元的投资避免浪费。不像从前询问候选人以往从业经历，施乐的人格测评会让应聘者在类似以下问题中做出选择："我相比其他人更喜欢提出问题""大家倾向于相信我说的话"[38] 等。施乐是与一家名为 Evolv 的创业公司共同设计其评测环节的。通过数据建模，Evolv 发现理想的施乐呼叫中心员工具有以下特征，"居住在工作地附近，有可靠的上班交通方式，会使用一个或多个社交软件，但不会超过四个。"[39] 虽然类似这样的评测有助于公司降低员工离职率，但也可能会给公司招致诉讼，特别是如果建模后的结果看起来会普遍性地让招聘歧视某一部分候选人。在这种情况下，公司需要证明这些条件是"有充分证据显示，这些条件与胜任这个工作相关"。[40]

虽然了解候选人的过去工作经历很重要，但情境面试能更好地评估候选人的未来表现。[41] 情境面试要求应聘者对各种可能在未来工作中发生的情境，回答自己会如何反应。情境面试让公司能更好地了解候选人如何运用他的分析技能来解剖情况，并提出一系列可能的行动计划。在某些情况下，候选人能够利用以前的经验；但在更多情况下，他将被要求处理一个完全陌生的情境。情境面试通常用于对缺乏工作经验的在校生的招聘。

选拔过程的最后阶段往往是背景复核。虽然大多数公司是联系由应聘者提供的三四名联系人来复核信息，但一些公司还会进一步尝试联系其前同事来评价应聘者。招聘的职位越高级，背景复核越多。复核过程中的一个关键问题是，"你会愿意再次雇用这个人吗？"如果回答者的反应有些迟疑，雇主就会谨慎考虑是否让这名应聘者通过。[42]

当面试结束后，面试官一般会进行集中讨论，就候选人的能力特点是否满足职位要求做充分沟通。然而，即便所有面试官都认为某一位候选人是最理想的，但通常还是由直接上级最终拍板决定，因为他才是在未来与候选人合作最密切的人。[43]

9.3 管理人力资本

在公司获得了人力资本后，就必须专注于管理它。本节我们将聚焦于处理员工发展和员工流动的相关问题。管理人力资本的实质是知人善任，让员工在公司里担任最适合他的职位，并让人尽其才，通过满足员工需求（无论是物质回报还是技能提升）来让员工有良好的工作表现，从而助力公司发展。首先，我们探讨公司如何培训和培养它们的人才。在员工新入职时，公司花费相当多的时间和金钱来提高他们的融入工作的速度，让他们掌握完成特定工作的技能。例如，美捷步要求所有新员工完成四周的培训，包括与顾客在电话上做大量的沟通。这种互动让美捷步的新员工更好地了解什么对顾客而言是重要的，最终提升公司整体的绩效。员工发展则不止步于最初的培训项目。在后续工作中，企业需要各种正式和非正式的反馈机制，来鼓励或制止员工的不同行为。在下文中，我们将讨论企业如何建立和运行反馈机制，包括绩效考核等手段，来支持和指导员工的不同行为。

9.3.1 员工培训与员工发展

长期以来，员工培训主要是在职培训；员工在该培训中学习如何完成特定工作任务，然后根据完成任务的质量来评价他们。而在当今的市场环境中，通过持续的员工发展项目，让员工了解最新的技能和技术创新已经极为重要。在培训计划上的投资也是对公司整体的长期投资，因为它有助于提升公司未来的劳动力质量和能力水平。

企业会出于多种原因而进行员工培训，包括需要让他们适应特定新工作，或教育员工使用新设备，或指导他们提供新产品或新服务。如果想要培训有效，它必须对内与组织的结构和文化相适应，对外符合竞争环境。然而，在组织投资培训之前，它应该了解什么类型的培训需要完成，以及谁是最有能力来提供这场培训的人。这被称为**需求评估**（needs assessment）。[44] 不幸的是，许多公司没有定期评估其培训需求，而只是对市场环境被动反应或跟随、模仿另一家公司的做法。一项调查发现，只有 27% 的组织会系统地评估培训需求。[45]

管理者可以采取以下一系列步骤来确定如何最好地进行培训。首先，管理者应该清楚他们的培训目标，这些目标应该来自组织的战略。其次，管理者应该确定组织的培训需求，并为这些需求确定适当的受众。寻找培训需求可以通过差距评估：人力部门统计出组织内员工的当前技能组合，并将该技能组合与组织的未来需求进行比较。例如，如果一家公司正计划推出一条需要专项客户服务支持的新产品线，那么培训就应该为提供这项支持而专门设计。一旦确定了培训需求和目标受众，管理人员就可以与人力资源专业人士一起设计培训课程，组织员工参与培训，并评估其效果。培训效果常常显而易见，从员工能应用（或不能应用）新技能就可得知。与任何项目一样，对总体结果进行评估有助于确定培训项目的改进空间。[46]

1. 培训类型

培训的种类就像企业中的工作岗位一样繁多，但大多数培训通常集中在帮助新员工熟悉组织、融入新工作方面。此外，许多组织还开展以员工发展、法律合规性或安全为中心的培训计划。表 9-3 列出了员工人数超过 100 人的公司所使用的培训类型，以及使用这些培训的公司的百分比。[47]虽然这份清单中的项目很多，但并非所有组织、所有员工都会使用它们。重要的是，根据公司的战略来决定哪些培训是有价值的。例如，公司的研发部门可能受益于创意培训，以及计算机编程方面的培训，而不必组织采购技巧的培训。而另一方面，整个公司可能需要进行多元化管理培训或防范性骚扰的培训，以减轻工作中潜在的法律风险。

表 9-3 超过 100 人规模的公司中常用的培训项目

培训项目	提供比例（%）	培训项目	提供比例（%）
入职导引	92	信息技术	60
绩效评估	79	激励方法	60
个人规划	78	计算机编程	58
团队建设	75	金融知识	57
领导力	75	压力管理	54
防范性骚扰	74	规划能力	54
招聘流程优化	71	写作技巧	54
对导师的培训	71	战略规划	53
新设备操作	71	多元化管理	52
安全技能	69	谈判技巧	51
授权的技巧	66	创新	48
产品知识	66	职业道德	46
会议技巧	66	营销技巧	43
目标设定	65	采购技巧	40
倾听技巧	64	财务知识	40
决策方法	64	废物处理	39
变革管理	63	退休知识	39
质量管理	63	戒烟知识	32
时间管理	62	业务流程再设计	30
问题解决能力	61	外语	22
公共演讲	61	其他	4

资料来源：Zandy B. Leibowitz, "Designing Career Development Systems: Principles and Practices," *Human Resource Planning*, Vol. 10, No. 4, 1987, pp. 195–207.

虽然培训主题类型很丰富，但是组织培训的方法却不多，可以大致分为正式培训和非正式培训两类。最常见的正式培训是在职培训，通常由员工的主管来组织，并在工作场所进行。[48] 对于某些特定职位，尤其是那些需要遵守特殊规定（如重型设备操作或使用危险材料）的岗位，通常会进行考试以确保员工掌握了相关知识和法规。[49] 正式培训也可以在工作之外完成，例如在专门用于教授某些技能的设施里。[50] 例如，航空业长期使用模拟器训练飞行员；美国国家航空航天局（NASA）开发了一个虚拟控制塔，可以模拟世界上任意机场的任意时段，以及任意天气状况，并模拟多达 200 架飞机的同时运行。[51] 正式教育课程则是脱产培训的另一个例子。许多公司与社区学院和大学合作，提供定制的企业教育，以满足企业的特定培训需求。[52] 有些公司甚至还建立自己的私立大学。如麦当劳汉堡大学，在那里员工可以学习麦当劳连锁店的具体运营。[53] 波音和通用电气也有自己的校园，并结合内部和外部师资，为其员工提供有针对性的培训。

虽然正式培训对员工的学习富有价值，但非正式培训往往更易奏效。[54] 非正式培训可能包括辅导或指导，是让员工在其工作领域或部门与更有经验的前辈结成对子。运转良好的情况下，这些结对关系成为员工了解公司和岗位所需能力的宝贵资源。我们还将在第 20 章看到，这些关系也可成为人社交网络的重要组成部分。

对公司而言，一个不小的挑战是去评估各种培训计划的价值和影响。对于围绕特定技能、完成重复性或安全性任务的培训，评估会相对容易，因为员工需要明确掌握一系列规范或知识。这种情况下，公司组织一场评估新员工技能水平的测试即可。而在其他情况下，评估培训的效果相对困难，特别是针对主题较广泛的领导或管理领域的培训时。

2. 员工发展

培训通常专注于掌握特定的技能、任务或知识。虽然员工发展这一话题常常也包括特定的技能培训，但其内涵更为广阔。**员工发展**（development）是一个长期的过程，旨在加强员工自我认知、提升管理能力以及促进每名员工挖掘其潜力。高潜力员工的发展计划往往包括，如果要在公司获得高成就，应一步一步如何努力的路线图。这个路线图或发展计划会包括加深自我认知的领导力评估，为体验公司各个业务领域的工作轮换计划，或者为培养特定的领导能力而组织的正式课程。专注员工发展对雇主而言愈加具有价值，因为它能吸引更高质量的员工，并让他们对公司的参与感更强。[55]

员工发展计划在组织的需求与个人的职业需求相一致时最为有效。为了确保协调一致，我们必须对公司的战略有深刻了解的同时，对员工个人能力、技能和愿望有深入了解。基于上述理解，人力资源部门就可以与管理者合作，寻找既具有挑战性、又满足个人利益，同时符合公司整体方向的员工发展契机。[56] 综合来说，员工发展的关键点在于提供反馈。

9.3.2 绩效评估与反馈

反馈的机制有很多，而现今被《财富》1 000 公司使用最多的是 **360 度反馈法**（360-degree feedback）；这一反馈机制让员工进行自评，并将自评与其他员工对他的评价进行对比。通过这种方法，员工不仅收到来自上级的评价（传统反馈机制中只有这一方的反馈），也收到来自同事，来自下属，甚至还有来自顾客或客户的反馈。[57] 360 度反馈法的起源可以追溯到 20 世纪五六十年代的人力关系学说，但它在过去二十多年中，随着组织的扁平化、越来越多的工作跨业务单元、员工获得授权不断增加而得到重视和流行。[58] 收集反馈的方法一般是：采用网上问卷，要求受访者就一名员工对公司有帮助的各方面能力进行打分或评价。这些能力维度可能包括，带领和培养团队的能力、人际交往能力、沟通能力、战略管理能力等。大多数情况下，受访者是由被评估人自己或其上级来选定的。

运用 360 度反馈机制的好处有很多。首先，它包含了自我评估，能够协助员工个人更好进行职业规划与决策。但纯粹的自我评估机制会导致评分虚高。因此，360 度反馈法的第二个优势就体现出来：它提供了对员工技能、素质和行为的更客观的评价。[59]我们很容易在自评时粉饰自己，所以将来自与自己有密切工作往来的伙伴的匿名评价与自评进行比较，是十分重要的。[60]第三，360 度反馈是领导力培养中的一个有效工具，因为它能指出被评估人的哪些方面还可以提高。[61]

由于 360 度反馈法的诸多作用，它也会被某些公司用于绩效评估，即运用 360 度反馈的结果来衡量一名员工的品德素质并作为晋升或加薪的依据。[62]这种做法会催化、暴露 360 度反馈法的一些缺陷。例如，一项研究发现，在 360 度反馈法用于绩效评估时，超过 35% 的评估人将给出不同的评估结果。[63]一些评估人想修改结果是因为他们不想让同事受到负面影响；[64]一些特殊情况下，评估方法可能完全失效，因为员工们会联合起来故意相互打高分。[65]另一方面，评估人也可能因为与领导或同事间的过往冲突而故意给低分。[66]由于上述缺陷，360 度反馈法更适宜运用在着眼于员工发展的调研上，而非用于加薪或其他涉及薪酬的事项上。这样上级和员工之间才能就员工的强项和可待发展的目前不足，进行更客观的评价和更具建设性的沟通。

鉴于开展一次 360 度反馈费时费力，大部分公司每年或是每半年才进行一次。在空档期，越来越多的公司将注意力集中在由员工直接上司进行实时反馈上。特别是高潜力员工，他们需要对其业绩的持续反馈、鼓励及成长建议。[67]借助更快速、可行的反馈建议，员工才得以更好地扬长避短，并及时提高自己的短处。

绩效评估

360 度反馈法能用于帮助员工成长，而正式的绩效评估方法则用于评价一名员工在一段时期（通常是一年）的工作表现。**绩效评估**（performance appraisal），是指在一个组织中，识别、衡量及管理个体成员的工作表现。它通常采取正式的形式，雇员与其直接经理会面，讨论自己在过去一年的表现，同时概述下一年的期望。该次沟通的讨论主题通常是由经理和雇员完成的正式的绩效评估表。

可用于绩效考核的一个工具是**目标管理**（management by objectives，MBO）。 MBO 起源于科学管理；科学管理是最早的组织控制理论之一。MBO 是通过制定希望员工在一定时间内达到的一系列特定目标来管理员工的方法。[68]MBO 的主要构成元素是目标设定和制订决策的参与感。[69]

目标设定指为个人或企业的绩效确定目标。在此过程中，应尽可能使用定量方式，因为它们清楚地定义了员工的期望并传达了组织最重要的目标。[70]因为目标设定是激励员工的最直接和最简单的方法，管理者必须意识到其缺点：在一个领域设定目标可能导致其他领域的工作被忽视。[71]对于简单的任务，管理者应该选择具体和可衡量的目标，因为他们可以向员工说明计划具有实际意义和特定价值。[72]但是对于更复杂的任务，"尽你所能"这样的目标通常更合适。[73]

员工必须在原则上接受目标，才会有动力去为目标工作。为此，目标必须是公平的，具有挑战性和合法的（见图 9-1）。[74]当目标略微超过员工的期望时，员工将努力实现它们；但如果目标太难，就可能变得打击士气；[75]而如果目标太容易，员工达到他们的目标后就变得自满，停止继续提升其业绩。[76]

图 9-1 设定目标的方法

资料来源：Adapted from Robert N. Anthony, John Dearden, and Norton M. Bedford, *Management Control Systems*, 6th edition (Homewood, IL: R. D. Irwin, 1989), pp. 55–57.

目标设定在许多公司中由组织的最高级领导者推动，这很常见，也反映了 20 世纪的风格管理。在这种风格下，高层管理者为下属设置预算和绩效目标，期望他们完全接受并遵守这些数字。[77] 虽然自上而下的管理在危机时期是有效的，但它在大多数情况下很少奏效，往往导致缺乏员工认同。[78] 相反，自下而上的目标设定方法，通过运用员工的关于工作方法、机会识别，以及需要解决的短板等知识来设置目标，从而促进员工对目标的认同。[79] 当员工有机会分享他们的见解和专业知识时，他们更有可能积极参与实现特定目标。

9.3.3 奖励机制

绩效评估用于评价过去的绩效，以确定潜在的工资和奖金提升幅度。而薪酬计划和奖励制度是维系公司与员工关系的一个重要组成部分。公司如何确定员工的薪酬水平呢？薪酬可以体现为许多种类，但基础类型是小时工资（适用于低级职位）或定额工资（给组织中的高级职位或管理层）。在基础类型之外，许多工作还包括奖金，甚至一些工作的薪酬绝大部分来自奖金（例如，基于佣金的销售岗位）。其他形式的薪酬包括基于团队业绩的奖金或福利。另一种常见的奖励形式是股票期权。有时候，个人愿意拿较少的工资，以换取一定数量的股票期权。在大多数情况下，工资是根据个人水平确定的，而奖金则既可根据个人，也可根据团体目标来确定。

1. 薪酬

个人薪酬的一种常见形式是**职位薪酬**（job-based pay），这意味着薪酬附加在特定工作上；增加工资的唯一办法是更换工作。[80] 这类薪酬政策通常是机械的、预先确定的和标准化的，最常用于科层制组织。这类组织中的工作任务拆分很细、定义明确，由监督人员严格检查工作量。[81] 一个例子是售后服务呼叫中心，员工的接听电话工作通过录音被严格监督。在这种场景中，员工获得的薪水与其工作时间内成功处理的呼叫次数紧密相关。职位薪酬制度最适合追求成本领先战略的公司。[82]

个人薪酬的第二种常见形式是**技能薪酬**（skill-based pay），即个人的薪酬由他的个人技能和知识决定，而不是由具体工作决定。在这些情况下，薪酬水平与员工个人为公司带来的技能、经验、知识和市场洞察相关。基于技能的薪酬制度适合管理层级较少、权力更分散和高速发展、现状迅速变化的组织。[83] 在这些环境下，通常需要员工个人使用他的个人判断来做出业务决策。

而为了鼓励团队合作，企业常会使用基于团队表现的薪酬制度，例如**收入分享**（gain-sharing）或**利润分享**（profit-sharing）来作为员工薪酬制度的补充。两者的相似之处在于，它们都针对一个团队的绩效进行奖励；并借此将一个团队的员工与企业利益联系起来，以提高生产力。[84] 使用这些基于团队的薪酬方法的优点是，可以完全根据特定的部门或团队而定制。收入分享机制是根据团队生产力、效率或质量所达到的指标来进行奖励的一种团队薪酬机制。[85] 收入分享所使用的绩效指标往往有些复杂，通常因团队而异。因此，一个组织内可能存在几个不同的度量指标。而利润分享机制是根据团队对利润的贡献度进行奖励的一种机制。[86] 相比收入分享，它更容易衡量和监控。

与基于个人的薪酬制度一样，基于团队的薪酬也有优缺点。收入分享计划允许管理者在生产情境发生变化时灵活调整目标和衡量手段。[87] 此外，基于团队的机制为员工个人提供了一层保护，使员工能够承担更多风险，更愿创新。[88] 身处集体的这种感觉可以提供强大的工作动力，特别是集体里所有成员都在努力工作的时候。然而，基于团队的薪酬制度也可能导致工作责任不明，因为没有个人对结果负最终责任。[89] 因此，团队中的一些成员可能不会做出理应的贡献，但仍能获得团队整体的好处。如果不能正确处理，这可能导致团队中的紧张态势加剧。某些情况下，团队的总体性能会衰退到平均能力，而不是它的最高潜力。[90] 当这种情况发生时，该团队不太可能从团队薪酬机制中受益。此外，搭便车者的存在会让贡献突出的员工寒心，从而优秀员工可能更倾向于寻找另一份工作。

2. 福利

福利是另一种形式的经济回报，它可能包括医疗保险、牙科保险和残疾保险等健康保险，以及诸如人寿保险和退休账户等长期项目。最近对六千多名美国工人的调查显示了福利的重要性。超过 70% 的受访者表示，公司的福利计划会影响他们寻找新机会的决定，61%的受访者表示他们会考虑稍微降低工资以换取强大的福利。[91] 许多公司在统计个别员工的总薪酬方案时包括了福利的成本。某些情况下，公司会支付占员工工资超过 30% 的福利（见表9-4）。根据美国劳工统计局，私营企业雇主在 2014 年 9 月的雇员补偿中平均花费 30.32 美元，其中 9.16 美元（或 30.2%）是福利的成本。这些福利的最大成本来自医疗保险。[92] 许多职位提供退休计划或养老金，这有助于缓解员工在停止工作后的经济压力。例如，消防员、警察等公共服务人员可领取随其服务年限增长的养恤金。对于公共部门雇主，这些退休计划的成本可能相当大，且往往由州和地方政府承担。私营部门员工则能以 401（k）储蓄计划的形式领取退休福利。在某些情况下，公司也为这些储蓄计划做贡献。

表 9-4　不同薪酬结构

薪酬组成部分	个体劳动者	私企	政府机构	薪酬组成部分	个体劳动者	私企	政府机构
工资	68.7%	69.8%	64.0%	医疗福利	8.5%	7.8%	11.7%
福利	31.3%	30.2%	36.0%	退休福利	5.2%	4.1%	10.0%
带薪假期福利	7.0%	6.9%	7.3%	其他福利	10.6%	11.4%	7.0%

资料来源：Adapted from "Employer Costs for Employee Compensation—September 2014," Bureau of Labor Statistics, U.S. Department of Labor, December 10, 2014, http://www.bls.gov/news.release/pdf/ecec.nr0.htm, accessed March 10, 2015.

公司向员工提供福利的最受欢迎的方式是通过使用**自助餐厅计划**（cafeteria plans）。自助餐厅计划是允许员工自行选择福利类型的一种制度。员工可以选择现金福利（如退休储蓄），也可选择不可领用的福利（如健康保险）。自助餐厅计划可以大幅降低提供福利的成本，因为它允许个别员工选择对他们最重要的。这样，公司和员工不必支付无价值的福利。通过此计划，让员工自主选择福利也有助于显著降低人力资源部门的行政成本和负担。[93] 值得注意的是，劳动力中的不同代际人群对薪酬和福利的重视程度不同。对于一些人来说，薪酬是一个关键的驱动因素，而其他人则受工作的有趣程度和多样性驱动。

9.3.4 管理跨代际的劳动力

现在许多组织中的劳动力至少由三代或四代人组成：①婴儿潮的一代，出生于 1946 年至 1964 年；② X 一代，出生于 1965 年至 1978 年；③ Y 一代（也被称为千禧一代），1979 年至 1994 年出生；④全新一代，1994 年后出生。每一代人拥有类似的历史或社会生活经历，而这些经历塑造了他们类似的世界观。例如，婴儿潮的一代共同受到越南战争、民权运动、水门事件、性别革命的影响。而千禧一代则是生活在网络世界中的第一代人，这深刻影响了他们在家庭或工作中的交流方式。[94] 而全新一代的共同记忆是"9·11"袭击、卡特里娜飓风、伊拉克战争和阿富汗战争、社交媒体的流行以及 2008 年金融危机及其后续衰退。

优秀的组织能够理解和善于利用不同代际之间特质、技能的差异。一个对于领导者的常见挑战是，不同代际的人群的动力因素并不总是一致，而且这些动因还会随着一个人的成长而不断变化。[95] 例如，认同感是一个公认的驱动力来源，但不同代际人群认可的认同感的类型和来源却不相同。一项最近的研究发现，经济回报和工作稳定性更能激励 X 一代，而婴儿潮一代和 Y 一代则更重视工作灵活性和社会贡献度。[96] 上述动因的区别可能是因为婴儿潮一代和 Y 一代处在能够探索更多的事业发展阶段——职业生涯的晚期或早期。而 X 一代则是处于职业生涯的高峰，因此更追求经济回报和稳定性。经历过 90 年代后期的技术快速变革、大范围失业和大规模的组织变革等事件，X 一代会比其他代际人群更为个人主义，平均而言，他们对组织的忠诚度也相对较低。[97]

有趣的是，一项探讨婴儿潮一代和 Y 一代的动力因素的研究发现，这两个代际人群的动因有很多相似点（如图 9-2）。当被问及自己更看重哪些因素时，许多答案在婴儿潮一代和 Y 一代之间是一致的，包括高水平的同事、工作灵活性、认同感和挑战。主要的差异似乎涉及生命阶段的问题。婴儿潮一代寻求更大的自主性和刺激性，而 Y 一代寻求职业发展。对于管理者来说，信息是惊人的——这两个人群都没有将经济回报作为主要动机。

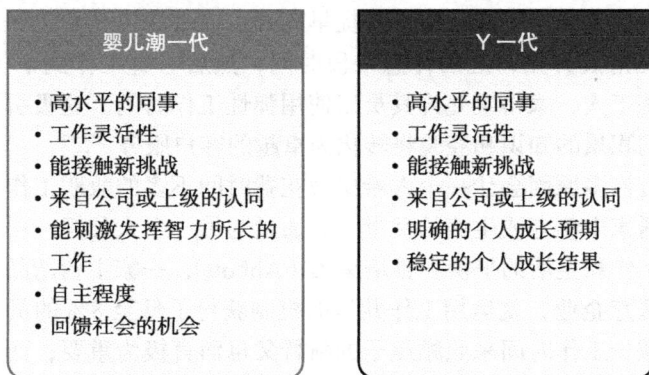

婴儿潮一代	Y 一代
• 高水平的同事 • 工作灵活性 • 能接触新挑战 • 来自公司或上级的认同 • 能刺激发挥智力所长的工作 • 自主程度 • 回馈社会的机会	• 高水平的同事 • 工作灵活性 • 能接触新挑战 • 来自公司或上级的认同 • 明确的个人成长预期 • 稳定的个人成长结果

图 9-2 婴儿潮一代和 Y 一代的驱动力

资料来源：Adapted from Sylvia Ann Hewlett, Laura Sherbin, and Karen Sumberg, "How Gen Y and Boomers Will Reshape Your Agenda," *Harvard Business Review*, July–August 2009.

在 2008 年，瑞银集团（UBS）通过为新员工提供在正式入职前"间隔年"的机会，吸引了许多 Y 一代的关注。新加入 UBS 的毕业生可以申请延迟入职，而去从事一年与社会责任相关的自己喜欢的工作，例如去教授英语、帮助遭受自然灾害的地区重建，或支持发展中国家的小型创业团队。在这个非工作年份，公司为新员工提供健康保险津贴和一半的基本工资。无独有偶，CVS 公司（美国的药品零售商）也启动了一个项目，让一些高级员工在夏季从南迁到北，冬季从北搬到南。这个项目允许员工申请从一家门店调任到另一家门店，而不会失去资历或福利。[98] 这两家企业都致力于创造性地根据其主要员工群体的偏好来调动员工的积极性。

更灵活的工作安排

由于劳动力中的不同代际人群对平衡工作目标和个人目标的偏好不同，企业已经在寻找创新方案来建构自己的工作环境。[99] 一些员工并不喜欢典型的 8 小时工作日，或鼓励加班的工作。对于这些员工而言，另一种在方式和时间上提供更大灵活性的工作安排机制，是更具吸引力的。[100] 目前流行的备选工作安排机制包括：可变工作时间、弹性工作时间、工作共担和远程办公。[101]IBM 多年来一直运用技术支持员工进行更灵活的工作安排。IBM 创建了全球工作–生活灵活性项目办公室，统筹跟进这一事项。其努力包括：增加了精简工作日、个性化工作时间表、远程工作、兼职工作和在家工作等项目。到 2011 年，超过 16 万名员工参与了某种形式的灵活工作项目，帮助公司节省了超过 1 亿美元的办公空间成本。[102]

- 可变工作时间。传统工作时间表从上午 9 点开始，下午 5 点结束，连续 5 天，这可能使员工难以处理一些常见的个人业务（例如看医生和参加家长会）。为了解决这个问题，可能需要一个可变的工作时间表，例如只工作四天，每天工作 10 小时，或前四天工作超过 8 小时，第五天少于 8 小时。在惠普，驻场工程师需要随时响应客户问题（7×24 小时）。为了满足这一需求，一些员工自愿选择在星期五、星期六和星期日每天工作 12 小时，然后在星期一工作 4 小时；其余员工则在一周内定期工作 8 小时轮班。[103]

- 弹性工作时间。与可变工作时间类似，弹性工作时间允许改变员工每天开始和结束工作的时间。然而，与可变工作时间不同，弹性工作时间不太结构化，从而为员工提供更多的工作时间控制权。通常，弹性工作时间制度区分弹性时间和核心时间。在核心时间，员工必须在他们的办公地点；但在弹性时间，他们可以决定自己的时间表。例如，员工可以提早开始工作，在下午提早离开；或者深夜开始工作，到下午晚些时候结束；或者在清晨开始，之后休息一段时间，然后一直工作到下午。[104] 为了留住正值壮年的熟练工人，家得宝允许其员工使用弹性工作时间。这吸引了员工长期在企业任职，而他们积累的知识和经验将转化为卓越的客户服务。[105]

- 工作共担。有许多原因会让一个人希望找花费时间不多的兼职工作，例如需要照顾小孩，或是照料家中年老或生病的父母。而通过与另一个人分担一项工作的职责，双方都可以达到工作和生活的平衡。雅培集团（Abbott），一家主营药品研发和销售的国际化的健康及医疗企业，就运用工作共担的机制获得了低至 8% 的员工流动率。工作共担对于需要减少工作时间来照顾孩子的新晋父母而言极为重要；而通过提供这样灵活的工作环境，雅培更能留住高水平员工，也提升了生产力。[106]

- 远程办公。随着技术的发展，远程办公越来越成为许多公司和员工的可行选择。80% 的入选《财富》"最佳雇主 100"榜单的公司允许其员工在某些工作上进行远程办公。[107] 通过远程办公，员工可以在部分时间在家办公，使用 e-mail 和互联网与其他员工联络和工作。远程办公对所有代际的人群都有吸引力。一项研究发现，超过半数的大学毕业生对远程办公感兴趣；其中部分原因是希望借此减少自己带来的碳排放。[108] AT&T，美国历史最为悠久的通信公司之一，也是远程办公的最大型支持者之一。2013 年，24% 的 AT&T 员工是进行远程办公的。[109] 一项最近的关于远程办公对呼叫中心生产力影响的研究是以中国一家旅行中介为研究对象；研究发现，远程办公的员工生产力要比在办公室的员工生产力高出 12%。这 12% 的提升主要来自于更少的中间休息和更少的病假。[110]

9.3.5　员工离职

人力雇用流程中的最后一环是员工离职。有些离职是员工自愿的，例如员工在其他公司找到了一个更好的工作，或是准备退出工作去学习深造或是处理其他个人事务。另一种自愿离职的常见形式是退休，即一名员工走到了自己职业生涯的终点。

当出现自愿离职时，公司需要花费资金重新来一轮人力流程：从招聘到选拔，到培训，再到培养发展。[111] 有时，自愿离职也是这些关键的人力环节运作不良的后果。例如，一项研究发现 80% 的自愿离职是可以通过改善招聘、选拔、培训和员工发展中的某一或某些环节来避免的。[112] 在当今这个竞争愈加激烈的市场中，失去一名高价值员工对公司而言是很大的损失，特别是这名员工带着他的知识、技能和对市场的洞察去了竞争对手那里。为了防止商业机密和其他敏感信息的泄露，许多公司现在在员工入职和去职时都要求他们签署保密协议和竞业禁止协议。

非自愿离职则是公司开除或裁员的结果，通常是一名经理人最难处理的工作。当一名员工的工作表现达不到职位要求时，他就将是被开除的潜在对象。而与此相反，大范围裁员则常是因为公司战略或市场定位调整的产物（例如，市场份额的损失或更激烈的竞争威胁）。在这些情况下，终止可能不是个人绩效的结果，而是市场下降的结果。在任何一种情况下，被解雇可能是一种创伤性的经历，管理者应该审查并遵守公司政策和法律要求。

非自愿离职对于公司来说也是昂贵的。非自愿离职往往需要支付相当可观的遣散费。遣散费因公司而异，但通常是向被开除或裁掉的员工一次性支付一笔钱。虽然两周工资通常是最低遣散费，但许多公司会根据员工工龄折算，每年多支付一两周工资。

尽管存在一些缺点，但是即使从员工的角度来看，非自愿离职也有一些好处。大多数时候员工被解雇是因为他们工作表现不好。从员工的角度来看，他有机会找到一个更加符合他的技能或期望的职位。从公司的角度来看，员工离职为劳动力提供了多样性的可能，降低劳动力成本或便于引进更有才华的候选人。[113] 即使在大量员工离职（例如裁员）的情况下，企业也是为重新调整自身、为未来战略做好准备。虽然这可能很痛苦，但这个过程也为组织提供了一个重来的机会。[114]

裁员

裁员（downsizing）是一个减少公司员工总量的过程，旨在帮助公司提高竞争力。裁员往往是组织发展生命周期的一个自然组成部分，通常是为了增加利润、降低成本或提高竞争力。[115] 作为 20 世纪八九十年代全球化进程的一部分，许多公司使用裁员来提升自己的竞争力。事实上，在 90 年代上半期，超过 85% 的《财富》500 强公司都进行过裁员。[116] 最近，2008 年全球金融危机再次使人们注意到裁员。裁员的主要表现是裁退员工、关闭工厂和进行整合。上述每个事项都不简单。以公平和透明的方式进行裁员的企业，将更可能获得低成本结构和精简业务带来的潜在优势。

管理裁员的受害者是一个具有挑战性的任务，但有一些原则是很有用的。第一是管理层应提前通知雇员他们的离开，依照美国法律，对于雇员超过 100 人的雇主，裁员时应至少提前 60 天通知雇员。[117] 让雇员提前了解，从而他们有更多时间考虑离职条款，并给他们时间找一份新工作。第二，员工应该从他们的直接主管那里单独获知裁员消息，而非通过不近人情的官方声明。消息应该简明、扼要，并包括对员工为公司付出的时间和精力的感谢。[118] 如果公司想做到尽善尽美，应通过提供考虑时间、经济支持、心理咨询、再培训或其他服务等帮助员工过渡。[119] 不过，这些类型的服务常常只有高管人员才能享受。

裁员对被裁退员工而言都是创伤性体验，但是经常被忽略的是裁员对组织中留任员工的影响。幸存者的态度可以对组织文化产生巨大影响。员工相信组织的无形契约，如果员工做好工作，组织将能够保持他们的工作和职业生涯发展。而裁员却破坏了这种信任。[120] 此外，裁员还可能导致对组织的愤恨和幸存雇员的内疚。在裁员的情境下，工作仍然需要完成，但必须由较少的人来完成，这可能影响生产力。[121] 裁员还可能导致幸存者变得狭隘、自恋、易怒、畏惧风险等。这已经成为一个普遍的问题，名为**幸存者综合征**（Survivor Syndrome）。[122] 虽然裁员对幸存者而言也极具挑战性，但许多研究发现，如果幸存者认为裁员是必要的，而且他们被公平管理，被裁退员工也在整个过程中受到了尊重，那幸存者对裁员的反馈会更积极。[123]

9.4 影响人力资本的环境因素

管理人力资本是一项充满变数的活动，它可能受到立法、劳动力关系和全球化在内的一系列环境因素的影响。虽然许多这些因素在管理者的控制之外，管理者对它们反应的方式可能关乎成败。

9.4.1 法律环境

在第 3 章，我们探讨了影响商业环境的一些法律框架。而在本节中，我们关注美国在管理人力资本方面的具体法律。在整个 20 世纪，联邦颁布了一系列法律，以改善员工的工作场所条件。改变工作环境的最重要立法之一是 1938 年的《公平劳动标准法》（Fair Labor Standards Act），该法为工作场所的健康、安全和福利确定了最低条件。此外，它确定了联邦最低工资，设定了工作周的最高工时，并正式禁止童工；违反者将处以严重罚款和可能的监禁。[124]

虽然这是雇员的一个重大胜利，但在处理妇女和少数民族方面的立法仍然存在缺憾。这一情况在 1964 年《民权法》（Civil Rights Act），特别是该法案的第七条通过后，才有了彻底改观。该法案最重要的规定是，"禁止基于种族、性别、肤色、宗教和国籍的就业歧视……本法禁止体现在招聘、工资、工作分配、晋升、福利、管理制度、裁员等所有方面的歧视"。[125] 1964 年的《民权法》是众多被称为平等就业机会（EEO）法令中的第一个。该法还成立了平等就业机会委员会（EEOC），以确保法律的落地。[126] 自那时以来，已经有许多法律出台来加强第七条的覆盖面，同时也涵盖了就业的其他方面，例如薪酬、健康和安全等（见表 9-5）。在一些州，法律已经开始禁止基于性取向的歧视。

表 9-5　美国影响人力资本的主要法令

法令	年份	主要内容
同酬法	1963	规定男性和女性如果同工则应同酬
民权法，第七条	1964	禁止基于性别、种族、宗教和国别的就业歧视

（续）

法令	年份	主要内容
就业法中的年龄歧视条文	1967	保护 40 岁至 65 岁的人群在应聘时不受歧视
职业安全与健康法	1970	规定了工作环境中最低程度的安全水平
职业康复法	1973	禁止对于残疾人的歧视，但仅对联邦政府生效
美国残疾人法	1990	禁止对于残疾人的歧视，是世界上第一部为残疾人制定的民权法案
民权法	1991	修订了旧民权法；使员工在就业歧视案件中更容易胜诉
家庭和医疗休假法	1996	保证员工享有基于家庭和医疗原因而无薪离开工作、不会被开除的权利

资料来源：U.S. Department of Labor, "Equal Employment Opportunity," http://www.dol.gov/dol/topic/discrimination/index.htm, accessed August 2012.

9.4.2 劳动关系

20 世纪美国的劳工运动对早期劳动立法产生了重要影响，特别是在大萧条之后那段失业率达到 25% 的时期。在这一时期出现的最重要的劳动法律之一是 1935 年的《瓦格纳法案》（Wagner Act），该法授予员工自发组织以及争取更好的工资、工作条件和工作保障的权利。《瓦格纳法》的通过导致了工会会员人数激增，到 20 世纪 50 年代中期达到美国劳动力的 35%。随后的法律，例如 1947 年的《塔夫特 – 哈特利法案》（Taft-Hartley Act），对工会获得的一些权力做了节制；但工会成员也继续上升了几十年。然而，自 20 世纪 80 年代开始，工会逐渐失去一些影响力，工会成员数量也大幅减少，在 2014 年更是下降了 11.1%（见图 9-3）。[127] 不过，尽管近来美国的工会会员人数已经减少，许多行业（例如航空公司、汽车和电影制作）仍然受到工会的明显影响。

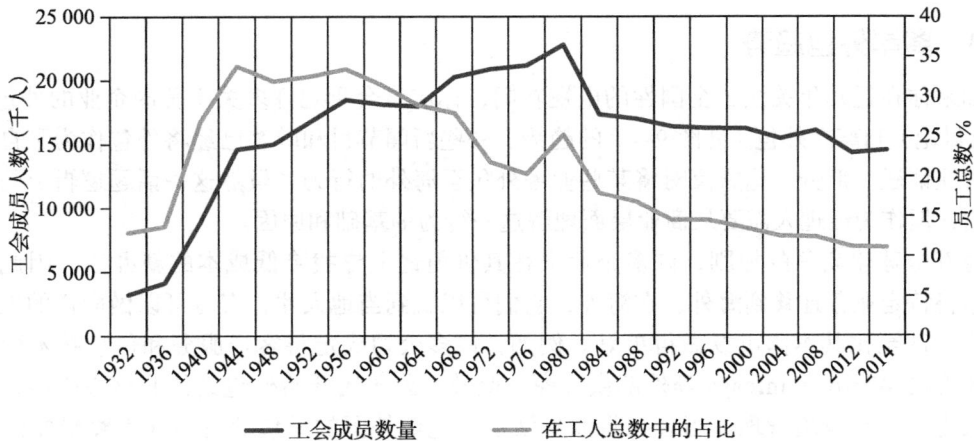

图 9-3 美国的工会成员数量变化，1932 ～ 2014 年

资料来源：Table 8-9-Series D 946-951: "Labor Union Membership as a Percent of Total Employment, 1930–2002," in George Kurian, ed.,Datapedia of the United States, (Lanham, MD: Bernan Press, 2004), p. 123. Barry T. Hirsch and David A. Macpherson, "Union Membership and Coverage Database from the CPS," available at http://www.unionstats.com/, accessed April 8, 2015.

工会通常分为两类：行业工会和专业工会。行业工会往往非常大，包括一个组织内的大量员工。例如，联合汽车工人工会是一个大工人联盟，覆盖了福特、通用和其他汽车制造商的大多数制造职位。另一方面，专业工会是由从事相同技术或专业的工人组成的，这些工人不那么固定，更可能来回更换工作。[128] 例如在好莱坞，就有一些分别代表电影产业链上每个工种的工会，例如编剧、编辑、导演、摄影师、动画师等。每个工会代表各自专业的成员，旨在为相应的工种争取更好的就业和福利。

员工可以出于多种原因加入工会，但最典型的原因是为了自己那份工作争取更公平的报酬和福利。对工资、工作性质和企业管理层不满的员工会更在意成为工会一员的价值。[129] 工会对成员来说是有价值的，因为工会为成员提供的许多好处只有通过**集体谈判**（collective bargaining）才能获得。集体谈判是工会代表与企业的管理层进行谈判以获得工资、福利、工作保障或员工资历的某些让步的过程。平均而言，有工会的企业的工资和福利水平更高。某些情况下，工会的口头威胁就足以让员工薪酬水平提高。工会还向成员提供了以更正式的方式来表达对雇主的不满。在 2011～2012 年赛季之前，NBA 的球员和老板之间发生了一起引人注目的劳资纠纷。最初谈判的结果是停工，球队老板中止了球员打球的机会。经过持久的集体谈判后，新的劳资协议终于达成，赛季得以恢复。

虽然工会能够为员工争取更强的保护和更多的福利，但成为一名工会成员却并非百利而无一害。加入工会通常需要承担比想象中更大的责任。例如工会成员必须缴纳自己的一部分工资以保证工会机构的正常运转。此外，工会成员的职业发展道路也相对坎坷。研究发现，相比未加入工会的员工，入会员工通常对工作满意度较低，对工作环境的挑剔度也更高。[130] 而同时，拥有工会的企业的员工流动率较低，提升了企业及其员工的稳定性。而随着越来越多的制造业工作迁到海外，工会发展的土壤也在减少。例如，当纺织业还大规模地将生产放在美国境内时，这一行业中工会力量很强大。但现在，行业中的大部分生产工作已经被外包到海外，工会力量也大不如前。统计数据表明，美国服装市场中，由国内生产的比例已经从 90 年代后期的 41% 跌至 2013 年的 2.5%。[131]

9.4.3 离岸外包趋势

如果你在近几年关注了全国性的电视新闻，你应该会听到许多关于美国企业的外包（第 6 章已讨论）和离岸外包（见图 9-4）的趋势。一些新闻节目和政客已经将外包作为了自己的主要关注话题。部分评论家反对将某些业务外包至海外的行为。虽然这一话题逻辑上的确涉及政治，但作为经理人需要从商业层面理解这一行为的基础和原因。

随着全球化竞争的加剧，许多企业都在其价值链上寻找降低成本的新办法。因此，企业开始将特定业务迁移到海外；在海外，它们可以找到当地人才，有时可以做同样的工作却更便宜，甚至比其本国市场做得更好。例如，许多公司决定将客户服务和信息技术职能外包给印度的 Wipro 和 Infosys 等外部供应商。此外，公司还开始外包其他非核心职能，如会计、人力资源和设施管理。当公司将业务活动外包给外国的承包商时，称为**离岸外包**（offshoring）。[132] 不过，将业务进行外包不一定能保证业务获得更高利润水平。许多情况下，外包之所以成功是由公司能有效管理不同地点的人才的管理能力所驱动的。[133]

减少劳动力成本是企业采用外包的主要动机。例如，在服务业中，在美国每小时赚取 35 美元的金融分析师岗位，在印度可能只需支付每小时 10 美元。在制造业中，在美国每小时工资 15 美元的工人，可以由墨西哥等地愿意只要每小时 1 美元的工人来代替。[134]

许多公司在离岸外包活动方面常犯错误。首先，它们花太多时间去选择外包的城市，国家和供应商却没有花足够的时间去判断哪些活动应该进行离岸外包。例如，管理者常常不能指出公司为了保持竞争优势，必须坚持仅自己生产的核心工艺流程。其次，管理者不考虑离岸外包过程中的固有风险。一些管理人员没有意识到离岸外包可以让供应商慢慢获得关系上的优势，增加供应商在以后交易中的谈判能力。[135] 最后，许多管理者没有意识到，除了离岸外包，他们也可以选择国内的外包，或者与合作伙伴共建。

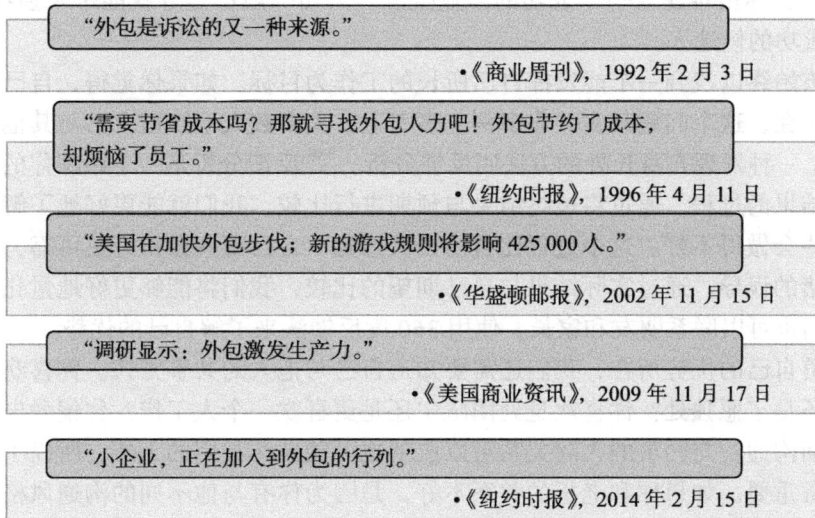

> "外包是诉讼的又一种来源。"
>
> •《商业周刊》，1992 年 2 月 3 日

> "需要节省成本吗？那就寻找外包人力吧！外包节约了成本，却烦恼了员工。"
>
> •《纽约时报》，1996 年 4 月 11 日

> "美国在加快外包步伐；新的游戏规则将影响 425 000 人。"
>
> •《华盛顿邮报》，2002 年 11 月 15 日

> "调研显示：外包激发生产力。"
>
> •《美国商业资讯》，2009 年 11 月 17 日

> "小企业，正在加入到外包的行列。"
>
> •《纽约时报》，2014 年 2 月 15 日

图 9-4　关于离岸外包的报纸头条

资料来源：Sunita Wadekar Bhargava, " Outsourcing Is the Source of Another Lawsuit, " *Business Week*, February 3, 1992; Keith Bradsher, " Need to Cut Costs? Order Out; Outsourcing Saves Money, but Labor Is Frustrated, " *The New York Times*, April 11, 1996; Christopher Lee, "U.S. to Speed Up Job ' Outsourcing ' ; Rule Change Could Affect Up to 425,000, " *The Washington Post*, November, 15, 2002; " Survey Says: Boost Productivity by Outsourcing Payroll: 2,000+ Accounting Pros Share Practices and Attitudes on Payroll Processing, " *Business Wire*, November 17, 2009, via LexisNexis, accessed January, 2010; and Phyllis Korkki, " Small Business, Joining a Parade of Outsourcing, " *The New York Times*, February 15, 2014.

外包是一个复杂的课题。虽然这种做法能降低公司的成本，但也可能造成内部员工对可能失去工作的不安，以及社会对国外工厂工作环境和品质标准的担忧。遇到这种挑战的公司是宜家。宜家是世界上最知名和最受欢迎的公司之一。以"为人们创造更美好的日常生活"为经营理念，宜家创始人 Ingvar Kamprad 不断优化着公司运作方式以降低成本。以此为重点，宜家将生产外包给世界各地的低成本地区。但当宜家发现其在印度的地毯供应商，所处的印度地毯行业竟雇用大约 20 万童工时，棘手问题就出现了。[136] 事件发生后，宜家在其与供应商的合同条款中增加了措辞强烈的条款，规定如果在生产中使用童工，则将终止合同。而在另一起涉及童工的事件之后，宜家采取了更严格的内部控制和审计措施，以确保其不再被卷入童工事件。[137] 但尽管如此，已经发生的童工事件仍然损害了宜家在全球的声誉。

9.5　管理自己

在过去，一个人连续几十年在同一个岗位工作或在同一个城市生活的情况并不少见。但那些日子已经一去不复返了。根据最近美国劳工统计局的报告，平均来说，每名美国工人只在一个岗位上工作 4.6 年。[138] 这意味着对于大多数人来说，岗位变化、甚至职业变化将是生活的常态。员工也不再依赖于雇主指引他们的职业道路。随着劳动力构成的越发复杂，需要

员工自己来管理自己的职业生涯，负责自己的成长发展，来创造更多的机会。

在考虑不同的职业选择之前，做一些"灵魂搜索"是值得的。首先，你必须确定你的能力优势和价值观。你喜欢做什么？你擅长做什么？你的兴趣在哪儿？如果没有一个对自身价值的充分理解，你很难建立一个成功的职业生涯。公司一般都是寻找能带来独特能力集合、以帮助公司成功的候选人。

我们应该始终以找到一个能发挥自己所长的工作为目标。如果你觉得，自己实际上不知道自己优势所在，这个问题其实并非个例。事实上，大多数人不知道自己与其他求职者的差异点在哪儿。一种发现自身长处的方法叫反馈分析。[139] 反馈分析是一个跟踪你的关键做法和决策的最终结果的过程。通过将最终结果与预期进行比较，我们就能更好地了解自己哪些能做得好，哪些会做得不好。这个过程比自己去"感觉"自己哪些做得好更可靠，因为人经常会受主观情绪的误导。通过实际结果与自己期望的比较，我们将能够更好地量化自己的长处和不足。我们也可以联系朋友和家长，使用360度反馈法来了解自己的优势。

除了知道自己的优势所在，我们还需要知道自己与他人的共事方式。你喜欢与经理保持密切联系，还是宁愿独处？你喜欢身处团队中还是更喜欢一个人工作？你偏爱电子邮件、打电话还是当面沟通？与同事的人际关系可以成就也可能破坏我们的工作，所以了解自己的行为喜好也非常重要。如果你和老板的关系不好，是因为你有与他不同的沟通风格吗？与人当面讨论一下你喜欢的沟通方式可以大大改善你与同事的工作关系。在沟通方式上的偏好也可能会影响你的职业决定。例如，如果你喜欢独自工作，咨询公司可能不是一个好选择，因为大多数咨询项目是由团队完成。几乎所有的商业工作都需要一定程度的团队合作，但也有一些职位需要的人际交往较少，例如研发岗位，以及财务和会计岗位。

领导力开发

职业变动既是机遇，也是挑战。换一份工作可能让人实现自己的梦想，也可能让人走上职业道路的一个死胡同。我们的目标应该是在工作变动的每一步，都能稳当地迈出。虽然一份新工作总会具有不确定性，但仍有很多事情可以帮助改善这一点。第一步是在做职业变动之前做好功课。你应该了解该行业的基础知识。你正在面试的这家公司与其竞争对手有何不同？行业处于成长期、萎缩期还是稳定期？这些问题的答案将使你能以更有见地的方式表现自己。此外，这些功课还能证明你对该职位和公司的兴趣。

考虑一下自己毕业后的理想工作，回答下列问题：

1. 什么类型的行业最吸引你？
2. 你认为企业的哪个生命周期能使你成长：初创期、成熟期或者转型期？
3. 你的长期目标是什么？你想长期留在一家公司，还是想探索各种潜在的机会？
4. 在选择潜在雇主时，地理位置对你而言有多重要？

知道你的工作方式能指导你选择何种职业方向，但了解你的学习方式对选择任何职业方向都很重要。因为增加你的知识、见地和技能是职业生涯发展的关键。在职业生涯早期，了解你的学习方式尤为重要。有些人通过阅读学习——他们是视觉学习者；其他人可能更偏好使用听觉学习。还有一些人通过写作、记笔记或其他行动来学习——他们是动觉学习者。知道你最好的学习方式能够在长期中提高你的生产力。为了确定你最适合哪种学习方式，可

以尝试在一段时间内只使用一种学习方法，然后切换到不同的方法，看你学到的更多还是更少。

在选择职业生涯时，你的价值观也很重要。为了确定你的价值观，你需要梳理在生活中关心的所有事情，并找出哪些是最珍贵的。请注意，价值观不同于道德。道德规范由适用于每个人的一般规则组成，而你的价值观是专属于你的——你可以决定自己更珍视什么。例如，如果你认为陪伴家人更重要，那你可能就想限制自己的工作并减少出差。如果你认为一个特定的政治事业很重要，你可能就想找一份时间较灵活的工作，让你在大选期间有空去参加集会和选举活动。

在考虑换工作时，我们应该保持主动，而非被动。[140] 换句话说，如果你只是想逃避现有的工作而去换一份新工作，并不总是一个好决定。这样可能会让你勉强接受一份不理想的工作；相较而言，试图解决你在当前工作中想去逃避的问题或许是一个更好的选择。每当你有离开的冲动时，先冷静下来，考虑一下除了离开你能否有其他选择。如果是遭遇一个尴尬的人际问题，那有没有人可以帮忙解决？如果你不喜欢你现在的工作任务，是否可以要求重新分配到不同的部门？提出这些问题有助于澄清，你的不安和不快是与整个工作及公司有关，还是只是工作中的一个小困难。在某些情况下，解决这个困难就能让你重新感觉到工作带来的参与感和幸福感。

职业变动难免带来压力，但风物长宜放眼量。挫折是生活的一部分，大多数职业也不是一路平坦大道。如果你充分了解自我，一个（或两三个）挫折不会阻止你在长期达到你的目标。如果你遭受了挫折——失去了一份工作，或者你不喜欢你目前的工作，那回归自己的初心：考虑自己的所长，与他人共事的方式，学习方式以及自己的价值观。了解自己是管理职业生涯的关键。

本章小结

1. 人力资源管理是任何组织的战略的关键组成部分。那些将员工视为战略资产的组织更能在长期获得成功。虽然过去人力资源被认为是一项成本，应该尽可能控制在这上面的花费；但今天，各类组织都在大力投资于人才培养。这些组织意识到，企业的战略是由人来执行的，成功依赖于一支积极主动、爱岗敬业的员工队伍。

2. 像组织的战略一样，有效的人力资源管理始于规划。组织应评估内部和外部环境，以预测为应对未来挑战所需的人力资源类型。有效的规划应包含差距分析，企业需评估目前能力与期望的差距，这一评估的差距构成人力资源需求的基础。在评估其需求后，组织应将其注意力转向员工的招聘和选拔。大多数公司都从内部和外部两个来源进行招聘。内部员工一般在短期内比外部员工更有生产效率。同时，注重内部招聘也表明公司致力于员工的长期发展。虽然有上述优势，内部招聘并非一直适用，特别是对于某些需要独特技能的职位。无论招聘方式如何，企业都必须根据工作要求评估候选人的能力。这种评估可以基于许多因素，包括能力和性格测试、基础面试、背景复核以及情境面试。

3. 员工被聘用后，战略人力资源管理并不就此止步，相反，工作才刚刚开始。员工培养和发展对于确保公司充分激发所有员工的全部潜力而言至关重要。许多公司有丰富的培训和发展计划，使新老员工都能够提升自己的技能和素质。随着在公司内的工作时间增长，员工应该享有相应的专业发展计划，以保证他们能胜任更复杂的工作，承担起更多的管理职责。通过不断的反馈和绩效评估，企业可以评估员工在达成具体目标上的表现。这些措施也可以为需要哪些培训和发展计划提供线索。绩效考核是加薪、晋升、奖励甚至开除等决定的基础。

4. 人力资源管理不是在与世隔绝的环境中进行的。企业必须遵守各种就业法律，以确保其人力资源活动是公平、公正、合法的。多年来，员工和社会公众都影响了针对商业的立法。特别是工会，在制定公平工资和良好工作条件的标准上发挥了重大作用。虽然工会运动在最近几十年已经减少，但它在许多重要行业仍具有很大影响力。当今最重大的两个环境因素是全球化程度加深和市场竞争加剧。为了在全球范围内更有效地参与竞争，许多公司选择将一些非核心功能进行离岸外包。虽然这种方法可以节省成本，但也会增加管理的复杂性，因为管理者需要监督散布于全球的多样化的劳动力。

5. 虽然组织可以帮助员工发挥他们的潜力，但个人发展的最终责任仍在于员工自身。员工个人应该选择价值观和文化与自己相契合的雇主，以更好地掌握自己的职业生涯。个人职业成功往往是仔细规划和审慎分析的结果。在这里，被分析的对象不是组织，而是个人。更了解自己的人，将更有可能获得有意义和成功的职业生涯。

关键词

360 度反馈法（360-degree feedback）

自助餐厅计划（cafeteria plans）

集体谈判（collective bargaining）

员工发展（development）

裁员（downsizing）

收入分享（gain-sharing）

职位分析（job analysis）

职位薪酬（job-based pay）

目标管理（management by objectives，MBO）

需求评估（needs assessment）

离岸外包（offshoring）

绩效评估（performance appraisal）

利润分享（profit-sharing）

真实工作预览（realistic job preview，RJP）

技能薪酬（skill-based pay）

幸存者综合征（survivor syndrome）

课后练习

讨论话题

1. 人力资源以哪些方式成为企业的战略资产？

2. 为什么公司的人力资源部门与公司的增长阶段保持一致很重要？随着公司扩张，人力资源的角色应该如何变化（见表 9-2）？

3. 企业规划其人力资源需求的有效方式是什么？在规划过程中最重要的信息是什么？

4. 解释内部招聘和外部招聘的优缺点。

5. 招聘新员工时，你认为最重要的标准是什么？在你眼中，什么能最准确地预测应聘者未来的工作表现：职位技能测试、面试表现、背景复核还是其他方面？

6. 员工培训和员工发展计划有什么区别？

7. 360 度反馈法的优点和缺点各是什么？

8. 什么样的就业立法对人力资源管理的影响最大？为什么？

9. 为什么在过去几十年中美国的工会运动有所下降？什么样的企业或行业更有可能受工会影响？

10. 离岸外包以什么方式为管理者减轻了负担？又以什么方式加重了负担？

管理研究

1. 选择一家至少连续两年出现在"最适合工作的公司"榜单上的公司，（http://www.greatplacetowork.com/best-companies/100-best-companies-to-work-for），并概述你为什

么认为它应该被列入这个名单。查找未进入榜单的公司的竞争对手。对比两家公司，为什么该公司能够上榜而对手却没有？

2. 越来越多的公司依靠更灵活的工作制度来吸引和留住员工。寻找两三家积极提升工作灵活度的公司。它们提供了哪些方式？这种工作上的灵活度在哪些方面为公司提供了竞争优势？会有什么潜在的缺点吗？

行动练习

1. 访问你所在大学的职业发展中心或线上求职论坛，查看一些职位描述。哪些提供了真实工作预览？如果公司决定发布真实工作预览的话，它将包括什么内容？

2. 采访一家当地公司的人力资源主管。请他解释公司的人力规划、招聘和选拔流程。人力资源工作应如何与企业的业务需求保持一致？

3. 与一位家人聊聊他的职业生涯。他换过多少次工作？为什么要更换工作？在现在的时点回顾以前的决定，他们会做出不一样的选择吗？

第 **10** 章

绩 效 管 理

学习目标

在学习这一章后，你应当能够：

1. 描述控制周期的四个阶段，并了解如何运用它评估企业的业绩。
2. 说明平衡计分卡及其组成部分如何在绩效管理系统中发挥作用。
3. 列举企业设定绩效指标的各种方法。
4. 解释企业怎样对其业绩进行监督，并指出企业可用于绩效衡量的工具。
5. 说明管理者应如何采取矫正行动以提高公司未来业绩。

开篇自测

你是如何管理绩效的

有效的管理应该是清晰地了解你想要达成的结果，并制定战略来实现这些目标。现在就请以"是"或"否"回答下列问题，测试一下你通过绩效管理来实现目标的能力。

1. 当开始一个项目时，我头脑中已经有了想要达到的最终结果。
2. 在设定目标时，我会确定一个大约超出现有能力，但能对我起到锻炼作用的指标水平。
3. 我会使用监控图表、计分卡等工具来管理我的工作表现。
4. 我在工作时会进行自我监督，即通过内在的自我控制确保自己坚持工作。
5. 我认为重视工作质量是管理自己工作表现的关键所在。
6. 在设定目标时，我会将自己的愿景、战略和工作表现联系起来。
7. 工作时，我会以目前他人最好的成绩作为标杆，以明确自己还需如何改善工作。
8. 我会根据所处的具体环境和情境来进行绩效管理。
9. 我会使用多种指标来衡量自己的工作表现。
10. 我建立了一个反馈机制以更全面地评估我的工作表现。

如果以上多数内容你回答"是"，那么你已经具备利用绩效管理来促进业绩提高的能力。

10.1　概述

组织中的战略往往由高级管理层制定，而基层管理人员和员工则承担着将这些想法付诸现实的职责。要实现这些想法，或者说让全公司都做出一定变动，乍看起来是项很艰巨的任务；但商业领域和平常生活一样，恰当的衡量与考核是保证目标完成的最有效途径。而获得成功最关键的一点就在于选择正确的衡量标准。如果选择得当，绩效考核将有力地支撑一个组织的战略落地，管理者从而得以掌握其行动、战术的执行情况。[1]

我们要在具体情境中才能更好地理解绩效管理在组织中的作用，其工作机制就像是一台汽车发动机。发动机通过一个极其复杂的流程进行工作，包括使驱动系统各零件恰到好处地协调运转，以推动汽车前进。但如果从一个远距离的视角来看待汽车的话，发动机就只是这样一个金属部件：将投入——汽油，转化为产出——动力。工作机制与之类似，一个商业组织也可以被分解为三个部分：投入、转化过程、产出。站在宏观的视角来看，商业体中的各种复杂系统都是实现转化过程的工具；而包含四个阶段的**控制周期**（control cycle）（见图 10-1），则为监控这一转化过程提供了手段，从而帮助企业获得保质保量的理想产出。

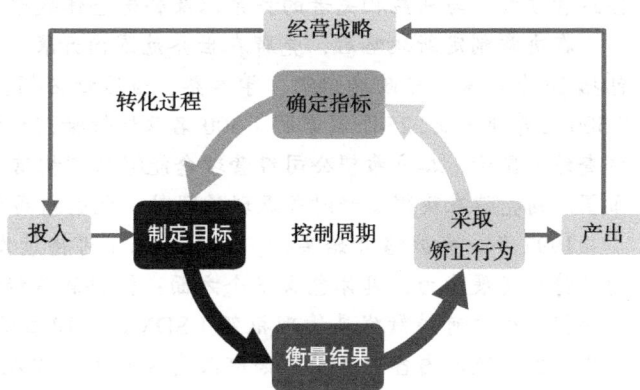

图 10-1　控制周期

资料来源：Reprinted from *Accounting, Organizations and Society*, Vol.8, 1983, pp. 153-169. Eric G. Flamholtz, "Accounting, Budgeting, and Control Systems in Their Organizational Context: Theoretical and Empirical Perspectives," with permission from Elsevier.

控制周期可以帮助企业实现其战略目标及使命，包括了四个关键活动：①建立适当的监控指标；②为这些指标设立目标；③通过指标来调控绩效；④当绩效没有达到预期时采取恰当的更正措施。当企业没有达到预期业绩指标时，控制周期可以帮助检查和确定公司战略是否最优，并促使企业采取矫正行动。本章的每一节都可以对应到控制周期的一个阶段。而与本书中大部分概念一样，流程控制和绩效管理并不是一步到位的灵丹妙药：没有一套适合所有公司的万能解决方案，绩效管理需要根据地区和组织文化的差异采取不同的方法。[2]而管理者必须具有足够的洞察力和创造力去了解自身组织情况，并根据情况选用正确的管理工具。在管理者设计企业控制机制时，把握以下问题是十分重要的：此套设计与组织情境相关吗？该机制运作后有效果吗？最后能达到多大效果？[3]

接下来这个案例展现了壳牌公司如何重建战略，如何使用控制周期为工具执行战略。

案例 10-1

壳牌的持续发展与战略创新

长久以来，荷兰皇家壳牌公司都拥有引以为傲的财务表现和一套核心经营理念，这种理念树立了壳牌为包括普通社会成员在内的各种人群服务的综合形象。但在 20 世纪 90 年代中期，壳牌卷入了两场社会争论中，使其公共形象大损。[4]第一个事件发生在 1995 年年初，当时壳牌计划通过击沉的方式废弃它在北大西洋的一座储油平台，Brent spar 号；但这一计划尚未实行就遭到了国际绿色和平组织的强烈批评，也因此引来了全世界媒体的关注。这一环保激进主义者的批评很快演变成了社会公众的抗议，例如壳牌在德国的几座加油站就遭到了当地群众的破坏。

这一事件后不久，壳牌发现自己又陷入了另一场公共争论中。公司在石油资源丰富的尼日利亚拥有大量业务。当时，一名当地部落的首领，同时也是一名人权活动人士和环保主义者，被尼政府关押并最终处决。而由于壳牌仍不断扩大在尼日利亚的投资和业务范围，因此又受到了社会公众和媒体的不断批评。以上两个事件使壳牌不得不重新评估其业务经营方式、与利益相关者的关系以及公司整体战略。[5]

在决意制定新战略后，壳牌在世界范围内开展了对重要利益相关者的调研工作，其中包括 14 个国家的非政府组织、学术界、当地社区领袖和政府部门；之后又对 10 个国家的 7 500 名普通民众，25 个国家的 1 300 名意见领袖，55 个国家的 600 名壳牌员工进行了调查。调查结果显示，客户希望公司经营理念能够从"相信壳牌"转变为"展现壳牌"，因为他们希望看到壳牌在获得良好财务表现的同时，也达到高水平的环保和社会公众要求。[6]

1997 年，新战略开始实行。公司成立了可持续发展部门（SDG），其职责是保证公司的可持续发展能力，具体包含三个方面：提供涵盖经济、社会、环境三方面业绩指标的公司年报；建立可持续发展管理框架（SDMF），即推动旨在使公司可持续发展的业务实践，并指导世界范围内各业务单元如何搭建 SDMF；以及第三，设定公司进行绩效管理的关键绩效指标（KPI）。

壳牌在 1998 年的年报中汇报了公司可持续发展的相关举措，并将其送到了股东、非政府组织、学者、政府、员工和社会责任投资机构手中。年报对内容结构进行了调整，以更好地强调公司可持续发展战略的三大支柱：财务、环境和社会指标，并包括了一个具有明确阶段目标的 5 年战略计划及其执行方案。[7]而随时间推移，壳牌不断改进其中的衡量标准和业务流程。至 2001 年，公司从世界各地的核心分支机构收集可靠经营数据，并通过第三方组织进行审核。毋庸置疑，年报在壳牌与其利益相关者的信息沟通中扮演了最重要的角色。[8]

可持续发展管理框架是公司在所有业务单元推进战略目标的工具。公司高级管理层通过对下属进行互动指导，委派 SDG 员工作为咨询顾问等途径来促进各级管理人员与更高层战略制定者之间的交流。但他们也清楚，不可能自上而下地推进这一框架的落实。因此，公司将 SDMF 的权限下放给世界范围内 3 500 名经理人员，允许他们使用自己的方法在各自业务中建立此框架。这一授权让每名经理人员得以平衡自己所拥有的各类资源来实现公司的这项战略目标。[9]公司还鼓励进行优秀案例分享，以促进这一框架与公司业务的更快融合。[10]

关键绩效指标是设定工作指标、衡量员工绩效、推动业务不断改进的平台。它着眼于公司战略的实现，由一系列定量和定性的衡量标准组成，旨在平衡短期目标与长期需求之间的关系。KPI 在公司的内部控制和外部

Photofusion Picture Library/Alamy

适应方面都发挥着重要作用。[11] 在反复的精简后，壳牌选择了 16 项 KPI，包括 11 项全新的衡量指标。[12] 在新 KPI 系统中，壳牌仍然会衡量资本收益率、总股东回报、温室气体排放量等指标，但更加入了社会声誉度、社会事业与环保事业表现、新战略的执行度等新的 KPI。

总而言之，壳牌的高管们在一家全球主要的能源公司中成功地推行了一系列举措：平衡财务、环境和社会指标间的关系；将新理念融入公司战略中，并使新战略在全公司范围推广；最后建立评估新战略执行的综合绩效考核系统。[13]

案例思考

1. 为什么 Brent Spar 号事件会促使壳牌改变其战略？

2. 壳牌在重新制定战略时考虑了哪些利益相关者？

3. 壳牌重新制定战略的过程是如何与其绩效管理相联系的？

4. 壳牌进行业绩评价的核心指标有哪三方面？

5. 壳牌如何对业绩指标的实现进行监督和交流？

10.2 认识衡量工具

前文案例中，壳牌集团正确选择出的数个关键绩效指标（KPI）就帮助公司成功地将环境、社会因素融入新战略中，从而保证了公司的行业领军地位。管理者们早就清楚业绩衡量的重要性，"无法衡量它，也就无法管理它"；而且衡量指标可以发挥双重作用：[14] 它们不仅为管理者评估过去的绩效表现，还可以指导未来的工作行为。[15] 在商业领域，只有两种事物可以被观测、衡量和监督：行为和产出。**行为**（behavior）是指员工个体的行动和决策，**产出**（out puts）则是一个组织所提供的产品或服务。产出的衡量可以具体到公司层面，比如苹果公司生产的笔记本电脑数量；也可以是部门层面，例如 iTunes 部门的软件升级数量。产出是定量的，往往由公司某中央部门直接控制；而行为则更加多样化和灵活，所以常由基层部门负责管理。[16] 因此，大部分的企业都既从全公司角度，也从部门或团队的角度建立衡量指标及考核结果。一些情况下，公司的指标需要被转换为团队的指标；另一些情况下，团队需要拥有自己独立的考核指标。

在 20 世纪的大部分时间里，所有公司都非常依靠投资收益率、盈利额等财务数字来衡量业绩。到了今天，这些财务指标同样十分重要，但其他方面的指标也很关键（比如产品质量、创新数量、客户满意度、员工敬业度等）。如壳牌案例所展现的，公司管理层已经认识到了传统的衡量指标对未来业务发展是不够的，因为它们只着眼于短期结果。近几年，公司管理者们越发重视非财务指标（如可持续发展能力、社会影响力等）来对财务指标进行补充，以获得对公司更全面、均衡的认识。[17] 虽然这些非财务指标本身具有很大价值，但衡量员工态度、研发活动等项目很难操作；因此，它们以往就常常没有被纳入衡量体系。[18] 但现代化的衡量系统已经可以借助公司战略来建立许多有意义、有价值的衡量指标来解决这一问题。目前最流行的衡量工具是平衡计分卡，据称它在 60% 的《财富》1 000 强公司中得到了使用。[19]

10.2.1 平衡计分卡

平衡计分卡（balanced scorecard）是通过明确获取业务成功的关键衡量指标来帮助组织将战略转化为行动的绩效管理工具，它将长期战略目标与短期业务行动联系起来。[20] 使用平衡计分卡进行绩效管理的一大优势在于，它能帮助管理者建立一整套具有**因果关系**（cause-effect relationships），彼此联系而又相互强化的定量或定性的衡量指标，从而使企业能够快速剖析失败案例并找准失败的根源，也能在成功之时找到成功的钥匙。拥有 25 ～ 30 个衡量指标的平衡计分卡，通常扮演着企业衡量自身健康度的各项传统指标外的补充角色。

根据企业的规模和经营范围，平衡计分卡可以用于衡量整个公司的经营，也可适用于评估一个业务单元或部门。例如 GE 在飞机发动机、健康监控等许多领域都拥有业务，每一业务单元都拥有自己独特的一套战略。那么如果 GE 要在公司使用平衡计分卡的话，它就应该为每一个业务单元都建立一套独立的平衡计分卡。而一个较小型的公司可能全公司只有一套战略，那么也就只需要一套平衡计分卡。平衡计分卡使用财务、客户、业务流程、学习与成长四个维度对战略目标进行诠释，从而将组织目标与员工的日常行动对应起来（见图 10-2）。

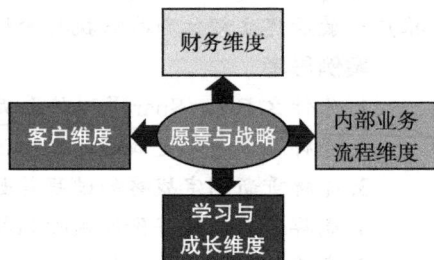

图 10-2　平衡计分卡的四个维度

资料来源：Figure is adapted from Robert S. Kaplan and David P. Norton, "Linking the Vlanced Scorecard to Strategy,"*California Management Review*, Vol.39, No. 1, Fall 1996, p. 54.

1. 财务维度

平衡计分卡的**财务维度**（financial perspective）是选择对达成战略目标最重要的财务指标的视角。关键的财务衡量指标包括：净收入、销货成本、行政管理费用、存货、应收账款、资产收益率、净资产收益率等。[21]

旨在补充传统指标不足的新型财务衡量指标也在不断发展。例如，**作业成本法**（activity-based costing，ABC）为推出某项产品的活动提供了更准确的成本衡量，其中部分费用来自销售方面，而另外一部分则由更多复杂流程产生。ABC 是以提供某项产品或服务的业务活动为基准进行成本核算的会计方法。ABC 将产品生产与一系列相关活动联系起来，并依次计算出每项活动的费用[22]，进而为成本最小化提供更准确的数字依据。[23] 我们将在绩效的监督与评价一节对一部分重要的财务指标进行更深入的探讨。

2. 客户维度

平衡计分卡的**客户维度**（customer perspective）是将如市场份额、客户保有率等重要的客户导向指标与公司的财务表现联系起来。这一维度能够帮助管理者找出对业务经营最为重要的客户群体，并衡量公司在满足或超预期满足这些客户需求上做得怎么样。而使平衡计分卡发挥价值的关键在于将客户维度指标与公司财务表现直接挂钩。表 10-1 为我们列出了最为重要的几项客户导向指标。

除了通常的客户需求外，企业还需要理解客户的价值主张；客户的价值主张会直接影响表 10-1 中的许多结果。**价值主张**（value propositions）指客户对产品或服务最为看重的定量或定性的内容。[24] 每类客户会看重产品的不同要素，从中敲定企业成功的核心驱动要素是哪些则由企业自己拍板。归根结底，企业需要懂得自己的客户最看重什么，而自己为客户提供的质量如何。

表 10-1　客户导向指标

市场份额	这一指标表明了公司在目标市场的渗透现状。当目标客户的市场份额下降，而非目标市场的市场份额反而上升时，意味着公司没有达成其战略目标

（续）

账户份额	这一份额指产品在目标客户"钱包"中所占的比重。消费者在多种行业生产的众多产品中选择一些购买，以满足自身需求。一些公司发现，寻求提高客户购买自身产品支出占总支出的比重是一项有价值的工作[29]
客户保有率	维系现有客户，是保持或提高市场份额的一种简单有效的方法。许多公司还通过计算现有客户带来的业绩增长比重来衡量客户忠诚度[30]
新客户获取能力	这一指标可通过两方面衡量：新客户数量，以及新客户带来的总销售额[31]
客户满意度	这是最为重要的指标之一，但又是最具主观性的、定性的指标。客户满意度通常借助客户反馈调查来获得。[32] 最近有研究认为，顾客只会对他们评价"极为满意"的商品表现出重复购买行为[33]
客户盈利能力	尽管客户的满意度和愉悦度非常重要，但对经营者而言，也需要从客户身上盈利。评价刚获得的新客户时，若计入获取成本，通常是不能盈利的；但在考虑是否要开拓某类目标客户时，客户的长期盈利性才是决策指标[34]

有时做出特定市场或运营层面决策的影响很明显。例如，可口可乐公司的管理层比较快就认识到了推出新的可乐系列是需要基于对顾客喜好的全面了解的。在近百年的时间里，可口可乐不仅仅是软饮料行业的领军企业，甚至也是美国的国家名片之一。源自19世纪研发的原始配方，一直是可口可乐享誉世界的基础，公司管理层不管世界各地的人们有何种不同的口味喜好，也没有改变过这一配方。但在20世纪80年代，新起家的百事可乐推出了一个成功的市场活动，即"百事挑战"，逐步蚕食着可口可乐的市场份额。在百事通过盲测证明消费者更偏好百事可乐的口味后，可口可乐也通过自己进行的全国性调研证实了这一点。

确信自己有坚实的数据支撑后，可口可乐调整了自己的配方以更偏向百事可乐的较丝滑和甘甜的口感。但很多可口可乐的顾客因此被激怒了，公司收到了成千上万的投诉电话和愤怒的信件。这种愤怒横跨各国各地，持续了三个多月；反对的浪潮如此之大，以致可口可乐不得不改回了原来的配方，并将此款命名为经典可乐。这也使可口可乐耗费了很多年才重新回到了市场领导者的地位。[25] 这一事件表明，做出战略决策前，运用正确的衡量指标进行分析是重要的，但从数据中得出恰当的结论也至关重要。

正如可口可乐学到的教训，企业必须根据新的市场威胁或市场机遇，审慎分析所处环境，对如何执行其战略有精明的判断。[26] 与此同时，也需要不断提升其经营工作，以保证组织的设计和状态适应目前战略目标。[27]

3. 内部业务流程维度

业务流程维度（business process perspective）集中关注决定公司业务如何操作的内部经营活动。内部业务流程的重要性在于它展现了公司如何通过日常运营将产品和服务提供给客户。例如，公司是否高效、低成本地满足了产品质量标准？客户服务呼叫中心是否运转良好？此前我们讨论了财务数字和客户价值的重要性，但如果没有良好的业务流程作为支撑，这两者都是无法实现的。通过平衡计分卡，管理者可以找出实现公司总体战略目标所需的最重要的经营活动流程。[28]

4. 学习与成长维度

平衡计分卡的最后一个组成部分，**学习与成长维度**（learning and growth perspective），旨在指出实现业务流程、客户交流、持续财务增长所需的设施与技能，同时发现这些能力和资源的现有不足。[35] 组织中的学习与成长源自对员工的衡量考核、信息系统以及员工积极性。管理者常常基于对员工满意度、生产率以及留任率等指标的衡量，来更好地了解员工事务和他们所关心的问题。[36] 信息系统则通过给员工提供改进工作效率和进行创新的必要信息来促进其学习。由于公司和外部环境的不同，学习与成长维度的具体指标也就极富多样性，应依据具体情境而定；而这一维度需把握的核心是建立起鼓励学习的企业环境。管理者需要不断进行反思和自我分析，同时也需要通过头脑风暴、问题处理、评价试验等方式培养和提高员工能力。[37]

10.2.2 平衡计分卡的实施

实施平衡计分卡需要公司对其经营做出一定程度的改变。由于每家公司都拥有自己独特的历史、文化、使命、愿景以及战略，因此不同公司的员工就对平衡计分卡有不同的认知角度；从而对特定公司来说，平衡计分卡中的某一个维度就可能比其他维度更为重要。比如，重视创新力和新产品开发的公司就会对学习和成长维度更为关注；而另一家处于业已成熟、高度竞争行业中的公司则会更加强调业务流程维度来提高生产效率。下述案例就是一家企业如何运用平衡计分卡的实例。

案例 10-2
Amanco 公司与可持续平衡计分卡

水是地球上最丰富的资源，但对世界上许多人来说仍然弥足珍贵。在 2005 年，全世界共有 11 亿人缺少足够的饮用水，有 26 亿人缺乏清洁的饮用水源。水对经济稳定增长、人体健康、社会福利、环境可持续发展等都具有至关重要的作用。[38] 因此，水服务业是一个具有数十亿美元价值的大市场，来自拉丁美洲的 Amanco 公司是行业中的佼佼者。[39]

Amanco 是南美洲供水系统零部件和塑料管材的主要生产商[40]，公司业务涵盖从提取、输送、收集到废水处理的整个水循环过程。尽管 Amanco 在行业中占据了最大的市场份额，并将业务拓展到了全球，但它仍然在不断改善其业务流程。虽然公司开发出新材料，但原油价格不断上涨推动成本升高，当地企业也开始推出对应的替代性产品。[41] 针对新形势，Amanco 希望成为一家在创造经济价值的同时注重生态保护的富有社会责任感的企业。因此，公司实行了一个"三要素"战略以实现下列目标：[42]

（1）经济方面实现稳定、可持续的长期增长；

（2）建立企业社会责任机制，创造社会价值；

（3）通过对环境保护的重视创造环境价值。

为达到上述目标，Amanco 使用了一套根据公司战略修正的平衡计分卡。这套计分卡在包含财务、客户、业务流程、学习与成长等四个传统维度之外，新加入了"环境与社会"作为第五个维度。

在财务层面，Amanco 的目标是获得持续稳定的收入，创造更大的经济价值；公司通过销售收入的不断增加和对营业成本的控制来达到这一目标。[43] 在客户层面，公司集中关注客户满意度和产品创新性。[44] 而在业务流程上，Amanco 拥有四个关注的部分：品牌管理、客户管理、产品创新和财务控制。公司对上述每块流程都列出了多项衡量指标，以促进流程效率提升。这些指标包括：市场部门与客户的沟通程度、产品交付质量、研发部门的创新力、原材料采购质量等。[45] 第四个维度，学习与成长，主要涵盖了领导力提升计划，管理层继任规划，不同技能员工的合作、相互学习等内容。[46]

Amanco 提出的环境与社会维度所涉及范围十分广泛，包括了公司员工、当地社区、公司所在行业等。公司会在员工中进行满意度调查，会照顾到员工因受伤而损失的工作时间，还会设定雇用女员工的最低比例。[47] 在环境方面，公司将每单位产出所需投入和所产生废弃物纳入衡量指标。[48] 在促进社区改善方面，Amanco 将社区使用其产品后的收入增加量、节约用水量等纳入衡量体系。[49]

在新管理机制实行后的三年中，Amanco 在所有业务领域都获得了巨大成功：利润率、净资产收益率、环境效率等指标连年攀升。虽然 Amanco 为实现环境和社会目标付出了成本，但其利润额仍然在这三年中增长了 44%。[50]

10.3 绩效目标设定

如果离开明确而可衡量的阶段性任务目标为指引，我们就很难确保长期目标的最终实现。在公司通过平衡计分卡或其他工具确定衡量指标后，下一步就是为每一项指标设定绩效目标。设定目标并进行考核的过程本身就能激发员工的动力；如果这些目标还富有意义、与长远规划相匹配，那这一过程就将发挥更大的作用。[51] 企业设定绩效目标的一种方法是将其业绩与行业中同等级且表现最好的企业做对标。

10.3.1 标杆管理

大部分企业都是自己内部确定衡量指标和业务目标，有时也聘请外部咨询师给予建议；而标杆管理概念的引入让管理者拥有了更广阔的考察自身企业的视角。**标杆管理**（benchmarking）是指收集行业中最领先企业的业务信息（通常是参考竞争对手），并以之为自身奋斗目标和决策指导的管理方法。虽然目的是在于比较公司某项指标与其他公司的差距，但这一方法对整个行业也有积极作用。标杆管理能够提高竞争强度，并使最领先的工作方式得以在全行业范围被分析、模仿和改进，从而促进了行业整体水平的提高。[52]

标杆管理在公司层面也很有益处。它为管理者提供了考察内部业务流程的无偏视角，帮助发现业务难题——而且领先企业已经提供了解决方案，并以客观数据指出改进的方向。[53] 正确的标杆管理步骤包括：

- 确定需比较的业务流程
- 选择衡量指标并收集自身数据
- 为每项流程寻找最领先的企业
- 搜集标杆数据并比较分析
- 制定改进计划

如果一家企业执行了完善的标杆管理体系，那么其员工将会全力投入到业务改进中，以求达到或超过竞争对手的标准。[54] 而实现标杆管理最大的障碍就是寻找合适的"标杆"。现实中，少有公司会定期收集和分享自身数据，这让寻找匹配的竞争对手数据的过程变得很困难。[55] 不过无论如何，将视野扩展到公司外去寻找先进的理念是极有价值的，即便无法完全确立标杆管理，但所提及的元素在其他机制中也能发挥很大作用。

管理者们常用的一种标杆管理的手段是"工作交换"，指两位管理人员相互交换自己的岗位一天或几天。例如，Dharmesh Shah，HubSpot.com（一家网络营销公司）的 CTO，就与 Paul English，Kayak.com（一家在线旅行票务公司）的 CTO 做了工作交换。Shah 希望通过这个换岗来学习如何才能让公司吸引到优秀的技术人员，以及如何提升用户体验，最后他也从中收获了自己想要的可增进其创业公司管理水平的不少知识和洞察力。[56] 当然，"工作交换"

的对象需要慎重选择：两位高管之间要拥有足够信任，同时两家公司处于不同的、无相互竞争的行业。

10.3.2 预算管理

在 20 世纪的大部分时间里，**预算管理**（budgeting process）都以其能将组织各方面活动整合为简明一致的汇总表的能力而在企业中充当着最主要的控制手段。[57] 直到今天，预算管理也在许多组织中得到广泛应用；预算编制既有公司层面的，也有部门或业务单元层面的。预算通常包括为每个业务单元估算收入与成本，并根据估算分配组织资源（例如人力、设备、研发投入等）。一经批准确认，预算将用于衡量特定业务单元或部门的业绩。这种业绩衡量过程一般以月度为单位，包括将实际收入和实际成本与预算计划相比较。未能达到计划预期的业务部门需要进行专门说明、解释原因，同时制定改善提升方案。

预算管理流程也为企业提供了衡量业绩的年度财务标尺。虽然最近有研究指出预算管理已经过时，并且会对组织造成潜在伤害，但它不失为制定短期目标、进行资源分配以及衡量业绩表现的主要管理工具。[58] 由于预算管理对组织的特殊重要性，且往往已经成为企业长期制度化的活动，因此想要同时采用平衡计分卡等其他绩效管理工具的管理者，必须将新系统与已有体系联系起来。综合采用预算管理和平衡计分卡，企业能够将战略分解为计分卡中的衡量指标，为每一指标设定任务目标，然后使用预算过程将资源分配到各业务单元以实施战略方案。[59]

10.4 绩效的监督与评价

在衡量指标和绩效目标都已确定后，控制流程的下一步就是对业务活动进行监督，对业绩表现进行评价。**评价**（measurement）是对行为与产出进行评估以确定企业目标是否达到的过程，它是衡量企业绩效并促成有效的经营策略的基础性工作。

评价过程可以采取多种形式——复杂的如计算机程序分析和数据库系统，简单的如Excel 表格。其中，开放式管理是一种新近出现的评价管理方式，即管理层将所有财务数据分享给所有员工。在此类透明化的企业中，员工可以获取准确的公司业务信息以帮助自己提高业绩，同时他们也可以用自己的业务数字对数据进行更新，进而保证了公司业务数据的快捷性和准确性。[60] 如从事系统集成业务的 HCL 科技公司就建立了一个活跃的内联网络，实现了财务数据和业务目标在全公司内的共享。

更为常见的评价过程是采取月度或季度的工作会议，其间负责人需向更高级管理层汇报实际业绩，并同预算、计划指标进行对比。如我们此前所介绍的，这些会议使企业得以跟踪业务流程是否达到预期目标；而管理人员需要能够解释业绩变动的原因，提出解决问题的计划。而像全面质量管理、6σ（西格玛）标准等则是适用于大型企业的更综合的管理流程。

10.4.1 财务管理

一家企业在长期而言是成功还是失败，主要在于随环境变化是否能维持稳定的利润水平。因此，对管理者而言至关重要的一点是持续评估公司的财务表现。其中，**资产负债表**（balance sheet）和**利润表**（income statement）这两张财务报表，对管理者评估公司健康度而言非常有用。

资产负债表通过列明公司所持有的资产和这些资产的融资方式来说明公司目前的财务状

况。本质上，它是一个时间节点上（通常是一年）公司的资产和负债情况的汇总。图 10-3 展示了 Party in a Box 公司（一家聚会用品的供应商）的资产负债表示例。[61]

	2015	2014	增长（减少）
资产			
流动资产			
现金	$225 000	$192 000	$33 000
应收账款	218 000	180 000	38 000
存货	270 000	210 000	60 000
预付费用	55 000	40 000	15 000
流动资产总计	**768 000**	**622 000**	**146 000**
固定资产			
建筑及设备	1 000 000	950 000	50 000
折旧	145 000	125 000	20 000
固定资产总计	**855 000**	**825 000**	**30 000**
总资产	**$1 623 000**	**$1 447 000**	**$176 000**
负债与所有者权益			
流动负债			
应付账款	$214 000	$180 000	$34 000
应计费用	67 000	60 000	7 000
应付所得税	19 000	13 000	6 000
流动负债总计	**300 000**	**253 000**	**47 000**
长期负债	465 000	400 000	65 000
负债总计	**765 000**	**653 000**	**112 000**
所有者权益			
实缴资本	200 000	200 000	-
留存收益	658 000	594 000	64 000
所有者权益总计	**858 000**	**794 000**	**64 000**
负债与所有者权益总计	**$1 623 000**	**$1 447 000**	**$176 000**

图 10-3　Party in a Box 公司资产负债表，2015 年 12 月 31 日

公司的资产分为流动资产或固定资产。公司的现金、存货和应收账款（客户或他方欠该公司的款项）是流动资产的例子。公司的建筑和设备是固定资产的例子。公司的负债也可以分为短期或长期。短期负债（也称为流动负债）的例子是应付账款（公司欠供应商的款项以及其同意购买的项目）、应付所得税和其他应计费用。长期负债则包括长期贷款或抵押资产或设备。

资产负债表的另一个主要组成部分是所有者权益，即资产和负债之间的差额，包括留存收益（从业务中获得的和再投资的资金）和实缴资本（公司各种股东的股票价值）。在资产负债表中，资产必须等于负债与所有者权益之和。2015 年，Party in a Box 公司的资产负债表包括总资产 1 623 000 美元，总负债 765 000 美元和所有者权益 858 000 美元。为了评估公司持续的财务健康状况，应该跨时期对比资产负债表。图 10-3 包括 2014 年和 2015 年的资产负债表，表明该公司一年内能够将其留存收益增加 64 000 美元。

利润表则总结了公司在特定时间段（通常是每月、每季度或每年）的财务业绩情况。与资产负债表突出公司在某一时间点的财务状况不同，利润表反映了在特定时间段内的累计业务经营情况。[62] 利润表的基本要素可简化为一个方程：

收入 – 费用支出 = 净收入（净亏损）

利润表由三个基础部分构成：销售收入、与销售相关的费用及其他费用。图 10-4 提供了 Party in a Box 公司的利润表。公司拥有两个收入来源：零售收入、企业客户销售收入。已售

产品成本，是公司所销售产品的生产/获取成本。对 Party in a Box 公司而言，这些成本包括盒子中商品的成本及包装盒的成本。经营费用则指非产品原料的成本，例如市场推广费、租金、会计服务费等。再减去折旧、税金后，就能得出公司所剩下的净收入或净亏损是多少。Party in a Box 公司在 2015 年获得了 64 000 美元的净收入。

	2015实际	2015预算	实际相较预算变化	2014实际	2015vs.2014 变化百分比
零售收入	$1 050 000	$975 000	$75 000	$900 000	16.7%
企业客户销售收入	650 000	635 000	15 000	575 000	13.0%
销售收入总计	1 700 000	1 610 000	90 000	1 475 000	15.3%
减：已售产品成本	1 100 000	1 050 000	50 000	1 000 000	10.0%
毛利润	600 000	560 000	40 000	475 000	26.3%
减：经营费用	399 000	405 000	(6 000)	340 000	17.4%
减：折旧	20 000	20 000	—	17 500	14.3%
息税前利润	181 000	135 000	46 000	117 500	54.0%
减：利息支出	65 000	65 000	—	55 250	17.6%
税前利润	116 000	70 000	46 000	62 250	86.3%
减：所得税	52 000	28 000	24 000	29 500	76.3%
净利润	$64 000	$42 000	$22 000	$32 750	95.4%

图 10-4　Party in a Box 公司利润表，截至 2015 年 12 月 31 日的期间

为了评估业务运行是否健康，管理者需要将盈利或亏损情况与预期目标以及公司前几年的表现相比较。如图 10-4 体现的，Party in a Box 的销售收入和净收入超过了 2015 的预计水平，比预期多获得 22 000 美元的净收入。此外，公司相比 2014 年，销售收入增长 15%，净利增长 95%（由降低产品成本所贡献）。类似这样的分析有助于管理者评价公司是否达到了预期的财务和经营目标，以及达成的效率如何。

关键财务指标

虽然资产负债表和利润表是衡量一家公司财务表现的很好的着手点，但同时还有几项关键的财务指标能帮助管理者获得更深入的认知。这些财务指标/比率在对比一家公司与竞争对手的业绩时也很有用处，为标杆管理提供直接的支持。这些指标包括流动资产率、利润率以及负债率等（见表 10-2）。

流动性指标（liquidity ratios）用于衡量一家企业应对短期财务负担的能力。最常用的此类指标是流动比率，是公司的流动资产除以流动负债。该比率越高，表明公司应对流动性问题的能力越强。[63] Party in a Box 公司 2015 年的流动比率是 2.56，即公司最高能应对金额是其短期负债 2.56

表 10-2　常用财务指标

比率	定义	分类
流动比率	流动资产/流动负债	资产流动性水平
净利率	净利润/营业收入	利润水平
毛利率	毛利润/营业收入	利润水平
资产回报率	净利润/总资产	利润水平
负债率	总负债/总资产	负债水平

倍的流动性问题。一般而言，这一比率表明，Party in a Box 公司在履行其短期债务方面的能力不错。对比 2014 年和 2015 年的比率也表明，该公司已经提高了这一指标的表现。

盈利性指标（profitability ratios）用于评估公司相对其销售收入、资产水平的盈利能力。利润率是以净收入除以销售额计算的，衡量了管理层的经营和财务管理能力。对于 Party in Box，2015 年的利润率为 3.8%，处于较低水平，但比 2014 年的 2.6% 有所改善。为了评估

公司的整体财务状况，需要了解其盈利表现相对于行业中的竞争对手的水平。虽然 3.8% 的利润率看起来不高，但在竞争激烈的行业，可能高于行业平均水平，也可能与公司所处的生命周期相符。

管理者需要了解其业务生命周期的每个阶段里，什么评价指标是最重要的。例如，公司在初创阶段通常是亏损的。这时的主要目标是占稳市场，让产品或服务被市场接受。在这种情况下，消费者满意度指标应优先于财务指标。以 Facebook 为例，自 2004 年以来，Facebook 的用户已经飙升。到 2014 年，每天有超过 8.9 亿人访问 Facebook。在其经营的头 6 年，公司专注于用户体验，而非漂亮的财务指标。事实上，公司直到 2009 年才能勉强收支平衡。[64] 然而，在更成熟的企业中，财务亏损几乎是不可容忍的。此时，流动性和盈利性指标是核心考量指标。

另一个重要的利润率是资产回报率（ROA），衡量公司管理层利用公司资产创造收入的程度。我们需要将资产负债表和利润表结合起来计算这个比率，即净利润除以总资产。2015 年 Party in a Box 的 ROA 比率为 3.9%（净利润 64 000 美元除以总资产 1 623 000 美元）。

债务性指标（leverage ratios）则用于评估公司的负债水平。负债通常用于为公司的设备设施等核心资产融资，还可用于为企业中正在进行的业务提供资金，包括购买存货。一般来说，有较多债务的公司总是比较少债务的公司的风险更高。对公司债务情况的一个常用评估是债务比率，即总债务除以总资产。2015 年，Party in a Box 的债务比率为 47%。几乎一半的公司资产由短期和长期债务来提供资金。这是高还是低？同样，我们需要与同行业内的公司进行对比，才能评估出企业财务指标的相对强弱。

10.4.2 全面质量管理

虽然财务指标在评价企业在销售、增长、盈利等维度的业绩时扮演着十分重要的角色，我们还需要其他评价指标对企业的经营、生产、顾客服务等环节的表现进行衡量。以满足客户需求为最终目标的**全面质量管理**（total quality management，TQM），不仅在美国，而且在世界范围内受到了欢迎。[65] TQM 是一整套为提升公司产品和服务质量水平寻找方案的系统方法。更好的产品和服务质量是企业长期成功的保障，因其减少了业务瑕疵，从而流程长度和成本都得以降低。[66] 高质量除帮助企业获得更高的客户满意度（从而获得更大市场份额）、更高的客户保有率、更高的销售价格外，还可以使企业更容易进入新市场并吸引新客户。[67] 例如，苹果公司最开始是一家台式电脑生产商，但因其高质量的产品和客户体验，公司得以顺利地进入笔记本电脑、音乐播放器以及手机等新市场领域。

TQM 的最终目标是保证公司提供高质量的产品和服务来满足客户需求。为实现此目标，公司需要时常检验与改善内部运营流程，建立持续学习的组织，进行持续不断的改进。[68] 而回顾平衡计分卡，我们会发现其与 TQM 存在类似的强调学习与成长、重视业务流程和客户服务之间的联系等元素；因此，TQM 也是促进平衡计分卡指标实施的有效工具。

TQM 中尤为重要的一个衡量指标是**总周期时间**（total cycle time），它是指一项产品或服务从开发到销售完成所需的总时间。[69] 减少总周期时间可从三个基本方面提高产品质量：其一，由于公司会使用流程图、因果图、统计工具等来减少总周期时间，因此可以很容易发现业务流程中的不足，从而创造了提高产品质量的机会；其二，减少总周期时间，也就减少了从生产到销售所需的步骤，进而业务流程的组成构件减少，延误机会减少，犯错误的可能性也更低；其三，总周期时间缩短将使人力成本降低，重复性工作减少，存货量降低从而更便于管理。[70]

强调持续不断的质量改进是 TQM 最重要的部分之一，它要求对业务流程进行持续关注以寻找更优的工作途径。[71]它通过员工主动投身于生产试验和方案探索中，[72]依靠员工团队合作去设计并尝试一系列创新，以求获得生产率的提高。利用科学化的"计划、实施、检查、再执行"过程诊断业务，员工们就可以依靠客观数据而非主观臆测来制定业务改进决策。[73]随着工作团队不断精简业务流程、节省周期时间、改善资源利用效率，渐进的调整可以累积为广泛、深入、突破性的提高。[74]

10.4.3　6σ 标准

6σ 标准最初是摩托罗拉公司在 20 世纪 80 年代为减少生产过程中的不合格品而提出的。现在，越来越多的公司开始采取这一标准来减少运营成本，以求获得竞争优势。[75]6σ 标准（Six Sigma）是一个严格、定量的节省周期时间、降低生产成本、减少废品率的方法，其目标是达到每百万件产品中只有 3.4 件不合格品（距离均值 6 个标准差）。[76]

在实践中，6σ 标准通过 DMAIC 过程来实现。DMAIC 代表定义、测量、分析、改进和控制，具体指准确定义问题，精确测量流程，分析流程以发现根本原因，提出解决方案以改进流程，并通过持续的衡量标准来确保问题不再复发。公司将部分员工培养为技术上的"黑带"，并让其负责在一定期限内将 DMAIC 应用到具体项目中。[77]在发现业务流程中存在的关键问题后，"黑带"们不断追问"为什么会这样"，直到找出其深层原因为止。[78]

6σ 这一概念放弃了定义的精确化，更像是一个全力追求更高质量的象征性符号。[79]虽然这一概念来自生产领域，但 6σ 标准已经被应用到了人力资源、客户服务、研发等"瑕疵"更具主观性的领域中。[80]最近几年，2/3 的《财富》500 强公司都已经采用了 6σ 标准；[81]但这一标准也并非适合所有环境中的所有公司。6σ 拥有一个基本假设：现行产品设计和生产流程在本质上是可靠的，只需要进行些许调整。[82]因此，尽管 6σ 可以发现并解决现有框架内的业务问题，但它难以创新业务流程。[83]综上，它特别适合业务流程更固定化、标准化的生产部门。[84]

领导力开发

领导者可使用 6σ 标准来不断改进工作。回想一项你现在或者曾经从事的工作任务，运用 6σ 标准制定改进方案：

1. 描述工作内容；

2. 列出工作涉及的各项任务，并制作流程图；

3. 分析流程图，找出目前工作存在的主要问题；

4. 基于分析结果，有哪些解决方案可以改进你的工作业绩？

5. 思考你将如何监督、衡量、控制你的工作表现以便于你实施改进措施？

10.4.4　ISO 9000

近年流行的另一个质量标准是 ISO 9000，一项通过对经营流程的提高来追求高质量产品的国际化控制标准。TQM 和 6σ 标准都关注产品本身，而 ISO 9000 则聚焦于生产流程的改进。它并不直接对终端产品采取措施，而是要求企业通过规范生产流程中的每一步来提高最终产品的质量。企业必须满足 ISO 对业务流程的一系列标准才能获得 ISO 9000 质量体系认证；认证后，企业就能与其他通过认证的公司进行业务合作。[85]但批评者认为，进行认证的费用过高，并且会让公司的重心从对质量的追求偏离到对质量认证的追求。除了繁复的认证过程外，ISO 9000 还会使公司多花费数千至数百万美元的培训、咨询、认证费用以及相应时间。[86]

全面质量管理、缩短总周期时间等管理提升项目，也有可能过度抢占了管理者的时间表和优先事项，以致"为做而做"。虽然这些提升项目的出发点都是为了客户需求和改善经营，管理者仍必须关注于实际可见的产出，将这些项目活动与公司业绩、财务指标建立有效关联，从而保证这些项目产生实效。[87]

10.5 采取矫正行动

在组织已经确定衡量指标，设定任务目标，明确监督手段之后，下一步工作就是采取矫正行动来改进业务，这也被认为是控制周期中最关键的一环。活到老，学到老；人生如此，企业亦然。企业必须不断反思自身组织的各个方面，评估过去的成功与失败，以论坛等形式来挖掘、分享经验教训并允许员工参加。[88]通过这些途径，企业能使员工参与到组织的学习过程中，从而全方位地改进控制周期。在更顺畅的信息流动下，衡量指标得以优化，工作标准得以改进，监督手段也能得以提高。

此外，在了解了失败的原因后，公司能够将曾经的失败转化为生产力：公司往往从失败的教训里能比从成功的经验中学到的更多。在学习型公司中的成员更懂得如何共同学习，以此不断提高自身的业务能力。[89]善于这样学习的公司将能实现对业务流程、产品、服务的不断改进。[90]

管理者通常在两个基础领域进行矫正行动。第一个领域，采取行动以保证公司战略正确。一系列控制流程和活动都是在帮助管理者更好地评估公司是否能及时、恰当地适应市场环境变化。管理者可以利用年度业务考察回顾来验证一种具体的战略，或者制定应对市场变化的改革计划。第二个领域，是用矫正行动来确保员工们在做与公司目标相符的正确的事，产出公司所需要的结果。

10.5.1 检验战略

正如本书不断强调的，企业需不断适应外部环境变化，并根据新的挑战和机遇调整其管理控制机制。[91]由于环境变化既可能是突发的，也可能是渐进的，因此企业需要为不同的可能性做出两手准备。首先，公司应该对其战略进行年度检省，将公司业绩与预期标准进行比较，并评估市场的机遇、挑战和发展趋势。其次，公司需不断搜集和分析外界数据，建立持续性的观察机制，以求能够及时做出改变。[92]第一种举措是应对市场中渐进、稳定的变化，它帮助管理者将公司业绩与理想指标进行比较，从而回答"我们达到战略目标了吗"这一问题；而第二种措施则是为快速、突发的环境变化做准备，通过识别新挑战和新机遇来解答"我们实施最优战略了吗"这一问题。[93]

10.5.2 发动员工

在战略执行和控制周期实施过程中，给予员工反馈是一种常用的对工作表现进行改正、保持、提高的手段。反馈通过使员工更加明确组织对其的期望来促进未来业绩提高。[94]如我们已在第9章讨论的，如果员工已经达成或超过任务目标的话，管理者可以给予员工物质奖励或安排更富挑战性的新任务。而如果员工工作表现欠佳，管理者则可以通过警告、试用、解雇等形式予以惩罚。更出色的管理者会采用"解决问题"式的方法来发动员工：他们会同员工讨论其工作表现，寻找原因，进而重新为员工安排工作任务，或将其调任到更合适的岗位。[95] 总而言之，战略的成功执行依赖于管理者具备的激发员工投身工作、促进团队相互协作的能力。

当组织想要达到特定的战略目标时，需要建立合适的绩效管理和绩效支持的情境（见图 10-5）。高绩效的组织既强调绩效指标，同时也提供足够的支持。如果组织只是强调绩效结果而忽略支持，就会滑向"疲劳"情境。这种情境下可以获得一定的短期成功，但走高的员工离职率和糟糕的人文环境将最终拖垮业绩。在图形的另一极，过于强调支持而没有做相匹配的指标管理，会走向"乡村俱乐部型"情境；由于没有明确的绩效目标，员工会花费更多精力在人际关系上而非工作产出上。而剩下的最后一种情况，如果组织在绩效指标和绩效支持上做得都不够，那很难想象它能长期存活下来。

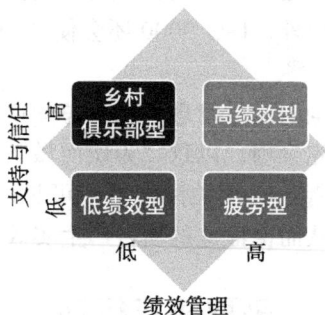

图 10-5 平衡绩效指标和绩效支持

资料来源：Adapted from Julian Birkinshaw and Cristina Gibson, "Building Ambidexterity Into an Organization," *Sloan Management Review*, Vol. 45, No. 4, Summer 2004, p. 51.

本章小结

1. 绩效管理是管理者用于确保企业实现其战略目标的工具。控制周期构成了绩效管理的基础，它包括确定衡量指标、设定工作目标、监督评价工作结果、采取矫正行动四个部分。

2. 平衡计分卡是寻找绩效衡量指标的综合性工具，它由财务、客户、业务流程、学习与成长四个维度组成。每一个维度都包含若干能够帮助管理者从各方面更好把握企业运营的衡量指标；而在不同的企业或产品生命阶段，某一个维度会比其他维度更为重要。

3. 企业可以通过内部、外部两种途径设定工作目标。一种重要的外部途径是寻找行业中竞争对手或领先企业在某项业务上的最佳表现作为标杆，以之作为自身努力的目标。内部途径的目标设定可以通过预算管理、目标管理来实现。

4. 为保证企业实现工作目标，管理者需要对工作业绩进行监督和评价；而全面质量管理、6σ标准、员工评估等都是管理者可使用的工具。管理者需认识到随规模、历史、文化、行业的差异，每个企业都具有独特性。因此不应该采取单一的绩效管理手段，而需要根据具体条件灵活选择。例如，6σ标准适于生产部门，预算管理利于资源分配，而扩大员工参与度在工作任务复杂时更为有效。

5. 当企业未能实现其目标时，矫正行动就是必要的。矫正行为包含多种形式。如果问题出自员工方面，管理者就需要重新建立对员工的激励以促进员工投身工作；如果问题来自不恰当的战略或业务流程，管理者就需要调整企业的战略目标。在管理者反思企业业绩时，也应该对企业控制系统进行检查，如是否衡量了应该衡量的指标？管理者是否可以及时获得需获得的信息？如果答案为否，就需要对控制系统进行矫正。总而言之，绩效管理帮助管理者了解企业在追求其战略、财务、经营目标过程中的表现情况。

关键词

作业成本法（activity-based costing，ABC）

资产负债表（balance sheet）

平衡计分卡（balanced scorecard）

行为（behavior）

标杆管理（benchmarking）

预算管理（budgeting process）

业务流程维度（business process perspective）

因果关系（cause-effect relationships）

控制周期（control cycle）

客户维度（customer perspective）

财务维度（financial perspective）

利润表（income statement）

学习与成长维度（learning and growth perspective）

负债比率（leverage ratios）

流动性比率（liquidity ratios）

评价（measurement）

产出（outputs）

利润率（profitability ratios）

6σ 标准（Six Sigma）

总周期时间（total cycle time）

全面质量管理（total quality management，TQM）

价值主张（value propositons）

课后练习

讨论话题

1. 管理者常说起，"无法衡量它，也就无法管理它"。这句话是什么含义？为什么会无法管理？

2. 请尝试说明在企业的不同生命周期，会更适合什么样的绩效评价指标。

3. 当一家企业正处于重建期时，什么样的绩效评价指标更适用？

4. 如果你是 Facebook 的 CEO，你会关注什么样的评价体系？如果你是微软的 CEO 呢？

5. 为什么一家公司可以将另一个行业中的公司确立为标杆？考虑一个全新情境时，我们能获得什么样的收获？

6. 如果你是一家非政府组织的负责人，你会考虑采用什么样的绩效评价指标？你会如何应用平衡计分卡？如何评价员工的成绩？

7. 企业应该如何建立平衡计分卡中的学习与成长维度？

8. 在前一章中，我们讨论了反馈和绩效评估机制如何应用于人力资本管理。这些机制如何与企业整体的绩效管理相联系？

9. 企业可以通过哪些方法让其绩效衡量指标对所有员工透明？这样公开透明的好处有哪些？

10. 壳牌和 Amanco 都将可持续发展维度纳入其平衡计分卡。企业应该何时以及如何将社会责任纳入自己的评价体系中？

管理研究

1. 寻找一家企业，对其战略进行研究。根据你的研究分析，如果你是该企业的 CEO，将采用哪些绩效管理工具来管理这家公司？而如果你是一名直接负责一个团队的基层管理者，又将运用哪些绩效工具？

2. 现在设想对于上述企业，有一家新的采用相同商业战略的同行竞争者进入了市场。如果你在上题采用的绩效管理工具保持不变，那么这一事件将在该企业中产生怎样的结果？你所采用的绩效管理工具需要变化吗？如果是的话，怎样变化？

行动练习

为一家当地企业设计一个 30 分钟的绩效管理培训环节，可参照下列步骤来进行：

1. 为培训环节设立学习目标。

2. 根据学习目标，结合本章材料，充实培训中的文字内容。

3. 将能说明绩效管理概念的真实商业案例融入培训环节中。

4. 设计一个评估该组织绩效管理系统的练习。

5. 以讨论该组织可以如何改进其绩效管理系统来总结培训。

第 **11** 章

组 织 变 革

| 学习目标 |

在学习这一章后，你应当能够：

1. 列出组织变革的各种内外部动因。
2. 区分组织变革的不同类型，包括前瞻型与反应型，计划型与有机型，渐进型与根本型等。
3. 描述组织变革过程及其构成要素。
4. 说明组织和领导者应如何消除变革中的障碍。

| 开篇自测 |

你是变革者吗

变革者将变革化为机遇。你认为自己是一位变革者吗？请用 1 ～ 5 的数字回答下列问题，评估一下自己推进变革的能力：

1 = 从不；2 = 很少；3 = 有时；4 = 经常；5 = 总是

1. 我善于将不同来源的知识结合起来。＿＿＿＿
2. 遭遇新情境时，我能灵活应对。＿＿＿＿
3. 进行变革时，我能够让大家达成一致意见。＿＿＿＿
4. 我愿意为进步承担风险。＿＿＿＿
5. 我能够应对变革中情感方面的问题。＿＿＿＿
6. 我能借用其他手段扩大自身的能力以推动变革。＿＿＿＿
7. 在变革中，我会努力释放正面能量。＿＿＿＿
8. 我会将注意力集中在希望达成的目标上。＿＿＿＿
9. 变革能激发我的兴趣和斗志。＿＿＿＿
10. 进行变革前，我会先制定行动计划。＿＿＿＿

11. 我能忍受不确定性，并能在此条件下工作。_____

12. 必要时，我能说服他人赞同变革。_____

13. 我会在变化的环境中不断反思自我，将其作为一次学习的机会。_____

14. 我知道如何引导变革中的政治生态。_____

15. 我在寻找问题解决方案时会以未来需求为导向。_____

根据得分高低来看，你是一位很好的变革者吗？哪些方面是你的长处？而哪几点又是你需要提高的？

11.1 概述

21 世纪的今天，各地区之间的人员往来、文化交汇，全球市场的开放和现代化，以及科技的飞速创新都使世界处于不断变化之中。这一变化已经开始了许久，以致现在说"我们处于一个变化的时代"都有些老生常谈了。但不可否认的是，全球市场的变化速度仍在不断加快，影响也十分深远；企业若想继续生存并赢得市场竞争的话，必须提高自己的适应能力、创新能力和变革能力。僵硬的等级制管理方式必然会被更灵活、新颖、快速（或许是最为重要的一点）的管理方式取代。要追求更高的市场份额和利润、更低的成本和更多的产品创新，领导者就必须对外部环境要素和内部组织能力的变化非常敏锐。

经过对本书的学习，我们对组织有了更深的理解，包括组织如何运作，又如何被影响。为此，我们考察了组织经营环境，公司层和事业部层的战略，企业在全球化市场中建立竞争优势的各种方法；同时还了解了组织结构和组织文化对业绩的影响。为维持生存和对时代的适应性，企业必须不断进行变革；领导者也需要对变革管理足够熟练。否则，缺少变革能力，哪怕极为著名的企业也会走向衰落。我们对 1990 年、2000 年、2010 年和 2014 年的全球最佳品牌榜进行一下简单比较，就可以发现其中的变化（见表 11-1）。

表 11-1 1990、2000、2010、2014 年全球最佳品牌

排名	1990	2000	2010	2014
1	可口可乐	可口可乐	可口可乐	苹果
2	索尼	微软	IBM	谷歌
3	梅赛德斯－奔驰	IBM	微软	可口可乐
4	柯达	英特尔	谷歌	IBM
5	迪士尼	诺基亚	通用电气	微软
6	雀巢	通用电气	麦当劳	通用电气
7	丰田	福特	英特尔	三星
8	麦当劳	迪士尼	诺基亚	丰田
9	IBM	麦当劳	迪士尼	麦当劳
10	百事可乐	美国电话电报	惠普	梅赛德斯－奔驰

资料来源：Interbrand, "Best Global Brands, 2014," available at Interbrand Web site, http://www.bestglobalbrands.com/2014/ranking/#?sortBy=name&sortAscending=true&listFormat=ls, accessed April 6, 2015.

20 年间，可口可乐保持了自己最佳品牌榜首的位置。虽然消费者口味发生了很大变化（特别是功能饮料和各类饮用水的流行），但可口可乐成功地让消费者形成了对品牌的社会性认可，从而保证了自己产品的高需求。另一些企业的表现则相反。例如，2014 年，百事可乐、索尼和雀巢从前 10 分别下跌到第 24、第 52 和第 54。1990 年还排在第 4 的柯达，在 2008 年甚至没有出现在前 100 的名单中，因为柯达公司未能赶上数码摄影的潮流，从而使公司迅速地丧失了竞争力。

无论是企业、非营利组织还是运动队，都必须进行组织变革以更好地执行其战略、达成其目标、实现其宗旨。当企业战略不再与经营环境相匹配，组织能力无法满足现实竞争需求，或者发现未来环境将导致此类错位时，组织就必须推动组织变革。**组织变革**（organizational change）是指组织针对内部或外部环境变化所采取的使自身能更好适应这一变化，以赢得未来发展机会的一系列行动和过程。

本章我们将探讨组织进行变革的原因，学习推动变革的各种方法，了解变革为何会遭遇阻碍，以及领导者在推进整个过程时所扮演的角色。为更深刻理解变革的价值，让我们来进入 IBM 的案例———一家曾经与柯达同样陷入困境，但成功通过改革重获竞争优势的公司。

案例 11-1

IBM 的安稳、危机和重生

IBM 公司前身于 1896 年成立，其第一个主要客户是美国人口普查局。最初被称为自动制表机公司的 IBM，当时的主要业务目标是减少人口普查工作的复杂度和耗费时间。在 1900 年人口普查结束后，公司依靠销售其自动制表机而进入了稳定运营阶段。IBM 的第一次重大变革发生在 1911 年，当时其与三家公司进行了合并；三种文化和产品线被融合到了一起。合并后的公司同时经营着电子秤、自动制表机和自动切肉机等产品。

从 1911 年开始，托马斯 J. 沃森（Thomas J. Watson）领导了公司近 40 年。其间，他建立了"隐藏的……对公司自豪和忠诚的组织文化"，并带领公司实现了长期持续增长。[1] 在第二次世界大战期间从事武器生产后，IBM 又迎来了一次改变：公司与美国空军签约，和 MIT（麻省理工学院）合作为空军研发尖端技术——电子计算机。向计算机的转型是 IBM 对自动制表机业务一次稳定、跨越式的调整；在此基础上，公司又做出了更大程度的变革。

这次空前的变革行动由老沃森之子，1955 年开始接掌公司的小托马斯·沃森（Thomas J. Watson, Jr.）推动。小沃森投资了 500 万美元于"开发 System/360 计算机，基于集成半导体芯片的第一代电脑产品，可实现各组件间的信息互换"。[2] 通过这一行动，小沃森将 IBM 的业务重心转型到了大型计算机上。他没有采取渐进式的业务改革，而是孤注一掷地推动这一全新技术。事实证明，这一赌注是正确的：转向后的 IBM 依靠这一重大变革引领了信息技术产业史无前例的创新浪潮，其中包括硬盘、软盘等标志性产品。IBM 重组了其销售、研发力量和公司结构，以便更深入推进在 IT 业的创新。最终，公司在 IT 行业一家独大；以致在 20 世纪 60 年代，美国司法部连续 13 年试图采取针对 IBM 的反托拉斯行动，但最终没有成功。

向大型计算机的成功转型催生了 IBM 又一长时期的稳定增长和渐进演变。公司持续占据市场垄断地位，被人们认为是最佳的工作选择之一。[3] 但到了 80 年代，IBM 已经僵化的文化以及对大型计算机业务的固守引发了一场几乎摧毁公司的危机。1981 年，IBM 推出了一款个人计算机（PC）产品，并迅速成为当时最成功的技术发明。尽管 PC 业务获得了巨大成功，但 IBM 仍然将其视为边缘产品，延续着自己以大型计算机业务为中心的传统。

拒绝向 PC 业务扩展的固执带来的隐患最终在 1991 年爆发。公司当年利润暴跌 146%，亏损 28 亿美元；[4] 之后的两年间，营业收入年均下跌 60%。曾经华尔街的宠儿一夜之间成为坊间的笑柄。危机其实早有端倪，但经营惯性让公司未能及时做出改变：经营成本惊人上升，包括 PC 部门在内的各业务部门专注于相互争斗而非团结向前，文化中弥漫着自满情绪，管理层则被庞杂的员工和行政事务所累，无心思考和推动公司发展。此时，路易斯·郭士纳（Lou Gerstner）临危受命，他被寄望于能够拆分 IBM 从而挽救这家企业。

但在到达公司后不久，郭士纳就改变了自己的工作方向；他相信 IBM 具备在新的全球化市场中赢得竞争的能力。谈起自己刚到 IBM 时的发现，郭士纳说道，"我发现的是一大批被外界评论所禁锢的员工，他们不知道是什么给他们带来了危机。在 1990 年，公司还汇报着盈利；在过去 20 年里，它都是世界上经营最好、最受赞誉的公司；但突然间，人们就都称其为落伍者，都在讨论将它拆掉……"[5]

郭士纳很快从破除传统入手推动了对 IBM 的改革，重新制定公司的战略。郭士纳所做的第一件事是将公司的工作中心转移到客户身上。管理层每人都会指定负责一些客户，帮助这些客户解决业务难题，提升业绩表现。到任后的前几个月，郭士纳都定期拜访公司客户，希望找出 IBM 更好地为他们服务的方式。[6] 这种对客户的重视程度对 IBM 原有文化产生了巨大冲击，因为公司从前都将客户视为理所应当购买公司产品的对象。

在推动以客户为中心的战略的同时，郭士纳也加强了 IBM 内部的联合，以求将公司团结到统一的使命之下。"One IBM"成为郭士纳的格言，并推动着公司变革的步伐。郭士纳将公司部门进行了整合，使组织更加扁平化以达到此目的；同时这句格言也影响了公司决策方式，因为部门整合和业务精简使经理们能更常在一个团队中工作。

郭士纳在变革中还为 IBM 带来了另一项具有根本意义的举措。1995 年的一场重要交易博览会上，郭士纳宣布了 IBM"网络化计算"的发展方向；尽管这一愿景在当时对公司没有太大实质作用，但却成为公司之后电子商务战略的支柱。与公司方案供应商、系统整合者的定位相呼应，IBM 对电子商务领域的 3 亿美元初始投资主要集中在将分散数据源连接起来的实际需要上。这一专注于后台计算需求的业务虽然相比当时各种雄心壮志的因特网 IPO 而言并不引人注目，但却成为 IBM 很大的新收入来源。虽然对因特网的宣传从最初"互联网真美妙"到最后质问"我们到底能用这些信息干什么"，IBM 也能够泰然地进入这一关键性领域中。[7]

由于集中关注信息互联问题的解决方案，IBM 不仅在互联网泡沫中得以生存，而且还在其他公司挣扎着寻找自身真实价值时取得发展。在这一过程中，IBM 重新获得了科技领军企业的地位并保持了多年稳定的增长。[8]

郭士纳的继任者，2002 年就任的彭明盛（Sam Palmisano），继续推进着变革。他将不盈利或低利润率的业务拆分，并将公司战略焦点进一步集中于为顾客提供服务而非仅仅售卖硬件。为此，彭明盛在 2004 年将利润薄、增长缓慢的 PC 业务出售给联想，这是个艰难的决策。同时，他还主导收购了普华永道的咨询部门以迅速提高 IBM 的服务类业务能力，给公司增加了一项全新的战略性能力。彭明盛也通过收购多家在数据分析上有专长的公司来延续郭士纳对基于互联网的数据分析业务的投入。这些投资使得 IBM 得以更充分利用其不断扩大、更加复杂、相互关联的客户数据来支持自己业务的发展。[9]

除了加强服务增值业务，彭明盛也努力提升 IBM 的国际业务，特别是在新兴市场上。他创立了 IBM 的全球整合业务部门以加强对全球市场机遇的捕捉和应对能力。该部门被他划分为两个团队：一个聚焦于发达国家市场，总部位于纽约；一个着眼于发展中国家市场，总部位于上海。[10]

为了支撑业务变革，再度强化对创新和服务的聚焦，彭明盛也致力于公司文化价值观的重塑，期望推动自下而上的文化革新。基于 IBM 的技术能力，彭明盛与公司的 30 万名员工进行沟通，创办了他称为 "values jam" 的机制：员工可以在 jam 中对公司的价值观进行讨论和争辩。其结果是紧张而激烈的大辩论，并沉淀出了三条核心的价值观：①对每一位客户成功的全力以赴；②创新为要——无论对我们公司还是这个世界；③让信任和责任贯穿所有人际关系。[11]

IBM 对创新业务和全球客户解决方案的重视是公司新的整体战略（"智慧地球"）的一部分。彭明盛在任期内延续了公司业务的重组和重心调整；在其任期的尾声，IBM 大部分的营收是由解决方案和增值服务所拉动，并且新兴市场的占比越来越高。[12]

彭明盛于 2012 年卸任，其继任者为立志为 IBM 带来新气象的罗睿兰（Ginni）。如她所言，"每一代 IBM 人都有属于自己的机遇与责任；现在我们的责任是要开创一个新的 IBM 纪元。这是属于我们的时代。"[13] 和自己的前两任类似，罗睿兰努力将渐进型和根本型两类变革综合起来，继续推进以数据驱动的客户解决方案的发展，以及投资于新兴创新业务。持续性变革的效果将是决定 IBM 未来市场地位的关键因素。

案例思考

1. 画出 IBM 战略变革过程的时间轴；根据你对时间轴的分析，IBM 是前瞻型变革还是反应型变革？
2. 外部环境是 IBM 变革的动力吗？
3. IBM 的组织文化是如何支撑其变革的？
4. 在 IBM 的变革中，领导者扮演了什么角色？

11.2 组织变革的案例

在 21 世纪，IBM 已经从书本上的一个组织变革案例成了变革的推动者。IBM 的 GBI 部门近年对全球超过 1 000 名 CEO 进行了调研，以更好地了解他们所关注的问题和面临的挑战。不出预料，报告显示了组织变革的更大的重要性，因为超过半数的 CEO 都表示他们计划 "深入推进组织能力、知识结构和资产结构的变革"。[14]

如前文所提，组织需要进行变革以促进发展，获得竞争优势，并为其各种利益相关者带来更大价值。变革通常代表着提高组织与战略的匹配程度，或适应新型竞争环境。在一项对企业领导者的调研中，以下三条是被提及最多的推动变革原因：

- 增强竞争能力——68% 的受访者表示自己的企业正在面临高强度的竞争，而且这种竞争未来只会越发激烈。
- 提高业绩表现——82% 的人认为如果不进行某种程度的变革，那么公司业绩将会出现明显下滑。
- 生存——15% 的领导者表示企业如果不进行重大变革，那么就会在几年后难以生存。[15]

我们在第 10 章已经介绍过，在外部环境发生变化的情况下，许多企业使用平衡计分卡和控制周期来不断对其战略重心进行再评估。一些变化需要企业增加对研发部门的投入，以保证其产品和服务能继续满足消费者的偏好和品位；而另一些来自政府政策的变化，则可能要求企业进行业务流程上的改革，以应对监管方式的变化。例如，政府能够对监管强度和行业竞争强度施加直接的影响：增加税收、调控银行、限制交易、提高关税、提供补贴，而且利用其他经济控制手段可以显著地改变企业的竞争环境。企业需要对诸如上述的环境变化保持敏锐的觉察力。在某些情况下，企业需要走在环境变化之前：可以发起一些环境变化，或在促使企业自身做好准备的情况下推动这些变化。

11.2.1 变革驱动中外部环境的角色

今天，企业需要在更多的国家与更多的对手展开竞争。在此期间，企业也必须面对多种多样的来自当地政府的行政管制。世界不同地区市场的客户需求各有不同，并且也在迅速变化。来自 Fang Brothers 控股公司（一家纺织品企业）的 Jean Fang 就表示，中国的消费者对某类款式的产品趋之若鹜，但他们又很快改变了他们的喜好。在中国市场能够持续成功的企业必须要能不断革新自己以保证竞争力。[16]

技术的发展进一步加剧了客户需求的变化。例如，新科技信息容量现在每两年就会翻一番，据预测，这一时间未来将缩短到 72 小时。[17] 市场中的新竞争者、新替代性产品、更大的竞争强度，以及客户和供应商的更强谈判能力等所有因素都对竞争格局存在重大影响。这些因素的变化也就要求组织做出相应变革。其中，对组织变革影响力最大的两个外部因素是全球化和技术进步。

1. 全球化

全球化开放了新的市场，但同时也带来了新的竞争对手。新竞争者的加入会迫使现存企业进行变革，以适应新竞争格局。全球化给企业带来的一个普遍影响是使产品和服务本地化的需求增高；由于全球化竞争中要求高生产效率和达到规模经济，因此这种定制化的需求常常是需要克服的一项困难。宝马公司的 CEO Georg Bauer 就曾说道，"产品需要结合世界化的品牌和本地化的品位。我将宝马视为具有本地化特色、本地化产品的国际化公司。"[18] 现实中，企业满足这种本地化需求的一种方式是开发出能高效率生产，并可方便地进行本地化改造的基础产品。

全球化也会对公司劳动力产生影响。企业可以通过雇用当地管理人员或引入当地合伙人来获得竞争优势，因为这些人员对当地文化、政治生态、可用资源等情况更为熟悉。在聘用当地管理层的同时，这些跨国企业也必须找到对其控制和授权的平衡，以使得本地的经理人能够对当地市场变化做出及时的应对。在中国开展业务的一家风投机构表示，"跨国企业拥有优质的产品和服务，但在灵活度上是弱项，决策流程冗长……在一些市场环境没几个月就变化的行业里，中国本地企业可以非常快速地做出决策，成为一大竞争优势。"[19]

2. 技术进步

技术赋予人类以特定格式远距离传输大量数据的能力，使全球化的影响从国家或企业层面延伸到了个人生活层面，并且影响程度大大出乎我们的预料。企业因此可以从世界任何角落接触客户、资源和人才，并可以通过互联网、移动电话、报纸、广播、电视、电影等方式直接走进人们的生活。技术进步诚然已不只是提供调整的必要，而是给我们搭建了进行根本性变革的平台。

技术进步可能是今天竞争环境变化当之无愧的最强推动力量，它"成为大多数企业的战略组成部分，对市场、行业、企业战略和组织设计都产生着决定性的影响"。[20] 在畅销书《世界是平的》中，作者托马斯·弗里德曼指出了引起全球性竞争格局变化的三项技术进步，它们是：

- "大洋中铺设的海底光缆……使得跨国传输、存储大量数据变得极为便捷"
- "个人电脑在全球的普及"
- "诸如 e-mail、Google、Microsoft Office 和其他专业化软件等一系列应用软件的出现，同个人电脑和宽带网的普及相结合，搭建起了全球化工作流转平台"[21]

技术几乎改变了商业领域的各个角落。存货管理、生产流程、人力资源、财务控制等各方面都可以使用技术进行改造，从而提高生产率和业务可预测性，并缩短业务流程，提高工作准确性。例如，沃尔玛更快地使用新技术和更有效地整合新系统的能力就使公司在竞争中占据了优势，实现了更快的业绩增长。公司比行业中大部分竞争对手提前几年（比凯马特提前两年）就使用了统一条形码电子扫描系统。此外，沃尔玛也是最早一批部署卫星通信系统的零售企业，该系统使公司得以实时收集和分析各门店的销售数据。不久之后，这一系统在沃尔玛发挥了更大作用；公司的各个业务流程，从信用卡授权到存货管理再到自动分销，都实现了与卫星通信系统的联结。[22]

任天堂曾经是技术进步的受害者，但现在已经成功转型为受益人。在 20 世纪 90 年代早期，公司占据了视频游戏领域 60% 的市场份额；但进入新千年后的几年间，任天堂的市场份额暴跌了 2/3。视频游戏新技术和高端游戏主机的流行将公司挤出了市场领导地位。

2005 年，任天堂开始了对公司的变革。公司投入了 2.2 亿美元的研发经费，并对公司经营策略进行了修订。任天堂使用互联网技术建立了称为"Sages"的在线社区，公司从该社区的发言中吸取对新产品和新功能设计的建议，还根据向玩家提供帮助和为公司提供建议的程度给予 Sages 提前试玩新游戏等奖励。[23] 通过在网络上与其核心玩家的交流，任天堂在增强了玩家忠诚度的同时，也让自己对市场需求更为了解，使自己对研发的投入能物尽其用，更能满足玩家需求。最近几年，公司的投入催生了 Wii 主机上市后的成功。[24]

对持续创新的需求也在其他方面影响着企业。比如产品生命周期不再像以前一样长达几年；现在，产品快速的更新换代常导致公司自己就用新产品撤换掉老产品。[25] 缩短的生命周期使研发和市场推广费用很难足额回收，这就要求企业寻找对环境的适应方法并努力提高自己的经营效率。上述情况也让企业开始寻求联合研发以减少所承担的成本。

一些企业甚至开始把创新的来源放眼于自己员工之外。正逐步流行一种方式是开源创新，即企业会邀请一个"社群"来帮助解决特定的问题。Linux、OpenIDEO 和 Wikipedia 都将它们的商业模式建立在发展一个社群之上，社群成员来自全球，可以贡献观点、解决方案和新的问题。借助开源创新，许多企业可以获得依靠自己聘用不可能得到的技术资源。[26]

开源创新是众包（crowdsourcing）的一种形式；在众包中，公司可以从一个远远超出其员工数量的社群中获得新想法、新观点。众包的应用也不仅仅局限于技术公司。Threadless，一家位于芝加哥的时装公司，就使用众包作为自己设计业务的基础。该公司邀请来自全球各地的设计者在 Threadless 网站上提交 T 恤的设计稿。提交的设计稿（每周通常达到 100 份）由公司一个内部团队进行评审，前 10 名将在 Threadless 网站上展示一周；展示中获得投票最多的（投票来自一个大的 Threadless 社群，包括以往顾客、粉丝、其他设计师等）款式将被用于制作出售。获胜的设计师将会获得一笔为数不多的金钱奖励，以及在此过程中自然而然获得的、在该设计社群里被认可的精神奖励。Threadless 公司事实上就把设计与生产规划环节都外包给了外部社群；既依赖于社群提供设计灵感，也依赖于社群购买其产品。通过这种经营模式，Threadless 得以高效地控制经营成本，并为顾客提供最新的设计款式和产品。[27]

如我们在第 7 章所介绍的，那些取得长期成功的企业都是能够在传统业务领域不断提高效率、减低成本的同时，引领行业技术创新的典型代表。[28] 它们能够对外部环境变化进行推动或是及时做出反应，并保持着过去成就它们业绩的优秀的内部运营流程。为了同时完成这两项任务，企业有时需要进行内部环境的变革。它们面临的最大挑战并非来自外部市场，而是来自组织内部；企业需要让内部员工能够拥抱变革，让企业足以承担这些变革以获得新的繁荣。对市场的敏锐性的确是企业生存的必要条件，但也仅是让企业开始拥抱变化的前提。

11.2.2 内部环境在推动变革中的作用

如全球化、技术进步等外部环境动因可以明确而显著地改变竞争格局，这让内部环境动因常常被忽略。但其实论对于组织变革的影响，内部环境动因与外部环境动因同样重要。组织中常具有阻碍变革的力量，这一阻力被称为**惯性**（inertia），或指"组织难以与环境保持同节奏变化的现象"。[29] 也就是说，组织对变革的阻力越大，其惯性就越大，同时组织业务实践与环境间的差距就越大。

我们已经提到，组织与其战略之间的不匹配会引发变革；同样，持续低下的业绩表现也是变革的主要动力，特别是在战略已经符合外部环境条件时。第 10 章所介绍的平衡计分卡是一个分析内部业绩问题的有效工具。其他变革动因还包括分裂的内部政治格局，强大的组织内部藩篱等。所有这些因素都会妨碍组织的有效运转，并使市场份额和竞争优势下降。当组织内部流程开始紊乱，或内部流程不再适应竞争压力时，进行相应组织变革就尤为必要。组织内部变革包括加强培训项目以提高组织内员工的技能储备，或为强化某项特定技能而匹配资源等。

在过去几年，谷歌正逐步取代微软在计算机和网络领域无可争议的龙头地位。谷歌的迅速发展向我们展现了催生内部变革的重要方式。企业对于外部环境的控制能力有限，但却能对自己的内部环境施加重大影响，从而得以适应甚至塑造外部环境。许多观察家都认为谷歌的成功很大部分来自对内部创新能力的不断培育，以及围绕提高内部适应力和敏锐度的业务流程构建。如我们在第 8 章介绍的，例如 Gmail、Google Maps 等新产品都是通过在员工中推行群体创新活动而非对研发部门进行自上而下的投资所产生的。这些创新的影响已经大到让谷歌开辟了新的业务线，有了新的产品方向。

当然，创新需要的也不仅是技术和组织结构。培养并管理好谷歌家庭中的成员是公司最大的工作重心，因此雇用和入职过程是谷歌成功的关键。新员工在进入公司前都会经历一个严格的面试过程，面试者包括他们未来的工作伙伴、部门经理及公司高管。在面试中，他们会被考察是否具备足够的技能、热情和态度来在谷歌创新型文化中获得成功。这一过程极为重要，因为公司通过雇用能够适应和引领组织变革的员工达到了维持组织文化的目的。换句话说，谷歌是以雇用总是在寻求变革并能适应变革的员工来做到时刻为变革做好准备的状态。经过不断努力，谷歌成功塑造了自己不断推进创新和乐于迎接变革的文化。谷歌通过要求员工不断冒险、不惧失败而不断获得公司的发展。[30]

随着组织的成长、变化和转型，不同推动力量会在不同时机发挥作用。一些情况下，变革措施会集中于降低成本或改进业务流程；而另一些时候，变革则围绕组织文化展开。我们强调变革过程往往就是为了保证变革能以最恰当的方式进行。

11.3　组织变革的主要方面

了解组织对于变革的需要只是问题的一个方面。组织变革过程中最困难的一个方面常常是变革如何从组织中产生或是怎样被引导。企业需要处理好计划型与有机型、反应型与前瞻型、渐进型与根本型等几组变革之间的关系（见图11-1）。平衡好这些关系是领导者的重要职责；而不同类型适合于不同情境，领导者需要从中寻找对组织最有益的变革方式。

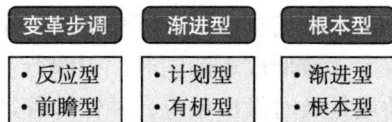

变革步调	渐进型	根本型
·反应型 ·前瞻型	·计划型 ·有机型	·渐进型 ·根本型

图 11-1　协调变革路径

资料来源：Wal-Mart Stores, Inc. annual reports for 1999, 2004, 2010, and 2014

11.3.1　变革的发生：反应型与前瞻型

组织可以从内部、外部不断接收到运营状况的信息，当这些信号显示出"与环境的匹配度不断降低"时，优秀的企业就会迅速地对环境进行分析，理解其特征，设计最有效的应对措施，然后良好地执行这些战略。[31]

反应型变革（reactive change）指变革是针对某些已知的外部威胁或外部机遇而发生的。例如，当油价下降时，油企通常都会改变其企业活动，如减少勘探开发并加强成本管理。反应型变革通常自上而下推动。领导者根据对滞后性业绩指标的观测来寻找可能的业务问题；当找出问题后，他们继续分析以求发现问题的深层原因——通常表面问题都是更本质问题的体现。在领导者已经对问题有全面把握后，他们下一步的任务是为解决这一问题设计备选的改进方案——方案不仅会包括解决问题的步骤，也会加入负责人员的分工，以及阶段性任务的截止时间和检查点。

虽然有效地应对环境变化的能力非常重要，但对更高的业绩目标而言，更关键的能力是前瞻性地采取变革。**前瞻型变革**（proactive change）能够让企业在市场中推进一大步，从而为赢得更大的竞争优势创造机会。前瞻型变革是基于对未来事件或机会的预期而进行的变革过程。[32] 两相比较，反应型变革要求企业对现存的特定战略或业务问题实施改进，而前瞻型变革则鼓励企业探索未来的市场机遇。当然，前瞻型变革也可能是为集中解决潜在市场威胁和培育组织的相应能力而进行的。

推动前瞻型变革的领导者需要为组织构建新的未来可能性——即设计未来应该是什么样，而不是回答现在已经是什么样。对未来应该是什么样的回答将有助于行动方案的实施，从而描绘出未来是什么样。[33] 这一未来愿景将促使员工个人和工作团队主动寻找各种提升途径以推动组织朝该方向发展。

杰克·韦尔奇在卸任通用电气的CEO前推动了一次前瞻型变革。为了让公司能更从容地面对未来挑战，他实施了名为"destroyyourbusiness.com"的计划。被问及这样做的原因时，他简洁地回答道，"变革意味着机遇；而这是我们迄今为止最伟大的机遇。"[34] 他希望能通过变革措施促使各级管理人员以超越现阶段的视角去考察公司，思考公司未来的理想状态，以及未来各自行业内可能危及公司现有地位的竞争对手和环境变化。

11.3.2　变革的来源：计划型与有机型

当我们谈起组织变革时，往往想起的就是计划型变革——由企业领导者提出战略，对组织结构、业务流程、组织文化、员工行为、信仰和情绪等方面进行干预的过程。**计划型变革**（planned change）是指拥有既定计划，由企业战略部门或领导者直接推动的变革过程。企业通常基于对竞争形势的调研、控制周期的分析或 SWOT 分析来制订计划，从而推动此类型变革。如第 4 章所介绍的，许多企业都成立了战略规划部门来帮助自己保持市场竞争力。换句话说，计划型变革是"使企业能够更好地匹配目前环境的需求，或是为更好适应可预见的未来环境做出准备"。[35]

与计划性变革基于组织领导者对目前或未来形势的判断，并通过自上而下的方式推动变革不同，**有机型变革**（organic change）是由员工个人或团队在工作中寻求更有效的工作方式、解决问题途径、适应环境变化，与其他部门员工进行交流和创新而推动的。[36]应注意到组织内的变革可能是自上而下型，也同时是有机型的。

有机型变革这样的变革产生方式也被称为紧急型或连续型变革。这一变革的独特之处在于"连续性的调整……能够积累产生本质性的变革"。[37]有机型变革通常始于被授权解决某一工作问题的员工；当最佳解决方案产生后，管理者可以将其推广到整个组织，以实现这一持续性提高过程。有机型变革的过程可能相对漫长，但它的确能够推动组织产生根本性转变，并且增强组织认同感。

有机型变革的优点还在于它使员工和团队的创造精神得到了解放，这一变革的最终目的即是"汇聚集体智慧"为组织变革服务。[38]但需要注意的是，通过自上而下的方式往往难以推进有机型变革；即便在氛围很开放的组织中，这一变革所包含的不确定性也会引发人们的不安。

11.3.3 变革的程度：渐进型与根本型

变革的另一个维度是其大小程度。环境稳定时，大多数企业都会采取**渐进型变革**（incremental change），即在持续不变的宏观基础下，由不断的小规模变化和提高组成的变革过程。渐进型变革通常是由计划进行落地，常包括运营水平、供应链流程、产品或服务功能上的改善或提高。

在许多组织里，渐进型变革会聚焦在**持续性技术**（sustainable technology）上开展。持续性技术是"提升已有产品的性能，为目前主要市场中的主要客户提供更优质服务"[39]的技术。虽然在持续性技术上的提升是值得重视的，但这一方面的成功有可能会导致企业的自我满足，进而遏制了新思路、新经营方式的内部萌芽。[40]这些新点子可能以**突破性技术**（disruptive technology）的形式出现，是通常产生于市场边缘领域的创新技术，一般只是满足小部分人的当前需求，一时看起来没有什么竞争力和市场价值。[41]

只重视持续性技术的领导者将为企业的长期发展埋下隐患。这将使管理者们基于目前客户需求来调配资源，而忘记去关注潜在市场。施乐公司错失小型桌面复印机市场就是这一方面的典型案例。施乐公司是复印机行业的领军企业，其拥有诸多大型复印中心；在许多人生活中，施乐这一名字就是复印的代名词。公司的经营管理和销售服务也被认为是行业中最优秀的。然而，当开发小型桌面复印机的创意出现时，施乐没有采取行动。在小型复印机面世后，其惨淡的市场表现也让施乐确定了继续坚守大型复印机的决心，公司相信其主要客户是需要这一类产品的。对公司目前的客户而言，他们大多数确实不需要小型复印机；但施乐忽视了更大规模的潜在客户群体。由于没有进入小型复印机市场，施乐因此丧失了一个巨大的盈利机遇。最终，施乐与富士联合投资建立了一个新公司才找到了一个解决方案，因为专注于日本市场的富士也在努力寻找弥补自己产品线空白的方法。新的小公司不经母公司批准，自己研发了新的小型复印机产品。这一意外的创新让施乐重新抢回了一部分小型复印机市场。

当发现市场中产生突破性技术，或是发现能够开拓一个新市场的技术时，企业必须予以应对、进行变革来确保自己的市场份额和盈利能力。具有足够预见性的企业可以就此实施前瞻型变革，以使自己在新领域中占据先发优势。而我们在概述中提到的柯达则是未能发现突破性技术和为此做出准备的典型代表。

柯达的衰落源于数码摄影技术的兴起，这一突破性技术不断蚕食着传统胶片摄影市场；1996 年至 2007 年，数码摄影已经"吞没了柯达核心的胶片业务"。[42] 柯达还能艰难生存下去的原因是公司其实早在 1970 年就开始了对数码相机的研发投入，但盛行的持续性技术思维方式使公司中的许多人不愿意对数码技术进行投资，也不愿意公司走上数字化道路，他们对新技术给公司带来的威胁感到恐惧。[43] 自 20 世纪 90 年代早期公司的市场份额开始下滑后，柯达也采取了重建组织结构、裁员、更换管理层、员工再培训等一系列改革措施以求挽救公司，但收效甚微。一个类似的故事是拍立得（Polaroid）在其破产前仍固守着其即拍即得型传统相机。

许多企业历史上都经历过一些重要转折点，或是称为"结构性改变"的变革。[44] 这些转折点通常是由新竞争威胁、丧失重要资源等内部环境变化、新政府管制政策等因素引发的。美国的航空运输业在 1978 年管制取消后就经历过这样一次结构性震动。管制取消改变了行业所有的运行规则。取消前，民用航空委员会对票价、航线、新公司准入等各方面都拥有管理规定；而在管制取消后，新航空公司的进入使行业竞争愈发激烈，票价大幅下跌。[45] 应对经营环境翻天覆地的变化就需要进行相应的**根本型变革**（transformative change），即由彻底性、突破性变化组成的，通常应对重大的内外部环境变化或竞争威胁的变革过程。

根本型变革不仅意味着在业务流程、组织体系、组织人员上的变动，还常常涉及组织战略和使命上的重大改变。这些改变的实现需要在组织内进行多方面的结构性重组；同时，巨大的变化要求在实施过程中完全打破原有工作模式，建立全新的组织运作机制。因此，相比渐进型变革容易被组织成员接受，根本型变革在推行中将面临更大的阻力。我们将在本章的后续部分介绍应对这些变革阻力的方法。

11.4　组织变革流程

对许多企业而言，变革并非轻而易举。即使公司中的一些人看到了变革的需要，但其他成员可能对现状已经满足，因为他们担心变革会降低自己目前在公司中拥有的地位和威信。一个大家都认同的道理是：无论变革的结论多正确，意义有多大，推动变革时始终会遇到阻力。

当领导者基于各种信息，认为目前确有推动变革的必要时，他们可以对组织内影响变革的力量进行分析并采取措施来削弱变革阻力，创造或加强变革推力。希望推动变革的领导者通常需要营造组织内对现状的不满足感，并推出一个可实现、具有吸引力的未来组织蓝图。在此基础上，消除员工对变革的恐惧感。组织变革流程可以概括为一个简洁的公式（见图 11-2），其中 D 代表对现状的不满足感，M 代表组织

$$D \times M \times P > Rc + Cc$$

图 11-2　变革流程模型

的未来蓝图，P 则是变革流程；这些因素的推力必须大于员工对变革的阻力（Rc）和其承担的变革成本（Cc）。[46]

11.4.1　营造不满足感

在组织变革公式中，**不满足感**（D，dissatisfaction）提供了打破现状的必要性和推进变革

的动力。不满足感是催生对于现状的不满情绪，将员工从自满和组织惯性中释放出来，为变革流程提供最初动力的变革组成元素。当组织面临危机时，组织内的不满足感普遍很强，许多员工都能认识到变革的必要；真正的挑战来自组织处于稳定运营时，领导者预见到了对公司现状没有助益，但对未来很重要的潜在变革需求。此时，领导者应该如何推进变革呢？他需要怎样帮助组织脱离对现状的自满呢？一条可行之策是营造不满足感。

一些研究者将营造不满足感比作"解冻"一个组织。[47] 这一解冻过程会很艰难，因为大部分人都习惯了过去的行为方式，特别是当他们过去还取得了成功时。制造不满足感的一种方法是在员工中逐步渗透变革的必要性和之后的可见结果，可以借助标杆管理，或基于对内外部环境和业绩差距的分析来进行。如我们在第 10 章所介绍的，标杆管理使企业将自身业绩表现同行业最先进水平进行比较，这通常能消除自满情绪并促使员工接受变革。[48] 另一种外部动力则是基于对竞争形势的预测——寻找竞争环境可能发生的变化，并比较企业能力是否能在未来满足新竞争形势的要求。员工态度调查也是了解员工心态和所关注问题的重要手段，其结果可以作为推进变革的基础。

为保证对于员工的牵引力，组织中的不满足感不能零星地在员工中产生，而是应覆盖具有影响力的意见领袖。寻找并寻求关键人员的支持非常重要，否则，变革很可能失控或毫无效果。

11.4.2 建立未来蓝图

在不满足感形成后，需要对其进行引导。领导者引导不满足感的一种方式是建立并传播具有吸引力的**蓝图**（M，model），或是变革愿景。蓝图应该包括进行变革的内容及其原因，并提供未来状态的完整描绘——特别是组织需要达到的目标，以及为此应付出的努力。

具有吸引力的蓝图应能给予员工希望，并拥有足以凝聚员工追求共同目标的精神内涵。有效的蓝图需满足合意、可行、相关等三个条件（见图 11-3）。变革需要组织采取有力行动，但合意的变革不能过于激进超前，否则员工将很容易降低对其的评价；如果蓝图实现的可能性很低，那么它将在组织中遭受很大的阻力。此外，蓝图也需要与组织情境相匹配，以保证企业的有效运作。

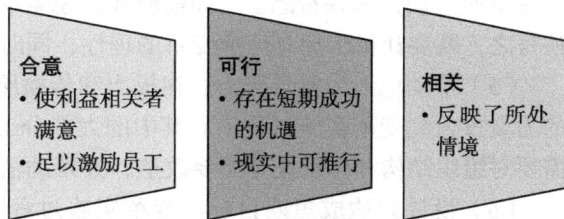

合意
• 使利益相关者满意
• 足以激励员工

可行
• 存在短期成功的机遇
• 现实中可推行

相关
• 反映了所处情境

图 11-3　有效蓝图的特征

推广蓝图时，领导者需要同时具备理性和感性的感染力。他们不仅要基于标杆比较或其他评估方法给出具有说服力的变革理由，而且要使员工产生情感上的共鸣。通常，这一目的可以通过展现自己对于理想蓝图的激情和兴奋来达到；只要领导者能够充分理解员工的心态和所关注的问题，对变革的这种热情就可以在组织内得到传播。我们会发现，离开员工情感上的支持和投入，变革将很容易陷入停滞。

──────────── 领导力开发 ────────────

这本书的基本假设是领导力是一项需要不断学习的能力。回忆自己生活中的一段变革经历，回答：
● 你是怎样成功实现这次变革的？
● 这次变革的推动力是什么？

- 这次变革中是否也暗含着新的行为方式呢？
- 你曾经抵制过变革吗？为什么？

11.4.3 流程执行

如果组织成员不知道如何实施变革，那么对现状再强烈的不满足感和对组织未来再宏伟的蓝图都是徒劳无益的。在完成上述两步后，变革的下一步，也是最关键的一步是建立实施变革的有效**流程**（P，process）。一个有效流程包括细化的实施方案、业务沟通机制，以及对该机制的评价体系。现实中，通常包括一系列启动措施、会议以及着眼于推进变革的培训等。这一流程充当着组织变革的地图，并使愿景、战略和日常业务间的联系更为紧密。

许多企业的领导者错将组织变革视为一个事件，而非一个持续的过程，从而未能推进组织内的长期变革。在对真正实现变革和只经历短暂改进的企业间差异进行多年研究后，约翰·科特提出了成功变革的八个步骤。[49] 其前几步与建立对现状的不满足感、建立对更好未来的蓝图息息相关。科特认为最显著的变革会依据以下步骤发生：

（1）建立紧张感。变革的领导者必须建立起足以克服任何组织或个人惯性的变革动力，这是提高组织不满足感工作的一部分，同时也刺激员工投身变革。

（2）组建有力的指导机构。在紧张感得到加强后，组建变革的支持团队或机构就显得尤为重要。这一机构中必须包括既有权力又有责任推进变革的成员。如果变革过程是受组织中层或底层员工的支持而开始的话，那么获得高管层的支持就非常重要。[50]

（3）提出新愿景。愿景即是对组织未来构想的蓝图；它必须超越单纯财务数字层面，全面考虑组织的发展动力。

（4）传播新愿景。愿景的传播对保证组织对变革的认同极为重要。愿景能够带动员工参与变革的主动性和兴奋感。[51] 如前所述，愿景既需要经过头脑，也需要通过心灵来传递——换言之，既要让员工拥有理解变革的理性，同时也要让其拥有投身于变革的热情。

（5）带动他人为愿景努力。在提出和传播愿景之后，变革的指导机构需要发动组织全部的力量投入到变革实施过程中。其中的大部分工作已经由具体变革方案规定，但指导机构仍需要对组织结构和体系进行必要改造，并帮助消除变革过程中的障碍。

（6）设计并达成短期目标。变革实施过程可能很漫长。为保持员工对变革的信心和热情，不断达成短期目标并为此庆祝是一个很好的方法。

（7）巩固成绩并推动更多变革。虽然迈出第一步总是很艰难，但变革在任何节点都可能停滞。比如一种情况是在初始措施实施后，组织内形成了"我们已经成功了"的思维趋势。恢复变革活力（推动改革车轮再次前进，或阻止人们在车轮前进过程中想"歇一歇"的想法）需要领导者时刻警觉，全身心投入到变革过程中。

（8）将变革融入组织文化。为保证变革成效，新业务流程、工作机制和价值观需要融入组织架构中，成为工作惯例。这要求管理层分享新工作机制如何达成业务目标、如何改进现有业务，以将这些价值观和行为规范传递给下一任领导。

变革所遭遇的阻力通常会被夸大。听别人讲述，或是自己尝试变革失败之后的人都会为失败寻找原因，这使得将新行为变为日常工作惯例的道路非常艰难。许多人在组织危机不再紧迫后就会倒退回原工作方式。将成果形成工作惯例能使变革成效得以持续，而这一过程需要对外部环境进行充分的关注。组织结构、工作机制和组织文化都须与变革过程匹配。[52]

在推动变革时，对时机和节奏的选择也十分重要。当组织中的不满足感十分强烈，员工对于改革非常支持时，变革就可以采取指令式、自上而下的方式，特别是当组织面临重大危机时。在这种情境下，雷厉风行的措施可能是最好的执行方案。而在变革流程更为复杂，结果较难预料，需要对员工进行更多激励时，速度较慢、更注重协作的变革方式会更为妥当。领导者需要对引发变革的情境进行深入分析，进而采取恰当的领导变革的流程（见图 11-4）。

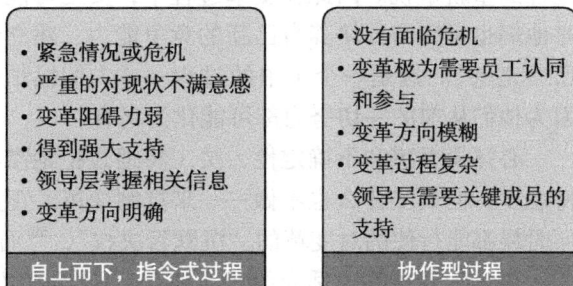

• 紧急情况或危机 • 严重的对现状不满意感 • 变革阻碍力弱 • 得到强大支持 • 领导层掌握相关信息 • 变革方向明确	• 没有面临危机 • 变革极为需要员工认同和参与 • 变革方向模糊 • 变革过程复杂 • 领导层需要关键成员的支持
自上而下，指令式过程	协作型过程

图 11-4　变革实施流程

资料来源：Rosabeth Moss Kanter, Barry A. Stein, and Todd D. Jick, *The Challenge of Organizational Change: How Companies Experience It and Leaders Guide It* (New York: Free Press, 1992), pp. 489-519; and Rosabeth Moss Kanter, "Leadership for Change: Enduring Skills for Change Masters," Harvard Business School Note No. 9-304-062, revised November 17, 2005 (Boston, MA: HBS Publishing, 2003), pp. 15-16.

变革流程的执行方式还受到变革最终目标的影响。当目标聚焦于提高股东权益或改善现金流时，直截了当、指令式的变革方式会更为常见；而当变革关注点更为广泛时，鼓励参与、协作式的变革方式就更加适合。有效而持续的变革需要综合使用以上两种方式。很多情况下，领导者需要采取果断的措施来推动财务表现，提升总体竞争力。另一方面，长期的成功则依靠员工全身心的投入，这要求领导者更少地干涉变革过程。优秀的变革领导者能够协调采用两种变革方式。[53]

综上所述，变革公式中的三个变量（不满足感、蓝图、流程）构成了变革的推力方，而变革成本和员工抵制则形成了阻力方。这一公式的重要性在于，它展现了各元素间的相互作用，解释了变革环境中事件的发生原因。长期实践表明，若缺少其中一项元素，变革措施常会徒劳无功；因此，所有这些变量对于成功的变革都是至关重要的。

11.4.4　障碍与成本

组织变革中最重要的一个事实是什么？那就是变革的实施难，持续更难。[54] 每年都会有若干论文、专著、学术会议和培训班来为企业管理者们实施变革出谋划策，但结果还是每年失败的变革比成功的多。甚至只用观察《华尔街日报》或者《哈佛商业评论》上关于组织变革项目的执行情况的报道，就知道这事的成功者寥寥。[55] 一项研究发现，"在 100 家试图对其商业模式进行根本性变革的公司里，只有很少一部分会如愿以偿。"[56] 另一项研究指出，70% 的变革尝试会失败。[57]

组织中的自满情绪不仅会阻碍组织变革努力的实施，而且会从根本上影响变革动力的形成。[58] 这一情绪源自于人类厌恶变革、寻求均衡状态的天性；如果此情绪蔓延到更大规模的群体中，它具有的力量就更大。故事讲述、集体推理以及对变革失败企业经历的学习等种种因素都会加强自满情绪，从而更大程度上限制组织变革的努力。在一些拥有许多失败的变革历史的组织里，对任何新变革的成见就更广更深。在这些组织里，被大家认可的真理是，对任何需要变革的新观点，处理的最佳方式是敷衍了事并寄希望于新的变革尝试也会像以往的那些努力一样半途而废。

变革的兴奋感、蓝图和流程所带来的推力必须强于变革的成本和阻力，而成本可能是社会性的、心理上的、情感上的或是财务上的。变革往往要求对于职位安排、工作重心和业务流程的重新审视。因此在变革过程中，员工可能会失去自己的职务、地位或是工作伙伴，同时他们也可能需要培养自己新的竞争能力、建立新的人际关系以及投入大量时间和精力给自己"充电"。这是一个可怕的过程——人们惧怕失去组织中的地位和影响力也是人之常情，因为他们从前的一切努力都可能化为乌有。

心怀畏惧感和不确定性，员工将通过拒绝参与变革，或被动的方式——装作对变革持支持态度，但其实什么也不做——来抵制变革。正如一位研究者所指出的，所有员工都拥有任何时候都能行使的对变革的"沉默否决权"，[59] 而领导者难以对这种否决权的行使施加影响。

当认为变革并不适合组织，或自己不能理解推行变革的原因时，员工也会抵制变革。[60] 这种情况下，领导者需要与员工进行更多的沟通，使变革原因得以在组织中达成共识，并在组织中建立起人际信任感。

11.5　消除变革障碍

可以通过考察组织的资源、业务流程和价值观来更好地理解变革阻力。[61] 一家企业的资源状况会极大地影响其推进变革时的顺利程度。这些资源自然包括人员、设备和资本，但也包括知识产权、品牌认知度、研发设计、与客户的关系、与经销商的关系以及与供应商的关系等。拥有"丰富而高质量的资源"对企业变革而言也是双刃剑。一方面，这些企业能有更多资源来应对变革阻力，从而在对抗中拥有更大胜算，但同时，丰富的资源也意味着更好的现状从而相对缺乏不满足感和紧迫感。[62] 而品牌认知度较低、现金匮乏、人员技能储备不足的企业则不缺乏变革的紧迫感，但会在推进变革时步履维艰。

虽然变革的阻力最终体现在个人的表现上，但它与组织机制息息相关。在长时间的运作后，组织内会形成工作计划等正式业务流程，也会形成资源分配的决策方式等非正式流程。这些业务流程的特性会促使员工不断重复相同的工作方式，从而使工作的速度和成效得以提升。但这种定式在组织内扎根后，将会在组织进行重大变革时产生巨大阻力；[63] 而要改变这种工作流程定式是极为困难的。

考虑变革阻力时的另一重要因素是组织价值观。组织变革过程中，价值观意指员工共同的工作方式以及对工作内容中何为重要的认识。[64] 本质上讲，它是组织文化的体现，并影响着组织成员的思考和行为方式[65]：信仰什么，重视什么，对应该被完成的有什么期待，他们为上述各项会采取怎样的行动等等。这些要素对变革能否成功具有关键性的作用。如第 8 章所提到的，强势的组织文化及价值观可能会成为变革的巨大阻碍。

11.5.1　团结员工

变革的领导者通常太过关注设计变革流程以及告知员工变革的必要性，而往往忽略了争取员工在精神和情感上对变革的支持。[66] 他们认为按部就班的变革措施，或是员工对变革知识的掌握就能自然地催生出成功的变革；殊不知，如果没有员工对于变革的超越理性范畴的投入，组织惯性将使变革的努力化为乌有。与此类似，许多变革计划错误地将业绩提升与知识提高画上等号；其实，虽然变革知识的提高与业绩的改善存在相关性，但学习变革知识本身不能直接给业绩带来多大改进。

Gail McGovern 在推动美国红十字会进行变革时认识到了让员工团结一心的重要性。在她 2009 年接手时，红十字会正问题缠身：巨额赤字、作风官僚、业务行动迟缓、组织架构混乱。McGovern 和她的高管层一起设计了一套富有创造性和逻辑性的重建计划,并满怀信心该计划能很容易被董事会和员工接受。事实与此相反,虽然计划很好,但反响微弱。

McGovern 为此决定调整着手变革的步骤。她与许多更底层的管理人员进行了沟通,请他们对改革计划进行修订;同时也将计划下发给所有 3 万名员工,以及数十万志愿者去征求意见。这些努力让计划变得更加完善,也使得员工们不仅仅在逻辑上理解计划,也在目标和情感上对计划更加认同。回忆起对红十字会各个分会介绍最终版计划的情景,McGovern 说道,"我发现自己做了一场深深打动人心的讲话。我指出了最近面临的各种难题,讲述了各个地方分会是如何应对的,并恳请大家救救红十字会。在我此前的职业生涯中,我会认为这种类型的演讲太矫揉造作了。但在当天,我发现真的让听众们从怀疑慢慢到相信我们要做的事。"[67]

新的组织结构和业务流程只能铺就变革实施的道路,却不能促成其实现;阐明变革原因和传播改进计划以增进变革知识也只能夯实变革的基础,却不能促进其成功。而成功推进变革的关键是根据大家对变革的需求(正如 McGovern 在红十字会所做的那样)来联合变革的追随者,明确地回答员工关心的以下核心问题:

- 这次变革对我有何意义?
- 我得为变革放弃什么?
- 我还能依靠以往的成绩获得认可吗?
- 我会因此知道如何去完成……吗?
- 这次变革会如何影响我的职业生涯?
- 我有能力完成此次变革吗?
- 我真的处于能够推进变革的位置上吗?

上述疑问的一部分会在工作中直接表现出来,另一些则是隐藏的。成功的变革领导者将帮助员工回答这些疑问。消除阻力的关键步骤是倾听、沟通、参与、培训(见图 11-5)。领导者必须允许员工通过变革达成一些自己的目的。如果没有对上述问题的统一性答复,员工的愤怒就会逐渐积聚,最终形成变革的巨大阻碍。[68] 因此,领导者必须不断与员工进行沟通,传递变革之利和不进行变革之弊。有效的沟通能在组织内促成更强的信任感和相互理解。为重要员工创造成为变革中一员的机会,常常能够使领导者建立起员工对变革更强的认可度和信服度,而非简单的服从。一种常见的加强参与的途径是建立具有特定任务、拥有特定授权的任务团队。[69] 最后,员工还需要了解到变革中存在通往成功的培训和发展途径,而非他只能孤身一人为适应变革而努力。

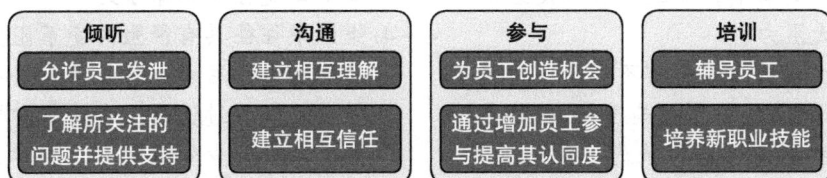

倾听	沟通	参与	培训
允许员工发泄	建立相互理解	为员工创造机会	辅导员工
了解所关注的问题并提供支持	建立相互信任	通过增加员工参与提高其认同度	培养新职业技能

图 11-5　消除变革阻碍

如果不了解导致惯性和阻力的原因,变革措施也就不可能成功。在特定情况下,领导者需要让员工参与到变革过程中。强制命令在混乱和危机时是推动变革的良策,但却不是推动组织长期变革的恰当手段。

11.5.2　领导者素质

变革的高失败率表明了大部分组织在尝试适应内部或外部环境变化时都会遭遇困难。如前所述，变革的阻力有时看起来是无法克服的。成为一名变革领导者需要开启变革的驱动力，但不止于此。如果在未来职业生涯中，你需要推动一场变革，除了激情和信念之外还需要哪些？为了更好把握成功的变革需要什么，一个研究团队调查了数十次变革行动，总结出了成功的变革领导者所拥有的共同特征：

- 对寻找更好的工作方式的信仰
- 挑战现行规范和工作基础的勇气
- 跨越限定边界而行动的主动性
- 鼓舞自己和他人的能力
- 关注如何对待他人
- 保持谦虚、低调，与他人分享荣誉
- 待人处事具有幽默感[70]

本章小结

组织变革能够被外部或内部力量所推动，可以围绕运营流程、战略、人员、技能、文化、结构或这些因素的组合而展开。希望时刻保持竞争力的企业会不断关注经营环境，并将其战略、组织结构和业务流程调整到适应环境的程度。

1. 对变革的需求既可能来自企业内部，也可能来自企业外部。近几年，影响企业的外部环境因素包括全球化、技术进步和突破性技术等。获得长期成功的企业都要能够不断适应这些环境变化。在应对外部环境变化的同时，企业也必须考察其内部资源是否能够保证企业在变化的经营环境中有效地参与竞争。长久存续的企业易受惯性和自满情绪的影响，而这两者将使组织变革遭遇巨大阻力。

2. 组织进行变革的方式各有不同。一些企业处于不断变化之中，拥有变革的既定计划。另一些则主动进行抢先一步的变革，以保证自己的行业竞争力和创新性。还有一些企业则是针对某个重大变化或预期问题，以反应型的方式推进变革。

3. 了解变革原因和需要只是第一步，变革过程往往困难重重。领导者需要营造紧张感以激励一批具有影响力的追随者共同朝未来蓝图努力，这在对于变革的需要不太明显时尤为重要。蓝图或愿景是由变革实施流程来实现的，这一流程存在硬朗和灵活两类领导方式。重组业务流程、削减多余成本、裁退员工或变卖业务单元等变革措施，通常以自上而下的领导方式进行，以追求快速的成效。这些措施在短期，特别在面临危机时通常是必要的，但长期变革只能通过更协作化的方式才能持续——特别是变革更偏文化性而非结构性时。这种情况下，员工应参与到变革过程中。变革的领导者需要合理评估所处情境，恰当选择变革流程和实施方式。

4. 组织中往往具有很强的变革阻力。领导活动的关键作用之一就是消除这些障碍。领导者可以通过让员工在理智和情感上都认同变革来减少变革阻力，同时也需要倾听员工的心声，并多与他们沟通变革的原因和预期成效。让重要员工参与到变革过程中、为员工提供培训机会等也是消除变革障碍的有效途径。

关键词

突破性技术（disruptive technologies）
不满足感（dissatisfaction）
渐进型变革（incremental change）
惯性（inertia）
模式（model）
有机型变革（organic change）
组织变革（organizational change）

计划型变革（planned change）
前瞻型变革（proactive change）
流程（process）
反应型变革（reactive change）
可持续技术（sustainable technologies）
根本型变革（transformative change）

课后练习

讨论话题

1. 为什么像可口可乐、迪士尼、麦当劳等品牌能够基业长青？它们随时代发展进行过怎样的改变？

2. Google 和 Facebook 需要采取哪些方式以保证它们在下一个 10 年仍然如此知名？

3. 为什么组织变革这么难？

4. 企业应该如何在当前业务和未来业务之间做出平衡？能够兼顾两者吗？

5. 管理者在推动潜在的组织变革时，能运用什么工具去评估外部环境？

6. 回顾组织变革的各种路径。每种路径的优点和缺点是什么？在什么条件下，某种路径比其他路径更好？

7. 你对待变革的态度和方法是？你倾向回避变化还是拥抱变化？在什么条件下，你对变化更容易接受？

8. 为什么制造对现状的不满很困难？管理者能够通过什么方式制造不满？

9. 组织中的变革可能会如何失控？管理者能够通过哪些努力来避免变革失败？

10. 为什么在变革过程中与员工建立情感联系非常重要？

管理研究

1. 挑选一家具有 25 年以上历史的企业进行观察：该企业自其成立起，发生了哪些改变？这些变化对该企业留下了哪些重要遗产？

2. 举出一项你认为将对一个行业产生重大影响的技术进步，思考：这项技术将如何影响竞争格局？哪家（些）企业将成为受益者？而哪家（些）企业将因此受损？

行动练习

1. 采访一名企业变革项目助理，并将采访视频上传到课程平台或优酷、土豆等视频网站上。询问受访者是如何参与变革过程的，以及该变革的重要实施步骤有哪些。同时，询问他是如何帮助变革领导者在下列方面展现特质、思想以凝聚变革意志的。

   • 追求更好的决心
   • 挑战现有规则和保守力量的勇气
   • 冲破已有边界的自身创见
   • 激励和鼓舞他人的能力
   • 对他人所受影响的关切
   • 保持谦逊的姿态和赢得信誉
   • 幽默感和愉悦心态：不论对人或是对目前处境

2. 在校园里进行一次变革尝试：比如，在你宿舍里推行一个垃圾回收计划。使用变革流程公式来指导你这次变革行动，并记录下你是如何完成下列要素的：

   • 使人产生对现状的不满
   • 创立一个新的行为模式
   • 设计一个变革过程以支撑和内化新的行为模式

PART
4

第四部分

个 体 视 角

第 **12** 章

组织中的领导力

学习目标

阅读本章内容后，你应当能够：

1. 理解并解释为何有关领导力的研究是一个复杂的过程，并且了解有关领导力研究中的一些尚存有争议的问题；
2. 描述通过分析个体领导者而形成的各类领导力理论；
3. 描述追随者对领导者的影响，以及通过分析领导者与追随者之间的动态互动关系得出的领导理论；
4. 解释情境领导理论是如何影响领导力实践的。

开篇自测

你在领导力方面的优势是什么

当发挥优势的时候，领导者将会非常出色。那么，你是否了解自己的领导力优势？请阅读下面的问题并按 1～5 的分值进行打分。

1= 从不；2 = 很少；3 = 有时；4 = 经常；5 = 总是

1. 建设有高凝聚力的团队。_____
2. 鼓励创新并启发新想法。_____
3. 擅长使用专业技能。_____
4. 强调建立基于互相信任和有效沟通的人际关系。_____
5. 通过充分授权激励他人完成任务。_____
6. 为他人提供指导和帮助。_____
7. 注重机制和流程。_____
8. 创建愿景并激励他人为实现此愿景而共同努力。_____

9. 注重任务或目标的最终结果。_____

10. 鼓励他人勇于尝试并承担风险。_____

根据上述测评结果，你认为自己的个人领导力优势有哪些？

12.1 概述

在前面的章节中，我们已经探讨了战略和组织设计等问题，而领导者或管理者作为个体在组织中应有的角色，是贯穿在这些章节中的最常见的问题。为了实现战略目标，领导者设计组织架构并构建组织文化，激励他们的下属，并监督下属的行动以保证通过组织内部的协同合作来实现共同的目标。但是，一个人应该如何领导组织？作为个人，在担任领导者这一角色的时候，为了实现有效的领导，又应该具备哪些知识呢？

总的来说，领导力对于自身而言是为了达到最好，对于他人而言则是为了实现一个共同的目标。有些研究者着重研究领导力这一概念本身，让这个概念看上去更简单些；但另外一些研究者致力于为实现组织共同的目标来激励下属。研究导致这种区别的原因非常困难，因为很多时候，领导力似乎像那些看上去不可思议的魔术一样神秘。但研究者们一直在寻找破解这一魔术的密码，甚至将那些可以让一些人成为有影响力、能够有效地激励下属的领导者的方法罗列了出来。

过往的研究确实给出了一些探讨领导力的有效方法，却都未给出所有问题的答案。事实上，虽然很多研究产生了矛盾的理论，但它们都是与关注领导力存在的关键问题相关的不同见解。[1]领导者是与生俱来的还是可以被后天培养的这一问题，被一再提出。虽然，领导者与生俱来这样的说法似乎听上去更容易被接受，但很多研究者仍认为，每一个人都可以通过后天培养成为领导者。他们经常会问这样一个问题，来支持他们所持的观点，如果一个人能够理解应该做什么和如何去做，为什么他不能有意识地提高自己这方面的能力和改善行为模式呢？

另外一个有关领导力的问题是基于普适领导力和权变领导力的争论。是否，一个卓越的领导者可以领导任何一个组织在任何情境下都能有效地实现组织的目标呢？抑或卓有成效的领导力的实现仅仅是因为选择了正确的人，他具备适合的能力、恰当的目标并且具备合适的时机呢？换言之，这些领导者，是否只是他们所处时代所造就的呢？

最后一个有关领导力理论的问题的争论有关于员工满意和组织业绩。领导者的首要任务是哪怕牺牲员工福祉也要保证组织的最佳绩效呢，还是应该在做每一件事情的时候，尽可能让自己的下属可以快乐地工作？

虽然这些观点看似互相对立，但实际上它们只是相同硬币的两面。事实上，领导力是这些因素的综合体现。领导者既需要天赋，也需要后天的培养。尽管有些人先天就具备更多的能力和素质，但每个人都具有成为领导者的潜质，而且这些潜质可以通过后天的历练逐步被挖掘。成功的领导者也可以在各类不同的情境中获得成功，他们可以在不同的情境下采用不同的领导风格和工作方法。作为领导者，也应在努力实现绩效的同时保证员工的满意度。

随着对组织业绩、员工满意、人格特质、行为方式以及权变理论的讨论，本章中内容不仅复杂而且有时看似自相矛盾。希望读者通过阅读本章，可以建立一个有关领导力分析的更为理性的逻辑框架。下面有关稻盛和夫的案例学习说明了很多成功领导者的要素。在你阅读本案例的过程中，请思考领导力的做法。这是普适的还是仅适用于日本的情境？学习历史上或当代的商业领袖，能学到什么？

案例 12-1

稻盛和夫

稻盛和夫是 20 世纪 50 年代以来日本最为成功的创业企业家。他 1932 年出生于日本南部，是家中七个兄弟姐妹中的次子。儿时，稻盛和夫的父母经营些小生意来维持生计。但第二次世界大战对日本造成的毁灭性打击严重影响了家中的生意，全家人的生活陷入窘境。稻盛和夫的父亲希望他初中毕业后就开始工作，但他坚持要完成高中的学业，并说服父亲同意自己继续进入大学学习。最终父亲同意，如果他能够经济独立，不给家中带来负担，便可如他所愿。尽管障碍重重，稻盛和夫依然坚持完成了高中和大学的学业，在毕业后加入了一家制陶业公司。而就在 1959 年，稻盛和夫 27 岁时，他创建了自己的第一家公司：京都陶瓷（Kyocera，简称京瓷）。[2]

为了筹集京瓷公司的创建资金，他曾在投资商中四处游说，推销自己的想法，但总由于自己过于年轻而备受质疑。但他的坚持最终赢得了一些投资商的信心，甚至有人因此这样评价他："在你的身上，我看到了成功的可能，一些潜力。你有你自己的一套哲学。这也正是我投资于你的原因。"[3]1959 年，京瓷的第一款产品——用于电视机的陶瓷 U 形管投入生产，第一年便获得了盈利。[4]作为新进入者，稻盛和夫和京瓷公司经常不得不接受其他更成功的日本公司不想要的项目和工作。稻盛和夫通过坚持和承诺，将这些残羹剩饭转变为成功的助力。截至 2014 年，京瓷公司的销售额已经达到了 140 亿美元，员工总数达到 69 000 人。[5]在创立自己第一家公司的 25 年后，稻盛和夫又开始向通信行业进军，创建了 DDI 公司（后更名 KDDI）。当时，日本电信电话株式会社（NTT）在这个行业处于垄断地位，且行业竞争极为激烈。但仅用了 10 年的时间，稻盛和夫的公司便击败了多家竞争对手，成为日本最大的长途电话运营商之一。截至 2014 年，KKDI 公司规模已经达到 28 000 人，年销售额达到 421 亿美元。[6]

回顾稻盛和夫的成功经历，我们似乎可以得出这样的结论，无论他处在怎样的情境中，都会成为一名伟大的领导者。稻盛和夫具有超强的人格魅力，这使得很多人都希望能从他那里寻求建议，并将他奉为导师。那么，到底是什么样的能力使他能够克服种种困难获得成功？又是为什么，他可以影响到那么多的人呢？稻盛和夫成功的关键就是他的管理哲学，这套哲学体系构建起了他管理和运营实践的基石。这些，不仅仅是他有效的经管理念，也是他核心的生活信条。

在京瓷公司创建伊始，稻盛和夫便意识到，他应该创立一套适用的管理哲学，因为这将会成为公司持续经营的强心剂。从二十多岁起，他便已经开始形成自己的人生理念，并在此后的一生中，不断努力使其完善。关于如何获得幸福感，他笃信以下三点：人需要以理念或态度的指引来生活，人应真正像人一样做正确的事，人的命运掌握在自己手中。他希望在自己的公司中能够形成这样的价值观，他也希望每一名员工都能与大家分享自己的人生理念。[7]

为了让大家接受自己的理念，稻盛和夫创建符号、形成传统并运用一些朗朗上口的格言，形成了他自己的理念文化。其中，"成功人生公式"便是最有影响力的理念之一。他认为：人生成就＝能力×努力×态度。能力和努力可以按 0 ~ 100 来打分，而态度则要

按 -100 ～ 100 来打分计算，这说明了，态度是影响人生成就至关重要的因素。如果没有一个正确的人生态度，即便再努力工作，能力再强，也很难获得更高的人生成就。[8] 从这个公式里，公司的员工会意识到，即便自己没有卓越的能力，只要努力工作，有良好的人生态度，便可以获得成功，乃至快乐而满足的生活；这也就意味着，他们可以将命运掌握在自己手中。稻盛和夫还把他自己"敬天爱人"这一人生格言引入公司文化。[9] 当这些理念逐步成形，他便将其编纂成册，发给公司的每一名员工。京瓷公司每周都会有一次非正式的员工聚会，大家边喝酒边讨论问题，称作"Compa"，稻盛和夫会在这样的聚会上，当众宣读并和员工共同探讨这些"京瓷理念"。[10]

稻盛和夫的这些做法反映出京瓷公司最为根本的目标：通过公司的和员工的共同努力，为所有人提供个人物质上和心智上提升的机会，并为推动社会和人类的进步做出贡献。[11] 稻盛和夫坚信，为员工提供这样的机会，也就自然会为公司带来成功，而实际上，他也确实做到了。公司的高管团队也同样信奉这一理念，因为，这确实带来了持续的业绩提升。京瓷公司的董事长甚至宣称："如果我们一定要在业绩表现和京瓷理念中做出选择，我要说的是，一定要将京瓷理念放在首要位置，因为奉行这一理念，一定会为公司带来良好的业绩表现。"[12]

随后，稻盛和夫又将这些已经证明是行之有效的京瓷理念带到了新公司——DDI 公司。实践证明，即便是在不同的行业，京瓷理念依然可行。而稻盛和夫也越来越坚信这些理念在企业经营中所能起到的巨大作用。在 DDI 的一次并购行为中（这次并购后，成立了KDDI 公司），他在很多方面都做出了妥协，唯有一点不能让步，既京瓷理念。[13] 即便对方公司的高管团队对京瓷理念的影响力和实际效果表示质疑，稻盛和夫仍坚持将其引入新公司的企业文化中。

显然，稻盛和夫是一位独特的商业领袖，尤其是与那些一味追求业绩表现和价值提升的美国管理者相比。他的理念之所以对他所创办的两家公司都会产生如此巨大的影响力，主要是因为这些理念可以激励公司的每一位员工，鼓励他们主动积极地工作。当你阅读完本章所讲述的有关领导力各层各类不同要素后，请思考这样一个问题：稻盛和夫是如何来展现他的领导者素质的？

案例思考

1. 稻盛和夫童年和青少年时代的经历，对他的领导力风格产生了怎样的影响？
2. 稻盛和夫管理理念的核心支柱是什么？这是不是一种有效的管理理念？
3. 为什么在稻盛和夫的领导力行动中，建立组织文化是重要的一个层面？
4. 稻盛和夫是否是一位"韧性领导者"，为什么？

12.2　领导者

谈到领导力这一话题，似乎人们首先就会想到去找出那些伟大的领导者，继而研究他们的性格特质。我们熟悉的一些商业领袖，比如奥普拉·温弗里（Oprah Winfrey）、鲁伯特·默多克、李嘉诚、比尔·盖茨、史蒂夫·乔布斯、稻盛和夫等人，似乎确实具有某些与生俱来的能力，使得他们可以成就伟大的事业，并且具有影响力。为了发现这些令人钦佩的领导者的特质，研究者们罗列出了一系列的问题。他们的爱好是什么？他们都做些什么？是什么令这些领导者有如此巨大的影响力？如果我们把问题聚焦在这些伟大的领导者的人格特质

（traits）、个人能力（skills）以及行为方式（behaviors）这三个方面，并且能找到一个通用的模型，或许，还是可以发现一些在任何情境下都普遍适用的领导素质和风格。这也是最初进行领导力研究的学者们所采用的方法。

12.2.1 什么人可以成为领导者？人格特质和个人能力

近一个世纪以来，研究者们一直致力于通过分析那些成功的领导者所具备的人格特质及个人能力来回答有关领导力的问题。通过这样一副窄窄的透镜，研究者们也试图建立一套相关的理论体系，不仅能解释已知的领导力模型，而且还能推断出，哪些性格特点是领导者所普遍具备的，这使得他们能在任何的情境下，都具备成为领导者的能力。虽然这一领域的研究饱受争议，但对于个人领导力气质这一问题，这些研究成果也确实得出了部分有价值的观点。

领导力研究最初形成的理论被称为**伟人理论**（Great Man theory），认为历史上伟大的领导者的领导力是天赋使然。根据这一理论，在人类历史上的任何重大事件，其实都是由那些伟大的领导者的个人行为所导致的。这一结论的得出，是建立在如下的基本假设之上：如马基雅维利、乔治·华盛顿、亚伯拉罕·林肯以及拿破仑这样的伟大领导者，可以掌控他们追随者的意志，同时也可以对大众产生影响力。这也就解释了，为何人类历史上的重大事件，都是因这些人的个体领导力的作用而逐一发生。[14] 最初，研究者们坚信这些伟大的领导者天生就具备非凡的领导气质，这种天赋也是由家族遗传而来。但这个理论很快就被发现存在缺陷，因此，由此又衍生出了一种新的理论——**领导特质理论**（traits-based leadership theory）。这一理论认为，存在某些普适的性格特质和个人技能，使得这些人可以成为伟大的领导者。[15]

自信心，是最为重要的领导力特质之一。伟大的领导者，之所以会勇于承担责任并获得他人的信任，是由于他们对自己能力有足够的自信。[16] 在出现危机时，组织外部环境以及组织发展的压力和不确定性都会增加。例如，1982 年，在芝加哥地区，有几名患者因使用泰诺（Tylenol）导致死亡，当时强生公司（J&J）面临着来自公众和政府的严厉声讨和巨大压力，被要求把所有泰诺产品从商场的货架上下架。[17] 作为一个有自信的领导者，就应该具备克服这种巨大压力的能力，同时，面对不可预知的情境，做出合理的决策。时任强生公司 CEO 的詹姆斯·柏克坚定地秉承强生公司信条，恪守对患者、医生、社区以及股东负责的承诺。在可能会为强生公司带来灭顶之灾的危机发生后，詹姆斯·伯克（James Burke）仍然对强生公司和公司价值观持有坚定信念，他做出了一个艰难的抉择，宣布召回市面上所有的泰诺产品，并将这一事件的全部经过对公众和媒体完全公开。如今，强生已经成为患者最值得信赖的品牌之一。有关领导力特质的研究还表明，缺乏自信的领导者，也更难获得下属的信任，因而导致下属忠诚度的降低。[18]

进取心是另外一个重要的领导力特质。面对风险所表现出来的坚毅果敢以及乐于承担的品质，能使领导者在面对质疑时保持坚定的态度，这也会让他们的追随者在面对风险时保持平和的心态。[19] 研究者们还发现，通常具有强烈进取心的领导者，同时也会具备强大的自信心。积极进取，要求领导者相信自己有能力对组织所处的情境做出清晰的分析并找出切实可行的解决方案。此外，领导力特质还表现在超出常人的精力和擅长激励等方面。[20] 领导者的人格特质也是领导力特质的重要组成部分，但是它们本身并不能有效衡量有效与无效领导力。本章我们将会讨论此问题，定义领导力需要考虑很多其他重要因素。

领导者的个人技能

除了上述提到的领导者的人格特质外，研究者还列举出了一系列与实现有效领导相关的个人技能：认知能力、专业技能以及人际交往能力等。**认知能力**（cognitive skills）的作用在于，它使领导者可以有能力获取各类纷繁复杂的信息，通过分析和提炼，据此制定适当的战略、解决问题并且做出正确的决策。[21] 例如，90 年代初期，三星电子的董事长在美国洛杉矶探访了几家电器商店，他意识到，美国消费者对韩国电子产品的看法就是"便宜货"。因此，一回到韩国，他就开始加大对产品设计的研发投入，同时，开展了一系列的市场宣传活动。正是这位董事长的一个小小发现，带动了整个行业的创新趋势，三星公司也最终在 2008 年获得了共计 32 项创新和设计行业奖项。[22] 这个故事告诉我们，一旦领导者对所处的情境做出了解读，就可以指引下属的工作方向，最终带领整个组织获得成功。[23]

专业技能（technical skills）是指领导者对于一个组织及在组织中所担任的职位相关的各类知识。专业技能包括以下两个方面：所处行业的专业知识以及有关组织行为的知识。对于一名领导者，尤其是那些处于组织中较低层级的领导者而言，为了实现高效的领导，需要熟悉其下属的工作方法、工作流程乃至他们所使用的设备或器材，甚至比下属更为精通。[24] 这一点对于高科技行业尤为重要，通常，在这类行业中，下属于对领导的信任，即领导者的公信力，往往来源于他们更为精深的专业知识。[25] 虽然，我们通常认为，专业技能通过学习即能掌握，但实际的情形是，在实践中的应用经验更为重要。[26] 领导者有关组织行为的知识包括组织的规定、组织的结构以及管理体系。这些知识有助于领导者理解自身所在组织各方面的内在联系，分析其中的利害关系，并做出合理的决策。[27]

除此之外，领导者还应提高自身的人际交往能力。**人际交往能力**（interpersonal skills）指的是领导者在人际互动中的能力。通常，优秀领导者所具备的人际交往能力包括沟通能力和社交能力。如果一名领导者可以有效地运用符号、语言以及非语言的方式，让自己或自己想要表达的观点更具影响力，他可以更有效地整合下属、同侪、上级乃至组织外部资源。强大的人际网络，也会帮助领导者更容易获取合作、得到支持，更有效地解决冲突，进一步提升自己的影响力。[28] 社会能力主要是指，领导者有能力从他人的态度及人生信条中洞察到这些因素对其行为模式和动机的影响。人际交往，不仅复杂且是个动态变化的过程，只有深刻理解到了这一点，领导者才能在团队中实现组织认同，打造相互理解的氛围，分享共识，协调团队运作并提高组织成员的团队合作精神。[29]

认知能力、专业技能和人际交往能力这三方面的能力水平决定了领导者是否胜任并被认可。很多下属不仅会评判领导者的能力，通常还会对他们的**性格特征**（character）做出评价。在很多人的核心价值观和基本的人生理念中，即便身处不同的情境之中，一个人的性格特征通常很难改变，而恰恰正是这些性格特征决定了一个人的行为模式。对此，我们将在其他章节中详细阐述。[30] 品行正直的领导者处事更具原则性，因此，他们更有自信，更容易得到他人的尊敬，下属也对他们更为忠诚。[31] 京瓷理念使得稻盛和夫可以多方面实现他的承诺和对员工的尊重。对于稻盛和夫而言，领导力是超越利润的责任感，并且有着更高的目的：提升生活。现如今，企业丑闻层出不穷，饱受争议的高管薪酬以及政治犯罪等问题备受关注，因此，在公众眼中，领导者的性格和人品成了最受关注的话题。稻盛和夫与身陷丑闻的领导者形成了鲜明的对比。

12.2.2 领导者应怎样做事？行为方式

人格特质让我们了解了领导者是什么样的人，而行为方式则是指领导者应该怎样做事。领导行为理论的研究源于 20 世纪 50 年代，基于领导特质理论，这一理论增加了一个新的考量维度：领导者实际的工作与采取的行动。通过整合一系列有效的行为模式，领导行为理论为领导力的研究提供了更为完善的框架。有关领导力的探讨中，最为常见的一种观点是，每个领导者都有其独特的**领导力风格**（leadership style），而这种风格，正是通过领导者的行为模式所体现出来的。例如，军队中的训练士官展现出来的是军事化的领导力风格，而人道主义者则更像是遵循服务型领导的路径。

人们喜欢讨论各类不同的领导力风格。而研究者则发现，依据领导者行为方式，领导力风格可以被分为两大类：一类是以达成工作目标为导向，另一类则更倾向于在组织内部建立更有效的合作关系。当然，我们也不能就此做出错误的假设，认为这两类行为互相之间并无关联，领导者只可能做出其中一方面的行为表现；这两类行为以复杂的关系互相关联。[32] 实际上，领导者也必须有能力平衡组织的业绩表现和下属被关注的需求。[33]

1. 任务导向型

有些领导者所关注的重点是如何通过有效且可信赖的方式达成任务目标，在他们身上所体现出的，是**任务导向型行为方式**（task-oriented behavior）。[34] 那些仅仅以任务为导向的领导者更关心能否以及如何实现组织目标。[35] 任务导向型领导者的主要行为方式包括：[36]

- 制订短期计划：领导者负责确定有哪些工作需要进行，由什么人来负责，以及应在何时完成。为了确保组织的高效运作，领导者还应给出工作的优先级和所应采取的策略，分配工作职责，制定工作计划，配置所需的资源。任务计划书、预算方案以及团队会议都是常用且有效的工作方法。

- 明确内部分工和工作目标：领导者应确保下属能够充分理解期望他们所能达成的目标以及如何实现这一目标。为了有效地协调组织内部资源，领导者还应与下属沟通工作计划以及为每一项工作任务制定明确的目标。

- 监督任务执行过程和业绩表现：在工作中，领导者本身就应为自己团队所能达成的数量及质量等业绩目标负责。为了确保下属能努力为了团队的整体目标高效地工作，领导者应留意下属的工作表现，定期审阅工作报告并监督任务完成的质量。在第 10 章中，我们对这些职能曾进行过详细的探讨。

研究者们认为，虽然，任务导向型行为与下属的业绩表现密切相关，但这类行为方式对提升下属满意度却并无裨益，甚至会导致相反的结果。[37]

2. 以人为本型

关系导向型行为方式（relations-oriented behavior）可以弥补任务导向型行为方式的不足之处。关系导向型行为方式更注重组织内部人与人之间的关系、员工的个人价值，对于组织的承诺感并信守对组织目标的承诺。[38] 在这类行为方式中，领导者的三种行为最具影响力：

- 为下属提供支持：努力了解下属需求和感受的领导者，可以与下属建立并保持一种高效的合作关系，提高下属的工作满意度，同时与下属形成情感上的联系。领导者所体现出来的体谅、包容、友善和关怀等态度，能令下属更加自信，更加信任自己的领导者，对组织更有承诺感。[39]

- 关注下属个人发展：领导者可以通过训练、指导、提供职业发展建议等方式，提高下属的工作能力，并帮助下属在组织中得到职位的提升。关注下属个人发展的另外一种有效的行为方式是，平等地对待下属并激励他们能主动自发地寻求问题的解决方案。[40] 领导者通过这类行为方式可以建立良好的合作关系，形成更具主动性的工作团队，并得到更快的职业提升。[41]

- 认同下属的工作：员工希望自己在工作上的努力表现得到赞赏，因此，领导者应该懂得赞扬和欣赏下属对组织或团队做出的贡献。[42]

关系导向型行为方式还在其他很多方面对组织有益，包括更低的员工流动性、更加主动积极的工作态度、更高的创造力、更多的自我约束、更长期的成功以及更强的团队承诺感和忠诚度。[43]

3. 管理方格

20 世纪 60 年代，**管理方格**（managerial grid，见图 12-1）融合了任务导向型行为方式和关系导向型行为方式。[44]虽然有些研究者认为这两种行为方式是一个维度上的两种极端表现，但更为主流的观点仍是，不同的领导力风格，是由于领导者在这两类行为方式上不同的倾向性所造成的。以此为前提，领导力风格的特质也正是因此而展现出来。

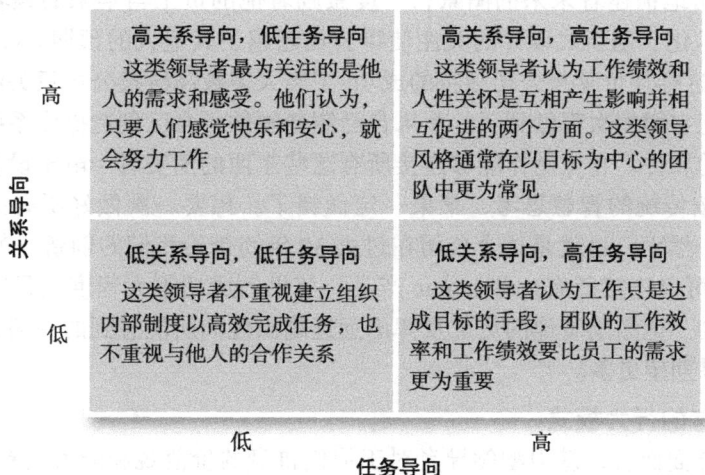

图 12-1　管理方格

资料来源：Adapted from Mindtools, Ltd., "Blake Mouton Managerial Grid," 2008, www.mindtools.com/pages/article/newLDR_73.htm, accessed September 10, 2008.

显然，很多因素都会对领导力风格造成影响或束缚。在组织中，会有一些强制性的制度和规定，限制组织成员的行为。而管理者的价值观、信仰、性格特质等也会影响他们对待他人的态度，以及为实现组织目标所采用的工作方式。例如，如果一名领导者认为任务完成的质量要比按时完成更为重要，那他或许就不会采取让下属产生紧迫感的行为，但结果是，这仍会降低组织的整体绩效。最后，还需要说明的是，领导者的个人经历和知识背景也是影响其领导力风格的重要因素。虽然，绝大多数的领导者在不同的情境下，或是在完成不同的任务时，会体现出不同的领导力风格，但是，每个人还是会有一种最为鲜明的风格特点，在大多数情境中会最先体现出来，尤其是在面临压力时。

人格特质和行为方式，是领导者个人魅力的综合体现。尽管如此，这些理论尚不能解释为什么有些领导者会备受尊敬，甚至被人崇拜。由此，魅力型领导力理论应运而生。

12.2.3　魅力型领导者

最初，**魅力型领导者**（charismatic leader）被认为是具备独特性格特征的一类人，他们在组织处于危机的时候，具有激励人心的力量，帮助组织建立愿景，走出困境。魅力型领导者所具备的卓越的领导素质和能力，能够令他们的追随者与其建立起强烈的情感依赖。[45] 这类领导者通常给予人们人生意义和精神层面的指导，而并不依靠物质激励或惩罚手段来管理下属。[46] 然而，现今有关魅力型领导者的理论则更为实用。根据这一最新的理论，魅力型领导者并未被看成是对他们的追随者可以产生难以言喻的影响力的超人，而是他们所展现出的某些特殊性格特质和所采用的行为方式让人们认为这些人拥有超乎寻常的能力。[47] 领导者的个人魅力并不是与生俱来的，而是后天的社会环境所造就的。[48] 换言之，领导者的个人魅力是由他人所赋予的，是被社会环境所塑造而成的。

这一方向的研究表明，如果一名领导者可以做出超过其追随者预期的业绩表现，从根本上改变这些追随者的理念，将对组织奉献和忠诚的信念灌输给他们，并且能说服他们为了集体利益而做出个人牺牲，那么这类人，就会被看成是魅力型领导者。[49] 史蒂夫·乔布斯就曾是一个热切地描述着未来的图景，一度激励着他的员工与苹果的顾客。他对于苹果的技术整合、艺术化、创新式设计的关注使得公司超越了其他人的预期。《时代》的专栏作家 Lev Grossman 这样评价苹果公司独特的成功："当大多数高科技公司只关注一个或者两个领域，苹果公司把它们一次都做到了。苹果自己制造硬件，自己创造操作系统，并且自己制作该操作系统中的软件。它也制作能够连接所有这些东西的消费者–电子设备。谁会这么做商业呢？如果你按传统的智慧思考，苹果一定做错了。想要一次做好所有的东西，你会所有事都做不好……然而，这就是这个公司在过去 30 年间带给我们的创新：苹果二代、Mac、iPod。"[50] iPhone 可以连接所有这些 iconic 产品。苹果的成功很大程度上是因为乔布斯的视野与魅力所推动的。他激励着他的员工发挥出远远超出他们所能想到的一切，并且激励着苹果的消费者对苹果期望更多。

魅力型领导者的行为模式

从领导特质方面而言，魅力型领导者对于他们自身的价值观和能力具有极强的自信心，敢于承担风险的勇气和强大的道德信念，以个人能力带来社会福祉。[51] 领导者的这些性格特质是通过他们的行为方式体现出来的，这其中最重要的是建立具有说服力的愿景。当愿景被创建后，领导者还应运用形象化、符号化以及象征性的表现方式将这一愿景传递给他的追随者。魅力型领导者能够通过目光接触、自然的肢体语言、充满活力的神态和对语调的把握来激发追随者们为实现愿景而共同奋斗。[52] 通过公开演讲以及其他更为私密的沟通方式，领导者可以鞭策他人更加主动积极地采取行动。而且，如果领导者还能对追随者的能力表现出强烈的信心，追随者们将会感到更有能力完成任务进而实现愿景。[53] 马丁·路德·金的讲演"我有一个梦想"是现代史上最著名的例证，振奋人心且令人印象深刻。[54]

但是，魅力型领导者也有他们的不足之处。并不是所有的魅力型领导者都是正面的行为榜样。有些领导者并不以建立积极正面的社会影响力作为行为导向，他们自恋、自我膨胀且在性格上具有侵略性；另一些领导者则不关注下属的个人发展，只是对他们施加压力甚至阻碍他人的进步；还有一些领导者不仅不倡导具有社会价值的意识形态，反而通过使他人理想幻灭的方式来获得权力以达成个人目的。尽管如此，这些人依然可以攀上权力的巅峰。[55] 在这里，一个显而易见的问题是，为何这些领导者还能够有魅力使人成为他的追随者呢？对于一个理性的人而言，难道不应该意识到这些领导者行为背后的动机，一旦发现受到权力的威胁或是意识到这类人的行为根本就不道德的时候，可以拒绝被他们引诱么？虽然很多人对这个问题的回答都会是正面的，但情境的作用不可忽视，这些领导者，也正是在某种特殊的情境中获取权力的。

魅力型领导者通常是在组织经历危机或身处困境时脱颖而出。当追随者们处于心理上的困境或是因对现状不满而感到失落时，领导者就更容易通过建立一个与现状完全不同且似乎更加美好的愿景而获得支持。[56] 在某种意义上，当被承诺一个美好的未来，那些追随者们通常会变得盲目。在这种情况下，领导者就会因所处的情境而获利，进而实现个人目的。

12.3　领导者与追随者

在本章的 12.1 节，我们阐述了几种与主要领导者相关的领导力理论。虽然，领导者的性格特质和行为方式体现了与领导力相关的某些方面，但是，这些理论都忽视了领导力的另外一个重要的组成部分，即追随者。即使有领导者的职位，只有当他们的追随者接受他们的时候，他们才能发挥领导者的效用。毕竟只有拥有追随者，你才是一个领导者。实际上，领导力正是领导者与被领导者之间相互影响、交互作用的体现，追随者对领导者的影响并不亚于他们从领导者那里所受到的影响。[57]

12.3.1　变革型领导理论

变革型领导力（transformational leadership）是目前最受主流认可的理论之一，很多研究者对于这一理论都十分关注。在他们看来，这一理论给出了领导者应采取的一系列行为方式，能够令组织和组织成员向更好的方向转变。在道德指南针和责任感的约束下，这类领导者可以带领其追随者为了共同的愿景而努力并且达到超出预期的结果。针对那些成就显赫的管理者的观察性研究令这一理论更加完善。尽管看似与魅力型领导有很多相同之处，但变革型领导与前者之间有显著的区别。例如，学者们认为它可以适用于组织中的各个层级，并非仅针对高层。

变革型领导力的要素

变革型领导力注重研究变化的过程，它的假设前提是，最为优秀的领导力才能，是在科技、社会以及文化的飞速发展和变化的情境下所展现出来的。通过对一些身处变革情境中取得成功的领导者的调研和访谈，研究者们得出了与此相关的一个通用模式，可以适用于组织中任何层级的每一个领导者。这个模式的核心内容是：变革型领导者能够激励追随者们将组织的目标置于个人利益之上，因而满足了他们更高层面的需求。[58] 变革型领导者有以下特征：

- 魅力与愿景（charisma and vision）：魅力对于变革型领导是必要的，但仅有魅力，仍不足以创建完善的变革过程。[59] 在这里，与魅力相关的性格特质和行为方式，与之前我们在探讨魅力型领导者理论时所提及的十分类似，但更注重强调领导者应将其用于建立组织愿景，树立组织成员的自豪感，并获得追随者的尊敬和信任，进而增强与他人的情感联系。[60] 激励他人建立共同愿景是领导力中最为重要的因素，因为通过这样的方式，领导者可以为群体活动赋予意义，激发群体情感，并启发群体心智。[61]

- 鼓舞性激励（inspirational motivation）：为了激励追随者为追求愿景而付出努力，领导者必须具有强烈的道德意识并恪守更高伦理的标准，成为组织在践行愿景过程中的行为典范，以此获得组织成员更多的信任感。人们更倾向于信任这一类领导者，他们愿意与他人沟通自己的价值观，而且在面对压力时，仍能坚持正直诚信的处事原则。从根本上而言，追随者们信任那些未来可预期的领导者。[62] 人们对他们的领导者的信任感越强，他们则越勇于承担个人风险，做出改变，而令整个组织获益。[63]

- 启发心智（intellectual stimulation）：领导者是否能受到尊敬也是领导力中的一个重要

环节，而获取尊敬的重要方式便是，首先要尊重他人。所谓"启发心智"是指领导者应对其追随者施以压力，鼓励他们加强自我思考，并能针对问题提出有创造性的解决方案，即便这样的要求有可能超出了他人的现有能力所及，但最终，追随者们分析问题和解决问题的能力将因此得到提高。[64] 最重要的是，领导者这样做，是在鼓励他人有勇气质疑别人的想法或观点。当组织成员都能自发性地对组织的理念提出质疑，变革型领导者自然可以通过这种手段，激励织成员更具创造力和创新性。但这种良性循环只会在领导者与追随者相互信任、相互尊重的情境下出现。[65] 为了构建上述这类情境，领导者应当敢于公开质疑自己的想法，重新梳理分析问题的方式，并采纳新的解决办法。[66]

- 个体关怀（individualized consideration）：与领导特质理论及领导行为理论的观点相同，变革型领导也强调个体关怀这一因素对于领导力的重要作用。个体关怀是指，领导者应该努力了解每一名追随者对于个人成就、个体发展以及所需支持等方面的需求，并能够让这些人在个人能力方面得到长期可持续的提升。[67] 领导者可以通过积极倾听、充分授权和有效监督等方式，帮助他人成长并获得超出其现有能力水平的成就。[68]

变革型领导者能对组织及其成员带来的影响与其他类型的领导者有很大不同。其中，最为显著的结果是，变革型领导者能够令其追随者们舍弃个人利益，并甘于为组织奉献，努力实现超出其自身预期的成就。[69]

12.3.2 交易型领导理论

魅力型领导理论和变革型领导理论都是将领导力置于情感激励和鼓励追随者达成超出预期的工作表现的情景之中，**交易型领导力**（transactional leadership）理论阐述的则是一种更为简单而且在管理中十分常见的领导方式，其重点是指领导者将满足下属的需求和愿望，作为对其工作的某种回报。[70] 整个模式的重点在于领导者和追随者之间的交换或交易的形式，满足了双方的需求。例如，管理者会承诺给予工作努力、业绩优秀的员工更多的晋升机会。在政治领域，政客们也会在竞选中做出各种承诺，以获取更多的选票。[71] 回顾第 10 章中的内容，这些交易性的行为[72] 也正是绩效管理的特点。

1. 交易型领导的要素

交易型领导两类最主要的行为是**权变激励**（contingent rewards）和**例外管理**（management-by-exception，MBE），例外管理又分为积极式例外管理和消极式例外管理两种方式。[73] 例外管理是指领导者应以积极或消极的方式介入管理的过程，以保证下属的工作能够更符合既定的规范。交易型领导者会采取的工作方法还包括任务导向型行为方式和监督任务完成情况的职能，其中任务导向型行为方式包括设定组织的工作目标，确立详细的工作流程，分配资源，确定组织结构和任务分配等。[74]

- 权变激励：权变激励是领导者和下属之间的一种交易行为，即领导者为下属提供奖励（rewards），作为对其为组织所提供服务的交换，也就是我们所熟知的"胡萝卜加大棒"。[75] 领导者所提供的奖励既有物质层面的，如薪酬、投票权、晋升机会等，也有精神层面的，如信任、承诺和尊重。但后者，即精神层面的激励并不常见，这更像是变革型领导所惯用的行为方式。[76] 为了使权变激励更为有效，领导者应当充分了解下属希望从工作中得到怎样的回报，可能是薪资报酬、职业发展，或是其他更为隐性的需求，并且应尽力满足下属的这些需求。例如，有些员工看重薪水，而其他人却更关心哪些人与他共事以及公司文化等一些非物质的因素。我们将会在第 18 章更加详细地讨论激励因素。

- 积极式例外管理：当管理者采用积极式例外管理这一工作方式时，他们会一直监督员工的业绩表现，以确保员工的工作符合既定的规范并避免错误的发生。一旦下属的工作表现与应有的标准稍有偏差，管理者可以立刻采取行动，纠正错误，改善绩效。[77] 管理者既可以采用积极鼓励的手段，这更有利于提高员工的自我满足感，实现长期成就，也有可能对下属采取惩罚措施。在员工开始进行一项工作之前，管理者就应明确对其业绩表现的期望值，这可以避免造成下属对于自己工作目标的困惑，同时也有助于增强他们的自信心。[78]

- 消极式例外管理：与积极式例外管理不同，消极式例外管理更强调管理者只应在下属的业绩表现不能达到期望的水准时，采取某些纠错行动。[79] 消极式例外管理方式倾向于避免管理者陷入"事无巨细"的管理工作中，鼓励授权下属自主开展工作。因此，下属可以从日常工作的失误中获得经验，提高其独立工作的能力。当然，从短期看来，这种策略有一定的风险，但对于达成长期目标则更为有效。管理者应当有能力根据组织所处情境的紧急程度以及下属的能力水平，权衡两种管理方式的利弊。例如，在上级领导对团队已经施以巨大压力或是团队成员能力较差的情境下，积极式例外管理方式更为适用。

2. 变革 – 交易型领导

通过有关工作与奖励这一交易的谈判，员工确实会努力工作以实现自己的目标。可一旦员工实现他们的目标后，工作的积极性和对组织的承诺感就会降低。只有这些员工在工作的同时也投入情感，他们才能一直持续地努力工作，做出超出预期的业绩表现。在这种情境下，员工不再是因为要获得物质回报而工作，对他们来讲，工作的目的更多是自我满足和自尊的体现。[80] 简言之，交易型领导力在激励员工发挥自身全部潜能方面确实有一定的局限性；[81] 但是，这并不是说交易型领导方式就不可取，实际上，这也是任何组织领导力的一个必要组成部分。[82]

最优秀的领导者会结合交易型领导和变革型领导两种行为方式。[83] 交易型领导者创建规则，追求效率，而且能够保证一个稳定的工作绩效水平，变革型领导者则能通过引入情感元素而进一步提高工作绩效。交易型领导者倾向于在现有的组织框架内达成目标，而变革型领导者则更愿意做出一些改变，以追求新的机会或避免危机的产生。[84] 变革型领导者与他们下属之间的关系更加密切，因为他们向员工灌输责任意识，提出更具社会事业感的愿景，启发员工的心智，最终既提高了员工的满意度，又提升了组织的业绩表现。[85] 亨利·福特就是能够综合交易型领导和变革型领导的典范。他为员工提供优渥的薪资待遇（日工资 5 美元），并且制订严格的规范和工作流程对员工的行为进行监督和控制，但同时，他也为汽车制造行业带来了前所未有的变革，引入了流水线生产模式，还为残疾人和未受过教育的人提供工作机会。[86]

12.3.3 领导 – 成员交换理论

变革型和交易型领导力理论关注领导者如何使用激励或回报去激励追随者追求组织目标，领导 – 成员交换理论（leader–member exchange theory，LMX）则在领导者和追随者之间的关系方面研究得更为深刻。在领导 – 成员交换理论出现之前，所有的领导理论都是基于这样一个假说，即领导者展现给自己所领导团队中每一名成员的性格特质、行为方式和领导风格都是相同的。LMX 理论对这个假说提出了质疑。根据 LMX 理论，领导者对待每一名团队成员的方式都有所差别，因此，他们与每一名团队成员之间的关系也都是独特且不尽相同的。[87]

当领导者与每一位下属单独沟通其工作职能或角色分配时，这之间的关系，也有深度交换关系与浅度交换关系之分。[88] 由于领导者的时间有限，他们只能与一些重要成员建立深度交换关系，而与其他人则根据制度或政策规定，通过正式授权的方式进行沟通。最终，会形成两个团队：圈内人（the in-group）和圈外人（the out-group）。[89]

1. 圈内人和圈外人

领导者与圈子内成员和圈子外成员的关系对比也恰恰映射出了在其他章节中讨论过的二元性问题：有些领导者会优先考虑与圈内人建立更为密切的私人关系，而与其他人则仅仅保持一种制度化的工作关系。但领导者向团队成员展现出的风格也并不是一成不变的，有可能同时采取这两种行为方式。深度交换关系更类似于变革型领导和关系导向型行为方式，注重建立与下属的互相信任，赢得尊重，并增强下属的承诺感。[90]领导者会通过给下属更高的自主权和自由度，施加更强的影响力以及提供更多的支持来获取下属对于团队的承诺感。[91]

在圈子内的下属，可以被分配从事个人更感兴趣的工作，承担更重要的职责和获得更多的授权，还可以得到更多有形的回报，如加薪和晋升等。[92]这些圈内人可以获得更多资源，更好地完成工作，这将有利于他们提升自己的影响力并对今后的职业生涯有所裨益。而与此形成鲜明对比的是圈外人与领导者的关系，他们之间的相互影响要小很多。那些圈子外的下属们，只是按照公司的规章制度和领导者的要求做事，因此，他们也只能获得最基本的利益保障。[93]

不仅追随者能从这种深度交换关系中获益，领导者亦然。由于团队成员乐于承担超出自己职责范围之外的更多责任，整个团队可以更有效地工作并做出更优秀的业绩。体会到深度交换关系的下属，更愿意探索创新性的方法来实现团队目标，也会付出更多的时间用于沟通与交流，总的来说，他们比圈外人更值得仰仗和信赖。[94]他们工作更加努力而且对自己所从事的工作更有承诺感，这样的关系是通过互相依赖、忠诚和信任而建立起来的。[95]在这种关系下，对于组织的有益之处在于，员工的流动性更低，工作态度更好和参与度更强。[96]

深度交换关系的优势是显而易见的，但是通常领导者只会与为数不多的几名下属建立这类关系。因此而带来的后果是，下属们开始争夺领导者的时间和更多的交流机会，以寻求成为圈内人的机会。表 12-1 描述了成为圈内人的行动准则。[97]从表面上看，这种领导力的获取途径似乎显得有些不公平甚至带有些许歧视意味。[98]因此，LMX 理论中还涉及人际关系生命周期的问题，其核心概念是领导者应该公平对待所有的下属并为他们提供平等的机会。

表 12-1　成为圈内人的行动准则

清晰了解上级对自己的期望值	支持上级为变革所做出的努力
主动积极地解决问题	懂得适时表达对别人的欣赏
随时将自己的决策与上级沟通	在对有缺陷的计划提出质疑时要详细具体
与上级核实信息的准确度	学会在恰当的时机管理上级
希望从上级处获得真实的反馈	通过沟通的方式来承担更多的责任

2. 人际关系生命周期

人际关系生命周期（relationship life cycle）的概念是由 LMX 理论的研究者们提出的，是一种更加公平的领导力风格，并有利于提高整个组织的整体业绩表现。[99]通过研究领导者与他人之间各类不同形态的人际关系，研究者们发现 LMX 型关系是通过角色创造（rolemaking）形成的。领导者为下属提供机会，让他们承担更多的责任并得到技能提升，同时领导者还会评价这些角色分工是否可以被接受，以及下属在工作中的业绩表现。领导者所做出的评价以及团队成员的性格特点和行为表现，决定了他们之间会形成何种类型的 LMX 型关系。[100] 角色创造包括以下三个阶段：[101]

（1）陌生人阶段（stranger phase）：在这个阶段中，领导者和下属开始逐渐认识对方，他们之间的互动比较正式而且遵循组织中的规章制度。由于下属从根本上都是自利的，领导者是依赖规章制度和契约责任来激励下属提高业绩表现。在这一阶段，以交易型领导为主，下属服从领导者以换取经济回报。如果领导者能够在陌生人阶段发现进一步发展的潜力，他们与这些下属的关系就会进入熟识阶段。

（2）熟识阶段（acquaintance phase）：当领导者开始向下属提供一些机会，让他们在团队中承担更多的责任，而下属也接受这个新的角色时，就意味着，领导者与这些下属的关系已经开始进入熟识阶段，这也是一个互相试探的阶段。由于责任更重，下属会与领导者分享更多与工作相关乃至更私人性质的信息和资源。当双方在试着了解各自的动机和兴趣时，领导者测试的是下属能否在承担更多责任时仍有能力处理得当，而下属则考虑领导者是否值得自己付出更多的努力和承诺。随着领导者与下属之间的关系的加深，这些下属开始更多地考虑团队的利益而不再是仅关注个人私利，并开始建立与领导者的相互信任，表现出对领导者的尊敬和忠诚。在经历熟识阶段后，领导者与下属的关系会有两种不同的结局：下属不能达到领导者的期望值；或者是下属可以得到领导者足够的信任，被认为值得信赖，领导者与这类下属的关系会进一步发展到合作伙伴阶段。

（3）合作伙伴阶段（mature partnership phase）：这一阶段的标志是领导者与下属之间稳固的相互信任、互相尊重的关系和强烈的责任意识，他们知道互相之间值得信赖。下属会承担更多额外的工作，而领导者则会提供更多的支持。他们之间的交换关系不再基于正式的规章或是合同，而是建立在相互影响和互惠互利的基础之上。双方都不再以个人利益为重，而是致力于达成组织的共同使命和目标。领导者和下属的关系正如变革型领导中所体现出来那样，他们之间有着强烈的情感联系。

人际关系生命周期的演进过程中，领导者与下属的关系会有不同的级别，也会导致不同的结果。随着关系的不断加深，下属会承担更多的责任，而领导者则会做出一致、诚恳且有建设性的反馈。下属将更关注与领导者的共同利益而不仅仅是个人私利，层级关系也不再重要。因此，研究者们一直主张领导者应努力与所有的下属都建立这种关系。领导者应与每一名团队成员建立深层次的 LMX 型关系，而不应出于时间局限、个人喜好以及行事便利等方面的考虑只挑选一些圈内人。[102] 这样做不仅能提高团队的工作绩效、团队成员的满意度和创新精神，也能让他人觉得更加公平，使领导者更具公信力。[103]

12.4　领导者、追随者及情境

至此，我们探讨了与领导者以及领导者与追随者之间关系相关的很多理论。虽然这些都是有助于理解领导力这个问题的重要理论支柱，但所处情境对领导力的影响，至少与这些因素同等重要。权变理论探讨的正是情境对领导者与追随者之间的相互作用以及可达成效果的影响。换言之，在不同的情境下需要不同的领导风格。我们知道，所谓领导，通常由两部分构成：指导（directing）和支持（supporting），但在不同的情境下，对这两方面的侧重又有不同。[104] 一家大企业的 CEO 一定能有效地管理一家高科技创业企业吗？一名创业企业家，又是否能够成功地领导一个庞大且层级森严的组织？领导能力究竟在不同的情境下具有多强的普遍适用性？权变理论基于现有的其他理论提出了这些问题，认为最适宜的领导力风格取决于情境，同时也阐释了与情境理论一些细微的不同之处。这些理论的目标清晰地对领导力风格进行分类。在这些分类中，适宜的领导力风格可被对应到特定的情境中。

12.4.1 费德勒权变模型

由于特质理论和行为理论对于领导者与成员的交互作用不能做出具有一致性的解释，因而，在 20 世纪 60 年代，组织心理学家弗雷德·费德勒（Fred Fielder）提出了首个权变理论，即**费德勒权变模型**（Fiedler contingency model）。[105] 根据这个模型，每种情境都可以用某些特定的变量来描述，因此确定出这种情境有利与否，情境有利度不同，所需的领导力风格也不同。在进行详细阐述之前，需要特别说明的是，这一理论的假设前提是领导者无法根据不同的情境调适个人领导力风格。费德勒认为，与其让领导者适应情境，不如改变情境以适应领导者或寻找领导风格更为适合的人选。

领导情境有利度由三个情境变量构成：领导 – 成员关系（leader-member relations）、任务结构（task structure）和职位权力（positional power）。领导 – 成员关系是指领导者与追随者之间关系的状态，其中包括下属对于领导者的忠诚度等，可能是融洽的，也可能是恶劣的。任务结构则是指在完成任务的过程中，工作流程的标准化程度，任务结构化程度亦有高有低。例如，一个生产设备有标准的流程，但一个设计公司则更灵活，需要创造力。最后一个变量，即职位权力，所表示的是领导者是否可以获得授权对下属的业绩做出评价并执行奖惩，职位权力也有强弱之分。

有利的领导情境包括融洽的领导 – 成员关系、高标准化程度的任务结构以及强势的职位权力。[106] 如果领导者和成员之间的关系融洽，那么整个团队的信心、团队成员之间的互相信任程度以及对领导者的忠诚度都会相对较高。因而，下属会更倾向于服从领导者的管理，而不会有抵触情绪。高标准化程度的任务结构下，工作内容相对简单且重复，更易于领导者指导并监督下属的业绩表现。强势的职位权力则意味着领导者被正式授权拥有雇用、解聘、提升以及奖惩的权力，这也就是说，他们能用更多的方式激励下属。

视野

服务型领导

服务型领导（servant leadership）很少考虑个人的利益得失，注重对下属的培养。服务型领导理论是由 Robert K. Greenleaf 在 1970 年提出的，认为这类领导者将他人利益放在首位，密切关注下属的需求。在过去的几十年里，领导力风格更倾向于向服务型领导方向发展。服务型领导者的特点是，他们是好的聆听者，能与工作伙伴感同身受，关心工作伙伴的福利乃至全社会的福祉。在有些公司中，例如西南航空，就将服务型领导方式作为公司理念倡导。与其他公司不同，西南航空优先保障员工的利益，而不是将客户和股东的利益作为首要考虑因素。他们认为，员工在工作中的快乐情绪会感染客户，提高客户满意度，进而自然会满足股东的利益。服务型领导者的愿景是让世界变得更加美好。

1. 服务型领导方式与其他领导方式有何不同？

2. 服务型领导方式是如何影响西南航空并帮助这家公司获得成功的？

3. 列举出一家公司或一个组织，可以从西南航空的成功中借鉴其领导力方式。

12.4.2 赫塞和布兰查德情境领导理论

在费德勒情境模式努力寻求领导力领域学者认可的同时，保罗·赫塞（Paul Hersey）和肯尼斯·布兰查德（Kenneth Blanchard）提出了有关权变领导的一个新理论。他们认为，领导者的领导风格并不是一成不变的，他们可以很灵活多变，而且有能力根据下属的成熟程度做出行为调适。[107] **情境领导**（situational leadership）理论基于以下因素的相互作用：① 领导者所展示出来的与任务相关的行为方式；② 领导者所展示出来的与关系相关的行为方式；③ 下属对于完成某项任务、承担某种职责或达成某个目标的成熟度。[108]

针对前两类因素，本章已经进行了详尽阐述，这里将对第三类因素做出一些补充说明。成熟度（maturity level）是指追随者为完成某项任务或工作可能具备的能力和对于自身角色的承诺。成熟度意味着，这些人足够自信，并有能力完成任务，而低成熟的追随者则在这两方面有所欠缺。[109] 领导者应该对每一名员工做出评价，评估他们的能力、信心和职位认同感，指引他们做出调适，并提供支持。随着时间的推移，领导者还应该为下属寻找更多的机会帮助他们建立自信、提高能力，随着下属成熟度的提高，领导者的领导力风格也会随之发生转变。[110]

赫塞和布兰查德将领导者的行为方式和追随者的性格特征按程度进行了标准化度量。其中追随者的成熟度可按高低分为四级，并给出了适合不同成熟度级别的追随者的领导力风格。如图12-2 所示，追随者的成熟度可按照两个维度来度量——工作能力及希望达成更好结果的意愿，而与此相对应，领导力风格也有所不同。

对待能力和工作主动性都很强的员工，领导者应该充分授权，不过多介入员工的工作流程，而是将任务交由他们去独立完成。新员工的工作能力和对工作的主动态度都相对较低，在这种极端情况下，领导者应该多引领这些员工在这两方面都得到提高。而有些员工对工作充满热情和激情，但个人能力与职位需求相比却有所欠缺，这时，领导者应该充当指导者的角色，帮助他们提高个人能力。

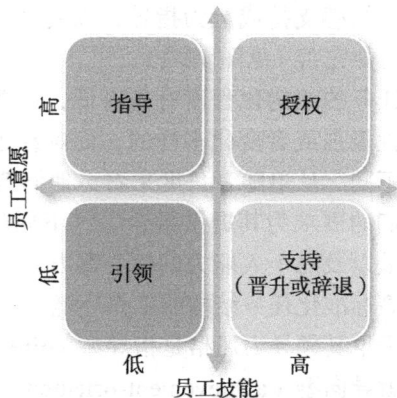

图 12-2　领导力风格与下属性格特点匹配模型

资料来源：Adapted from Paul Hersey, Kenneth H. Blanchard, and Dewey E. Johnson, *Management of Organizational Behavior: Leading Human Resources*, 8th edition (Upper Saddle River, NJ: Prentice Hall, 2001), pp. 174–187.

如果员工个人能力超强，但却缺乏对工作的自主态度，乃至他们的能力不能得到充分发挥，作为他们的领导者，难度相对较高。员工之所以会处于这种状态，可能是因为他们的工作一直在重复。这样的话，员工可能会感到他并没有机会学习、成长。在这种情况下，领导者应当为这些员工提供支持，重新激发他们的工作或对公司的激情和责任感。一种激励这种员工的方法在于提供新机会和挑战。如果没有带来更好的绩效，领导者应支持员工寻找新职位。缺乏激情和组织承诺的员工将会显著损害组织文化。因此，领导者需要对这种情况采取果断行动，要么就是通过提供支持激励他们的工作主动性，要么只能让这些人离开组织。

12.4.3 豪斯路径－目标理论

与其他权变理论不同，**路径－目标理论**（path-goal theory）并不试图建立领导行为方式与某种特定情境的匹配关系。在组织理论家罗伯特·豪斯（Robert House）看来，影响领导力最关键的因素是追随者的期望值，即他们对完成任务以及因此而获得的回报与个人满足感的期望。如果追随者确信自己有足够的能力完成任务，他们就会全身心地投入工作并因此获取回报，提升满意度，反之则不然。这与交易型领导有些类似，领导者提供奖励，用以换取追随者的努力工作。但不同的是，路径–目标理论给出了根据追随者完成任务的信心而改变的情境变量的变化维度，这也解释了在交易型领导中领导者如何激发出他人的最佳绩效表现。

追随者需要感觉到他们确实可以具备完成任务的能力和获得切实的回报，这种感觉主要来源于以下三方面的因素：任务的特点、追随者的性格特征以及领导者的行为方式。当任务本身的特点和追随者的性格特征就具备某些确定性，领导者则应当提供情感支持或行为指导，以使这种确定性更加完善（见图 12-3）。[111]

任务的结构化程度有高有低，可能是重复性极强或者变化多样的，而难易程度

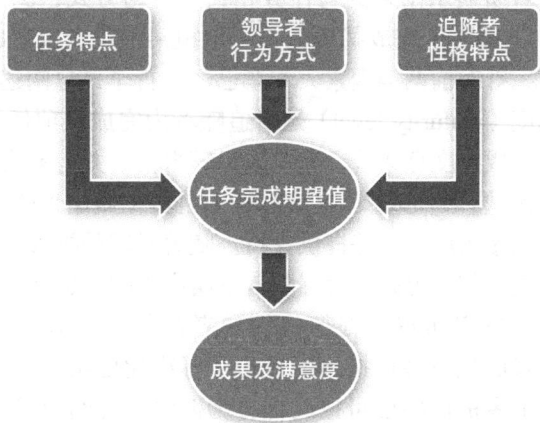

图 12-3　路径–目标理论示意图

也有不同。从追随者角度来看，他们希望从事的任务类型必然不尽相同，领导者应有能力根据他们的需求为其提供指导。[112]下属的性格特征主要表现在他们对结构标准化程度的偏好、控制欲以及对个人能力的信心等方面。有些下属会更偏爱支持型领导，而另外一些人也许更喜欢高标准化任务结构的工作环境。

无论其领导力风格是指导型（directive）、参与型（participative）、支持型（supportive）还是成就导向型（achievement-oriented），领导者是工作情境的重要组成部分。然而，一名领导者很难做到在所有时间具备以上所有领导力风格的行为方式。高效的领导者所体现出来的行为方式通常是最为自然随性的那一类，这类行为特点也正是基于领导者本人个性和能力特点的。例如，一个总是关注完成工作的领导者，突然关心你的家庭和个人生活，他可能会显得笨拙。如果在某种情境下，需要领导者采取在其舒适区以外的行为方式，他们可以将相关的职责授权给团队中其他更适合的成员。[113]

12.4.4　领导力替代品与中和剂

有些研究者认为任务结构、追随者的性格特征以及其他情境因素可以替代领导者的功能。针对这一观点，还有研究者做出了进一步的研究：他们坚信领导行为的作用可以通过工作设计、激励机制以及自我管理等方式来实现。他们将这些概念分为**领导力替代品**（leadership substitutes，即那些使领导行为变得无关紧要的因素）和**领导力中和剂**（leadership neutralizers，即那些限制领导者能力发挥作用的因素）。[114]除此之外，这些研究者还认为，领导力并不是一种真实存在的现象，而仅仅是由追随者所构建的一种属性。有些人能被称为领导者，也不过是因为他们承担了某种责任并展示出某些特定的行为方式，被下属冠以领导的称呼而已，这些人实际上对于团队的业绩表现和满意度并没有贡献。[115]

作为对路径–目标理论的延伸，替代品与中和剂这类观点提出，为研究领导者的行为

如何能够成为某种情境特点的重要构成部分提供更具洞察力的理论支持。替代品是指，在没有领导者的情况下，情境中那些可以让下属达到最优业绩表现的因素。例如，如果下属具备足够的知识以及与任务相关的工作经验，这些人就有能力在没有领导者的帮助下独立完成任务。同样，在一个规范和制度森严的组织中，制度本身就已经为成员提供了达成目标的路径，因此，员工很容易就能了解，在给定的条件约束下，最佳工作表现应当是怎样的。

从另外一个角度看，中和剂成为妨碍或阻止领导者在组织中影响力的约束条件。例如，组织中的制度或规定可能会限制领导者的一些行为方式，如晋升或资源分配等。[116] 物理距离也会对领导者和下属之间的互动造成限制。以联邦快递（FedEx，主营业务之一是在全国范围内提供专业化快递服务）的区域主管为例，他们通常会因为无法为门店经理提供全部所需的指导以及个人支持而倍感挫折。[117] 表 12-2 列出了一些可能出现的替代品和中和剂。

表 12-2　领导力替代品和中和剂列表

类别	替代品或中和剂	关系导向型行为方式	任务导向型行为方式
下属的性格特征	经验、能力、培训	无	替代品
	专业化导向	替代品	替代品
	不在意薪酬	中和剂	中和剂
任务特点	高标准化任务结构，例行公事	无	替代品
	任务自我反馈机制	无	替代品
	任务内在满足感	替代品	无
组织属性特征	富有凝聚力的工作团队	替代品	替代品
	弱职位权力	中和剂	中和剂
	正规化程度（制度、流程等）	无	替代品
	灵活度（制度、政策等）	无	中和剂
	工作地点分散	中和剂	中和剂

资料来源：Reprinted from Steven Kerr and John M. Jermier, "Substitutes for Leadership: Their Meaning and Measurement," *Organizational Behavior and Human Performance*, Vol. 22, 1978, pp. 375–403 with permission from Elsevier.

本章小结

1. 领导力是个复杂而又难以掌握的话题。尽管经历了长达 100 年的关注与研究，很多问题仍未能达成共识。例如，如何实现领导力？什么是领导力？尤其是，领导力的最佳体现形式是什么？当然，尽管这些问题确实很复杂，但对于一个组织来说，如果想要获得成功，领导力的作用仍然至关重要，而最关键的是，需要了解哪些因素会对领导者工作的有效性造成影响。

2. 许多有关领导力的研究都试图对领导者的性格特质做出分析。特质理论和行为理论都对我们加深对领导力这个概念本身的理解提供了很大帮助，而其他的理论则注重在人际关系与任务结构之间寻找某种平衡。尽管几乎所有其他与领导力相关的理论都是从特质理论和行为理论衍生发展而来的，魅力型领导理论的创新之处在于它首先提出了情感因素对于更加高效地实现组织目标的作用。

3. 另外一类颇具影响力的领导力理论则侧重于研究领导者和追随者之间的关系。其中两种主流的理论分别是：①变革型领导理论；②交易型领导理论。变革型领导理论关注的是如何通过鼓舞人心的方式激励下属，而交易型领导理论则侧重通过建立合理的薪酬体系作为激励手段。领导-成员交易理论则认为，没有一成不变的领导力风格，恰恰相反，领导者应当试图与不同的下属建立独特的人际关系。这方面的研究倾向于支持，领导者应该努力与所有的下属建立变革型关系，但同时仍应保持交易型的行为方式，以保障组织达成最基本的业绩目标。

4. 最后，领导权变理论则综合考虑了领导者、追随者和情境等因素，给出了有关领导力一种更为全面且复杂的观点。这一理论认为，领导者应当根据不同的情境特点选择不同的行为方式。在有些情境下，领导者需要更深度的参与，而有些情境则不要求领导者施加过多的影响。虽然各类权变理论尚未达成在观点上的一致，但这类理论的意义在于它们都揭示了情境的复杂性。

关键词

性格特征（character）
魅力型领导（charismatic leaders）
认知能力（cognitive skills）
权变激励（contingent rewards）
费德勒权变模型（Fielder contingency model）
伟人理论（"Great Man" theory）
人际交往能力（interpersonal skills）
领导-成员交换理论（leader-member exchange theory）
领导力中和剂（leadership neutralizers）
领导力风格（leadership style）
例外管理（management-by-exception）

管理方格（management grid）
路径-目标领导理论（path-goal theory of leadership）
人际关系生命周期（relationship life cycle）
关系导向型行为方式（relation-oriented behavior）
情境领导（situational leadership）
任务导向型行为方式（task-oriented behavior）
专业技能（technical skills）
领导特质理论（traits-based leadership theory）
交易型领导（transactional leadership）
变革型领导（transformational leadership）

课后练习

讨论话题

1. 思考本章讨论的领导力三方面——领导者、追随者、情境。你认为其中一项比其他的更为重要吗？为什么？
2. 为什么"伟人"领导力理论如此令人信服？为什么有人认为领导者是天生而非后天的？
3. 思考重要的领导力相关技能——认知能力、专业技能以及人际交往能力。随着一个人的职业发展，哪项技能变得更重要？为什么？
4. 你如何评估领导者的特征？你会寻找他的哪种特质和行为？
5. 危机时刻，对于领导者而言，专注任务导向或关系导向的行为哪个更为重要？在创

业企业又怎么样呢？
6. 解释魅力的阴暗面。领导者一般如何滥用魅力？
7. 变革型领导力与交易型领导力理论如何互相补充？
8. 为确保自己与领导者的关系从陌生人阶段发展至成熟合作伙伴阶段，人们可以做些什么？
9. 为什么拥有多变的领导力风格如此重要？
10. 对比并比较三个主要的领导力权变模型——费德勒权变模型、赫塞和布兰查德情境领导理论、豪斯路径-目标理论。

管理研究

1. 选择你参与的一次活动，要有一个团队，

团队成员之间为了达成某个特定目标有相互合作关系。谁是领导者？哪些人是追随者？用本章中所提及的概念对情境做出分析。描述领导者和追随者之间的互动关系。描述你所参与的工作或任务，指出领导者的性格特质和行为方式，以及这些因素与情境的匹配程度。在这种情境下，领导者是否是必需的？为什么？

2. 选择一个魅力型或变革型领导者。他具备哪些特殊的性格特质？他所展现出来的行为方式是怎样的？你会如何描述他所处的领导情境？试着解释本章中提到的其他概念如何与情境相结合。他展示出的哪些素质，是用其他领导力理论所不能解释的？

行动练习

观察并分析你在工作中或其他场合所了解的一位高效的领导者，可以是你的同事、某个项目的管理者，与你有密切工作联系的高层管理人员、老师、社团成员，或你在某个公益组织中认识的人。

领导者的姓名：＿＿＿＿＿＿

列举出 5～10 项在你看来有助于他成为一名高效领导者的行为方式或个性特征：

1. ＿＿＿＿＿＿＿＿＿＿＿＿＿＿＿＿
2. ＿＿＿＿＿＿＿＿＿＿＿＿＿＿＿＿
3. ＿＿＿＿＿＿＿＿＿＿＿＿＿＿＿＿
4. ＿＿＿＿＿＿＿＿＿＿＿＿＿＿＿＿
5. ＿＿＿＿＿＿＿＿＿＿＿＿＿＿＿＿
6. ＿＿＿＿＿＿＿＿＿＿＿＿＿＿＿＿
7. ＿＿＿＿＿＿＿＿＿＿＿＿＿＿＿＿
8. ＿＿＿＿＿＿＿＿＿＿＿＿＿＿＿＿
9. ＿＿＿＿＿＿＿＿＿＿＿＿＿＿＿＿
10. ＿＿＿＿＿＿＿＿＿＿＿＿＿＿＿＿

根据你的经验，将这些行为方式或个性特征按下表分类：

可以在短期内掌握 （几个月内）	可以在长期实践中习得 （几年内）	无法 后天习得

什么方面的领导力无法后天习得？为什么？

第 **13** 章

成为领导者：认识自我

| 学习目标 |

阅读本章内容后，你应当能够：

1. 解释为何自我认知对一名领导者极为重要。

2. 区分不同类型的智能形式和这些智能如何对个人的性格特征及领导力风格造成影响。

3. 解释当一个人在承担某些特定角色时，性格特征是如何对这个人成功的可能性造成影响的。

4. 解释自我监督在尝试进行行为调适和成为能够适应各种情境的领导者时所起到的作用。

| 开篇自测 |

你了解自己的领导力风格么

了解如何管理自己的领导力风格是自我发现（self-discovery）的一个重要方面。这需要人们对自己优势和劣势有清楚的认知。请阅读以下问题并按从 1 到 5 的分值进行打分。

1= 从不；2= 很少；3= 有时；4= 经常；5= 总是

1. 我在管理中依赖自己的智力水平，包括过往的经验、已掌握的知识以及适应能力等。

2. 作为一名领导者，我在创造性方面表现突出。

3. 我可以根据所处的情境，将常识和实用性分析结合应用。

4. 我具有优秀的全局观。

5. 作为一名领导者，我有能力感知到环境机遇并回避风险。

6. 我具有文化感知能力，能够理解所处的情境并针对不同情境做出恰当的反馈。

7. 我有能力觉察到他人的情绪反应。

8. 我以身作则。

9. 我对反馈和建议持开放态度。

10. 在做出决策之前，我会询问很多人的意见。

　　根据上述测评结果，你对自己的领导力风格了解有多少？你是如何利用自己在领导力风格上的优势的？你的机遇在哪里？

13.1　概述

　　上一章中，我们探讨了领导者、追随者以及情境之间的相互作用与影响。高效的领导者应当有能力根据某种特殊情境下的特别因素做出风格调适。[1]例如，当面临危机时，领导者必须提供更多的指导并将权力上移，风格会相对独裁。而在组织更加关注创新而压力不大的情境下，参与式或更为民主的风格则更易使领导者获得成功。即便灵活性和适应性的程度类似，针对不同的追随者，领导力风格及行为方式也应有所不同。对于有些员工，领导者需要提供更多的支持和鼓励；而对于另外一些人，领导者应当让他们的工作更具挑战性。还有一些员工，需要领导者更关注于对他们的指导和做事流程的管理及控制。根据不同员工运用不同风格的领导方式，能够使领导者有效地激励下属，形成某种特殊的驱动力，进而提升整个团队成员的满意度和业绩表现。

　　对于有些人来说，根据所处的情境的特征和每一名员工的特点做出风格调适，似乎会比其他人更容易。一个人的领导力风格和行为作风就好比是根橡皮筋，可以按不同的方式灵活变化，但在某些时候，也可能突然断掉。有些领导者有很强的适应性且领导力风格相对多变，而另一些人则不然。如果领导者太过偏离自己的舒适区，试图按照与自己的价值观或过往经验不尽相符的方式做事，他们很可能会感觉不那么舒服，也可能被认为不够真实可靠。同样地，虽然对于一名领导者来说，擅长调适风格确实非常重要，但他们也必须意识到，这种调适的边界在哪里，即要适度（见图 13-1）。

　　实际上，即便对于那些可以灵活运用不同领导力风格的人来说，通常会有某个位置（position）或行为方式在大多数的情境下令他们感觉最舒服，也会是他们首要选择。在面临压力的时候，这一点尤为凸显，无论在怎样的情境下，此时，领导者都会倾向于采取令自己更为舒适的风格。[2]这类所谓的"默认风格"是由个性特征、专业技能和能力特点、价值观以及过往经验等因素所决定的。

相符（强度适宜）
- 与个人价值观一致
- 练习新行事风格的机会
- 少许不舒服

不相符（强度过大）
- 与个人价值观不一致
- 重塑个人认知
- 感到不真实——"这不是我"

图 13-1　调整你的领导风格
资料来源：Anthony J. Mayo.

　　在本章中所讨论的内容，是建立在这样的假设前提之上的，如果试图建立有效的人际合作关系，高效地完成任务并实现组织目标，首先应从了解并理解自己的行为方式着手。因此，本章也将重点讨论**自我认知**（self-awareness）这一概念，即一个人对自己的思维逻辑、认知能力和行为方式的了解。有更强自我认知的人可以更加了解自己的倾向性和个人偏好；进而，人们可以更好地调适对自己的领导力风格和行为方式。[3]对于自我的理解对于建立和发展有效的人际关系至关重要。

　　有效人际交往能力（interpersonal effectiveness）是指人们认识并承担建立、发展有效人际关系的能力。自我认知和有效交往能力之间有一个有趣的互惠关系——更强的他人意识

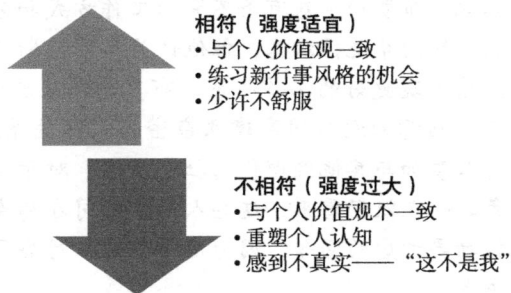

会反过来促进更强的自我意识。[4] 反过来也一样——更强的自我意识可以促进对他人更好的理解。

下面的案例给我们展示了为什么自我意识对有效和高产的工作关系如此重要。

沃尔夫冈·凯勒（Wolfgang Keller）的案例证明了性格的差异会产生人际关系的矛盾。当差异出现的时候，人们通常会挑战、回避或者干脆被另一方激怒。除了固有的问题和困难，不同的性格特性可能更适合特定的工作职能。例如，一个好争辩、认真负责的人可能在营销和销售行业非常成功，就像 Keller 一样。不那么能言善辩的人可能在管理信息技术系统上或者做研究非常成功。

案例 13-1

沃尔夫冈·凯勒

沃尔夫冈·凯勒毕业于哈佛商学院。他是一位德国人，曾在德国知名啤酒公司 Königsbräu[5] 乌克兰分公司担任总经理，时年 34 岁。在这期间，他业绩卓著，成功扭转了分公司的经营局面，很多人都认为他有资格成为公司高管团队的候选人。但是，他在管理其中一名下属的过程中一直存在问题。这位下属便是时任乌克兰分公司商务总监的德米特里·布罗德斯基（Dmitri Brodsky）。

布罗德斯基比凯勒大 10 岁，是乌克兰人。从聘用布罗德斯基时起，凯勒对他的个人能力和管理风格就一直持保留态度。作为一名商务总监，布罗德斯基在许多方面表现得十分出色，他重新设计了销售团队的组织架构，还主持开发了完善的信息和管控系统。尽管如此，布罗德斯基有条不紊的工作方式和分析方法却令他的工作进展比预期要慢。虽然凯勒对新的系统很满意，但他认为布罗德斯基忽略了与客户和销售团队建立一种更加高效和业绩表现更好的工作关系。布罗德斯基的管理风格被认为是"一本正经且有距离感"，似乎他刻意回避与同事建立亲密的人际关系。布罗德斯基极少与大家谈起他的家庭，也不怎么参加与其他经理们的社交活动。对于拜访销售代理和分销商这类事情，他也是能免则免。而在凯勒看来，这些人对于公司在乌克兰业务的发展至关重要。所有这些因素，都是凯勒要考虑的问题，因为他坚信员工对公司的忠诚度和对工作的热情，都源自更深的私人关系。

与布罗德斯基不同，凯勒很享受与销售团队以及客户打交道这类事情。他被看作那类"事必躬亲"式的管理者，在处理问题的时候，凯勒倾向于以行动为导向，但有时也会缺乏耐心，在问题出现时，急于采取行动，希望能够迅速解决。很多人还认为，凯勒也不太擅长授权。由于认为布罗德斯基的管理方式在迅速解决问题方面不太满足他的要求，凯勒经常介入布罗德斯基团队的工作中。在一次业绩评估后，凯勒的顶头上司也曾提醒过他，如果他希望得到晋升，就必须得从这些事务性的职责中抽身出来，变得更善于团队合作。

在对布罗德斯基的业绩表现进行评估时，凯勒指出，布罗德斯基"在领导力方面较为欠缺，没有个性"，而且"不适合担任销售团队的领导者"。对此，布罗德斯基激烈地反驳了凯勒对他个性及能力的评价，并声称是凯勒那种事无巨细的管理风格妨碍了他更好地开展工作。他感到他的行为是对凯勒干扰的回应。

凯勒和布罗德斯基的领导力风格，从根本上就是截然不同的，而对于对方为组织带来的价值，他们之间也很难达成共识，且互不欣赏。例如，他们在工作中人际关系的处理方式上就各执己见。凯勒性格极其外向，他认为与同事、下属以及客户之间的私人关系和私下交流可以培养他们对公司的忠诚度和对工作的热情。因此，他热衷于在公司内部营造一种团结共享的氛围。而另一方面，布罗德斯基则并不怎么愿意主动寻求在工作中建立某种亲密的人际关系，实际上，他甚至试图尽量避免这么做。尽管不像凯勒那么外向且善于交际，布罗德斯基的优异表现在公司里仍有目共睹，重新设计销售团队的组织架构、开发信息和管控系统等都对公司做出了积极的贡献。

案例思考

1. 对比凯勒和布罗德斯基领导力风格有何差异。
2. 为什么凯勒会对布罗德斯基的表现有所担忧？
3. 布罗德斯基应如何改善自己的管理技能？
4. 凯勒应该如何管理布罗德斯基？

最近有一项研究曾得出这样的结论，如果团队成员多数性格内向，具有外向性人格特质的领导者会表现得更优秀；反之亦然，性格相对内向的领导者如果带领成员性格偏外向的团队，则更易于取得好的业绩。性格外向的团队成员可以帮助那些性格相对内向的工作伙伴们以更加开放的态度投入工作。但如果一个团队中所有的成员都是这类性格外向的人，他们虽然会有很多的想法，却很少有人跟进执行；而整体性格内向的团队，则很少会产生新奇而又有创意的好点子。虽然我们更倾向于同自己个性相类似的人合作，但这样的话，整个团队的集体表现将会因此受到制约。[6]那么，面对这种因个性差异造成的复杂情境，为了与他人能够有效沟通与交流，我们又应该从何入手呢？为此，我们必须首先更加了解自身的倾向和偏好。[7]

13.2　智能的表现形式

在技能和能力上的差异会对工作的完成方式以及工作中人与人之间的互动造成影响。技能和能力可以通过学习、训练以及经验所获取或得到提升，而且似乎与**智能**（intelligence）这一概念密切相关。智能可以定义为一个人汲取经验、获取知识、抽象思维以及适应情境变化等方面的能力。通常，智能也被称为**智商**（intelligence quotient，IQ），它描述的是一个人心智能力的总体水平，呈正态分布（或钟形曲线分布）。[8]人群中 68% 的 IQ 处于 85 ～ 115 这一平均水平（见图 13-2）。我们接下来会讨论到，IQ 并不是智能的唯一形式。在 IQ 量表测量范围外，人类也有其他维度的智能，能够塑造工作环境的绩效和成功。

IQ 测试法最初是由阿尔弗雷德·比奈（Alfred Binet）在 20 世纪初期设计发明的，目的是希望帮助那些需要进行特别指导或改善的孩子。此后，这种方法也被用于为军队筛选各类专业预备役人员。目前最通用的 IQ 测试法是在 1939 年由大卫·韦克斯勒（David Wechsler）所编制的，在随后的 20 年间，他对这一方法不断进行改善，直至 20 世纪 60 年代末。从那以后，这种方法在全世界得到了广泛的应用，主要是对学生进行分类测试。自 IQ 测试被用于描述群体差异、决定教育资源配置和对员工的特别任务分配后，IQ 是一种天赋特质的说法就引发了激烈的讨论，而且这类讨论似乎从未停止过。

那些反对用参照 IQ 测试结果来做出决定的人们的主要观点是，这是某种针对那些处于社会底层个体的偏见。他们认为，IQ 测试对于那些可以接触到更多社会和经济资源的人更为有利，因为这些人可以因为占有这类资源而能够接受更好的教育机会。这些人还认为，这类有时间限制的测试方法，不能反映出生活中的真实状态。如果想做出正确的决策，绝大多数人们需要收集足够多的相关信息，仔细考虑各种可能的备选方案，并对各种选择做出权衡考量。虽然在有些情境下或有些职位需要人们做出瞬间反应或决定（如航空管理员），但绝大多数的决策还是应该在深思熟虑后做出。[9]IQ 测试法实际上忽略了信息收集这一重要的过程，而这正是能够做出合理决策的重要思维方式。

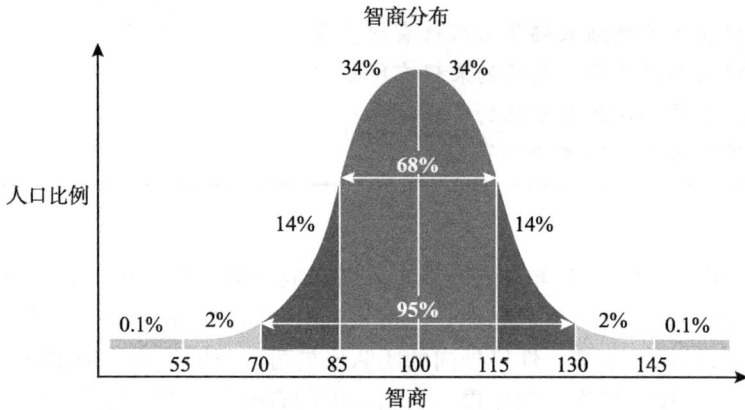

图 13-2　IQ 钟形曲线图

那些支持使用 IQ 测试法来决定教育和就业资源配置的人们则认为，这种方法相对较为公平，因为人们可以通过基于好奇心的探索、不断的学习和对过往纪念馆里的经验总结中得到分数的提高。[10]还有一些支持者指出，个体的 IQ 测试结果与他们完成那些与智力相关的任务时的表现有很强的相关性。[11]尽管有这样那样的局限性，几十年来，IQ 测试法仍被认为是最能准确反映出一个人智能水平的方法。

Howard Gardner、Robert Sternberg 和 Daniel Goleman 等心理学家在过去的 30 年中一直在质疑把 IQ 作为最主要的智能测试指标这种做法，他们致力于推动大众接受更为多样智能表现形式，如多元智能（multiple intelligences）、创造力、情境智力（contextual intelligence）以及情商等。本节将主要讨论除 IQ 外的这些与智力相关的表现形式，这将有助于我们理解，为什么建立对自己技能或能力的认知并加以改善对于实现自我认知是极为重要的。

13.2.1　多元智能

阿尔伯特·爱因斯坦（Albert Einstein）和约翰·塞巴斯蒂安·巴赫（Johann Sebastian Bach），谁更"聪明"？很多人的答案会是爱因斯坦，因为人们认为他是个在数学和科学领域的天才。有一些人则认为巴赫智力水平更高，因为他在音乐方面的才华无与伦比。你对此问题的回答实际上是反映了你对于哪类技能或能力更能体现一个人"聪明"与否的倾向性态度——是数学及科技类还是音乐类。当我们用 Howard Gardner 的方法来衡量智力水平时，不得不说，没有一个人的智力水平是高于其他人的。

霍华德·加德纳（Howard Gardner）于 1983 年出版的名为《心智的框架》（*Frames of Mind*）一书中对单一形式的智力提出了反对意见。[12]在书中，他的观点是，IQ 测试、标准化的打分方式以及基于此类结果对智力的分级，都很难预测一个人将来是否会成功，因为这些方法都不能完整地体现出某个人"聪明"的每一个方面。[13]虽然，在某些情况下，IQ 测试的结果可能预示了某个人在学术研究领域将获得的成就，但在艺术、创造力或是其他专业性较强的领域上，却不能作为参考，对一个人是否能够取得成就做出预判。[14] 因此，加德纳提出，主要有八种智力的表现形式与一个人在事业上的成功相关，分别是语言表达、数理逻辑、空间想象、运动知觉、音乐感知、人际交往、自我认识以及自然观察等能力（见表 13-1）。请参阅该表并找到自己具备哪方面的智能。

表 13-1　多元智能

智能的类型	描述	在职场上，你可以主动承担的工作	适合职业
语言表达	驾驭文字的能力	撰写报告	律师、记者、政治家等
数理分析	数字及推理能力	设计工作表单或分析数据	科学家、数学家、经济学家、技术专家、工程师等
空间想象	图形及视觉空间能力	绘制展示用图表或幻灯片	艺术家、建筑设计师、飞行员等
运动知觉	身体素质	组织并指导公司运动团队	舞蹈家、运动员、建筑师等
音乐感知	音乐才能	组织策划公司才艺表演	音乐家、歌唱家等
人际交往	处理人际关系的能力	面向大众的讲演	教师、外交官等
自我认知	自我认知和调控的能力	在以员工满意度为导向的团队中工作	哲学家、心理学家、神学家等
自然观察	认识、辨别和考察自然现象的能力	拓展公司的可再生项目	园艺师、农场主等

资料来源：Adapted from Howard Gardner, Frames of Mind: The Theory of Multiple Intelligences (New York: Basic Books, 1983).

那些擅长语言表达的人，更愿意撰写报告而不是填写电子表单，而空间想象能力超群的人则更乐于使用图标或幻灯片等形式向受众表述自己的观点。很多人都同时具备多种智能，这不仅构成了他们的个性特征，还会影响人们在不同情境下做出的应对方式选择。无论你倾向于哪种方式，在进行职业选择和工作职能时，能将自己所擅长的某方面智能与其相匹配，将对你在工作中的绩效表现起着决定性的作用。

著名的商业领袖，维珍集团（Virgin Group）的创始人理查德·布兰森（Richard Branson）是加德纳多元智能理论的体现。尽管他在学业方面的表现一直很糟（16 岁退学），但他对经商却有极高的悟性。他的从商之路始于 1966 年，当时他创办了一份以体现青年人文化为主的杂志——《学生》（Student）。在随后的 30 年中，他将其发展成为庞大的跨国商业集团，在 30 多个国家设有超过 300 家公司。截至 2009 年，他被英国王室授予爵士头衔，以表彰他在商业领域的卓越贡献。在《福布斯》全球富豪排行榜中，他也曾占有一席之地。[15]

有关人脑功能的研究给了我们有关倾向性的更多启发。不同的个体，大脑对于信息处理的方式也不尽相同。有些研究者认为，左半脑主要负责逻辑、理性以及分析类思维。与此相对应，直觉、空间想象和抽象类思维则主要由右半脑来处理。[16] 那些左半脑更为发达的人，倾向于以系统化和结构化的方式处理信息；而右半脑更为发达的人则更喜欢用抽象的方式来处理，这类人更具有创造力和创新性，在空间想象和处理复杂问题的能力这些方面也更擅长。[17]

这些被打上代表左脑发达或者右脑发达标签的各类能力其实也不过只是"标签"而已。有关人类大脑活动的实证研究并没有足够的证据表明左、右半脑在处理信息的过程中存有差异，但有一点是明确的，即，确实某些个体比其他人更擅长结构化、系统性或逻辑性思维。[18] 无论大脑活动是如何进行的，类似的倾向性可能也确实可以影响个体行为或专业能力，进而会决定一个人是否能在相关领域获得更大的成功。

我们还可以通过理解上述概念，对前文案例中凯勒和布罗德斯基各自所具备智能类型和他们在工作中的行为表现做出一些猜想。凯勒的行为方式所展现出的是他似乎在人际交往智能方面更为优秀，而布罗德斯基的行为则说明他更长于推理。凯勒的行为方式与他在公司所担任的总经理这一职位相符，但布罗德斯基的行为却似乎与他职位要求的人际交往能力有些偏差。当然，他优秀的数理分析能力在某些方面的职责上还是胜任的，如重新设计组织结构和系统实施等。

创造力

我们通常认为那些具有空间想象、运动知觉和音乐感知方面智能的人们最富创造力，但实际上，在任何智能中，创造力都是重要的组成部分，而且在所有人身上都会有不同程度的体现。**创造力**（creativity），也称为发散性思维或水平思考，是指能够用新的方式把各类想法互相结合，进而产生具有创新性和可实用性解决方案的能力。[19]

创造力对如何能更好地完成工作以及在工作过程中人与人之间如何进行沟通都会有影响。与流行的观点相反，创造力并不仅限于艺术领域。例如，数学家和科学家们经常会给出针对一些复杂实际问题的解决方案。教师、律师、政治家和心理学家们则会花时间对数据进行综合分析，以给出其他的方案选择。

事实上，每个人都具有创造力。心理学家 Shelley Carson 认为，所有人类每天都要做上百件需要即兴思考、问题解决和创造力行为的事。作为进化的性状，创造力已经在大脑中交织，并能通过训练培育与促进。因此，具有创造力的人和不具有创造力的人本质上并无差别，但是会在发挥和使用创造力时有所变化。[20]

具有创造力这类才能的人们，不仅仅基于他们已经掌握的知识和技术能力来思索新想法，还会在这个过程中，征求并参考他人的意见或利用其他资源。这些人都具有以下四个共同特点：

- 在面对困境时的自信心和毅力；
- 愿意主动承担风险；
- 愿意学习新的经验并对此持开放性的心态；
- 对模糊概念的耐受度 [21]

创造力是可以被评估的，主要依据以下三方面的指标：流畅度、灵活度和独创性。[22] 流畅度是指针对某类需求可以给出多种解决方案的能力。灵活度则是指能够根据问题给出不同解决方案的能力，例如，当在面对一系列任务，而每个任务需要有不同的策略时，能够根据每个任务的需求给出解决方案的能力。而独创性是指能够做出与以往不同的具有创新性的建议、想法或解决方案的能力。

创造力对于一个组织极为重要，因为不断产生新的想法或调整战略方向对于公司的可持续发展是非常必要的。有些人虽然并没有展现出传统创造力特性，但却善于发现并激发他人在创造力方面的潜能。[23] 创造力是可以通过不断质疑和挑战那些解决问题的常规做法而逐步培养的，例如确定战略和提出可行性解决方案等。[24]

皮克斯工作室（Pixar）因其创造力声名远扬，创造了屡获殊荣的动画片如《玩具总动员》（*Toy Story*）、《海底总动员》（*Finding Nemo*）和《怪兽电力公司》（*Monsters，Inc.*）。皮克斯前任首席技术官 Greg Brandeau 能够发现并激发全体员工的创造力和才能，促成了皮克斯的成功。他称之为寻找"点滴才能"。[25] 这些点滴才能并不仅限于创新的动画和数字设计功能，而是在于整个公司的每一个部分。皮克斯相信其产品是从接待员到总监所有人集体的产物。因此，皮克斯所有的员工，无论职位高低，都会出现电影结束的致谢名单中。

13.2.2　智能三元理论

第二种智能理论是由心理学家罗伯特·斯滕伯格（Robert Sternberg）提出的。和加德纳一样，他的智能理论也是基于认知功能的多个维度。他认为，每个人都拥有三方面的智能：①计算类智能（分析能力）；②经验类智能（创造力）；③情境类智能（实用性）。他将其定义为**智能三元理论**（triarchic theory of intelligence）。[26] 在这一理论中，智能的首要组成因素与处理问题时的认知能力和分析能力密切相关，这些能力可以通过传统的智商测试法来度量。而与传统的评价方法的不同之处在于，他将知识整合能力列为计算类智能的核心要素。在斯滕伯格看来，在解决问题的过程中能够认识到应该提出哪些问题和寻找哪类信息是能够体现分析能力的关键。[27]

三元智能理论的第二种组成因素是创造力，即能够识别创新性解决方案或类似的促进因素，并能针对这些因素同时结合外部环境及时做出应对的能力。斯滕伯格认为，创造性智能并不仅仅与创造力本身相关，还应该包括新的想法和主动通过体验式学习得到提升的意愿。他还认为，具备创造性智能的人们更擅长将自己已经掌握的知识和经验应用于创新性或某种独特情境中。[28]

三元智能理论的最后一种组成因素是情境类智能，即塑造外部情境，或根据外部情境进行自我塑造的能力。有些人擅长对情境做出适当的分析并从大的格局着眼。他们似乎很清楚哪些是完成任务所需的要素，也知道用什么方式完成更为有效。他们甚至会把挫折视为机遇和实现更高成就的基准点。

在第 1 章中，我们曾指出，那些具备情境类智能的人对宏观层面的情境因素极为敏感，尤其是当公司的业务处在创始、发展或变革期的时候。[29] 这类人，具有大局观，擅长感知机遇和规避风险，他们独有的个性特征使其在人群中很容易被区分出来。他们通常都对历史很感兴趣并具备一定的鉴别能力，通常他们也会表现出希望从过往经历中习得经验的强烈意愿。除此之外，这类人还倾向于掌握有关政策法规、地缘政治和高新技术等方面的知识，并且积极获取跨文化类的经验。[30] 具备情境类智能的人们具有以下三种特质：

- 乐于花时间研究情境因素以及这些因素对商业运营的潜在影响；
- 具有擅长从所处的情境中捕捉机遇或通过改善情境因素获取新机遇的个性特征；
- 当情境发生变化时，有能力调适并改变自己的领导风格或领导方式。[31]

总的来说，具有情境类智能的人对环境的适应能力更强。他们通常有能力以一种他人无法做到的方式对外部情境中的某些线索或其他突发的刺激因素进行解读并做出相应的反馈。[32]

文化智能

文化智能（cultural intelligence）是情境类智能中的核心组成部分，是指能够理解不同的文化背景和情境，并能据此做出适当应对措施的能力。随着商业全球化进程的推进，对于文化智能的要求也日益增强。具有较高文化智能水平的人，能更快地适应不同的文化情境，而不会过多地受制于自身的背景或身份。[33] 当然，一个人的背景或身份确实也很重要，也不应被忽视，但这些因素也不应该妨碍人们用开放的态度对待来自不同文化背景的其他人。

从本质上说，文化智能涵盖了对自身和自己所处文化背景价值观的理解，对他人文化背景和价值观的欣赏，以及根据某种特定的文化情境对自身领导力风格做出调适等方面的能力。[34] 那些在国外接受过教育或工作过的人们，更擅长对文化差异做出正面的评价，并能更深入地理解这类文化差异会在商业谈判或管理中造成何种影响。[35]

13.2.3 情绪智能

另一个研究智能的流派关注人与人之间的联系。绝大多数人都可能会在某种情况下对他人失去耐心，比如在共同完成团队项目的时候。也可能是我们的情绪反应过激，比如只是稍有不便但我们却对对方十分冒火。在这种情境下，我们不能以有效的方式做出表达，这也正是由于在情绪智能方面有所欠缺而造成的。

情绪智能（emotional intelligence），是指认识自己和他人感受、自我激励以及以有效的方式进行自我情绪管理和协调与人之间关系的能力。[36] 情绪智能这一概念是从一项对业绩表现平庸和杰出人群的对比性研究中衍生而来的，丹尼尔·戈尔曼（Daniel Goleman）又将这一概念推广普及。戈尔曼和一些其他学者发现，那些"不错"的管理者和"优秀"的管理者之间的主要差异在于他们的情绪智能水平。[37]

情绪智能由四个核心部分构成，都可以通过后天习得并随时间的推移不断得以改善，包括自我认知、自我管理、社会认识和人际关系管理等（见图13-3）。正如图13-3中所示，情绪智能分为内在导向（inward focus）（自我认知和自我管理）和外在导向（outward focus）（社会认知和人际关系管理）两类。[38] 两者分别涉及如何处理与自身相关和与他人相关的问题。

图 13-3　情绪智能的主要构成因素

资料来源：Adapted from "The Emotional Intelligence Workbook," The Hay Group, 2008.

在内在导向方面，自我认知是指认识自我的情绪并理解这些情绪如何会对他人造成影响的能力。自我认知能力较高的人会更加自信，对自己的优势和弱点更为了解，比如，这类人会以一种更为开放的态度对待他人提出的反馈意见和个人发展等问题。他们拥有一种自嘲的幽默，并且避免感情用事。另外，他们的职业选择会与其个人价值观保持一致。最后，他们更可能对正在发生的事情进行反思。[39]

自我管理则主要由两方面的因素构成，自我约束和自我激励，这两个因素互相作用且相互制衡。自我约束包括自我控制和自我调适两个部分，其中自我控制是指能够抑制自己产生破坏性情绪的能力，尤其是在面对危机的情况下；自我调适的能力则是通过能够不断产生新想法并对变革持有的开放态度体现出来的。自我约束有助于适当地疏导情绪，而自我激励则是能起到鼓舞人心和保持乐观向上态度的作用。自我激励包括对成功的渴望和勇于在困境和遭遇挫折时自我鞭策的能力。每个人的情绪智能水平不尽相同，那些情绪智能水平较高的人能够清楚地了解自我的情绪、自身的优势和缺点、自己内心的需求和哪些因素可以成为驱动自己前进的动力。他们也知道如何控制自己的感情以及如何避免一时冲动的行为，并努力实现超出平常人所预期的成就。[40]

在外部导向类型中，社会认知这部分在个体和组织层面都有所体现。在个体层面，社会认知包括同理心（empathy），敏锐地感知他人的感受和观点，以及对他人关心的事物表现出积极的兴趣等方面的素质。其中，同理心这一素质和能力的重要性日益凸显，尤其是在组织中的跨国团队合作越来越多时。[41] 同理心对跨文化团队尤为重要，尤其是在理解特定视角的细微差别上。同理心并不意味着一个人必须同意不同的视角，而是意味着理解为什么其他人会有不同的视角。在组织层面，社会认知则要求具备理解组织所处环境的动态变化（group dynamics）和人际关系的复杂性等能力。具备较高社会认知能力的人更擅长理解政治动态和

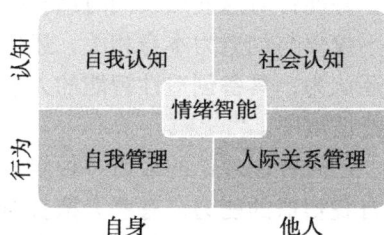

权力结构，这种权力结构通常是嵌入组织文化之中的。

人际关系管理，情绪智能的最后一个组成部分，包括影响和激励他人、有建设性地处理纠纷，以及建立和培育高效合作的工作团队等能力。戈尔曼认为人际关系管理是最能体现情绪智商水平的标志性因素，因为这种能力是在具备了较高的自我认知、自我管理和社会认知等能力后，在此基础上发展形成的。[42] 换言之，如果一个人可以更好地管理自我，才可能有效地管理自己的人际关系。具备情绪智能的领导者通常有以下四种特质：

- 聆听多于发言；
- 注重工作和任务的完成方式以及完成工作和任务的意义，而不是简单告知下属工作和任务的内容；
- 充分调动团队成员的工作积极性并认可他们对团队做出的共享，而不是总在批评或纠正他们的过失；
- 了解如何鼓励和激励团队成员，并能够创建有利于创新的工作环境。[43]

简而言之，技能、知识、经验帮助一个人在组织中获取一席之位，情绪智能则帮助这个人维系该职位并升职。在跨文化工作情境中，情绪智能尤其重要。

你会如何评价凯勒和布罗德斯基的情绪智能水平？看上去凯勒在人际关系管理方面要比布罗德斯基表现得好一些，因为他会努力尝试与销售团队及公司外部客户建立良好的关系。而布罗德斯基则在自我约束方面做得更好，这也是自我管理中的一个重要部分。布罗德斯基在工作中从不对他人动怒，也从不做出那些冲动的行为。但他们在自我认知和同理心方面都有待改善。他们两个都没有意识到，自己的行为方式会对与他人的关系造成影响。布罗德斯基并不知道他的行为方式会导致与他人更远的社交距离，而凯勒则没有意识到他的行为方式会让团队成员产生距离感，觉得他不属于团队的一员。

本章中，我们回顾了不同形式的智能，发现一名成功的管理者，应该在各方面都具备一定水平的能力或智能。拥有学术方面的较高智能确实很重要，但这仅仅是最基本的要求。

其他形式的智能也是极为重要的，尤其是那些有助于更好地与他人合作的智能类型。从本质上来说，最为重要的几类智能是由一个人的价值观和内在驱动力，以及所处外部环境的情境要素所决定的。以上我们所探讨的与智能相关的因素都是可以不断发展提升的，培训学习、从全新经历中汲取经验、在实践中加以应用，以及拥有坚定信念和决心，都是行之有效的方式。尽管不是每个人都具备音乐方面的天赋，对艺术情有独钟，或拥有严谨的逻辑思维，人们仍可以也应该找到那些可以发挥其个人优势的机遇，和自我锻炼和提升的机会。成功的管理者应当寻找那些与自己在优势方面能够形成互补的团队成员，这样总体的力量才会更加强大。在微软的职业生涯中，比尔·盖茨善于引入与自身领导风格和方式互补的共同领导者。早在 1982 年，他雇用了微软的第一位首席运营官。虽然他是微软技术投资的仲裁人，但是他常常依靠共同领导者监督他缺乏兴趣和经验的业务内容，比如金融管理与运营。这种合作使得微软统治软件行业数十年。

领导力开发

在带领团队完成工作的过程中，需要领导者运用各类不同形式的智能。根据加德纳的多元智能类型理论，你在领导团队的过程中主要运用了哪些类型的智能？并举出一个实例。这类智能更偏重左脑思维还是右脑思维？指出一类你认为自己需要提升的智能并制订行动计划。

13.3 了解自己的性格特征

理解并培养智能是提高自我意识的一种方法。另一种提高自我意识的方式是理解一个人的性格特征。**性格特征**（personality）是指一个人与生俱来并被其所处的社会、文化和情境因素塑造而形成的一系列持久的内在个性、偏好和气质等特质。尽管人们更倾向根据一个人所表现出来的特质来形容他的个性特征，但实际上，个性特征包含了两方面的要素。第一个要素是指在朋友、家庭成员、工作伙伴和上级主管看来，他是怎样的一个人（即，个性特质）。比如我们通常会形容一个人内敛羞涩或外向活泼，就是个性特征第一个要素的体现。第二个要素是指一个人内在的本质性格特征或是潜藏在内心深处最根本的思维方式。

有些人所从事的职业要求长期独立工作，例如研究人员、分析师和电脑工程师等，但对另外一些人来说，在工作中，人际之间的交往却尤为重要，例如客户服务和市场营销等。通常来讲，这些从业人员的个性特征与职位需求都很相符。性格内向、看上去有些羞涩的人，比较倾向于选择独立工作，只需要面对那些机器设备时，他们的业绩表现似乎更好。而性格外向、看上去活泼开朗的人，在从事那些需要处理或拓展人际关系的工作时，则会表现得更为优秀。这并不是说哪种类型的个性特征是"对"或"错"，只是在从事某项工作时，会比其他类型个性特征与职位要求更为符合。

研究者罗伯特·麦克雷（Robert McCrae）和保罗·科斯塔（Paul Costa）尝试确定人们共有的性格特质，以此来解释有效和无效的领导力。根据他们的理论，每个人的性格都可以分解成五个不同的因素，每一个因素都有一个计算尺。[44] 例如，外倾性高的人喜欢参与社交，外倾性低的人则比较内向（见表 13-2）。

表 13-2　领导人格特质

特质	描述	高低对比
外倾性	保持交际、自信、活跃并且积极地经历事物的倾向，包括精力、活力、毅力、主观能动性、自信和控制欲	低：性格内敛，偏向独自工作； 高：热衷交际，偏向与人交流；
开放性	以开放的态度面对经历，并乐于原创、想象、求异、不依惯例、创造及自主活动	低：务实的，避免风险 高：创造性，乐于冒险
责任心	由成果、可靠性、任务技能、主动性、毅力和韧性组成	低：灵活的、顺其自然的 高：坚定的、有条理的、有组织的
宜人性	信任、顺从、有同情心和温和的倾向。总体而言，它指的是一个领导者的友善和可爱程度	低：富有竞争力和挑战性 高：富有同情心和合作精神
情绪稳定性 （或神经质）	保持冷静、自信的能力（尤其是面对危机时）	低：易反应的，易激动的 高：冷静的，有条不紊的

这些人格特质在每个人身上所体现出的强弱水平存在个体差异，也正是这样多样性，导致人们会采用不同的方式完成任务，以及与他人相处。这些人格特质决定了人们本质的领导力风格和领导方式，但正如我们之前所讨论过的，在不同的情境下，领导者可能（也应该）根据情境因素，采取不同的领导力风格。

许多时候，正是由于风格的不同，会导致组织内部产生矛盾或分歧。在凯勒的案例中，布罗德斯基对凯勒所坚持的一些最底线的要求视而不见。他在创建信息和管控系统方面表现得极为优秀，而凯勒则更擅长在出现问题时及时应对解决。布罗德斯基总是试图避免与同事或下属建立亲密的人际关系，而凯勒则主动积极地培养与他人的这类关系。[45]

13.3.1　性格评估

在试图根据所处的情境对自己的风格做出调试前，应当先深入了解自己的心理倾向，这将是大有裨益的。在什么情况下你会觉得更有动力？你是如何与他人交往的？你用什么样的方式分析处理信息？你又是如何能将纷繁复杂的想法联系到一起的？卡尔·荣格（Carl Jung）、凯瑟琳·迈尔斯（Katherine Myers）、和伊莎贝尔·布里格斯·迈尔斯（Isabel Briggs Myers）被认为是在这些问题上的先驱者。[46] 作为一名心理学家，卡尔·荣格从心理学的角度提出了有关个性特征的理论，他认为人类的行为是有规律可循且可以预测的。根据荣格的理论，有六种基本的心理过程会对一个人的认知过程造成影响，而最终影响其领导力风格的分别是：感觉型（S：sensing）、直觉型（N：intuition）、思考型（T：thinking）、情感型（F：feeling）、外倾型（E：extroverted）和内倾型（I：introverted）。[47]

迈尔斯和布里格斯在荣格的研究成果的基础上，增加了两类心理过程，判断型（J：judgment）和理解型（P：perception），并指出，有些人会对不断出现的新信息保持开放的态度，而有些人则相对喜欢保持稳定安顿的状态。[48] 从这八种心理过程中，可以总结出性格的四个维度，即 E-I，S-N，T-F 和 J-P。

在此研究的基础上，迈尔斯和布里格斯又提出了迈尔斯-布里格斯性格分类指标（Myers-Briggs Type Indicator，MBTI）用以帮助人们更深入地了解自己的个性特征。在北美，MBTI 是应用最为广泛的性格测试工具。[49] 根据 MBTI 的测试结果，每个人都可以确定自己用四个字母所表示的性格类型。MBTI 性格测试法的这四个维度中的特质，是呈极端对立状态的。例如，一个人不可能同时具备思考型和情感型两种性格特征。其中必定会有一种性格特征更为明显，而这种特征将会影响一个人整合想法和处理问题的方式（见表 13-3）。

表 13-3　性格的心理维度

特征描述	心理维度	特征描述
专注于外部事物 外倾型（E）	在什么情况下你会觉得更有动力	专注于自身的想法和感受 内倾型（I）
依赖五官的感知能力；关注身边和当下的事物；看重真实和实际的信息 感觉型（S）	收集数据和信息的方式	依靠外在的表征直接做出判断；对未来的可能性持开放态度，有探索精神；关注直觉与现实之间的联系 直觉型（N）
习惯用富于有逻辑、具有分析性，不带有个人感情色彩且客观的思维方式来看待问题 思考型（T）	将想法和概念建立相互联系的方式	根据价值观和主观的感受看待问题 情感型（F）
倾向于严谨有序且有组织性的行为方式 判断型（J）	分析处理信息的方式	易于接受各类新鲜信息；倾向于在最后一分钟做出决定；不愿被他人强迫做出判断 理解型（P）

MBTI 测试将人的性格分为 16 种类型，但在每一种性格类型中，都会有一个维度是占主导地位的。这种占主导地位的维度是指属于 S-N 类型还是属于 T-F 类型，而这又是由第一个和最后一个维度（即 E-I 和 J-P）来决定的。对于一个外倾型且具理解型特质的人来说，主导性格是落在 S-N 这个维度上的，而对于一个外倾型且具判断型特质的人来说，主导性格会落在 T-F 这一维度上。对于内倾型特质来说，正好相反。内倾/理解型的主导性格在 T-F 维度，而内倾/判断型的主导性格则在 S-N 维度（见表 13-4）。[50] 例如，如果一个人的测试结果是 INTP，思考型便是他的主导性格，这一性格特质将会对他的行为方式有着最主要的影响。当

然，这并不意味着其他三个维度无关紧要，每个维度都会对一个人的风格或多或少造成影响，只是这种影响的程度要比主导性格来得浅一些。还需要特别说明的是，与主导性格相对的性格特质也可以被称为缺失特质（inferior function）。例如，对于 INTP 型人来说，情感型就是他的缺失特质。对于一个以思考型为主导特质的人来说，通常在情感型特质方面有所欠缺，当他们处在更需要情感型而不是思考型特质的情境下或处理相关事件的时候，这可能会是个问题。[51]

表 13-4 性格类型

主导性格	内倾型		外倾型	
感觉型（S）	ISTJ	ISFJ	ESTP	ESFP
直觉型（N）	INTJ	INFJ	ENTP	ENFP
思考型（T）	ISTP	INTP	ESTP	ENTJ
情感型（F）	ISTF	INFP	ESFJ	ENFJ

了解自己和他人的个人倾向，有助于人际间更好地沟通。那些在直觉型特质上得分更高的人与更具备感觉型特质的人相比，他们处理信息的方式可能会截然不同。直觉型人更倾向于提出开放式问题和头脑风暴这类讨论方式，而感觉型人则更看重事实和简洁明确的信息。思考型人喜欢有序且经过严谨分析的信息，但感觉型人却更关注信息对他人造成的影响而不仅仅是信息本身。[52]ENTP 型人具备以下性格特征：外倾型、依赖直觉、注重情感，且偏好以理解型的方式处理信息，这与 ISTJ 型人恰恰相反。ISTJ 型人属于内倾型，依靠感觉，注重思考，更倾向于用判断型的方式处理信息。ENFP 型人富于想象力，才华横溢，即便是即兴发挥也颇具说服力，他们通常都能很迅速地给出问题的解决方案。但在 ISTJ 型人看来，ENTP 型人有些不切实际且没有重点，他们更像是那种闷头做事，喜欢严谨、富于逻辑且井然有序的思考，循规蹈矩的管理者或思想家。在 ENTP 型人看来，这类 ISTJ 毫无想象力且沉闷之极。

对于性格特征不同的人，适合的情境也有所不同。例如，一项有关市政管理者的调查表明，那些最为成功且任期最长的研究对象们，多数具备内倾型和理解型特质。尽管研究者们原本期待的结果是，这些政界的职位更适合那些外倾型且擅长迅速做出决策的人，而实际研究结果给出的却是相反的结论。成功的市政管理者们更加关注工作和任务等实际问题，而不是他们自身的感受。[53]

虽然 MBTI 性格类型不同的人会呈现出显著的性格差异，也就是说他们在处理信息和在人际交往过程中，会采取不同的方式，但这个性格测试方法并没有涵盖人类行为的所有方面。过往经历、个人价值观和其他一些情境因素，都会对人们的领导力风格造成影响。MBTI 和其他性格测试工具对于了解人们做事的方式是有帮助的，但人类的性格具有很强的多面性，很难就这样简单地用一种模型来描述。

13.3.2 控制观

人们对待某些特殊事件或外部刺激因素的态度揭示出了性格的另外一个层面。有些人认为，他们可以通过采取行动、坚定意志、不懈努力和信守承诺来影响甚至控制事件的结果；而在其他一些人看来，事件的结果是人力所不能掌控的，从本质上来说，这些人认为，人力对那些必然或不可避免的结果无法造成任何影响。这种人们对事件结果的可控程度所持的两分法观点，被称为**控制观**（locus of control）。[54]

本质上，不同的人会将事件结果归因于以下四个原因中的一个方面：个人能力、努力程度、任务难易程度以及运气或机遇（见图13-4）。这些还会受到另外两个维度的影响——稳定性和控制观。稳定性是指未来机遇的可预测性。个人能力以及任务的难易程度这两个因素相对比较稳定，虽然也可能发生变化，但这种变化是以一种可预测且稳定的方式进行的。努力的结果和运气则相对不那么容易被预测，因此也较不稳定。第二个维度就是控制观，也就是人们对事件结果控制过程中的关键因素所持的观点。个人能力和努力程度属于内部驱动力，而任务的难易程度和运气这类因素则是由外部产生。[55]

那些认为个人能力可以控制事件结果的人具有内控倾向，而认为事件的结果主要受外部因素控制的人则属于外控倾向。内控倾向型人认为个人能力和努力程度可以让事件的结果向好的方向发展。[56]他们对自我决定抱有坚定的信念，经常会努力探寻一些在他们看来更容易掌控结果的情境或事件。有趣的是，这类人

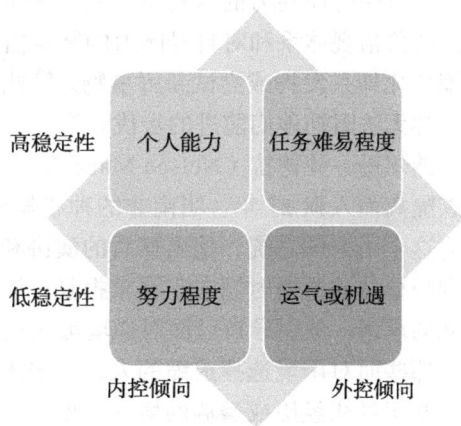

图 13-4　因素的稳定性和结果控制

资 料 来 源：Modified from Mark J. Martinko and William L. Gardner, "Learned Helplessness: An Alternative Explanation for Performance Deficits," Academy of Management Review, Vol. 7, No. 2, April 1982, pp. 195–204.

在遭受失败的时候，虽然仍坚信内部因素的作用，但经常会加强对外部事件或激励因素的控制。相反，当外控倾向型人获得成功时，却不会认为内部（个人）因素在这中间起到了什么作用。[57]他们更倾向于认为，成败与否，不在个人掌控范围之内。遭遇失败时，他们会责怪他人或归咎于外部因素的影响，有时还会认为成功不过只是因为运气或机会好而已。[58]根据他们对控制的感觉或是因为他们根本就缺乏这方面的感知能力，外控倾向型人要比内控倾向型人更渴望获得好的结果。

一个人的控制观如果放在组织情境中，会有一些有趣的现象。内控倾向型人控制感很强，通常都很擅长自我激励，承担具有挑战性的工作会让他们感到很兴奋。[59]这类人对工作满意度较高且业绩表现更优秀。但只有在组织的激励机制认同他们的行为方式的情况下，这类人才会有上述的积极表现，并且会做得更好。此外，内控倾向型人和外控倾向型人对待监管这类事情的态度也有所不同，基于这两类人对于个人控制的感知能力，内控倾向型人更喜欢参与式的监督者，而外控倾向型人则更习惯命令式监管。这种对于监管的偏好也会体现在这两类人的领导方式上。内控倾向型人更多采用参与式管理，外控倾向型人则更喜欢发号施令。[60]

13.3.3　逆境管理

面对逆境时人们的做法和他们的控制观有关。当遭遇困境和阻力时，有些人把这些困难看作学习和提高的机会，而有的人却会因此变得斗志全无，沮丧低落。虽然逆境可以激励人从中得到收获和提升，但也可能让人的自信心受到打击，因此在做事的过程中不能充分发挥自己的能力。一个人对待逆境的态度，为我们提供了了解其性格特征和领导力风格的另一副

透镜。内控倾向型人通常认为自己可以恰当地处理并最终掌控情境中的不利因素。[61]

那些可以直面逆境的人，通常被认为是性格坚强或是有韧性力的；他们坚信自己有能力掌控并适应某些特定的事件并达成期望的结果，即使遇到困难或挫折，也可以很快重新振作。[62] 那些有韧性力的人通常具备某种共同的重要性格特质，包括面对和接受现实的能力，强大的价值观体系和对自身能力的坚定信念（这会在困境中为人们指引方向），以及愿意根据情境变化即兴发挥或尝试新鲜事物。[63] 此外，有韧性力的人做事态度坚持不懈，任何阻力和障碍都无法阻挡他们前进的步伐。[64]

纳尔逊·曼德拉（Nelson Mandela）完美诠释了**韧性力**（resilience）——他因反对南非的种族隔离而入狱27年。当南非的种族隔离最终崩塌，曼德拉于1990年出狱，并在几年之后成为这个国家的总统。他出狱后的演讲和行为号召和解及宽恕，而非报复和愤怒。大多数人受到曼德拉的遭遇时倾向于寻求报复，而曼德拉却将他对所受酷刑的感受转变为对国家美好未来的承诺。他引导自己面对逆境勇往直前，而非倒退。

那些面对困境选择退缩的人，是陷入了一种"习得性无助"（learned helplessness）的状态。基于过往经历或遭遇的境况，他们认为对改善自己所面临的困境无能为力；因此，他们也不会做出任何努力。有些人会抱怨自己所处的境况，认为没有人能在这样糟糕的情况下做出适当的应对措施；从根本上，他们是觉得自己所遭遇的情况太特殊也太困难，任何人都不可能处理得当。这也被称为普遍习得性无助（universal helplessness）。而有些人则会归咎于自身的原因，认为肯定有人可以应对自如，但自己却力所不能及。这被称为个人习得性无助（personal helplessness），陷入这种状态的人，通常会感到自卑，在将自己的能力或技能与他人相比时，这种感受会尤为强烈。[65]

人们可以通过分析自己面对困境时的应对方式来了解自己的心理倾向（参见表13-5）。你选择逃避现实的次数大概占多大比例？你是否经常会试图通过掌控某种困境使自己得到学习和提高？你的倾向是什么？

表 13-5　逆境响应层级

响应策略	描述	情况百分比
逃避（Avoid）	无视逆境的存在或采取躲避的方式，不愿及时处理问题，能拖就拖	
生存（Survive）	只想撑过去，活下去就行	
应对（Cope）	能够找到解决最基本问题的办法，避免造成最坏的结果	
管理（Manage）	主动运用策略和工具解决逆境中遇到的问题	
利用（Harness）	能够将逆境转化为鞭策自己学习、提高和获得更高成就的动力	
		100%

一个人如何理解和解读自己所处的境况也会造就他体验和处理这类情境的行为风格。无论在事实层面上存在哪些问题，人们的世界观会对其所能做出的响应模式造成影响，这类响应模式通常也是不自觉且下意识做出的。[66] 想想那些著名的句子："世界是你的，你可以随心所欲"（The world is your oyster），还是"每个人都想和我过不去"（Everyone is out to get me），或者"杯子是半满，还是半空"这样的问题。那些认为"杯子是半满"的和以这样的心态来看待世界的人，通常会将挑战和挫折当作学习和提高自己的机会。而那些认为所有人都想在暗地里算计自己的人，则会认为自己所遭遇的逆境是别人迫害的结果。

尽管一个人对待逆境的态度和处理方式是一种根深蒂固的习惯性反应，但最近有一项研究表明，人们可以通过思考以下四个方面的问题来提高自己应对逆境的能力，分别是：[67]

- 控制力：你认为自己在多大程度上能够对事情的下一步进展造成影响？在目前的情况下，哪些因素对你来说是可控的？
- 主人翁意识：对于改善所处的境况，你愿意在多大程度上承担责任或义务。你是否可以也应该为此在某些方面做出努力？
- 影响范围：你所遭遇的逆境会在多大程度上对自己事业或生活的其他方面造成影响？是不是可以控制在某个范围之内？是否会对你的个人行为方式造成影响？如果有，这种影响会持续多久？
- 持续时间：你所遭遇的逆境预计会持续多久？你是否能做些什么，让这个时期变得短一些？

控制力和主人翁意识是可以相互促进的。通常，一个人的控制力越强，逃避责任的可能性就越小。同样，主人翁意识越强，对所处逆境的掌控程度也会越高。尽管某些境遇或事情第一眼看上去确实很难处理，人们可以通过找出那些自己可以掌控和承担责任的因素，提高控制力和主人翁意识（以及与此相应的应对策略）。比起一次性解决整个问题来说，先从问题的一些小的方面入手，似乎会更简单些，起码不会让人感到那么筋疲力尽和手足无措。[68]

影响范围和持续时间也是相互依赖的。如果一个人认为目前所处的逆境会对自己今后造成深远的影响，就可能在逆境中忍耐更长的时间。与此相对应，如果一个人认为这段逆境会持续很长时间，那么环境对人造成影响的可能性就会更大。这中间最关键的是要尽量减轻逆境对自身的影响，进而让这种困顿时期尽可能缩短。[69]

了解一个人的适应能力和韧性力也非常重要。一个人愿意承受那类困境以及风险的高低程度都是有迹可循的。如何提高一个人应对逆境的能力已经变得越来越重要，尤其是处在经济萧条和全球竞争加剧这样的大环境中。此外，正如 Ronald Heifetz 提到的，从本质上讲，领导力与"面对挑战的适应力"的相关性日益加深。[70] 在遭遇困境和挫折时能够采取有效的应对策略，这是近期有关成功商业领袖的研究中的一个主要发现。[71] 这些人都会把逆境看成是学习和自我提升的机会。

13.4 自我监督

正如人们在性格、技能和能力以及风格上的差异会对其工作和与人沟通的方式造成影响，在自我监督方面的差异亦是如此。**自我监督**（self-monitoring）是通过解读和利用自身所处情境中所暗藏的细节因素对自己的行为做出评估的一种行为。当一个人在自我监督方面的能力与他人不同时，他在工作环境中的行为方式也会相应地与他人有所差别，而且会影响与他人之间的人际关系。

在电影院看电影时，人们会被告知应该关闭手机，不要在电影放映的过程中接打电话。但不一会儿，你听到前排座位的一对情侣却在说话聊天。你会觉得很困惑，"难道他们没有在听么？"当你在思索这两个人的粗鲁行为时，你环顾四周，发现其他人也在盯着这对讲话声音越来越高的情侣。但这两个破坏规矩的人似乎还茫然不觉。这时有一个人离开了放映厅，叫来一位领位员。工作人员轻声地告诉这对情侣请不要再讲话。他们环顾四周，显然并没有意识到自己的行为给大家造成了多大的影响，然后羞愧地把身体埋进了座椅里。那么，为什么这对情侣需要别人提醒才能发觉自己做出了无礼的行为呢？他们自己难道对此没有一点判断么？

我们习惯把人分为自我监督能力强和自我监督能力弱两类。自我监督能力强的人会以公序良俗和可被大众接受的行为方式作为衡量标准对环境和社会中隐藏的信息做出解读，并据此对自己的行为做出调适。[72] 他们也会参照他人的行为方式，更恰当地做出应对，更融洽地与人相处，并做出相应的改变，而这些都是自我监督能力相对较弱的人所不能做到的。可能有人会觉得这类人像"变色龙"一样左右逢源，他们很容易适应情境的变化，并据此改变自己的行事风格。[73] 而自我监督能力弱的人却缺乏这种对环境和社会的解读能力，更不会因此而改变自己的行为方式。他们可能更关注自己内心的感受，在不同情境下，也通常会表现出在行为方式上的一致性。[74] 人们通常会觉得这类人做事刻板且不懂变通。

正如你了解的，所谓的工作环境中也包括性格各异的各色人等，他们的个人能力和做事风格也不尽相同。如果要建立一种高效且有助于业绩表现的工作关系，上述每一个因素的作用都必须被平衡考量。因此，具备一定的适应能力，对于创建互助合作且高效的工作氛围是非常必要的。

改变行为方式并不一定意味着某种做法就一定是更好的。相反，实际上，并没有一种绝对正确或最好的方式或风格。各种类型和风格的人都可能在事业上获得成功。最后要提到的是，当我们觉得某个人的做事方式和自己不同，认为这样的人做事效率很低时，很可能这个人只是在做事的方式上与我们自己所偏好的方式不同而已。在这种情况下，在评价他人的目的或意图时，一定不要急于做出定论，而是应该弄清楚自己与他人行为方式之间的差异，并尽量达成某种相互理解的状态。

视野

信任领导力（authentic leadership）

可信任的领导者通常对人对己都能展示出一个真实的自我。他们在领导团队的过程中信任他人，充满热情，坚守价值观，且严于自律。Wendy Kopp 就是这样一名可信任的领导者，面对挑战仍能坚持不懈。她意识到公共教育存在资源分配不均衡的问题，发起并着手实施"美国教育计划"（Teach for America），参与计划的高校毕业生会承诺为公立学校提供两年义务教学服务。历经五年的艰辛付出和努力工作，"美国教育计划"仍陷入了无以为继的困境。但 Kopp 坚信这个计划不会就这样终止，通过调整工作重点，她使得该计划获得了前所未有的成功。请举出另外一个可信任的领导者，服务于营利组织或非营利组织均可，并试着回答下面的问题。

1. 这类领导者对他们所在的组织有什么样的价值？他们的领导力风格是如何影响组织中其他成员的？
2. 与竞争性组织中的领导者相比，他们的领导力风格有哪些差异？
3. 从可信任的领导者身上你可以学到什么？

自我管理

能够更有效地进行人际交往是一个反复且逐步完善的过程，这一点与建立自我认知有很多相似之处。有效的人际关系需要有反馈和持续不断的推进。在你了解到认识和管理自己对建立有效的人际关系有多么重要的同时，你也会认识到如何认识和管理自己对成就一番事业的重要性。

彼得·德鲁克曾提出这样的观点，为了在可能会长达 50 年之久的整个职业生涯中保持对工作的投入和高效，人们需要深层次地了解自我。根据这个观点，他认为人们应该向自己提出以下这些问题：[75]

- 我有哪些优势？人们通常更了解自己不擅长做什么，而对自己所擅长的事物并不那么熟知。然而，当人们需要决定自己应当何去何从的时候，了解自己的优势就会变得尤为重要。从别人处获取反馈则有助于更好地了解这些信息。德鲁克认为人们应该了解自己的优势并不断加以强化。他还建议，如果自己的弱点会在很大程度上对自己工作的有效性和业绩表现造成负面影响时，我们也要了解这些弱点并加以改善。

- 我应该如何让自己表现得更好？人们应当尽量按自己最擅长的方式来达成工作目标。例如，我们应该知道自己更喜欢通过阅读还是聆听别人的讲述来获取新信息；也应该知道自己更倾向于选择独立工作还是团队合作；更想做一名决策者还是建议者；是处在有压力的环境下会有更优秀的业绩表现，还是希望能有一种井然有序且可预测的状态；更愿意在大规模的组织中工作还是偏爱小机构。

- 我应当有什么样的价值观？一个人如果想在组织中高效地工作，他的价值观必须与组织的价值观相一致。尽管个人与组织的价值观不必完全相同，但仍应该有足够的相同之处，以免让自己感到沮丧失落，影响工作业绩。

- 我该何去何从？了解自己的优势以及如何让自己表现得更好，对每一个人来讲都是一种挑战，想明白自己应当何去何从，也是如此。为了回答这个问题，人们首先要搞清楚自己将如何回答前面那三个问题。通过了解自己的优势、达成业绩表现的方式和价值观，人们应该能够确定自己的归属。

- 我应该为组织奉献什么？为了回答这个问题，人们应当再问自己一些问题，如：①自己所处的情境需要我做些什么；②在了解了自己的优势、达成业绩表现的方式和价值观的情况下，怎样根据任务的需求，尽可能多地做出贡献；③需要达成怎样的结果才能为组织带来一些改变。

通过回答上述问题，德鲁克指出，为了在职业生涯中保持对工作的投入和高效，每个人都应当不断地采取一系列行动，比如应该做些什么，从哪里且如何开始，制定怎样的目标和达成目标的截止期限等。

本章小结

1. 一名成功的领导者应当有能力根据不同的情境，对自己的风格做出调适。随着自我认知和洞察力水平的提高，适应能力将不断得到磨炼和提升。进而，这种洞察力还会为领导者带来发展机遇，并成为他们的宝贵经验，帮助这些领导者强化优势，弥补弱点。

2. 个体之间存在智能水平的差异。多元智能理论的提出是对传统"书本智慧"或所谓学术资质概念的扩展，并从多个方面对人们的智能商数进行测评，包括艺术才能、音乐才华、人际交往和空间想象能力等。在某些专业领域或在某种特殊的情境下，这些其他类型的智能甚至要比传统意义上的学术智能更为重要。

随着全球化进程日益加快，为了保持自己的竞争优势，需要有能力了解宏观层面的因素，并能够处在一个可以改变或塑造自己所处情境的位置上。在这样一个全球化的大环境中，情境和文化智能是获得成功的两个关键要素。从个人层面来讲，情绪智能将有助于领导者在工作中与他人创建更密切且更高效的人际关系。情绪智能水平较高的领导者更擅长了解别人的优势和弱点，并能够以一种有建设性的方式有效管理下属的情绪并调动他们的工作积极性。

3. 一个人的性格特征和心理倾向与不同类型的智能在这个人身上的体现方式密切相关。通过了解一个人的性格特征，你还可以由此洞悉为何他们会按某种方式行事。有些人习惯自省和反思，而另外一些人却总是充满活力，喜欢迅速开展行动。人们的领导力风格和领导方式会受到这些倾向性的影响，除此之外，控制观也是一类重要的影响因素。所谓控制观，是指人们对自己可以在多大程度上掌控外部环境或是影响行动结果所持的态度。

一个人的控制感还会揭示出当他身处逆境时会采取怎样的行动。领导力也会在完全遭遇无法预测的困难和挑战时得以充分体现。有些人可以直面逆境并坚持前进，甚至把挑战看成是学习和提高自己的机会。而有些人却会在逆境面前退缩，认为自己本身很难掌控事件的结果。人们的控制观和遭遇逆境时的心理倾向也会随着阅历的增加、经验的增长不断得以调适和改善。

4. 最后，如果要成为一名高效的领导者，人们需要先了解自己是哪一类人。是不是有能力根据情境的变化，有针对性地对自己的行为方式和风格做出调适（自我监督能力强），还是无论身处怎样的环境中，都坚持一成不变（自我监督能力弱）。那些可以做出改变的人更能适应多变的境况，并更容易在不同的境况下都能获得成功。

关键词

创造力（creativity）
文化智能（cultural intelligence）
情绪智能（emotional intelligence）
智能（intelligence）
智商（intelligence quotient，IQ）
有效人际交往能力（interpersonal effectiveness）

控制观（locus of control）
性格特征（personality）
韧性力（resilience）
自我认知（self-monitoring）
智能三元理论（triarchic theory of intelligence）

课后练习

讨论话题

1. 为什么自我认知在有效领导力中如此重要？

2. 有关情绪智能的研究发现，随着人们职业的发展，他们的自我认知倾向于降低。你认为为什么随着人们获得更高的权力时，自我认知会降低呢？

3. 当企业想要雇用新员工时，他们应该基于多元智能对候选人进行评估吗？如果是，他们应该怎么评估？如果不是，为什么不？

4. 学术智能对于商业成功有什么作用吗？

5. 创新越来越成为企业在市场中战胜竞争对手的有力武器。如果一家企业想要雇用有

创造力的新员工，他们应在候选人中寻找什么能力或特质？

6. 情绪智能的几个要素之间是怎样互相联系的？想出一个具有情绪智能的领导者。你将如何描述他？

7. 回顾本章评估个人的性格特征的两种方法（表 13-2 和表 13-3）。你认为哪几个方面对于成功的领导者最为重要？你会如何评估你自己的性格特征？你需要在哪几方面进一步发展？

8. 控制观和韧性如何互相联系？

9. 一个人的领导力风格和性格特征倾向于长期

保持稳定，但是它们可能被特定事件或改变生活的事件所影响。思考你自己的风格。什么经历影响了你的领导风格？你有从你的成功或失败中学习到更多吗？为什么？

10. 解释情境智力和自我监督之间的联系。

管理研究

1. 回忆你曾合作过或为其工作过的最好和最坏的领导者。你会怎样描述这个人的性格特征？在与他们合作的过程中，你对自己的感觉是怎样的？你从自己身上学到了哪些东西？

2. 列举出一位你最敬佩的领导者，可以是你合作过的，也可以是历史上的名人。他具备哪些形式的智能？这位领导者是否能够应对多变的情境？如果是，他采取了哪些方式或行动？

行动练习

与你的一位家人或行为榜样相处一段时间，以更深入地了解他们的领导力风格。基于这种互动，请描述出他们在业绩表现最为优秀时所体现出的领导力风格。这个有关领导力风格的表述可以包括以下内容：性格特征、多元智能、对文化的理解能力（cultural competencies）、社会认知、创造性技能，或者其他与其领导力优势相关的因素。[76]

第14章

权力与影响力

学习目标

阅读本章后，你将可以：

1. 解释领导者如何使用权力和影响力来实现组织愿景并达成战略目标。
2. 描述人际关系权力的各种形式，及其发展和运用情况。
3. 概述在组织中不同层级如何行使权力，以及个体对之有何反应。
4. 了解相互依赖关系、资源稀缺程度、对优先次序的不同意见等因素怎样加剧组织冲突，并且强化行使权力的需求。
5. 列举不同风格的影响力，并解释其如何适用于具体情境。

开篇自测

你的权力源自何处

你怎样运用权力来影响个体或群体？这种权力从何而来？

用 1～5 分制量表，来评估你如何使用权力。

1 = 从不；2 = 偶尔；3 = 有时；4 = 经常；5 = 总是

1. 当我拥有正式职位或头衔的时候，我行使权力。
2. 我使用权力奖励别人的行为。
3. 我喜欢用权力惩罚别人的行为。
4. 业务专长是我的权力之源。
5. 人际关系是我的权力之源。
6. 我利用强大的人脉网络来行使权力。
7. 我通过一视同仁和团队合作的方式授权他人。
8. 我使用可靠的信息和有用的数据来影响他人。

9. 我的权力源于人情往来中的互惠关系。

10. 我获取权力的方式是将具有共同利益或看法的人联合起来。

根据对以上问题的回答，你在权力之源的问题上有什么收获？你怎样使用权力？你如何扩展自己的权力之源？

14.1 概述

作为领导者意味着带领他人工作，达成一系列的目标。如前所述，积极有效的领导力并非凭空产生，而是需要领导者因时制宜，呼应追随者的意愿、需求和志向。[1]领导者想要吸引追随者，需要学习说服他人加入团队，共同工作。有时，领导者通过满足下属的个人动机或者愿望来说服之；有时，领导者用自己的职权迫使下属从事特定的活动或行为。

领导力通常被定义为行使权力和有效利用影响力。[2]很多研究者认为领导离不开权力。[3]**权力**（power）是一种潜能，它使一个个人或团体能够影响另一个个人或团体的行为、思想和态度。[4]而**影响力**（influence）则是行使权力的手段和工具。权力和影响力之间的区别相当微小。其实，权力是一个人的职位、业务专长或者人际关系的体现；而影响力则是一个人的所作所为。[5]所以才有谚语"所有有影响力的管理者都有权力，但是并不是所有有权力的管理者都有影响力。"[6]权力和影响力联合起来，才能成为公司的愿景和战略支持。换句话说，权力能将个人利益转化为共同行为，使下属团结合作，实现共同的目标。[7]

组织研究者约翰·科特和杰弗里·普费弗（Jeffrey Pfeffer）分别做了大量关于组织中权力的研究。他们都发现当受决策影响的人数很少或者人与人之间的差别不大的时候，实现合作非常简单。[8]他们可以联合起来直接面对问题，找到满足所有人需要的解决办法。在这些情境中，权力没有那么重要。

但在大部分组织中，决策影响的人数很多。他们的工作互为基础，人与人之间差别巨大。人们互相依赖且有可能产生冲突的时候，权力便相当重要。

一个胸怀大志或者位高权重的领导者，即使他具备了相应的领导才能，也很容易遭到误解，甚至令人畏惧。[9]遗憾的是，误用和滥用权力的证据比比皆是。如阿道夫·希特勒在德国的统治，便是用权力来控制和操纵民众。商界也有很多滥用权力的情形。

由于丑闻众多，权力常遭到鄙弃。很多人认为，权力意味着控制别人。同样，很多人认为影响力是一种操纵，而不是通过改变个人或团体的价值观来创造积极和互利结果的行为。尽管权力有其阴暗面，但领导者离不开权力。为了有效地使用权力，我们需要了解其来源和表现形式。

为此，本章将介绍权力在人际关系和组织机构中扮演的角色，以及能否有效地行使权力的相应结果。本章强调权力和影响力在决策、采购和资源分配等方面的影响，并考察怎样运用权力在人际关系方面和组织机构中创造更合作、协同、高效的工作环境。本章的重点是如何处理人际关系，加强与他人的互相依存和互相联系。提高这方面的意识有助于发展充分的权力来源，以对整个职业生涯带来帮助。为说明这些概念，本章将从基思·法拉奇（Keith Ferrazzi）的案例开始具体论述。

案例 14-1

基思·法拉奇：自成一家 [10]

基思·法拉奇的同事形容他"自成一家"。他衣着考究，穿无可挑剔的定制套装和普拉达鞋。法拉奇相信人们尊敬他的干劲和工作理念。多年的努力使得法拉奇得到德勤会计师事务所、喜达屋酒店与度假村国际集团等著名公司的顾问和高管职务。

早年职业生涯中，法拉奇展示出杰出的人际关系能力，很快得到贵人相助。1992年，法拉奇从哈佛商学院毕业后，德勤会计师事务所向他伸出橄榄枝，但他要求首先见到主要负责人才肯接受工作。终于，德勤前负责人 Pat Loconto 同意在纽约的一家意大利餐厅会见法拉奇。酒过三巡，法拉奇提出，他希望在德勤工作后，每年能与 Loconto 在这家餐厅共进一次晚餐。许多人认为这一要求十分大胆而冒险，但 Loconto 对法拉奇的自信印象深刻，并答应了他的请求。通过与 Loconto 每年一次的共进晚餐，法拉奇获取了关键的职业指导和训练。随着时光流逝，他们还成了朋友。

尽管法拉奇在德勤并不出名，但他行事与众不同，并且经常高谈阔论，这让他的同行很纳闷：这个人是谁，为什么在这里，他跟我有什么关系？在咨询工作中，法拉奇总是试图一举多得，但并不求全责备。他从不强迫自己做不想做的事情，即使是所有咨询顾问普遍要做的分析工作。Loconto 这样评价法拉奇："他既雄心勃勃又缺乏耐心，他从不肯按部就班……毫无疑问他难于管理。但是他有伟大的创意，这抵消了他的一切缺点。" [11] 德勤合伙人汤姆·弗里德曼（Tom Friedman）则认为人们嫉妒法拉奇的效率和成就。弗里德曼被法拉奇的与众不同所吸引，做了法拉奇的上司。

1999年5月，就在升迁为德勤合伙人的前夕，法拉奇离开德勤，到喜达屋酒店与度假村国际集团做了首席营销官。Loconto 评论说："当我与基思讨论喜达屋时，我告诉他需要放慢速度，在独立运作之前，先要从一家大公司取得实践经验。我告诉他要先学会走才能跑，同时也不需要那么多创意。" [12] 在喜达屋工作不到两年，经历了四位不同的总裁和CEO，然后法拉奇辞职了。很多人认为他缺乏耐心，对组织的变动关心不足，应当受到责备。法拉奇却认为，他需要时间来思考如何得到自己想要的东西。同时，法拉奇还想知道，有朝一日自己经营公司时，应该做些什么作为扩大影响力的基础。

为何基思·法拉奇的同事认为他是个强大的管理者？因为他着装体面，还是因为他工作勤奋，大器早成？或者是他的豪爽个性和敏锐认知让他与众不同？抑或是因为他维持了让众人羡慕嫉妒的成功职业生涯？尽管不能假设如上每种因素是法拉奇成功的唯一标准，但可以推断，以上种种个人特质让他获得了充足的人际关系权力。

14.2 人际关系权力

组织权力的下放、多员工协同工作以完成目标等，都需要更高的人际关系权力水平。人际关系权力来自于正式权力、奖励或惩罚的能力、业务专长和感染力。领导者使用权力来设定目标、决定优先权、统筹管理、分配任务、解决纠纷和设定任务完成期限。[13]

14.2.1 人际关系权力的形式

1959年，美国社会心理学家约翰 R. P. 弗伦奇（John R. P. French）和伯特伦·雷文（Bertram

Raven）发展出一种描述人际权力的理论，被许多研究团体行为的研究者所采用："权力的社会基础"。它包括五种权力基础，分别是法定权、奖赏权、强制权、专长权和感召权。[14] 人们可能会依靠其中一种或者多种权力基础影响他人。

在法拉奇案例的结束部分，他苦思冥想如何建立影响力以独自经营一家公司。为了探讨这个问题，本章引用了弗伦奇和雷文的权力分类，并分别解释每种权力怎样适用于法拉奇的经历。

- **法定权**（legitimate power）是指组织内各管理职位固有的法定的、正式的权力，这种权力源于领导者在组织中的职位。下属的尊敬能增强领导的法定权，反之，领导的权威若遭质疑，则导致其法定权减弱。当基思·法拉奇在德勤的同事说"他（法拉奇）是谁，为什么在这儿，我和他有什么关系"时，这就是在质疑法拉奇的法定权。久而久之，随着法拉奇职位升高，并且逐渐成为高管候选人，他的法定权也日渐增强。

- **奖赏权**（reward power）是奖励下属的权力。它能鼓励积极行为，消除消极情绪。所以，通过加薪、晋升、赞美等方式认可下属的表现，就是奖赏权。积极行使奖赏权的关键在于懂得如何激励下属，它对个人和集体同样有效。本书将于第 18 章详细讨论如何激励积极性的问题。法拉奇要求每年一次与 Pat Loconto 共进晚餐，因为他知道 Loconto 拥有很强的奖赏权。与高管的这种密切关系对法拉奇的回报是，他得到了关键的指导和训练，帮助其获取了事业的成功。

- **强制权**（coercive power）是一种惩罚的权力，与奖赏权相反，它是对违规行为、表现不佳者的惩罚。这是一种强制性的权力。一般来说，强制权在短期合作中更容易看到效果，在处理危机时更有积极作用。但滥用此权会导致士气低落。[15] 尽管强制权在法拉奇的案例中并未直接出现，但根据案例，德勤的其他人抱怨法拉奇难于管理，可见，Loconto 一定具有相当的强制权，才能控制局面。而且，法拉奇杰出的创意弥补了他做事虎头蛇尾的缺点，才没有遭到强制权的处罚。

- **专长权**（expert power）建立在专业知识水平巨大差异的基础上。具有更多专业知识、技术或技能的人即具有专长权。学者雷文认为，信息权是专长权的延伸，也是人际关系权力的一个额外来源。所谓信息权是指能够获取对重要决策有巨大影响的信息源。[16] 通过在德勤的咨询和营销经验，法拉奇的专长权有所提高，证据就是他获得了德勤合伙人的升迁前景和喜达屋首席营销官的工作机会。

- **感召权**（referent power）源于人们的爱戴和拥护。拥有感召权的人，有强大的个人魅力，会让别人发自内心地想要效仿他、跟从他，为他工作。尽管法拉奇最初常以错误的方式惹恼别人，但仍有人尤其是高层被他的个性吸引。

14.2.2 职位权力与个人权力

与弗伦奇和雷文的观点相似，戴维·惠滕（David Whetten）和金·卡梅伦（Kim Cameron）两位组织行为研究者研究出一套方法对人际关系权力进行定义和分类。在弗伦奇和雷文的基础上，他们把五个基础权力增加到九个，并将其分为两大类：职位特点和个人属性。[17] 惠滕和卡梅伦假设**职位权力**（positional power）来自于个人在组织机构中的正式职务，包括其重要性、灵活性、可见性和相关性。与之相对，**个人权力**（personal power）则来自令他人赞赏的个人特质，包括专长、个人魅力、积极态度和合法性（见图 14-1）。综上，将职位权力和个人权力的特质结合起来，可以做出对法拉奇案例的推论。

1. 职位权力

职位权力通常是人们对权力的直观印象。领导者位于组织阶层中的哪一级？有多少人向他负责？他的预算是多少？他掌控了哪些资源和信息？这些问题的答案在一般意义上界定了领导者在组织或团体中的正式职位或威望，并且定义了他的权力。职位权力的影响范围取决于多种因素，包括领导者在组织中如何管理，他的职位和工作方式等。[18]

职位权力	个人权力
·正式权威 ·中心度 ·灵活性 ·可见性 ·相当性	·专业 ·努力 ·魅力 ·正当性

图 14-1　职位个人权力的来源

因为高层管理人员拥有正式职位，他们通常被认为是有权力的。出于对他们地位和权威的尊敬，下属会服从他们。同时，他们的职位赋予了他们一定的特权，包括决定资源分配的能力。此外，高层管理人员在设立组织使命、战略与运营角色中扮演举足轻重的角色。[19]

很多员工更喜欢和拥有强大的组织权力（有时也称政治影响力）的人一起工作。政治影响力经常能使（当事人）更容易被注意到，并且带来晋升的可能性。此外，一个有权力的领导者可以为他的员工创造光环般的地位与尊重，增强员工的满意度和激励。相反的是，为那些权力低的领导者工作的员工倾向于体验到更少的满意度。[20]

职位权力重要与否还取决于正式权威以外的一些因素。这些因素包括中心度、灵活性、可见性、相关性。中心度指的是如何成为组织中举足轻重的人物。那些占据重点职位、处理重要任务并协调组织人际网络的人可以得到中心度。这些人依靠别人获取资源、完成任务，因为他们有别人所需的信息。虽然基思·法拉奇最开始在德勤并没有居于重要地位，但是他与德勤高级管理人员的亲密关系，帮助他从这些人的中心度那里得到很多好处。他们的指导和意见帮助他做出决策，获得成功，并保护他免受排挤。

职位权力的另一方面是灵活性，即自由地行使判断。具有灵活性的领导者鲜有定规，也不严格制定如何完成工作的例行步骤。对于非常规的决策，具有灵活性的领导者可以自行决断，不需要向上级请示。于是，他们拥有决定如何行动的权力。

可见性是指一个人在组织中能够获得关注的有影响力者的数量。因此，面向人际关系的职位比面向任务的职位更有权力，而那些能够频繁接触到决策关键人物的职位更是如此。中心度的意义在于获取信息，可见度则使得个体与有影响力的人进行交流，易于向其展示成就。法拉奇坚持每年与德勤高层共进一次晚餐的特权，使他获得了可见性，并且让高层成为他的良师益友。

相关性是指个人所从事的活动应与组织利益具有一致性。若要寻求有影响力的职位，则必须了解其所在部门的事务与公司整体的相关性。根据案例信息推断，法拉奇的咨询和营销经验，与其德勤合伙人和喜达屋首席营销官的职务都具有相关性。

2. 个人权力

尽管职位权力（正式权力）是权力的重要来源，但不如个人权力更加积极有效。有的人无论在正式组织中处于何种阶层，都能表现出巨大的权力和影响力。这种个人权力的首要来源是专长，即完成业务的能力或组织本身所需要的人际能力。专长可以是技术专长，即应对工作所必需的业务技能；也可以是人际专长，即人际关系管理能力；或者是筹划专长，即将组织视作整体、通盘筹划的能力，等等。回顾第13章中谈到的多元智能，不同情况需要不同的智能来应对。推而广之，拥有解决问题的专长，就拥有了相应情况下的个人权力。

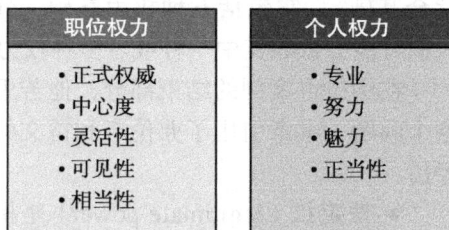

专长来自教育经历和工作经验。建立业绩记录是个人专长的一部分。一份业绩记录包含了个人在完成工作任务和人际相关经验两方面的经验和教训，包括是否做好了工作。一个具有专长和良好的业绩记录的人值得信赖。重要的决策经常遵从拥有特殊专长的专家。因此，一个人的专长也可以作为权力的来源。法拉奇连续的成功建立了一份强大的业绩记录，反过来又增强了他的专长。

早期职业生涯可以通过获取关键信息，负起决策责任从而影响他人。例如，即使技术专家在公司的职位相对来说比较低，他独特的视角或技能可能对战略决策十分关键。而低职位的专家缺乏正式权威和其他方面的职位权力，可以通过发展他们的专长，增加他们与有影响力的高层人员的沟通，从而培育他们个人和关系权力的来源。

个人权力的第二个来源是努力，包括努力工作和忠诚坚定。一个人努力工作的热情如果超过了旁人的预期，就会被认为是更加坚定可靠的员工。这种可靠性可以带来一些关键信息或者有意义的任务分配，可发展成为权力的来源。在法拉奇的案例中，他表现出的雄心和干劲，并未得到所有同事认同。正是由于这种进取心，法拉奇的上司认为管理他很困难。

吸引力是使他人愿意与其打成一片并积极效仿之的能力。个人的外表、魄力、人望，都是其个人权力的来源。一个有吸引力的人有可能被描述为外向、坦率、忠诚、有同情心。法拉奇着装正式、仪表堂堂，还具有良好的人际交往能力，这都使他具有吸引力。但他的雄心和干劲，并不能吸引不理解他理想的人。

最后，个人权力能够被正当性加强。弗伦奇和雷文将正当性作为个人权力的一个来源，并认为这种权力源于个体在组织中所处阶层和正式职位。[21] 实际上，正当性作为个人权力的成分，并非由职位决定，而是取决于个人信用。正当性来源于对主流价值体系的坚持，和他人眼中的可靠感。正当性是个人影响力的重要组成部分，因此，具有正当性的人更受欢迎。

14.2.3　人脉权力

为了更进一步界定人际关系权力的类型，研究者定义了**人脉权力**（relational power），即个体从其人脉网络中获得的权力，包括个体在人脉网络中所处的位置及其与人脉网络中他人的关系。本质上，人脉权力是一种非正式的权力，基于个体在组织中的各种关系而形成。[22] 为了理解人脉权力，需要对人脉网络进行定义。人脉网络是一整套的人际关系，对于具有该网络的个体完成任务、获得成功、发展人际关系和专业能力等至关重要。[23] 关于人脉网络的更详细论述见第 20 章。本章只讨论人脉网络对于个人影响力基础的作用。

一旦你画出一个人的人脉网络图，利用网络的位置作为影响力的指标，你就有很多种方式计算出谁是网络中最具影响力的。你画出的人脉网络可能是交流网络（你和谁交流）、建议网络（你找谁寻求建议）和信任网络（你信任谁）。中心点，或者说个体在人脉网络中位于何处，是人脉网络对其能力产生影响的重要因素。上一个小节曾提到，它也可能是职位权力的指标。人脉网络的广度有可能是一个人职位权力的指标。

人脉网络的广度是指人脉的类型和其中联系人的多样性。组织行为研究者赫米尼亚·伊巴拉（Herminia Ibarra）宣称，个体可被定位在三种不同的人脉网络中：工作人脉、事业人脉和社会人脉。[24] 工作人脉提供与工作任务直接相关的资源，如信息、专家意见、忠告、政策优待以及物质资源；事业人脉则包括能提供职业方向和指导的人，与高层管理人员的接触并得到帮助，获得具有挑战性和可见性的任务，得到晋升机会；社会人脉则由具有共同背景和爱好的人组成，其成员相互信任程度超过其他人脉网络。社会人脉网络与工作任务的关系不那么密切，但是它有利于支配资源、传播信息，并且得到相应的帮助。

伊巴拉认为，人脉网络深度或强度取决于个人在人脉网络中的知名度和沟通频度。人际关系的强度影响着人们在其中交换的信息种类。[25] 某人处于另一人的核心人脉或者扩展人脉，会影响到他对如上要素的评估。核心人脉的特点是长期存在的紧密互惠关系，也包含一些短期关系，一般与工作有关。功成身退后，这些短期关系就消弭了。与此相反的是扩展人脉，它由相对疏远的熟人构成，在个人与社会组织和团体之间起到桥梁的作用。扩展人脉中的人际关系一般比核心人脉要疏远。

研究者将人脉的可移植性也作为人际关系权力的一部分。通过对成功股票分析师的研究，鲍里斯·格罗斯伯格（Boris Groysberg）发现，女性和男性分析师在发展人际关系时的不同做法导致完全不同的结果。大部分女性分析师偏重于培养与客户和客户公司的关系，以此建立声誉、获得成功；[26] 而男性分析师则专注于发展与其所在组织机构的关系。女性分析师换公司后表现依然强劲；男性分析师一旦换公司，业绩就会大幅下降。是什么导致了这一现象呢？格罗斯伯格认为，首先，女性分析师的人脉网络使她们获得了关键的事业支持，让她们具有"明星效应"，也让她们在别的公司仍然表现得卓有成效；其次，明星效应能够克服组织中的障碍，成为女性分析师的事业策略，但是男性分析师的人脉网络并不具备这种能力。所以，女性分析师的人脉具有更强的移植性，而男性分析师的人脉则相对固定于某个公司。[27]

14.2.4 人际关系权力的挑战

尽管一个人可能要花费大量时间来建立人际关系、培育人脉网络，但在组织中达到一定地位时，他们会掉以轻心。研究表明，对权力动态缺乏洞察的人很容易失去权力，在组织结构发生变动时也更容易受到伤害。[28] 下文将要谈到的罗伯特·摩西（Robert Moses）即是如此。

案例 14-2

罗伯特·摩西：从权力巅峰跌落

在 1924～1968 年间，罗伯特·摩西作为纽约市政府官员，主导了大都市区大量公路和公园的修造和重建工作。[32] 摩西的职业生涯中，担任过很多公职，因为他帮助过很多民选官员。那些人依靠他做事，他被描述为"支配甚至欺压"以及"渴求权力、傲慢、耍手段的人"。但是也有一些人赞颂他"毕生致力于重塑纽约城"。[33] 此外，摩西还监管着超过两打的园林式大道和桥梁，包括布鲁克林－皇后区高速公路、亨利·哈德逊大道、横跨布朗克斯高速公路、Van Wyck 高速公路、Throgs Neck 大桥、三区大桥等。摩西还获得资金在纽约市和长岛开发了数量可观的绿地，包括长岛 Massapegua 国家公园和琼斯海滩国家公园。

在职业生涯的最后几年，摩西忙于大量项目，他的骄傲和傲慢也表现得更明显。[34] 摩西越来越忙，但是拒绝接受意见和建议。这种态度使他失去了保证工作高效进行的关键知识，最终，尽管为纽约市做出了巨大贡献，他还是失业了。

从许多标准来看，罗伯特·摩西都是个强大的人物，但他却没有注意到什么是重要的。起初，他认识到与那些重要官员建立人际关系至关重要，因为他们能够对委任公职产生重大影响。但是随着他成为专家，越来越忙，他拒绝别人的意见和建议，这个关键的错误是终止其职业生涯的重要因素。

掌权者应该认识到权力有潜在的危险，有可能蒙蔽其对现实的清醒认知。当掌权者担任高级管理职务时，权力可能威慑到下属和同僚，他们将害怕提出建设性的批评和反馈，这阻碍着掌权者认知现实。在上一章中，我们讨论过自我意识对于长期职业成功的重要性。当一个人想要在职业上有所发展时，持续监控自己的长处和短处是非常重要的。

当掌权者故步自封，拒绝改变时，他就可能丧失权力。要想持续拥有权力，掌权者就必须对问题保持清醒。[29] 研究者已经提出一些能够持续保有权力或导致权利丧失的行为模式。（详见表 14-1）

表 14-1　保有或者丧失权力

保有权力	丧失权力	保有权力	丧失权力
能量、耐力和体力	冷酷无情	敏感性、读懂他人的能力	缺乏同情心
集中精力，强烈关注细节的能力	利用和剥削他人的意愿	自愿参与有建设性的冲突	自我膨胀
灵活性、情绪控制	顽固		

资料来源：Nina W. Brown, *Coping with Infuriating, Mean, Critical People: The Destructive Narcissistic Pattern* (Westport, CT: Praeger Publishers, 2006); A. Delbecq, "'Evil' Manifested in Destructive Individual Behavior: A Senior Leadership Challenge," *Journal of Management Inquiry*, Vol. 10, 2001, pp. 221-226; Jeffery Pfeffer, *Managing with Power: Politics and Influence in Organizations* (Boston, MA: HBS Press, 1992); and Manfred. F. R. Kets de Vries, *Leaders, Fools, and Imposters: Essays on the Psychology of Leadership* (San Francisco, CA: Jossey-Bass, 1993).

情境也能影响权力的水平和程度。有研究者甚至认为，权力就是在适合的时间占据了适合的位置。[30] 如上文所述，权力源于领导者的职位、人际关系、个性和经验，以上每一个要素都会受到组织背景的影响。背景能够加强或削弱领导者的权力。例如，当两个公司兼并后，合并相似的职能部门时，两套班子中只有一方能够胜出。评估增加或限制权力的潜在可能性时，背景因素就很值得考虑。[31] 那么，领导者的权力有多大程度依赖于情境？领导者在某一种情境中所拥有的权力是否在另一种情境中也适用？

14.3　对于权力的反应

在组织中，人们对于权力的反应不尽一致。管理决策面临的三种主要反应是主动献身、服从管理和反对决策（见图 14-2）。反对意见有可能是明显的（没能完成决策要求的目标），或是消极的（假装服从管理，但并不执行）。在这样的情况下，管理者倾向于强制雇员工作，但这有可能导致更严重的抵抗和反对，因而不能无限推行。它表明管理者和员工之间出现了重大隔阂，也暗示出团队内部不和谐。

服从管理是指员工完成任务但没有积极性，缺乏个人参与热情。出现这样

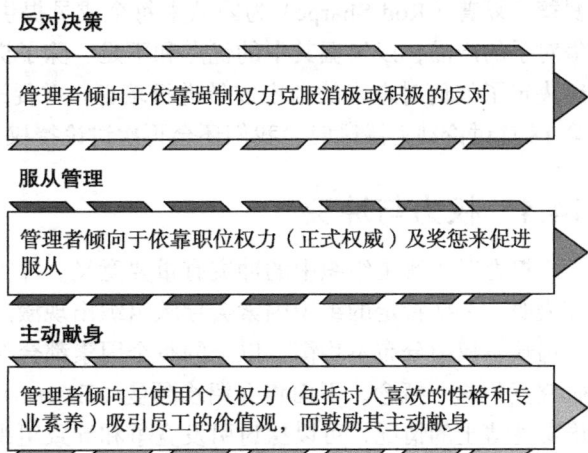

反对决策

管理者倾向于依靠强制权力克服消极或积极的反对

服从管理

管理者倾向于依靠职位权力（正式权威）及奖惩来促进服从

主动献身

管理者倾向于使用个人权力（包括讨人喜欢的性格和专业素养）吸引员工的价值观，而鼓励其主动献身

图 14-2　对于权力的三种主要反应

资料来源：Adapted from Gary A. Yukl, *Leadership in Organizations* (Englewood Cliffs, NJ: Prentice-Hall, 1981).

的反应，说明员工并非热爱工作，而是被迫工作。善于利用职位权力激励员工的管理者，做出的决策更容易得到员工的顺从和支持。这种权力运用方式多用来处理日常工作，在需要创造力的复杂的任务中则效率较低。

员工发自内心地拥护上级决策，并努力工作以执行之，即积极工作，这是最好的反应。在这种情况下，员工与管理层的价值和观点保持一致，投入更多的精力以获得成功。积极工作的反应产生于领导者的个人权力，包括专业素养和讨人喜欢的性格。[35]

许多公司都在使用一个越来越受欢迎的方法增加员工主动积极性，即全面授权。对员工的**授权**（empowerment）包括共享资源分配权、决策推动力和对最低可能性任务的战略执行，这种授权增加了员工的影响力和权力。[36] 授权也是在组织中发展领导人物的方式。对于一个具有高度责任感的员工，完成新任务能使他更自信，感受到自我价值的实现，并提升其个人权力和技术。[37] 一些领导技巧方法和组织因素会影响授权（见表 14-2）。

授权是一种非常重要的概念，因为共享决策权能使员工对公司业绩具有决定权，从而在根本上提高协同工作能力，并促进组织管理的战略改进。授权同时也改变了领导者的角色：领导者需要委任更多的员工，并改变自己的角色性质。具体工作更多地由员工承担时，管理者们将有更多的时间抓住机遇，促进公司发展。[38]

员工得到授权时，他们多少会因有机会参与公司决策而受到鼓舞。但若他们的意见未被尊重，授权将会产生相反影响，降低员工的工作积极性。[39] 在得到机会表达观点后，员工希望自己的意见不被忽视。

百得（Black & Decker）对其销售团队的授权方式极具创新，该公司销售培训部门的经理罗德·夏普（Rod Sharpe）为团队中每个成员提供摄影机和视频编辑软件，让他们记录下竞争对手的产品，以发掘其中的优点和不足。除了提供有关于竞争对手的有趣信息，这些视频还决定了如何对未来的销售成员进行培训，并促进他们更多地强调百得产品的比较优势。[40] 第 18 章讨论动力激励时，我们还会再次讨论授权。

表 14-2　影响授权的因素

影响授权的领导技巧	影响授权的组织因素
创造积极的情感氛围	使用分散的结构
设定较高的业绩标准	适当选拔和培养领导者和员工
鼓励积极性和责任感	消除科层制度的约束
公私并用奖励员工	提倡授权行为
实行平等协作	仔细监测衡量
表达对下属的信任	保证组织政策公平开放

资料来源：Adapted from A. Nahavandi, *The Art and Science of Leadership* (Upper Saddle River, NJ: Prentice Hall, 2006).

14.4　权力与冲突

权力对于解决组织中的冲突有重要意义。冲突伴随着资源竞争或是机遇凸显而产生，研究表明，一些特定的组织因素会导致组织出现激烈的竞争和矛盾：组织中的人际关系、资源的稀缺、权力分布不均衡。以上的每个因素都会对组织的决策产生重要影响，为了更深入地研究竞争这一概念，下面将介绍埃瑟曼（Esserman）博士的案例。使用组织架构来分析评估埃瑟曼博士的情况，可以探讨引发竞争和导致组织策略变化的组织因素。这些因素包括相互依赖性、资源稀缺性、不一致性、重要性水平[43]

14.4.1　互相依赖

组织权力深植于人际关系的依赖性。两个人的相对权力取决于完成任务与获取信息中哪一方更依赖于另外一方。两个人的关系越不对称，其中一个人的权力就越比另一个人的大。同时，他们互相依赖的程度越大，他们的关系越可能更亲密。本书作者古拉蒂和Maxim Sytch 这两位组织行为学家，研究了制造商和供应商情境下个人的权力和互相依赖的动态。[44] 研究中，他们观察了制造商和供应商的相互依赖性，考虑了很多因素。他们发现，当一个公司对其商业伙伴的依赖程度高于对方对本公司的依赖程度时，就产生了**不对称性**（dependence asymmetry）。当公司更多地依赖于其商业伙伴时，互相依赖程度的区别反映出商业伙伴拥有的权力多于公司。反之亦然，当商业伙伴更多依赖于公司时，互相依赖程度的区别反映出公司拥有的权力多于其商业伙伴。

互相依赖的不对称性促成了商业伙伴之间潜在的权力动态，而伙伴间互相依赖的程度还有另一种情况。这是关于二者互相依赖程度的总和而不是区别。当两个公司相互依赖程度相等时，**共同依赖关系**（joint dependence）便产生了。由此，在高质量信息流动中，双方都具有高参与度，双方的信任由此建立起来（见图 14-3）。

与古拉蒂和 Sytch 的共同依赖关系类似，普费弗提出，当一个人需要另一个人的帮助

正净权力：

其他人依赖你

负净权力：

你依赖其他人

图 14-3　依赖的本质

资 料 来 源：R. Gulati and M. Sytch, Administrative Science Quarterly, (Vol. 52, Issue 1), "*Dependence Asymmetry and Joint Dependence in Organizational Relationships,*" pp. 32–69. © 2007 by SAGE Publications. Reprinted by Permission of SAGE Publications.

以完成某个目标时，会产生**相互依赖性**（interdependence）。[45] 在埃瑟曼博士的案例中，她必须赢得其他人尤其是那些医院管理层关键人物的支持，才能达到构建协调性医疗系统的目标。没有这些支持，这个信息系统项目不可能完成。这种情况下，她对其他人的依赖程度明显大于其他人对她的依赖程度。

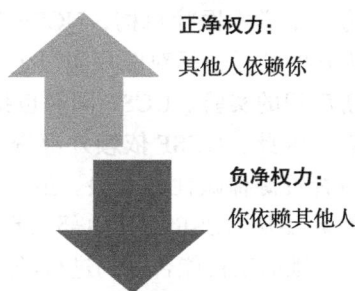

案例 14-3

劳拉·埃瑟曼博士和她的 Carol Franc Buck 乳腺癌治疗中心 [41]

　　劳拉·埃瑟曼博士是一位主治乳腺癌的外科医生，同时也是加利福尼亚大学 Carol Franc Buck 乳腺癌治疗中心的主管和外科及放射科副教授。她设计出一种全方位信息系统，让病人除了得到乳腺癌护理外，还能得到全面医药护理。埃瑟曼博士希望为罹患乳腺癌的女性创造全方位的一站式治疗服务，将所有的诊断和治疗用更协调有效的方式进行。她希望以此减轻病人的焦虑和担忧。[42]

　　埃瑟曼博士十年前就提出了这一想法，但该项目并未如她所愿高速发展。尽管有可观的基金支持，埃瑟曼博士仍需从其他的关注者和组织如加利福尼亚大学募集更多资源，同时还要应对几家关键医院管理者的阻力，因为这些人对该项目持批评态度。埃瑟曼博士与那些关键性的管理者之间一直存在矛盾，他们认为埃瑟曼博士的项目不符合医疗现状，将会造成混乱，其项目投资者对参与者的发展空间也缺乏足够考虑。埃瑟曼博士将如何得到所需资源以保证乳腺癌中心成功设立呢？

14.4.2　资源稀缺性

资源稀缺性（resource scarcity），即资源的不足，例如金钱和人员。在有限的时间内，个人或组织必须通过制定重要决策，以在整个公司中实现可用资源的最优分配。不同部门可能会共享一种资源，例如办公空间和办公设备；但有时公司必须决定将某些资源单独分配给某个部门，这就会带来竞争。当员工或部门为了稀缺的资源而竞争时，权力和影响力会决定公司的产出。[46]

作为一个学术医疗机构，UCSF（加州大学医学院）提供的医疗护理比私人医院更为昂贵。因为它的项目包括对医疗实习生、住院医生、外科研究人员的培训，以及对新药物、新设备、新疗程的实验。UCSF 同时也接收一定比例的无医疗保险患者、获得极少赔付的政府保险患者。因此，UCSF 依赖外部资金维持运作，它也面临着极大的预算赤字问题。UCSF 正在经历着资源稀缺性的考验。虽然埃瑟曼博士的项目成功得到了 700 万美元的资金支持，但她仍然需要从 UCSF 的其他部门和医院获得更多的物力和人力资源。她必须与其他人竞争——这是她的项目能否顺利进行的关键阻力。

14.4.3　不一致性

在很多工作场合，意见不一的情况不时发生。[47]意见不一致是决策制定和任务完成的棘手障碍。出现意见不一致时，领导者常常通过影响他人来达到意见的统一。

UCSF 的许多高级管理者认为埃瑟曼博士的信息系统项目过于激进，并非必要。[48]为了推动项目的发展，埃瑟曼博士需要从这些关键性的管理者那里获得重要支持。她必须减少意见的不一致，并呼吁统一的互助的观点。获取一致性往往需要对需求的优先级进行排序、筛选和权衡。本书第 16 章将进一步探讨这种协商过程。

当人们的优先级不同的时候，意见不一经常发生。个体的优先级排序、目标、期望很可能与他人的想法不同。但一个项目的重要程度，不仅取决于该项目人员，同时也要考虑项目在其他人心中的地位。例如，对于埃瑟曼博士来说，一站式医疗方案的远景目标最为重要，但那些认为它并无必要性且十分昂贵的管理者并不这么看。为了获取更多的资源，埃瑟曼博士必须说服反对者，宣传项目的价值和优先级。

14.5　运用影响力

本章中提到，权力可以来自于不同的基础（职位、性格和人际关系）。权力基础很重要，权力的运用也相当重要。影响力是权力在个人和组织中产生作用的媒介。组织中的个人应该考虑到不同的情形和环境，寻找建立自己影响力的方式。以下的步骤对于权力通过影响力产生作用会有帮助：①选择影响方式和策略；②利用特定的影响准则；③建立权力资源；④评估绩效。

第一步：选择影响方式和策略

影响方式的选择取决于所面临的情境和项目的重要性。情境管理系统（Situation Management Systems）公司是一个从事于管理培训和专业能力发展的组织，它创造了环境影响模型。该模型根据不同的特征类型给影响方式分类，并提出相应的影响策略。模型提出了三种主要的影响方式：推动、拉动和置身事外。每一种方式都详细描述了能量如何从一个人转移到另一个人身上（见图 14-4）。

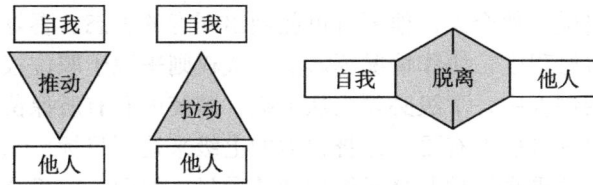

图 14-4 影响力风格

资料来源：Adapted from SMS, Managing Influence (Nashua, NH: Situational Management Systems, 1998).

推动方式是直接从一个人到其他人的行为，包括劝说和声明。个体通过推理论证或者激励和强迫的办法，尝试把自己的观点和意见"推"给别人。拉动方式则是个体从他人观点中寻找与自己观点一致的信息，并建立联系的方法。置身事外方式，正如其名，指的是从某种现状中脱离，在一段时间内退出该任务的执行。[49] 在对上管理时，管理者倾向于使用拉动策略；在向下管理时，采用推动策略。

a. 推动方式

● 说服：当诉求者得到他人信任，并有独家资源和信息支持其观点时，这一方式较为有效。

相关的影响策略包括提出解决方案、创造更多的讨论。例如，埃瑟曼博士可以向那些医院管理者们进行成本 – 效益分析，说明自己的项目对医院也是有益的，以获得他们的支持。

● 声明：当双方在项目中存在利害关系时，这一方式更为有效。相关的影响策略包括设置期望值、提供反馈情况、交换互助。在这个策略中，成功的关键是掌握对方的动机和激励。[50] 例如，埃瑟曼博士可以诉诸职业宣誓，暗示医护人员，如果没有一站式项目的支持，他们不可能很好地将自己的能力用于对病人的医疗护理。

b. 拉动方式

● 联结：当其他人的观点对诉求者有利，且其他人的加入并不阻碍诉求者的项目进行时，这一方式十分有效。相关的影响策略包括与他人互动、倾听和分享信息资源。例如，埃瑟曼博士可以在公开场合召集其他医院的管理者，讨论他们共同面临的挑战，并寻找自己项目与他们所面临问题的共同点和有关之处。

● 吸引：相关的影响策略主要是创造共同的环境基础并交流不同的目标。这一方式在诉求者和其他人拥有共同的价值观念、目标和期望值，并且其他人在尚无解决措施的情况下信任和尊重诉求者时，易于取得成效。

C. 置身事外方式

脱离：由于诉求者并未做好准备或不断出现新信息，因此希望减少争端的扩大，或其他人的表现明显阻止了诉求者的成功时，这一方式比较适合。相关的影响策略是将项目延期、转移话题、中途休息，或避免与其他人的相互接触。

第二步：利用特定的影响准则

心理学家、组织行为研究者罗伯特·恰尔蒂尼（Robert Cialdini）在一个研究提高影响能力的模型中，提出了一些准则并称之为"影响力的武器"。[51] 第一条准则是**互惠准则**（law of reciprocity），其前提是：为某人做某件事，无形中就形成了某种权利义务关系。换句话说就是善行换善行。它要求每个人总需要为得到的东西向对方做出偿还，又称为互惠原则。这些偿还可以是支持、礼物、邀约和信息。例如，埃瑟曼博士可以与其他管理者谈判，支持她这一项目的条件可以是她将在未来支持他们的某些项目。

接下来的两条准则（喜好与威权）建立在个人权力和职位权力的基础上。喜好原则，表明了一个人如果较为喜爱其他个人，他更有可能做出同意的表态。喜好受到外表吸引力、相似度、交换的称誉、接触程度、协作情况等影响。威权则来源于职位权力，这条影响准则假定，在一个严格的科层制度中，下级必须服从上级，即使内心有所保留。例如，埃瑟曼博士可以吸引对持异议的管理者们拥有更高监督权力的上级来达到目标。综合之前的一些影响策略，她可以尝试要求这些更高层的监督者们推动该项目。然而，由于这一策略可能妨碍与持异议的管理者的人际关系，因而并不是最优的策略。显然，这种方式不宜频繁使用。

最后一条准则以资源稀缺引发的潜在竞争为基础。稀缺性原则认为，由于有限的有效性，机遇看起来往往比实际更有价值。如果一个机遇看起来是"一生一次"的，即使对于一个起初并不被其吸引的人，也会更具吸引力和刺激性。一个人需要评估情境，他的权力基础会决定某一种影响策略是否为最适合的。

第三步：建立权力资源

第三步是对权力的管理，包括对于个人权力、职位权力和人际关系权力的估量。个体可以通过学习专业知识（接受挑战并在不同的职位上获得突出成就）、提高个人吸引力（在穿着打扮上更用心且获得他人的喜爱）、更加努力（有强烈上进心）和不断提高正当性等方式来提高个人权力。为了建立职位权力，个体需要寻找合适的地位来提高自己的集中性（工作关系网）、灵活性（能够相机抉择做出决策）、可见性（能够影响其他人）和相关性（能够组织优先级排序）。最后，为了获得人脉资源，一个人还需要关注人脉网络的集中程度、扩展程度（不同的人脉类型和其中不同的人员）以及人脉的深度（人际关系的强度）。

第四步：评估绩效

正如在第 9 章的讨论，正式意见和反馈常常是在年度的业绩评价会议中提出的。管理者会回顾组织在年初（或入职时）给员工设置的目标。每个人都要与管理者讨论，完成目标仍然需要做出哪些努力。

由于这些意见反馈对于评价员工的年度表现有关键意义，员工必须正式地收集各种资源和信息。此外，员工也需要自我监督。如前所述，这对于评价员工的表现非常有效。但它需要极强的自我认知和对于环境及社会的清醒认识。

这些影响力的策略和方法取决于环境情况和参与者的优先级顺序。在进行上述四个步骤之前，对环境的评估十分必要。环境对于人际互动影响深远，它在组织管理中扮演着更为重要的角色。

组织管理的注意事项

除了管理好人际关系权力，个人还应该分析和管理好组织关系权力。首先是确定目标。[52] 关键问题包括：为了达成目标，需要满足什么需求，需要影响谁。当这些问题得到解答，下面的五个步骤可以帮助我们使用影响力和权力达成目标：[53]

（1）识别依赖性：谁依赖于谁？为什么依赖？谁的合作是必要的？谁的承诺具有关键作用？

（2）决定每个人的权力来源：谁处于有权力的地位？为什么？权力带来的资源是什么？这些资源如何维持？

（3）对于目标、价值、利益和工作方式的不同点进行分析：这些不同如何影响个人、假定和观点？

（4）对于环境进行分析：潜在竞争的可能性有多大？最大的同盟者和竞争对手分别是

谁？那些关键人物会怎样进行竞争？

（5）定期更新上述分析。

通过这些分析可以更好地掌握自己所处地位的优点和缺点，了解为达到特定目标而需要的影响力水平。在组织中，处于弱势的一方获得力量和权力的一个方法是发展同盟。同盟将每个独立却具有相同的兴趣和观点的个人或单位联合起来。这种力量的结合可以带来比每个人独立时更有利的地位。这些相同的兴趣和观点可以扩展到长时间内的不同项目，或是在短期内以某一个共同的项目为中心点产生交换性的目的。[54] 例如，即使存在历史矛盾，研发部门和销售部门也能联合起来以获得一项新产品的不断发展。

本章小结

1. 权力和影响力对于设定目标和确定优先顺序至关重要。权力是领导者影响下属的行为、思想及对他人态度的潜能，影响力是将权力付诸实施的手段。权力建立来源于多种因素，包括领导者的正式职位（正式权力）、给予惩罚或者奖赏的能力（奖励与惩罚权力）、知识水平和专业能力（专家权力）以及个人魅力（参照权力）。

2. 人际关系权力取决于多种因素，包括个人职位、个人魅力和人脉关系。职位权力源于领导者在组织科层制度中所拥有的正式职位。在组织中拥有中心性和相关性的职位的人，以及具有高度灵活性和可见性的人，拥有较强的职位权力。个人权力源于领导者的专长、努力、吸引力、合法性以及忠诚度。有良好业绩记录并具有专长的可靠人士，拥有较强的个人权力。人际权力源于领导者在组织之内以及之外的强大的人脉关系。领导者如果有更深更广的人际关系网络，就有更强的人脉权力。权力通常依赖于情境。因此，自我意识和乐于改变的能力，对于获得长期成功至关重要。

3. 权力对于应付组织中的政治和冲突非常重要。在考虑职位任命、工作分派、任务进程等方面，权力都是决定性的要素。组织中的每个人都会影响到如上关键问题的决策，但高层领导者具有更多的权力。通过授权行为，组织中的各个层级都能建立潜在的领导关系，并且将某些方面的决策权授予具有相关经验的一线员工。

4. 组织中的冲突常常因相互依赖性、资源稀缺性、对优先次序的不一致认可等情形而发生，解决冲突通常要有技巧地运用权力和影响力策略。

5. 根据具体的情境，个体可以用推动（主动影响他人）或者拉动（引用他人意见中对自己有益的部分）等影响策略。无论哪种方式，都需要评估各种形式的互相依赖和不同种类的权力。

关键词

同盟（coalitions）

强制权（coercive power）

不对称性（dependence asymmetry）

授权（empowerment）

专长权（expert power）

影响力（influence）

相互依赖性（interdependence）

共同依赖关系（joint dependence）

互惠准则（law of reciprocity）

法定权（legitimate power）

个人权力（personal power）

职位权力（positional power）

权力（power）

感召权（referent power）

人脉权力（relational power）
资源稀缺（resource scarcity）

奖赏权（reward power）

课后练习

讨论话题

1. 描述权力如何依赖于领导者、追随者的反应和情境。
2. 回顾第 12 章的魅力型领导者。魅力型领导者如何获得人际权力？他们什么情况下可能滥用这种权力？
3. 思考人际权力的四种主要来源：专业、努力、吸引力、法定。哪一个比较重要？回想你尊敬的领导者，哪种权力最吸引你？
4. 合法性如何成为职位和人际权力的来源？
5. 什么情况下，"你所认识的人"会影响你的所作所为和展现在你面前的机会？
6. 权力随着组织生命周期的阶段而变化。在初创企业，创业者会使用什么样的权力形式？什么权力形式适合危机情况？
7. 一位新雇员如何在组织中建立权力来源？
8. 当领导者授权给其他人，他是否丧失了人际权力？为什么？
9. 推动影响和拉动影响策略的优势和劣势分别是什么？
10. 有时靠不住的盟友会结盟。识别一个结盟是否联合了靠不住的盟友。他们为什么互相联合？

管理研究

1. 选择一位常出现在本地报纸上的领导，描述他所具有的人际权力。
2. 对你的同伴或具有更高权威的人，应用你所学到的影响力策略。用 1 ～ 10 分制打分，你如何评价自己的表现？你是否完成了你的目标？如果是，你又是如何完成目标的呢？

行动练习

参加一个委员会、董事会或者议事会。会议时，记下重要的日程项目和会议的目标。在讨论日程时，记录下成员如何运用其权力。使用下表作为模板。

人际权力形式	会议中的例子
法定权力	
奖赏权力	
强制权力	
专家权力	
参照权力	

你从会议中学到什么？你是否会将所学运用到职业生涯中？

第 15 章

决　策

学习目标

阅读本章内容后，你应当能够：

1. 按步骤解释理性决策制定的流程。
2. 描述时间约束、信息缺失以及复杂性会如何对理性决策分析流程造成影响。
3. 描述影响个体观点的各类偏好，并解释这些偏好如何对决策造成影响。
4. 清晰表述出情感、直觉以及社会环境会如何对决策造成影响。
5. 比较并指出在组织决策中所运用的各类模式之间的差异。
6. 描述管理者提高决策能力的方式。

开篇自测

你是否能有效地做出决策

一个组织的成功要依靠领导者能够及时做出正确的决策。你是否能有效地做出决策？请用"是"或"否"回答下面的问题，来评测下你的决策能力。

1. 我会根据研究的结果做出决策。
2. 如果没有足够的证据支持，我不会做出决策。
3. 在做出决策前，我会多方征求意见。
4. 我会依据系统化的流程做出决策。
5. 我会不断尝试能够有助于快速做出决策的办法。
6. 在做出决策时，我知道自己有所偏好。
7. 我在做决策时，会依靠直觉。
8. 我知道在某些情况下所做出的决策会受工作伙伴或团队成员的影响。
9. 我承认自己的有些决策会受情绪的影响。
10. 在做出决策时，我会分析每种选择背后可能存在的风险。

根据你的回答，你如何评价你的决策技能？你怎样能提高自己决策的技能？

15.1 概述

决策（decision making），是指识别问题以及从一系列行动方案中做出选择的过程，通常被视为商业行为的核心。[1]管理者在日常工作中会面对很多需要做出决策的情况。有些与运营流程相关的决策相对简单且直接，但是那些与战略或是组织发展方向相关的决策则要复杂得多。本书前面三个部分中所涉及的每一个概念，几乎都与决策有某种程度的相关性。管理者在许多方面做出决策，比如采用哪种战略，进入哪个行业，如何设计组织架构以及分配资源，如何对潜在的竞争威胁做出预判和应对，确定哪些是重要的业绩考核因素，以及何时应该实施组织变革等。[2]在所有的决策中，管理者必须依据组织的价值观、目标和其他相关的情境因素对各种可能的情况做出评估。一个组织是否能够获取成功，取决于管理者根据正确的信息，在恰当的时点，做出正确决策的能力。[3]

你是如何做出决策的？是依靠过往经验做出判断，还是会根据你目前能获取的信息对所处的情境做出判断，并尽可能做出合理的决策？你是否会征询他人的意见，还是依靠自己的直觉？回想你当初在选择大学时是如何做出决定的。你都参考了哪些标准？学费、地理位置、学校规模、运动项目的成绩、社团组织、学校的指导手册、还是学术方面的声誉？每个人都会根据自己的财务状况、社交偏好、父母和朋友的选择，以及过往在学术研究、运动项目或是艺术才能等方面取得的成绩，在选择学校的决策过程中，对每项标准赋予不同的权重。在参考了上述理性层面考量的结果后，你可能还会考虑自己与这个学校是不是"契合"。你是否对这个学校有归属感？是否在校园里能感受到自己是真实存在的？这个学校和它的氛围是不是能让你有舒服的感觉？在很多情况下，这些无形的因素，对于你所做出决策的影响，甚至要比那些理性和客观的因素还要大。

要列出每项参考标准有哪些利弊这样一个清单并不难，要从这些参考标准中找到一个决定性因素，通常要难得多。甚至在我们试图列出利弊权重时，我们也并不是那么确定。虽然这种方法表面上看是理性的，但是最终的决策事实上也未必是理性的。与他人相比，我们的注意力选择性地关注一些特定信息。我们衡量选择、利弊、权重的方法也可能有系统性的偏差。回想一下，你当初在选择大学时所列出的利弊权重是否正确？你是否做出了理性的决策，还是依靠直觉？

通常来讲，我们会更喜欢把自己看作一个理性的决策者，但是，如果我们仔细思考自己的决策行为，可能就会发现，事实与此恰恰相反。我们在本章中将会讨论，一个人即使认为他做出了理性的决策，他仍然可能被一系列的因素所影响。纷繁复杂且不甚明朗的外部环境、我们自己的判断标准和偏好，以及以前做出的决策，都会对我们今后的决策造成影响。那么，就会有这样一个问题，"我们如何才能更好地了解决策流程，以便做出更合理的决策呢"？

为了对某些会对决策造成影响的因素有所了解，让我们先来看一个有关罗伊·威廉姆斯（Roy Williams）的案例，看看这个全美最成功的大学篮球队的教练，都做出了哪些关键决策。

案例 15-1
罗伊·威廉姆斯和堪萨斯大学

"在儿时，我的梦想是为北卡罗来纳大学篮球队效力；当我担任高中篮球队教练后，我的梦想是成为北卡篮球队的教练。"[4]早年间，罗伊·威廉姆斯曾对北卡罗来纳大学怀有深厚的感情，2003 年，他也曾有机会成为该校篮球队的总教练。既然有这许多年深厚的母校情结，对于威廉姆斯来说，担任北卡大学篮球队总教练，似乎是一个顺理成章的决定。但实则不然，由于还要考虑其他很多因素，这件事居然成了他人生中最艰难的抉择之一。

威廉姆斯自小生活在北卡罗来纳州的 Spruce Pine，距离北卡罗来纳大学所在地 Chapel Hill 有 200 英里。在 Asheville 读书期间，他曾两次入选本地和北卡罗来纳州全明星阵容。随后，他进入北卡罗来纳大学就读，并在大一时与校篮球队训练了一年。由于最终没有正式入选校队，他没有选择继续打球，而是成为一名球队经理，负责跟踪统计数据和训练等工作。很快，这项工作就变成他学习篮球知识的课堂。在 1972 年和 1973 年分别取得教育学学士和硕士学位后，威廉姆斯在北卡 Swannanoa 高中开始了他的教练生涯。[5]

1978 年，威廉姆斯迎来了职业生涯的一个重要转折点，他被北卡大学篮球队聘为助理教练，成为传奇教头迪恩·史密斯（Dean Smith）的助手。在史密斯担任北卡大学篮球队主教练的 35 年间，球队取得了 879 胜 224 负的显赫战绩（胜率 77.6%）。[6] 在史密斯的带领下，北卡大学篮球队在连续 10 年全美大学篮球锦标赛（NCAA）中，获得 6 次西部（ACC）联盟冠军，并在 1982 年赢得了全联盟总冠军。那一年，球队中还出现了詹姆斯·沃西（James Worthy）和迈克尔·乔丹这样的球员，众所周知，他们后来都成了著名的 NBA 巨星。对威廉姆斯来说，能在这样一位导师身边为自己深爱的母校球队工作，似乎没有比这更好的机遇了。但总是会有意想之外的事情发生，1988 年，堪萨斯大学向他伸出了橄榄枝，希望聘请他担任学校篮球队的主教练。堪萨斯大学篮球队对战绩期望值极高，在他们看来，只有获得联盟总冠军，才能算是成功。实际上，其他一些执教经验丰富的著名教练，也曾在候选名单中，但球队最终选择了经验尚显不足的威廉姆斯。[7]

面对如山般的巨大压力和挑战，威廉姆斯最终接受了这份工作。堪萨斯大学篮球队曾在前一年获得全美大学生锦标赛冠军，但由于上一任主教练的原因，球队在这一年遭到了联盟的调查。在执教后第一个赛季中，威廉姆斯带领球队获得了 19 胜 12 负的战绩。虽然这看上去似乎是个缓慢的复苏，但是远没有达到球迷和学校管理层的期望。但正是从这个赛季，威廉姆斯开始了他在 NCAA 执教生涯，也是 NCAA 有史以来最成功的执教经历。在他担任堪萨斯大学篮球队主教练的 15 年间，球队连续 14 年进入淘汰赛阶段，并 4 次打入"最终四强赛"，2 次获得亚军。1990 年、1991 年、1992 年和 1997 年，威廉姆斯四次被评为全美最佳教练，还在 2003 年获得了以传奇教练约翰 R. 伍登（John R. Wooden）命名的约翰·伍登教练奖。[8]

在 2003 赛季结束后，老东家北卡大学希望聘请威廉姆斯回到球队担任主教练，这也成为他一生中所遇到的最为艰难的抉择之一。在堪萨斯大学，威廉姆斯总的执教成绩为 418 胜 101 负，是球队有史以来胜率最高的主教练。在 2003 年，球队也打入了 NACC 总决赛。在他的努力下，堪萨斯大学队很可能在接下来的许多赛季中，都能保持这样好的战绩。相反，北卡大学队在 2003 年甚至都没进入淘汰赛阶段。除此之外，威廉姆斯还得考虑到，如果离开堪萨斯大学队，可能会对他作为一名教练的声誉乃至在篮球界的地位都造成影响。他说，"如果在职业生涯中只执教过一个球队，人们对这样一类教练的看法会完全不同，会更尊敬他们。能在我整个职业生涯中都留在堪萨斯执教，显然是更加明智的选择。"[9] 尽管这些都是影响他决策的重要因素，但可能其中最重要的还是他的执教理念。

在威廉姆斯的办公桌上，摆放着女儿送给他的铭牌，上面刻着这样一句话："统计数字固然重要，但人际关系却会伴随你一生"。这句话很好地概括了他的执教理念，甚至会体现在他教练工作的方方面面，从招募队员、训练到保持与已离队球员的联系等等。当威廉姆斯从高中招募新球员时，他会到家里拜访这些孩子的父母，了解他们的为人，并努力与球员和他们的家庭成员都建立一种融洽的人际关系。在球场上，他强调队员之间的互助与合作，鼓励他们不能只追求成为明星球员，更要全面提升自己的个人素质，成为受人尊敬的人。他坚信，正如同应该用正确的方式去打篮球一样，决定让哪位球员离开球场、与人沟通和处理其他很多问题，都应该按照正确的方式去对待。[10] 他坚定地恪守着自己的这一套理念，在 2000 年时，就曾拒绝过北卡罗来纳大学的邀请，因为，他觉得应当对自己的球员负责。

但到了 2003 年，情况却有所不同。这次，做出拒绝担任北卡罗来纳大学主教练的决定，不像三年前那么容易了。有趣的是，让他在 2000 年选择留在堪萨斯大学的原因，恰恰差点儿促使他在 2003 年选择离开那里。2001 年初，堪萨斯大学运动事务总监鲍勃·弗雷德里克（Bob Frederick）辞去了在学校的职务。这对威廉姆斯来说是个很大的打击，因为在管理运动团队方面，弗雷德里克与他持有类似的理念，他们都认为，应该与球员互信互利，并尽可能保护球员的利益。新任运动事务总监艾尔·波尔（Al Bohl）则将工作的重点放在了筹集资金和运动团队的财务上。他不太能理解为何威廉姆斯将与球员的关系看得如此重要，反而经常过度开发球员们的商业价值以获取更多的赞助。这令威廉姆斯不太满意，这份工作不再如以前一般，能为他带来快乐和愉悦的感觉。[11]

为了帮助自己做出决策，威廉姆斯甚至列了个清单，一列是北卡罗来纳大学，另一列是堪萨斯大学。他最初的清单上，列出了上百个决定自己去留的相关因素，但显然范围太大了。威廉姆斯最终放弃了这种进行利弊对比的做法，决定只找出 1~2 个关键因素，凭直觉做出自己的选择。[12] 虽然他对堪萨斯有着与北卡一样的深厚感情，但最终威廉姆斯还是选择了离开堪萨斯大学，回到北卡罗来纳大学担任球队主教练，开始了执教生涯的另一段传奇经历。

案例思考

1. 对于威廉姆斯做出去北卡的决策而言，什么信息最为重要？
2. 你怎么看待威廉姆斯对两种选择的评估？是建立在事实还是情感上？
3. 堪萨斯大学该怎么让威廉姆斯留下来？

在本章中，你将会对影响决策流程各种因素的复杂性以及如何做出有效的决策等方面的内容有所了解。例如，个人偏见会严重影响我们的思考过程，甚至于影响我们的决策。因此，我们需要意识到自身的偏见，避免给关键决策带来消极影响。为此，本章将会概述影响决策过程的重要偏见。本章开篇，我们将从人们应当如何做出决策和人们究竟是怎样做出决策这类问题入手。在理解了人们如何以及为何要做出某种决策的基础上，我们将会试着把类似问题放在真实的组织情境下进行探讨。最后，我们还会对本章中所涉及的提高决策能力的有效方式做一个回顾和总结。

15.2 理性决策

早期，有关决策的研究重点是探讨人们如何通过决策实现收益或个人利益最大化。研究者们认为，人们在做出决策时，通常都是基于个人利益最大化这样的理性考量，这也被称为**理性选择理论**（theory of rational choice）。这一理论是从数学、统计学和经济学相关理论衍生而来的，其中就包括约翰·冯·诺依曼（John von Neumann）和奥斯卡·摩根斯顿（Oskar Morgenstern）的著名理论。这两位科学家在博弈论方面取得了具有开创性的研究成果，在他们有关博弈论的第一本书《博弈论与经济行为》中，诺依曼和摩根斯顿深入研究了效用和收益在决策过程中的重要作用，他们提出，如果当人们需要做出选择时，会尽可能做出最优决策，即追求期望效用（expected utility）的最大化。[13]

在这个期望效用模型中，人们会对每一个可能的选择进行赋值，并从中挑选出收益或利益最大的选项。这个模型还基于这样一个假定前提，决策者对未来的可能性会有所警觉，并会尽可能考虑到与这些可能性相关的情境因素，确定每一种选择可能带来的收益，然后找出价值最大化或最优的选择，做出决策。[14] 理性决策通常会遵循一系列固有的流程（参见图 15-1）。

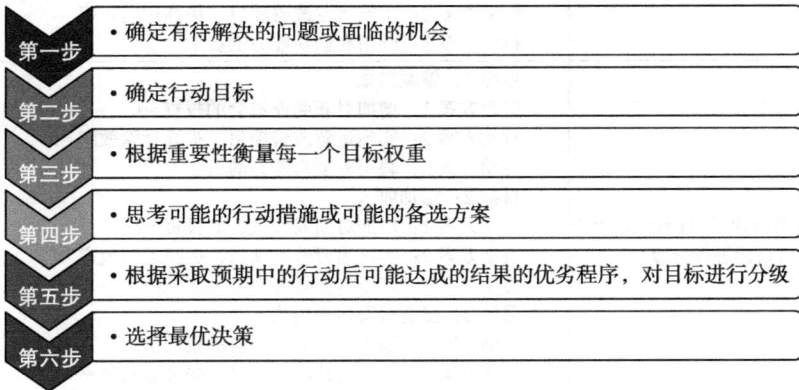

第一步	• 确定有待解决的问题或面临的机会
第二步	• 确定行动目标
第三步	• 根据重要性衡量每一个目标权重
第四步	• 思考可能的行动措施或可能的备选方案
第五步	• 根据采取预期中的行动后可能达成的结果的优劣程度，对目标进行分级
第六步	• 选择最优决策

图 15-1　理性决策过程

资料来源：Adapted from Max Bazerman, *Judgment in Managerial Decision Making*, 6th edition (Hoboken, NJ: John Wiley & Sons, 2006), p. 4.

为了更好地理解理性决策流程，我们可以先设想出一个在企业运营中的决策环境。假设有一家名为 ABC 的公司，希望能够在与对手的竞争中，取得更大的竞争优势。尽管有很多方式都能达成这个目标，但这个公司已经决定会将工作的重点放在以下三个方面（按重要性优先等级排列）：

（1）缩减成本

（2）增加收入

（3）提高现有运营能力

有很多方法可以用于对各种备选方案进行价值衡量，在这个示例中所使用的排序方式只是其中一种。这里，我们会提出三种行动方案，你要做的就是根据公司经营目标的优先级考量，为了实现最终目标，选择最优解决方案。

● 行动方案 1：增加对新商业机会的投资

● 行动方案 2：实施运营改善项目，提高运营效率

● 行动方案 3：聘用有创新能力的员工

你会选择上述三种行动方案中的哪一种？如果你希望依据理性决策模型做出决定，这个决策流程可参见表 15-1。根据这样的排序方式，实施运营改善项目，提高运营效率应当是最优且最理性的决策选择。

表 15-1　理性决策模型的应用

步骤	示例
1. 确定有待解决的问题或面临的机会	公司希望获取更大的竞争优势

（续）

步骤	示例
2. 确定行动目标	目标1：缩减成本 目标2：增加收入 目标3：提高现有运营能力
3. 根据重要性确立每一个目标的权重	缩减成本 =3 增加收入 =2 提高现有运营能力 =1
4. 思考可能的行动措施或可能的备选方案	行动方案1：增加对新商业机会的投资 行动方案2：实施运营改善项目，提高运营效率 行动方案3：聘用有创新能力的员工
5. 根据采取预期行动后可能达成的结果的优劣程度，对目标进行分级	**目标1：缩减成本** 行动方案1：增加对新商业机会的投资 =1 行动方案2：实施运营改善项目，提高运营效率 =3 行动方案3：聘用有创新能力的员工 =2 **目标2：增加收入** 行动方案1：增加对新商业机会的投资 =2 行动方案2：实施运营改善项目，提高运营效率 =1 行动方案3：聘用有创新能力的员工 =3 **目标3：提高现有运营能力** 行动方案1：增加对新商业机会的投资 =2 行动方案2：实施运营改善项目，提高运营效率 =3 行动方案3：聘用有创新能力的员工 =1
6. 选择最优决策 • 将第5步中的排序结果与第3步中的权重赋值相乘； • 将每个行动目标中每种行动方案加权计算后的优先级排序结果相加； • 选择加权计算后分数最高的行动目标作为决策结果	将第5步中的排序结果与第3步中的权重赋值相乘 **目标1：缩减成本** 行动方案1：增加对新商业机会的投资 $\rightarrow 1 \times 3 = 3$ 行动方案2：实施运营改善项目，提高运营效率 $\rightarrow 3 \times 3 = 9$ 行动方案3：聘用有创新能力的员工 $\rightarrow 2 \times 3 = 6$ **目标2：增加收入** 行动方案1：增加对新商业机会的投资 $\rightarrow 2 \times 2 = 4$ 行动方案2：实施运营改善项目，提高运营效率 $\rightarrow 1 \times 2 = 2$ 行动方案3：聘用有创新能力的员工 $\rightarrow 3 \times 2 = 6$ **目标3：提高现有运营能力** 行动方案1：增加对新商业机会的投资 $\rightarrow 2 \times 1 = 2$ 行动方案2：实施运营改善项目，提高运营效率 $\rightarrow 3 \times 1 = 3$ 行动方案3：聘用有创新能力的员工 $\rightarrow 1 \times 1 = 1$ 将每个行动目标中每种行动方案加权计算后的优先级排序结果相加 行动方案1：增加对新商业机会的投资 $\rightarrow 3+4+2 = 9$ 行动方案2：实施运营改善项目，提高运营效率 $\rightarrow 9+2+3 = 14$ 行动方案3：聘用有创新能力的员工 $\rightarrow 6+6+1 = 13$

资料来源：Adapted from Max Bazerman, *Judgment in Managerial Decision Making*, 6th edition (Hoboken, NJ: John Wiley & Sons, 2006), p. 4.

15.3 管理者应如何做出决策

虽然这是个系统化且结构化的决策流程，但实践中，也并不是在做任何决策时都普遍适用。这个流程可能只是针对决策流程中与目标有关的问题，但却无法反映出在这个过程中，很多人都会参与做出决策这个因素。管理者通常没有足够的时间一步一步按照这个流程做出决策，有时候他们也会缺乏有助于做出正确评估或得出正确结论的相关信息。与此相同，在大多数情境下，管理者的决策会受到很多其他因素的影响。人们越是忙碌，就越发倾向于按照一种不那么理性的方式来进行决策。[15]

决策的复杂性和后果会影响管理者决策的过程。例如，一家小型风险投资公司的管理者必须对每一项决策负责，从确保整个公司的员工团队能够胜任他们的工作，到与那些创业公司打交道开展公司业务等等，都要事无巨细，亲力亲为。有些决策（如，应该采购哪些办公用品）非常简单而且直接，可选择的范围也很有限，甚至不同选择所造成的结果其实相差并不大。

然而，其他决策既不简单也不具体。例如，要从许多创业公司中筛选出一家作为投资对象，则要复杂得多。这不仅仅是因为错误的决策会造成非常严重的后果，而且如何确定候选企业是否能够获得成功，标准也很模糊不清。此外，不同的创业公司可能生产的是完全不同种类的产品并处在不同的行业。将这些公司进行比较就如同拿苹果与橙子相比一样，而不是简单地从两个苹果中挑选出哪个更好。这类复杂决策会受到很多条件的制约，包括：

- 片面的、不完善的甚至是误导性的信息；
- 由于能力或行业背景所限，无法对信息做出进一步的分析和判断（如，欠缺经验）；
- 需要在有限的时间内做出决策；
- 组织成员间在选择偏好、动机以及目标等方面存在冲突 [16]

这些条件会让理性决策流程变得很复杂，也正因如此，很多决策都会受到一系列因素的制约和限制，这通常被称为**有限理性**（bounded rationality）。由于缺乏足够的信息或时间（也许两者皆有），决策者并不会竭尽全力对每一种可能的选择进行评估；相反，他们只会努力采取某类行动，直至找到最可被接受的解决方案。[17]由于受到"有限性"的制约，决策者会试着尽可能加快和简化整个决策流程。虽然最好的选择应该是在研究了所有可能达成的结果后做出，但实际上，几乎没人能有足够的时间这样做，人们通常只会将可选择的范围缩小，然后找出一个"足够好"的解决方案。在商业领域，保持80%的正确率是通用法则。这种选择"足够好"的解决方案即可的行为方式，被称为**满意性**（satisficing）。[18]

在理性框架下，人们会在**确定性状态**（conditions of certainty）中做出决策。在这种情况下，人们可以掌握所需的一切信息，并据此做出尽可能最优的决策。而在有限理性概念中，人们的决策是在模糊状态（ambiguity）中做出的，在这种情况下，充满了风险和不确定性，因此最优决策并不那么显而易见。这时，人们选择的解决方案可能不是最理想的，但却是最可行的。**风险性状态**（conditions of risk）和**不确定性状态**（conditions of uncertainty）就是两种模糊状态，都会对决策流程造成影响，而且会令人们的决策行为不那么理性。在风险性状态下，人们能够掌握有关组织目标、优先级判断以及行动方案等信息，但对采取行动后可能会产生的结果却无法进行全面预测。在不确定性状态下，人们通常可以全面地了解有关组织目标和优先级判断等信息，但却对选择哪种行动方案或者每一种行动方案可能会产生的结果缺乏完整的信息。

当需要人们快速做出决策或是所面对的情况复杂且不明朗时，个体往往会依据直觉做出判断。当与过往经验有关联，直觉往往会以一种"自然而然的知识储备"的形态浮现。[19] 我们的大脑会依据经验创建某种模式或试着与其建立联系。有研究表明，45% 的公司高管在做出决策时，主要依据自己的直觉或是内心的感受，而不是根据理性的分析。[20]

直觉决策（intuitive decision making）通常来自于潜意识活动。在潜意识的层面，与直觉相关联的洞察力往往连决策者本人都无法完全理解。决定或者选择就是那样明确，人们也把这叫作预感。

在马尔科姆·格拉德威尔（Malcom Gladwell）所著的 2005 年最畅销书籍《决断两秒间》（*Blink*）中，作者把只直觉决策称为"不假思索的最有效的思考方式"。[21] 格拉德威尔认为，"撷取片段"（thin-slicing）的能力是潜意识思考可以根据过往经验中的很微小的片段，在现实情境和行为方式上找到并建立某种模式。[22] 他还认为，人们的潜意识通过处理这些薄片式的记忆，会自然而然而且以一种更为快速的方式在复杂情形下做出决策。这听上去似乎像是草率而下的决策，但事实证明，这类决策往往都是正确的。

基于直觉的快速决策在速配约会中体现得尤为明显。[23] 在这样一种社交活动中，共计 24 位男士和女士齐聚一家酒吧，试图寻找可能与自己擦出火花的另一半。活动的流程大约会是这样，每位男士与每位女士有 6 分钟的交谈机会，女士们会靠墙坐成一排，男士则会轮换座位，活动的组织者每摇一次铃，男士们就会换坐到另外一名女士面前。参加约会的人们，每人会发一张胸卡，领取一个号码和一张表格，如果在 6 分钟的交谈后对于某个人有兴趣，就在表格中这个人的号码后标注下，如果对方也标注对此人有好感，双方就会在活动结束后的 24 小时内得到对方的电子邮件地址。目前速配约会在全世界范围内都非常流行，正是因为这类活动把约会过程浓缩为对一个简单问题的快速决策，即：我是否还愿意见这个人？[24] 关于这个问题的答案并不基于任何深奥的知识储备，而就是根据第一印象，或者说是"内心的直觉感受"。

直觉也是指导个体做出道德判断的重要因素。研究表明，人们的道德判断是根据快速的道德直觉做出的，进而才会加以道德推理的思考。虽然道德推理是有意识、需要付诸大量思考和可控的，但道德直觉却会在瞬间——不需要经过任何有意识的思考就会产生，以一种不被人觉察的方式。[25] 当人们的道德直觉产生冲突，或当所处的社会情境需要对各种因素进行进一步的详细思考和分析时，人们才会有意识地进入道德推理的思维模式（见表 15-2）。

表 15-2　道德判断中直觉与推理

直觉	推理
快速且不假思索	缓慢且需要付诸大量思考
过程是无意识的且自然而然进行	过程是有意识的且可控
与所处情境相关	与所处情境相对独立
因人而异	每一个体的推理过程都是类似的，甚至可以通过机器来完成

资料来源：J. Haidt, "The Emotional Dog and Its Rational Tail: A Social Intuitionist Approach to Moral Judgment," *Psychological Review*, Vol. 108, No. 4, 2001, p. 820.

尽管已经有研究揭示出直觉决策在某种情境下会非常有效，但仍有事实表明，在有些情况下，依赖"内心的直觉"会有很大的问题。当管理者依据过往在各类不同情境下所形成的直觉进行判断时，问题会尤为严重。[26] 虽然模式认知（pattern recognition，人们的大脑整合已知信息并据此理解现状和预测未来的方式）在简单的情况或类似的情境下会很有效，但人们从本能上在任何情境下都使用这些模式的倾向性，在复杂的情况下，通常会误导我们做出错误的选择，因为在复杂情况下，原因（cause）和效果（effect）都不那么绝对。有些研究者甚至坚信，直觉不仅不能帮助人们认识到复杂性，甚至可能会令人有意忽略复杂性的存在。[27]

例如，如果你碰倒了一根蜡烛，点着了旁边的纸，你本能的反应是，赶快把火扑灭。基于你的过往经验（模式认知），你很笃定，用水可以扑灭这样的小火苗，于是，你会泼一杯水在火上（原因），结果火被扑灭了（效果）。于是，你就会产生这样的意识，即以后再有类似的意外，可以用同样的方式来解决问题（模式认知）。这个过程中问题、行为、解决方法都很明确；但在真实的商业环境中，你所面临的情形会复杂很多。如果你面对一个快速变化的市场，需要做出是否投入生产某个产品的决策，而这个策略涉及百万美元规模的投资，在这种情况下，就很难简单地列出其中的原因、效果和模式认知。你可能会想到与类似的投资决策做个比较可能有助于形成判断（模式认知），但往往你又会发现存在着别的影响因素，包括公司目前的抗风险能力、可掌控的信息资源和市场情况等等。此外，多元化投资战略（原因）最终的结果也许会完全不同，既可能带来机会，也可能对公司是一场灾难（效果）。因此，如果借助以往投资时的思考模式来做出判断，在新的环境下则未必适用。

总而言之，对于直觉在决策过程中的作用，有非常重要的一点我们需要认识到，即，直觉对于帮助人们权衡各种选择以及形成决策是非常有效的，但如果完全依赖直觉，也会导致人们的决策存在偏好或受到制约。因此，寻求情绪和直觉与理性分析之间的平衡，才是可以全面分析所面临选择并做出最恰当决策的最为有效的方式。[28]

视野

《决断两秒间》

仅仅通过一本书的封面就对这本书的内容做出判断，这样做合适吗？在马尔科姆·格拉德威尔在他所著的《决断两秒间》一书中，作者认为，人们在一眨眼的瞬间所做出的判断，往往最为有效，极为重要，而且通常是正确的。在有些情境下，想得越少反而越好。例如，消防员接到附近一处居民报警，就在他们进入火灾现场展开灭火行动时，消防队长突然感觉有些不对劲儿。他迅速做出决定，命令所有队员撤离现场。不一会儿，他们刚刚所站的地板就倒塌了。消防队长的这个决定就是在一眨眼的瞬间做出的，但他却挽救了自己和队员们的生命。类似的重要决定每天都有，也存在于我们工作和生活的方方面面。《决断两秒间》一书让它的读者有所改变，他们不再等到收集了足够的信息后才做决策，而是开始学会倾听自己内心的直觉判断。

1. 某种情境下，你收集信息仔细思考，但可能直觉决策更好。描述该情境。
2. 在你的职业生涯中，直觉决策正确吗？什么时候会错？
3. 领导者可以依据他们的直觉反应做出什么判断？

15.4　个体偏好对决策的影响

在很多情况下，决策者会认为自己有能力对成功做出预测，并且能够选择正确的行为方式,但实际的结果往往与此相悖。[29] 决策者的个人偏好会让决策流程变得更加复杂,这一点并不是每个人都能意识到的。由于受到个人偏好的影响,最终的决策可能只是一个次优选择。尽管个人偏好本身确实存在一定程度的负面影响,但通常也是一种捷径,可以令决策者更快速有效地做出决定。我们所处的商业环境日益复杂,采取这样"走捷径"的决策方式,似乎也很有必要,不过会给决策过程带来一定的风险。

15.4.1 启发

为了简化做出快速、无足轻重的决策和重要、深思熟虑的决策,人们通常会依赖经验法则或启发式思考,来支持自己做出的选择。该方法的普遍使用使得我们的决策偏离了理性。这些经验法则(rules of thumb)通常是来自人们的过往经验,对事物的相对评估和我们对选择的仔细思量。值得注意的是,当我们评估拥有的信息时,我们会使用一系列不完全客观的过滤器。这些过滤器不仅扭曲了我们目之所见,还歪曲了我们对相对重要性的评估以及最佳行动方案的设计。这些过滤器很方便,因为它们允许我们做出快速决策,例如快速约会;但是与此同时,它们并不完全客观而且被我们过去的经历和信息展现的方式所改变。好消息是许多研究已经研究过这些过滤器,并发现了我们利用启发法做出决策时扭曲事物的行为模式。大多数人的首选经验法则通常是:可得性启发法、代表性启发法以及调整式启发法。

1. 可得性

当你回忆童年时,可能会回想起一些特别的细节,比如,与家人一起度过的某年生日、某次度假,与朋友或家人的某次争吵,或是你参加过的某些社会活动等。但除非有特别值得纪念或令人记忆深刻的小插曲,你可能都很难记起上周二穿了哪件衣服或者三周前的早餐吃的是什么。我们能够很容易回想起儿时经历的一些细节,对刚刚过去几周的事情却记得不是那么清楚,究其原因,是由于人们其实都是感性的而且对鲜明生动的事物有所偏爱。有研究表明,与那些非感性且模糊的事件相比,感性而又鲜明生动的事件,会让人更加记忆深刻。因此,当在人们需要做出决策时,这些细节能让人"唾手可得"。[30]

当人们遭遇到的某种新境况与以前所经历的某次类似时,他们所能回想起的那些感性的或是鲜明生动的细节,就会对决策造成影响。例如,在对员工的业绩进行考核时,管理者可能会想起两年前与这位员工之间曾有过的一次不愉快的争执,场景历历在目。因此,尽管该管理者应该对该员工整年的业绩考核做出客观的评估,但是他更可能被之前的芥蒂所影响——他可能对争执有更鲜明的印象而在评估中放入过多的权重。如果该印象深刻的事情是积极的,会有利于员工;如果该事情是消极的,会有损于员工。在这种情况下,这位管理者正是依照**可得性启发法**(availability heuristic)来做出判断。所谓可得性启发法是指,人们在很大程度上通常根据事件在记忆中"可获得"的难易程度,对于事件(在上文的例子中是一次不愉快的经历)发生的频率、可能性以及可能的原因做出评估。[31] 事件越具情感或越生动,则越具"可获得"性。然后,人们会把这种可得性作为做出决策的重要参考因素。

当管理者需要对所掌握的信息进行评估以做出决策时,可得性启发法是非常有价值的。那些可以唤起人们强烈情绪反应的过往经历,往往都是那些在管理和经营过程中对已经获得的成功有着极为重要影响的事件,这种影响可能是正面的也可能是负面的。在做出决策时,管理者应该利用那些在过往经历中留下鲜明印象的记忆,来针对现状做出选择或判断。实际上,正是这些经验的积累使得那些阅历更丰富的管理者与资历尚浅的管理者相比更加高效。

他们可以通过总结所有正面和负面的经验，做出更正确的判断，进而做出更恰当的决策。

但是，管理者也应当注意，不要过多依赖这些记忆中的事情来做出决策。往往很多时候，人们对于过往遭遇的记忆与实际所发生的事情，会有所偏差，因此在做出判断前，还应该将其他一些更具体翔实的信息加以考量。同样，尽管管理者会认为他们的直觉反应以及记忆中的事物完全都是理性的，但实则不然，因此也不应该过多依赖这些因素。过于关注"可获得"的选择性信息，我们可能同时疏忽了其他不易回想的信息。我们不仅可能做出不公正的决定，而且也可能做出偏离理性、不理想的决策。为了避免上述情况发生，征询他人的意见和反馈是行之有效的办法，这可以让管理者对所处的情境有一个更加全面的了解。同样的事情或者某种情境，在别人的印象中可能会大不相同。这可以帮助我们避免盲区，做出更明智的决策。

2. 代表性

代表性启发法（representativeness heuristic）是指人们倾向于寻找他人或所处情境与之前已形成的刻板印象有关联的某些特质性因素。[32] 在有些时候，人们希望找到一些确凿的证据来支持自己最初或固有的印象或判断。例如，有些管理者会根据以往类似产品的成败来预测某种产品是否可以获得成功。同样，有些管理者会根据以往对某一类人业绩表现的观察结果，对同属于这一类型的某位员工的业绩表现和行为做出预判。他们可以根据以往的经验预测该员工或该情境。有时推论成立，有时候则不成立。

在无法掌握足够的信息或是在时间有限的情况下，代表性启发法有助于做出一个大概的判断。但是，这也可能会导致严重的偏差——尤其是证实消极偏差时，我们可能对特定的人种有偏见。例如，在 21 世纪初，Marianne Bertrand 和 Sendhil Mullainathan 两位学者曾针对美国劳务市场做过一项研究，他们希望能够证实人们在求职时是否还会遭遇种族歧视。为此，他们编造了应聘者的简历，投给了波士顿和芝加哥一些公司。应聘者的资质和血统完全一样。唯一不同的是，有些人名看上去像是非洲裔美国人，而另外一些则看上去就是白种人。那些名字看上去是白种人的求职者，收到的面试邀请要高出 50%，甚至比那些看上去背景很好的简历收到的回复比例还要高。无论职位、行业还是公司规模大小，这种种族差异都普遍存在。这类带有偏差的判断不仅有悖公平原则，也可能会因此错过那些更称职的候选人而使公司蒙受损失。[33]

3. 调整式

第三种经验法则被称为**调整式启发法**（adjustment heuristic），是指人们根据某个确定的起始点为基础，做出预测或选择。[34] 人们通常会对最先获得的信息赋予更多的权重考量，却没能在随后进行调整，甚至是获得相反信息的时候。同样，许多人也会在决策过程中忽略其他的可能性。[35] 调整式启发法也很好地解释了为何给人留下好的第一印象至关重要。当我们第一次遇到某个人时，我们会倾向于根据第一印象对这个人做出判断。例如，那些有文身或身上有穿孔的人，会被认为性格叛逆或有些反传统，尽管他们观点和看法可能通常很保守。当后续信息挑战我们最初的印象时，我们才会逐渐改变我们的印象。

最近，这一概念在对机场新入职的安保人员进行测试时也得到了验证。机场的安检扫描设备操作员会对一批待检测行李进行检测。如果他们被告知，这些行李中有 50% 可能会藏有类似刀具这样的危险物品，这些操作员的误检测率则约为 7%；但如果他们被告知，仅有 1% 的待检测行李中会藏有危险物品，这个误检测率将陡然上升至 30%。因为他们并没有预期会在这批行李中查出太多的危险物品，即便那些危险物品确实存在，也会被无视。[36]

调整式启发法确实有助于加快决策流程，而且最后的判断往往也会是正确的。例如，近几年的预算和销售数据非常适合作为本年度数据的起始点。那些数据是基于对之前相关数据的预测，而这些预测又是基于之前的实际数据做出的，以此类推。换言之，这些数字都是源于长期以来一系列的可靠数据，因此，准确度是可信的。

认知启发法对于决策有利有弊。它帮助我们加快决策流程，为决策提供一些情境，但是速度本身可能导致决策并不理想。正如我们所看到的，基于认知启发法的决策（可得性、代表性和调整式）可能会有所偏差。人们也常常会受其他偏差的影响，包括确认性偏好、承诺升级、现状偏好和框架效应。

15.4.2 确认性偏好

确认性偏好（confirmation bias）不仅是影响人们做出决策的一个十分重要的因素，而且也会在做出决策后，影响我们对这个决策的看法。有研究表明，确认性偏好是指，人们倾向于首先寻找那些可以支持自己所希望做出决策的信息，而不是那些对决策不利的负面信息，即便这些负面信息更加有力且更为重要。[37] 换言之，一个人如果受到确认性偏好的影响，将只会关注那些让他感觉自己做出了正确决策的信息，而忽略掉可能会证明这个决策有误的其他信息。

15.4.3 承诺升级

在真实的工作情境中，通常在做出某项决定时，需要考虑一系列的可能性，而且一旦产生判断性错误，这些决策就会倾向于导致某种偏好，称为**承诺升级**（escalation of commitment）。[38] 一旦理性决策应该退出，我们可能无法做出这样的选择，反而关注以往的成功。这种情境中，尽管有证据表明继续投资并不明智，但是我们经常被已经取得的成绩所迷惑，从而继续投入。试想如下的场景：[39]

你接受了一份在一家颇有名望的咨询公司中任职的工作，坚信这份工作会为你提供巨大的上升空间，你的职业生涯会因此前途光明。两年以后，虽然你觉得自己已经有足够的资历，但并未被提升。对于自我之于公司的价值的思考开始让你觉得焦虑，于是你决定通过更多加班（无偿）以获得某种优势。就这样又过了几年，你还是无法在这家公司得到你认为自己应得的认可。但如果你选择离开，你将损失很多福利，包括一笔应得的退休津贴。那么，你会选择辞职么？

你投入了大量的时间、努力和资源，但事情并没有按照你所预期的方向发展。当决策者按某种特定的步骤采取行动，这些行动通常是为了使自己在此之前的付出获得更加确定的结果，因而这些后续的行动往往会超出自己的理性判断，此时，承诺升级会成为影响决策的要素。在上面的例子中，即便现在的职位不能满足你对于自己职业发展规划的最初目标，但你仍决定继续留在公司以保住各项福利。

人们对于过往做出的投资决策产生的某种承诺感，会过度影响他们将来的决策。结果是，你可能会做出一系列"愚蠢"的决策，这令你比最初所设想的投入更多。但具有讽刺意味的是，为了避免受到错误的影响而对这种不利情形持续的投入，往往会导致更坏的结果。

15.4.4 现状偏好

极端情况下，确认性偏好可能导致人们抵触改变，偏好现状。比起未知，大多数人对已知的、经历过的事物感觉更舒服。这也是我们在第 11 章中提到的组织变革的困难所在。当公司不鼓励需要承担风险的行为，而且任何错误都会被公之于众，人们对改变现状的抵触尤为根深蒂固。在这样的工作环境中，个体通常更愿意选择不作为而不愿冒任何风险以免在公司同仁中颜面尽失，更何况还可能会因此被解雇。这种宁愿保持"在这里"和"就这样"的倾向性行为，被称为**现状偏好**（status quo bias）。[40] 在这样的情境下，我们倾向过于重视支持已知信息的证据，而忽略了那些有利于变化的信息。

共同基金公司经常努力说服人们为退休储蓄，事实上实际退休时间在几十年之后。虽然很多数据支持退休储蓄，人们仍然不愿参与其中。一个原因是关于投资的信息和选择过剩；过多的选择让人们行为瘫痪。另一个原因是时间。很多人无法想象自己的退休时光，因此人们选择不去关注。为了改变这种情况，一小群研究者向人们展示了电脑模拟出的他们 70 岁时的照片。当人们看到自己 70 岁的样子，他们似乎更愿意考虑退休投资。[41] 只是简简单单看见他们的未来，就能帮助他们挣脱现状。否则，人们就很难对退休有所概念，这种概念的缺失就会导致不作为。

15.4.5　框架效应

框架效应（Framing）是指因对相同信息做出不同意义的字面解读而导致截然不同的决策判断。[42] 当在两种选择中考虑可能的损失时，我们可能会选择风险较高的选择。当我们考虑可能的收益时，我们可能会选择风险较低的选择。很多情境都可以用收益和损失的框架解析，而这将会影响我们选择风险大小的意愿。也就是说，我们建构事物的方式会影响我们选择风险的意愿。认识到框架偏差的存在是十分重要的，因为这意味着人们对于风险或收益的认知程度会影响他们所做出的决策。

例如，对于一项兼并决策，销售经理会根据其可能带来的收益做出判断，而负责风险控制的管理者则会更多地从可能带来损失这方面来考虑问题。因为这两位管理者在决策过程中所依据的框架不同，他们各自对这次兼并的看法也会不同。尽管因框架不同应当不会对理性决策造成影响，但研究者发现，实际上这种影响确实存在。让我们试想一下某种疾病暴发的情景。[43]

试想，美国正在考虑就某种罕见疾病做出预案，预计这种疾病将会夺取 600 人的生命。目前有两种针对性的备选方案。根据准确的科学预测，两种方案可能会导致的结果如下：

方案 A：如采用方案 A，会有 200 人免于病亡的恶果；

方案 B：如采用方案 B，有 1/3 的可能，600 人全部幸免于难；2/3 的可能导致 600 人全部因病死亡。

那么，你倾向于选择哪个方案？

在考虑做出这个决策时，你可能会选择一个整体结果最优的方案。但在上述的情景中，两种备选方案的期望值是相同的。方案 A 一定会挽救 200 人的生命，而方案 B 有 1/3 的可能性挽救 600 人的生命，加权平均后，也是 200 人。研究表明，大多数人会做出风险厌恶型的选择，即选择方案 A。请注意，这两个方案以收益的概念建构，触发我们做出风险厌恶型的选择，这也是实验室中典型的选择。

现在，让我们设想这个问题的另一种情景。我们以人们可能的损失建构。请注意，这两个选项完全一样，只是描述的方式用损失替代了收益。

试想，美国正在考虑就某种罕见疾病做出预案，估计这种疾病将会夺取 600 人的生命。

目前有两种针对性的备选方案。根据准确的科学预测，两种方案可能会导致的结果如下：

方案 C：如采用方案 C，将会导致 400 人因病死亡；

方案 D：如采用方案 D，有 1/3 的可能，600 人全部幸免于难；2/3 的可能导致 600 全部因病死亡。

这次，你倾向于选择哪个方案？

多数人在第一种情景下做出了风险厌恶型的选择，即选择方案 A，但这些人这次却选择方案 D，而方案 D 恰恰是风险喜好型的选择。研究者对此的解释是，当人们根据预期收益（在这里即挽救生命）或预期损失（在这里即因病死亡）这两种不同的框架做出决策时，他们对风险的看法会有所不同。当人们根据损失来做出决策时，他们往往表现出风险喜好型的一面，而当根据收益做出决策时，他们通常会是风险厌恶型。研究者还指出，相对于获取收益来说，决策者选择回避风险的可能性是其两倍之多。[44] 如果上述情境对于两种方案的选择，是基于理性的预期效用最优模型，选择所根据的框架则不会对最后的决策造成影响。

了解各类认知启发法以及框架效应十分重要，因为这可以帮助我们理解为什么我们所做出的决策实际并没有想象中那样理性，或者，这些决策也不如表面看上去那么理性。这也为我们了解对决策可能产生影响的其他非理性因素开启了一扇大门，也就是情绪、直觉以及社会压力或社会情境。

15.5 情感、直觉及社会情境在决策中的作用

在过往对于行为决策的研究通常主要关注决策者是如何通过认知式启发法和基于偏好做出决策，而很少涉及情感因素在决策流程中起到的作用。新近有关决策的研究则显示出，在基于认知能力的推理对决策产生影响方面，某种无意识的情感因素就已经可能让人们做出了评估和判断。[45]

15.5.1 情感

尽管研究者们刚刚开始认识到情感因素在决策过程中的重要作用，但一些颇具说服力的研究已经明确阐述了，情感因素会对决策和判断产生哪些具体的正面以及负面的影响。我们前面提到过，动情的情境更容易让人回想，会对决策有影响。情感同样也是招聘过程中重要的决定因素。最近一个关于咨询公司招聘经理的研究发现，80% 的招聘经理"自发地报告利用他们的情感评价面试者"。[46]

创造一些情境引导特定的情绪对具体业务有所帮助。一些研究表明，当人们处在良好的情绪状态时，通常会更加乐观，反之则会变得相对悲观。[47] 依靠顾客情绪而使其更多消费的公司已经注意到该研究。以赌场为例，赌场会利用一些操控人们情绪的方法，让客户感到心情愉悦，使得人们充满乐观情绪，因此会下更大的赌注。赌场通常在装饰、音乐以及氛围营造上很用心。人们很难在赌场中看到时钟，而模拟出的自然日光般的光照效果，也令人在一天 24 小时中的任何时间都心情愉悦，情绪稳定。[48]

还有一些研究发现，恐惧和焦虑情绪会导致风险厌恶式行为，而且因为采取了某种行动或者因为无作为所产生的懊悔情绪也有所不同。另有一项有关投资者行为的调查表明，因过早卖出股票而遭受损失的投资者，与那些考虑过卖出但没有及时采取行动，因此没有获得应有收益的投资者相比，他们更容易为自己的决策感到懊悔。尽管这两类投资者所损失的潜在

收益几乎相同，但人们因选择某种行动而产生的懊悔情绪会比选择不采取任何行动，来得更加强烈。[49]

15.5.2　社会影响

尽管理性分析框架强调了个体做出决策时应当遵循的流程，但实际上仍然低估了在个人做出选择时社会影响对他们产生的作用。人类学家、心理学和社会学家们都认为，既然人们的决策越来越倾向于在社会环境做出，认真研究社会环境如何对个体和他们的决策造成影响，显然是非常重要的。依据这一观点，研究了大量的决策后，研究者发现，社会环境确实会对个体产生影响，且可能系统性地偏离理性。

社会心理学家所罗门·阿希（Solomon Asch）曾设计过一项非常著名的实验，揭示出个体通常会有从众心理。在这个研究中，实验者以八名男性大学生（其中一名为受试者，而另七名则是配合实验的知情者）组成小组，并告知他们，将会参与一项心理学实验。实验者会向每人展示两张画有线段的白色卡片，要求每比较两张卡片上线段的长度——其中一张卡片上只有一条黑色的线段，而另一张上则有三条平行且长短不一的线段。他们的目标是在第二张卡片上找出与第一张卡片上的线段长度相等的那一条。在这三条线段中，的确有一条符合要求，而其他两条与这一条相差 0.75 ～ 1.75 英寸⊖不等。

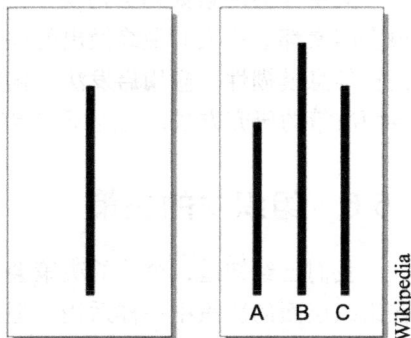

在最初的两轮测试中，小组中的每一个人都选择了同样一条符合要求的线段，但从第三轮开始出现分歧意见。在第三和第四轮测试中，当其中一位受试者发现他的选择与其他七人不同，这让他感到很吃惊，而当他发现其他人的选择都是一致的以后，这令他更加焦虑。实际上，这名受试者并不知晓，其他七位小组成员已经被告知在实验进行中的某个时点，要一致地给出一个错误选择。这七个人也会间或选择正确答案，以免受试者起疑心。最终，实验结果现实，有些受试者会坚持自己的选择，但一部分人则会顺从大部分人所一致选择的错误答案。

在对每一名真正的受试者进行回访后，阿希发现那些对自己的选择深信不疑的人们，具备更强的从自我怀疑中解脱的能力；有一部分人虽然也坚持与大多数人不同的那个选择，但已经开始相信其他人的选择是正确的，他们保留异议的原因只是觉得自己有责任说出所看到的事实；而那些顺从了大多数人意见的受试者，则真的认为自己是错的而大多数人的选择才是正确的。还有一些人，只是不愿意"溺爱"这个实验的结果，他们认为大多数人可能是被某种视觉的错觉所误导了，但除此之外，这些人并不愿意提出与大多数人相悖的观点。

阿希实验揭示出有关共识和从众的一个很有趣的观点。[50]当个体更多依赖"主流规则"而不是他们自己的经验和洞察力的时候，从众心理就会占主导地位。因为受到从众心理的主导，很多看似颇具智慧的人，也会做出与自己价值观不符的决策。进一步的研究表明，人们通常所采取的行动与自己真正想要做的并不吻合，是因为他们不能很好地管理来自不同方面的意见。很多人不能正确地向他人表达自己的偏好和／或理念，以致在决策的过程中很难达成让各方都满意的结果。阿希实验还展示了非理性决策会如何束缚一个人的真实偏好，而与

⊖　1 英寸 = 0.025 4 米。

社会规范相关的情境也可以表明非理性决策如何能够达成某种更优结果。有研究者认为，如果涉及社会规范的决策通常会遵循**适当性框架**（appropriateness framework）——人们会问自己这样一些问题，"在这种情况下，人们会希望我怎样做"或者"其他人会如何理解这种情况"。[51]这些问题意味着，个体如果依据惯例做出决策，就应当意识到社会大众会对可能的结果持怎样的态度。

另外有研究表明，当人们的想法与社会规范产生冲突时，往往会通过"抛开不同意见"或逃避的方式选择妥协。例如，人们在餐馆吃饭的时候通常平摊账单，尽管有人点的菜会多些。实际上，只要人们认定对方也会配合，通常都会做出配合的姿态。互相之间的信任是其中的关键。但如果其中一个人拒绝支付他应平摊的那部分费用，另外一个人也可能会做出同样的选择。这样，账单的金额自然会不够，而任何一个人都无法在付清账单前离开餐馆。结果是，也许人们并不认为妥协是最好的选择，只是这种选择可以将冲突降至最低。[52]

关于社会因素如何会对决策造成影响的讨论非常重要。它支持了研究者们的理论，即，很多因素都会让人们最终做出的决策与按照理性决策流程所得出的结论并不一致，这些因素包括信息模糊性、应用启发法、偏好、情绪以及直觉等。上述的所有证据不仅阐述了对个体层面决策的研究方法，也为研究组织层面的决策奠定了基础。

15.6 组织中的决策

我们已经知道，个体的决策会受到很多因素的影响，其中包括许多非理性因素。这一点在组织层面的决策中一样适用。但在组织情境中，我们还需要面对这样的现实，即，在组织中会有多名决策者，导致自成一套的复杂性。本节我们将会探讨组织中的决策流程差别会更为显著，且更不那么理性。

15.6.1 程序化与非程序化决策

组织中的决策会因组织产生决策的程序化程度而存在有很大的差异。[53]**程序化决策**（programmed decisions）通常针对重复出现且可以明确定义的问题，并为决策者提供一系列预设的选择。如果一个问题重复出现的次数足够多，组织就会针对这个问题制定通用的解决流程。常规客户定价以及日常办公用品采购等都是常见的程序化决策。这类决策通常不需要管理人员或高级别的公司员工决定后才可以执行，也不需要达成某种社会共识。

与此相反，**非程序化决策**（nonprogrammed decisions）则主要针对异常情况、难以界定的问题以及松散且非结构化的环境。由于可掌握的信息相对有限，非程序化决策通常会在具有一定风险和不确定的情境下做出。这样做的结果是，管理者可能需要依靠他们自己的判断力来做出决策。开拓新市场和整合新并购的公司，都属于非程序化决策。[54]在本书前面三部分的探讨中所涉及的很多战略选择，也都属于非程序化决策。

由于这两种不同类型的决策需要用不同的方法应对，因此区分程序化和非程序化决策十分重要。程序化决策要求管理者依据习惯、标准化的运营流程、共同期望以及可以明确的信息获取渠道等做出最适当的选择。[55]一般来说，这类决策最好是通过理性分析得出，预先确定如何做出决定，减少决策过程的自由度。非程序化决策则不同，它需要管理者不仅要经过理性思考的过程，更需要依赖他们对启发法和直觉判断的应用。非程序化决策在很大程度上还会受到社会及政治因素的影响。所有我们提到的决策过程会因人的参与其中而有所变化。

大多决策者会带着他们自己的偏好，这使得决策过程更为复杂。

15.6.2　组织决策模式

组织中的决策要根据决策程序化与否和与决策相关信息的模糊化程度来制定。这里所说的信息模糊化程度，换言之，是指目标是否明确，信息可否有顺畅的获取途径以及风险的确定性程度等因素。在组织中，管理者通常依据下述四种模式中的一种来做出决策：**经典模式**（classical model）、**管理模式**（administrative model）、**政治模式**（political model）和**垃圾桶模式**（garbage can model）。前两种模式通常适用于个体决策，后两种则在更大范围的团队决策情形下，比较常见。

1. 经典（理性）模式

决策中经典模式试图寻求经济上或通过理性选择所能实现目标的利益最大化。这一模式的决策流程通常包括几个步骤，如图 15-1 所示：

- 决策者要实现组织目标；
- 决策者需要收集足够多的信息、确认所有可能的选择以及评估每个选择可能造成的结果，使其所面对的情况更具确定性；
- 决策者会按最大化组织目标的逻辑分配权益、确定优先级、评估每一种可能以及做出决策；[56]

通常当决策者有足够的时间和有渠道获取相关信息的时候，会根据这种模式做出有逻辑的知情决策（informed decision）。

2. 管理模式

与经典模式不同，管理模式所描述的是管理者做出非程序化决策的方法。这种模式认为，管理者即便希望做出经济且理性的决策，但仍可能无法做到，因为他们很难掌握足够完整的信息，并据此做出决策。管理模式的核心在于它是理性分析和达成满意度的结合，这就是说，在时间有限的情况下，管理者会选择可以解决问题的首选方案，尽管可能还会有其他更优选择。管理模式还解释了这样一个事实，即管理者在做出决策时通常会依据自身的知识背景和过往经验，以及直觉。他们倾向于从类似的情形中寻找到某些固定模式，以加快做出决策的过程。

3. 政治模式

与管理模式有些类似，政治模式对非程序化决策很有价值。但与上述模式所不同的是，政治模式认为大多数组织中的决策都会涉及多个管理者（他们的目标不同），需要他们共享各自所掌握的信息以达成共识。[57]因为管理者在利益诉求、目标和价值观上所存在的差异，他们可能会对所面临问题的优先级持不同意见，也可能很难理解或共享其他管理者在利益诉求和目标上的看法。[58]所以，在运用政治模式做出决策时，管理者需要与他人协商并达成共识，如果不能有效协商、达成共识，就很可能导致最终无法做出有效的知情决策。我们将会在第16 章更深入地学习协商。

4. 垃圾桶模式

经典模式、管理模式和政治模式都侧重讨论如何做出某个独立的决策，而垃圾桶模式的重点则在于某些决策在整个组织中出现的频繁程度。在垃圾桶模式中，决策流程并不是一系列显见的步骤，从一个问题开始，到一个解决方案结束。但在问题尚不能被明确界定，可选的方案也未必一定能解决问题，或是某个问题本身可能就不存在合乎逻辑的解决办法时，垃圾桶模式所提供的是针对这一问题的某个可能的计划。在垃圾桶模式下，组织中的决策随机且相对无序，通常不一定有好的效果。[59]

尽管管理者倾向于把目标设定作为一种能力并据此来进行奖励，但这些管理者却忽略了处理问题这件事本身的价值，虽然人们在做事时并没有什么好的理由。而且，尽管没有明确目标就采取行动可能会被认为是"愚蠢"的，但这些行动仍可以帮助组织探寻出那些可能存在但用其他方式不会被考虑到的解决方案。詹姆斯·马奇（James March）认为这样的模式能够鼓励"玩兴"。根据马奇的观点，**玩兴**（playfulness）是一种有意为之且暂时性放松式的行为，摆脱组织现有规范的约束，以此来寻求各种可能的解决方案。[60]当组织试图寻求有创新性或创造力的灵感时，这一做法尤其重要。但摆脱规范的制约，应当是一种暂时性的行为。最终，仍需要做出某项确定的决策。玩兴的目的是为了鼓励组织对那些原本不会被提出或考量的可选方案或做事方式给予更多的关注。

15.7 如何提升决策技能

在本章开篇，我们曾提出个体会有意识地选择能够产生最优结果的决策方案，但这些决策选择的形成也会受到许多因素的影响。面对不可避免的问题，管理者如何做好应对准备？他们如何确信在只掌握了有限信息的情况下，自己能够做出最优决策？管理者可以应用各种不同的工具来提升自己的决策技巧。为了达到无论在任何情境下尽可能做出更好的决策的目标，人们惯用的方式是尽可能细致周到地考虑多种方案和观点。不过在此之前，他们首先要意识到，他们会受到个人偏好的影响。

15.7.1 管理偏好

正视自己的偏好有助于人们提升决策技巧，而且减低个体偏好对决策影响的唯一方式，就是要更好地理解这些偏好。下面所列出的一些行为方式，能够对人们在做出判断时，有效应对偏好对其的影响。[61]

- 从经验和专项技能（expertise）中寻求帮助。提高对理性决策方式的认知水平，了解那些制约自我理性判断的偏好（如承诺升级、调适等）。
- 减少判断中的偏好因素。首先要摆脱根深蒂固的思维和行为方式，以减少或消除偏好因素。这一步骤将有助于你学会将更多其他的信息纳入考量因素。然后，通过了解为什么会存在个体偏好以及隐藏在这些偏好背后的深层次的原因，改变自己的决策流程。我们应当接受这样的现实，即每个人都或多或少会受到个体偏好的影响。最后，"自由释放"你的新想法，并随着事情的进展，检验偏好对你所做出决策的影响。
- 进行类比推理。通过分析案例、进行模拟和借鉴实践经验来解决问题和做出决策，可以对这项能力进行训练。通过这种训练方式，将会提高你对情境的归纳总结能力。提炼抽象信息是提高相似度认知的有效方式，你可以借此把对过往的经验的总结应用在不同的决策情境中。
- 采纳局外人的观点。当你需要做出决策时，邀请一位局外人参与其中，分享他对目前状况的见解或想法。这种方式会帮助你改变习惯认知，从另外的角度找到有利因素。
- 应用统计模型。应用统计学知识或其他计算机软件建立模型，对未来的决策做出分析和判断。

- 理解他人的偏好。理解在各类不同的决策中所存在源自他人的偏好，并做出行为调适，使自己不会再重蹈覆辙。

15.7.2　做好应对艰难抉择的准备

当信息模糊不清，对于价值判断存在冲突，以及专家提出否定意见时，会让决策难以得出或存有较高风险。在这类情况下，通常没有一个正确或简单的答案。面对这类不可避免的决策情境，管理者可以依照下述的流程做出应对的准备，这一流程称为 SCRIPTS[62]。

（1）寻找威胁和机会信号（Search for signals of threats and opportunities）。在威胁和机会还很小或可管理时加以识别。

（2）找到根本原因（Find the causes）。分析问题的根本原因，确认可能会导致意外结果产生的事件并对其进行排序。试着寻找每一个"为什么"这类问题的答案。识别可能会造成多种问题的单个原因，这些原因也能会与其他原因共同作用，产生更多的问题。认识到可能会存在不止一个根本原因。

（3）评估风险（Evaluate the risks）。考量错误和错失的机会可能造成的后果及其出现的概率。视过去的损失为沉没成本，不应当对现在的决策造成影响。

（4）应用直觉和情感（Apply intuition and emotion）。当你希望再次确认自己理性决策是否合理，出现新的危机，以及理性分析不能帮助你在两个方案中做出选择时，就应当运用直觉和情感帮助自己做出判断。

（5）接受不同的观点（Consider different perspective）。不断挑战自己的偏好，征求他人的意见。

（6）考虑时间框架（Consider the time frame）。提前做出计划并进行预演，以便在需要面对危机做出决策时，尽可能降低因时间限制对决策造成的负面影响。

（7）解决问题（Solve the problem）。

运用 SCRIPTS 将提高决策的灵活度和适应性，并使决策制定更为快速。它也会让你意识到，你能够有效地管理危机并可以做出具有风险性的决策。它还会令人提高自信，同时提升他人对你决策能力的信任度。

领导力开发

高可靠性组织（high-reliability organizations，HRO）是指通过建立与组织目标一致的各类机制，以避免潜在的灾难性错误发生的一类组织。航空公司、核电站以及医院等都属于高可靠性组织。这类组织通常会对不可预知性做出充分的应对准备，强调一致性和高效运作。高可靠性组织的领导者通常依据以下方式做出决策：

- 不看重过往的成功，而注重分析失败的原因
- 倚重在一线工作的专家的意见
- 从意外事件中学习经验
- 接受复杂性，不会把事物看得过于简单
- 能够预测认知和运营能力的局限性，但在遭遇失败时能够表现出坚韧的个性[63]

如果你曾经在高可靠性组织中做出决策，或者想象你在这类组织中会做出哪些决策，思考以下问题：在什么样的情况下，需要你做出高可靠性组织决策？基于类似的经验，对于在决策过程中的可靠性的重要程度，你是如何理解的？

本章小结

1. 决策制定是一个识别问题并从可能的行动方案中做出选择的过程。理性决策流程通常包括以下六个步骤：①确定有待解决的问题或面临的机会；②确定行动目标；③根据重要性赋予每一个目标的权重；④列出可能的行动措施或可能的备选方案；⑤根据采取预期中的行动后可能达成的结果的优劣程度，对目标进行分级；⑥确定解决方案。

2. 在管理实践中，通常管理者并不能完整掌握做出最佳决策所需的所有信息。因此，理性决策方法会因此受到限制。管理者经常需要根据不完整且模糊不清的信息做出决策。在很多情况下，由于管理者没有足够的时间和资源考量每一种可能的选择，不得不选择一个"足够好"的解决方案，也称为"满意性"。有时管理者会依靠他们的直觉做出决策。尽管在需要迅速做出判断时，直觉是非常有效的方式，但在复杂的境况下，依赖直觉也可能令人们产生低估新信息或观点的倾向性，因而带来风险。

3. 决策经常被一系列的偏好所影响。其中一种称为认知启发，包括可得性启发法、代表性启发法以及调整式启发。可得性启发法认为，当人们觉得目前所处的情境和以往某次经历过的较为相似时，通常会依据这些经验做出决策。代表性启发法是指人们倾向于寻找他人或所处情境与之前已形成的刻板印象有关联的某些特质性因素。而调整式启发法则指出，人们会根据某个确定的起始点为基础做出预测或选择。决策还会受到人们在提出观点和分析情境时所依据的不同框架的影响，包括证实性偏好、承诺升级、现状偏好和框架效应。由于证实性偏好，人们重视有利于证实自己观点的信息，却低估了与此矛盾的证据。由于承诺升级，人们对自己所采取的行动产生情感承诺，不惜继续投入，往往适得其反。现状偏好是指那些很难做出改变的人们屈服于现状，偏好已知的环境。最后，决策建构的方式也会很大程度影响决策的选择。

4. 尽管人们应当尽可能做出理性决策，但情感也会影响决策过程。某些特定的环境或情境对决策制定也有着重要的作用，因为这类因素会让人们意识到需要考虑社会大众对于决策的接受程度。人们通常倾向于选择那些易于被社会大众所接受的权宜之策，而不去探寻所有可能的选择。

5. 在组织决策层面，理性决策方式遭受的挑战尤为突出，因为在组织中，决策流程会受到多个个体的影响。为了在组织情境下做出有效的决策，理解并认识到在这种环境下如何做出决策，就变得十分重要。因此，下述四种决策模式通常会被用作分析组织中决策制定的方式：经典（理性）模式、管理模式、政治模式以及垃圾桶模式。

6. 由于决策制定会受到许多非理性因素的影响，管理者需要理解这些影响因素本身。为了确保在决策制定的过程中对可能的解决方案或选择做出快速但又完整的评估，平衡理性与直觉因素非常重要。理解偏好并减少它们的影响，有利于有效的决策过程。

关键词

调整式启发法（adjustment heuristic）

管理模式（administrative model）

模糊性（ambiguity）

适当性框架（appropriateness framework）

可得性启发法（availability heuristic）

有限理性（bounded rationality）

经典模式（classical model）

确定性状态（conditions of certainty）

风险性状态（conditions of risk）

不确定性状态（conditions of uncertainty）

确认性偏好（confirmation bias）

决策制定（decision making）

承诺升级（escalation of commitment）

框架效应（framing）

垃圾桶模式（garbage can model）

启发法（heuristics）

直觉决策（intuitive decision making）

非程序化决策（nonprogrammed decisions）

玩兴（playfulness）

政治模式（political model）

程序化决策（programmed decisions）

代表性启发法（representativeness heuristic）

满意性（satisficing）

现状偏好（status quo bias）

理性选择理论（theory of rational choice）

课后练习

讨论话题

1. 想想你曾经的管理者、老师或者是教练。他们的决策过程有多理性？他们多大程度上受到自己情绪的影响？

2. 回想一下你做过的与自己的学习或职业相关的决定。指导你做决策的是什么？你做决策时更倾向于依赖理性的决策过程还是自己的直觉？是否有一些决定，直觉比理性更有价值？

3. 为什么人们总是倾向于认为他们是理性的决策者——虽然实际上并非如此？

4. 在时间或信息有限的情况下，管理者如何做才能保证决策效果更好？有哪些潜在的风险偏好？

5. 启发式的方法如何促进或者阻碍决策过程？你最倾向于依赖哪种启发式决策方法？为什么？你是否认为某种启发式方法比另外的更糟糕？

6. 在《决断两秒间》的例子中，马尔科姆·格拉德威尔鼓励个体在决策时听从自己的本能。这种方法有哪些优劣之处？当个体依赖他们的本能直觉时，有可能出现哪些决策偏差？

7. 回想一个你曾经被指出的一个过度承诺的瞬间。那个过度承诺是如何造成的？你采取了哪些行动来逆转承诺升级？在未来决策中你会关注哪些信号？

8. 社会情境和同辈压力如何影响决策？为什么有的人比其他人更容易受到社会情境或者同辈压力的影响？

9. 在何种情形下，一个组织应该应用垃圾桶决策模型？

10. 决策偏差经常会导致次优的决策。然而，决策偏误是否在某些决策或者情况下具有建设性的作用呢？

管理研究

1. 思考你在报考大学时是如何做出的选择。你考虑了哪些因素作为权衡标准？你是如何做出决策的？基于理性分析的部分占多大的权重？非理性分析的权重又是多少？

2. 列举出一个在你看来不道德的决策，并解释为什么你认为这项决策是不道德的。你是否认为下述偏好中的某一项（或几项）会对决策制定的过程造成负面影响？如果有，是哪个（哪些）？

- 认知启发
- 可得性启发法
- 代表性启发法
- 调整式启发法
- 承诺升级
- 框架效应

行动练习

对一位有兴趣成为创业者的人士提供咨询，并记录你指导他根据下述流程进行理性决策分析的过程。

1. 找出商业机会；
2. 确定希望达成的经营目标；
3. 根据重要性确立每一个经营目标的权重；
4. 列出几项可能的行动措施；
5. 根据商业目标对各项行动措施进行评估分级；
6. 为创业者提供最优行动建议。

请与你的同学分享这次决策分析练习的记录与心得。

第16章

冲突与谈判

学习目标

阅读本章内容后，你应当能够：

1. 解释人际冲突与群际冲突的区别，并了解有助于解释这两种冲突的一些理论。

2. 描述引发冲突的常见重要原因。

3. 概述管理者可以用来应对或管理冲突的方式。

4. 区分分配式和整合式谈判，并描述这两种谈判方式适用的情境。

5. 概述谈判准备的步骤，解释创造价值和提出价值主张的区别，并描述偏好如何会对谈判进程造成影响。

6. 描述跨文化差异对谈判方式的影响。

开篇自测

你会采取哪种冲突管理方法

当某个个体或团队在利益诉求、观点和行为方式上与他人或其他团队存在差异时，会产生某种情感或认知反应，这就是冲突。尽管大多数人不喜欢冲突，但实际上冲突也是可以被有效管理的。随着时间的推移，冲突管理风格会受生活经历、价值观及所接受训练等不同因素的影响而逐渐形成。请用"是"或"否"回答下面的问题，回顾你个人的冲突管理方法是如何形成的。

1. 我从与家庭成员的互动中学习到了如何管理冲突。

2. 我具有很强的竞争意识，所以我管理冲突的风格是强调获胜。

3. 我认为争论是解决冲突的最好办法。

4. 我的冲突管理风格会受宗教或精神信仰等原则的引导。

5. 我认为冲突可以通过每个相关人员合作解决问题的方式得以缓解。

6. 我自身的文化背景对我的冲突管理风格有影响。

7. 我在儿时和青少年时期就已经学会了要避免产生冲突。

8. 面对冲突时，我倾向于拖延。

9. 根据我的人生经历，妥协是解决冲突的最好办法。

10. 我尝试在冲突中安抚所有人。

根据你对上述问题的回答，你是如何形成自己的冲突管理方法？哪些生活经历对你的冲突管理风格有影响？从你的冲突管理方法中，别人可以学到什么？

16.1　引言

当你与他人存在意见分歧时，你会选择正面解决问题么？你是否会尝试找出双方观点中的一致之处？或者，你会选择回避这个问题，因为你不想引发问题或潜在的冲突？有些人喜欢与他人就各自所持的看法进行讨论并说服对方接受自己的观点，他们很享受这样做为自己带来的兴奋感。辩论让他们感到兴奋。许多政客和权威人士都属于这类人，业绩优秀的销售管理者也是如此。另一方面，有些人则宁愿平息问题或装作问题根本不存在的样子，以回避正面冲突。但绝大多数人会用一种折中的方式处理问题。对于某些特定的问题或某些人，我们会积极、正面地面对，捍卫自己的观点。而在其他时候，我们则可能选择克制的态度，不愿伤害别人的感情，也不愿因此让自己受到伤害。不管你有怎样的倾向性，你还是一定会面对许多让人不舒服的情形。实际上，由于在一个组织中，个体本身就存在差异，人们的职责和利益诉求也不相同，冲突和不同意见是不可避免的。也正因此，了解如何有效地调解冲突，如何管理谈判，对我们极为重要。

冲突（conflict）是当某个个体或团队在利益诉求、观点和行为方式上与他人或其他团队存在差异时，产生的某种情感或认知反应。在很多时候，冲突会对人们之间的关系造成负面的影响，尤其是当冲突升级或问题持续不能得到解决时。[1]而如果因冲突的存在造成新的想法和观点不能被提出，还会导致无法制定出最优决策的恶果。

由于其所引发的负面影响，大多数人都不喜欢产生冲突，但一味选择回避和抑制的态度，也并不一定总是恰当的处理方式。[2]抑制冲突的产生，会导致群体盲思，或导致在决策制定过程中意见过度一致。1986年1月8日，挑战者号航天飞机爆炸坠毁这一事件，正是因群体盲思造成灾难性后果的例证。尽管已经有人发现了警告信号，有所担忧，也有迹象表明可能会造成灾难性后果，但NASA的工作团队压下了这些冲突意见，仍决定按原计划发射，结果航天飞机在升空后不到一分钟就爆炸解体了。[3]

但是，如果能够被有效地管理，冲突是可以起到建设性作用的，也可以促进人们之间的相互理解，提高业绩表现，提升创造力，更好地整合人与人之间看似不同的利益诉求，并有助于制定更好的决策。[4]当然，冲突也不能无限制地任其扩大，在某一时刻，应当采取措施，解决冲突。通过谈判解决冲突是一种常用的方式。**谈判**（negotiation）是一个双方通过提出和回顾各自不同的立场或行动方案以试图就某个问题达成共识的过程。

在组织中，为了获取资源，解决问题，以及争取他人对自己新想法或概念的支持，人们每天都会进行谈判。一些部门的管理者会与财务部门谈判以获得更高的预算，员工们也会就任务分工与自己小组的成员谈判。还有些谈判是为了争取更多的资源和奖励。努力工作和好的业绩表现应当获得认可和奖励，但在很多情况下，人们还是需要通过谈判获得加薪，改变工作日程，或得到提升。[5]而在任何一种情况下，不同的利益诉求都会造成冲突的产生。关键是在谈判后达成双方都认可的解决方案。

在本章中，我们将探讨个人与组织之间产生冲突的原因和根源，以及可以有效管理冲突的策略，谈判也正是这些策略中的一类。由于冲突既可能导致毁灭性的结果，也可能有建设性的效果，理解这造成上述两种结果的冲突中所潜藏的各种因素也十分重要。理解冲突产生的根源，还会有助于你成为一名更好的谈判者。这一点尤为重要，因为谈判的结果对激励和人们的业绩表现造成极为深重的影响。下面托马斯·格林（Thomas Green）的案例诠释了公司可能出现的常见冲突。

案例 16-1
Dynamic Displays 公司的托马斯·格林

在 Dynamic Displays 公司升职五个月后，托马斯·格林[6]感觉他正面临失败。他不能理解他是怎么达到这种境地的。自从 2007 年 3 月进入 Dynamic Displays，他一直都很努力工作。这是他六年前从大学毕业后的第二份工作。他曾在 National Business Solutions 作为一名销售人员，专注于向东南地区的区域银行销售自动取款机（ATM）。他在 National Business Solutions 的成功似乎与 Dynamic Displays 完美匹配。

Dynamic Displays 为使用 ATM 的银行提供服务。随着 ATM 市场逐渐饱和，Dynamic Displays 开始向旅游和酒店业推广其技术，在机场、酒店、租车代理处等地开发出许多小亭子。特别的是，这些自助服务亭子使得航线精简并大大降低了登机手续的成本。到 2007 年，Dynamic Displays 大部分的收入来自于酒店业。该公司提供包括硬件、软件、工程和维修的全套服务。

当格林加入这家公司时，他的工作地点在亚特兰大，且积极挑战自己作为业务员的角色。几个月之内，他已经可以完成与一家大型航空公司的重要交易。那时，他告诉一位亲近的朋友，"我想要在 Dynamic Displays 大放异彩。我想做的不仅仅是一个业务员。我听说在公司总部有很多给新人的机会。"[7]他 7 月份时参加了公司的培训课程，努力被注意到。然后，他成功了。他很快与区域副总裁香农·麦克唐纳（Shannon MacDonald）和佐治亚大学的校友们建立了融洽的关系。

在那一周内，格林和香农见了几次面，用自己对公司市场机会的理解使其印象深刻。在这些互动中，格林得知公司的波士顿办公室有一个高级市场专家的空缺。虽然这个空缺比他目前的职位高两级，在接下来几周内，格林仍然为此职位积极游说。在确认格林的确有一些为公司创新的想法，香农同意让他接任该职位。同时，她这样说道，"Tom，你显然是一个聪明而又雄心勃勃的业务员。你和客户建立了融洽的关系。但是，我对你缺乏管理经验仍然持保留意见。你需要从战略上、策略上考量，并多方调停。我希望你能从经验丰富的经理人的指导中弥补自己管理经验的不足。"[8]

高级市场专家负责识别行业趋势，衡量新的商业机遇，建立销售目标，并帮助业务员建立合适的客户策略。格林需要监督两位业务员，并向业务总监弗兰克·戴维斯（Frank Davis）汇报。45 岁的戴维斯刚刚从 28 岁的格林现在的职位升职到业务总监。格林是这家公司十年来最年轻的市场专家。

在格林就职第一天，香农经过他的办公室，说道，"Tom，你现在和戴维斯进入了一个棘手的境况。戴维斯可以自己选择新的高级市场专家，而且本不是你。你需要处理任何因此发生的意外。你这次的升职并不寻常，不要让我失望。"[9]

最初的几周内，戴维斯和格林拜访了几位客户。戴维斯告诉格林："我们的会议不错，客户而对你的想法反应也不错。不过我觉得，如果我们能给客户提供一些市场数据，会更加有效。当你负责的时候，我希望你花大量的时间准备客户会议，并且为你的提议提供一些细节。"[10] 戴维斯对格林的第一印象是，他对待客户的风格太过松散，他个人很有说服力，但是他从不做支持其论据的细节工作。

一个月之后，格林参与了一个预算审查会议。戴维斯展示了下一年的收益目标，其中 Tom 部分为 10% 的增长率。虽然戴维斯曾做过格林的工作，格林感觉该增长率还是过大。他决定在会议上公开挑战戴维斯。他不希望他的业绩审查会基于他认为不切实际的期望。戴维斯因为格林挑战他而沮丧，对预测并没有做出让步。既然戴维斯在过去五年中实现了 10% 的年增长率，他认为没有必要修改。会议后仍然震惊不已的戴维斯找到香农，"格林的消极态度并不是我们团队所需要的。他仍然像一个业务员那样关注销售目标。在高级专家的职位上，他必须思考盒子之外的东西，制定战略，实现雄伟的发展目标。"[11]

会议过去几周之后，戴维斯和格林碰面，进行快速绩效检查，这是公司的惯例。虽然格林知道戴维斯对预算会议不满，但他认为他的其他工作仍在正轨上运行。他主持了许多富有成效的会议，追求一些新的商业机遇。戴维斯的感觉却不一样。戴维斯很沮丧，他认为格林与客户进行了很多会议，却没有准备好必要的支持性材料。而且，戴维斯实际上不知道格林在见谁以及他是怎么花掉的时间。格林几乎不跟进，也经常迟于回复戴维斯的询问。对于格林而言，他认为他不需要事事向戴维斯汇报，而且他讨厌被告诉如何做事。该会议显然对工作的方式、客户管理的方式及上下级的互动方式没有达成一致。

会议后，戴维斯写信给香农，概述了他对格林的担忧，并提出了业绩提升计划。格林则沉浸在一个拥有光明前景的新软件应用中，他认为该应用能够使得客户向上营销和交叉营销附加服务。他仍继续会见客户。他的一个业务员这样评价，"格林向客户销售自己的想法时很棒。他非常有魅力，思维迅速，反应迅速。我很喜欢为他工作。然而，客户开始询问支持他成本节约的数据。格林不是以这种方式工作的，他宁愿面对面地讨论该问题。"[12]

接下来的几个月，格林独立运作项目，尽量避开戴维斯。他意识到避开戴维斯并不具有生产性，但是他感觉自己没有其他选择。他选择找赞同他的增长预测的经理人的支持，而不是与戴维斯建立关系。

当格林和戴维斯在 1 月下旬进行第二次绩效讨论时，戴维斯表示没有看到格林工作的实际进展。他认为格林花太多时间抱怨问题，同情客户，却缺乏时间寻找解决办法，把想法形成文档。而格林讨厌戴维斯持续的事无巨细的管理。既然格林没有达到他期望的承诺，戴维斯认为他别无选择。

会后，格林为他需要做的工作而争辩。避开戴维斯似乎只让事情变得更糟糕。他仍然认为戴维斯的预算错误，而且不知道怎么去做。他可以用竞争的方法面对他们的冲突——收集数据证明自己的观点，得到其他部门的支持。另一种选择则是，简单地适应该情况，即使戴维斯错了也按他的要求来做。他不知道自己是否能容忍这种方式。他希望他们能找到某些方式解决该冲突，但是他并不确定。

案例思考

1. 格林和戴维斯冲突的本质是什么？
2. 戴维斯和格林的工作风格和人格特性是什么？这些区别是否影响了他们的关系？
3. 目前为止，你怎么评价格林的应对方法？
4. 格林应该怎么做？

16.2 冲突分级

无论你服务于怎样的组织，为了完成任务，你都需要在团队中开展工作，甚至为了实现组织目标，还需要跨团队合作。比如，你可能是销售团队中的一员，但仍需要与别的专家团队合作完成任务，如市场营销和公共关系部门等。为了确保你所销售的产品可以按时交货，可能还需要与制造和服务等与销售无关的团队打交道。在与这些团队的合作过程中，冲突是不可避免的，有时候会在同一团队中的成员中产生（**人际冲突**，interpersonal conflict），有时则会在不同的团队间产生（**群际冲突**，intergroup conflict）。

16.2.1 人际冲突

作为团队的一员，是有意义且令人兴奋的，尤其是每一名成员在团队活动中做出自己贡献的同时，还可以从中收获更多并实现自我提升。[13] 类似于运动队和运动俱乐部这样的团队，通常会因一系列共同的话题、信仰和价值观而使成员密切联系在一起，也会因此建立起团队荣誉感。这种荣誉感往往会带来超出团队中个人能力的意外收获。

在团队中，为了实现团队目标，成员们相互依赖。因此，在这种情况下，需要更好地协调团队行动，团队成员也需要了解如何有效地影响他人。当人们认为他们是为了同样的目标和利益诉求共同工作时，他们能很好地合作；但当人们发现某个个体为了实现自己的目标和利益，不惜以他人的能力作为代价时，竞争和冲突就会出现。[14]

在第 14 章中我们曾讨论过，当两个或更多的个体意识到需要通过合作来实现某个共同目标时，他们之间就会产生相互依赖的情绪。而当组织从集权式的管理结构转变为分散式的网状管理结构后，组织成员之间也需要有更多的相互依赖。[15] 在这种情形下，没有任何个体或团队可以独立完成任务，实现组织目标。他们必须彼此依靠，即便他们之间并没有正式的汇报关系。

在相互依赖的情境下，人际间的冲突主要源自目标与利益之间的矛盾。[16] 由于这种人际间的相互依赖性，以及因担心工作表现而带来的压力，在一些效率较差的团队中，成员往往会指责团队中的某一个或某几个人工作能力不足，因而造成团队效率低下，而不是从团队整体行为中找出原因。[17] 当团队成员意识到他们之间已经开始产生冲突，尤其是当挫败感和愤怒这类负面情绪让有些人开始采取报复性行为时，就有可能导致团队的分裂。[18]

人际冲突可以从团队成员的沟通方式上明显地体现出来。如果人们在沟通时，不尊重彼此，冲突就会升级。而回避沟通也会存在问题，尤其是当人们之间缺乏沟通时，他们会预设别人的动机和目的，这都会导致冲突升级。团队成员之间的相互依赖感越强，对于工作协调和相互影响的需求就越高，也就越容易产生冲突。

16.2.2 群际冲突

基于共同的主题、信仰和价值观而建立起来的团队，会让团队成员得到某种荣誉感，还会激励他们提高对自己所在团队的忠诚度。[19] 随着忠诚度的提升，团队成员会紧密团结在团队内部。虽然这对团队凝聚力有所裨益，但是这有时会给团队之间带来消极影响。尤其是，两个不同团队之间的差异会被进一步夸大。[20] 群际冲突会因此而增多。

在很多情况下，当团队之间为了获得某些稀缺资源存在竞争关系时，群际冲突就会出现。[21] 在团队在为资本密集型项目或活动寻找资金支持时，这一点体现得尤为突出。资源是有限的，肯定会有某个团队在竞争中失利。[22]公司的信息技术（IT）部门通常是这类冲突的核心。受时间和资源的限制，信息技术部门需要根据各类项目的优先级逐步实施。因此，市场部门可能就得等生产部门的库存管控系统完成后，才能上线新的网站。

如果另外一个团队被某个团队视为"敌人"，群际冲突也会因此显现出来。例如，在生产线工作的员工如果觉得销售人员没有考虑他们的工作投入，就售出了产品或对客户做出承诺，他们就可能把销售团队当成"敌人"。当销售人员为了满足客户的需求做出承诺后，需要对生产流程做出很大调整时，情况尤其如此。

虽然因共同的利益诉求而对团队产生的归属感会增强个体的荣誉感，提高他们的忠诚度，但在有些情况下，团队成员过分夸大团队间的差异，会导致僵化的刻板印象。竞争关系、过度夸大差异以及刻板印象都会引发群际冲突。**社会认同理论**（social identity theory）和**现实冲突理论**（realistic conflict theory）将为我们解释群际冲突产生的根源。

1. 社会认同理论

社会认同理论指出，圈内人（in-group）会寻找圈外人（out-group）的负面因素以提升自己所属群体的形象。[23]换言之，团队成员通过寻找共同的外部敌人，发展出更大的凝聚力，但是这样会加剧两个群体之间的冲突。研究者根据以下三个步骤对团队内成员的行为做出定义：社会类化（social categorization）、社会认同和社会比较（social comparison）。[24]社会类化是指试图通过牺牲圈外人的利益而使圈内人获益的方式定义规范的做法。"黑人""白人""学生""教授"都是某种社会类属，可以用来了解和定义一类人。社会认同是指人们接受对他们所在社会类属的群体成员身份并对其产生归属感。我们这样做是因为这符合群体规范，这种行为方式将增强个人在群体中的荣誉感，提高对群体的忠诚度，群体成员的身份也会让人盲目自信。社会比较是对群体间竞争和敌对态势做出的反应。一旦两个群体互相敌视，他们就会为了获取资源而竞争。通过这三个步骤，群体内的凝聚力增强了，但也深化了群体间的冲突。

2. 现实冲突理论

现实冲突理论是由社会心理学家穆扎弗·谢里夫（Muzafer Sherif）与卡洛琳·谢里夫（Carolyn Sherif）首先提出的。他们指出，资源的有限性会导致群体间产生冲突，这是社会中存在歧视和刻板印象的直接原因。[25]他们曾在俄克拉荷马州夏令营中做过一项研究。共计22名背景类似的11岁男孩被分为两组，他们之前已经建立的个人友谊会因此被打破，这样可以让孩子们更快接受他们新的团队身份。每个组都不知道有另外一个组的存在。为了更好地进行实验，两组孩子被安置在距离很远的两个地点居住。谢里夫兄妹观察到，群际冲突经历了从圈内人形成、摩擦产生到互相融合等阶段。[26]

在圈内人形成阶段，每个组都被要求为自己的团队起个名字，其中一组选择了"响尾蛇"，而另外一个组选择了"老鹰"。团队名称是团队协作的重要基础。此外，两个团队都自发形成了内部社会阶层，任命了团队领导者，制定了团队规范（包括对违规行为的惩罚措施），还建立了圈内人的特殊友谊。[27]有关团队的形成和发展将在第17章中详细阐述。

在摩擦产生阶段，两个团队被带到彼此面前，开始面对竞争。这种竞争局面强化了团队内部的身份认同。竞争局面与更强的身份认同交互作用，使团队内部更加稳定，成员的互动更为频繁，也加强了成员之间的友情。此外，竞争局面使得两个团队之间的敌意更深，口角冲突更多，他们互相中伤，打架斗殴。当两个团队之间愈发互相反感时，团队内部则更为合作。

在最后一个阶段，即互相融合阶段，研究者为两个团队制定了"更高目标"。若想实现这个目标,两个团队需要合作解决问题,如解决饮用水短缺等。研究者发现,一个跨团队的共同目标可以超越群体身份认同,为团队间的合作创造机会。当两个团队被迫合作共事时,群际冲突明显减弱。

领导力开发

谏言行为(issue selling)是个体可用以影响他人对所处局面、事件和趋势看法的行为方式。作为谏言行为的一部分,个体应当通过他人协商合作,提出观点,有效地表述出来,将观点整合梳理并广而告之。谏言技巧有助于领导者管理冲突和进行谈判。突发事件负责人通常会依照以下方法来采取谏言行为:

1. 尊重组织中的层级;
2. 意识到控制时间的重要性;
3. 为他们所要表述的观点提供实例;
4. 有逻辑地表述他们的观点;
5. 不断提及他们要表述的观点;
6. 逐渐完善他们的观点;
7. 将他们的观点与组织目标、价值观和其他人所关注的问题紧密结合;
8. 形成多元化的利益相关者团队,这些人都应当对观点的提出做出贡献,并对最终的结果有积极的影响。[28]

回顾你曾参与的谏言行为或者观察其他领导者在谏言行为中的表现。请思考,在谏言行为中,为了管理冲突和进行有效的谈判,你或他们采取了哪些策略,或应当采取哪些策略?

16.3 冲突产生的根源

16.3.1 情感冲突

团队应当由具有不同类型经验、背景和性格特质,但目标一致的人员组成,这是团队工作最本质的特点。[29]个体性格中所固有的差异而非任务或工作解决方案的差异,可能会引发冲突。这类冲突被称为**情感冲突**(affective conflict),也叫作**个人冲突**(personal conflict)。在这种情况下,人们通常会以批评、威胁或侮辱等方式对他人进行人身攻击。[30]

目标导向和成功导向的人通常更容易与那些不那么注重目标和成功的人产生情感冲突。[31]实现目标过程中的挫折伴随着挫败感,有时挫败感会转变成人身攻击而非战术上的分歧。同样,那些因过去曾取得过一些成就,因而抱负远大、看重权力、好胜心强的人们,更容易与那些和他们背景和内在动机不同的人们产生情感冲突。[32]

在很多时候,冲突是由于两个人所处关系中的不平等地位造成的。例如,其中一个人更有权力,或处在更高的阶层,处于劣势地位的人就可能会拒绝处在强势地位的人对其施加影响,或者这类人会把冲突看作一种提升自己权力的途径。[33]这两类想法都可能导致更激烈的冲突。

一同共事的人们如果感受到人际之间的紧张关系,就易于对自己所在的团队产生不满情绪。如果他们不喜欢团队中的某些成员,或者觉得别人不喜欢自己,也会容易产生负面情绪。[34] 被卷入情感冲突中的团队成员，会忽视他们应当完成的任务，因而造成低效率的工作关系，糟糕的个人工作表现，使整个团队无法实现理想的工作效率。[35]

16.3.2　认知冲突

情感冲突源自人际间的摩擦，**认知冲突**（cognitive conflict），也称为任务冲突（task-related conflict），则是因与工作相关问题的不同意见所引发的，这些问题包括会议日程安排、工作分工、工作流程或是任务本身等。该冲突的关注点不在于个人，而在于手头的工作。

虽然情感冲突通常具有破坏性，认知冲突实际上对团队可以有积极影响。只要冲突仍然处于任务相关的不同意见，团队更可能努力寻找方法调停矛盾，找到更好的解决方案。在这样的情况下，领导者应努力培养认知冲突，缓解情感冲突。

一个领导力的重要挑战在于，认知冲突有时也会表现为人身攻击，尤其是当冲突发生在那些不太擅长分辨认知冲突和个人冲突的人们之间时。换言之，有些人会觉得别人不同意自己的意见是因为他们不喜欢自己，而不去想这可能仅仅是由于双方的做事方法不同而已。在这种情况下，认知冲突会转变为情感冲突。团队成员之间会产生紧张和不愉快的情绪。[36] 因此领导者的主要任务是在培养认知冲突的同时，保证它不溢出为个人冲突。

在某种程度上，认知冲突是有建设性的，尤其在团队可能会陷入群体盲思的情况下，即决策制定的过程中出现极端的一致性意见。[37] **群体盲思**（groupthink）是指在团队决策过程中，人们倾向于与团队其他人的观点保持一致，这可能是源于人们有希望被认同和被喜欢的需求。[38] 在这种情况下，不同的观点或方法虽然可能非常重要，但却不会得到应有的关注。当团队成员把一致性作为最重要的准则，尤其是当这种一致性体现出较差的判断力并限制了创造力时，就会造成群体盲思。[39] 研究者发现，群体盲思主要有下列三种表现形式：[40]

- 过高估计群体意见：坚信群体是无懈可击的，不会受到外在因素的影响
- 思维闭塞：不愿寻求不同意见
- 群体一致性压力：为了维持群体的和谐而压制不同意见

为了避免在团队决策过程中出现群体盲思，领导者应当鼓励团队成员进行理智的辩论；团队成员如果想提出不同或反对意见时，可能会担心他人会对自己有看法，领导者有责任消除这种顾虑。在这种情况下，唱唱反调，挑战团队现有的设想，可能是更恰当的做法。[41] 过少的冲突会导致群体盲思，而过多的冲突则会在团队成员中造成紧张情绪，并导致人心涣散。高效的团队应当有适度的认知冲突，同时又可以把情感冲突的影响降到最低（见图 16-1）。

任何冲突，无论是由怎样的原因所造成的，如个性特征、人际因素或与任务相关，都有可能升级或得到缓解。当某个人的负面行为会激发另一个人的负面行为时，冲突就可能**升级**（escalation）。同样的情况也会在一方把另一方视为敌人时出现。研究者指出，在成员构成多元化或成员之间在过去曾有过敌意的团队中，冲突升级

情感冲突可能会导致	认知冲突可能会导致
• 愤怒情绪	• 创造力
• 信任感缺失	• 挑战现状
• 挫败感	• 个人发展
• 紧张情绪	• 学识增长
• 道德感下降	• 积极性提高
• 退出群体	• 更清楚地认识问题
• 满意度下降	

图 16-1　情感冲突和认知冲突的结果

资料来源：Adapted from K. Jehn, "Affective and Cognitive Conflict in Work Groups," *Using Conflict in Organizations,* Carsten K. W. De Dreu and Evert Van de Vliert, eds. (London: Sage Publications, 1997).

的潜在可能性更高。[42] 当冲突被减少或消除，而不是仅仅稳定在某种程度上，才可以认为冲突得到了**缓解**（de-escalation）。[43] 通常在下述情况下，冲突可能会缓解，当处在冲突中的人们意识到他们会面对共同的敌人，他们之间的冲突陷入了僵局，或者随着时间的推移，人们对最初造成冲突的原因有所反思。[44]

16.4 冲突管理

当冲突出现时，人们会做出不同的反应。有些人试图回避，而有些人则会积极地接受冲突的存在。面对冲突，有些人会以牺牲自己的利益为代价，接受他人的要求，而有些人则会努力寻求能够让冲突各方都受益的解决方案。还有一些人则试图强迫别人接受自己的利益诉求（见表 16-1）。

表 16-1　冲突的反应

反应	描述	适用情境
回避	因认为不同意见可能会造成紧张局面而回避冲突。人际之间的问题并未得到解决，会导致长期的挫折感	问题并不重要，或者可以拖延一段时间，让双方各自有时间收集更多的信息或让双方都能够冷静下来
接纳	认为保持一种和谐的关系最为重要，因此尽量不让对方感到不安。在有些时候，主动选择接纳态度的一方，会有利益损失	问题对于另一方来说更为重要，某一方希望为将来构建某种社会资本，或保持友好的合作关系更为重要
妥协	因持续存在的冲突让人们无法专心工作并造成负面情绪，希望尽快达成一致意见。这种做法可能导致最终的解决方案并不是最有效的	目标对于双方的重要性相同，或需要给出临时或权宜的解决方案
强迫	最终达成的一致意见要满足自己的需求，而不用过多考虑对方的需求，因为解决问题比顾及他人的情绪更重要	面临危机，或需要颁布执行一项不受欢迎的决策
合作	因双方的地位同等重要，可以合作解决问题。通常这种方式也是解决问题的唯一有效的方式，因为双方都会致力于解决问题并会因被平等对待而感到满意	双方的观点都很重要，无法对任何一方妥协，需要双方都承担义务

资料来源：T. Ruble and K. Thomas, "Support for a Two-Dimensional Model of Conflict Behavior," *Organizational Behavior and Human Performance,* Vol. 16, 1976; and D. Whetten and K. Cameron, *Developing Management Skills* (Upper Saddle River, NJ: Prentice Hall, 2002).

人们应当对所处的局面做出评估后再决定做出怎样的反应才最恰当。虽然在某些特定的情况下，回避冲突可能带来一些短期利益，但这不应当是一种默认的选择。不管出于怎样的动机，回避通常都是缺乏领导力的表现。[45]

为了有效地管理冲突，人们应完成下面两个步骤：找出不同意见产生的根源；一步步深入地解决问题。

16.4.1 分歧诊断

试图解决冲突时，必须解决三个重要的问题：①差异的本质；②这些差异的基础因素；③涉及这些差异的程度。[46] 最开始时重要的是，确定是否存在关于事实、目标、方法或价值的分歧。当人们对一个问题有不同的定义、不同的信息，或者对相对权力和权威有不同认识，关于事实的分歧就会出现。[47]

分歧诊断的第二步是识别隐含在分歧意见之后的其他因素。为了识别出这些因素，你应当确定是否各方都获取到了同样的信息，他们认识这些信息的方式是否不同，以及每个人是否都会在很大程度上受到自己在组织中所承担职责的影响。[48] 当人们基于不同的事实依据提出不同的观点时，与信息相关的因素是造成冲突的主要原因。当人们对相同的事实做出不同的解读时，冲突通常是由认知方式的不同所引发的。而当人们试图利用自己的职务或地位影响他人时，他们在组织中所承担的职责则是冲突产生的根源。

分歧诊断的最后一步是识别分歧的程度。冲突是否是可预期的，还是会逐步升级，导致影响全局的紧张氛围？在分歧刚产生时，冲突相对容易解决。随着紧张情绪的增加，同时已经产生了很多分歧意见，人们会倾向于坚守自己的观点，这时，冲突会变得更加复杂棘手，不易解决。[49]

16.4.2　分歧解决

在对分歧进行详细的诊断后，就是时候采取行动着手解决了。[50] 有成效的解决方案需要通过有效的沟通才成达成，要将人和问题区分对待。要将关注的重点放在人们的利益诉求上，而不是他们看待问题的立场。

问题（issue）是讨论的主体，而**立场**（position）则是人们对问题所持的观点。由于**利益诉求**（interests），也就是在涉及这个问题时各方潜在原因和需求相对不同，人们的立场也会不同。十几岁的孩子可能会认为父母要求他们晚上准时回家有些太严苛，因为这限制了他们的社交活动。而他们的父母则认为，要求儿子或女儿晚上早些回家，是出于人身安全的考虑。在这样一个场景中，问题是晚上准时回家这个要求，不同的立场是回家时间的早晚，社交需要和安全则是双方各自的利益诉求。为了达成有效的沟通，人们应当认识到问题是与自身相关的，而不仅仅是指责对方。此外，还应当加强双向讨论，以找到其他所需信息。最终，成功取决于双方超越试图以自己的立场优越性说服对方，而是试图了解对方的基本目标和利益。当利益点并未被另一方所知晓时，冲突很难被解决。

16.5　谈判的类型

从根本上而言，解决冲突的目标就是努力做出冲突双方都同意的决策。找到双方都能接受的解决方案，通常意味着要通过某种形式的谈判才能实现。

有些谈判只涉及单个问题，例如价格或者薪水等问题，在这种情况下，其中一个人有所得，而另外一方则要付出代价。在这种情形下，人们通常假定"饼就这么大"。这类谈判大部分都是有关一方拿走"几片饼"，以免被另一方吞掉。为了满足各方的利益诉求，在针对单个问题的这类谈判中，双方会小心翼翼地在双方都可能接受的范围内讨价还价。

如果希望为谈判各方都创造更多的价值，在谈判中就应当引入其他问题。这为双方放弃某项权益，以交换另一项权益提供了机会。在这类谈判中，双方会试着从多个问题中，评估各自与其相关的利益诉求。双方认为他们两者之间的利益和优先权在不同的问题上存在差异。在这个过程中，每一方都可能用自己在某个问题上的权益作为交换，以在他认为更为重要的问题上获得更多的权益。这类谈判会使双方达成最终的共识，因为这样各方都可以比不达成共识获得更多的权益。有些谈判，如有关薪水的谈判，在最初看来饼似乎只有那么大。但潜在的利益诉求会创造新的价值，例如，员工可能还会考虑更多的休假、灵活的工作时间及其他福利等因素。而公司则会看重更高的工作积极性和工作效率，或是自费接受培训的意愿等因素，这对于公司和员工双方都有益。让桌子上的饼变大，双方都能够更加变通，找到更多的新办法，达成共识。

16.5.1 分配式谈判

分配式谈判（distributive negotiation），也称单一问题谈判，主要关注某一方的利益诉求如何得到满足，这涉及一系列复杂的活动。[51] 在分配式谈判中，可供分配的利益是有限的，各方都希望从中获取更多的一部分。就本质而言，一方赢得的东西，就是另一方输掉的东西。这也被称为"零和"博弈。因此，会出现竞争或敌对行为，如讨价还价、隐瞒信息等。当一方不愿与另一方更深入地交流时，通常采用这种类型的谈判。在这种情况下，双方不会寻求可能存在的更多利益或维持彼此的长期关系。

只涉及价格问题的谈判（如购车交易）是分配式谈判的最好例证。客户认为一辆车就值这个价钱，而销售人员则坚持认为这车的价值应当更高。他们与此相关的利益诉求不同，立场自然也不同。客户希望能以一个足够低而且在自己预算之内的"好价格"买下这辆车。销售人员则希望以一个高的价格卖出这辆车，尽可能销售业绩做得更高，自己也可以拿到更多的销售提成。客户若能以"好价格"成交，这就意味着经销商的销售业绩和销售人员的提成都会受到损失。因为在这种买卖交易中，各方的利益诉求不一致，双方会在谈判中讨价还价，这可能使谈判陷入僵局。

分配式谈判有四个主要特点：①资源分配；②以赢得谈判为重点；③有底线；④存在谈判区间框架。

1. 资源分配

所有的谈判都会涉及资源分配的问题，物品、人或资金都属于这里所提到的资源。在建筑项目的谈判中，承包商和土地所有者会考虑空间分配的问题。合住的室友会关心各自在家务琐事上需要付出的努力。在有关薪水的谈判中，员工和他们的管理者关注钱的分配：员工希望得到更高的报酬，但管理者希望控制部门费用。在上述情形中，各方都希望通过谈判获得自己想要或应得的资源。

2. 以赢得谈判为重点

从根本上而言，分配式谈判的首要目的就是要赢得谈判。[52] 在建筑项目谈判中，承包商和土地所有者可能会就完成项目所需的空间持有不同的观点。双方都知道空间是有限资源，因此各方都希望赢得自己的利益。土地所有者可能会认为空间是有限的，就应当卖出更高的价钱；而承包商则认为他们可以就这些"闲置空间"讨价还价。

在室友间有关家务琐事的谈判中，让对方承担更多的家务或让对方觉得家务琐事可以不用做得那么好，都是赢得谈判的结果。在这种情况下，要分配的那张"饼"有两重内容：可以承担家务的人数和必须完成的家务琐事。

为了赢得谈判，每一方都可能隐藏他们的利益诉求，尤其是在这些利益诉求被对方得知后可能会让自己输掉这场谈判时。双方都认为如果暴露出自己最根本的利益诉求，对方就会利用这些信息来应对自己。为了赢得谈判，双方还可能会在谈判的过程中讨价还价，尤其是当他们觉得某种选择是自己更想要的，或是更不愿接受的时候。例如，在同住的室友中，可能有人更愿意做某些家务，但有些家务大家都不愿承担。可能没人愿意打扫卫生间，因此，他们就家务进行讨价还价时，就不会涉及打扫卫生间这一项。

3. 有底线

在分配式谈判中，需要进行谈判的条件对双方来说都是某种底线。没有一方会有意超出这些条件的最高线或最底线。在这个范围内，双方都可能获利，但哪一方条件更高，另一方就会获利更多。

在房屋买卖的谈判中，销售人员和购房者都有他们各自的底线。购房者愿意支付的最高价格可能是销售人员愿意接受的最低价，也可能对销售人员来说是完全不可接受的。购房者愿意支付的最高价格也能在销售人员可以接受的价格空间内，因此，双方就会在这个价格范围内进行谈判。例如，一套房子，销售人员的报价是 30 万美元，但最低也可以接受 27.5 万美元的成交价。而购房者最愿意接受的价格是 26 万美元，但最高可以支付 28.5 万美元。在这种情况下，每一分钱的价值对于双方来说都是某种底线，任何一方都不会刻意超过或低于他们所能接受的条件。销售人员不会以低于 27.5 万美元的价格售出房屋，而购房者也不会支付高于 28.5 万美元的价格。在这个范围内，双方的利益仍可能得到满足，比如销售人员得到了高于 27.5 万美元的价格，或是购房者支付了低于 28.5 万美元的价格。

4. 谈判区间框架

谈判区间框架的假设前提是，谈判双方都有各自的预设基点，他们更愿意接受低于或高于这个基点的结果（这在上文中是，高于 27.5 万美元或低于 28.5 万美元）。[53] 此基点被称为保留点（reservation point）或是离场点（walk-away point）。在预设范围之外，双方会不愿进入谈判。双方的保留点形成**谈判区间**（bargaining zone），在这个范围内的结果是双方都更愿意接受的。如果各方所能接受的价格区间有重合，谈判区域所表现的也正是这个重合部分。[54] 最终的协议结果也会落在各自可接受的价格区间内。

在有些情况下，谈判区间是积极的。在**积极谈判区间**（positive bargaining zone）内，谈判双方的立场有重合。例如，如果你希望得到 3% ～ 6% 的工资涨幅，而公司规定涨幅空间是 1% ～ 5%，你就可以获得 3% ～ 5% 这个积极谈判区间。在**消极谈判区间**（negative bargaining zone）内，双方的立场没有重合。[55] 因此，不能达到令双方都可以接受的结果（见图 16-2）。例如，你希望的工资涨幅是 3% ～ 6%，而公司只能提供 0 ～ 2% 的涨幅空间，这时就不存在积极区间，谈判双方应当寻求其他可能解决问题的办法。

图 16-2　谈判区间

16.5.2　整合式谈判

分配式谈判关注的是单一问题，比如一辆车的价格，而**整合式谈判**（integrative negotiation）则关注多个问题，如车价、售后及融资服务等。在整合式谈判的过程中，谈判双方会根据摆在台面上的一系列问题，评估各自的相关利益诉求，各方对问题的利益诉求和优先级判断存在差异。在这个过程中，双方会尽力为每一方增加或创造更多的利益，做出权衡取舍，最终所达成的结果也是双方都能接受的更好选择，而不是达不成任何协议。因此，整合式谈判也会包括一系列复杂的活动，但在这个过程中，一方所达到的目标与另一方的目标并无冲突。[56]

整合式谈判的重点也包括资源分配、赢得谈判、底线和谈判区间等因素，但更强调通过积极的方式"把饼做大"的做法。为此，成功的整合式谈判需要谈判双方之间存有强烈的信任感和互相合作的意愿。[57]

尽管客户和销售人员在车辆的价格上有意见分歧，但在谈判中加入其他问题（如首付款、售后服务和融资条件等）可能会为双方创造更多共识，而不容易使谈判陷入僵局。例如，客户如果预算比较紧，他可能会因支付较少的首付款、较低的贷款利率或更长的保修期，而接受更高的车价。如果客户愿意购买额外的延保服务或从制造商处贷款，销售人员就可能接受较低的价格，这样他也有合理的销售提成。在谈判中加入首付款、保修服务和融资支持等条件，会增大谈判所涉及利益空间，也为达成协议创造了更多机会。

为了增加谈判所涉及的问题，谈判双方应当共享彼此的信息，就他们的利益诉求进行坦诚的沟通，而不是仅仅讨论问题本身或他们对问题所持的立场。员工应当挑明他的薪水已经不能满足生活开销的需要，管理者也应当说清楚部门预算有限这个问题。弄清楚这些信息有助于双方能够一起讨论并找出创造更多价值的办法，满足自己所期望实现的利益诉求。整合式谈判并不意味着每个问题都要一分为二，而是有时候需要为了得到某些利益而放弃特定的利益。所以我们必须清楚对另一方而言重要的诉求是什么，并且也愿意在这些诉求上主动权衡取舍。

在整合式谈判的过程中，双方都可能做出权衡取舍。这并不意味着某一方要对利益诉求做出让步，而是在各方对自己的利益诉求进行权衡考量时，仍能以合作的方式解决问题。例如，如果管理者可以允许员工灵活地制定工作日程，员工就可能接受较低的工资涨幅。

16.6　有效地谈判

有效的谈判者不会直接跳到讨价还价这个流程，他们会提前做好准备。[58] 在开始谈判之前，他们会评估谈判所涉及各方的利益诉求、优先级选择以及其他可能存在的问题。例如，在涉及薪资涨幅的谈判中，谈判者可能会问自己这样一些问题："我是不是一个有价值的员工？我上司的利益诉求是什么？如果他不同意给我涨薪水，我该怎样做？"

16.6.1　谈判准备

谈判者应当做好谈判陷入僵局的准备。一旦谈判陷入僵局，应该对自己能采取的下一步行动和自己可以接受的最低条件做出自我评估，还应当考虑在谈判陷入僵局时对方可能会采取的行动，以及对方可能开出的最高条件。

在整合式谈判中，对于价值的考量应当包含所有的问题。谈判者还应当清楚了解自己和对方的各类利益诉求。在你事业发展的某些时点，你将会接受工作表现评估并参与有关加薪的讨论。如果一直以来，你所参与的这类讨论大部分都进展顺利，你可能会觉得你应得的加薪幅度应当比公司愿意为你提供的要高。在这种情况下，谈判准备十分重要，下述九个步骤将有助你做好这一点[59]：

第一步：确定最佳替代方案

谈判准备的第一步就是要确定**最佳替代方案**（best alternative to a negotiated agreement，BATNA）。问问自己，如果谈判不能达成结果，你将会做些什么。这就是你的最佳替代方案，是指如果谈判陷入僵局，你将会采取的一系列行动。[60] 了解自己的 BATNA 会帮助你决定接受最终条件，还是选择放弃，寻求其他的选择。你应当按以下三个步骤确定自己的 BATNA：

- 列出在与对方不能达成协议时，所有可行的替代方案。你有没有其他的工作职位？如果丢掉工作，你能否在很长一段时间内维持生计？

- 评估每一种替代方案的价值。
- 从中选择最佳替代方案。

第二步：计算自己的保留值

谈判准备的第二步是计算自己的保留值（reservation value）。问问自己愿意接受的最底线条件是什么。你自己的保留值是基于所有替代方案做出现实的评估后得出的。保留值是你选择对方提出的条件或选择拒绝采取 BATNA 的临界点。例如，在有关薪水的谈判中，你希望得到 3% ~ 5% 的加薪，你的保留值应当在这个区域之内。对于风险厌恶者而言，这个保留值可能是 3%，而如果你属于风险喜好型，这个保留值就可能是 5%。

第三步：确定对方的最佳替代方案

谈判准备的第三步是确定对方的最佳替代方案。你需要问自己的问题是，一旦谈判陷入僵局，对方可能会采取哪些进一步的行动。如果有关加薪的谈判不能达成协议，而且你决定另谋出路，公司有可能在找到另外一个合适的人选之前，只能让项目暂停实施。但公司还有可能寻找合适人选的时候遇到麻烦，而项目的完成期限又很紧迫。因此，你的上司可能会更愿意与你就加薪问题继续谈判。

第四步：计算对方的保留值

谈判准备的第四步是计算对方的保留值。为了确定公司的保留值，你应当了解公司正常的加薪幅度，找到中间值。如果正常的加薪幅度是 1% ~ 5%，这个中间值，也就是公司的保留值就应当是 3%。

第五步：评估可达成协议空间

谈判准备的第五步是评估**可达成协议空间**（zone of possible agreement，ZOPA）。可达成协议空间是双方保留值之间的空间。包含了所有可能达成的协议，因为在这个范围内的任意一点，双方都可能接受并达成最终结果，而所有在此范围之外的任意一点都会被双方否决。因此，很重要的一点是，你所达成最后的结果要高，但同时也要尽可能趋近对方的保留值，而对方则希望这个结果是越低越好。有关薪水谈判的可达成协议空间如图 16-3 所示。

谈判准备的另外四个步骤是用以确定是否有可能进行整合式谈判。

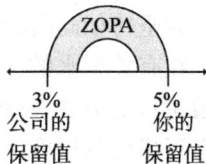

图 16-3　可达成协议空间

第六步：确定你的多重利益诉求

问问自己有哪些东西对你来说是有价值的，而且对方也可能会提供。比如，除了就薪水问题进行谈判外，你还可以提出带薪休假或升职等条件。这样做的目的不是为了提出过多的要求，而是让对方有更多的方式可供选择，作为对你的补偿。如果公司不能给你加薪，但能够为你提供更长的带薪休假或升职，你也会同样感到高兴，这样双方都能获利。公司留住了一位工作积极且能力卓越的人才，你也得到了满意的补偿。为达到该目标，你和公司都必须超越原先的谈判立场，尽力地理解指导这些立场的权益所在。这些理解可以为对方愿意做出的权衡取舍提供一扇窗户。

第七步：建立评分系统

你需要建立一个评分系统，罗列出每一个问题，并根据重要程度标注权重。你可以用 100 分做基准，根据问题相对的重要程度，按比例将这 100 分分配到薪水、假期、升职等问题上。在这里，重要的一点是，你所用来衡量所有问题的标准能够帮助你评估对方提出的整体条件，并在构建你自己的应对条件时，更加谨慎且讲究策略。

第八步：计算整体保留值

对于对方提供的整体条件，你可以接受的最低值是多少？如果你有一个接受的最低限，这就是你的**整体保留值**（package reservation value）。与每个问题（薪水、假期、升职等）各自的保留值不同，你应当利用评分系统计算出整体保留值，这也代表了你所提出条件的整体价值。

第九步：确定对方的多重利益诉求

谈判准备的最后一步是确定对方的多重利益诉求。在每次谈判中，都可能会有一些问题你完全不关心，但却是对方所看重的。你可能对公司正在开发的新项目漠不关心，但公司却希望你来主管这个项目。这个信息非常有价值，因为这时你处在为公司提供某种帮助的地位，也可以因此要求有价值的回报。

16.6.2 达成协议

一旦完成准备工作，就是时候开始谈判了。正如之前所讨论的，谈判可能是纯分配式的，也可能是整合式的，这取决于你和对方在谈判中所采取的策略。你也知道，每个谈判中都会包含有分配性因素（即资源分配、以赢得谈判为重点、底线和谈判区间），但谈判也并不仅仅是要满足自己的利益诉求。为了达成谈判协议，谈判双方不仅要提出自己的价值主张，还要为双方创造价值。

1. 提出价值主张

提出**价值主张**（claim value）是一个分配式的过程，因此，谈判者会一直试图"分到更多片饼"。为了在谈判中提出价值主张，谈判者需要了解如何能让自己一方得到最多。谈判者还需要了解自己的底线和谈判区间，才能回答这个问题。

谈判各方还会试图影响对方有关在哪些问题上可能会达成协议的看法，以提出自己的价值主张。双方还可能传递这样的印象，即现在的协议结果也并不比达不成任何协议好多少。提出价值主张时，谈判各方可能会有一个高（或低，视情况而定）的目标设定，以使最终的协议可以最大化地满足自己的利益诉求。谈判各方还有可能试图降低对方的期望值，指出如果对方坚持如此高的要求，可能会导致风险产生。

在有关薪水的谈判中，员工可能会要求加薪10%，作为一种在理想化的程度上提出自己价值主张的方式。受预算约束，管理者不可能满足这个要求，他们会给出2%这个数字，作为在理想化的程度上提出自己价值主张的方式。双方为主张自己的价值，在2%～10%的区间内讨价还价，他们知道在双方的底线之上达成协议要比只有一方赢得谈判更重要。

懂得在何时提出首轮条件和如何应对对方的首轮条件，对谈判者的价值主张也很重要。在谈判中提出首轮条件，最大的好处在于，这样做可以设定一个吸引对方注意和影响对方期望值的一个数字，这也会影响谈判的最终结果。正如我们在第15章中曾讨论过的，首轮条件就像是锚，这会迫使对方将这个条件作为起始点。你可以根据下面的方法确定自己是否应当提出首轮条件。[61]

- 在谈判开始前，根据你所希望得到的结果制定一个较高但又比较现实的期望目标。那些目标更具侵略性的人们，与目标比较温和折中的人相比，往往会得到更理想的结果。
- 提出的条件应当在可达成协议空间（ZOPA）外，也就是说你知道这个条件对方不会接受。你的目标是让对方在谈判过程中进入ZOPA。公司的标准薪资涨幅是4%，而你的目标是6%，这时你提出10%的加薪要求，你就可能达成6%的目标，因为对方会在趋近6%这个区间附近与你谈判；

- 解释你提出条件的原因。比如，在有关薪水的谈判中，你应当这样讲，"我希望加薪10%，因为我的工作表现超出了这个职位的要求。"
- 在争取得到尽可能最优解决方案的同时，加强与对方的合作关系。在有关薪水的谈判中，你应当这样说，"我知道我的要求可能会影响到部门的预算，但我坚信我能给部门和公司带来更多的价值。"

有时候首轮条件提出时并不成熟，而且你可能为此付出高昂的代价。因此，只有当你确信自己已经充分掌握了有关对方保留值的信息时，才应该由你来提出首轮条件。如果你对于自己所掌握的有关 ZOPA 的信息还有所怀疑，那就等到你收集到更多信息后再开出条件吧。[62]

在其他情况下，可能会由对方首先提出条件，如果发生这类情况，你应当采取如下策略应对：[63]

- 忽略对方的条件，因为这可能会成为一种锚定。试着将对话转换到另外一个完全不同的话题上，避免制造锚定，这需要你能够重新掌握对话控制权。
- 找到能够帮助你了解对方首轮条件的信息。是否有预算额度的限制？对方是否同意你对自己工作表现的评估？
- 制定较高的应对条件。假设你还需要继续与对方共同找出平衡双方所提出条件之间差异的办法。
- 拒绝对方开出的条件，给对方更多时间考虑。
- 如果可以满足你的要求也符合你的保留值，选择接受对方提出的条件。

2. 创造价值

提出价值主张会涉及对双方利益诉求的讨价还价，而**创造价值**（create value）则需要各方对自己的倾向性选择或利益诉求进行详细评估，并寻找所有可能存在的解决问题的机会。创造价值是一个整合式的过程，需要双方就多重问题进行讨论。在大部分的谈判中，都有创造价值的潜在可能。

能够创造价值的协商结果可以达成更高质量的协议，有助于加强谈判双方之间的合作关系。[64]例如，这次公司可能无法为你加薪，但可以为你提供更多的带薪休假，这也会让你同样觉得满意。与此类似，你也可以通过接受其他补偿方案，避免公司为你破例做出有违现行规定的决定，而让公司也感到满意。你可以通过采用下述策略来创造价值：[65]

- 建立双方之间的互相信任并共享信息。为了做到这一点，双方都应当依据自己潜在的利益诉求，向对方解释所提出要求的合理性。此后，谈判者才可能一同找出满足双方需求的其他可行方案。在谈判中，缺乏透明度是很常见的状况，因此谈判者可能会更重视开放式讨论的价值，以期加强双方未来的合作关系。
- 提问。问题很简单，如"您会因此有多大的损失？"或是"您这样做的成本有多少？"在某些情况下，谈判各方可能不会与对方分享自己的利益诉求，此时，你必须在谈判开始前确认你希望从对方那里得到些什么，然后再提出问题，以收集到必要的信息。
- 有策略地向对方透露信息。如果对方对你问题的回复是无用信息，你应当向对方透露一些你所掌握的信息，但不能是你的 BATNA。通过有策略地透露信息，你可以将双方之间的讨论集中在你希望达成的结果这一方向上。
- 同时制订整体方案和多种方案。如果谈判者只提出一种条件，而最终这个方案被推翻了，他们可能无法更多地了解对方对于问题优先级的考量，他们所能掌握的信息比制定最初条件时多不了多少。

视野

艰难的谈话

人们通常倾向于用拖延的态度对待无法回避的状况。我们都曾有过回避会让人感到不舒服的谈话这类经历，但最终还是要面对。在商业环境中，可能你需要告诉某位女员工她的裙子太短了，告知客户他们订购的产品可能会延期交付，或者通知你的供应商你不再需要他们的服务。虽然进行这类谈话很艰难，但还是可以用一些策略和方法让这些谈话变得更容易些。这些策略包括，先透露坏消息给对方，把重点放在解决问题上，以及给出尽量简单的反馈意见等。

1. 你可以使用哪些策略，以使艰难的对话变得更加容易进行？

2. 试着描述你曾经经历过的某次艰难的对话。为了让谈话变得更容易，你曾使用了哪些策略？哪些是正确的做法？那次对话中你改变了哪些想法？谈话的结果是否令人满意？

3. 试着描述你曾看到的某次艰难的对话。对话的参与者曾做出了怎样的反应？对话的发起者采用了哪些策略？如果是你的话，你可能会用哪些不同的方式应对那种局面？

16.6.3 避免常见错误

尽管做了准备，很多谈判者在谈判过程中还会是犯错，因此付出代价，也使谈判不能有效地进行。当你将自己的利益诉求透露给对方时，对方可能不一定会这样做。本质上，对方可能更关注价值主张而不是创造价值。这样的行为可能会破坏双方之间的信任感。因此，你应当记住，最有效的谈判既要关注价值主张，也要创造价值，这一点很重要。

正如我们在第 15 章中所讨论的，同样的教训可能是由于谈判者在谈判过程中持有某些偏见或预设前提而造成的（见表 16-2）。在谈判前弄清楚自己的参考标准可以有效地避免常识性错误。

表 16-2　谈判中的常见错误

谈判中的常见错误	具体描述
非理性的承诺升级	在很多谈判中，一方可能会坚持最初的做法。这种行为方式会造成认知和判断的偏好性倾向，导致谈判者由于不愿面对失败的结果或者想表现出自己坚持原则，而做出不理性的决策[66]
锚定或调适性行为	在每次谈判中，都必须有一方提出首轮条件。在大多数情况下，与备选方案较少且地位更低的谈判者相比，有更佳备选方案或者权力更大的谈判者，更愿意首先提出他们的条件。[67] 首轮条件通常会为谈判制造锚定并决定谈判的结果
框架效应	谈判者表述可选方案的方式会改变他们对这些方案做出价值评判的方式
信息的可得性	信息的可得性是影响谈判者对谈判进行有效分析这一能力的最主要因素。[68] 因此，谈判者可能会利用所有的已知信息而不仅仅是可信赖的信息确定备选方案、利益诉求以及做出优先级判断，最终的结果也未必是最令自己满意的
过度自信	谈判者可能对自己的判断和选择的自信心过度膨胀

在有些情况下，谈判者会预设自己一方的利益诉求与对方是存在冲突的。这在本质上是因为，即使大家面对的不是单一的问题，而且对于问题持有不同的价值判断，他们仍认为双方都会尽可能争夺最大的那块"饼"。[69] 由于双方太希望赢得谈判，或者低估了寻找双赢折中方案的重要性，有些时候，无法形成整合式谈判。在这种情况下，双方都没有意识到他们的利益诉求是有可能被同时满足的，双方并非仅仅是互相竞争的关系。[70]

在另外一些谈判中，谈判者可能提出相对较低的条件，让对方轻易就能接受。这也被称为"赢家的诅咒"。当谈判者因为自己开出的首轮条件立刻被对方接受而感到兴奋时，对方可能已经掌握了更多的信息，而且会因此收获比预期更好的结果。

16.6.4　了解执行 BATNA 的恰当时机

尽管谈判双方会就利益诉求和偏好进行讨论，但有时，对方会坚持只就自己的利益诉求进行谈判。因此，谈判者必须确认 BATNA 是否比对方所开出的任何条件都好，是否执行 BATNA 是最好的策略。为了确认是否"没有成交"是最好的结果，你应当试着去寻找是否存在以下线索：[71]

（1）你已经告知对方自己的其他条件，但他仍不能接受或损害这些备选方案为你带来的价值。

（2）对方一直企图说服你接受这样的观点，即你所坚持的利益诉求并不是如你想象般有价值，而不试着去满足你的需求；

（3）对方在谈判过程中似乎一直在扯开话题，而不是与你交换信息、建立合作关系或尝试达成协议。

（4）无论你怎样努力，对方都不愿意回答你提出的问题，也不询问你的需求或利益诉求是什么。

有效的沟通需要你考量能够使沟通更有效或妨碍沟通有效性的两方面因素。为了进行有效的沟通，你不仅要考虑自己的利益诉求，还需要考虑对方的需求。同样，对方也应当考虑你的利益诉求。如果双方不能互相交换可靠信息，也就很难达成协议。在上述情形下，是没有 ZOPA 的。在没有 ZOPA 的情况下，你应当执行 BATNA，而不是为了达成协议而说是。[72]

16.6.5　调停和仲裁

在有些情况下，上述的谈判策略和技巧都可能失效，由于谈判中出现更多的情绪化因素，谈判者需要从一个中立第三方处寻求帮助，即**调停人**（mediation）或**仲裁人**（arbitration）。调停人并不做出最后决策，他们会与各方沟通，寻找双方的可能达成协议的共同点。[73]有效的调停人能与谈判双方都建立和谐且信任的关系，能与双方进行有创造性的头脑风暴，并且可以避免双方草率地得出结论。[74]

在谈判双方陷入僵局时，通常需要由仲裁人做出最后的决定。仲裁人的角色像是一名裁判官，他需要聆听双方的不同意见并就争议问题做出最后决策。[75]在大多数情况下，仲裁人对谈判双方是有约束力的。也就是说，双方都会支持并遵守仲裁人做出的决定。

16.7　跨文化沟通

在双方进行谈判时，他们会把各自的利益诉求、对问题优先级的考量以及可能的备选方案放在台面上讨论，同时也有与各自文化背景相关的因素。在谈判中，不同文化之间可能差异很大，而且还可能因此对以下问题造成影响：谈判者为什么持有这样的立场？问什么对他而言，某个问题特别重要？他们会采取怎样的策略等。[76]谈判策略会因以下两种不同类型的文化价值观而呈现出明显的差异：平等主义与等级制度，以及低语境与高语境沟通规范。[77]

16.7.1　平等主义与等级制度

平等主义与等级制度文化之间的区别在于，等级制度强调社会阶层之间的差异，而平等主义则不然。因此受等级制度文化（土耳其、日本以及巴西等国家）影响的人们在谈判中更不愿意与对方正面冲突，因为这样的行为意味着对上级的不尊重。受平等主义文化（意大利、西班牙、法国、丹麦以及希腊等国家）影响的人们则在产生冲突时更能自然应对，同样他们也更愿意提出 BATNA，谈判者可以因此提高自己的地位。[78]

16.7.2 低语境与高语境沟通规范

低语境与高语境沟通规范的区别在于，低语境文化更强调直接沟通，而高语境文化则更强调间接迂回的沟通方式。在低语境文化背景下（德国、斯堪的纳维亚诸国、瑞士，以及美国等国家），信息明确且意思清晰。通常，人们所说的就是他们想表达的意思。而在高语境文化背景下（阿联酋、法国、日本、印度以及俄罗斯等国家），信息通常隐含在语境中，所要表达的意思也需要根据理解来推测。[79] 在这种情况下，个体可能不会清晰表述他们的意思。一方需要通过提问来确定他是否完全理解了对方所传递信息中的隐藏含义。

由于存有上述差异，人们需要据此修订自己的沟通策略，并将文化差异的因素纳入考量范围。因此，在进行跨文化谈判时，谈判者应当将谈判的进程放缓，慢慢试探他们所采取的谈判策略是否有效，同时愿意对谈判策略做出调整以达成目标。下面几个关键问题可能会有助于你确定如何以一种最好的方式与不同文化背景的人们进行谈判。[80]

- 谈判的目标是建立合作关系还是签订合同？
- 沟通的方式是直接的还是间接的？
- 正式与非正式的风格，哪种更有效？
- 形成决策的紧迫程度如何？
- 所要达成的协议只是一个总体指导原则还是某项决策？
- 决策的形成是由上至下还是自下而上的？

本章小结

冲突是当某个个体或团队在利益诉求、观点和行为方式上与他人或其他团队存在差异时，产生的某种情感或认知反应。由于冲突既可能导致毁灭性的结果，也可能达成有建设性的效果，理解造成上述两种结果的冲突中所潜藏的各种因素便尤为重要。理解分歧意见产生的根源并了解其中隐含的因素，进行有效的沟通，并在考虑冲突所涉及的个人和团队各自不同的利益诉求的基础上，有步骤地制定行动方案，管理者可以更有效地管理任何一类冲突。

1. 在同一群体中的不同个体之间产生的冲突，称为人际冲突。当两个或更多的个体需要一起工作，完成同样的任务目标时，他们之间的相互依赖关系通常会引发人际冲突。如果他们的利益诉求和观点不

一致，就会产生冲突。在不同群体之间产生的冲突，称为群际冲突。社会认同理论和现实冲突理论很好地解释了为什么群际冲突会升级。根据社会认同理论，某个群体中的成员可能通过找出其他群体的消极方面的方式提升自我形象，这就会造成冲突。而根据现实冲突理论，可获得资源的有限性是导致冲突的原因，而且还会让某个群体更团结一致，反对另外一个群体。

2. 认知冲突，也称任务冲突，可能会导致更加积极和有效的结果，尤其是当人们可以平衡他们之间不同的利益诉求、观点以及信念时。但如果冲突一直不能得到解决，也会有负面影响，还会影响决策的有效性、限制创造力并造成沟通障碍。因为人的因素而不是任务的因素造成的冲突，称

为情感冲突。情感冲突可能会制约群体有效合作的能力。

3. 管理冲突的方式有很多种，包括回避、妥协以及合作等。管理者需要根据对所处情境的分析确定最恰当的行动方案。明确双方的立场和利益诉求是解决人际和群际之间分歧的一种有效方式。通过这种方式，处在纠纷中的人们可能会找到他们的某些共同点。

4. 有些分歧并不容易解决，这时，双方必须借由某种正式的方式尝试解决问题，谈判就是其中一种。分配式谈判和整合式谈判是两种最主要的谈判方式。分配式谈判属于单一问题谈判，它的预设前提是，一方赢得谈判是以另一方输掉谈判为代价的。整合式谈判则关注多重问题，这就使双方都有可能获得某种程度上的胜利或满足。

5. 为了进行有效的谈判，谈判者需要在谈判开始前评估每一方的备选方案、利益诉求和对问题优先级的判断。有效的谈判者知道如何提出价值主张并创造价值。他们也了解就多重问题同时进行谈判和探寻所有可能存在的机会的重要性，以免造成资源浪费。有效的谈判者会尽量避免犯下常见错误，这些错误包括对自己原本所持立场不必要的坚持、草率地接受首轮条件，或对他们为谈判带来的价值过度自信。

6. 谈判的形式和方法也会因在某个特定的区域或国家主流文化价值观的差异而有所不同。例如，在个体主义和自由主义文化中，人们对冲突的态度更为开放，但正面冲突会令受等级制度文化影响的人们感觉不那么舒服。在跨文化谈判中，谈判者需要花时间去了解可能对谈判造成影响的文化因素。

关键词

情感冲突（affective conflict）
仲裁人（arbitrator）
谈判区间（bargaining zone）
最佳替代方案（best alternative to a negotiated agreement，BATNA）
冲突（conflict）
价值主张（claim value）
认知冲突（cognitive conflict）
冲突（conflict）
创造价值（create value）：
冲突缓解（de-escalation）
分配式谈判（distributive negotiation）
冲突升级（escalation）
群体盲思（groupthink）
整合式谈判（integrative negotiation）

利益诉求（interests）
群际冲突（intergroup conflict）
人际冲突（interpersonal conflict）
问题（issue）
调停人（mediator）
消极谈判区间（negative bargaining zone）
谈判（negotiation）
整体保留值（package reservation value）
立场（position）
积极谈判区间（positive bargaining zone）
现实冲突理论（realistic conflict theory）
保留值（reservation value）
社会认同理论（social identify theory）
可达成协议空间（zone of possible agreement，ZOPA）

课后练习

讨论话题

1. 为何冲突回避如此普遍？
2. 请解释个体间冲突和群体间冲突的差异。导致每种冲突的基本原因是哪些？
3. 回想一下你曾被社会认知理论影响的不同渠道。你所参与的哪些活动或者行为强化了你对群体或团队的忠诚？这种认知存在哪些风险？

4. 团队如何充分发挥任务冲突的价值而不致引发情绪冲突？群体有哪些可以降低情绪冲突的办法？

5. 请列出分配型协商和整合型协商的差异。

6. 在谈判协商中第一个亮明自己立场的优缺点分别是什么？

7. 有效谈判的关键是理解对方的立场和备选方案。有什么方法来了解到另一方的立场和备选方案呢？

8. 在谈判中，一方如何能够在创造价值和索取价值之间取得微妙的平衡？

9. 过度自信如何影响谈判结果？

10. 情绪为何以及如何影响谈判结果？

管理研究

1. 思考你曾工作过的最好和最差的团队。这两个团队有哪些不同之处？它们如何处理冲突事件？通过采取哪些方法可以提高较差团队的表现？

2. 思考你曾与室友、队友、朋友或兄弟姐妹产生分歧意见的某种情形。面对冲突时，你默认的立场是什么？你会接纳对方的意见，还是强迫别人同意自己的观点？

3. 思考你最近做出的一次大额采购行为或重要决定，例如，购买新车、新的笔记本电脑或签约电信服务等。对你而言，哪些方面的因素对决策有重要的影响，价格、服务、性能还是其他？你愿意做出哪些权衡取舍？你是如何达成协议或做出决定的？

行动练习

在你社区的某个组织中或在学校里观察某次冲突管理的过程。根据下面的问题记录这个过程。

• 冲突双方是谁？

• 造成冲突的原因是什么？

• 为什么这个问题会引发冲突？

• 冲突是如何被管理的？

• 双方是否采取谈判的方式解决冲突？如果是，哪些谈判策略是有效的？

• 冲突是如何解决的？

• 冲突相关各方对解决方案的反应如何？

与同学分享笔记并讨论本章所涉及的概念。

第 17 章

如何领导团队

学习目标

阅读本章内容后，你应当能够：

1. 区分团队和工作组，并能概述建立一个团队的基本要素；
2. 描述团队的特征，以及多样性会如何帮助或妨碍团队绩效；
3. 概述团队发展的阶段，以及团队规范的形成方式；
4. 描述团队是如何运作的，以及团队成员之间为达成团队目标是如何进行互动沟通的；
5. 解释团队有效性的主要方面以及领导者在影响团队中扮演的角色。

开篇自测

你是如何在团队中做出贡献的

团队有明确的工作任务，需要团队成员共同工作，相互依赖，以达成一个共同的目标。团队的成功依赖于通过集体行动使成员得到激励，成员间互相学习的能力如何，以及发展建设性工作关系的意愿。尽管一个团队可能有一个正式的领导，但所有成员都应该贡献其才能并对团队的有效性负责。那么，你是否了解自己是如何为团队工作有效性做出贡献的？请阅读下面问题并按从 1 到 5 的分值进行打分。

1= 从不；2= 很少；3= 有时；4= 经常；5= 总是

1. 在团队工作时，留意团队的工作日程或者目的。
2. 在团队工作时，运用独特的技能和才能，帮助团队达到目标。
3. 在虚拟团队工作时，有效运用科技手段与其他成员沟通。
4. 作为团队成员，遵守团队的工作守则。
5. 在团队工作时，与其他成员分享自己的知识。
6. 在团队工作时，努力尝试学习其他团队成员的优点。
7. 在团队工作时，积极参与建设性冲突的讨论。

8. 在团队工作时，能管理团队的外部关系。

9. 在团队工作时，详细调查外部竞争环境。

10. 在团队工作时，通过乐观、赞美他人和快乐的情绪创造正能量。

根据上述测评结果，你认为自己对团队工作的贡献如何？这种贡献是否有效，这种贡献以什么形式使团队受益？

17.1　概论

"团队中没有自我。"教练和团队领导者经常用类似的语言来形容团队中的战斗友情，以及强调为实现同一目标共同工作的重要性。本质上，这些说法都是在强调，如果没有集体智慧和个人努力的结合，不可能成功实现团队目标。大量研究表明，在面对各种复杂和简单直接的工作任务时，团队共同工作都比个人独立工作的效果好。[1]虽然团队中有很多成员对上述观点表示认同，但也有人持反对意见。他们认为在"团队中没有主动的我（I）"，那只不过是一个"被动的我（me）"。对于希望高效运作的团队而言，在完成那个令大家能够走到一起的共同目标或任务的同时，还应当满足个体成员的需求。也有研究表明，虽然团队有巨大的潜能，但是很多人更可能遭受功能失调，使得所有人的团队体验都很糟糕，因此降低了团队的绩效。这有时会导致团队成员质疑团队工作的必要性。

不管你是否喜欢在团队中工作，事实上，团队是在完成运营类、战略性和创造性任务时的主要方式。**团队**（team）由两个或更多人组成，他们拥有互补的技能，一起工作，共同完成特定的目标。最有效的团队建立共同的目标，而且成员们站在同一战线上追求该目标。[2]通过整合多个个体的经验和观点，组织可以更有效地参与竞争，适应外部条件变化的能力也更强。个体为团队带来的多样化技能和观点，使集体的劳动成果比个人努力累计叠加的效果要好很多。团队也会为员工施展领导能力提供第一个机会，如说服别人的能力、谈判的能力、建立共识的能力以及进行管理的能力等。在团队中工作的能力会在你处理与同事关系时起到重要作用，也会对你未来职业生涯的发展产生重大影响。

团队工作对于组织及组织中的个人至关重要，但是与此同时，很多人会发现这样的工作非常困难。团队中可能出现令人沮丧的遭遇，包括私人冲突、日程冲突、信任缺失、沟通不畅和无效领导力。因此，团队工作非常重要也可能很糟糕。成为有效的团队成员所需的技能并非自然而然形成。然而，当他们被团队接受时，他们会尽力朝着团队成功和团队成员满意的目标而努力。

两家公司成功地平衡了团队成员满意度和组织绩效，它们是全食食品超市公司（Whole Foods）和京瓷公司。

案例 17-1
全食食品超市的团队和京瓷公司的变形虫式管理

全食食品超市经营着 400 家店铺，每年销售收入将近 142 亿美元。[3]如果按店面每平方英尺⊖所创造的利润排名，该公司是全美最赚钱的食品零售商。全食食品超市把健康和有机食品产业推动成为美国食品杂货行业中发展最快的产业，他们满足健康敏感型消费者

⊖　1 平方英尺 =0.093 平方米。

需求的能力会使其成功这一点早已可预见。[4] 全食食品超市服务消费者的手段之一是在每个店铺中吸引和培育一支高效运作的团队。[5]

在任意一家全食食品超市，基本都会有八个工作团队监控着从海鲜产品原材料、产成品到结算等工作流程。这些团队分别负责定价、订货、人员安排和店内促销等。团队工作成果通过其劳动生产力来衡量，公司会计算每个团队每小时单位人工的利润。超过预期生产效率目标的团队，会在下一份工资单中得到奖金。团队还需要与其过去完成的生产指标进行对照，与本店其他团队进行比较，以及与公司其他店类似的团队类比。[6] 在全食食品超市公司，团队的成功是为个人提供未来职业发展机会的重要决定因素。

与此类似，日本的京瓷公司是一家集手机、电视和其他高科技产品中复杂电器原件的提供商。京瓷公司在生产运营部门采用了一套以团队为核心的工作流程，这一流程被称为"变形虫式管理"。京瓷公司创始人稻盛和夫相信，生产流程应该被细分为 5 ～ 50 人的，有独立支撑会计系统的小型工作组，每个小组负责一项特定的工艺流程，并有其独特的利润结构。这些小型工作组通常会被划分为更小的组，以便公司能更准确地考核利润。随着公司的发展壮大，团队细分的过程将持续至进一步细分已经没有意义的时候。这一细分过程很像变形虫的细胞不断分裂成更小的组成部分一样。变形虫式管理有效地刺激了京瓷的生产能力，在超过 6.9 万名员工的情况下仍能保持创业精神。与全食食品超市相同，团队成员在工作表现和工作能力提高或者在生产过程中能够与他人良好合作时会得到奖励。[7]

类似全食食品超市和京瓷公司这样的企业，在团队合作的理念下工作比个体独立工作更有效率，产出也更高。两家公司的团队都表现出高效团队的三个主要特征：①团队工作结果是显著和切实的；②培养团队成员学习、适应变化和未来协作的能力；③为个人成长和发展创造机会（见图 17-6）。[8] 这些组织相信将团队成员间的知识和技术结合起来完成工作目标，会使团队更具创新性，找到更多有效的工作解决方案，达成更好的底线工作结果。尽管类似全食食品超市和京瓷公司这样的公司会尽可能鼓励团队合作，但团队并非总能高效运作，也并不是在任何情况下都适用。

案例思考

1. 在全食食品超市公司，团队是如何被赋权的？
2. 在全食食品超市公司，为什么管理层要评估团队的工作表现？
3. 京瓷公司的"变形虫式管理"具体指什么？
4. 在京瓷公司，"变形虫式管理"方式是如何形成团队的？

在本章中，我们将介绍高效团队模型，以及概述有关团队建设、特质、发展阶段、规范和工作流程等内容。我们将会从描述团队特质，解释团队在组织中的生存之道开始；之后是团队发展过程、动态变化组成元素以及团队领导者必须理解和适应的因素；最后，我们将介绍管理者如何实现团队产出的最大化。

17.2　什么时候适合采用团队的模式

想想管理一个由不同个体组成的多元化群体并且要试着为他们设定一个共同目标将会是多么的复杂，团队并非总是组织中最好的工作载体。相反，工作组（work group）则可能因其更清晰的架构而更加适合，并且会更有效地达成目标。工作组与科层制组织有很多共同特征：二者都有清晰明确的领导者，有固定的工作关系以及明确的个人责任（见图 17-1）。但正如我们在组织结构和领导力等章节中所了解到的，明确的角色定位和个人工作职责可能会限制工作组完成复杂任务的能力。

虽然工作组较个人单独工作更好，但在应对复杂工作或当任务需要个体更加投入和从多方获取支持时，团队工作的效果更佳。

随着任务复杂性的增加，个体不可能具备完成任务或者解决问题所需的所有知识和能力。**任务的复杂性**（task complexity）是指，理解任务需要掌握的信息量，工作结果的不确定性程度，存在需要更多技能或更广知识面的子任务，或缺乏用以完成任务的标准化操作流程等。[9] 复杂的任务通常需要多个拥有不同背景和专长的个体共同输入。如果存在上述任何一种因素，这类任务都属于复杂任务。

团队	工作组
• 分享的领导角色	• 明确集中的领导
• 个人责任与共同责任并存	• 个人责任
• 团队的具体工作目标	• 目标与组织任务一致
• 具有复杂任务和非独立任务的特征	• 具有简单任务和独立任务的特征
• 集体工作成果	• 个人工作成果
• 开放式的讨论，鼓励解决问题	• 事先确定的工作结构

图 17-1 团队 vs. 工作组

资料来源：Adapted from Jon R. Katzenbach and Douglas K. Smith, "The Discipline of Teams," *Harvard Business Review,* July–August 2005.

团队也涉及团队成员间关系的相互依存。**任务依存性**（task interdependence）是指群体中成员需要协同工作并相互依赖以完成群体的工作任务。[10] 任务依存性有时是任务本身固有的[11]，比如设计新的产品开发方案。新产品开发团队通常包括理解消费者（营销和销售），理解生产过程（生产）和理解新技术、应用（研究和开发）的个体。这种需要个体互相依存的任务更适合团队管理。这种情形下，团队成员依靠互相之间独特的技能。

17.3 团队特质

至此你已经了解到，团队成员在彼此之间需要形成有效的工作关系时才能达到更高的联合生产效率，并让每个个体也感到满意。这种关系可以通过创建鼓励成员之间互动和沟通的团队氛围而形成。在乔治 C. 霍曼斯（George C. Homans）所著的《人类群体》（*The Human Group*）一书中，作者对正规的群体设计如何影响群体有效性进行了探讨。[12] 霍曼斯提出，如果设计不当，团队就会表现不佳，特别在是群体组成、任务设计和正式组织均不支持协同合作的情况下。[13]

设计良好的团队是由一个个体组成的社群所构成的，这些个体会为了达成同一个目标而努力共同工作。他们了解自己所被分配的任务，以及在完成任务的过程中每个团队成员在团队中扮演的角色和承担的责任。**任务目标**（task objectives）会指引团队成员为了达成目的（goals）并按照一种优先级顺序来完成工作，同时也会帮助团队成员了解如何使自己的工作与更大的工作图景相匹配。[14] 这些目标同时会让成员了解团队工作的预计周期，这将有助于他们按计划交付工作成果。一些情况下，团队拥有制定目标和评价标准的权力；另一些情况下，目标会由更高的管理层或者其他一些外部的实体来制定。两种情况下，团队都可以自行决定完成目标的工作方式。

团队在完成长线任务时，有时会制定一系列短期目标以评估工作进展，并且保持成员的工作积极性。例如，礼来制药（Eli Lilly）外围系统部（Peripheral Systems Division）的一个产品开发团队，制定了一系列有关某种超声波探针产品的市场推广目标，以帮助医生定位深层的血管和动脉。[15] 因为这个团队会根据何时达成每一个目标来评估工作进展，因此在整个产品开发过程中，这个团队对于进展到哪个阶段了然于胸。作为世界上最大的制药公司，礼来制药经常涉及诸如超声波探针的产品开发任务，这一任务非常繁重，需要大量的时间。通过阶段性反馈，礼来制药的产品开发团队可以对他们跨度时间长的工作保持动力和热情。

为完成任务目标，设计良好的团队也包括"合适"的团队成员，他们擅长某项技术，并在完成任务的过程中擅长鼓励其他团队成员的参与感并激励他们努力工作。在本节中，我们将讨论会影响团队合作和团队有效性，而与团队设计相关的因素。

17.3.1　团队的组成和规模

有效运作的团队是由具备高度参与感和积极性的团队成员所组成的，目的是为了解决某个特定的问题。由于团队成员有可能对解决问题的方式持有不同意见，他们需要有一个共同的目标和计划。如果团队成员之间在计划上存有分歧或目标不一致，这样的团队经常会因需要共同完成被指派的任务而经受困扰。除了共同的目的和目标之外，团队成员应当对自己的工作负有同等的责任，以保证团队的成果能够反映出集体的智慧和付出。

正如上文中所提到的，面对复杂问题时，团队应当由具备各类不同专业技能和能力的成员构成。团队任务的本质属性是，它应当说明对个体能力各类需求，以确保团队提出的任何解决方案都可以被有效评估。例如，新产品开发团队应该包括来自制造部门、工程部门、市场部门、产品 / 品牌管理部门和研究部门的成员。在某些特定的情况下，团队中能有来自客户方面的代表会更好。虽然最好是在成立时就确保团队能够由水平适当，且精通各类技能的人员组成，但在找到解决方案或做出建议的过程中，加入新成员的情况也很常见。新成员加入时，注意保证他们能被正确地同化，支持团队的使命。

虽然很多成员被纳入团队是因其专业技能，但人际交往能力也应当是选择成员的一个重要考量因素。与他人融洽合作的能力、为他人提供支持的能力以及积极的态度等，都是重要的人际交往技能，这些都应该在设计有效团队时加以考虑。[16] 我们会在本章的后面部分谈到，团队工作过程的特征通常是寻求一种对抗与合作之间的平衡。团队成员应该有效地控制合理冲突和一致意见。除了可以融洽合作之外，团队成员还应该对新想法抱有开放的态度，并能以行动为导向。最后，有效团队包括具有共同责任感的成员：每位成员都会担负起自己的责任，并且对团队目标有所贡献。

最优的团队规模并不存在；团队规模应当是任务本质特性的反映（即，团队成员的技能和观念应当一种恰当的组合，以达到预期的目标）。例如太阳微系统公司（Sun Microsystems），它目前在甲骨文（Oracle）旗下，前身是一家计算机公司，虽规模不尽相同，但是每个团队都会由不同专业的人员组成。成员的被分配至一个团队的依据是他的才能、工作地点或目前的工作量。[17] 每个团队通常有 5 ～ 20 个成员不等。[18] 虽然有些人认为较大规模的团队与小规模团队相比，可以更快地完成任务，但事实上，结果通常恰恰相反；同样地，一般来说，人手不足也要比人手过多来得更好。[19] 规模过大可能更难协调，因为沟通的需要和冲突的产生可能会因为人数增加而增多。[20] 有研究表明，当团队人数超过 20 以后，随着协调活动的增多，合作的趋势反而会因此下降。[21]

17.3.2　管理者领导型与自我管理型团队

考虑团队的规模在团队设计时非常重要，同样，准确地对团队成员分配职责也是如此。

有些成员可能被分配做领导角色，他们负责确定团队目标，创建符合团队目标的工作流程，激励其他团队成员，并且将团队的工作进展向组织中的相关人员汇报。在有的团队中，领导者的角色会由多人分担。在所有这些情况下，确定每个成员的职责分工对于在最大程度上减少工作中的困惑和协调解决问题都非常重要。

团队成员所承担的职责会因团队类型的区别而不同，团队可能是管理者领导型团队或自我管理型团队。一些团队在组建时其成员的角色就已经被预先分配好。马萨诸塞州综合医院（MGH）心脏外科医生 David Torchiana 曾领导一个心脏病科医生团队，包括一名心血管病医生、一名外科医生、一名麻醉医师、各科住院医生以及护士，还有来自医院其他部门的人。团队目标是在患者接受冠状动脉旁路移植手术（CABG）的过程中，通过外科医生、护士和医院其他工作人员的参与，确定最有效和及时的诊疗流程以尽量避免病情延误，最有效地利用资源，并且对患者提供最高水平的护理。[22] 在护理过程中，Torchiana 医生鼓励团队成员定期召开会议，与团队其他成员进行明确的沟通，并讨论在护理过程中每一位团队成员所承担职责的重要性。除此之外，他设立清晰的团队小目标，鼓励团队成员标准化流程，分享最佳经验，促进以共识为目标的决策过程。最终，Torchiana 医生所领导的 CABG 护理团队成功地设计了一套可以为该医院整体目标提供支持的计划。我们把这些类型的团队称为**管理者领导型团队**（manager-led teams）。在管理者领导型团队中，领导者拥有对成员和他们所承担职责的最高控制权。管理者有责任监控和管理团队的业绩表现，并且把团队工作进展汇报给组织里的其他人。[23]

在一个类似 MGH 护理团队的管理者领导型团队中，管理者作为团队领导人，负责制定团队目标、工作方法和团队的功能。[24] 管理者领导型团队可以被分为垂直型和水平型两种。**垂直型团队**（vertical teams），也称功能型，团队由管理者和他在管理序列中的下属组成，通常在同一个职能部门中（如财务或人力资源部）。**水平型团队**（horizontal teams），或者叫功能交叉型，如 MGH 的护理团队，由来自平行层级但隶属不同部门的成员所组成。当管理者领导型团队是功能交叉型团队，可以用一种多视角的方式解决问题。

管理者领导型和自我管理型团队各自有其优缺点。虽然很多人认为领导者管理型团队是最高效的，但组织也经常采用**自我管理型团队**（self-directed teams）的形式对员工赋权，团队每一位成员都被授权并对团队建设和团队进步负责。[25] 在自我管理型团队中，团队建设和决策的角色被分配给了不同的团队成员，这些成员帮助团队发展。和管理者领导型团队一样，自我管理型团队也必须鼓励团队成员具有责任感，明确角色分工以及团队成员之间的合作，以使团队可以高效地运作。如果不能满足这些标准，则会导致组织变得无序，组织的生产效率也会因此受到负面影响。如果其他团队成员无法找到解决方案，团队外的高级管理人员需要进行干预。

17.3.3 集中式团队和跨地域（分布式）团队

对那些高效的团队来说，团队成员需要在一种鼓励沟通和互动的氛围下共同工作。团队成员应该就完成任务最合适的方式进行沟通，包括每个成员在任务中的角色，以及如何做决策以推动团队工作的进展。**集中式团队**（collocated team），如全食食品超市的团队，通过大量的面对面沟通做出运营决策。[26] 团队成员在工作时，彼此之间距离很近，有频繁的社交互动，能够在团队工作进展中给予其他人快速反馈。[27]

有研究表明，面对面的互动可以促进团队协同与团队合作。[28] 当团队成员进行面对面的社交互动和非正式的谈话时，他们会觉得彼此之间的联系更加紧密。例如，团队成员可能会观察其他成员的面部表情、动作以及肢体语言，以确定对方所说的是不是值得信任。面对面沟通也意味着团队成员会在同一物理空间分享经验，这是团队成员对团队经验做出承诺的一个信号。建立信任、形成联系以及承诺共享团队经验对发展团队成员之间的关系都非常重要。[29]

随着技术的发展和全球化的进程，团队成员在距离和时间上彼此分开，更多的公司开始组建**跨地域（分布式）团队**（geographically distributed teams）。由于团队成员经常在不同国家，跨越多个时区工作，管理跨地域（分布式）团队是一件困难的事。因此，在团队成员进行互动时，这些团队对电子工具有很强的依赖性，如电子邮件、传真、语音信箱、电话或者视频电话会议系统等。[30]这些工具使得跨地域（分布式）团队成员之间可以进行沟通，并跨越物理边界，提供快速反馈。团队成员的文化背景和工作风格都有所不同，这也可能成为他们进行开放式沟通的障碍。为了应对这些问题，有些公司，如太阳微系统公司，会为此实施专门的计划，用以为跨地域（分布式）团队提供支撑。

1995 年，太阳微系统公司管理层发布了一项新计划，以解决跨地域（分布式）团队为公司带来的诸多挑战性问题。"开放式工作"（Open Work）可以使员工跨时区工作，在他们现在的工作地点更有效地行使工作职能，从更有弹性的工作日程安排中受益，并可以因此更好地平衡工作和生活。[31]开放式工作计划包括三个组成部分：一套可以使人们在不同工作地点移动，为个人电脑系统提供稳定无线接入技术；当员工不在永久办公地点办公时，接入"本日工作地"（workplace for the day）；每月为移动办公人员提供津贴，包括互联网、电话以及硬件费用等。[32]因为采取了这些举措，太阳微系统公司的跨地域（分布式）团队之间协调和互相沟通的问题得以改善。

17.3.4 利用多样性

跨地域（分布式）团队可能更多样化，该多样性机遇与挑战并存。如今多样性有多种形式，包括不同性别、不同种族、不同教育背景、不同语言和不同功能。每一种区别反过来都会导致本质上不同的世界观，以及信息加工和决策的方式的差异。有些人是细节导向，想在决策前观察所有的客观和主观的细节；而有些人更偏好直觉，不喜欢陷入细节中。这些数不尽的差异部分源于文化差异，也有部分是基于探索世界和决策的个体差异。考虑到他们个体和职业经验的深度和广度，从长远来看，多样化的团队成员比同质化的团队成员更易于找到具有创造力和创新性的解决方案。[33]多样化的团队成员具有更为互补的专业知识，同时有更广的关系网。这些都将有助于团队产生大量的新想法和新方式。但是，如果工作任务很简单直接，对时间和效率的要求更高，同质化的团队则可能更加合适。同质化的团队通常会具备一种共同的工作语言和工作方式，这可以更好地协调彼此和加速群体过程（group process）。

虽然多样化的团队有一些优点，但也存在着更多的管理挑战——管理不善会导致灾难性的结果。因此，你会发现多样化团队比同质化团队具有更高的不确定性。虽然多样化从长期角度看有助于提高创造力，多样化团队的成员在短期内却会因为彼此之间知识和经验只有有限的共同之处，而在群体认同和群体过程中产生冲突。同样，如果团队及其领导者没有花时间或者努力保证每个成员都能相互理解彼此的观点和看法，多样化团队中更易于产生功能失调性冲突和误解。[34]无论是管理者领导型团队还是自我领导型团队，确保领导力以完成该项团队工作是非常关键的。当多样化团队中的个体认为他们的观点和看法的价值不被认可时，他们可能会退出团队；因此，这个群体也会失去因多样化带来的价值，它所给出的解决方案也会因此遭受影响。绩效高度不确定的多样化团队如能接受有效领导者的积极指导，将会对成功异常关键。

多样化团队工作需要遵循一些基本原则。随着健康的尊重和鼓励团队成员的多样性背景，成员们不仅需要对不同的意见保持平和，而且要能够在这种差异中完成工作。虽然冲突可能在多样化团队生命周期的早期阶段更容易产生，但团队所给出的解决方案还是会因多样化的观点和看法而受益。当团队成员对相互的优势和劣势彼此理解时，多样化团队的成功可能性就会增大。而当团队在工作过程中遵循共同的规范并且尊重成员的个体差异之处时，成功的可能性也会增大。最后，个体对自身的看法是否与团队对他的看法一致，也非常重要。[35] 确保一致性的方法在于保证团队成员能够自由地表达自己的观点，分享他们自己的信息。领导多样化团队的目标是发挥成员的创造力，同时尽可能减少因不了解而带来的误解。

视野

外向型团队

麻省理工斯隆管理学院的德博拉·安科纳（Deborah Ancona）教授和欧洲工商管理学院的亨里克·布雷曼（Henrik Breman）提出了外向型团队（X-Teams）这一设想。当团队目标是激励创新时，外向型团队把关注外部的想法和关系看成是成功团队的一个重要组成部分。外向型团队在选择成员时，会考量他们与他人共事的能力，他们的同事以及他们所在组织内部的体系，但更加看重能够借助组织外部的力量形成新想法的关系和能力。摩托罗拉 Razr 手机团队就是一个外向型团队。

团队从研究已经被工程师弃之不用的概念开始着手，然后将源自不同想法的各种元素组合起来，形成设计草图。公司为此派出了五名工程师，每人负责提出两个不同的设计来解决问题。在最终的设计方案中，有三个看似最有潜力获得成功。又经历了两周高强度的工作后，团队最终确定了一个设计方案。最终结果是一部变革式的新手机在 6 个月内卖出了超过 100 万部。[37]

1. 外向型团队哪些方面的要素对于 Razr 手机的成功至关重要？
2. 指出你曾亲身经历过的一种情况，对于这种情况 X 型团队有无价值？
3. 指出一个可以从外向型团队的创新性想法中受益的组织。他们应如何把 X 型团队引入组织内部？

17.4 团队发展

即使团队在组建时经过了合理的设计，完成团队任务的过程也并不总是那么顺利。例如，团队成员可能对完成任务的最好方式持不同意见，或者有些团队成员可能会认为其他成员没有付出足够多的努力。工作氛围可能会因此变得很紧张，也可能需要更长的时间来完成任务。当任务最终完成时，有些成员可能感觉最终产品不是那么令他满意。

虽然团队需要合理的设计，一个高效的团队还应当是这样的：团队成员会以一种让每个人都能感受到积极的团队体验的方式，进行沟通、做出决策以及完成任务。为了达到这些效果，每个成员都应该对团队任务和战略承担同样的责任，并与团队其他成员建立高效合作的工作关系。

领导力开发

领导者应该了解，有一些常见的陷阱有可能使组织出现功能失调。这些陷阱包括：

- 团队成员间缺乏信任
- 担心团队成员间产生冲突
- 没有承诺感的团队成员
- 团队成员逃避责任
- 团队成员不关心结果 [36]

回顾你曾在某个功能失调组织中的工作经历，并据此思考，为什么团队会出现功能失调。事后回想，如果回到当时，你会如何提高团队的有效性？

17.4.1　团队发展阶段

在布鲁斯·塔克曼（Bruce Tuckman）有关团队的研究中，他发现团队通常经历五个发展阶段，包括组建期、动荡期、规范期、高效期和休整期（见图 17-2）。

在**组建期**（forming stage），团队成员会确定将要完成什么任务以及这个任务如何完成，以此设定团队的基本规则。例如在苏格兰皇家银行，领导者会对切实可行的绩效目标进行详细的描述，然后制订计划并为需要完成的工作制订时间表。领导者的工作主要是为团队提供必需的资源以及协调团队工作。在组建期，团队成员也会了解彼此的技能和能力。[38] 团队启动过程经常是未来团队绩效的重要驱动。团队组建时，团队成员对启动过程目的心知肚明是很重要的，因此要花时间来保证所有成员都认可团队使命。除此之外，团队成员需要彼此熟悉，包括其他人能给团队带来什么以及他们如何能够最佳发挥他们的经验来支持团队的使命。[39] 如前所述，信息分享对于多样化团队至关重要。

图 17-2　团队发展的五个阶段

资料来源：B. Tuckman, "Developmental Sequence in Small Groups," Psychological Bulletin, Vol. 63, No. 6, 1965, pp. 384–399; and B. Tuckman and J. Jensen, "Stages of Small-Group Development Revisited," Group & Organization Studies, Vol. 2, No. 4, December 1977, pp. 419–427.

在**动荡期**（storming stage），团队成员会经历因人际关系问题和观念不一致而产生的冲突。团队成员可能在人际关系问题上走极端，导致成员之间的冲突升级。混战以及不团结很常见，这会成为完成任务和发展成员间人际关系的阻力。我们曾在第 16 章提到，团队领导者应该鼓励与任务相关的冲突，劝阻情绪冲突。重新关注团队目标可以帮助团队以合适的方式引导冲突并应对多样性。

在**规范期**（norming stage），团队成员会找到鼓励更多合作行为的新标准。团队成员会接受新的在群体内部形成的标准和角色分工。个人意见通常会被分享，团队成员对彼此的投入持开放的态度。因此，团队成员会接受团队伙伴之间的不同点，团队的凝聚力以及和谐的氛围得以形成。

在**高效期**（performing stage），团队成员已经能跨越彼此间的差异，支持整个团队完成任务。团队成员接受角色分工并承担起他们的职责，这有效地增强了团队的行动力。这些角色会以某些方式加以平衡考量，为完成任务和解决问题提供支持。当然，如果团队成员无法克服他们的个人差异，围绕相互商定的目标，交付或产出有效成果会非常困难。

在**休整期**（adjourning stage），团队已经完成其任务并解散。对于某些团队成员来说，这一时期会让他们感到情绪沮丧并会做出自我评估，因为他们已经对团队产生了依赖感。而另一些人则会感到放松，因为他们认为现在已经可以去迎接下一个挑战了。

一些研究者重新审视了塔克曼对团队发展阶段的描述，对其团队发展顺序和影响持不同意见，但他们普遍同意团队会随着时间的变化而变化。Connie Gersick 发现群体最初通常会按照第一次团队会议时所设定的框架开展工作。在初始阶段，团队可能无法表现可见的进展，因为团队还没找到如何在一起工作的最佳方法。在团队生命周期的中间阶段，团队成员开始为他们的工作寻找新的想法并接受新的观念，其目的是为了确保按时完成任务。[40] 在这一时期，重新评估工作的优先级，重新投入于外部的联系并获取外部支持，是非常有用的，这样可以确保所处的情境框架并没有改变所需达成的结果或评价标准。这种转变会因团队成员意识到时间和最后期限的紧迫性而推进，并不一定要经过某一特定发展阶段后才会开始。实际上，很多团队都经历了可以提高团队生产效率、形成高效团队的中间点转变。无论团队可能经历哪些阶段，形成阶段、中间阶段和高效阶段是必不可少的。团队领导者在引导团队度过不同阶段时起着至关重要的作用。当团队采取特定的规范时，引导过程将会更加有效率。

17.4.2 团队规范

团队最初的几次会议对于形成规范至关重要，这些规范应当列出可被团队接受的行为和工作流程。起初，团队领导者应当清楚了解团队的基本规范（如出勤、参与和保密守则等），团队成员的角色分工以及对绩效表现的预期。团队规范通常分为五类：会议规范、工作规范、沟通规范、领导规范以及体谅规范。[41] 每种规范的定义如表 17-1 所示。

表 17-1 团队规范

规范种类	描述
会议规范	时间、地点以及开会的频率，包括出席人员的预期、时效性以及准备工作
工作规范	标准、截止期限、工作分配、工作检查流程以及责任（找出那些不信守工作承诺的成员）
沟通规范	什么时候应该进行沟通，谁负责开始沟通，应当以怎样的方式进行沟通，应当以怎样的方式探讨对团队和团队成员的感受，尤其在对造成冲突的问题进行探讨时
领导规范	应当使用哪种领导结构，以及用怎样的方式进行领导
体谅规范	以互相尊重的态度对待他人，周到考虑团队成员的需求

资料来源：Adapted from A. Nahavandi, *The Art and Science of Leadership* (Upper Saddle River, NJ: Prentice Hall, 2006).

虽然团队成员在讨论团队规范时经常感觉不舒服，但制定规范可以防止因为没有确定可依的规范行为标准而在团队中产生群体冲突。因此，当团队组建完成后，团队成员应该花些时间讨论团队规范，在管理破坏型行为的常用做法上达成共识。此外，团队规范有助于让成员担负起应承担的责任，还可以避免社会惰化。当团队成员不参与团队过程，也不能为团队最终应形成的解决方案或其他成果做出贡献时，**社会惰化**（social loafing）就会出现。这会导致团队士气沮丧并且增加团队成员之间发生冲突的可能。在这一阶段，团队成员通常彼此足够了解，并对哪些做法是有效的和哪些做法应当改变，做出了很实际的评估。

17.5　团队过程

当团队随着不同时期的发展，建立有效的团队进程是成功的关键，即团队共同完成目标的方式。团队自发或偶然的进程将后患无穷。因此，一开始就建立清晰的进程是有效团队合作的关键。团队进程主要有三个组成部分：目标明确且严谨的决策、有效的参与和有意义的影响以及建设性冲突。

17.5.1　目标明确且严谨的决策

一个强大的团队进程应该鼓励评判性思维和团队成员之间的辩论。[42] 在团队开始经历制定建议和解决问题这一流程时，团队意见也从分歧转向统一。换言之，他们考虑了很多可能性，随后将结论收敛到几种建议。[43] 这个从多种可能性选择到确定一个建议的过程，通常会经历如下五个步骤（见图17-3）。

进程的第一步保证所有团队成员理解该团队需要解决的问题。一个清晰达成共识的问题定义可以联合所有的团队成员。第二步中，团队应评估可能的解决方案的评价标准。下一步，团队头脑风暴产生一系列可能的解决方案。在一个功能良好的团队，团队成员间互相借鉴对方的想法。第二和第三步可以根据团队偏好进行调换。一些团队发现在没有评估标准限制时，更容易形成解决方案；他们相信这样为产生新想法留下了更广阔的空间。第四步，团队利用第二步定义的标准分析可能的解决方案。在团队决策过程的最终一步，团队尽力在提议的解决方案上

步骤	说明
一、识别和探究问题	高效的团队会探寻多个备选方案，而不是在第一个可行的选择出现时就做出决策
二、区分优先级顺序的评估标准	团队应该明确了解问题的解决办法应如何被评估。评估标准应该能反映出所有利益相关方的预期
三、形成可能的解决方案	创建探究和开放的氛围，鼓励有创造力的头脑风暴至关重要
四、回顾可能的解决方案	团队应该依照第二步得出的标准，回顾和分析可能的解决方案
五、完成任务和监控	确保每个成员对解决方案和实施过程负责

图 17-3　团队决策过程

资料来源：These five steps are a modified version of the process discussed in Linda A. Hill and Maria T. Farkas, "A Note on Team Process," Harvard Business School Note No. 9-402-032 (Boston, MA: HBS Publishing, 2001).

达成一致。最后一步目的在于达到一定程度的团队承诺与支持。如果他们相信达成一致的过程是公平的，团队成员将对结果更加坚定。

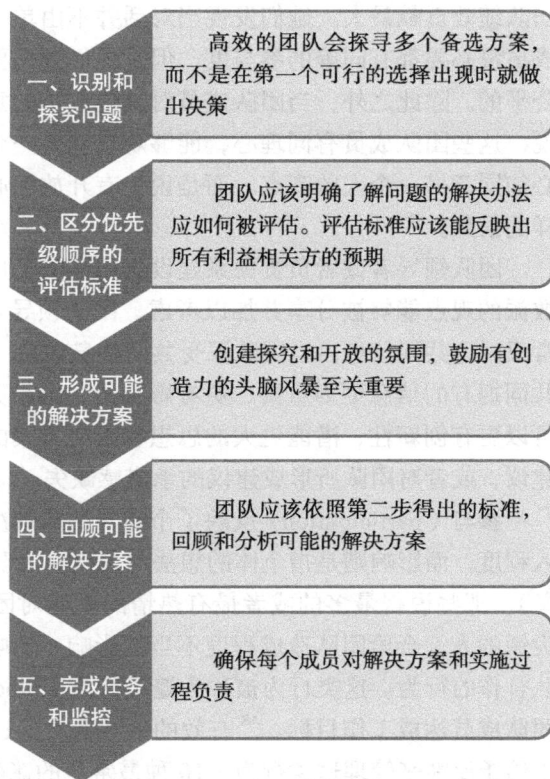

17.5.2　有效的参与和有意义的影响

一个严谨的决策过程需要所有团队成员积极和深入的参与。团队应该注意谁是参与者，多长时间参与一次和什么时候参与，他们的参与对团队过程和所形成的可能解决方案有怎样的影响。通常，团队成员在组织中的地位越高，他们的参与度也就越大，但这些成员的参与会导致团队中的其他成员不愿意分享他们的意见和看法，并且可能使成员从团队进程中退

出。对问题有更多了解和更健谈的人，往往是更积极的参与者。最后，那些最关心这个问题的人，也会比其他人参与得更多。[44]

最近关于团队绩效的研究揭示了有效团队的两个基本要素。安妮塔·伍利（Anita Woolley）和她的同事用不同的变量（IQ、人格，等等）测试了700多人，然后随机分组应对一系列挑战性任务（包括头脑风暴、道德推理、物流规划），单独工作或者团队工作。她们发现每一个任务中，团队总是要比单人做得好，但是改进并不是自动的。她和同事发现，虽然IQ在预测团队成功中能够起到一定作用，但是另两个因素——轮流发言和社会敏感度——对团队绩效贡献最大。她们发现当对话并不由单一的个人主导时，团队绩效会提升。虽然团队成员没必要都有同等的参与度，但是他们都需要有机会参与团队决策，相信参与平衡是相对公平的。除此之外，当团队成员对其他成员的意见或观点敏感时，团队的表现更好。换句话说，这些团队成员有同理心，能够观察到另一个人的意见或观点。同理心并不意味着一个人必须同意另一个人的观点，而是说他有开放的心态，愿意理解其他人用不同的角度去看待同样的信息。[45]

团队领导者或者负责关系建设的团队成员应该鼓励团队每一位成员积极参与，以确保少数派的观点能够被分享并加以考虑。团队领导者应积极鼓励成员分享自己的信息。[46]团队常常只讨论共同信息。当团队深受**共同信息效应**（common information effect）之害，他们认为共同拥有的信息更为重要、更有影响力，结果无法平衡团队的多样性。[47]因此，他们浪费了可以更有创新性、潜能更大的思想和解决方案的机会。不平衡的参与可能形成有效性很差的建议，或者对团队所形成建议的承诺感缺失。

参与（participation）反映了个体对形成解决方案的过程和明确表达个人想法及观点的投入程度，而影响则是指个体的想法与观点对团队过程和解决方案造成的效果（参见第14章定义）。那些说得最多的或者最有热情的人能对团队施加一个不成比例的影响。那些言辞太过尖锐的人，会给团队造成程度不当的影响。影响或参与的失衡可能会导致有损道德或破坏团队合作的行为。这类行为被称为**遮蔽行为**（blocking behaviors），因为这些行为妨碍了团队和团队成员达成工作目标。[48]有效的领导者会通过在恰当且不具威胁性的情境（通常是私下的）下给予反馈来管理这类行为。10种最常见的遮蔽行为和管理方式可见图17-4。

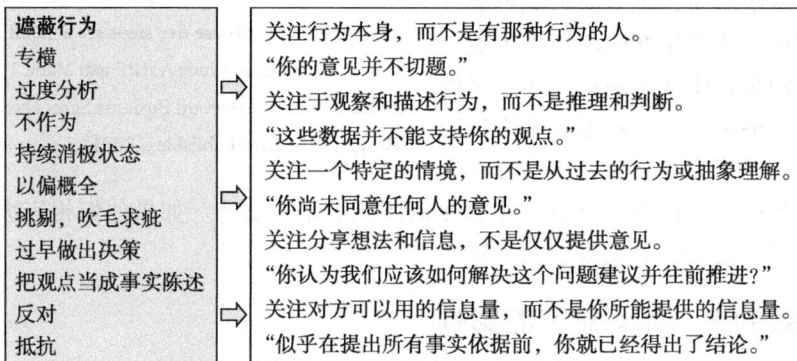

遮蔽行为	
专横	关注行为本身，而不是有那种行为的人。
过度分析	"你的意见并不切题。"
不作为	关注于观察和描述行为，而不是推理和判断。
持续消极状态	"这些数据并不能支持你的观点。"
以偏概全	关注一个特定的情境，而不是从过去的行为或抽象理解。
挑剔，吹毛求疵	"你尚未同意任何人的意见。"
过早做出决策	关注分享想法和信息，不是仅仅提供意见。
把观点当成事实陈述	"你认为我们应该如何解决这个问题建议并往前推进？"
反对	关注对方可以用的信息量，而不是你所能提供的信息量。
抵抗	"似乎在提出所有事实依据前，你就已经得出了结论。"

图 17-4 常见的遮蔽行为和有效的管理策略

资料来源：Adapted from D. A. Whetten and K. S. Cameron, *Developing Management Skills,* 5th edition (Hoboken, NJ: Prentice-Hall, 2002), pp. 467–489.

17.5.3　建设性冲突

高效的团队必须形成应对建设性冲突和平衡团队多样性的能力。大多数人都尽量避免冲突，他们认为所有的冲突都是负面的，应不惜一切代价避免。然而，我们必须意识到任务冲突具有创造性，使得我们专注于任务本身；而情感和关系冲突则更加私人化，具有破坏性。为建立具有创造性的团队，关键是专注于任务冲突，避免波及私人冲突。这并不容易，但是通过共同努力可以达到。以下五种策略可以帮助团队成员充分利用建设性冲突：[49]

- 确保所有团队成员事先理解讨论的目的。
- 关注于询问团队成员的观点，而不是试图去挑战他们。例如说，"你能解释一下为什么会认为那个方法可以帮助我们吗？"而不应该说："嗯，我想我们还是应该那样做。"
- 尽量避免使用不明确的，可能导致团队成员之间产生误解的语言。不应该说："我们就是需要照这样接着干。"而应该说："我想我们需要更多的数据来证明我们的观点。"
- 当你觉得迷惑、愤怒或者沮丧时，把这些烦恼告诉其他成员，而不是向团队的其他成员发泄你的情绪。应该说："我开始有些担心，似乎我们还没有做出任何决定，但是会已经差不多快开完了。"而不应该说："你别说了，这会让我们错过最后期限。"
- 当团队陷入僵局，通过提问找出产生分歧的原因。可以问这样的问题，"哪些是我们都同意的，而哪些我们不能达成一致意见呢？"

团队有时会从一个极端走向另一个极端——避免冲突或是卷入过多冲突，波及无效的情感冲突。当团队避免冲突时，它们通常会遭遇陷阱，其中一类陷阱与一致性相关。当人们完全依据团队的期望和信念做事的时候，就会出现**一致性**（conformity）。团队成员通常会选择一致性来避免冲突。虽然一致性可以加速决策的过程，但也经常会导致不太理想的结果，甚至可能是负面的结果。有效组织需要通过开放式地表达多样化的意见来管理这种与团队凝聚力相关的悖论（见图 17-5）。虽然团队需要在某些点上达成共识，但应当注意不能太早结束讨论，也不能太快地完成探讨的过程。[50]

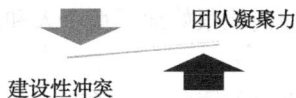

团队凝聚力

建设性冲突

图 17-5　平衡团队凝聚力和建设性冲突

另一个极端是，如果冲突的程度太高以致有效的沟通无法进行，通常最适用的做法是将任务延期执行，并且对团队过程和团队规范重新审核。如果冲突太过个人化，最重要的是，应立刻停止讨论。我们在前一章讨论过，团队应鼓励任务相关的冲突，促进看待问题的多元视角，最小化情感冲突。

17.5.4　促进团队学习

团队活动随着时间的推移而发生。因此，研究者关注团队随时间的变化，同样对团队从经验中学习的程度很有兴趣。已有研究者提出，团队不应该仅仅关注采用更加高效的流程，更应注意到更快速的学习其实更有效，也可以为团队带来更好的绩效表现。[51]但很多团队领导者和成员都有这样一种倾向性，他们更关注执行任务而不是促进合作和学习。促进团队学习需要团队成员慎重考虑学习的价值和经验的反思。除此之外，促进团队学习需要为团队全体成员创建一种在提供想法、提出问题和讨论疑虑时让每一个团队成员都觉得安全的气氛，不会害怕被评判、遭受失败或者报复。这种可以促进思想与情感表达，不害怕被惩罚的氛围称为**心理安全**（psychologically safe）。[52]

为了创建一种安全的学习氛围，团队成员还应当把开放的心态和好奇心视为典范，明确认可当团队缺少答案时，要勇于提问以表明投入是会受到褒奖的，而且学习也会得到奖励。[53] 当缺乏安全的学习氛围时，团队成员"倾向于更多关注自己的目标而非合作目标"。[54] 团队领导者应采取以下方式鼓励心理安全的氛围：

- 建立团队工作的框架，作为学习的过程。
- 认真倾听，培养好奇心，展现对他人的兴趣（如，表现同理心）。
- 谦卑，承认你并不知道所有的答案。
- 培养互相尊重。
- 理解他人脆弱的表现。[55]

17.6　团队有效性

你如何确定团队具有有效性？对那些被认为是有效运作的团队而言，它们必须做到三件事情：①为团队达成有意义的结果；②必须使团队成员感到满意；③必须提升团队成员在未来协作共事的能力（见图 17-6）。[56] 有意义的结果可以是一个完成的任务或项目，也可以是对各种不同建议的分析和优先级评估。团队的产出（包括产品、服务或者决策）应该满足或者超出团队客户（接收、审查或者使用这一个成果的人）预期的数

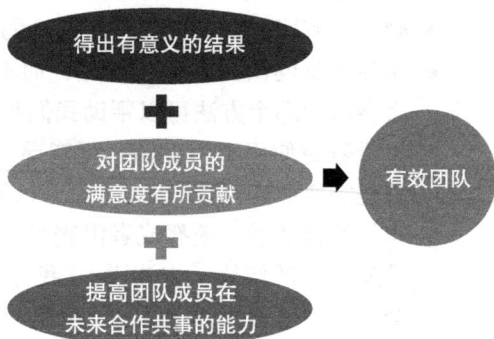

图 17-6　有效团队的条件

资料来源：Adapted from J. Richard Hackman, *Leading Teams: Setting the Stage for Great Performances* (Boston, MA: HBS Press, 2002).

量、质量和时间标准。有些团队成员可能是出于某种私人目的加入团队。[57] 团队领导者需要保证他们能很好地平衡个人和团队目标，还要确保任何成员的私人目的都应服从团队的整体目标。

有效的团队也必须对团队成员的满意度有所贡献并使成员有幸福感。每个成员都应当相信他的角色对团队的成功非常重要，他的贡献在他人看来也是有价值的。最有效的团队不仅是为个体提供一种成就感，也会提供具有决定性的发展机会，这会提高团队成员在组织中的总体知识和技术水平。如果团队成员相信他们在这团队中的工作经历可以增进个人发展并且支持组织的整体任务，他可能会感觉团队的联系更紧密，并且愿意对任务有所贡献。

最后，通过建立一种共同的目标感和强烈的互相信任感，有效的团队加强了团队成员未来合作共事的能力。虽然团队的存在可能只是一个有限的时间跨度，团队成员通常会有更长远的机会基于其他能力一起共事。本质上，团队帮助个人扩展了其在组织中的人际关系网络。这个关系网会成为他在正式或非正式的组织中完成任务时可借助的最好手段。

对于希望获得成功的团队而言，需要对团队成员间的关系进行巧妙的管理。成员的积极性需要得到激发并加以保持，同时也尽可能将与混乱和协调有关问题出现的频率降至最低。[58] 团队成员与团队外部需要依靠团队产出开展工作的相关方可以进行有效的沟通，与管理团队内部的动态变化同样重要。在影响团队与外部相关方和内部成员彼此之间互动沟通的方式上，团队领导者扮演了尤其重要的角色。

17.6.1　团队领导者的角色

团队领导者可能是正式指定的角色，或者在团队成员中轮换。无论团队领导者是如何产生的，他对团队的成功都至关重要。卓有成效的领导者对团队成员的需求非常敏感，并且会

对完成团队目标负责。他们也会想要建立一支业绩表现卓越的团队；因此，他们会激励团队成员分担对任务的责任，并且信任团队的其他成员。因为你将有可能在职业生涯的某个时点成为一名团队领导者，了解成为一名卓有成效的团队领导者所必需的特定技能，对你来说十分重要。

从 1996 年到 2004 年，美国篮协要从 NBA 全明星阵容中挑选球员，组成美国国家男子篮球队，参加夏季奥运会。这些球员在常规赛中都已经是老对手了，彼此相当熟悉。[59] 虽然这项策略在 1996 年和 2000 年都执行得很好，但在 2004 年，因为球员之间的个人冲突，球队表现不佳：在半决赛中，被阿根廷队打败。为了准备 2008 年的北京夏季奥运会，美国篮协改变了组建国家男篮的做法，要求每位入选的球员都要对球队做出一个为期三年的承诺：参加 2006 年世锦赛和 2008 年奥运会。Mike Krzyzewski（"老 K 教练"），杜克大学男子篮球队的传奇教头，被选为美国队的教练。作为他为篮球带来的"团队作战"方式的一部分，他注重让球员以团队合作的方式去赢得每一场比赛的胜利。[60] 为期三年的承诺允许这个团队成长为真正的团队，而不是全明星阵容的松散集合。2008 年，老 K 教练带领美国男篮赢得奥运会金牌争夺战的胜利。

有效领导团队需要你赢得团队成员的尊重和承诺。赢得尊重和承诺会使你更有影响力，而你的影响力又可以帮助你组建一支高效运作并可以有效达成组织目标的团队。为了赢得尊重、确保承诺以及维护信誉，研究者建议领导者采用以下七种行为方式（见表 17-2）。

表 17-2　有效团队领导的行为

卓有成效团队领导者的行为方式	描述
为人正直	做你说过你要做的事情，行为方式保持与你的价值观一致。正直的领导者值得信任，不隐瞒自己的想法，公平处事
表达清晰且行事一致	确定地表达你想要什么以及如何达到目标。你的行为方式是可以预见的
创造正面能量	乐观、懂得赞美、认可团队进步并为此庆祝，会使领导者更有影响力。批评和愤世嫉俗的行为方式无所裨益
找到共同点	当在团队面前讲话时，要先找到共同点，再提出需要做出妥协的部分
管理一致意见和分歧	表达你的观点并用证据来支持。或者表达两种观点，并且说明在哪些方面为什么其中一个更具相关性
鼓励和指导	帮助其他人培养勇气以解决不确定性，使其可以完成更多。提供信息或者意见，帮助成员完成任务，或者在团队面临挑战时提供加强的意见
分享信息	从外部资源获取信息，分享给团队成员，会使团队领导更有影响力。这也包括提出问题，了解团队的问题和需要

资料来源：Adapted from D. A. Whetten and K. S. Cameron, *Developing Management Skills,* 5th edition (Hoboken, NJ: Prentice-Hall, 2002), pp. 460–462.

团队的有效性不只来自于团队内部，同样也来自于团队外部的管理情境。当我们试着理解团队的有效性时，比较容易去关注团队内部存在的动态因素，而忽略外部相关方也会影响团队业绩表现的能力。团队领导者需要管理团队边界，以确保团队了解其运作所处的情境框架，并且确保重视主要利益相关方的观点和预期。虽然这类关键人物通常是组织内部成员，例如经理或者高层管理人员，其他外部组织（客户）也可能受到团队最终产品或建议的影响。

通常，最有效的团队会保持与某些局外人士，如经理、高层管理人员和客户的密切联系，向他们报告关于团队进展，采纳他们意见来做出团队决策。[61] 这样做非常重要，因为经理和高层管理人员拥有分配资源的权力，还有能力重新指派现有团队的成员或招募新人。通过与局外人士的沟通，团队可能会得到一个他们对团队预期的更为清晰的指示，或者可以得到有关团队的最终产品应当是怎样的更为明确的指导性意见。

17.6.2 管理边界

大多数有效团队会正式任命或非正式指定一位边界管理者。**边界管理者**（boundary manager）负责确定团队与客户、高层经理以及其他对团队绩效有兴趣的人共事的方式。虽然其他人也能对深入了解团队所处的情境做出贡献，但这一角色通常由团队领导者兼任。边界管理者需要负责缓冲团队与组织的冲突，劝说高管层支持团队的工作，与其他团队就最后期限进行协调与谈判。[62] 有效的边界管理者可以找到可能影响团队工作或者会被团队影响的关键人物和其他团队。此外，边界管理者承担的另一个重要职责是，他负责确定需要做些什么，以保证团队外部其他人的立场。[63] 这些任务对于确保团队产出满足或者超出组织的预期至关重要。

在团队研究中，德博拉·安科纳发现了一系列边界管理活动——从最小的程度到最广泛的外部的沟通互动，团队通常利用这些活动让别人了解自身的战略和决策。[64] 她把这些团队称为知识型团队（informing team）、炫耀型团队（parading team）以及探索型团队（probing team）（见图 17-7）。最合适的方法取决于团队任务的性质，团队成员的知识，重要信息的获取突进，团队决策和实施的自主性。

17.6.3 领导跨地域（分布式）或虚拟团队

管理一支团队成员不在同一地点办公的团队是对建设团队有效性的巨大挑战。[65] 过程技能对于虚拟团队会更加重要。因此，除了使用你在领导团队时学到的策略外，在领导跨地域（分布式）团队时，你还可以使用以下几种方式：[66]

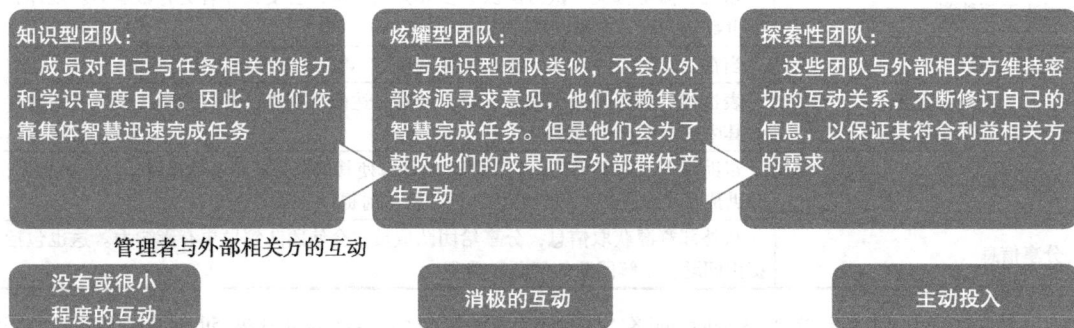

图 17-7　边界管理的不同方式

资料来源：Adapted from Deborah Ancona, "Outward Bound: Strategies for Team Survival in an Organization," *Academy of Management Journal,* Vol. 33, No. 2, 1990, pp. 334–365.

- 先学走再学跑。管理者首先应当擅长管理集中式团队。
- 不做假设，把所有的话都说出来。制定如何进行团队沟通、沟通时间表如何安排的指南。有效的沟通技巧对分散式团队尤为重要，因为团队成员之间的沟通不是面对面的，因此能够做出澄清的机会就更少。
- 保持密切沟通。尽可能与团队保持联系。这是指发送电子邮件，在项目网站发布信息，发传真，以及／或打电话。

- 分享背景信息。如果团队成员互相了解，他们就不会轻易对行动做出错误解读，或对别人的动机做不正确的假设。
- 找到同盟。与组织中职位足够高、可以为组织提供支持的人员建立同盟。为维护团队利益可以向他们寻求帮助。
- 留意冲突并学会管理冲突。通过重读电子邮件，或者提问类似的问题，如"你觉得这样做可以吗"来调查潜在的问题。由于缺少面对面沟通，误解和冲突可能在虚拟组织中很快升级。
- 下次可以更好。在项目结束后，与团队成员一同回顾总结团队经验。在参与或者管理另一个跨地域（分布式）团队时，会用到这些信息。

由母语是不同语言的成员组成的团队会面对更多的挑战。在这种情况下，成员应该避免使用俗语或者俚语，因为这些都可能导致误解和曲解。另外，团队应该安排多次会间休息以检查会议进度，确保内容能互相理解。在这种情况下，团队规范会更加重要。团队成员应该就团队如何进行沟通，如何让所有的团队成员都参与沟通，以及如何处理冲突等问题上达成一致意见。[67]

本章小结

1. 团队由两个或两个以上的成员组成群体，团队成员工作技能互补，并承诺共同工作以达成某一特定工作目标。当任务复杂、需要多样化的相互依存的观点和专业知识，或者需要从多个部门引入成员时，团队工作通常比个人独立或者以工作组的形式工作要更有效。

2. 在组建一支团队时，需要对很多因素加以考量，包括哪些人应该在这个团队里，以及这个团队应该有多大规模等。团队应该包括那些可以积极地去解决某个特定问题，以及在相关领域具备专业技能和经验的人。如果任务只是关于某个特定的领域，成员可以来自同一个职能部门，而如果任务需要更广层面上的观点和专业知识，成员可以是跨职能部门的。为了使团队更加高效，团队中的个体成员需要有很强的人际交往能力，并且对新想法和观点持开放态度。较强的人际交往能力对于成员多样化的团队尤为重要。团队成员多样化的团队通常在团队组建初期存在诸多烦扰，但是如果平衡得当，这类团队通常能提出更有创新性的解决方案。

   团队可以有不同的职能，如从信息交换、解决问题到项目交付。团队职能的本质属性决定了团队会包括哪些成员，以及团队的生命周期。有些团队是短期项目团队，它们在组建时就已确定时间限制和特定的目标。有些团队则可以一直持续工作下去。集中式团队可以因持续稳定的社交互动获益，进而增强团队的有效性。而跨地域团队则需要在团队成员的沟通方式和信息的发布方式上更加周全地考虑。

3. 团队发展通常会经历五个关键阶段：①组建期，团队成员确定将要完成什么任务以及如何完成；②动荡期，团队成员会经历冲突；③规范期，团队成员会制定标准来规范行为；④高效期，团队成员完成任务；⑤休整期，团队解散，总结经验。有效的团队会在发展中期重新校订团队规范，并再次承诺对共同目标的责任。

4. 有效的团队过程包括很多因素，如严谨的决策、有效的参与和有意义的影响，以及建设性冲突等。为了让团队成员积极参与，需要让他们相信自己的意见和观点是有价值并且是重要的。如果团队成员不能充分参与团队过程，他们的参与感会更低，也不会为团队最终形成建议提供支持。

5. 有效的团队可以开发为客户所接受的产品，提高团队成员的工作能力，并鼓励团队成员之间互相学习。很多动态因素都可能影响团队有效性的程度，包括团队类型、团队设计和团队过程，以及团队成员与外部相关方之间的互动沟通等。领导者既要管理这些内在因素，如构成和过程，同时也应当管理团队外部因素，如获得关键资源、引入高层管理者等。在领导一支分散式或虚拟团队的时候，领导者必须更加留意过程和沟通，以确保团队成员的参与，并及时获取信息。

关键词

休整期（adjourning stage）
遮蔽行为（blocking behaviors）
边界管理者（boundary manager）
集中式团队（collocated teams）
共同信息效应（common information effect）
一致性（conformity）
组建期（forming stage）
跨地域（分布式）团队（geographically distributed teams）
水平型团队（horizontal teams）
领导者管理团队（manager-led team）
规范期（norming stage）

参与（participation）
高效期（performing stage）
心理安全（psychologically safe）
自我管理型团队（self-directed team）
社会堕化（social loafing）
动荡期（storming stage）
任务复杂性（task complexity）
任务依存性（task interdependence）
任务目标（task objectives）
团队（team）
团队规范（team norms）
垂直型团队（vertical teams）

课后练习

讨论话题

1. 团队在什么情况下会优于工作群体或者是简单的、独立的劳动者组合？

2. 团队应该包括拥有合适技能和人际能力的个体。那些拥有这两种技能的合理构成的团队是理想的团队，但是当你不得不在那些单方面更强的团队成员之间做出选择时，你会更倾向于选择那些技术能力更强的，还是那些人际能力更强的？两种方案各有哪些优劣？

3. 个体自组织的团队有哪些优劣？你更倾向于成为由经理人领导的团队还是自组织的团队成员？为什么？

4. 回想一下你曾经加入过的各种团队。多样性什么时候是团队绩效的促进因素，什么时候又是妨碍因素？有哪些方法可以保证多样性最大化地促进团队绩效？

5. 新团队参与哪些活动可以保证他们"马到成功"？

6. 当团队中某个成员决定我行我素并且游手好闲时，有哪些方法可以让他们重新参与进来？团队成员如何应对这种行为？为什么让同伴始终重视团队就这么困难？

7. 团队领导者如何才能激励全员参与？不完全参与的情形有哪些危险？

8. 回顾图 17-6 中列出的三个团队有效性的支柱。你认为它们的优先级该如何排列？它们是否同等重要？在哪些情形下，其中一种标准比另外的更重要？

9. 想一想图 17-7 中列出的不同的边界管理方法。对每一种方法而言，团队组成和团队过程该如何优化？

10. 跨区域分散的团队有哪些优劣？团队领导者如何才能最小化其中的劣势？

管理研究

1. 从新闻中找到一个团队，针对这个团队进行案例研究。记录你对下述问题的回答。

a. 识别团队成员。

b. 识别团队类型。

c. 描述团队如何被领导（管理者领导型还是自我管理型）。

d. 举例说明团队如何处理多样化问题。

e. 描述团队规范。

f. 分析团队是如何促进学习和管理边界的。

g. 评估团队有效性。

2. 基于从案例学习中得到的信息，建立一个可以描述这个团队运作方式的可视化模型。

行动练习

在校园里找出一个团队，志愿成为其"教练"。和该团队一起工作并且帮助团队完成下述任务。

a. 明确描述团队的目标，提出评估绩效的方法。

b. 为边界管理制定一个战略。

c. 完成一个正式的决策过程。

d. 学习如何管理建设性冲突。

e. 开展进行信息分享和创造正能量的实践。

在辅导结束后，请团队评价在你的辅导中哪些方面在他们看来是有价值的，以及他们将如何应用你给出的辅导提示。

第18章

激　励

|学习目标|

阅读完本章内容后，你应当能够：

1. 区分内在奖励和外在奖励并描述它们如何对激励造成影响。
2. 概述五种主要的内容型激励理论并描述其相同点和不同点。
3. 描述几种主要的过程型激励理论以及每一种理论所度量的因素。
4. 解释在一个组织中强化符合要求行为的不同方式，以及工作设计在引入激励中所起到的作用。

|开篇自测|

什么会激励你

激励是采取一系列行动的动机、刺激或欲望。个体会受到许多不同因素的激励。理解是什么激励了你，可以帮助你进行目标设定、职业选择和绩效管理。请用"是"或"否"回答下面的问题，思考有哪些因素可以激励你。

1. 我会因物质性奖励而受到激励。

2. 我会因担心受到惩罚而受到激励。

3. 我会因别人的认可而受到激励。

4. 我会因面对挑战而受到激励。

5. 我会因目标而受到激励。

6. 我会因成就而受到激励。

7. 我会因有发展机会而受到激励。

8. 我会因可以为他人提供帮助而受到激励。

9. 我会因关系融洽或归属感而受到激励。

10. 我会因学习的需要或可以掌控一项任务而受到激励。

根据你对上述问题的回答，你认为哪些因素会激励你？这些激励因素将如何影响你的职业选择？

18.1 概论

为了获得成功，组织会寻找比竞争对手更好、更快、成本更加低廉的做事方式，但是如果不能激励员工的业绩表现，组织将无法完成这些目标。尽管伟大的领导者善于鼓舞人心，使员工对愿景或方向抱有坚定的信念，但激励个体为追寻愿景采取行动的能力才是对领导力的真正考验。成功需要**激励**（motivation），即促使个体采取一系列行动的欲望、动机或刺激等。人们因激励而做事的深层次原因不尽相同。有些员工受到激励而行动起来是因为工作会让他们有某种成就感。他们可能因工作带来的责任、挑战、多样性和自主性而受到驱动。[1]有些员工则会被有形的物质奖励所激励，如有竞争力的薪酬或分红计划。还有一些人更倾向于看重公众的承认或认可。激励也可能源于希望避免惩罚的想法。

因薪酬、奖金、认同感以及可浮动薪酬等外部因素驱动而受到的激励称为**外在奖励**（extrinsic rewards）。外在奖励是具体、有形且易于比较的。因外在奖励而受到激励的个体，通常希望按一种可以使他们获得物质或社会性奖励的方式做事。与之相反，**内在奖励**（intrinsic rewards）源于工作本身，包括有趣的、有挑战性的工作，自我调节与责任，多样性，运用个人技能的机会以及需要努力做出的有效反馈。内在奖励通常让人产生个人满足感，并且注重为个体提供学习、自主工作、创建意义、接受挑战和多样性的机会。内在奖励的价值取决于个人的价值观。因此，不同的个体对这类奖励价值的认定很难进行比较（见图 18-1）。

事实上，这些不同的激励因素并不互斥。例如，当员工享受工作或者工作提供了令人满意的薪水和认可的机会时，他们会感到满意。对于特定个体来讲，每一个因素（内在的或外在的）的重要程度通常是具有独特性的。一家成功的公司和公司的领导者在激发员工的参与度和热情时，了解并能很好地在整个组织中平衡利用各种激励方法。[2]他们不会用"一刀切"的方式激励员工。有研究表明，如果公司员工承诺感更强且能更有效地受到激励，这类公司的股价表现几乎是其同业竞争者的一到两

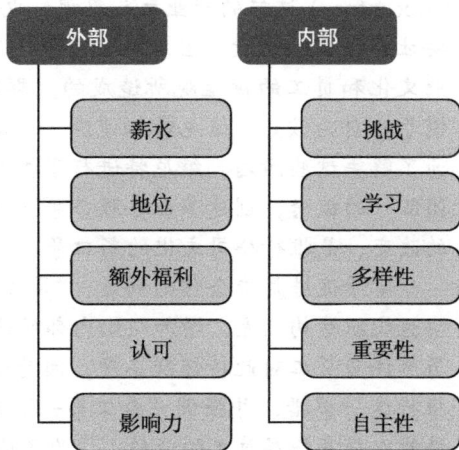

图 18-1　外部和内部激励

倍。[3]与此结果一致，另一项研究则发现，员工敬业度高的公司平均拥有 18% 或更高的生产率和 49% 或更低的离职率。[4]从这些数据可以看出，建立并培养员工的敬业程度尤为重要，尤其是考虑到最近的一项针对全球性公司的分析发现，只有 13% 的雇员有较高的敬业度。令人惊讶的是，低于 50% 的雇员不会向他们的同伴推荐自己的雇主。[5]

为了更好地理解激励，识别驱动特定行为的动机，当人们在衡量是否应当努力投入到一项工作中时，需要考虑这项工作能提供哪些条件，他们的努力是否会带来更好的绩效，以及在何种程度上，他们的业绩表现会得到公平合理的奖励回馈。如果这些条件都与他们的要求

相符，人们会更愿意因此受到激励，付出必要的努力。[6] 在本章中，将会探讨不同的激励理论，以及领导者通过强化（reinforcement）和奖励的手段来加强激励的方式。HCL 科技公司正是这样一家使用多种激励方式增强员工敬业度的公司。

案例 18-1
维尼特·内亚与 HCL 科技公司

HCL 科技公司于 1976 年在印度成立，是由一群希望引领计算机硬件产业的工程师创建的。通过将大量资金投入研发和吸引印度的顶尖人才，HCL 已进入全球硬件行业的前列：公司早于苹果公司推出了计算机系统，也比 Oracle 更早研发出了编程语言。 在创始人 Shiv Nadar 的带领下，HCL 在 80 年代这一"黄金时期"得到了蓬勃发展，并以硬件业务主宰着计算机产业。[7] 到了 90 年代，软件和服务的出现改变了计算机行业的游戏规则，但 HCL 仍决定坚守它的核心硬件技术。事实证明，公司为这个战略付出了昂贵的代价。时至 1997 年，为了赶上竞争对手，HCL 被迫进行业务重组，开始进入计算机服务行业。但颓势依旧：2000 年，HCL 不再是印度人最渴望工作的地方，员工流失率高达 30%。[8] HCL 的财务表现仍然只能由硬件业务来支撑。

为了寻求转机，HCL 开始寻找新的领导，并在 2005 年找到了维尼特·内亚（Vineet Nayar）。虽然起初还有些犹豫，但维尼特最终决定接受这份工作——但有个条件：他希望做出重大变革。为了帮助 HCL 找到转机，维尼特确信他得让 HCL 和竞争对手有所差异。他提出的首要战略是向中型客户提供多元化服务，这类客户通常被 IBM 和埃森哲（Accenture）这样的产业巨头忽视，也不能获得很好的服务。[9] 但比一项新战略更重要的是要让公司团结一致。当维尼特着手改变的时候，他意识到 HCL 现存的很多问题都是因企业文化和员工的价值观所造成的。那时的 HCL，员工才华卓越却缺乏团结精神：他们习惯于各自为政。[10] 维尼特知道除了战略以外，需要员工互相协作以找到并执行解决方案。为了解决这些问题，维尼特进行了机构重组，设置五个主要业务线。他引入了"业务金融团队"的概念，创建多业务服务事业部，开始在多业务线之间应用自动化流程。但最重要的改变，是推行公司文化的新口号："员工第一，顾客第二"。[11]

鉴于促进员工合作的初衷，"员工第一"运动有四个战略目标：提供独特的就业环境，实施组织结构倒置，增加组织内部的透明度和责任感，以及鼓励价值驱动型的企业文化。[12] 虽然许多员工对此持怀疑态度，因为这个初衷看似缺乏实质性的内容，但 Nayar 坚持继续推行这一举措，并强调"员工第一"意味着 HCL 会在员工发展上投入资金，激发员工的潜能以提高基层员工的业绩。[13] 为了达成这个目标，HCL 施行了三项核心计划。

第一项计划是改进现有的内联网系统。内联网系统通常在公司内被广泛应用，是一种通过互联网来实现员工之间信息沟通的系统。智能服务平台（SSD）是诸多新工具中的一种，它创建了一个基于票据的系统，员工可以用来记录来自每个部门、需要管理人员解决的任何问题。处理流程关闭后，员工可以对管理人员的解决方案做出满意度评价。[14] 维尼特还实施了"U&I"系统，通过这个系统任何员工都可以向他本人提出问题。为了增加透明度和信任度，Nayar 每周会回答 100 个问题并将其发布在内联网，以便所有人都能看到。这两个系统都极大地改善了公司内部透明度。[15]

第二项计划强制所有管理人员参加 360 度反馈评估。通过这一测评工具，管理人员可以得到有关他们业绩表现的正面肯定以及建设性批评意见。尽管这是在公司环境下评估绩效的一种常用方式，但维尼特所希望的是，这可以让员工在工作中改变思考方式和行为方式。为此，他鼓励所有管理人员在公共论坛中公布他们的评估记过。为了表示对推行这一评估体系的决心，维尼特身先士卒，带头做到了这一点。[16] 虽然有些人仍在迟疑，但大多数管理者还是选择了响应，因为他们不想被别人认为自己是那种做事喜欢藏着掖着的人。[17]

最后一项计划被称作"信任薪酬"。不同于以往依据绩效表现向员工支付薪酬的方式，即每月 14 000 卢比[⊖]的基本薪酬和 6 000 卢比的绩效薪酬，HCL 会将全部 20 000 卢比薪酬支付给员工。这样做虽然增加了成本，但同时也增强了员工对公司的信任度。通过预先全额支付薪酬的做法，管理人员有效地向员工传递了对他们的信任感，相信他们会完成业绩指标。为了进一步提高信任度，灌输更多信任，这项政策只针对公司 85% 的员工执行，另外 15% 属于公司最高层的员工，仍需在完成业绩指标后才能拿到绩效薪酬。[18]

在执行"员工第一"运动之前，维尼特承认他曾面临一个困难的决策。他应当固守原来的想法，还是彻底改变？但竞争对手们每年超越公司 10%～20% 的业绩表现，让他感到别无选择，只能抓住时机，彻头彻尾地改造这家公司。[19] 事实证明，他的这一决策是成功的。在推行组织结构和文化变革后，不到几个月，HCL 便击败 IBM、埃森哲和惠普这样的大公司，赢得了加州 Autodesk 公司价值 5 000 万美元的合同，这是公司有史以来合同额最大的一笔生意。不久以后，在 2006 年 1 月，HCL 又与 DSG International 签订了印度有史以来最大的外包合同，价值 3.3 亿美元。[20] 由于推行了高透明度的管理方式，以及对员工发展的重视，维尼特改变了 HCL 科技公司的文化和运营模式，使公司重获市场竞争力。该变革的成功基于投入的、充满激励的工作环境，为此，维尼特的许多措施都是为了加强员工的驱动力而设计的。

案例思考

1. 为什么维尼特希望变革 HCL 的企业文化？
2. 你认为"员工第一"运动的各项计划是如何改变 HCL 的企业文化的？
3. 维尼特如何激励员工进行协作？
4. 为什么对员工发展投入资金是一种重要的激励方式？
5. 为什么激励员工的做法提高了 HCL 的业绩表现？

18.2　内容型激励理论

驱动公司业绩提升的关键在于，员工的动机和需求要与组织的首要目标相匹配。有研究表明，员工通常根据工作关系中的某些条件和境况，形成某种内化的"心理契约"。[21] 这些并不是成文的文件，但却是员工头脑中隐含的理解，塑造着员工的动机和行为。员工自身的期望以及他们对管理者的期望都是建立在这些条件和情况之上的。作为做出某种绩效的交换条件，员工期望得到与其价值相匹配的报酬、认同感，或得到其他形式的认可。这些心理契约条件可能会包括与文化相关的各方面因素（如，开放式地进行想法交流和乐于分享最有效的做事方式等），以及对公正待遇、职业安全感和其他相关权益的期望。组织对这些协定的遵守程度，会影响员工对组织的信任度、为客户提供服务的积极性，以及他们做出最优业绩的意愿。

⊖　100 卢比 =10.19 人民币元（2017 年 11 月 19 日牌价）。

一些组织清醒地认识到员工的心理契约并努力维系该关系。西南航空就是这样一家公司，认为维系心理契约是激励员工的关键要素。公司通过为员工提供表达自己所关注问题的平台来满足部分心理契约。比如，入职不足九个月的员工会被随机挑选并被邀请与公司总裁和其他几位董事共进午餐。[22] 在午餐时，交谈的重点是这些新员工的期望是否得到了满足，以及公司如何改善招聘、甄选、训练和入职培训等流程。[23] 西南航空相信，这样做可以在员工与公司之间建立一种积极的情感联系，这将更有效地激励员工宣传企业形象，更高效地为客户提供服务。[24]

Children's Healthcare，亚特兰大一家儿科医院，同样认可员工并不仅仅受到物质目标的激励，也受到满足他们个人需要和欲望的激励。为此，该医院设立了一个名为"Strong4Life"的新项目，在全组织的范围内帮助员工达到个人健康目标，进而创建一个更健康的团队，为亚特兰大迅速增长的儿童群体提供服务。公司主管人力资源的高级副总裁解释说："我们相信，通过帮助员工更好地照顾自己，他们能够更好地照顾我们所服务的孩子们。"[25]

为了解释为什么满足员工需要（比如，对心理契约的需要或对健康的渴望）能够激励员工做出更好的业绩，研究者们提出了一系列有关激励的理论。有关激励人们以某种特定方式采取行动的动机和需求的研究，称为**内容型理论**（content theories）。内容型理论指的是那些激励人们某种行为方式的确切驱动因素。我们将会发现一系列不同的术语，每一种都想立即囊括不同的激励因素。这些不同理论的共识是，不同人会被不同的因素所激励。在这部分内容中，我们将讨论五种不同类型的内容型理论：层次理论、ERG 理论、双因素理论、后天需要理论和四驱力理论。

18.2.1　需求层次理论

亚伯拉罕·马斯洛（Abraham Maslow）所提出的**需求层次理论**（hierarchy of needs theory）说明了个体具有多重需求，为了确保得到最大程度的满足，这些需求必须以特定的层次顺序来满足。马斯洛明确地提出：员工在工作场所存在非经济需求。马斯洛认为个体有五种需求期待得到满足（见图 18-2）。马斯洛假定雇员的需求是有层次的，个体在考虑更高层次的需求前必须满足更低的需求。在马斯洛需求层次理论中，第一层是维持生存的生理需求，比如食物、水、居所和氧气等。根据马斯洛的理论，这些是个体可以考虑更高层次的需求前必须满足的最低需求。在商业场合中，薪资是一个人最低需求。第二层次围绕安全需求。安全需求指一种有安全感和受保护感的胜利状况和情绪状况，在组织中，职业安全感和额外可获得的福利都被认为是安全需求。

第三层需求是社交需求，比如家、友谊和亲密关系等。这些需求满足了个体对归属感的渴望。一个提倡开放态度、团队合作和信息分享的组织，将会满足个体对归属感的需要。公司企业文化的许多方面都会增加或降低个体归属感。

另外两个更高层次的需求是尊重和自我实现的需求。尊重需求包括自信、成就感和尊重他人。我们之前讨论过的许多奖励机制，包括认同感和晋升机会等，都满足的是尊重需求。最高层次的需求是自我实现，指的是一个人成长和发展成为最完美自己的能力。本质上而言，自我实现是种高度的存在感，人们能在其中找到并满足自己的目的感和方向感。

根据马斯洛的理论，层次越低的需求越迫切，因此低层次被满足后，才会产生高层次的需求。比如，人们只有当生理需求被满足后，才会考虑安全需求是否能够得到满足。依次类推，人们会在满足安全需求后开始关心社交需求。本质上，个体会优先考虑满足生理需求，进而再考虑心理需求。根据马斯洛的理论，绝大多数人都一直在努力满足社交和自尊需求，而从未真正达到自我实现的需求层次。[26]

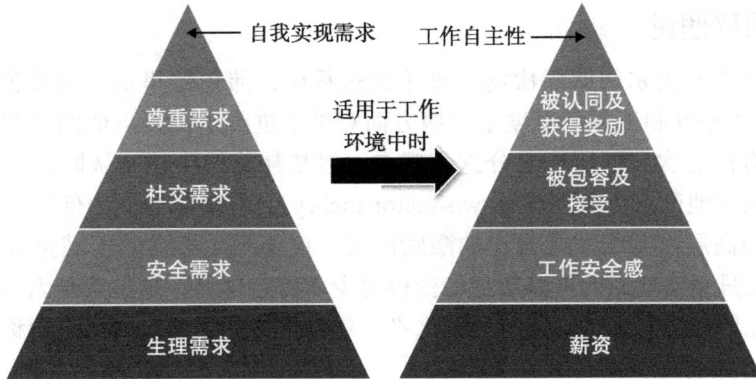

图 18-2 马斯洛需求层级理论

资料来源：Adapted from Abraham Maslow, "A Theory of Human Motivation," *Psychological Review*, Vol. 50, 1943, pp. 370–396.

马斯洛的理论激起了一系列可观的激励研究，多数后续研究发现，个体需求的满足通常不是层次性的。一个人的低层次需求未被满足的时候也可以被高层次的需求所驱动。本章接下来将会介绍马斯洛基本理论的拓展和回顾。

18.2.2 ERG 理论

ERG 理论是从马斯洛需求层次理论衍生而来的，由克莱顿·奥尔德弗（Clayton Alderfer）所提出。他将马斯洛五个层次的需求修正为三个层次，将其称之为生存、关系和成长需求——ERG 理论（existence，relatedness，and growth，ERG）见图 18-3。[27]

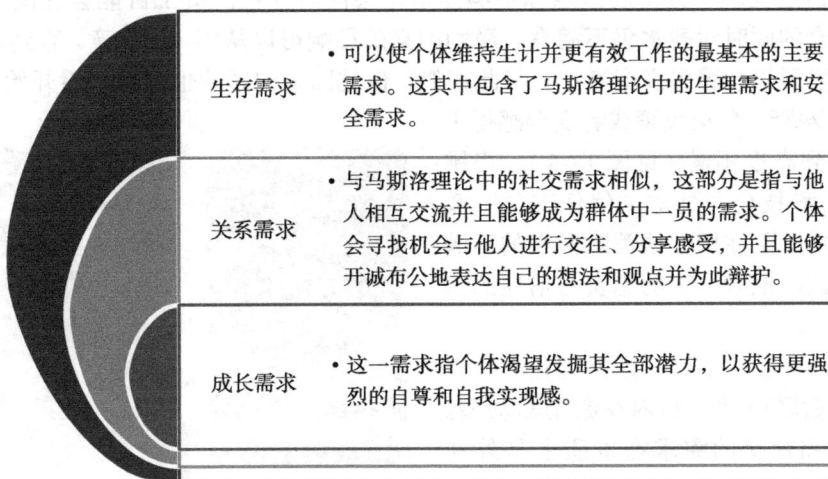

图 18-3 ERG 理论在马斯洛层次的映射

虽然奥尔德弗与马斯洛在需求层次排序这一概念上保持一致，但对于实现满意的过程，他的观点与马斯洛不同。马斯洛断言个体对需求满足的追求是线性且依序进行的，奥尔德弗则认为个体会同时追求多重需求。他认为如果个体在追求更高层次的需求时遭受挫折，会转而去尝试满足较低层次的需求。例如，如果个体因能力有限，在寻求满足他的成长需求时受挫，他会在关系需求上付出更多的努力或更加主动地追求心理需要。

18.2.3 双因素理论

在检验马斯洛和奥尔德弗层次需求理论的过程中，弗雷德里克·赫茨伯格（Frederick Herzberg）就工作态度和工作满意度水平两方面对员工进行了调研。他的研究结果支持了上述理论中需求有高层次和低层次之分这一观点，但是赫茨伯格并不认同每一种需求都会成为激励因素。根据他的**双因素理论**（two-factor theory），赫茨伯格认为低层次需求是潜在的不满意因素，而高层次需求才是真正的激励因素。仅仅满足潜在的不满意因素不会提高人们的满意度，这只会使他们的不满意情绪变得更少而已。反之，满足激励因素则会提升人们的满意度，并让他们更愿意达到某种业绩水平。赫茨伯格把这两个因素分别称之为**保健因素**（hygiene factors）和激励因素（motivators）。[28]

保健因素，也称潜在不满意因素，与生理、安全和社交需求相关。这些因素是构成工作环境的主要内容。例如，员工希望他们的雇主提供不错的工资、有保障的工作职位、团队合作的机会，以及从事挑战性工作的可能。组织在任一维度上的不足都可能导致不满意。赫茨伯格还发现，导致潜在不满意的最主要原因有严苛的公司制度、压迫式的监督管理、恶劣的工作环境和不合理薪资等。根据赫茨伯格的理论，改善与工作环境有关的因素不会带来满意情绪，也不会激励人们在工作中做出更好的业绩。本质上，这些只不过是员工所期望可获得的底线条件。

与此相对的是激励因素，这是做事的直接结果，也是产生满意情绪的原因。激励因素与马斯洛需求层次理论中的自尊和自我实现的需求相对应。马斯洛和赫茨伯格都认为满足这些高层次需求可以激励人们在工作中做得更好。赫茨伯格发现满意来源于具有挑战性的任务、获得成就与个体认同的机会、自主性以及个人责任感与义务感。

赫茨伯格还发现，员工的满意和不满意情绪会同时存在。员工可能会在满足于工作带来的升职机会的同时对薪水仍不满意。激励因素的影响可以从零（不满意）直到对可以获得的成就感和发展机会感到高度满意。与此相似，保健因素的影响也可以从零开始（没有不满意），直到因薪资、公司政策或者安全感得不到满足而感到高度不满（见图18-4）。当维尼特在HCL科技公司建立"信任支付"政策时，他本质上是在用金钱消除潜在的不满意，同时释放出他对员工的忠实与信任的信号以激励员工。

赫茨伯格又进一步将马斯洛理论中的需求分为外在激励驱动型和内在激励驱动型。生理、安全和社交的需求在本质上是外在型。薪资和安全感是两个主要的外在激励因素。自尊和自我实现的需求则更多由内在激励所驱动。个体依靠他们的内心想法、感受和心智模式来满足更高层次的需求。[29]

图18-4 赫茨伯格的双因素序列

资料来源：Adapted from A. B. Shani and J. B. Lau, *Behavior in Organizations*: An Experiential Approach, 7th edition (New York: Mc-Graw Hill, 2000), pp. 242–244.

18.2.4　后天需求理论

马斯洛与赫茨伯格宣称人生来就具有某种潜在需求，与他们不同，戴维·麦克利兰（David McClelland）认为某些特定的需求是随着时间的推移而产生的，也会受到生活经验的影响，即**后天需求理论**（acquired needs theory）。这些需求包括获取成功、掌控任务和超越他人等，还包括建立关系、避免冲突以及施加影响和控制他人等。麦克利兰认为人们早期的生活经验会决定人们是否有上述后天需求，以及这些需求的层级排序。[30]

麦克利兰和他的同事们通过评测个体对工作环境的喜好差异，用以确定人们更喜欢完成哪种类型的任务，哪些工作对他们有挑战性并能让他们感到满意，以及在不同的工作环境中，他们愿意呈现出的绩效表现。[31]通过这项研究，他们发现个体会因三种需求而受到激励或驱动：对成就的需求（need for achievement）、对交往的需求（need for affiliation）以及对权力的需求（need for power），合称为后天需求理论。[32]对成就的需求包括设定、满足和超越目标的需求。会因这类需求受到激励的个体属于任务驱动型，他们会因竞争和成功完成挑战而充满活力。换言之，高成就需求型人喜欢赢得胜利。大多数情况下，他们更喜欢自主地工作并且依靠自己独立完成他们的目标。

相反，那些会因交往需求受到激励的人们则通常被关系所驱动。他们会因存在互动、社交和发展友谊的机会受到激励。高社会交往需求型人希望成为团队中的一员并获得他人的喜爱。这种对建立关系的渴望通常意味着这类人倾向于不喜欢冲突和社会混乱。

麦克利兰提出的最后一个需求是对权力的需求，这类需求有两种不同的表现形式：个人化权力和社会化权力。顾名思义，那些会因个人化权力受到激励的人们，关心他们在与他人关系中所处的地位和主导权。他们倾向于去寻找可以获得个人权力扩张的机会。相反，那些会因社会化权力受到激励的人们则喜欢施加影响并影响他人。他们所期望的是，与他人共同并起到督导的作用，而不是控制别人。为此，他们注重团队建设和自身与他人的共同发展。

虽然个体通常会认为在这些后天需求中，有某一种更为重要，但总体而言，个人并不是仅仅受一种需求的驱动，因为满足每种需求的驱动因素都有从"高"到"低"的排序。为了获得满意感，个体需求在某种程度上同时满足这三种需求。例如，SC Johnson 的员工会用不同的方式满足他们的后天需求。关于在这家公司工作是如何满足他们对拯救的需求这一问题，一个员工说道，"公司文化鼓励员工的主人翁精神，鼓励我们随时为公司做出贡献……"[33]提到对于权力的需求，另一位员工说："我觉得有一种责任感，这让我感到我的工作确实重要……"[34]还有一些其他员工社会关系需求做出的评价，如"SC Johnson 是个有趣的地方"和"这是个关心我的公司"。[35]

虽然所有人都会在某种程度上拥有每一种后天需求，但麦克利兰提出，个体通常会将满足一种需求的追求凌驾于其他需求之上，这种对于某种特定需求的倾向性也会影响个体的领导方式。（见表 18-1），高成就需求导向的管理者通常会事必躬亲。因为他们渴望追求成功和胜利，这类管理者在授权时通常会犹豫不决，尤其是当他们相信这项工作自己能比其他任何人做得更好的时候。由于不想放弃任何机会，高成就需求导向的管理者倾向于采取一种命令–控制式的领导风格，这会令团队成员感到沮丧。矛盾的是，高成就需求导向的人们希望得到持续的反馈和鼓励，但他们却不愿意向团队成员提供对等的反馈信息。在极端情况下，高成就需求导向的人会不惜代价去赢得胜利，甚至当这意味着要投机取巧或者越过道德边界，他们也在所不惜。[36]当然，这类人中的大多数人还是会在积极的方向上引导这种力量。高成就需求导向的人在创业环境中能够茁壮成长，在这里，他们的个体驱动力能够物尽其用。

表 18-1 成就、社会关系和权力导向型管理者的行为方式

	主要需求	行为方式	在何种情境下更为有效
成就导向型管理者	• 满足或超越自我设定的目标 • 有新收获 • 对职业发展有长期规划 • 超过他人的表现	• 事必躬亲 • 独立做事 • 反馈不足 • 命令 - 控制型领导风格 • 对他人缺乏耐心	• 创业
关系导向型管理者	• 建立、修复或保持良好的关系 • 希望被喜欢和被接纳 • 乐于参加团体和社交活动	• 回避冲突和负面反馈 • 不照章办事 • 缓解而不是解决问题 • 更关心人而不是业绩	• 服务管理 • 人力资源
社会化权力导向型管理者	• 说服他人 • 提供建议、指导和支持 • 激发他人的正面情绪 • 在组织内外都注重维护声誉	• 指导和教授 • 关注团队 • 注重与他人的合作 • 具有政治智慧且交友广泛	• 复杂组织 • 官僚机构

资料来源：Adapted from Scott W. Spreier, Mary H. Fontaine, and Ruth L. Malloy, "Leadership Run Amok: The Destructive Potential of Overachievers," *Harvard Business Review*, June 2006.

麦克利兰还发现，高社会交往需求导向的管理者倾向于基于同理心和同情心做出决策，他们更关注让问题得到缓和，而不是解决问题。当他们认为任务可能会让自己的团队成员不堪重负时，他们也会因授权问题感到困扰。因此，他们经常自己承担任务。由于他们关心他人的感受，也极其厌恶产生冲突，高社会交往需求型管理者倾向于允许例外情况的存在，而不是完全根据组织的规范来做事。具有讽刺意味的是，由于缺乏一致性和一味回避冲突，反而会导致更低的组织凝聚力和满意度，而这恰恰是这类管理者所追求的。虽然高社会交往需求型管理者经常会在制度及其边界挣扎，但他们在特定的高压环境下承担服务型管理角色上会非常高效。

会因社会化权力受到激励的个体通常会成为好的教练和老师。他们希望在组织内外都可以影响他人。他们喜欢通过他人施加影响，也是有效的授权者。权力导向型管理者更易于在大的、复杂的组织取得成功，在这类组织中，他们的政治头脑和政治意识对自己很有帮助。当然，权力也可能是把双刃剑。当管理者的权力受到个人权益的激励时，他们倾向于更加关注自己的个人声望和利益，更关注如何操纵而不是影响他人。

正如上文所提到的，大部分人会同时受到所有三种需求的激励：成就、社会交往和权力。前文中所列举的管理方法并不是对某方面具有高度需求的管理者一定会采用的方式。这些只是最常见的方式。优秀的管理者能够意识到自己做事的动机和倾向性，并且能够以有效的方式加以引导。事实上，在某种特定的环境下每种方式都可能是有效的。

这些激励所表现的强度因文化不同而有所差异。例如，在个人主义盛行的美国，成就动机通常聚焦于个体成就与任务。在更加集体主义的日本，成就动机通常受团队或集体的工作所驱动而非个人行为。[37] 思考本章的激励因素时，需要从文化的视角去观察。文化、规范、社会价值可以塑造人们对事物的重要性和价值的评价，反过来影响关键的激励因素。

18.2.5　四驱力理论

在过去的 10 年中，保罗·劳伦斯（Paul Lawrence）和尼汀·诺里亚（Nitin Nohria）在开展对激励的研究时，整合了以往的各类理论和多种学科知识，其中包括神经学、生物学和演

化心理学等。他们在以下三点上，与其他激励理论的研究者看法一致：他们相信潜在需求是与生俱来的，需求得到满足会产生满意感，需求得不到满足则会导致不满意情绪的滋生。但是他们认为，需求并不一定是按层级顺序得到满足的，而且，某种需求是否能得到满足也不依赖于其他需求满足与否。[38]

在他们的研究中，劳伦斯和诺瑞亚发现人们有动力去满足四种最基本的情绪需求[39]，这是人类在进化过程中的共性，包括获取、结合、理解以及防御等四种驱动力。这两位学者提出，满足这四种驱动力是产生激励的基础，并且这四种驱动力被满足的程度也会影响员工的情绪和行为方式。[40] 因此，为了激励员工，上述四种驱动力都必须在某种程度上加以考量（见表18-2）。

首先，员工有动力去获得稀缺资源和社会地位。因此，员工倾向于去比较自己和他人已经拥有的东西，并希望得到更多。在工作情境中，这种获得型驱动可以通过如下手段得到满足：①能够把好的绩效与一般绩效区别对待的员工奖励机制；②与绩效明确挂钩的员工奖励；③与竞争对手相当的薪金。[41] 总之，获得型驱动成为一把量尺，使得一个人更容易与别人比较其财务回报与身份。

表 18-2　如何满足四种驱动力

驱动力	在工作情境得以满足的方式
获取驱动	奖励机制 • 将好的绩效与一般和差的绩效区别对待 • 将奖励与绩效明确挂钩 • 提供有竞争力的薪水和福利
结合驱动	文化 • 培育同事间的相互信任和友谊 • 认可协作与团队价值 • 鼓励经验分享
理解驱动	职位设置 • 在组织中设置独特且承担重要职责的岗位 • 设置对个体有意义且可以产生对组织奉献精神的岗位
防御驱动	绩效管理和资源分配 • 提高所有流程的透明度 • 强调公平原则 • 建立信任关系

资料来源：Adapted from N. Nohria, B. Groysberg, and L. Lee, "Employee Motivation: A Powerful New Model," *Harvard Business Review*, July–August 2008.

与马斯洛和奥尔德弗所关注的社交需求类似，结合驱动体现一个人渴望与他人或其他群体交往，这些个体和群体可能是工作情境内部的，也可能来自外部。拓展上述几类关系，能让组织中的员工产生某种自豪感。在工作情境中，结合驱动可以通过以下集中方式得到满足：推行可以培育同事间相互信任感和友情的组织文化，看重协作和团队合作的价值，以及鼓励经验分享。[42]

除了希望与他人建立社交关系和联系之外，员工还会受满足自身好奇心和掌控周边事物的驱动。在工作情境中，理解驱动可以通过职位设置来满足，其中包括：在组织中设置独特且承担重要职责的岗位，以及设置对个体有意义且可以产生对组织奉献精神的岗位等。[43] 理解驱动类似于个体的内在激励；个体希望获得挑战、学习和发展的机会。

最后，员工会因防御自身、抵抗外部威胁和希望推进公正而驱动。在工作情境中，防御驱动会由高透明度、强调公平原则和可以建立信任关系的绩效管理和资源分配方式，来增加透明度、强调公平和建立信任来满足。员工对于以下几个方面因素的认可度越高，他们的参与意识也会随之加强，包括回报的合理性、受认可度以及因对公司做出贡献所得的奖励等。[44]

以上我们所讨论的五种内容型激励理论，解释了激励人们采取行动的潜在需求以及这些需求的满足方式。虽然这些理论所持的观点不尽相同，但它们都集中于讨论个体有满足自身生理、社会和心理需求的欲望。在下一节的内容中，我们将着重讨论如何传达激励，而非激励员工的内容。这些理论将有助于解释人们在决定如何采取行动和他们对做某件事应当付出多少努力时的思考过程。

视野

驱动力

什么激励着员工？丹尼尔·平克（Daniel Pink）所著的《驱动力》一书中，在讨论激励时认为，当今时代，擅长独立思考的人们，不再会因金钱刺激这样的外部回报受到激励。恰恰相反，他们更倾向于被有效完成工作所带来的内心满足感所激励。他认为，真正激励人们追求成功的是，追求生活目标的自主权，实现不断进步的掌控力，以及希望做点儿事，能够超越自我的意愿。

1. 什么样的奖励方式会激励你？是外在奖励还是内在回报？
2. 在你的职业经历中，你或你的同事曾经接受过哪些类型的奖励？这些奖励方式是否有效？

18.3 过程型激励理论

前文所探讨的内容型激励理论解释了隐藏在人们行为方式背后的需求，以及在工作情境中能够激励某些特定行为的因素，但这些理论都没有对员工决定采取行动的过程加以说明。相对而言，过程型理论则解释了为什么人们会以满足自身需求的方式采取行动，以及在他们满足自身需求后，如何评估他们的整体满意度。

与内容型激励理论不同，**过程型激励理论**（process theories）把个体看作积极的决策者（也就是说，人们在决策过程中会有心理过程的参与），而不是只根据预先确定的一组可变因素来满足自己的需求。[45]有些过程型理论强调员工对基于努力所应得奖励的期望。其他过程型理论则强调奖励的公平性，也就是人们会如何与付出相同程度努力、具有同等能力和经验水平的其他员工进行比较。过程型理论也描述和分析了那些可以让人们采取、倾向、维持或停止某种行为方式的驱动因素。最后，过程型理论还讨论了能够影响人们行为方式的情境因素和个人因素。[46]例如，当失业率高涨，经济不景气的时候，个体会更看重薪资和职业安全感。而在经济繁荣时期，则会优先考虑升职和个人技能提升的机会。在本节中，将会提到三种主要的过程型激励理论：目标设定理论、期望理论和公平理论。

18.3.1 目标设定理论

埃德温·洛克（Edwin Locke）和加里·莱瑟姆（Gary Latham）两位学者发现，设定较高的目标，并引导员工朝着这个目标努力是产生激励的一个关键驱动力。他们发现，对于一些员工而言，完成某个既定目标而获得的兴奋感和对此付出的努力，与他们因此得到的实物奖励同等重要。[47]**目标设定理论**（goal-setting theory）提出只要设定一系列虽困难但仍可实现的目标，就可以成为一种有效的激励因素。洛克和莱瑟姆建议，可以依据下述四种方式设定目标，以期激励员工和他们的工作表现：

（1）直接关注与目标有关的活动，并为此付出努力，而不是与目标无关的活动。换言之，目标应激励员工进行那类有助于他们实现组织整体目标的活动。

（2）困难或不易实现的目标都会激励员工更加努力地工作，无论这些目标是由管理者或是员工自己设定的。有难度的目标通常会令人工作更努力、坚持和专注。

（3）为目标设定紧迫的截止日期会加快工作节奏。

（4）为了实现新目标，人们会自然而然地想到他们从其他活动中获取的知识和技能，加以应用，以满足新的目标。[48]

两位学者还提出，那些具有明确且有挑战性目标的组织，会从员工更高的工作积极性中获利更多，当然，这些目标对员工来说应当是可接受的，同时这类组织应当通过定期的反馈帮助员工追踪实现目标的过程。[49]当目标是明确且可衡量的，而不是模糊且界定不清的时候，员工的绩效表现就会提升；同样的效果，在目标设定有明确的完成时间框架时，也可以达到。有助于制定符合这些标准的目标的一个有效原则可缩写为 SMART（见图 18-5）。 SMART 目标应当是定义明确，可有效衡量，且可以实现的。此外，SMART 目标也应当与公司业务相关，并能够在既定的时间框架内完成。

| 明确 | 可衡量 | 可达到 | 具有相关性 | 有时间期限 |

图 18-5　SMART 目标

资料来源：Adapted from George T. Doran, "There's a S.M.A.R.T. Way to Write Management's Goals and Objectives," *Management Review*, November 1981, pp. 35–36.

实现具有挑战性的目标往往会同时提高个体对自身以及组织的满意度。[50]事实上，员工的满意度通常是良好绩效的结果，而不是原因。[51]当个人和组织目标之间具有密切的一致性时，尤其如此。只有当奖励和工作环境中的各种条件与工作相关而且能够调动员工的积极性时，员工才会有高效的行为表现。因此，组织必须为员工创造能够满足他们潜在需求的条件，并且应考虑到要让员工可以计划和选择自己的行为方式。

当个人目标和组织目标不一致，或者当一个人的目标与另一个人的目标有很大差异时，冲突就会随之产生。这样的情形通常会发生在两个目标不同但都认为有能力实现自己目标的部门之间。例如，产品开发团队以产品的创新性或性能提升作为评价成功与否的标准。为了验证他们的新想法，他们经常需要把这些新想法产品化，但如果使用新的生产流程或原材料，产品化的做法就会产生很高的成本。另一方面，生产部门的目标则是尽可能降低制造成本。不符合标准流程的做法将会影响到团队实现其目标的能力，因此，这会导致他们可能不愿意参与这些新的生产活动。在这种情况下，企业在设定目标时往往要综合考虑部门或事业单元的特定因素和公司整体的绩效指标，其中可能既包括成本管理也包括新产品的推出。而奖金的考核也会包括本部门的成绩以及对组织整体业绩的贡献。

目标设定的力量也是其可能会导致负面结果的原因，尤其是当它所导致的动机会为不恰当的行为创造机会时。需要达到某个特定财务目标所带来的压力会使人们做出短视的决定，有些人甚至越界做出不道德的行为。在 21 世纪早期时，在一些 CEO 之中，这种情况尤为突出，因为这些 CEO 的薪酬福利与公司的股价表现直接相关。这些 CEO 所做的决策（有时候，或者可能）导致以公司长期稳定为代价的短期股票收益。一些情况下，这些 CEO 为了达到特定的财务绩效目标，夸大了收益或少报了成本。为了达到有效的结果，目标必须符合正当的动机，并且对潜在的陷阱也应当有所预见（见表 18-3）。

表 18-3　目标设置的陷阱和可能的解决方案

陷阱	可能的解决方案
承担过高的风险	明确可以接受的风险水平，以及超出这个水平可能会导致的后果
压力升级	确保员工具备应有的技能，并提供培训

（续）

陷阱	可能的解决方案
天花板式的目标，而不是地板式	重新校订目标，把目标看作是一个循序渐进的过程；奖励与目标相关且高于目标要求的业绩
忽略非目标区域	确保目标是经过全面考量的
思维狭隘	将目标与更高的组织目标相关联
不诚实和欺骗	树立诚实做事的样板，对不诚实的做法予以处罚

18.3.2 期望理论

在为了实现某个特定目标开始行动之前，人们通常会下意识地对付出 - 获得的结果进行评估。 期望理论是由维克托·弗鲁姆（Victor Vroom）提出的，这一理论指出，员工在他们的工作中会期待两种情况。第一，员工会期待努力付出就能有好的绩效表现；第二，作为回报，好的绩效表现将会为他们带来奖励。[52] 员工同样期望付出不足的人绩效表现不佳，反之绩效不佳不应为他们带来奖励。从本质上讲，努力、绩效和奖励（或结果）之间的关系是这一理论的假设前提。有关期望理论的研究是领导力中路径 – 目标理论的基础（参见第 12 章内容）。

在工作中，人们期望他们的成绩应当被奖励，尤其是需要他们投入大量精力或付出努力时。例如，那些工作更长时间，在周末也要加班的员工会认为，他们应该得到更多的薪酬福利。同样，承担富有挑战性且能够造就公司成功的那一类任务的员工，可能会认为他们应当获得升职奖励。

期望理论（expectancy theory）提出，在员工决定付出多少努力时，在他们的思考过程中，会对以下三个变量加以考量：努力可带来绩效的预期，绩效可带来回报的预期，以及价值评判（见图 18-6）。 这三个变量之间是相乘的关系，这就意味着，缺少任一变量，也就不会有激励产生这些变量。

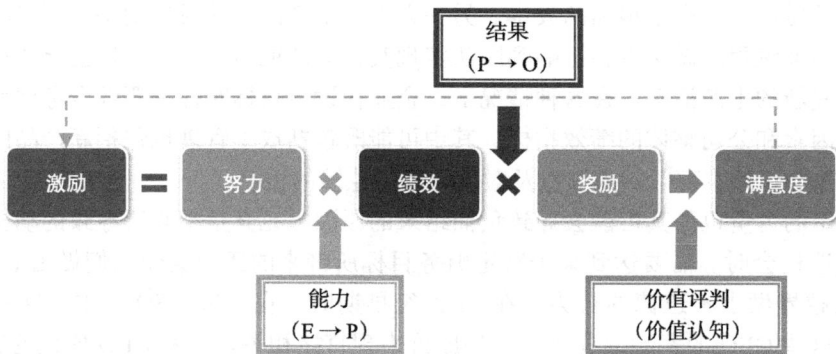

图 18-6　期望理论模型

资料来源：Adapted from Michael Beer and Bert A. Spector, "Note on Rewards Systems," Harvard Business School Note No. 9-482-017 (Boston, MA: HBS Publishing, 1981), p. 4.

努力可带来绩效的（E to P）预期是对投入努力是否可以带来更高绩效做出评估。为了得出结论，员工需要考量他们是否具备所必需的能力、过往经验以及工具。例如，若想成功地执行一项艰巨的工作任务，员工必须有适当的教育背景、技术能力和人际交往能力。如果他们缺乏完成任务必备的技能，他们的努力很可能无法转化为良好的绩效。当努力很可能无法获得有利的结果，员工会保留自己的努力。第二个关键因素在于，他们的管理者是否能够认识到努力和预期绩效之间的联系。很多情况下不存在精确刻画的预期绩效，员工必须猜测管理者的预期，以致他们很难想象良好绩效所需的能力。如果他们猜错了却付出了努力，他们随后可能会惊讶于自己所认为的良好绩效的评估方法是错的。这会导致失望和沮丧。有关绩效预期缺乏明确性比我们所能想象到的更为广泛，无论是管理者无法沟通清楚，还是员工无法清楚理解。不管该失败的来源为何，管理者清楚并重复地沟通对员工良好绩效的期望是很重要的。如果员工认为努力工作将会有好的绩效表现，E to P 预期就会较高。而如果 E to P 预期高的话，员工就会有很高的积极性来做事。

绩效可带来回报（P to O）的预期是对好的绩效是否可以带来期望得到的奖励做出评估。例如，员工一定会认为，如果在一项艰巨的任务中表现优秀，他们就会得到升职或加薪奖励。如果 P to O 预期高的话，员工也会有很高的积极性来做事。不过，当员工对良好绩效十分困惑时，这种效果便不存在。当管理者不能正确评估绩效或者兑现他对员工理想绩效的承诺时，这种效果也不存在。

价值评判是指对可获得的结果是否有吸引力做出评估。为了让员工以更高的积极性投入工作，他们可获得的奖励应当是在他们看来是有价值的。如前文我们曾讨论过，这些奖励可以是外在的，如奖金，也可是内在的，如增加知识储备和提高技能的培训机会。给予员工奖励的时机非常重要。如果及时给予奖励，这类奖励通常在员工看来会更有价值。[53] 有时，一些管理者倾向于用自己喜欢的受奖励的方式来奖励其他人。这通常不起作用，在我们先前谈到的内容理论的研究中，我们发现不同人的价值观是不同的。如果管理者没有将价值评判纳入思考，他们也正冒着打破绩效和预期回报之间联系的风险。

为提高期望理论所希望达到的效果，管理者应该尽量做到以下几点：

- 确认每一个员工认为哪种奖励是有价值的。
- 明确哪一类行为是组织所期望的。
- 确保所希望达到的绩效水平是具有挑战性的，但可以实现。
- 将期望的回报与预期绩效相关联。
- 分析潜在冲突可能会发生的情境。

18.3.3 公平理论

目前我们已讨论了员工会如何回应他们预期从工作中得到的回报。另一个激励和奖励的关键要素在于员工会和他人互相比较绩效。公平竞争和公正的感受是理解激励的重点。在工作中，员工往往比较工位大小和与某些特殊位置有关的工位分配。例如，许多员工认为，低级别的员工不应该拥有一间舒适且位于角落的办公室。相反，他们认为这应当是更高级别管理人员的奖励。同样是这些员工，一旦被升职，人们则会认为他们理应和其他高级管理人员一样，得到在位于角落的办公室工作的奖励。如果他们的工位和同样级别的经理不同，人们可能会认为这个组织和他的上司做事不公平。

期望理论有助于我们理解当人们决定完成一个特定的任务或目标，对付出 - 获得的权衡取舍，但这只是等式的一部分。人们不仅希望他们付出的努力能够获得奖励，也希望那些奖励会是公平和公正的。这种与激励相关的预期，可以用公平理论加以解释。

公平理论（equity theory）是由心理学家 J. 斯塔西·亚当斯（J. Stacy Adams）所提出的，这一理论认为，人们会将自己的境遇与同他们情况相类似的其他人做比较，这种行为会激励他们在因绩效而得到奖励的方式上寻求公平。[54] 当他们感知到缺乏公平时，他们会降低工作的动机。公平理论假设人们会因被公平对待而受到激励。角落办公室的例子说明员工会通过比较投入（如地位、教育背景、资历、努力和技能等）和回报（如升职、位于角落的办公室、薪水、认同感等）来评估是否被公平对待。 当一个人的投入产出比和另一个人的投入产出比是相当的，他们会认为这就是公平的（见图 18-7）。

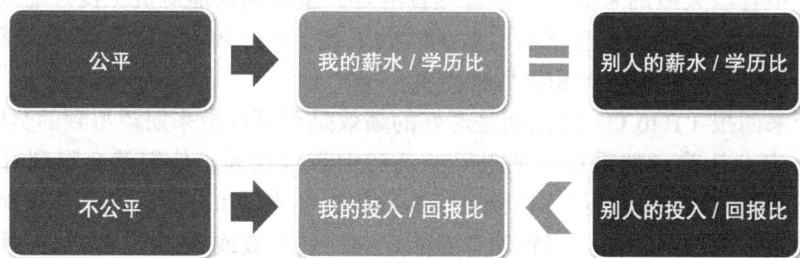

图 18-7 公平理论的示例

如果一个员工觉得以他的教育背景所得到的薪水的比值，要低于学历没有他高的员工所得到的，这个员工就会认为他应得的奖励被低估了，其结果是这名员工会失去积极工作的动力。他们可能会反对该现象，为他们自己寻找更大的回报。如果这些回报无法获得，他们可能会决定减少自己的努力。相反，如果一个员工得到的这个薪水比值比那些经验少于他的同事高，这个员工就会因此受到激励而积极表现。如果两位同事感觉得到了相同的奖励（本质上是他们的投入和回报比是相当的），他们都会因此受到激励。

所有这些比较的关键都在于感觉，因此并不总是客观的。[55] 例如，即使两个人具有相同的最高学历，一个人可能会认为他的学历要比另外一个人的更有价值，因为他就读的学校排名更高。研究表明，大多数人通常会对自己给出过于有利的评估。

因此，当与他人比较时，人们会高估自己的投入而低估他人的贡献，从而放大被不公平对待的感觉。值得注意的是，这对我们大多数人都很正常。领导者因此必须找到某种方法预测类似问题，为员工提供更加清晰的贡献评价，同时尽可能创立更具透明度的制度，使员工们尽可能用较为客观的方法去看待他们的绩效。

另一因素会使这种比较更为复杂：不同的员工拥有不同的价值观。组织通常需要让人们得到的奖励更加适当，以确保达到实际和感知的公平。要做到这一点，组织需要了解对于每一个体而言，什么是有价值的。

在全食食品超市，公司领导者设置的工资上限是任何人的薪酬福利不得超过公司平均水平的 19 倍，这与《财富》500 强公司 400 倍的平均上线有明显差异。[56] 此外，公司 93% 的股票期权被分配给非管理人员，在其他大多数公司 75% 的股票期权会被分配给五个或更少的公司高管。[57] 全食超市的这些做法，让大多数员工认为公司为他们创造了公平和公正的环境。

18.4 强化型激励

正如我们在本章中所观察到的，奖励在激励员工方面是必不可少的。识别对员工有意义的奖励，并保持与组织一致，创造持续加强激励的组织情境至关重要。数量可观的研究尝试去理解如何有效地强化行为。一个影响深远的关于环境刺激对行为影响的研究始于 20 世纪初期。俄国心理学家、医生伊凡·巴甫洛夫（Ivan Pavlov）发现，狗会在看到那些经常喂食它们的实验室技术员时分泌唾液，而不是因为看到了肉。后来，巴甫洛夫又试验在敲铃后喂狗进食，持续一段时间后，他发现，这些狗开始会因听到铃声而分泌唾液。巴甫洛夫就狗所表现出的这种行为方式告诉我们，当一种无条件刺激（即，肉）与一种条件刺激（即，铃声）一起重复多次出现时，这两种刺激就会被结合起来，而产生了对条件刺激的行为反射（即，分泌唾液）。

通过奖励或惩罚的手段可以引导行为或行动方式是强化理论（reinforcement theory）的核心。B. F. 斯金纳（B. F. Skinner）是最著名的强化理论学者之一，他提出，正强化和负强化会鼓励某种特定行为的出现频率，而制止和惩罚则会让这些行为减少。[58] 斯金纳把**正强化**（positive reinforcement）描述为奖励某种符合要求的行为，而**负强化**（negative reinforcement）是指消除厌恶性条件而产生符合要求的行为，**惩罚**（punishment）是对不符合要求的行为给予厌恶性刺激，而**消退**（extinction）则是指某种行为会因停止对其加以奖励或导致受到惩罚而不再产生。[59]

在一项实验中，斯金纳观察到，一只饥饿的老鼠会不停地去按笼子里的一个拉杆（行为），如果每次它都能得到食物的话。把食物作为对老鼠的奖励是一种正强化。在另一项试验中，会在老鼠足部施以微弱的电击。当老鼠按动拉杆时，电击就会停止。当再次受到电击后，老鼠就会继续按动拉杆让电击停止。消除厌恶性条件，即电击，在这里是一种负强化。但是，当老鼠每按动一次拉杆都会遭到电击，几次以后，老鼠就会停止按动拉杆的行为。对不符合要求的行为施加厌恶性刺激，就是一种惩罚。最后，如果老鼠不断地拉动拉杆，但什么都得不到，老鼠也会停止拉动拉杆的行为。停止对某种行为给予奖励，即为消除。最终，斯金纳认为，行为是后天习得的，而奖励对于鼓励员工采取符合要求的行为并停止不符合要求的行为至关重要。[60] 这一发现也被称为**操作性条件作用理论**（theory of operant conditioning）。

操作性条件作用理论也可以用来解释在工作情境中员工的行为是如何受制约的。假设这样一种情形，一名员工没有将他与客户之间发生的问题告知他的经理。而这名经理发现，员工对与自己讨论此事犹豫不决，是因为自己可能会因得知这个问题而情绪失控。所以，这名员工宁愿对经理隐瞒这个问题，也不愿成为他情绪发泄的对象。在这个案例中，把问题告知经理，是一个操作性行为，员工成为经理情绪发泄的对象，就是对这一行为的惩罚。但是，如果这位经理可以很好地控制情绪，员工就很可能把和客户的这个问题向他讲清楚，这正是负强化的很好例证。如果经理会对员工告知他这个问题而表示谢意，员工的行为则会受到正强化激励。

成功的组织通常通过正强化而不是负强化建立员工的参与感与兴奋感。[61] 这些组织对于哪些行为是组织所希望看到的和可因此获得的奖励有明确规定，并且能始终如一地执行这些奖励规定。例如，四季酒店（Four Season Hotel）设有月度员工奖。获奖的员工可以获得1 000美元的现金，费用全包、为期两周的旅行，以及一周的额外假期。[62] 与此类似，

Nordstrom 公司认为通过实行"内部晋升"制奖励员工，会激励他们更加努力地工作，因为员工也渴望在公司获得更高职位。[63]

但如果奖励机制设计不当，也会导致不希望、不可预期以及计划外结果的产生。[64] 例如，某公司可能想要创造一种鼓励团队合作的企业文化，但只对个人所付出的努力工作进行奖励。这样做的结果会使团队中的一些人只会以让自己需求得到最大化满足的方式做事，而不是为了最大化地满足团队目标。为了避免这类行为的产生，明确哪些行为应当被奖励，以及对奖励机制做出调整以确保符合组织要求的行为得到强化，就变得十分重要（见表 18-4）。

表 18-4　希望行为与奖励之间的错位

管理者希望的是	但是奖励的是
长期发展	季度盈利
团队协作	个人努力
设置弹性目标	完成数据指标
对总体质量负责	按期发货，哪怕是部分产品有缺陷
创新思维和冒险精神	已得到验证的方法和安全性
坦诚和开放的态度	好消息，与老板意见一致

资料来源：Adapted from S. Kerr, "On the Folly of Rewarding A, While Hoping for B," *Academy of Management Journal*, December 1975.

在许多企业中都存在的一个常见错误是，认为金钱是最重要的激励因素。想想大多数人看待自己和他人的方式，就会发现这种只注重物质奖励的做法并不奇怪。大多数人都会高估薪酬福利这类外在奖励对他人的激励作用，而低估有意义的工作或是挑战性这类内在奖励的重要性。即便有些人声称自己会更看重内在奖励对自己的激励作用，但他们也并不认为其他人的看法和自己一样。[65] 例如，在一项针对法学院学生的调查中，64% 的人认为他们希望进入法学院就读是因为这里有一种对智力的激发，而且律师也是一个有意义的职业。但当问到他们同学的动机时，只有 12% 的人认为同学是因同样的原因选择法学院。他们认为绝大多数人主要是因为将来会有很好的收入而选择法学院。[66]

18.4.1　工作设计

虽然奖励在激励中发挥着重要的作用，工作设计也是激励员工做出优秀业绩的重要驱动因素。该问题的研究主要认为，员工受内在激励的鼓舞，同时员工的内在激励又能被组织设置任务的方式所影响。哈克曼（Hackman）和奥尔德姆（Oldham）在他们的原始研究中称之为工作设计（work design）。他们的基本论点在于，当工作拥有许多不同的要素（多样性、自主性和反馈），员工会更有参与感。参与感受到工作意义、对回报的个人责任感和对工作结果的理解所驱动。

那些可以成功地创建一种员工具有高度工作积极性氛围的组织，会为员工提供参与有意义工作的机会，并使员工将自身与组织目标紧密联系在一起。[67] 当员工认为自己在做的事是有价值的，也会得到组织认可，他们的工作满意度就会更高，因此不太可能跳槽。[68]CEB（Corporate Executive Board）对 20 000 名高潜能员工进行调查，发现与公司战略相联系是重要的工作激励因素。[69] 除了感觉工作是有意义的之外，员工应当对自己的工作结果抱有责任感，并且能够持续不断监控工作进展（见图 18-8）。如果员工需要在工作中使用多种技能，他们就会觉得自己所从事的工作是有意义的，而且会从始至终对工作负责。碎片式的工作不那么有吸引力，尤其是当员工觉得他们的工作与最终的结果无关时。在这种情况下，当员工认为他们正在做的事情非常重要，并且可以对实现组织的整体目标做出贡献时，就会觉得工作更有意义。

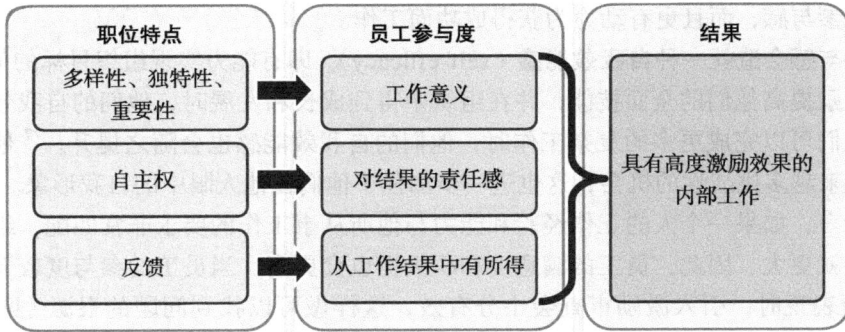

图 18-8　可以产生激励效果的工作设计

资料来源：J. Richard Hackman and Greg R. Oldham, *Work Redesign*, 1st Edition, © 1980. Reprinted by permission of Pearson Education, Inc., Upper Saddle River, NJ.

当员工感到自己应具有主人翁意识和对工作的责任感时，也会激发他们的参与度。一般来说，更高自由度和自主权的职位会增强责任感。[70] 一名管理者在多大程度上能够合理地对责任进行授权，通常是他看待人性时所持基本信念的结果。赋权（empowerment）是组织为了在更大程度上激励员工的积极性和参与感所采用的一种方式，它通常是组织为了完成某项流程、行动或任务，授权组织内部的个体承担责任和义务的一个过程。当然，使用赋权这一方式的假设前提是，管理者相信员工会尽全力工作以帮助组织实现整体目的或目标。

道格拉斯·麦格雷戈（Douglas McGregor）在他有关管理者及其下属关系的研究中提出了两种完全不同的管理方式，他将其称作 **X 理论**（Theory X）和 **Y 理论**（Theory Y）。[71] 遵循 X 理论的管理者认为，员工天生就不喜欢工作，需要时常对他们进行监督和考核，以确定他们所做的与期望一致。X 理论的假设前提是，如果放任自流，员工只会做到能够让他们在组织中生存下来刚刚好最低线的水平。为确保员工的表现达到预期水平，X 理论的信徒会使用惊吓、恐吓、威胁等方式作为激励员工的手段。此外，X 理论的信徒还倾向于相信员工主要是会受外在奖励的激励，尤其是薪酬福利。本质上，这类管理者在管理中使用的是一种"胡萝卜加大棒"的方式。在这里，大棒是惩罚，而胡萝卜则是潜在的物质奖励。[72]

相反，遵从 Y 理论的管理者认为员工并不是生来就懒惰的，而是有动力去尽全力做好他们的工作并发挥自己的潜能。基于这种心智模式，管理者更倾向于使用参与式而不是指挥 - 控制式的领导风格。他们在授权时会给员工更多的自由度，并且相信即便提高了员工自主权和责任，他们也将从容应对。管理者会寻求与员工之间的共识，并尝试创建一种开放的氛围让员工自由地进行尝试和创新。管理者通常使用外在和内在奖励相结合的方式激励员工。

后续的研究表明，X 理论和 Y 理论管理者自身所持有的态度和信念，造就了他们对自我实现的预期。例如，如果你认为员工是不负责任且懒惰的，这就是你将看到的。然而，如果你相信员工是自我激励且有良好意愿的，你也会看到这些特质，并更愿意采用赋权和参与式管理。[73]

无论是让员工更多地参与决策还是采取其他的赋权方式，员工参与度高对组织有益，这一点早已被证实。有研究表明，那些被认为员工参与程度较高的公司，通常都会有更好的财务表现、更低的员工流失率和更高的员工道德水平。[74] 高员工参与度的组织，在工作氛围上具有以下几个特点：①参与式的决策方式；②信息共享（组织中上下级之间开放式的沟通）；③培训和发展；④基于业绩表现的结果或奖励。[75] 换言之，如果员工知道公司对他们的期望，公司会为他们提供培训让他们获得成功，以及公司对他们的努力给予奖励，员工就会在组织中有更高的参与感，而且更有动力为获得成功而工作。

这种参与感会造就一种**自我效能感**（self-efficacy），即有能力实现组织目标的信念。[76] 当员工们被鼓励提高他们的全面技能，并在组织中得到成长和发展时，他们的自我效能感就会增强。当人们可以完成更多的复杂工作时，他们的自我效能感也会随之提升。[77] 他们建立自信，寻求越来越多挑战性的机会，这也进一步加强了他们在他人眼中的自我形象。

总体而言，如果一个人的工作经验和能力与他所从事工作的要求非常匹配，组织获得成功的可能性就更大。因此，员工的满意度和积极性也会更高。当员工的参与度较低且达不到预期的业绩表现时，引入激励审查会十分有效，这样做可以找到问题的根源（见表 18-5）。了解员工不佳业绩表现潜在的原因，是采取纠正行动的第一步。

表 18-5　诊断激励中的问题

潜在问题	后续行动
不理解新职位或所需的技能要求	员工是否有一个适当的角色模型
不能看到努力和业绩之间的关系	员工是否拥有必需的技能
不能看到业绩和结果之间的关系	奖励和激励措施是否与所预期的行为相符
组织建立不能满足个人需求	员工有没有因为他的贡献获得应得的认可？员工是否了解有可能获得的奖励

18.4.2　亲社会激励

最近，关于"亲社会激励"（prosocial motivation）的研究表明，员工如果有机会对其他人的生活产生积极的影响，他们的激励将被加强。当工作能够允许员工通过消费者或其他受益人观察到他们工作的价值，员工的组织承诺和工作满意度会上升。这些机会允许员工以一种有意义的方式看到他们工作的直接成果。当员工有机会和直接从他们工作中受益的人交流，他们的动机将会得到进一步的增强。[78] 因此，美敦力公司（Medtronic），一家医药科技公司举办年度聚会时，使得员工能够见到使用美敦力心脏起搏器或其他救生设备的病人。因为聚会允许员工看到他们日常工作的真实影响，前总裁比尔·乔治（Bill George）把聚会叫作"关键时刻"。[79]

18.4.3　强化优势

了解如何激励不同个体，是成为一名卓有成效的领导者的关键。正如我们在前文所讨论过的，激励应当被权衡考量，奖励或职位设计特性要与个体需求相符合。一个新兴的主流研究方向是把这种调适方式更进一步延伸为，鼓励管理者只需要关注员工的优势面。这项研究源于积极组织心理学学派，研究者认为员工会因他们长处得以发挥而受到激励并且更有效地工作。[80]

通过研究反馈流程，研究者们指出这样一个事实，即虽然大多数人都会记得那些批评意见，但刺激他们行为的仍是赞扬或褒奖。有建设性的批评意见固然重要，但如果没有实际的机会让人们对批评做出恰当的反馈，人们也就会对此麻木不仁。[81] 积极心理学的研究者声称，个体如果专心从事他们所擅长的事情，会更容易发挥他们的潜能。在本质上，将能力从 80% 提升到 90%，要比从 10% 提升到 20% 更容易。尽管这之间的差距是一样的，达到某个能力基准与增强现有优势相比，要付出更多的努力才可以实现。能够强化员工优势的组织会有更好的整体业绩表现，同时这类组织中员工的满意度也更高。[82] 当然，组织也不应该忽视这样做的负面效应；这类需求是应当被重视，但真正能起到杠杆作用的，是强化员工的优势。

威睿（VMware）、电商 Wayfair、波士顿咨询集团（Boston Consulting Group，BCG）均

支持加强员工能力的观点。这些公司的管理者均受"给予小鼓励并围绕特定员工的能力进行绩效回顾"的鼓励。[83] 在波士顿咨询集团，管理者在绩效回顾中不被允许提及超过两个领域的发展。这家公司认为能够通过最大化自己的专长来产出更多。

为了让员工得到更符合他们需求的机会和奖励，管理者应当提出下述三个问题：①员工的优势是什么？②哪些因素可以触发这些优势？③个体的学习风格是怎样的？[84] 这些问题的答案将有助于确定对员工的奖励和职业机会，这些都是能够提高团队成员工作积极的基础。

领导力开发

领导者用于激励员工的一个常见做法是，创建一种估计员工参与的企业文化。员工参与度是员工与组织之间形成的一种积极的情感联系。这种情感联系会激励员工更积极参与，更有热情，并对工作有更强的承诺感。因此，参与度高的员工都会努力施展他们的才华，为实现组织的目标做出贡献。领导者可以通过以下方式增强员工的参与度：

- 创建一个信任的氛围
- 行事正直
- 设计可以激发智力的职位
- 提供职业发展机会
- 投资于员工的发展
- 强调良好合作关系的重要性
- 灌输组织的荣誉感
- 在个人表现和组织目标之间创建一个可见的联系 [85]

回顾你曾被领导者鼓励，增强参与感的一次经历。他采取了怎样的策略？这位领导者激励你积极参与，做出更好表现的能力又如何？

本章小结

缺乏技能纯熟和积极工作员工的组织不可能有长期持续的竞争力。成功的组织都懂得去创造推行激励机制的条件，并因此换得员工的参与感。员工的参与度和积极性会受到内在奖励和外在奖励两种因素的影响。

1. 内在奖励是与"做事"相关的奖励，注重为员工提供令人感兴趣和有挑战性的工作、自主权、多样化的选择以及其他发挥其技能和能力的机会。外在奖励则包括薪资、升职、额外福利以及职业安全感等。了解对于不同员工的特定激励因素，有助于管理者选择正确的外在奖励与内在奖励组合方式。

2. 当代激励理论对可以解决员工潜在需求问

题的条件做出了解释，同时探讨了员工进行评估并做出行动选择的方式。强调员工的潜在需求会激励人们做出更好表现的理论被称为内容型激励理论。有些理论学者认为，个体的潜在需求是与生俱来且根深蒂固的；而其他人则认为，可以对个体带来激励影响的需求是随着时间的推移后天习得的，而且这些需求的形成也会受到生活经历的影响。理论学者早先还认为员工的需求要按某种层级顺序加以满足，但现今的研究更加支持这样一种观点，即对于满足某种需求和满足另一种需求之间是相互独立的，而且个体希望多种需求能被同时满足，总而言之，个体有多种需求需要被满足——生理、社会及心理需求等。

3. 关注于研究员工如何做出行动选择以及会付出何种程度努力的激励理论，被称为过程型激励理论。许多研究者认为，设置较高的绩效目标是驱动员工做出高绩效的一种强有力的激励因素。此外，过程型理论还强调员工对于自己因付出努力而应得奖励的期望值。员工对于付出 – 获得的权衡评估，通常会决定他工作积极性的程度。其他一些过程型理论则强调奖励的公平性，即员工会如何将自己所得的奖励和与其付出努力程度、能力和经验水平相当的其他人做比较。员工希望在分配奖励时，可以被公平和公正地对待。

4. 只有奖励以及工作环境和与工作相关的各种条件对于员工而言可以产生激励效果时，公司才能激励员工采取有效的行为方式。这个通过奖励和惩罚引导员工行为或行动的过程被称为强化型激励理论。通过明确工作设计、鼓励员工参与决策以及强化个体优势等方式，这类激励的效果会得到提高。成功的组织会针对员工的需求设计奖励机制，以此强化符合要求的行动。

关键词

后天需求理论（acquired needs theory）
内容型理论（content theories）
ERG 理论（ERG theory）
公平理论（equity theory）
期望理论（expectancy theory）
消退（extinction）
外在奖励（extrinsic rewards）
四驱力理论（four-drive theory）
目标设置理论（goal-setting theory）
需求层次理论（hierarchy of needs theory）
保健因素（hygiene factors）
内在奖励（intrinsic rewards）
激励（motivation）
激励因素（motivators）

成就需求（need for achievement）
交往需求（need for affiliation）
权力需求（need for power）
负强化（negative reinforcement）
正强化（positive reinforcement）
过程型激励理论（process theory）
惩罚（punishment）
强化理论（reinforcement motivation）
自我效能感（self-efficacy）
操作性条件作用理论（theory of operant conditioning）
X 理论（Theory X）
Y 理论（Theory Y）
双因素理论（two-factor theory）

课后练习

讨论话题

1. 企业如何将组织目标和员工目标整合起来？企业如何确保雇员都聚焦于正确的目标？

2. 对比动机理论的五个内容。它们有哪些异同？当你考虑自己的动机时，你认为哪个内容理论更合适自己？

3. 关于动机的双因素理论有哪些应用？企业如何对等号两侧的因素都有效地回应？

4. 目标如何起到动机驱动的角色？在第13章，我们讨论过控制点理论。控制点如何影响到个体在制定和实现目标时采取的方法？

5. 目标设定理论和期望理论在哪些方面存在相似？

6. 个体对公平的认识是如何影响到其自身的动机水平的？

7. 工作设计如何影响到雇员的动机水平？雇主可以通过什么方式来提高雇员的动机水平？

8. 文化因素是如何影响到动机的？全球化组织的管理者应该如何思考动机？

9. 回顾领导力的双因素理论。你认为哪个更适合自己? 分别找出 X 理论和 Y 理论领导者的成功案例。他们是如何迈向成功的?

10. 回想一个你在工作或者学校中表现最好的时刻。是什么驱动你展现了最好的自己? 你是被内在动机还是外在激励所驱动? 聚焦于一个人的长处如何提高自身的绩效? 这种方法对动机而言,有哪些潜在的负面影响?

管理研究

1. 研究一家位于《财富》杂志"最适合就职公司"排行榜上的公司,并为其撰写一篇新闻稿,描述这家公司是如何激励员工的。新闻稿需包括以下内容:

• 公司是如何创建和谐的工作氛围的。

• 公司如何对员工进行奖励。

• 公司如何利用培训的方式使员工得到发展。

• 公司是如何在个人贡献和组织目标之间创建一种可见的联系的。

与同学分享你的新闻稿,并讨论从激励的重要性中学到了什么。

2. 设想一个你在今年计划完成的目标,用 SMART 原则描述并评估这一目标的可行性。

• 目标是否明确。

• 目标是否可衡量。

• 目标是否可达到。

• 目标的相关度如何。

• 你是否制定了实现目标的时间计划。

行动练习

对一名婴儿潮一代以及一名 Y 一代员工进行访谈,请每一位受访者描绘他们的生活经历和生活目标对他们的激励有何影响。他们激励因素中有哪些类似之处? 又有哪些不同之处? 你认为为什么会存在这些差异? 这些差异的存在对于管理有哪些启示?

第**19**章

沟 通

CHAPTER 19

|学习目标|

在阅读完本章之后，你应该可以：

1. 描述有效的沟通和无效的沟通各自对于组织的不同影响。
2. 概述人际沟通的要素以及不同的沟通风格。
3. 解释管理者是如何在组织中树立信誉以及如何利用沟通技巧取得团队共识。
4. 描述不同沟通方式和渠道的优劣。
5. 描述针对不同的文化情境，沟通流程所需的必要修正与调适方法。

|开篇自测|

个人沟通能力测评

成功的管理者常常将沟通作为计划、激励与指导行为的工具之一。管理性工作经常包含同组织内部各层级以及组织外部利益相关者的沟通。那么，你个人的沟通有效性如何？请阅读下面问题并按从 1～5 的分值进行打分。

1＝从不；2＝很少；3＝有时；4＝经常；5＝总是

1. 我是一个主动的倾听者。
2. 我知道如何运用非语言的沟通技巧。
3. 我擅长与人沟通。
4. 我可以运用文字和数据有效表达我的立场。
5. 我可以清楚意识到文化差异并可以针对跨文化情境调整沟通风格。
6. 我可以针对不同沟通情境调整自己的语气。
7. 在使用电子邮件或社交媒体时，我使用职业化的方式进行沟通。
8. 我擅长演讲。

9. 在与别人进行沟通时，我可以清楚意识到并有效管理我给别人的印象。

10. 在与别人进行沟通时，我懂得如何发问和证明我的观点。

根据上述测评结果，你认为自己的沟通优势在哪里？你还需要继续培养自己的哪些沟通技巧？

19.1　概论

从对杰出商业领袖的研究中我们看到，商业领袖最为人称道的伟大能力就是可以将战略与愿景充满说服力地传达给自己的追随者。[1]领导者的这种将组织个体向着共同目标与方向凝聚的能力，是商业成功所不可或缺的。企业的长期可持续性成功往往依赖于塑造和强化共识，分享愿景。而这个塑造、强化和分享的过程又离不开清晰、持久和有意义的信息传递。正如我们在第 12 章讨论的一样，沟通是组织变革成功与否的重要因素之一。对于组织变革而言，合情合理的沟通更容易帮助变革信息被广泛接受并付诸实践。在激励组织内个体尝试新想法、承担风险或者改变行为模式的时候，"合情"的沟通方式显得尤为重要。

同时，在个体领导力范畴内，沟通也处于核心地位。回顾本书目前为止讨论过的话题——权力、决策、谈判和团队领导，都需要一定的沟通技巧。

管理者在日常工作中，不得不与组织内外不同层级的成员或利益相关者交流。这些交流对象无论从立场上还是目的上都有明显的差异。同时，管理者也通过提出问题来更深层次地理解公司的目标。他们针对不同的意见展开讨论，以此来确保公司正确的发展方向；他们通过提出针对预算和公司财务情况的问题来获取所需的资源。他们通过提出问题来摸清客户需求并寻求满足客户需求的策略。管理者也常常利用有关迫在眉睫的挑战作为沟通手段来驱动和激励团队。[2]

基于不同的情境，管理者传达的信息和常用的交流方法往往迥异。有经验的管理者会针对目标交流对象和所处交流环境的不同对交流信息做出必要的调整。一个成功的音乐产业高管曾经表示，当他面对自己的不同团队时，需要选择完全不同的沟通重点。面对财务团队，他们的沟通往往围绕盈利能力、支出预算等财务要素。而面对市场营销团队时，他们的沟通离不开热销大碟的市场位置，发布活动的市场影响等话题。而面对公司旗下的艺术家时，他们的沟通则主要集中在音乐和灵感本身。这位高管提到："针对不同的沟通对象，我必须采取不同的方法……如果我用跟律师聊天的方式跟艺术家交流，那我恐怕会挨揍。"[3]尽管这也许是他的笑谈，但是他很有可能因为不懂他们的"语言"而遭到过艺术家们的冷遇。

沟通（communication）的核心是运用声音、词汇、图像、符号、手势与肢体语言来进行信息交互。沟通不只包含输出性行为（叙述、书写和动作），同时也包含着相当一部分输入性行为（倾听、观察和阅读）。沟通同样包括那些为建立关系所必需的信息进行解释的行为。也就是说，沟通是传达、交互、处理与评价信息的双向过程。

正因为沟通具有特殊的重要性，缺乏有效的沟通会给组织运行带来明显的负面影响。事实上，组织中下属不满的一个主要原因就是上司没有跟自己保持密切的沟通。[4]从商业角度来看，管理者广泛地将无效沟通视为提升公司绩效的一个重要障碍。[5]对个人而言，缺乏沟通技巧也会严重影响职业发展。

在目前的商业环境中，公司面对前所未有的竞争与变革的挑战。此时，与雇员、同事、客户和其他利益相关者的有效沟通变得至关重要。信息技术的发展创建了多种不同的沟通媒介——电话会议、即时通讯、电子邮件以及社交媒体，这些新媒介的出现，在促进沟通的同时，也使得沟通交流变得复杂化。同样，商业社会的全球化浪潮也使得在沟通中保持跨文化的敏感性成为常态。

在创建灵活有效、充满竞争力的组织过程中，组织沟通效率不容忽视。组织必须更加关注成员交流与信息互动的不同渠道，继而创立利于互动的沟通体系。在本章中，我们将从个人和组织的角度，探索不同的沟通风格与沟通方式。成功的管理者，既要具备个人面对面沟通的技巧，也需要具有大规模团队沟通的能力。奥普拉·温弗里就是一位二者兼具的代表人物。

案例 19-1
奥普拉·温弗里

世界知名的脱口秀节目《奥普拉脱口秀》的主人公奥普拉·温弗里被广泛认为是传媒界最富有的女性之一。[6]奥普拉的传媒生涯可以追溯到 1971 年她入选 "The White House conference on Youth"。这次亮相帮助她赢得了参加当地选美比赛的入场券。在一场由当地广播公司赞助的比赛中，奥普拉谈到她的职业目标是做一名成功的记者。她说："我希望成为一名记者，因为我相信真相。我希望能够将真相公之于众。"[7]

奥普拉赢得了那场比赛。并且，在清晰地试播一段新闻之后，她随后就获得了当地广播公司新闻主播的职位。到 1984 年，奥普拉就拥有了一档自己的早间新闻脱口秀。节目开播仅仅一年，她就斩获当年的艾美奖。随后的一年里，她的新闻脱口秀成为整个芝加哥地区收视率最高的电视节目。到 1988 年年末，奥普拉的新闻脱口秀已经赢得了全美超过 1 100 万的电视观众。在节目中，她体现出了与嘉宾杰出的沟通技巧，热情精到的话题选择能力和个人致力于公益的奉献精神。亿万观众为之深深着迷。

在她的节目中，奥普拉常常鼓励自己的观众把握命运，善待自身并主动采取策略应对生命中不期而遇的挑战。她经常将畅销励志书籍作家与身心健康专家带进节目中，与观众直接就这些话题交流。不仅如此，她还主动参与到讨论中，坦陈自己的缺点和努力。脱口秀节目主播莫瑞·波维奇（Maury Povich）对此印象深刻："从来没有人像奥普拉一样在节目中这样谈到自己……脱口秀主播一般不谈自身……她通过自己的例子，为许多观众开辟了崭新的思考方向。"[8]奥普拉表示，她将自身的许多问题拿出来与观众分享，是因为她和许多观众一样，有着相同的经历。[9]

奥普拉将电视节目变为观众们交互的平台，将观众相互联系起来。她善于将电视机前的观众与现场参与者相互联系。谈到这一段尝试，奥普拉说："最初，我假装自己是一个陌生人。所以我会更关注自己发问的方式，我的问题听起来是不是引人思考，而不是回答本身。相比传达给别人的印象，我对自己的任务更感兴趣。"[10]奥普拉开放、直接、设身处地的交流方式使得她深受不同群体观众的喜爱。

案例思考

1. 是什么样的生活经历与理想抱负影响了奥普拉的沟通风格？
2. 为什么这样的沟通风格可以引起听众的共鸣？
3. 为什么说交流群体是构成奥普拉沟通风格的一个重要方面？
4. 奥普拉的沟通风格是如何成为电视节目观看方式变革的源动力的呢？

19.2　人际沟通

　　沟通的几个核心要素分别是沟通参与者（参与到信息交互的个体，包括信息的传递者和接收者），沟通信息（被以语言或非语言的方式传递的信息本身），沟通媒介（用于沟通的载体），沟通解释过程（接收者理解信息的方式）和响应或反馈（针对沟通信息的后续行为）。[11]无疑，人们更乐于将沟通过程想象成一系列个体信息交互行为的简单线性组合。但是事实上，沟通是一个充满交错迭代关系的复杂过程。就其本质而言，沟通不仅仅包含讲述和倾听，也同样涵盖了在这个过程中涉及的其他感觉，包括信仰、态度、预设立场等。

　　基于不同的情境，以及其他个性化因素，沟通本身也会受到不同程度的影响。[12]在高效的情况下，沟通中的个体会积极寻求帮助，澄清自身关于沟通内容的疑问并主动帮助其他个体。而在与之相反的低效情况中，受到种种因素的影响，沟通中的个体往往依赖于自己的判断，而这种独立判断的过程会比较容易导致沟通信息被误解甚至被忽视。在沟通中，诸如风格、语气以及尝试方法等个人因素不仅影响沟通过程，也会对沟通信息本身的意义和强度产生影响。

　　另外，信息本身与解释也会受到沟通时机、参与者情绪和意愿以及其他个体和组织因素的影响。我们往往将这些因素视为噪声，因为这些因素的存在会影响信息的准确传递——改变信息发送者的真实意图或影响信息接收者的正确理解（见图 19-1）。通过沟通者的反复确认，这些噪声因素的影响可以被有效地减小，有助于信息准确有效地传达。

　　为了确保信息能够清晰有效地传达给目标沟通对象并明确噪声因素的影响，沟通个体应当考虑以下几个沟通要素：[13]

　　● 听众

　　谁是沟通的目标对象？他们的观点是什么？他们的议程是什么样的？在沟通过程中，会不会有其他的沟通个体受到影响甚至参与其中？

图 19-1　沟通流程

　　● 沟通目标

　　沟通的目标是什么？是唤起行动、改变看法还是只是信息知会？如何衡量沟通过程成功与否？

　　● 沟通环境

　　影响信息内容和沟通流程的环境因素有哪些？周边的权力变化是怎样的？沟通中的组织关系，尤其是汇报层级结构是什么样的？沟通各方的过往经历是什么样的？进一步分析，沟通系统中的噪声因素有哪些？

　　● 沟通信息

　　沟通需要传达的具体信息是什么？

　　● 沟通媒介

　　沟通信息如何传达？传达过程需要借助什么沟通方式——当面会谈、电子邮件、正式公文、演讲，还是别的什么？

● 沟通回应或反馈

其他人会以什么样的方式回应沟通内容？优秀的沟通者首先是优秀的倾听者，他们应当乐于应对沟通可能的反馈。

一般来说，我们将一对一或者涉及少数人的沟通称为**人际沟通**（interpersonal communication）。这类沟通往往与参与者的个体特征信息相关。这些特征包括沟通个体对自身的认识，沟通个体间的关系，沟通个体是否具有说服力，是否善于倾听，是否善于行动。一个高效的沟通者不仅需要擅长斟酌词句，清晰表达，也需要确保信息传达的方式适合其他的参与者。这就对沟通者提出了更高的要求，需要他们更了解其他参与各方的观点与立场。在第13章，我们讨论过情商的话题。情商包括个体对他人观点与立场的洞察力。高情商的个体往往容易成为有效的人际沟通者。

19.2.1 语言与非语言沟通

大多数的当面沟通既包括语言沟通，亦离不开非语言沟通。即使在全球化浪潮席卷整个商业社会的今天，在组织成员多元化、组织结构网络化的背景下，语言沟通作为基础的沟通方式仍然处于非常重要的位置。**语言沟通**（verbal communication）包括多种沟通形式：声音、文字、词汇、画面与符号等。一般来说，我们习惯于将语言沟通视为"说"的过程，而事实上不仅如此，"听""读""写"也是语言沟通的重要组成部分。其中，"说"与"写"（例如电子邮件、文字信息、论坛文章等）是发出沟通信息的过程。这两种过程都包含了具体的行动和认知过程。举例来说，当人们需要传递信息时，首先需要将记忆中的信息进行重组加工，转化为可以用语言表达的形式，然后通过外化的表达动作（如讲演、文本等）把加工后的信息传递出来。另一方面来说，"听"与"读"则是理解沟通信息的过程。这两个过程依托于对外部信息的感觉（如听觉、视觉等）和对已获取信息的思考（如理解、处理等）。

为了理解沟通信息，接收者首先需要感知到相应的外部刺激（如声音、文字、词汇、画面或符号），并通过理解过程将它们转化为有意义的信息。这个处理过程部分地与信息表达形式相关。这也是为什么我们格外重视信息表达的原因。举例而言，请留意下面两段文字的差异之处：

（1）假期派对和夏季出游活动取消。

（2）受当前经济形势恶化的影响，我们需要谨慎控制各类支出以应不时之需。支出控制有可能会牺牲大家一部分业余活动。因此，我们决定取消本年度的假期派对和夏季出游活动。我们非常感激诸位与我们共渡难关，也非常期待能有机会重新进行这些精彩的活动。

第一段声明固然简洁，但语气生硬，未免显得不近人情，甚至有可能使阅读者产生消极的感觉。而第二段声明则不同，虽然表达的核心内容与第一段一致，但对决定出台的背景情况、公司政策改变的原因都做了解释。在强调了这些信息之后，读者会更容易理解和接受决定，做出牺牲。这个小例子体现了信息表达形式的重要性，并例证了好的信息表达形式是如何帮助沟通发起者更好地向受众传达信息的。[14] 另外，选择合理的信息表达形式也能更好地确保将沟通发起人的目的与受众的预期结合起来。[15]

除了语言沟通之外，**非语言沟通**（nonverbal communication）也是常见的沟通类型。非语言沟通是指利用非语言要素（包括肢体语言、声音特点、空间以及物品等要素）传达信息的过程。这些不同的要素也会对信息的解读产生不同的影响（见表19-1）。**肢体语言**（body language）包括身体运动、身体姿态、上肢动作、面部表情和目光等方式。[16] 肢体语言同样可以传达信息。举例而言，当一个人试图说服他人时，交叉怀抱胳膊并双目低垂往往会被认为是缺乏自信的表现。而自然的手势，经常直视对方双眼则会让人觉得他信心满满。面部表情则可以传达出相当丰富的含义，不管是意兴阑珊，还是饶有兴致，是壮志在胸，又或者是隐隐作痛，都可以从面部表情清楚地读出。有经验的沟通者往往不仅擅长使用面部表情，也同样善于捕捉沟通对象表情背后的含义。

表 19-1　非语言沟通行为

肢体语言	声音特点	空间事物要素
姿势： 坐立端正，直面听众，身体重心置于双脚之间；或懒散的，倾斜的，抖动的	声调变化： 音量变化：单调的，夸张的	座席： 桌椅排放方式：直线，曲线，圆形
身体动作： 前后俯仰，踱步，静立	语速： 过快，过慢	高度与距离： 一人站立其余就座，全部就座
上肢动作： 拍手，背手，手抓住另一只胳膊，拽耳朵，挠胳膊	停顿词： 嗯，呃，唔，你知道的	目标： 沟通双方共有目标 沟通双方无共同目标
面部表情： 微笑，鬼脸，皱眉，面无表情 目光： 扫视，凝视	清晰程度： 含糊，连读，丢掉辅音；明确有力的，清晰的	服饰： 套装，领带，裙装，深色服装，饰品

资料来源：Adapted from M. Munter, *Guide to Managerial Communication: Effective Business Writing and Speaking* (Upper Saddle River, NJ: Prentice Hall, 1997).

声音特点（vocal qualities）包括声调变化、语速、停顿和发音的清晰程度等因素。如果一个人在演讲中充斥停顿和类似"嗯……"之类的停顿，会显得演讲者缺乏知识和信心。而从另一个方面讲，有一些人也会在演讲中刻意加入停顿，显得演讲内容经过深思熟虑。[17] 对于跨文化沟通而言，尤其是当沟通对象中包括不同母语的个体时，关注声音特点显得相当重要。这类沟通参与者往往更关注沟通的清晰度和语气来减少潜在的误解产生。

在沟通过程中，还有一些会对沟通过程与结果产生影响的因素可以归结为**空间事物要素**（space and objects）。这些要素包括会议座席安排、个人外形设计等多个方面。举例来说，置于二人之间的庞大物体（诸如桌子、会议台等）会传达出权力感与距离感。进而来说，此时坐在这个桌子首端的人会被认为拥有更大的权力。自然，他们的意见也就显得格外重要，在日本，座次问题则更为重要，清楚地反映出商业活动背后的文化价值因素。在一个有三个人参加的讲演中，三个座位往往排成一排，垂直面向演讲者。其中最位高权重的人会被安排坐在中间，排第二位的人会坐在最靠近演讲者的位置，用以在演讲时与中间的那位进行积极互动，而权力排序最后的那位则会被安排坐在最后，靠近会议室的出口，这样可以在权力排序较高的个体有任何需求时积极响应。

另外，个体的衣着也会传达出相关的信息。太随便的穿着可能会表达出漫不经心的态度，这样的态度有可能会显得并不合适。例如，如果一个面试者穿着短裤和运动鞋去参加工作面试，面试官很有可能会认为他或许缺乏职业性。

19.2.2　沟通风格

高效的沟通者不仅需要掌握清晰的语言与非语言沟通，也会对沟通对象的沟通风格提出要求，以达成更有效的沟通结果。我们将沟通个体与其他沟通对象的互相作用与信息交互的方式称为**沟通风格**（communication style）。一般来说，沟通风格包括开放性、直接性以及倾听能力等（见表 19-2）。

表 19-2　沟通风格

开放	直接	倾听	
开放的行为： 表现活泼 说话的时候表情丰富 会表现或讨论内心感觉 交流个人信息 爱说话	直接的行为： 可以肯定地表达感觉与想法 可以坚定快速地做出决定 有对抗性 常常贡献想法和主意	交互性： 对于他人意见的反应 主动介入交谈 其他人讲话时，主动用"嗯""啊"等语气词回应	
		投入性： 善于交互 与信息发送者积极沟通	
沉默寡言的行为： 认为感觉属于个人隐私 情感较少外露 讨论限于商务等正式话题	间接的行为： 随和老练的 语言朴素，不夸张 避免冲突 不乐于贡献新想法	参与性： 持续关注信息传达者 专心倾听，不做其他任务	
		被动性： 他人在传达信息时，自身克制反馈 依情绪调整沟通	

资料来源：Adapted from M. Shapiro，"Communication Styles on Team Dynamics," Simmons School of Management Course Note: Communication Strategies, 2006.

开放性（openness），指的是沟通个体在沟通过程中表现出的情感上易于接近、乐于交流情感等特点的风格。开放的行为包括活泼的外在表现，说话时丰富的面部表情，乐于讨论内心感觉，交流个人信息并且较为善谈。[18]开放的沟通者会在倾听时做出合适的眼神交流以表达对传达者的关注。同样来说，开放的沟通者也更容易在倾听时打断别人，分享自己的想法。[19]与之相反的是，内向的沟通者在员工会议时会避免提出自己的意见，而更乐于搜集总结他人的信息，做一个总结者。

直接性（directness），指的是沟通个体主动尝试在沟通情境下的参与性。直接的行为包括直接的感觉表达，迅速的决策，积极表达自身的想法，具有对抗性并经常地贡献想法和意见。[20]一个直接的沟通者会更倾向于通过发问来澄清必要事实，对于其他沟通者的立场、想法与潜台词做出迅速的假定。有时候这种习惯会让其他的沟通者感到不快。与之相反，间接行为包括随和老练的沟通习惯，朴素低调的沟通语言，尽量避免冲突的尝试，并不善于贡献新想法。[21]间接的沟通者往往会等其他人表达完意见之后提出质疑或者提出问题。这类个体也许永远都不会表达自身真实的感受。有时候这种习惯也会让其他的沟通者感到不快。

倾听（listening），也是一类较为重要的沟通风格。倾听描述了沟通信息的接收者感知并接收信息发送者立场的程度。善于倾听的风格包括了交互性、投入性、参与性和被动性。[22]被动倾听者在接收别人传达的信息时，自身不做任何反馈并依情绪调整沟通。他们中的一部分人喜欢在工作时听音乐作为背景声音。[23]专心参与的倾听者会持续关注信息传达者，在倾听的过程中保持专注，不被其他任务分神。[24]交互性强的倾听者善于信息交互，在倾听过程中主动用"嗯""啊"等语气词回应。[25]投入的倾听者既善于交互，也乐于参与。他们会与信息发送者积极沟通，会用引导性问题来做主动反馈。[26]他们会说诸如"这令你感觉如何"，以此回应发言者的评论。

　　除了语言选择、肢体动作等因素之外，沟通各方沟通风格的差异也会影响沟通的效率。阅读下面的沟通过程，体会沟通风格如何促进或者毁掉沟通效率。

对话之一：
珍妮弗： 我想我们应该直接去找杰克来搞清楚问题到底在哪里。 简： 我同意。我认为我们同时应该给所有相关的人都发邮件，看看他们是怎么想的。 珍妮弗： 那么你来发邮件，我去找杰克怎么样？ 简： 好啊。如果你那儿有什么发现，告诉我一声。 珍妮弗： 没问题。

对话之二：
珍妮弗： 我想我们应该直接去找杰克来搞清楚问题到底在哪里。 萨拉： （没有说话） 珍妮弗： 嗯，那你怎么想啊？ 萨拉： （还是没有说话） 珍妮弗： 呃，你没有想法么？ 萨拉： 嗯，我有。我只是不确定问杰克这个是不是合适。 珍妮弗： 你这是什么意思？ 萨拉： 我再想想可以吗？

　　珍妮弗和简的对话展现了在沟通双方具有同样的沟通风格时，沟通过程会具有比较高的效率。相反，从珍妮弗和萨拉的对话中我们不难发现，沟通双方在沟通风格有本质上的区别。珍妮弗和简都是开放直接的沟通者，而萨拉则是内向间接的沟通者。珍妮弗和简可以很直接地探讨问题，交换自身想法和感受。面对问题，她们可以迅速做出决策。由于沟通风格较为协调，她们很快结束沟通，达成共识。相反，萨拉倾向于回避潜在的冲突，这与珍妮弗开放直接的风格有些抵触。萨拉并不乐于表达想法和感受。珍妮弗在沟通中会感到沮丧，因为她觉得萨拉没有任何建设性想法。事实上，珍妮弗甚至会觉得萨拉并不乐意参与讨论。而从另一个方面看，萨拉也会觉得珍妮弗过于强势，不够耐心。

　　在商业环境中，沟通目标需要尽可能灵活，以便适合不同情况。故而在沟通中针对不同情况做出判断和理解，并调适自身以适应沟通环境是非常重要的。除了了解沟通中的不同情况之外，了解其他沟通对象的风格也非常重要。[27] 也许个体对有些沟通风格很难适应，那么求同存异也会对相互理解和尊重起到积极作用。

19.2.3 沟通中的性别差异

　　对男性和女性的沟通风格与沟通方法的研究表明，不同性别的沟通者有显著差异。[28] 尽管这些差异不一定适合所有的沟通者，我们依然将这些差异视为性别差异，因为对于大多数男性和女性而言，这些差异是成立的。总体而言，男性更趋向于关注价值状态和组织层级，并更乐于利用表达机会强调自身的权力地位。在沟通中，男性会尽量避免处于下风，这也可以解释为什么男性较少主动发问或者寻求他人帮助。[29] 他们担心发问是示弱的表现。有趣的是，示弱事实上可以帮助建立人际关系，增强个人领导力。

　　女性则大不相同。她们在沟通中对于权力动态环境不是那么关心，而更多地关注人际交往和合作关系的建立。女性通过发问、信息交互、表达兴趣等方式建立合作关系。在她们的领导实践中，女性更多地采用较为民主的方式，因此对于个体行为的授权和回报也相对漠视。[30] 和男性相比，女性也喜欢花时间同组织更高层级的个体做交流，而这些交流的内容也更多是与当前任务相关的而不是个人话题。事实上，女性一般而言不愿意谈及太多个人话题，因为她们害怕这样会让人觉得不够严肃。

男性的确会花相当可观的时间在向上沟通上，但是他们会尽量避免从更高的管理层获取信息或建议，因为他们觉得这样做会显得自身缺乏能力。[31] 相比女性而言，男性更容易自荐，这也塑造了男性更激进主动的沟通风格和更为镇定坚强的形象。尽管女性花费在自荐上的时间相比男性要少，但是当她们向人寻求对自己团队的帮助和支持时，成功的概率不比男性低，甚至在大多数情况下要高于男性。只是当她们为自己争取时，成功率比男性偏低。这与两性的沟通特点差异息息相关，男性在沟通中可以有效强势地表达自身和他人的需求，而女性则不然。[32]

耶鲁社会心理学家维多利亚·布雷斯科尔（Victoria Brescoll）最近的研究试图更好地理解男女之间的沟通差异。特别是，她试图理解权力和沟通之间的联系，因此假设处于权力位置的人往往比其他人更有说服力，并且往往被认为更强大。她的研究确实证实了这一发现，对于强势阵营中的男性，他们倾向于比别人多说话。她没有为女性找到相同的模式。女性无论所处的权力位置如何，往往比男人说话少。

在随后的一项研究中，布雷斯科尔发现，女性在会议中不再进行更多的沟通，因为她们认为"太强势"。她发现，男性和女性对于说话更多的女性都有负面的看法，无论职位高低。两性都对那些说得更多的人产生了消极的反应。事实上，情况则恰恰相反，如果男性少说话，则会被认为是不太有效的领导者。[33]

当然，这些行为方式来自于对两性沟通行为的观察和总结，不一定对每个个体都完全适用。理解不同的沟通对象的行为风格对于如何选择沟通信息的呈现方式至关重要。同样，对于接收者而言，理解行为风格也可以帮助更好地理解接收到的信息。

19.2.4 提升人际沟通

创造正确解释消息的条件是人际沟通的一个重要方面。社会学家欧文·戈夫曼（Erving Goffman）强调，沟通中大部分的有效传达和解释与沟通是"后台"还是"前台"有关。所谓"前台"，即"表演"发生之所在，决定了我们在沟通中要采用某些礼仪礼貌规范。[34] 譬如，我们在他人发言结束之前不打断或者提问，通过与发言者的眼神接触来传达对其的充分关注，自觉地集中于发言者所谈内容而不分心开小差，等等。基本上，我们遵循着这些我们自己创造的规则，尽管有时也会令我们束手束脚。因为要试图表现得礼貌，我们可能就会避免澄清重要问题的提问，从而得出基于他人信息的不够准确的结论或假设。

至于"后台"领域，我们往往通过语言或非语言方式传达出被压抑的感受，故意地违背我们的"前台"行为，"破坏角色"。[35] 我们打断正在发言的人，在职工会议上通过避免给出意见和双手交叉抱胸来表达毫无热情，或者随着情绪时而融入，时而漠视。我们相信这类行为可能会带来更坦率且富有成效的讨论的同时，这些行为本身也会令他人对参与到对话感觉不适或抵触。这最终会导致不健康的冲突。当两个人逐渐对彼此熟悉后，就会有更多的前台式沟通和更少的后台式沟通。

为了更有效地与他人进行沟通，戈夫曼提出要所有参与沟通的人学习去"拯救演出"。

为了"拯救演出"，员工必须让自己的想法获得理解，并且在信息不明确时提出澄清的要求。我们需要正确地提出问题，给出建议，并且对他人的意见和观点持开放的态度。

对新观点持开放态度并非易事。我们往往容易因为内在的偏见和期望很容易就所沟通的内容得出结论。每个人都有自己的心智模型，用以推测和解释行为。这些模型基于个人的既往经验、与他人的互动而建立。我们每天面对着太多的资料和刺激，需要一个模型来解释这个世界是如何运转的。这个模型能够帮助个人快速地就情况和他人做出分析。[36] 模型缺失会让人陷入信息过载的深渊。

不幸的是，我们的心智模型有时是基于错误逻辑的。组织心理学家克瑞斯·阿吉里斯（Chris Argyris）指出，人们通常是无意识地通过一个七步的过程来得出结论，称为**推断阶梯**（ladder of inference）（见图 19-2）：

（1）首先着眼于可观测的资料（换言之，个人在特定情况下的表现方式）；

（2）选择并集中于资料的某一方面；

（3）根据心智模型对这些资料附加含义，可能包括文化和个人印记等；

（4）就这些附加含义做出假设；

（5）在假设基础上得出结论；

（6）根据所得出的结论给出态度和概括归纳；

（7）根据这些态度和概括归纳做出行动。

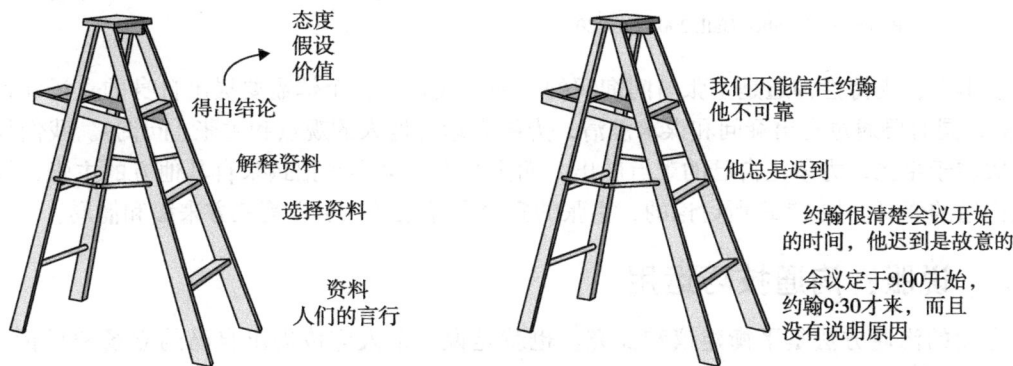

图 19-2　推断阶梯

资料来源：The ladder of inference is described in Chris Argyris, *Overcoming Organizational Defenses* (Upper Saddle River, NJ: Prentice Hall, 1994), p. 88–89; and P. M. Senge, A. Kleiner, C. Roberts, R. B. Ross, and B. J. Smith, *The Fifth Discipline Fieldbook: Strategies and Tools for Building a Learning Organization* (New York: Doubleday, 1994).

在面对压力或者时间紧迫的情况下，个体会倾向于依赖推断阶梯。它可以使个体基于既往经验和认识快速地处理信息和建立联系，从而表现出当机立断。当然，不好的一面是，这种思维过程可能是建立于偏差之上的。我们假设自己知道他人行为的原因，并且决不质疑自己的逻辑。这种假设会让我们仓促得出不准确或有偏差的结论，从而让自己陷入麻烦。

为避免推断阶梯带来的这种风险，一个重要方法就是参与到主动性倾听和支持性沟通中。主动性倾听包括两个主要行为：力图充分理解发言者的观点和将该理解反馈给发言者。为充分理解发言者的观点，我们需要搁置自己的判断和态度。其实，参与对话的个体需要保持开放的态度。[37] **支持性沟通**（supportive communication）包括提供意见和建议（建议），关联相似经验（转移），提出跟进的澄清性问题（探究），以及重申主要观点（反射）（见表 19-3 ）。

这些支持性的尝试同样适用于语言和非语言沟通。支持性沟通强调倾听或者解读他人力图沟通的内容，以及采取有利于获得更多信息的方式回应发言者，而不是仅依赖于显而易见的资料。因为是主动向发言者或作者征求意见，这种支持性沟通还有利于避免听众或读者附加与沟通内容无关的信息。因此，当听众或读者建立了支持性沟通，就能够准确地就发言者或作者实际交流的内容得出结论，而不是听众或读者感觉到的所讲的内容。

表 19-3　支持性沟通

回应类型	举例	基本原理
建议	"我的建议是……"	为发言者提供方向、评价、个人观点或者指导 帮助就发言者的问题确定解决方案 能够提供关于发言者就问题阐述的澄清
转移	"让我来谈一下在我身上发生过的类似的事情……"	通过变换主题将关注点从发言者的问题转移到听众的问题上来 标示发言中不明确的信息，通过举例来帮助改善可能的错误传达
探究	"这样的意思是什么"	针对发言者刚刚所讲的内容或者听众选择的某个话题提问 帮助发言者针对某个阐释信息不够清楚的话题进一步展开
反射	"如果我理解正确的话，你的意思是说……"	将所谈内容如实反映给发言者 通过不同方式将所听到的内容重述 就对发言中信息的理解和接受情况进行交流

资料来源：Adapted from D. A. Whetten and K. S. Cameron, *Developing Management Skills*, 5th edition (Upper Saddle River, NJ: Prentice Hall, 2002), p. 220.

基本上，支持性沟通是主张与问询间的平衡。换言之，个体需要提出自身的立场和目标（主张），同时要通过提出疑问和谋求澄清，力图去理解他人的观点和主张（问询）。我们往往仅仅关注于主张，力争让自己的观点胜出。而主张本身会容易招致来自其他方的主张，最终导致沟通的僵局。如 17 章所讨论的，主张的升级会导致必须引入第三方来缓和僵局。

19.3　说服：沟通技巧运用

有效的沟通方法是平衡建议和探究。也就是说，个人应该提出自己的立场和目标（建议），但是他们还应该通过提出问题和寻求澄清（探究）来了解他人的观点和目标。[38] 个人往往只注重自己的行为寻求支持他们的观点。建议往往引起对方的建议，最终导致沟通的僵局（见图 19-3 ）。[39] 当个人采用均衡的方法进行建议和探究时，可以实现相互学习。来自平衡建议和探究的相互学习是说服的一个重要方面。**说服**（persuasion）是个体和团体俘获听众并且影响、改变或强化其观点、主张或行为的过程。[40]

说服的艺术可以追溯到早期的古希腊民主政治和亚里士多德，他定义了沟通的三个基本要素：逻辑、情感和人品。[41] 逻辑（logos）指用于所需传达的信息或事实中的逻辑。本质上，这是行为的基本原理。事实上，一个优秀的沟通者必须表达出对其论证内容的热诚或者情感（pathos）。情感的目标是与听众建立情感联系，换言之，它是为赢得观众的心而非脑。如 11

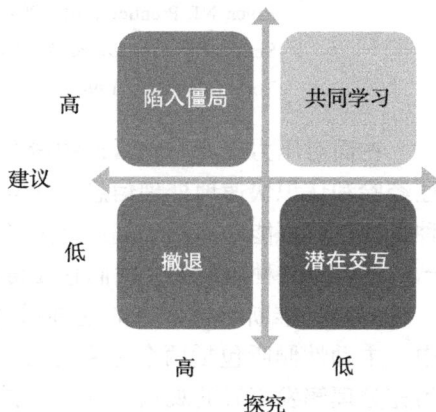

图 19-3　平衡建议和探究

章中讨论的，成功的变革需要逻辑上取胜，同样需要赢得情感。逻辑提供的是变革的合理性，情感则提供了行动的推动力。第三个基本要素是人品（ethos），即指发言者或沟通者的信誉。"人品"是听众对发言者信任和尊重的延伸，源于个人的名誉——那个人是否会行之如其所言？其行事方式是否值得信赖？是否知道究竟该怎么做？是否有过类似经验？亚里士多德认为，人品或者说信誉，是说服沟通中最重要的要素。[42] 反过来，信誉源自信任和专业的综合（见图 19-4）。

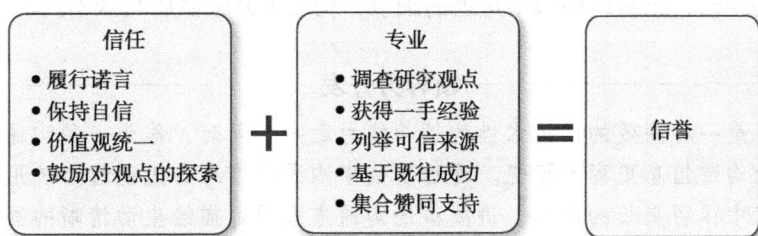

图 19-4　建立信誉

资料来源：Adapted from " Persuasion I: The Basics, " *Power, Influence, and Persuasion: Sell Your Ideas and Make Things Happen* (Boston, MA: HBS Press, 2006).

有效的沟通综合了所有这些要素——通过呈现和解释合理的事实来构造论证，与听众建立情感联系并树立自身信誉。[43] 一个研究专家小组曾提出，管理者和员工可采用以下六个法则来加强说服的能力：[44]

（1）保持信息的简单化。

（2）信息真实并提供他人决策所需的信息。

（3）发言之前先倾听。

（4）通过鼓励他人做出贡献从而引导恐惧成为兴致。

（5）始终个人化地重复信息。

（6）仔细地选择用词。

说服，尤其是在较多依赖领导力的散播而非命令与控制组织与风格的公司，开始越来越多地成为一项重要的管理技能。伴随组织网络化发展带来的权力线的模糊以及多样化的广泛性，分布式团队、有力的领导者需要依靠其能力去对个体和团队成员有效地定位其观点和影响舆论。这对于缺乏正式汇报关系的环境尤其如此。[45]

讲故事

"讲故事"是达成说服的一个重要能力。同时，讲故事也是建立人际关系的一个重要方法。[46] 应用故事、隐喻、类比等手段传递特定信息，可以更好地建立讲述者与倾听者之间的情感联系。[47] 故事本身可以揭示讲述者的关注重点和价值取向。事实上，故事讲述的过程还可以在沟通双方之间建立基本的信任关系。[48] 沟通者可以通过讲故事拉近与沟通对象之间的距离，继而增强沟通信息的可信度。[49] 此外，讲故事也可以增进与沟通受众的联系，继而，这种情感联系可以成为行动或改变的一种动力。奥普拉·温弗里特别擅长使用故事与她的客人和观众建立联系。

故事也被用来突出公司文化的重要方面。在第 8 章中，我们讨论了 Google 如何使用故事来强调特定的行为和方法。许多其他公司也这样做。万豪国际酒店（Marriott）负责人 Ed

Fuller 使用故事向新管理者传授关于为客户提供服务的优先事项。他经常喜欢讲述自己的经验，在他的职业生涯早期，他被要求与公司的首席执行官比尔·马里奥特（Bill Marriott）会面，在波士顿科普利万豪酒店，Fuller 是总经理，他认为比尔会惩罚他，因为他在餐饮销售方面超出了预算。相反，比尔关注的是，员工对客户投诉的反应。客户恰好是 CEO 的亲戚，但是员工没有以专业的方式处理与客户的互动。比尔并不关心预算短缺，他很关心能否实现客户服务标准。对客户进行良好的管理反过来会带来更好的销售和业绩。Fuller 喜欢通过这个故事提醒新的经理，正是这些微不足道的细节，构成了万豪酒店与众不同的一面。[50]

领导力开发

讲故事是一种高效的、技术性的领导能力之一。同时，作为一种沟通工具，讲故事可以让沟通信息更容易记忆。通过讲故事沟通的信息会比通过传统形式沟通的信息在记忆中保留更长的时间。讲故事的沟通方式通过描绘生动清晰的画面加深倾听者的理解，唤起倾听者的共鸣。回想你使用讲故事的方法进行沟通的经验，回答以下问题：

- 故事的基础设定是什么样的？
- 故事的主角是谁？
- 故事的情节是什么样的？
- 你如何使用基础设定、主角和情节传递信息？
- 讲故事的效果如何？

从这些问题的答案中思考作为领导者，应当如何应用讲故事的方法进行沟通。

19.4 组织沟通

美国空中交通管制系统控制中心（Air Traffic Control System Command Center，ATCSCC）从属于美国联邦航空局，负责管理美国大陆的空中交通。ATCSCC 报告称，在高峰期有 4 000 ~ 6 000 架飞机在国家领空系统（National Air-space System，NAS）运营，每天这个数字则达到 50 000。ATCSCC 还负责在受到天气、设备、跑道封闭或其他导致国家领空系统面临压力的情况下对空中交通进行管控（见图 19-5）。

这些系统的精确性要求在空中交通管控者和飞行员之间传递接受的语音信息必须绝对精确。为保证对于传递信息的认识理解达到高度统一，飞行员必须通过反馈告知已收到管控者发出的每一条信息（例如通过说"Roger"），而管控者必须指出飞行员是否采取了必要的操作。[51]

而对于空中交通管制沟通系统的真正挑战是，管控者和所有在指定的领空区域作业的飞行员都是通过同一话路进行沟通的。因此，在指定系统满载更多飞行员的时候，一个飞行员的通话极有可能被其他飞行员或管控者打断。[52]

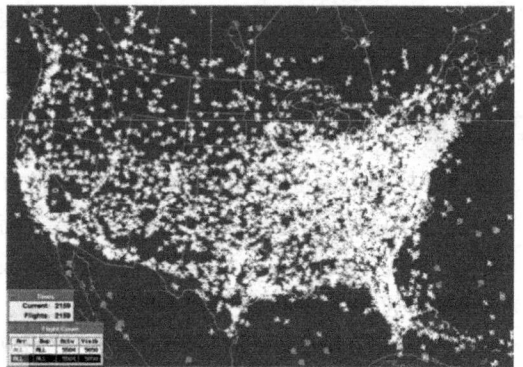

图 19-5 美国空中交通情况

资料来源：Air Traffic Control System Command Center, 2008, www.fly.faa.gov/Products/Information/information.html, accessed October 23, 2008.

这些频繁的打断和沟通信息的延迟、误解甚至丢失，将会危及安全并导致事故的发生。

鉴于这些原因，高级航空系统发展中心（The Center for Advanced Aviation System Development，CAASD）研发了管控者－飞行员数据联系通信，它能够卸载话路中非时限性的信息并将其转化为数据通路。[53] 这个改变成功地减少了话路占有量的 75%，从而减少了丢失、重复和误解的情况，进而提高了飞行的安全性和有效性。[54]

如 CAASD 这样的机构非常了解，当**沟通系统**（communication system）无论处于正式抑或非正式的构架，只有当它能有效促进沟通时，组织沟通会更为有效。正式的组织系统与由规章、汇报关系、行政管理系统和实体布局的制定而确立的关系有关。[55] 这些关系往往决定了沟通应该是向上、向下还是横跨组织。相反，非正式的组织系统是由同事在组织任期内彼此之间建立的非正式社交关系。由于这种信息的传达不那么正式，身处不同位置的同事，无论其正式的职位或地位，都可以轻松地获得重要的信息。

对沟通通路的支持能令沟通系统更为有效。在组织中，我们需要支持沟通的流畅性／沟通媒介、沟通通路和沟通网络。在接下来的部分我们将就每一个部分进行更细致的探索。

19.4.1　沟通媒介

用以沟通的媒介与自然环境、敏感程度、沟通信息的重要性以及对于沟通对象的行为预期有着广泛的联系。大多数组织都会使用多种**沟通媒介**（communication media），其中包括口头媒介、书面媒介和电子媒介等。口头媒介一般包括电话交谈、当面会谈、会议、演讲等不同的形式。书面媒介一般包括信件、备忘录、报告、通讯、手册、公告和海报等。电子媒介包括传真、电子邮件、视频会议等形式。针对沟通的不同形式，沟通者可以选择不同的沟通媒介（见图 19-6）。

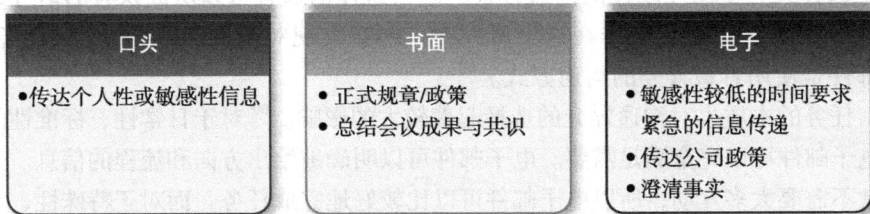

口头	书面	电子
• 传达个人性或敏感性信息	• 正式规章／政策 • 总结会议成果与共识	• 敏感性较低的时间要求紧急的信息传递 • 传达公司政策 • 澄清事实

图 19-6　沟通方式

对于特定沟通媒介而言，具体沟通形式的选择有时候会显著影响信息的重要性。举例来说，同样作为口头沟通，同样安排一些后续行动，通过面对面谈话就会比通过在语音信箱留言显得更加重要。当面会谈的方式比较适合沟通私人或者敏感信息。沟通敏感信息有时需要反复确认来加深理解的过程，在当面会谈中这个过程会比较易于实现。同时，当面会谈还可以提供观察肢体语言、语气等因素，给沟通者提供更多的信息，利于对沟通信息的判断。语音留言以及录音信息则更适合传达非敏感但是时间要求较高的信息，如公司的新规章、流程等。尽管录音信息也可以展现语气等非语言沟通因素，但由于录音信息的单向性，不能实现反复确认的过程，对于加深信息理解的帮助较为有限。

由于缺乏语气信息，也难以再现真实的对话场景，书面形式相对而言要更难以理解一些。书面沟通多用于传达正式信息，或者作为一次会议的后续行为，总结成果与共识。[56]

电子邮件是一种既可以做正式沟通又适用于非正式沟通的书面沟通形式。在作为正式沟通形式时，电子邮件可以被视为书面文件的有效替代。同时，电子邮件也可以作为非正式的沟通形式来实现信息确认以消除误解。值得注意的是，虽然电子邮件具备这个功能，但与面谈还是有区别的。由于缺少主动倾听的环节，使用电子邮件确认信息、消除误解有可能会使误解和矛盾升级。尽管电子邮件看起来只是传统沟通方式的速度升级版，但很多公司已经将这种沟通形式纳入了绩效考核的范畴。因此，与传统时代一样，网络时代的书面礼节也同样重要。在进行电子邮件沟通时，沟通个体应该注意：

- 动笔之前先做充分的思考。对待一封让自己情绪反应激烈的邮件，我们甚至应该等待24 小时后再回复。
- 避免使用大写字母。在邮件中，这表示怒吼或者大叫。
- 发送之前仔细检查。检查语法、拼写和语气。
- 言简意赅。避免不得要领的东拉西扯，简明的邮件最高效。[57]

尽管相比面谈，电子邮件沟通蕴含的信息还是不够丰满，但已经有越来越多的人采用电子邮件来代替面谈进行敏感信息的沟通。电子邮件可以及时同步地抵达多个沟通者，这个特性也使得它被更多的沟通所采用。对于网络型和分散型的组织而言，电子形式的沟通尤其有效，因为地缘上的分散使得这一类组织面谈沟通的难度较大。举例来说，太阳微系统公司推出了 Open Work 程序，使得员工可以在任何时间、任何地点展开工作。在不同工作地点之间穿梭时，员工可以用这个程序持续与公司信息系统连接，也可以自由访问公司的"当日工作室"和其他各种信息资源。[58]

尽管应用范围和强度都在不断地扩大，电子邮件依然不是使用者最喜爱的沟通方式。近期的研究表明，对于工作探讨而言，当面会谈还是员工满意度最高的沟通方式。相比电子邮件，当面会谈也可以提供更高的信息质量。事实上，当沟通内容与个人业绩和地位有关时，人们倾向于选择具有更高互动性的沟通方式。因为这样沟通者可以从面谈者的语气、肢体等因素中捕捉到更多的信息。同样在这个研究中，调查发现对于发布公司政策和紧急信息而言，电子邮件是使用者最喜爱的沟通方式。[59]

另外，任务的本质也对沟通媒介的选择起着较大的影响。[60] 对于日常性、标准性的沟通任务来说，电子邮件可以完全满足需要。电子邮件可以明确地给出方向和流程的信息。这一类沟通任务通常不需要太多互动，所以电子邮件可以比较好地完成任务。而对于特殊性、突发性的沟通任务而言，当面会谈或交流则显得更为必要。当要开始一个新项目的时候，沟通者往往会召开一个全员参与的当面会谈，以确保项目各方对于共同目标都能有同等的理解。在这之后，参与各方还需要确定关键的会议结果，包括流程的进一步解释和考核方法的共识等。[61]

American Century Investment 采用多种沟通媒介来确保公司内部和外部的沟通都可以顺畅、开放地进行。这些沟通媒介既包括定期的团队会议、公司内刊等传统媒介，也包括电子知识库和互联网等新兴媒介。公司认为这些媒介对于公司沟通是至关重要的："在当今这个竞争激烈的商业环境中，沟通是一个重要的工具。我们相信你对公司和行业了解得越深，就越有能力做出具有良好基础的商业决策。而如果我们从员工这里采纳更多的意见，公司就会变得更加强大、团结，富有竞争力。"[62]

视野

危机沟通

组织每天都会面临来自社会多方面的批评。在一些破坏性事件发生的时候，危机沟通作为公共关系管理的一个重要组成部分，可以帮助公司建立良好口碑，减轻长期影响。充分准备与合理协调是危机沟通的两个要点。对于可能有负面影响的事件，迅速反应，诚实沟通，坦诚交流是危机沟通需要达成的目标。2006 年，Taco Bell 快餐店因为被发现产品中大肠杆菌超标而遭到批评，公司没有及时回应，社会负面影响强烈。相反，20 世纪 80 年代中期，强生公司在接报产品泰诺包装存在问题后，在新包装上市前全面撤架相关产品，较好地挽回了社会声誉。

1. 当危机事件发生后，组织有哪些应对步骤？

2. 举例说出一个在负面事件发生之后依然保持良好声誉的组织。这个组织成功处理危机的原因是什么？

3. 举例说出一个未能成功应对危机的组织。这个组织应当怎么应对才能避免这个情况的发生？

19.4.2 沟通渠道

在前面的讨论中我们提到，沟通的具体形式与沟通内容和环境息息相关。所以沟通本身是需要在不同情况下做出必要调整的。在诸如员工会议、外部沟通会议等场合，沟通流程需要尽量正式。而在另外一些不那么严格的场合，开放式的反复讨论往往是沟通的常态。另外，沟通的具体形式也与组织文化和领导结构有着密切的关系。在官僚命令控制型结构的组织中，自上而下的沟通形式会是组织内部沟通的主流。

沟通媒介指的是组织内部传达信息的方法，而**沟通渠道**（communication channels）则是指传达各种沟通方式的通路。如今，我们常把组织内沟通的渠道分为两种，垂直渠道和水平渠道（见图 19-7）。沟通者一般通过不同的渠道来实现不同的目标。在垂直渠道中，沟通媒介是在命令链中纵向传递的。在存在多个层级的官僚组织架构中，从上下行沟通是传达行动指示和影响成员想法的重要方式。一般而言，下行沟通是传达指示、培训、传播组织信息、阐述政策和评估绩效的方式。[63] 不同的沟通工具，如手册、指令说明、公告板、绩效评估工具、员工会议和电子邮件都在其中起到了重要的作用。

图 19-7　垂直沟通渠道与水平沟通渠道

垂直渠道中还有一个重要组成是上行沟通。有些组织会提供上行沟通的渠道，让员工可以表达自身想法甚至投诉给管理层。[64] 在上行沟通中常用的沟通工具包括满意度调查问卷、电话热线和电子邮件。这种上行沟通渠道的建立也是提升员工满意度的一个重要因素，因为这样他们会觉得自己的想法和立场会得到管理层的关注。[65] 当然，上行沟通也同样需要合理管理，不至于给管理者太大压力。

有关垂直渠道的研究表明，员工对下行沟通（从管理层到下级）传达的信息的理解程度要高于管理层对上行沟通（从下级到管理层）信息的理解程度。这个差异背后深层的原因是，一般而言，下行沟通的信息大都不会经过过滤，能够比较完整地穿过组织结构直达被沟通者。而上行沟通在抵达上级个体时，往往经过了调整与分析，这样组织上级得到的信息有可能会有所失真。[66]

在水平渠道里，沟通媒介是在组织的不同业务部门间直接进行传递的。很多组织为了节省沟通时间，选择使用水平沟通渠道，直接将信息发送给另外的部门，从而节省了层级之间垂直传达的时间。事实上，在水平沟通渠道中，沟通个体可以通过一对一的方式，很方便地寻求自己需要的信息。[67]在水平渠道中，沟通者往往使用备忘录、报告、午饭座谈、非正式会谈与讨论、委员会、任务小组和电子邮件等沟通工具来实现沟通。

亚特兰大儿童健康管理委员会（Children's Healthcare of Atlanta，CHOA）认为，病人、家属和医疗提供者之间高效的沟通对于建立良性的合作环境，提供一流的儿科服务体验而言是非常关键的。[68]因此，他们创立了三个举措用以加强沟通渠道的建设从而达到管理目标：背景评估建议护理报告、资深护士和快速反应小组。

- 背景评估建议护理报告。这份报告可以在不同的医疗单位中高效传递关键病人的基本信息（水平渠道）。报告的起草规则确保了医疗单位可以迅速沟通病人的数据，使病人得到更及时的医治。
- 资深护士。在这个项目中，那些资深护士在判断病人状况的过程中向年轻的护士提供帮助，并将信息传递给医师。CHOA 认为这样的流程既可以确保病人得到及时的医治，也可以高效地将资深护士的经验传达给年轻的护士们（垂直沟通）。
- 快速反应小组。设立这些快速反应小组的一个主要目的是确保病人情况得到准确判断，继而得到对口单位的医疗服务。当护士认为病人情况紧急或难以判断时，她可以寻求快速反应小组的帮助。快速反应小组会直接与医师沟通或者直接协助当值护士提供妥善的治疗。

归功于这一系列举措的成功实行，CHOA 得到了联合委员会颁发的全国医疗质量安全标准的金质标志。[69]

19.4.3　沟通网络

在防水透气材料 Core-Tex 纤维的发明者 W.L.Core 公司，我们找不到传统的组织架构图，找不到指令链，甚至都找不到预设好的沟通渠道。[70]那么这家公司的员工是如何进行沟通的呢？事实上，当沟通个体并不使用沟通渠道进行沟通时，他们往往会选择通过沟通网络来完成信息交互。[71]沟通网络是指沟通个体用以交换信息的正式或非正式的关系连接。我们将会在第 20 章详细讨论这个话题，但是在本章，我们首先介绍一些关于沟通网络的重要概念。沟通网络依照规模、功能和组织特点分为多种不同的类型。[72]

- 网络规模。覆盖整个组织，在组织全体成员间实现信息交互的大型网络称为"全系统网络"。而只是连接组织内小范围个体的网络称为"小圈子网络"。建立在个人关系基础上的沟通网络称为"个人网络"。网络规模是由网络内部连接数目和网络内部需要获得信息的个体数目决定的。
- 网络功能。不同的沟通网络有不同的设立目的。在组织中，这些目的可能包括：生产（完成任务），维护（保持运行），社交连接（增强斗志、提供支持）和创新（总结经验、寻找机会）等。

- 网络组织特点。在主导型网络中，网络内部的一个或一组人掌握了整个网络内信息的传递。正式的官阶体系就是主导型网络的一种。所有的信息都必须从指令链的上层由上而下地传达。在这类网络中，大都有一个信息的"看门人"，这个人也被视为这个网络的中心。

如果把官阶体系看成是一种正式沟通网络的话，个人网络往往被视为非正式沟通网络。有一种特殊的非正式个人网络叫作"消息小道"，也就是组织内部谣言和八卦传言流转的通路。一项研究表明，在组织内部，有 70% 左右的信息传播是通过消息小道完成的，而这些消息中大部分都是准确的。[73] 当组织经历变革或面临困难时，消息小道会变得格外活跃。同样，当管理层的信誉走低时，员工倾向于寻求更多的消息渠道，此时消息小道也会变成信息交流的主要渠道之一。[74]

虽然消息小道可以传播可能没有根据或看起来肤浅的八卦，但它也可以用于传达适当的组织边界的有用目的。例如，八卦可以用来分享如何在一个组织中行动的共同信念。如果个体员工通过消息小道了解到他们在某些情况下的行为方式可能被认为是不合适的（例如，对另一个人的意见或在错误的时间说话），则闲聊可以作为行为修正的途径。闲话也可以用来增加对组织的归属感。[75]

19.4.4　沟通破裂

在一个沟通系统的任何环节都有可能出现沟通瓦解的情况。沟通瓦解的原因多种多样，有的和沟通环节中各方的效率相关，更多的瓦解现象直接和沟通系统原始设计的容错性相关。当沟通媒介的传达遇到技术问题时会发生什么？当沟通渠道或网络的核心人物缺失时会发生什么？沟通系统是否能够适应这些情况？美国联邦政府在应对卡特里娜飓风时的应对过程就可以作为一个低效沟通的例子来研究。

2005 年 8 月 29 日，卡特里娜飓风在新奥尔良州登陆，造成当地上千人死亡，电力通信临时中断，城市周边堤坝垮塌的严重后果。在飓风来袭之前，数十万居民紧急转移，但仍有大量居民被困于受灾地区。飓风灾后，联邦紧急事务管理局因为没能及时向受灾地区民众提供足够的资源而受到各方严厉的批评。

后续调查中，研究者发现在整个应急反应系统中出现了多处沟通瓦解状况。路易斯安娜州政府官员 Kathleen Blanco 在飓风登陆前几天签署了一份紧急情况说明并发给了布什总统，向总统办公室请求一份灾难声明并获得联邦政府的协助。[76] 在联邦政府给出正式回复之前，这封信件在联邦紧急事务管理局内部流转多时。[77] 等到联邦政府终于做出回复时，受灾民众被困屋顶，缺食少水的画面早已被公之于众。美国民众为之感到出离愤怒。[78] 随后不到两周，联邦紧急事务管理局主任 Michael Brown 引咎辞职。

幸而，组织是可以采取一些特定措施来定位并防止沟通瓦解的发生。这些措施包括对于沟通流程的审计。**沟通审计**（communication audit）可以帮助组织提升对于日常、非日常以及突发性危机事件的反馈能力。[79] 有效的沟通审计应当包括以下内容：[80]

- 员工分组讨论或访谈。在访谈中，员工可以针对他们获取工作信息的方式展开讨论。他们也可以针对他们得到的信息是否有帮助，他们是否得到了建议和提升提出自己的看法。
- 问卷与调查。员工可以针对自己获得信息的质量和数量进行评价。这些信息一般是关于公司政策、工作职责、技术革新和组织绩效等的话题。

- 网络分析。管理层可以针对组织内部的正式沟通网络进行评价。评价关注于在这个网络中，信息是否可以合理流通。员工则可以针对信息是否易于获得，获得信息的准确度是否足够高作为着眼点。
- 沟通记录。支持部门审阅公司内部已有的服务记录，并对这些服务记录的响应情况提出评价。
- 出版物内容分析。审阅公司既往的印刷品，检查是否有精确性问题和改进空间。
- 技术或媒介分析。信息技术部门测试设备，并检查既有技术错误记录。

沟通审计对于掌握组织在一定时间内的沟通运行情况有很大帮助。通过沟通审计，组织可以掌握沟通系统现存的潜在问题和薄弱之处。沟通审计应当关注组织沟通系统本身，而不是沟通有效性以及任何沟通个体。总的来说，好的沟通者会自始至终地坚持在沟通信息中传达明确的目标，做出良好的榜样。

19.5　跨文化沟通

正如每一个公司都在努力发展自身的公司文化一样，国家作为一个更大的组织，同样具有自己独特的文化。因此，在跨文化环境中进行沟通的个体应当时刻注意不同沟通对象的文化差异。为了使沟通更为高效，沟通中使用的语言、画面和符号必须能够被全体沟通参与者所理解。有时候，尤其是在工作的沟通中，沟通者喜欢使用缩写、缩略词等方式来简化沟通，但这往往会成为沟通问题的来源。对这些缩略表达方式不熟悉的人就会跟不上沟通的节奏。肢体语言是另外一个会对沟通效率产生影响的因素。有时候沟通者会在谈论一件事的同时通过肢体语言表达更多的意思。如果一个人嘴上说"我在听"，但并没有面对讲话者，也没有合理的眼神交流，会让人觉得他说的并非是实情。

在第16章与第17章中我们分别讨论了有效的跨文化谈判和领导地缘分散型团队的话题。那些结论放在跨文化沟通中也同样有效。在任何形式的跨文化或跨地域沟通中，首要任务就是花时间去学习了解风俗习惯、礼仪禁忌等背景信息。举例而言，在科威特，商务会谈往往要花很长时间在寒暄中，然后才切入主题。大多数美国人不能忍受谈话中的长时间沉默，而与他们不同，科威特人对于谈话中的长时间停顿显得更为耐心。[81] 与之相反，在荷兰，商务会谈往往是直入主题，几乎没有任何寒暄的时间。在荷兰从事商务活动的管理者也就需要格外注意避免过于花哨的讲演和夸张的说辞；相对于充满销售技巧的说辞，荷兰人更喜欢严谨准确的表达方式。[82]

尽管针对沟通对象的特点掌握特定的沟通规则会对沟通的效率有很大帮助，但仍然有一些放之四海而皆准的沟通准则适用于大多数的沟通情境。在多语言、跨文化的沟通中，沟通个体应该：

- 放慢语速，发音清晰。
- 避免使用俚语、方言和不敬的言语。
- 讲笑话的时候要格外小心，避免冒犯不同文化背景的沟通者。
- 在电子邮件中适当留白。
- 除非得到许可，称呼别人时应该使用正规形式的姓氏和称呼（如史密斯先生），而避免使用常用简化的版本（如鲍勃）。
- 注意数字的写法。在有的国家，1与7的写法与美国会有区别。

- 注意时间的写法。在不同的国家存在着不同的书写次序。
- 当在跨文化和跨语言沟通中遇到困难时，积极坦诚地寻求他人的帮助。[83]

本章小结

1. 许多人都自诩为高效的沟通者，但事实上未必如此。有的人在工作中涌现出许多精彩的想法，但是却没能有效地传达给目标沟通对象，结果这些精彩的想法没有被决策者充分理解，最终没有付诸实施。还有一些人虽然长于表达，但是短于倾听。当别人讲话时，这些人会被自己手头的工作或是接下来的行动分神，结果他们没能充分理解刚才讲话者所传达的信息。类似这样的低效能的沟通大大影响了组织的效率和绩效。

2. 与员工和客户的高效沟通的能力对商业组织的绩效非常重要。沟通是使用声音、语言、画面、符号、手势和肢体语言来进行信息交换的过程。沟通包括语言沟通和非语言沟通两种重要类型。关注信息传递的不同方式对于沟通来说具有相当重要的意义。有的沟通对象倾向于开门见山的沟通方式，有的人则不然。在与不同沟通对象进行沟通时，开放而不急于求成的心态很重要。对沟通对象的猜测和揣度对于沟通而言往往是危险的。一个成功的沟通者既要很好地拿捏交流的分寸，也需要是一个主动的倾听者。

3. 说服是个体和团体俘获听众并且影响、改变或强化其观点、主张或行为的过程。说服的核心就是基于逻辑、热情和信誉的沟通能力。信誉源自信任和专业的综合。一个具有说服力的个体，首先应当是一个可信的人，也还需要具备过往经验来证实自己的判断。说服沟通的一个常用方法是讲故事。讲故事可以使讲述者与倾听者之间的连接富有意义，目的也较为明确。

4. 从组织的角度来看，组织也应当为了高效沟通创造合适的环境。组织应当针对不同的沟通形式选择合适的沟通媒介。例如，当面会谈的方式比较适合沟通私人或者敏感信息。电子邮件则更适合传达非敏感但是时间要求较高的信息，如公司的新规章流程等。另外，组织也应该关注信息在组织内部垂直或水平流转的问题。是不是所有的沟通信息都准确传达了？信息接收者是否完全领悟了发送者的意图？开放式的沟通渠道可以加速决策并加深合作。封闭式的沟通渠道可能带来误解和混乱。另外，组织内部定期进行沟通审计对于沟通系统的高效运转起到了保障作用。

5. 最后，在全球化浪潮席卷商业社会的今天，在沟通中理解不同文化背景的区别是非常关键的。高效的沟通者会针对不同的文化背景调适自己的沟通方式以达成目标。在某些文化背景下，直入主题式的沟通格外有效。而在另一些国家或者文化中，含蓄的沟通方式更受欢迎。

关键词

肢体语言（body language）

沟通（communication）

沟通审计（communication audit）

沟通渠道（communication channels）

沟通媒介（communication media）

沟通风格（communication style）

沟通系统（communication system）

直接（directness）

人际沟通（interpersonal communication）

推断阶梯（梯形推论）（ladder inference）

倾听（listening）

非语言沟通（nonverbal communication）

开放（openness）

说服（persuasion）

空间事物要素（space and objects）

支持性沟通（supportive communication）

语言沟通（verbal communication）

声音特质（vocal qualities）

课后练习

讨论话题

1. 个人在沟通交流中如何减少"噪声"？

2. 情境环境如何影响信息的传递和接收方式？考虑不同的情境——启动情况、危机以及业务周转。如果有的话，领导者应该以什么方式改变他的沟通风格？在什么情况下是更直接还是更委婉？

3. 个人使用什么非语言沟通工具来向听众传达信息？听众如何通过口头和非口头语言来理解信息？

4. 许多研究强调了男女沟通方式的差异。什么解释了这些差异？为什么男性和女性都对试图在会议上发言更多的女性持有负面看法？为什么男性不是这样？你认为这会改变吗？如果是，如何改变？

5. 推理阶梯如何导致沟通失效和误解？个人以什么方式确保他的影响（由听众传达或解读的）与他的意图（他希望传达什么）相匹配？

6. 以什么方式提高某人作为演讲人的信誉？

7. 为什么讲故事是一种强大的沟通形式？想想一个与你产生共鸣的故事。为什么会有影响？

8. 不同的沟通媒介（口头、书面和电子方式）的优点和缺点是什么？随着公司越来越依赖社交媒体，应该怎样关注它们？与社交媒体相关的潜在沟通挑战是什么？有什么优点？

9. 八卦在哪些方面有助于传达公司的文化和价值观？

10. 如果你正在为一家着手制定全球战略的公司设计一个沟通培训计划，你将如何处理这项任务？你将在培训计划中纳入哪些内容？你如何衡量成功？

管理研究

1. 寻找一段组织领导者的讲演文字，要求讲演内容包括数据（财务、销售、生产或趋势）部分。

- 这段讲演的目标听众是谁？

- 讲演者如何利用和阐释数据？

- 讲演者针对数据做出什么结论？

- 讲演者是否利用听众的信任或自身的专长来达成说服的目标？

- 你对这个讲演的效率评价如何？

2. 研究一个近期发生的组织危机，关注组织领导者是如何进行危机沟通的。

- 他们是否对危机负责？

- 他们是否建立了信任？

- 他们是否提出一个解决方案？

行动练习

对你学校的沟通系统进行沟通审计，重点考虑系统中的以下组成部分：

- 新闻公告

- 组织变动与战略变革的宣传

- 学生、教师与教工的内部沟通

- 外部利益相关者的信息交流

- 社交网络使用情况

- 利益相关者的问卷与调查

在这次沟通审计中你有什么心得？基于这次审计，给出你对于改进沟通系统的建议。

构建关系网

学习目标

阅读本章内容后，你应当能够：

1. 解释社会资本是如何被创造的。

2. 描述不同类型的人际关系网，以及每种类型的潜在收益。

3. 解释向心度和经纪人如何影响关系网的强度。

4. 区分关系网中的强、弱连带，并解释各自的优缺点。

5. 描述一个人可以发展强大的内部和外部关系网的方式。

开篇自测

你的关系网有多广

关系网是人际关系之间的网状联系，人们可以利用这些人际关系来完成工作和目标，并实现个人和职业发展。关系网中的重要活动可能会包括信息交换、资源分享，以及创建新的人际关系等。关系网对一个人的工作效率、学识和事业成功等都会有正面的作用。请用"是"或"否"回答下面的问题，分析你的关系网。你的关系网是否……

1. 可以提供信息来源。

2. 包括那些可以提供好的建议的人，类似导师和教练。

3. 包括有不同背景和经历的人。

4. 包括有代表不同年代的人。

5. 可以提供机会。

6. 有助于解决问题。

7. 包括那些与其他人有联系，而他所联系的这些人可以帮助我实现目标。

8. 可以为人们提供紧密的联系纽带。

9. 包括与我有共同利益诉求的人。

10. 代表某些组织、俱乐部或群体的会员资格。

根据你的答案，请回答，你的人际网络中还缺少哪一类人？你会如何发掘与其他人的关系以扩展你的人际网络？

20.1 概论

提到"资本"这个词的时候，我们可能首先会想到的就是企业发展所必需的金融资本。公司每天都会参与各类能增加金融资本的活动，以支撑企业的内部运营或对某些特定的项目提供资金支持。同样，个人通过利用他们的储蓄或从银行借钱来获得金融资本。我们在第 9 章讨论的另一种资本形式是人力资本，它描述了个人在职业生涯中拥有和利用的才能、技能和专业知识。虽然获得金融和人力资本很重要，但拥有大量社会资本对于个人和企业也是至关重要的。**社会资本**（social capital）是个人可以从他的联系人处得到的价值。事实上，对一般管理者的研究发现，具有一贯卓越绩效的个人建立和培养了一个强大的关系网络。[1]实质上，他们致力于创造社会资本。本质上，他们是通过努力，创造了自己的社会资本。

社交网络是组织中的重要信息和影响力的来源。你的社交关系可以为你提供不同的信息，同时也为你提供访问那些有助于你采取行动的信息。因此，个人可以使用社会资本来影响关于组织中的哪个业务或项目将接纳金融资本的决策。社会资本还使个人能够在组织中利用其人力资本。每天都会出现新的项目、工作和机会，但只有那些早期了解并且在组织内具有影响力的人才能充分利用它们。个人利用这种机会应用和展示他的技能和才能的能力是①个人拥有的信息，以及②他们与这些机会相关的决策者的关系的功能。个人的社交网络可以促进这两个因素。一个组织中有良好关系的个人不仅能够更好地了解情况，而且他们也有能力影响那些可以帮助他们做出决定的人。因此，有良好关系的个人可以利用他们的社会资本，帮助他们的组织获得重要的机会，以及助力个人发展。[2]

在跨国组织的运营体系中，不断发生变化已经成为一种越来越普遍的现象，在这一背景下，构建社会资本的能力就更为重要。在过去的几十年间，无边界组织的概念已经被普遍认同。正如我们在第 7 章中所了解到的，这类组织倡导的是一种扁平、灵活且跨职能的决策方式。在这样的组织中，虽然形式结构仍然存在，但它不再是信息流动或进行决策的唯一手段。个人越来越多地在结构松散的环境中工作，其中报告关系和正式权威被模糊地定义，并且规则和既定程序不太普遍。在这些情况下，人们需要利用他们的社会资本来收集信息和完成工作。

除了使组织更加灵活外，许多公司使低级别员工和经理对执行战略和实现绩效目标负责。这样做的结果是，阻碍信息沟通的障碍消失了，而且任何级别员工中所形成的非正式关系网都会对公司运营造成重要的影响。因此，无论你是 CEO 还是组织中的新员工，都需要在组织中建立足够的社会资本以产生影响。

社会资本不仅对组织内的个人有益，而且对组织本身也有好处。虽然非正式网络没有在任何正式的组织图表上表述，它们正在变得与组织的绩效及其开发和执行战略的方式相互交织。[3]因此，随着这种新的工作方法继续发展，管理上下级关系和跨组织的关系将变得更加关键。这些组织的领导者越来越意识到这一点，并开始寻找方法来促进员工之间的网络建设。

　　构建关系网（networking）是指与发展和管理人际关系（或社会资本）相关的活动，这类人际关系（或社会资本）对提高一个人把事情做好的能力和实现个人与职业发展具有关键性作用。[4]总的来说，关系网的构建是由信息交换来调节的，谁需要这些信息，什么时候他们需要这些信息，以及他们会将这些信息用在哪里，等等。[5]有助于构建关系网的行为包括，邀请其他部门的同事参与项目讨论，即便这个项目可能与他并没有关系，向行政管理人员请教如何更好地为新项目谋求支持的建议，以及在工作时间外参加与同事的社交聚会等。对大部分人来说，关系网与我们个人和事业的成功密切相关。我们通常会依靠关系网来帮助自己完成艰巨的任务或在看似不可能的时间内完成工作。[6]

　　许多人认为，如果认识很多人，就会拥有良好的关系网。尽管更多的联系人意味着可以获得更多有价值的信息，但与很多类似的人所建立的人际关系可能会让你只能获得相同的信息。因此，一个庞大且多样化的关系网才能确保可以找到某个可以告诉你如何获得有用信息的联系人，同时，这个关系网可能是由各种或强或弱的人际关系所构建的，因此也不会导致你总得去找同一个人或总是只能得到同样的信息这类情况发生。有些人把这称为"回音室"，因为你会一次又一次听到相同的信息。[7]

　　研究人员发现，相对于拥有一个包含相同信息的封闭网络，培养一个多样化的联系网络，你可以通过它获得新颖的信息。[8]另一种思考你的人际网络的方式，是关注你在更大的人际网络中所处的位置。事实证明，你在网络中的位置可能会对你访问信息以及影响他人的能力产生重大影响。你在网络中的位置取决于你与他人的连接，还包括他们与组织之间的连接。如果你是一个经纪人（broker），你可以特别成功地创建一个多元化的网络———个人与人之间联通的关键连接点。研究表明，组织中的经纪人更有可能得到更快的晋升，使他们的工作被人发现和认可，并对他们的组织产生更大的影响。经纪人还经常能够及时获得新的信息，他们可以以多种方式利用这些信息。[9]

　　作为经纪人，接下来要做的最好的事情是确保你与那些为你提供广泛信息的经纪人联系。当你加入新组织时，快速识别组织内的经纪人并了解他们是有帮助的。最终，你认识的人比你认识的人的数量更重要。请看海迪·罗伊曾（Heidi Roizen）的案例。

案例 20-1

海迪·罗伊曾[10]

　　海迪·罗伊曾因她在利用关系网实现个人和职业发展这一方面所具备的智慧而闻名。在过去几年间丰富的职业经历中，她逐步发展了自己的关系网。罗伊曾的职业经历包括，T/Maker 公司联合创办人及首席执行官（CEO），苹果公司副总裁，以及独立"导师型投资人"——这是她自己创造的一个词汇。[11]通过担任上述职位，罗伊曾为自己构建了一个由很多在科技领域颇具影响力的商业领导者所构成的关系网。

　　作为苹果公司负责全球开发商关系的副总裁，罗伊曾当时的职责是，加强与超过12 000 家外部软件开发商的合作关系以确保苹果平台的长期应用。这需要罗伊曾从这个行业中她曾有过良好合作关系的联系人处寻求支持，说服他们继续在苹果平台上开发应用。由于这种合作关系能让双方都获益，通常大家也都会帮她这个忙。罗伊曾还擅长把她在职场中的关系网和社会关系网很好地融合在一起。为了做到这一点，她经常在家中举办晚宴，与那些杰出人物共进晚餐，包括微软公司的比尔·盖茨和太阳微系统公司的斯科特·麦克尼利（Scott McNeally）等人。

在此之后，作为一名导师型投资人，罗伊曾在许多初创公司的董事会中任职，并起到了积极的作用。通过这个角色，她帮助那些她喜欢并且尊敬的人找到了新的职业机会。因此，罗伊曾也可以构造出一份可能在未来愿意回馈她的联系人名单。罗伊曾的一名同事曾这样说："许多人都处在某些关系网中并热衷于构建关系网，但只有很少人才能成为某个关系网的核心——罗伊曾正是这种人。作为她自己关系网的核心，罗伊曾还在努力构建与其他关系网核心人物更深层次的人际关系，使他们也成为自己星光熠熠的关系网中的一部分，这也让她可以与其他关系网中的所有人取得联系。我也只能想象下，罗伊曾能联系到的关系网的数目会是多么的庞大。"[12]

罗伊曾的关系网的强大之处在于，它使罗伊曾有能力与那些拥有自己良好关系网的人建立信任关系。据她的一名同事所说，在推进与其他关系网核心联系人更深层的人际关系时，罗伊曾也扮演着核心联系人的角色。那些核心联系人通常是一些有影响力的人或是决策制定者。通过与这些人建立的人际关系，罗伊曾可以得到很多重要信息，了解未来潜在的机会，获取支持和帮助，并帮助人们找到新的事业机会。

案例思考

1. 罗伊曾是如何投资她的关系网的？
2. 罗伊曾的关系网是如何为她在苹果公司的工作提供便利的？
3. 你认为为什么罗伊曾的关系网对她导师型投资人这个角色而言非常重要？
4. 为什么信任是构成罗伊曾的关系网强大之处的关键要素？

在本章中，我们会讨论社会资本的价值，并将阐述人们应如何构建并利用关系网。由于在一个扁平、灵活且无边界的组织中，人际关系网对于信息的传播极为关键，因此了解信息与构建关系网之间的联系也尤为重要。那些像罗伊曾一样尝试着构建有效关系网的人们，不仅了解联结相似群体的价值，还明白在那些看似不太可能被联系到一起的群体之间创造某种沟通的桥梁也是有价值的。有效地构建关系网对于个人和职业的成功都很重要，因此，一个人在构建有效的关系网方面所具备的能力越强，他能够把想法付诸行动的可能性也就越大。

20.2 人际关系网

人际关系网通常不会在正式的组织结构图中有所呈现，但却与组织的业绩表现、组织战略的形成和执行，以及推动组织创新等方面有着错综复杂的关联。[13]**人际关系网**（interpersonal networks），正如罗伊曾所拥有的那些，是一起共事，一同进行商业经营，或者采取其他某些共同行动的人与人之间所建立的关系。[14]人们能够从他们的人际关系网中提取的价值是他们社会资本的基础。

人际关系网在一个人的工作效率、学识以及事业成功等方面也扮演着重要的角色，因为他所认识的那些人可能会影响他所了解的内容。[15]通过与导师或者其他有影响力或社会关系良好的人建立关系，人们通常可以构建一个有助于他们个人和事业成功的人际网络。人际网络中既有组织内部的人，也有组织外部的人（如发展或职业教练、公司同侪、高层管理人员、从前的教授、朋友，以及其他可以为你提供有帮助的建议、重要的参考意见以及能够在事业上帮助你的人）。当人们在考虑重大的职业转变或新的发展机会时，通常会利用自己的个人关系网。[16] 虽然我们把注意力集中在商业关系，而不是个人关系，但两者并不是相互排斥的。在许多情况下，商业和个人关系重叠。当你认为大多数人通过与工作以外的人联系找到他们的工作时，这是尤其真实的。因此，重要的是把建立人际关系的经验应用于业务和个人关系之上。

在第 14 章中，我们曾讨论过任务、事业和社会关系网以及它们与权力和影响力之间的关系。另一种思考网络的方式是根据它所能提供的益处。从这一点出发，有三种不同类型的网络可以培养，并且每一种都有非常独特的功能。它们是建议、沟通和信任网络。尽管这些网络的目标各不相同，其中的个人有时也存在重叠。其他时候，他们不重叠。在这种情况下，我们用一个关系网去获得建议，另一个用于日常沟通，而第三个则用于建立信任。这三个不同网络中的任何一个代理人都可能是有利的。

在描述这些网络时，我们在组织情景中考虑它们的作用，但是这些网络也可以应用于个人事务。与工作相关的网络和个人网络通常包括来自我们个人的和专业上的个体。

20.2.1　建议关系网

在组织中，更多的员工会向同事询问信息，而不是去查询数据库、互联网、制度或流程手册。[17] 当计算机出了故障，他们会联系技术支持部门的技术人员。当他们需要更新项目进展信息时，他们会联系最近期的负责人，或与关键人员召开会议。随着工作在组织中的流转，那些有助于解决问题和完成任务具有关键意义的信息也会随之流动。

建议关系网（advice network）所包括的是那些可以帮助人们解决问题或提供专业信息的重要人员。[18] 这些人通常是公司日常运营中最具影响力的那一类人，因为其他人需要依靠他们提供信息。以这种方式，通过给出和接收建议，组织中的大多数个体可以彼此联结。所得到的建议关系网可以揭示信息的流动和组织中的影响中心。基本上，人们与信息的源头越接近，无论他们在组织中的正式职位是什么，就越有可能获取和掌控这些信息。比如，那些经常与有决策权的高层管理人员沟通的员工，可能更容易获得有价值的信息和支持。[19] 他们通常可能还会负责自己所在群体信息对内和对外的传达。能够获取信息也让这些人可能具有对重要信息的控制权，这也会提高别人对他们的依赖程度。如果这些人离开了组织，各群体之间的联系可能将不复存在。

20.2.2　沟通关系网

沟通关系网（communication network）是以正式的形式建立的，用以交换与工作相关的信息，会定期向员工披露有关他们所讨论的工作相关问题的信息。在组织中，沟通关系网可能包括所有分支机构和部门中的所有员工、与他们相关的任务以及他们所生产的最终产品。通过检查沟通关系网，将有助于识别信息流中的缺口，发现资源利用效率低下，以及不能产生新想法等问题。[20]

信息关系网中的员工可能会独立完成任务，但他们仍要依靠他人来实现其目标。同样，那些与组织中许多人都关系良好的人们会拥有更多的可选资源并从中获取信息，因此他们的权力也就越大。有些人会与那些能够获得信息和机会的人有联系，而与这些人有联系的人通常也能拥有较大的权力。

任何一家好的餐馆都会有个有效的沟通关系网。在前台，领位员会向客户问候并为他们指引座位。负责收拾餐具的服务人员会布置餐桌，拿走用过的餐具并放上一套干净的，然后由服务生帮客人点菜、送餐、结账，并处理付款交易。而在后台，还有很多人会参与清洗餐具、准备食材以及食物摆盘等工作。由于餐馆这个沟通关系网是为了保障更高效的运营，因此每一名员工都必须及时将重要信息接力传递给餐馆中负责其他工作的另外一个人。

20.2.3 信任关系网

信任是人际网络中的另一个重要维度。组织中的大多数人都有他们信任的核心群体。互相信任的人常常分享敏感信息，并在危机中相互支持。这些关系还帮助人们形成联盟，使他们能够更多地获得信息、机会和奖励，从而使他们在未来能够受益。[21]这些关系一起被称为**信任关系网**（trust networks）。个人的信任关系网可能不与其沟通或建议关系网完全重叠。人们可能不相信与他们沟通的每个人，或者去寻求建议。正如在沟通和建议关系网的情况下，被许多人信任并且因此在信任关系网中的个人可能在组织中具有影响力。此外，组织中的信任关系网存在鸿沟常常显示组织存在的问题。[22]试想以下场景。

玛丽经常会在工作之余花时间与同事相处，一起聚会。她喜欢参加社交活动，还加入了公司的垒球队。通过这些交流互动，加深了她对同事们的了解，包括他们的家庭、他们的职业理想以及他们在公司的经历等。玛丽被任命为 A 团队的负责人。尽管她几乎不了解团队中的大部分成员，但玛丽发现领导这个团队完成任务还是相对比较简单的。这是因为，拜她所属的那些虚拟关系网所赐，她与很多人保持了良好的关系，而在她的团队成员看来，那些人都是值得信任的信息来源。所以，当她的团队成员向自己的好友们问及有关玛丽领导能力的问题时，那些人所提供的信息会让她的团队成员觉得玛丽也是一个可信任的人，而且是这个职位的不二人选。

虽然约翰有一个由来自公司不同部门的同事所构成的亲密群体，但在工作之外，他与同侪们的互动交流却非常有限。即便有，他与这些人的交流也仅限于与工作有关的问题。约翰被任命为 B 团队的负责人，约翰也从未与被分配在他团队的员工有过任何密切的合作，但他发现激励团队成员关注他们所要完成的任务却十分困难。尽管约翰看上去有良好的人际关系，但他却没有与他团队成员信任关系网的良好联系。因此，当约翰的团队成员向他们的密友问及有关他领导能力的问题时，那些人很难给出参考信息。因此，团队成员并不完全相信约翰所做的是为了实现团队的最大利益；于是，团队成员的工作付出也就更少。

虽然玛丽和约翰都成功地构建了某种与同事的关系，但只有玛丽积极地去寻求在组织间建立相互信任关系的各种方式，这些信任关系会在将来令她收益，尤其是当她需要与那些不了解自己的人建立联系时。为了增强关系网中人际间的信任，有一些关键做法可供人们采用（见表 20-1）。

表 20-1 有助于增强信任的行为

增强信任的行为	范例
谨言慎行	对敏感信息保密
言出必行	"说到就要做到"，也就是，你说要怎样去做，你就要言行如一
保持频繁且良好的沟通	在可能的情况下，尽量采取面对面的互动方式
建立共同愿景和共同语言	发展形成共同的目标，并创建专用语汇
为促进互惠互利提供有价值的信息	针对如何与很难相处的某位同侪或上司打交道，为他人提供建议
帮助人们改善不清晰的想法	在解决问题的过程中鼓励他人提出质疑，帮助人们确定与可能会给出他们正在寻找的答案相关的问题

（续）

增强信任的行为	范例
做出公平且公开透明的决策	公开决策制订的流程
保持人们做出可信行为的责任感	认可并奖励可信行为

资料来源：Data adapted from R. Cross and A. Parker, *The Hidden Power of Social Networks* (Boston, MA: HBS Press, 2004).

建议和信任关系网通常基于个人对另一个人的能力和兴趣度的评估。有研究表明，当人们之间相互信任时，他们会更愿意交换和吸收有用的知识。有两种信任在影响人们向他们学习的方式时会起到重要的作用，即基于能力的信任（competence-base trust）和基于友善的信任（benevolence-based trust）。基于能力的信任关注的是一个人的能力，是指当人们信任他人的专业知识、经验或他们所受的教育时，就会愿意听从这些人的意见。为了获取基于能力的信任，人们必须有机会了解并熟知他人的专业知识。人们会通过其人过去所做的决策或之前的工作表现来评估一个人的能力。

当一个人会期望另外一个人能够以关心、专业化以及宽容的态度对自己需要帮助或建议的要求做出反馈时，基于友善的信任就会存在。人们更愿意从那些以尊重和关怀的态度对待自己的人那里寻求帮助。当双方之间存在基于友善的信任关系时，他们会更主动地分享自己的专业知识和以更开放的态度提出自己的忧虑。基本上，他们不会担心对方利用自己谋取私利。由于没有这些担心，双方会因信息共享创造更多的机会。

基于友善的信任中另外一个关键因素是受喜爱程度。在对能力和受喜爱程度（likability）这两个标准进行评估后，有研究发现，当人们在寻求建议或构建信任和建议关系网时，受喜爱程度这一因素的权重要比能力更高。这项研究还发现，如果一个人被人强烈厌恶，不管他具备多高程度的专业知识，人们都不会考虑从这类人那里寻求建议。相反，如果人们喜欢一个人，不管他能力水平如何，人们都会去寻求他的建议（见图 20-1）。人们更倾向于向那些既有能力也受喜爱的人寻求建议或支持——这类人被称为"受人喜爱的明星"，大多数人都希望得到他们的建议。相反，对于那些既不受喜爱又没有能力的人，人们通常避恐不及，这类人也很难在组织中长期待下去。有时候，从那些有能力但不受喜爱的人（被称作"有能力的怪杰"）那里寻求建议也很必要，但大多数人还是会尽量减少与这类人的交往。人们反而会寻求那些他们所喜爱的人所给出的建议，无论这类人的能力如何。[23]这种行为的影响是深刻的，可能阻碍企业的绩效，特别是如果有价值的信息和有知识的人被孤立。通过从可爱的傻瓜处寻求建议，而不是有能力的混蛋，经理可能做出次优的商业决策。

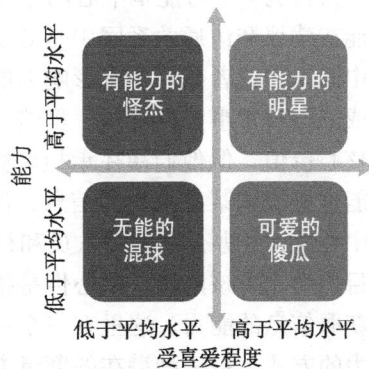

图 20-1　社会关系网中的能力与受喜爱程度

资料来源：Tiziana Casciaro and Miguel Sousa Lobo, "Competent Jerks, Lovable Fools, and the Formation of Social Networks," *Harvard Business Review*, June 2005. Copyright © 2005 by the President and Fellows of Harvard College; All rights reserved. Reprinted by permission of HBS Publishing.

人们从所处的关系网中获得社会资本，但许多人错误地认为，认识大量的人足以为他们提供社会资本。社会资本的实际来源是网络或管道，而社会资本是那些特定关系的产物。你必须努力建立这些关系，维护它们，然后知道如何利用它们。例如，属于整个组织中的同事关系网是社会资本的来源。接收关于新项目的信息是通过属于该社交网络创建的社会资本。形成关系的网络会带来信息流和机会。通过建议、沟通和信任，可以创造社会资本的不同类型的关系，比在他的网络中的人数本身更重要。[24]

20.3 关系网特征

当我们考虑个人关系网、人际关系网如何增加他们总的社会资本时，有许多具体的因素必须考虑。让我们更深入地了解关系网本身的结构，并检查个人在该关系网中的位置。要了解一个人的关系网的强度，重要的是考虑其特征，包括：①一个人在他的关系网中的中心性；②个人作为重要信息中间人的能力；③个人可以访问的联系人的类型。

20.3.1 中心性

中心性（centrality）是衡量你在关系网（可以是建议、沟通或信任）中心程度的指标。另一种考虑它的方法是，你在关系网中能够接触任何其他人的难易程度。它代表了一个人能从他所参加的关系网中通过人际关系网所获取信息的广泛性。这并不仅仅是指一个人所能接触到的信息的量，也指一个人能够在组织中的社会关系网起到多大的影响。处于组织中心的人更可能获取更多的信息，并且比在关系网外围的人在组织中拥有更大的影响力。

让我们试着用一个例子阐述中心性的概念。在一个组织中，一般来说，那些可以最及时获取信息的人通常是办公室管理人员和行政助理。虽然他们在组织的信任关系网（取决于他们的个人行为）中可能是中心的也可能是非中心的，但是考虑到他们在组织中的职位，他们很可能在建议和沟通关系网中是处于中心地位的。典型而言，他们是你接触高层管理人员的关键中间人，或者是一群有影响力的人，因为人们在自己不方便的时候需要依靠他们来进行项目或部门日常事务的管理。虽然办公室管理人员和行政助理们对于关系网的战略层面不太具有核心价值，但他们往往承担着协调的工作，如组织会议和管理信息流等。[25]虽然他们不一定能直接得到某些特定的信息，但他们知道从哪里和怎样得到这些信息。[26]正是由于拥有这种中心性，让办公室管理人员和行政助理们成了组织中有价值的资源。

目前为止应该清楚，中心性是指一个人在某个关系网中所处的位置以及这个人会因其位置而获取信息的能力。这里有三个中心性的概念。每一个都抓住了中心角色在关系网中发挥影响力的方式。每一种潜在的度量方法都是一系列假设，且有关于社会关系网中特定的中心位置如何、哪一种发挥更大的影响力。

三种不同的中心性的概念是以度、亲密性和中介性来度量的。[27]**度中心性**（degree of centrality）是最简单的度量方式，代表一个人在社会关系网中可联系的数量。该度量方法也体现了当人们需要信息时，他们可以接触到的人的数量，是可能会帮助他们增加机会和增强权力的一个因素。此处的假设是信息流通过直接联系发生，因此，你认识的人越多，你知道的就越多。

亲密中心性（closeness centrality）指的是一个人能够通过直接或间接的方式联系到在关系网中的任何其他人的难易程度。间接联系指的是通过另一个人联系上其他人（例如，你朋友的朋友）。这种度量方式指出了你在你的关系网中联系到所有人的难易程度（例如，所使用的直接或间接的联系人数量）。通过长链条的间接联系（例如，你朋友的朋友的朋友）使得获取他人的信息、知识、建议变得更难。因此，人们如果能够在关系网中通过直接联系或最少数目的中间联系人来联系他人，他们将比其他需要更多间接联系来获取信息的人更可能具有更多的社会资本。这一特性体现的是一个人可以用最少的步骤接触到他关系网中每一个人的程度。[28] 我们将在下面有关连带强度的章节中对亲密度展开进一步的探讨。

最后，**中介性**（betweenness）指的是处于人们和他们想认识的人之间的程度。[29] 该项可计算为，一个人需要联系关系网中的两个人所需的最短路径。这抓住了人们想要认识关系网中特定的人需要通过另一个人的可能性。因此相应地，这些人在关系网中变得中心化。中介性因此代表对他人想要接触的信息和联系人的潜在控制。你处于想要认识的两个人之间的程度越高，你在关系网中的中心性就越大，因为其他人需要通过你认识对方。

群体中最核心的成员不一定是群体的领导者，但他们能将群体中的大多数人联系在一起。作为群体中每一个人与其沟通最多的那一类人，他们知道当需要信息或专业知识时，应当去找谁。在图 20-2 中，AM 是核心联系人，与许多人有直接联系并与更多的人有二级联系。例如，AM 可以通过 JL 接触到 LY，而且虽然 AM 与 MN 没有直接的联系，但通过 DJ、OG、DS 和 WR 都可以联系到 MN。此外，AM 还可以联系到很多认识他但彼此之间互不相识的人。例如，AM 可以帮助关系网中的其他人，如 NN、MW 和 TC，联系到 JL。

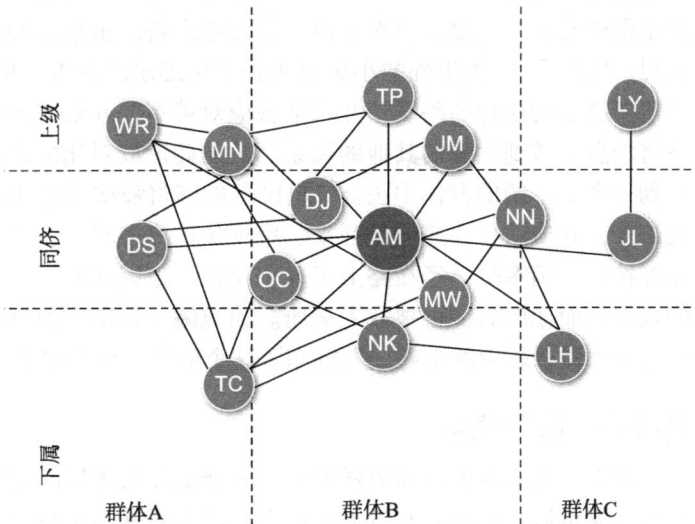

图 20-2　关系网图例

21 世纪的最初 10 年见证了互联网新业务的涌现，这使得用户可以生成在线内容并便捷地分发给其他用户。例如，用于图片分享的 Flickr，用于信息分享的维基百科（Wikipedia），以及用于视频分享的 YouTube 等等。LinkedIn 是这其中最受欢迎的网站之一，它所提供的社交网络服务可以让用户在线创建个人档案，构建个人关系网，并且可以简便快捷地与其他用户沟通。LinkedIn 与其他社交网站（如 Facebook、MySpace）十分类似，但它只关注职业关系网。通过 LinkedIn，每一位职场人士都可以搭建他自己的关系网，然后看到各个关系网之间的联系。通过观察自己第一级、第二级和第三级联系，用户就能了解自己在关系网的中心性和其他联系人的中心性。[30]

20.3.2　中间人行为

前面我们曾讨论过，社会资本及其相关的利益可被那些不仅仅认识许多人（例如，具有高中心性的人），而且能够通过最少的人联系到他人的人所积累（亲密中心性）。联结他人的角色（中间中心性）同样非常重要。能够扮演联结者角色的人不仅拥有强大的信息源，而且能够控制信息流动。这些人就被称为中间人（broker）。他们与人们高水平的联结性帮助中间人传出或者向他们传入信息，并以此加强人际关系。事实上，信息和控制是中间人行为两个最具标志性的特性，这两个特征能够保证**中间人**（brokerage）拥有足够的社会资本。[31] 拥有有价值的信息源、及时地得到这些信息并进一步影响结果是中间人的关键要素。能够控制信息的传播方式在这其中则起着更为重要的作用。当你得到有价值的信息后，你可以决定让哪些人了解这些信息。如果你较早得知了某些信息，你可以在别人了解之前与你的私人联系人分享这些信息。如果了解到有关其他人的一些信息，你可以在恰当的时间和场合提起他们的名字，这样机会就会更早地出现在他们面前。[32] 这能创造未来的机会，同样也能影响结果。作为联结者，也能为人们提供机会培养影响结果的能力，并增加他们在组织内的关注度。

保罗·里维尔（Paul Revere）就是信息经纪人的最佳例证。在 1775 年 4 月 18 日的夜里，保罗·里维尔和威廉·道斯（William Dawes）骑着马从波士顿出发，向人们发出警告，英国军队已经在港口登陆。这是一个关键的任务，因为美国当时没有现役部队，必须尽快动员全部居民志愿者抵抗英军。[33] 接近很可能成为美国革命的午夜时分，道斯一路向西骑行，而里维尔则向北进发，警告当地小镇居民做好准备。里维尔警告过的小镇都已经准备好了英国的入侵。即使是 40 英里外的小镇也听到了里维尔的警告，他们最终成功抵挡住了英国的军队。而道斯警告的西行的路线却并未准备应对英军，并艰难地进行抵抗。里维尔利用他的关系网络将消息扩散到大量的其他的关系网。与此形成对比的是，道斯则联系较少，没办法将警告传到一个更广阔的群体中去。[34] 里维尔能够将那些关系相对不那么密切的人群联系起来，形成协作，并使消息快速散播开来。里维尔让许多看似各不相干但却可以很好联系在一起的群体都接到英国军队已经在路上了这个警报，正因如此，自卫军得以召集成立，抵抗英国军队的入侵，而他的名字也被载入史册。而威廉·道斯，他虽然发出了同样的警报，但却只让那些与他人联系较少的小部分人得知了这个消息，至今仍不为人所熟知。[35]

20.3.3　合约类型

那么，人们需要构建怎样的关系才能更高效地居间传递信息呢？虽然更多的联系人可能会意味着可以得知更多有价值的消息，但关系网如果只是由一大群类似的人构成，却可能只会获得相同的信息。这些人被称为**重复联系人**（redundant contacts）。[36] 在图 20-3 中，关系网 I 和关系网 II 之间就充斥着大量的重复联系人。A 和 E 认识的是几乎同样的人，唯一的差别是 E 在关系网 II 中与 H 有联系。这些类型的关系网也被称为近似关系网，在这样的关系网中，每个人之间都互相认识，而关系网的外部信息来源或联系人却很少。这类关系网可能对那些追求高效率的日常或标准化工作比较有

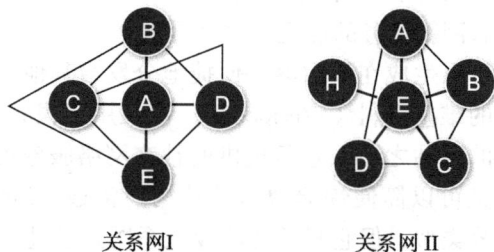

关系网 I　　　　关系网 II

图 20-3　重复联系人关系网图例

用，但当涉及创新性和创造性的工作时，可能起到的作用会较少。[37]

但是，最重要的是，一张关系网中**非重复联系人**（nonredundant contacts）的数量，或并不导向提供同样信息的相似的人的联系人。[38] 罗纳德·伯特（Ronald Burt）提出非重复联系人的存在是为了连接一种被他称为**结构洞**（structural holes）的事物。[39] **结构洞**（structural holes）是指两个非重复联系人之间的区隔。伯特的研究指出，存在有大量结构洞的关系网能够提供更多有价值的机会，在机会中也会有关系网成员希望寻求的更有利的条件。[40] 他还提出，具有结构洞的关系网会为成员在控制信息传播的方式和传播对象时提供便利。由于存在结构洞，两个联系人会因关系网是互补的而不是重合的而从中获益（见图 20-4）。人际网 III

以 M 为核心，而且有很多与 F 有联系的非重复联系人。M 通过与 F 的实际联系，可以联系到 X 和 G 的关系网。

连接某个关系网、公司其他部门人员所构成的关系网或其他组织中的社会关系网的那些人是一种特殊的中间人。因为他们将自己的工作社区与其他可能在组织内也可能在组织外的人联系到一起。这些人被称为**边界管理者**（boundary spanner）。[41] 在 图 20-4 中，F、Y、和 G 都在他们之间各自的关系网中承担边界管理者的职能。边界管理者会定期与他们所在社会关系网以外的人沟通，向他们咨询问题、提供建议，并培育与这些人之间的关系。由于要负责这些活动，边界管理者在建立战略同盟关系和研发新产品时通常会扮演重要的角色。边界管理者通常会花费大量的时间发展外部关系网，而花费较少的时间与那些亲密关系网中的人相处。[42] 成为边界管理者通常比较困难，因为大部分人都缺乏足够广泛的专业知识，足够丰富的社会联系人关系，以及能够让不同群体人接纳所必需的个性特质。[43]

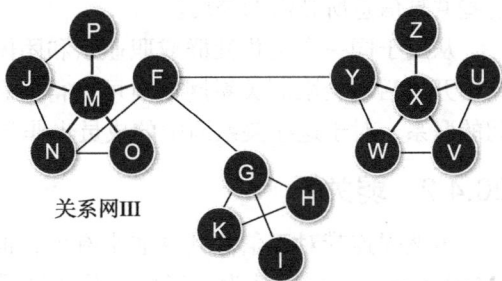

图 20-4 非重复联系人及结构洞关系网图例

20.4 关系强度

为什么信息流中的障碍能够被消除，而且由不同级别员工构成的非正式关系网对企业会有重要的影响？其中一个原因就与员工之间所形成关系的强度有关。我们称之为**连带的强度**（strength of tie）。连带的强度是指它所特有的情感强度、亲密程度以及互惠条件等。[44] 有些连带较强，因为它们所联系的两个人有很多共同点而且保持着密切的交往。[45] 有些连带可能会弱一些，因为它们所联系的人相对比较陌生。有些连带可以有助于促进知识转移，而其他联系则可能会让信息流动变得更具挑战性。

图 20-4 描绘了与其他两个关系网相连的一个关系网（关系网 III）。我们可以在两个节点之间用不同类型的线条图形化地表示出强、弱两种连带。实线表示一种强连带，而虚线表示弱连带（见图 20-5）。M 与 F 有直接联系（强连带），而他与 Y 和 W 之间的关系则是基于与 F 的联系之上的。在这里，Y 和 W 和他是弱连带。

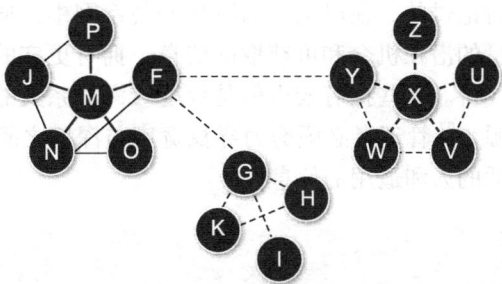

图 20-5 关系网中的强连带与弱连带图示

20.4.1 强关系

前文中我们曾提到，玛丽（团队 A 的领导者）经常会在工作之余花时间与同事相处，通过这些联系，她与自己的团队成员建立了更深的信任关系。本质上，玛丽成功地培养了强连带。以更为频繁和密切的交往为特征，强连带可以减轻对一个新想法的抵触情绪、提供安慰并促进信息共享。[46] 相互之间的信任、更长期的承诺以及类似的兴趣爱好也都是强连带的特征。与此类似，大卫·克拉克哈特（David Krackhardt）提出 *Philos*（希腊文中好朋友的意思）关系（也就是强连带）有三种可以为关系网带来价值的特性：互动关系、情感联系和时间。[47] 他还指出，每一种特性对于创建强连带都是非常必要的，因为如果缺少了这些特征，构建互信关系的基础就会分崩离析。互动关系为信息交互创造了机会，这其中有些信息可能是高度机密的。情感联系创建了善待他人的动机。时间则制造了让人们亲眼目睹其他人会如何使用这些共享信息所必需的经历。

从属于同一个文化社群或职业亲和团体，更容易形成联系和关系网。但长期只在这些群体中开展活动会限制关系网成员可获得信息的范围。[48] 因此，同时维系与其他关系网成员之间的联系，对于这些关系网中的成员也非常重要。[49]

20.4.2 弱关系

虽然强连带对于信息共享非常有效，但通常会提供很多重复信息。[50] 马克·格兰诺维特（Mark Granovetter）认为，当信息是通过弱连带所传播的时候，无论怎样这些被共享的信息将会跨越遥远的距离让许多人获取，因为弱连带连接了那些从属于不同关系网的人们之间的结构洞。交往不太频繁并且只有少数紧密联系人的弱连带是分享非重复信息的有效载体。[51]

格兰诺维特提出"弱连带优势"的证据源于他对在求职过程中关系网结构之间关系的一项研究。[52] 他发现，在那些面试时被问及他是如何找到现在这份工作的人中，大多数都不是通过紧密联系人或强连带找到工作的。[53] 当人们利用私人关系去获取有关工作机会的信息时，这些关系通常都比较远，如高中时的熟人或是最近一次社交聚会中结识的某个人。[54] 实际上，虽然弱连带之间的关系通常不是建立在互相信任、长期承诺或类似的兴趣爱好之上的，但它们确实能够有所作为，而且比强连带更容易成为连接不同类型群体之间的桥梁。[55]

伯特的结构洞理论和格兰诺维特的弱连接理论在某些方面有共同之处，当然也存在差异。两种理论都指出新的信息和机会一定是来自那些强关系网络之外。然而，和格兰诺维特持相反观点的是，伯特认为是结构洞的出现，而非关系的强度，才能真正带来新信息和机会传播。[56] 伯特进一步指出，弱关系之所以能成为新信息的有效来源，不是因为它们看起来很弱，而是因为它们常常连接起了不同的结构洞。

有效的关系网包括联系人宽度和联系人深度或强度之间的恰当平衡。正如上文我们所讨论过的，在以宽度为特征的关系网中，通常会有很多非重复联系人，这些联系人会提供大量的潜在机会和可获取的信息。拥有更广的宽度有时候可能意味着要以牺牲联系人的深度为代价。那些拥有较少但是程度较深联系人的关系网，通常会是可信赖和高质量信息的更好来源。[57] 管理者必须努力寻找宽度与深度之间的恰当平衡，以确保他们能在恰当的时机找到合适的人和适用的信息。

视野

构建非营利组织关系网

很多规模最大且最为成功的非营利组织对构建关系网有很强的依赖。关系网使这些非营利组织可以有能力互相联系，并分享有关开展行动、解决问题和促进创新的想法。例如，青年非营利职业网络（Young Nonprofit Professional Network）会为领导者提供职业发展、构建关系网等方面的支持，并在非营利社团中为他们寻找社会机遇。这类组织的关系网可以提供任何一个单独实体都不可能获得的资源。

1. 非营利机构的领导者是如何构建关系网的？关系网哪些方面的因素对于非营利组织而言是重要因素？

2. 非营利组织对关系网有哪些依赖？它又是如何帮助非营利组织获得成功的？

3. 构建关系网为非营利组织带来的优势与为营利组织带来的优势有哪些不同？

20.5　构建有价值的关系网

在本章中我们用大量篇幅讨论了社会关系网的重要性和价值。我们还探讨了那些可以更为有效地分享独家信息和提供独有机会的社会关系网的特征。在本节中，我们将关注有哪些策略和技巧可以用于构建一个对于个人和职业成功都有价值的关系网。那么，首先让我们来讨论与构建有价值的关系网最佳方式有关的六种迷思。[58]

- 迷思 1：为了构建更好的关系网，我们必须更多地沟通。有些人认为，定期安排召开会议和频繁地发送电子邮件更新信息是构建关系网最有效的方式。这些人错误地把关系网构建等同于沟通和社交行为。尽管在构建关系网的过程中，沟通和社交也非常重要，但不是所有的沟通和社交活动都会带来促进个人和职业发展这样的结果。你应当通过了解他们做过什么和正在做什么来识别一个有效的社会关系网，而不是关系网成员曾有过多少次面对面的会议。

- 迷思 2：每个人与每个人之间都应当互相有联系。有些人认为一个人所拥有的连带数量决定了他是否是一个优秀的关系网缔造者。正如你所了解到的，连带的强度和多样性才是最重要的因素。人们应当投资于发展和维持那些有战略价值的关系并关注跨边界协作，而不是只关心维持那些人员数量庞大的关系。

- 迷思 3：对于促进社会关系网的构建，我们也做不了太多。有些人认为社会关系网就应当任由它从个人关系中自然而然地形成，而不是由某个扮演领导者角色的人精心设计而成。但有些社会关系网对一个企业来说会具有战略性的重要作用，尤其是当它们可以鼓励员工创建协同行动时，这对于执行战略尤为重要。因此，管理者和领导者应当考虑在工作环境中推动构建较为不正式的社会关系网（如，员工亲和团体）。

- 迷思 4：人们如何融入关系网只是个与个性相关的问题（不能被改变的）。有些人认为，那些擅长构建关系网的人更加外向、喜欢社交，并更具侵略性——这些都是与个性相关的特质。但性格特别内向的人也可以拥有强大且多样化的社会关系网。要认识到人们可以采用一些特定步骤来学习如何有效构建关系网，而不应当认为社会关系网的构建能力只是一种天赋。

- 迷思 5：已经成为瓶颈的核心人员应当让自己更容易被找到。有些人认为正是因为他们是一个组织的核心，就应当让每一个人在需要的时候都能找到他们。不幸的是，这些核心人物会因此陷入他们正在处理的所有人物和需求，这将导致整个群体工作效率低下。相反，核心人员应当关注如何对任务和决策进行授权，并学会引导人们听从关系网中具有专业知识的人提供的建议以找出答案。

- 迷思 6：我已经很清楚我的关系网接下来会怎样。有些人认为他们没有必要定期与自己社会关系网中的人联系，因为如果有新的信息或机会出现的话，他们一定会得知。这种观点的问题在于，构建社会关系网是个持续性的行为，需要不断地加以维系。如果一个人不能与正在他关系网中发生的变化保持同步，这个人可能会发现他已经变成了一名外围专家或已经完全被排除在这个关系网之外了。

20.5.1　构建内部关系网

一个用以构建有价值关系网的模型，其中主要包括以下三种策略：描绘你的关系网，打造更优联系和培育中间人。[59]

1. 描绘你的关系网

创建有价值内部关系网的第一步就是要描绘出你自己的关系网（见表 20-2）。下面的有关说明将会对描绘你的关系网有所帮助：

（1）在表格中填写这些人的姓名：在你关系网中最为重要的联系人，交换私人信息时你所依赖的人，具备专业知识或技能的专家，可以引发建议或激发有创造力想法的人等。在你写下每个名字的时候，思考你能与这个人交换的资源和与他之间连带的强度。

（2）在找出每一个关键人之后，回想你们是通过怎样的方式见到第一面的。在中间那列写下介绍你与这个联系人认识的那些人的名字；如果是你自己遇到这个人的，请填写"我自己"。这一列将揭示出谁是你关系网中的中间人，并帮你了解为了建立和他们的联系，你采取了那些行动。

（3）在第三列中，写下你曾介绍给关键联系人认识的那些人的名字。这一列展示的是对于他人而言，你是如何扮演中间人角色的。

（4）在接下来的两列中标明：这些联系人是来自组织内部还是外部，以及他们与你是哪种关系（如，你的上司、同侪、下属或朋友）。这些信息将会为你提供有关你关系网宽度的初步印象。

（5）数据填写完成后，请查看在第二列中"我自己"出现的次数，如果由你将自己介绍给关键联系人的次数超过 65%，那你的关系网中可能包括了太多同样类型的人，而且这些人与你本人也太过相似。

表 20-2　怎样描绘你的关系网

联系人姓名	是谁介绍你与这位联系人认识	你曾把这位联系人介绍给谁	组织内部／外部	上司、同侪、下属或朋友

资料来源：Adapted from B. Uzzi and S. Dunlap, "How to Build Your Network," *Harvard Business Review*, December 2005.

有关一个人关系网的这个初步分析，可以快速地描述出这个关系的优势和弱点。这个关系网是太宽还是太窄？这个关系网中是包含了不同类型的人，还是由极为相似的人所构成的？一个可以描述这些关系本质属性的网格图，也会有助于描述一个人的关系网（见图 20-6）。通常，用图形表示一个人的关系也将有助于识别问题和机会。

2. 打造更优联系

构建一个有用的关系网络的下一步，是聚焦在构建与多样化人群之间的高质量连接。大多数个体围绕两个关键原则来形成自己的人际连接：空间邻近性和自我相似性。**空间邻近性**（spatial proximity）指的是两个人之间由于办公室相邻或者共享办公空间及私密空间而形成的相互联系。**自我相似性**（self-similarity）指的是与那些跟我们在人口或个人特质之上有相似之处或者享有相似利益的人之间的联系。这两个原则都会使我们跟一些非自愿的联系建立起紧密的社会网络。虽然这种社交网络会带给我们温暖感和连接感（这也是为什么我们需要建立这样的联系），但是这种社交关系也使得我们无法成为组织中的代理人或者桥接者（bridge-builder）。

打破拥有单一紧密网络的陷阱的关键，是主动拥抱"分享活动"，通过这类活动，你有可能接触到那些你原本不会遇到的人。同时，你又保持了开放的心态，为那些组织内外可能完全不认识的人牵线搭桥。例如，你可以加入到公司里由不同级别的员工、部门或者群体组成的垒球队。参加此类的共享活动可以使你接触到在其他途径很难形成的紧密的工作关系。分享型活动还有助于通过常规化的交往使得参与者突破他们的日常工作角色，从而强化多样化个体之间的关系[60]。

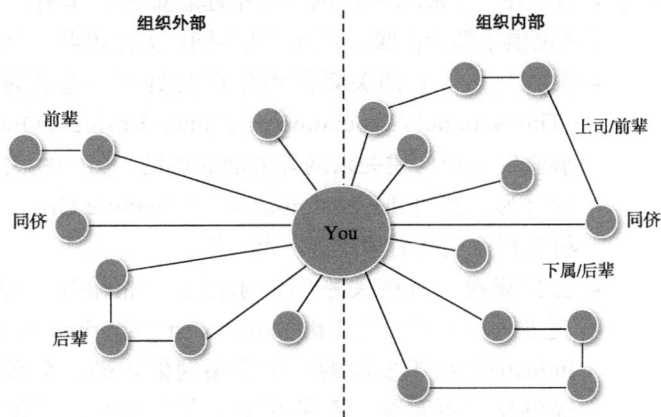

图 20-6　描绘你的关系网

为了加强更广泛但更强的关系，许多公司托管或支持员工网络组。这些允许现有员工与他们识别的组的成员公开交互。这些群体通常由种族、民族或国籍、性别等形成。其他时候，这些群体由共同的利益、背景和职业联系在一起。模拟组也存在于组织之外。例如，国家黑人会计师协会（NABA）是一个专业社交网络组织，作为会计行业中的非裔美国人和其他少数群体的资源。[61]Net Impact 是另一个社交网络组织，作为对企业社会责任感兴趣的人们的一种资源。[62]

3. 培育中间人

构建有价值关系网的最后一步是要找出信息中间人，并确定哪些行动将帮助你发展有更频繁交往的联系人。[63]浏览你在第一列中写下的人名，并回想你们是如何结识彼此的。为了构建一个有价值的关系网，一定要建立与中间人的关系，无论这个中间人是否有被正式授权。[64]此外，考虑以下要点也非常重要：[65]

- 确认那些你需要依赖他们才能把事情做成的人，并将你的主要精力放在培养与这些人的关系之上。思考你现在需要认识谁，并为将来计，培育你们之间关系。
- 提高对潜在联系人所认为有价值的关键目标和资源的认识，尝试找到能够实现互惠互利的领域。
- 针对不同的人使用不同的培育策略，并了解他们的个人喜好和互动风格。你是否倾向于会被同一类型的人所吸引？这是否会对你获取关键信息或新机会造成限制？
- 向他人提供信息和支持，作为你从他人那里获得信息及得到支持的交换。要记得我们在第 14 章中所讨论过的那些与互惠互利相关的教训。
- 避免过度依赖某个人。确认你在需要时，可以利用关系网中不同的人得到信息，因为再密切的关系也会出问题。

20.5.2　构建外部关系网

关系网俱乐部（networking clubs）是允许人们会面、发展工作外的职业关系的社群性组织。[66] 关系网俱乐部是为了建立与某些人的联系或彼此之间互相推荐，他们推崇关系网这一概念并通常在一个私人关系网发展中起着重要的作用。

关系网俱乐部会在四个方面有所不同：关注焦点、会员规模、会员构成以及制度和流程。[67]

- 关注焦点。有的关系网俱乐部会具有一些普遍化的使命。如国家女性企业主协会（The National Association of Women Business Owners），它会为女性高层管理人员提供事业发展和构建关系网等方面的协助。另一些关系网俱乐部则可能更专注于某些特定的行为，例如 the Boston-area 128 Venture Group 会将非正式的投资人和需要融资的高科技行业创新者聚集在一起。[68]

- 会员规模。有些关系网俱乐部会严格限制会籍。NSACI Networkers 是由西北郊区（芝加哥）工商协会（the Northwest Suburban（Chicago）Association of Commerce and Industry）组织发起的一个关系网俱乐部，会籍严格限制在最多 45 个人，将为会员提供发展更重要关系的机会。与此相反，芝加哥工商协会（Chicago Association of Commerce and Industry）却经常会组织超过 500 名会员参加的社交活动。[69]

- 会员构成。某些关系网俱乐部主要是由女性创业者所组成的，其他一些俱乐部可能是由负责财务的高层管理人员构成，还有一些俱乐部会员则主要是那些对社会责任感兴趣的 MBA 学生。

- 制度和流程。 有些关系网俱乐部会依据大量的规定运营：活动的开始和结束时间要严格遵守，活动的每一个环节都要是有意义的，而且会员在活动结束离开时要有切实的收获，等等。而其他一些关系网俱乐部则会在一种更加宽松的环境下开展运营，会组织更多的社交活动，但却没那么多规矩。

当人们试图通过俱乐部或协会等构建外部关系网时，他们应当问自己几个重要的问题（见表 20-3）。关系网俱乐部对一个人的事业和未来的成功有着重要的影响。例如，一位银行分行经理在加入某个关系网俱乐部的第一年里，就通过他的联系人寻找到了七个新客户，占他新增业绩的 1/3。[70]

表 20-3　加入关系网俱乐部前要问的几个重要问题

1. 这家俱乐部特定的目标是什么？
2. 这家俱乐部是否会在你感兴趣的市场或地区提供帮助？
3. 会员的构成是否符合你的需求？会员是否能够帮助你学习专业知识并有助于你的职业发展？
4. 这家俱乐部多久组织一次见面活动？什么时候组织？
5. 这家俱乐部是否有正式的规章与制度？（有制度和流程可循的俱乐部会运作更加良好）
6. 会籍是否有合理的数量限制，以便会员可以更好地了解彼此？
7. 会员是否定期都会有机会在团队面前做展示？
8. 是否需要推荐，推荐是否会被记录和报告？俱乐部现在的会员是否对什么人可以加入俱乐部有明确的说法？
9. 这家俱乐部的历史追踪记录如何？（如果俱乐部保留运营记录，这会是个好的迹象。这些记录包括推荐入会的数量以及曾开具的发票等。）
10. 同业竞争者是否可以同时加入？

资料来源：Adapted from W. Baker, *Networking Smart: How to Build Relationships for Personal and Organizational Success* (Lincoln, NE: Iuniverse.com, 2000).

—— 领导力开发 ——

许多领导者都会利用他们的社会资本以把事情做成。社会资本是指你所在的社会网络中的集体价值，以及社交网络中的成员愿意主动为你提供帮助。领导者往往通过实力、被信任以及互惠交往来构筑社会资本。[71] 你可以尝试下面几种方法来增加自己的社会资本。

- 花时间与朋友、同学、老师以及家庭成员建立高质量的联系。
- 在一位导师或教练的帮助下培育一段关系。
- 志愿加入某个非营利组织。
- 给曾帮助你达成目标的某个人写一封感谢信。
- 运用你的技能和才华帮助别人。
- 通过介绍两个可能有共同爱好的人认识，构建一段联系。
- 加入一家有一些新的和不同人群的俱乐部。

根据你做出的尝试，你的社会资本是如何增加的？你是否还有增加社会资本的其他技巧与同学分享？

创建社会资本确实需要技巧、时间和实践行动，但还要对所处环境有高度的认识。拥有社会资本意味着拥有了有价值的社会关系网，而且深谙世事的关系网构建者们也找到了将关系固化在他们忙碌生活中的方式。如此看来构建关系网更像是自然而然发生的，而不是一种被迫或不真诚的行为。

本章小结

无边界组织需要员工努力拓展人际关系网，在这个关系网中信息可以在整个组织中有效地流动。它还要求人们能更有效地在公司中创建并管理向上、向下以及跨部门的各种关系。虽然创建无边界组织的动力主要是为了推行一种新的组织结构，因为这种组织结构将会培养一种更为灵活和跨职能的决策制定方式，但个体也可以从这种新的工作方式中获益，实现个人和职业发展。

1. 为了从人际关系网中有所收获，人们不仅要与自己所在群体中的同侪们拓展有效的关系，还要与不同类型的同事建立同样有效的关系。能够在那些看似不可能有关联的群体之间建立沟通的桥梁，是一种有价值的人际关系网构建技能，如能有效使用，这将使人们获取更多的信息和机会并帮助人们达成自己的个人和职业目标。社会成本的增加是创建关系的一个重要结果。人们利用社会资本可以影响关键决策或得到重要信息。

2. 人们在个人和职业生活中，可能会依靠许多种不同类型的关系网，包括建议关系网、沟通关系网和信任关系网。建议关系网可以为人们提供建议，并帮助他有效地完成工作。沟通关系网通常会与组织中信息流动的方式保持一致并通常以正式的形式建立。信任关系网则包括那些人们在谋求个人和职业发展时，愿意向他们提供帮助或建议的一类人。信任关系网的特点是信息共享和互惠互利。信任是建立在一个人的能力以及他的受喜爱程度之上的。

3. 人际关系网可以用网络中关系的宽度和强度这两方面的因素加以评估。一个关系网的宽度是指关系网中的人数或者一个人能够认识的联系人的数量。宽度广的关系网会包含许多联系人。检查一个关系网的向心性是评估这个关系网宽度的一种方式；向心性是指一个人在某个关系网中所处的位置。如果一个人处在某个关系网的中心，这个人就更容易与许多人建立联系，因此可以作为其他人的中间人。换言之，他可以将一个群体与另一个群体相联结。

有效的关系网既要包括重复联系人——对一个人来说较为熟悉的那些人,也要包括不重复联系人——对一个人而言相对陌生的那些人。非重复联系人的优势在于,他们通常可以提供新的信息和机会,同时还有助于建立与更多人的联系。如果一个关系网中每个人都互相熟悉(以重复联系人为特征),这个关系网的运营可能会非常有效率,但却也因此对新消息和新机会的取得造成妨碍。

4. 宽度关注的是在一个人的关系网中联系人的数量,而强度则是指关系网中关系的类型。人们如果属于一个成员之间都互相熟悉且分享互惠互利条件的关系网,这些人就被认为是强连带。强连带是基于更频繁的沟通和更亲密的联系。弱连带与非重复联系人类似,因为它们都是建立在较不频繁的联系基础之上的,并且都存在与不同类型的人建立联系的可能。

5. 为了获得成功,个体需要构建强大的内部和外部关系网。这个过程中的第一步是描绘你的关系网——识别在你的关系网中都有哪些人并确认你们是如何建立联系的。通过这张图,一个人可以评估自己的关系网是否有潜在的缺陷或限制,而这些问题又出在哪里。例如,是否这个网络包含了太多拥有同样信息或接触太多类似联系人的人呢?或者,是否这个网络因包括了许多弱连带联系人而太过松散呢?外部关系网可以通过加入关系网俱乐部或其他职业协会得以扩展,这也可能会成为将来获得职业机会或赢得企业发展的重要来源。

关键词

建议关系网(advice networks)
中介性(betweenness)
边界管理者(boundary spanner)
中间人行为(brokerage)
向心性(centrality)
亲密中心性(closeness centrality)
沟通关系网(communication network)
度中心性(degree of centrality)
人际关系网(interpersonal networks)

构建关系网(networking)
关系网俱乐部(networking clubs)
重复联系人(redundant contacts)
自我相似性(self-similarity)
社会资本(social capital)
空间邻近性(spatial proximity)
连带的强度(strength of ties)
结构洞(structural hole)
信任关系网(trust networks)

课后练习

讨论话题

1. 为什么社会资本如此重要?如何建立你的社会资本?如何使用社会资本来影响他人或获得对特定项目或目标的支持?

2. 组织在正式和非正式的层面上运作。组织图通常定义正式结构和正式权力线。有时,正式的结构并不能表明组织中权力和影响力的真实性质。非正式组织结构如何并以何种方式定义公司内的权力基础?新员工如何理解非正式网络的作用?

3. 回顾图 20-1。为什么人们喜欢可爱的傻瓜而不是能干的人?当人们需要与有能力的混蛋交互时,应该考虑什么策略?
在你自己的经验中,你认为更加偏好可爱型还是能力型?为什么?你的偏好的含义是什么?

4. 网络中心的优势是什么?什么是潜在的缺点?

5. 在什么情况下关系的封闭网络是有益的?你将如何知道你的网络是否由许多重复联

系人组成？ 什么策略可以用来建立更多
的非重复联系人？

6. 经纪业务是一种权力来源吗？

7. 社交媒体如何改变网络的景观？

8. 在什么情况或环境中，弱关系比强关系更
有价值？

9. 考虑到某人的人际网络的发展，他应该注
意什么？ 应该使用什么标准来建立他的
网络？

10. 网络有时被看作是外向者最好追求的自
助服务活动。 这个观点的谬误是什么？
如何从战略角度来思考网络？ 从职业发
展的角度来看，应该如何看待网络？

管理研究

1. 写下出现在你不同关系网中的人名。用
1～3 的分值进行打分，评估这些关系的
强度（1 非常强；2 强；3 不强）。请用星
号标记出你希望在接下来六个月内改善的
关系。

2. 实践社区是由这样一群人所构成的关系
网，她们由于同一个原因有着同样的担忧
或热情，并且相互影响共同工作以解决问

题或改善处境。这类关系网能够通过以下
行为促进学习。

- 以协作的方式解决问题
- 共享信息、经验与资源
- 协调行动
- 用文字或图形记录知识
- 讨论趋势和最佳实践

研究一个实践社群，并回答下面的问题。

- 这个实践社群的目的是什么？
- 这个实践社群的成员都有哪些人？
- 这个实践社群是如何促进学习的？

行动练习

在校园里或你所属的社群中找到一位正
在试图解决问题的领导者。与这位领导者共
同绘制出一张关系网图，其中要包括那些可
以为解决问题提供帮助的人。在这位领导者
完成关系网图的绘制后帮助他分析每一个人
可以如何为解决问题做出贡献。建议这位领
导者联系这张图中的人，或者召集会议着手
解决问题。就绘制关系网图对解决问题的有
效性做一个分析，并与班上的同学分享。

注　释

第一部分

第1章

[1] Robert Hooijberg and James G. Hunt, "Leadership Complexity and Development of the Leaderplex Model," *Journal of Management*, Vol. 23, No. 3, 1997, pp. 375–408.

[2] Nathan Bennett and G. James Lemoine, "What a Difference a Word Makes: Understanding Threats to Performance in a VUCA World," *Business Horizons*, Vol. 57 (2014), pp. 311–317.

[3] Paul R. Lawrence and Jay W. Lorsch, *Organization and Environment* (Boston, MA: Graduate School of Business Administration, Harvard University, 1967).

[4] Felix Oberholzer-Gee, "Walmart's Business Environment," Harvard Business School Case No. 9-706-453, rev. December 12, 2006 (Boston, MA: HBS Publishing, 2006), p. 3.

[5] Walmart 2014 Annual Report.

[6] Al Norman, "Vermont Governor Takes Heat for Warming Up to Wal-Mart," *Huffington Post*, March 28, 2013.

[7] Steven Greenhouse, "Labor Raises Pressure on California Supermarkets," *The New York Times*, February 10, 2004.

[8] Felix Oberholzer-Gee, "Walmart's Business Environment," Harvard Business School Case No. 9-706-453, rev. December 12, 2006 (Boston, MA: HBS Publishing, 2006), p. 7.

[9] Ann Zimmerman, "Wal-Mart … [and the] Supercenter Vote," *The Wall Street Journal*, April 8, 2004, p. B7; and Tim Sullivan, "In a Bitter Strike, Grocery Workers Lost Ground," *High Country News*, June 7, 2004.

[10] John P. Kotter, "What Leaders Really Do," *Harvard Business Review*, December 2001.

[11] Anthony J. Mayo, Nitin Nohria, and Mark Rennella, *Entrepreneurs, Managers, and Leaders: What the Airline Industry Can Teach Us about Leadership* (New York: Palgrave-MacMillan, 2009), pp. 155–172.

[12] Michael E. Porter and Nitin Nohria, "What Is Leadership? The CEO's Role in Large, Complex Organizations," *Handbook of Leadership Theory and Practice: A Harvard Business School Centennial Colloquium*, Nitin Nohria and Rakesh Khurana, eds. (Boston, MA: HBS Press, 2010).

[13] Troy V. Mumford, Michael A. Campion, and Frederick P. Morgeson, "The Leadership Skills Strataplex: Leadership Skills Requirements across Organizational Levels," *The Leadership Quarterly* 18 (2007), pp. 154–166; and Robert Hooijberg and James G. Hunt, "Leadership Complexity and Development of the Leaderplex Model," *Journal of Management*, Vol. 23, No. 3, 1997, pp. 375–408.

[14] Michael E. Porter and Nitin Nohria, "What Is Leadership? The CEO's Role in Large, Complex Organizations," *Handbook of Leadership Theory and Practice: A Harvard Business School Centennial Colloquium*, Nitin Nohria and Rakesh Khurana, eds. (Boston, MA: HBS Press, 2010).

[15] Robert L. Katz, "Skills of an Effective Administrator," *Harvard Business Review*, September–October 1974.

[16] Peter F. Drucker, "Not Enough Generals Were Killed," *The Leader of the Future*, Frances Hesselbein, Marshall Goldsmith, and Richard Beckhard, eds. (San Francisco, CA: Jossey-Bass Publishers, 1996).

[17] Robert L. Katz, "Skills of an Effective Administrator," *Harvard Business Review*, September–October 1974.

[18] Robert Hooijberg and James G. Hunt, "Leadership Complexity and Development of the Leaderplex Model," *Journal of Management*, Vol. 23, No. 3, 1997, pp. 375–408.

[19] Max Weber, *The Theory of Social and Economic Organization*, A. H. Henderson and Talcott Parsons, eds. (Glencoe, IL: Free Press, 1946 translation).

[20] Harold J. Leavitt, "Why Hierarchies Thrive?" *Harvard Business Review*, March 2003.

[21] Max Weber, *The Theory of Social and Economic Organization*, A. H. Henderson and Talcott Parsons, eds. (Glencoe, IL: Free Press, 1946 translation).

[22] Henri Fayol, *General and Industrial Management* (London: Pitman, 1949 translation); and Frederick W. Taylor, *The Principles of Scientific Management* (New York: Harper, 1911).

[23] Elton Mayo, *The Human Problems of an Industrial Civilization* (New York: Macmillan, 1933); and F. J. Roethlisberger and W. J. Dickson, *Management and the Worker* (Cambridge, MA: Harvard University Press, 1939).

[24] Eric L. Trist and K. W. Bamworth, "Social and Psychological Consequences of Longwall Method of Coal-Getting," *Human Relations*, Vol. 4, February 1951, pp. 3–28.

[25] Tom Burns and G. M. Stalker, *The Management of Innovation* (London: Tavistock, 1961).

[26] Paul R. Lawrence and Jay W. Lorsch, *Organization and Environment* (Boston, MA: Graduate School of Business Administration, Harvard University, 1967).

[27] Benjamin M. Friedman, *Corporate Capital Structures in the United States* (Chicago, IL: University of Chicago Press, 1985).

[28] Neil Fligstein, *The Architecture of Markets: An Economic Sociology of Twenty-First-Century Capitalist Societies* (Princeton, NJ: Princeton University Press, 2001).

[29] Neil Fligstein, *The Architecture of Markets: An Economic Sociology of Twenty-First-Century Capitalist Societies* (Princeton, NJ: Princeton University Press, 2001).

[30] Michael Useem, *Executive Defense: Shareholder Power and Corporate Reorganization* (Cambridge, MA: Harvard University Press, 1993).

[31] Steven Prokesch, "Ford to Buy Jaguar for $2.38 Billion," *The New York Times*, November 3, 1989; and The Guardian, "Ford Taking the Driver's Seat at Aston Martin," *Sydney Morning Herald*, September 9, 1987.

[32] Bradley A. Stertz, "Jaguar PLC Stock Soars on Rumor of Bid by Ford," *The Wall Street Journal*, May 30, 1989; and "Jaguar Agrees to £1.6bn Ford Takeover," *The Independent—London*, November 3, 1989.

[33] Nitin Nohria, Anthony J. Mayo, and Mark Benson, "Gordon Bethune at Continental Airlines," Harvard Business School Case No. 9-406-703, rev. November 29, 2010 (Boston, MA: HBS Publishing, 2006).

[34] R. Edward Freeman, *Strategic Management: A Stakeholder Approach* (Boston, MA: Pitman, 1984).

[35] Nitin Nohria, Anthony J. Mayo, and Mark Benson, "Gordon Bethune at Continental Airlines," Harvard Business School Case No. 9-406-703, rev. November

29, 2010 (Boston, MA: HBS Publishing, 2006).

[36] Waymond Rodgers and Susana Gago, "Stakeholder Influence on Corporate Strategies Over Time," *Journal of Business Ethics*, Vol. 52, No. 4, July 2004, p. 350.

[37] R. Edward Freeman, *Strategic Management: A Stakeholder Approach* (Boston, MA: Pitman, 1984), p. 53.

[38] Robert Phillips, R. Edward Freeman, and Andrew C. Wicks, "What Stakeholder Theory Is Not," *Business Ethics Quarterly*, Vol. 13, No. 4, October 2003, p. 487.

[39] R. Edward Freeman, *Strategic Management: A Stakeholder Approach* (Boston, MA: Pitman, 1984), p. 54.

[40] Waymond Rodgers and Susana Gago, "Stakeholder Influence on Corporate Strategies over Time," *Journal of Business Ethics*, Vol. 52, No. 4, July 2004, p. 351.

[41] Miguel Bustillo and Ann Zimmerman, "In Cities Fighting Wal-Mart, Target Welcomed," *The Wall Street Journal*, October 15, 2010.

[42] R. Edward Freeman, *Strategic Management: A Stakeholder Approach* (Boston, MA: Pitman, 1984), p. 66.

[43] Arnoldo C. Hax and Nicolas S. Majluf, "The Corporate Strategic Planning Process," *Interfaces*, Vol. 14, No. 1, January–February 1984, p. 52.

[44] R. Edward Freeman, *Strategic Management: A Stakeholder Approach* (Boston, MA: Pitman, 1984), p. 67.

[45] Marc J. Dollinger, "Environmental Boundary Scanning and Information Processing Effects on Organizational Performance," *Academy of Management Journal*, Vol. 27, No. 2, June 1984, pp. 351–368.

[46] Curtis W. Roney, "Planning for Strategic Contingencies," *Business Horizons*, March–April 2003, p. 36.

[47] L. J. Bourgeois, III, "Strategy and Environment: A Conceptual Integration," *Academy of Management Review*, Vol. 5, No. 1, January 1980, p. 31.

[48] Walter J. Ferrier, "Navigating the Competitive Landscape: The Divers and Consequences of Competitive Aggressiveness," *Academy of Management Journal*, Vol. 44, No. 4, August 2001, pp. 858–877.

[49] For more on contextual intelligence, see Anthony J. Mayo and Nitin Nohria, *In Their Time: The Greatest Business Leaders of the Twentieth Century* (Boston, MA: HBS Press, 2005).

[50] Anthony J. Mayo and Nitin Nohria, *In Their Time: The Greatest Business Leaders of the Twentieth Century* (Boston, MA: HBS Press, 2005), pp. 359–360.

[51] Robert B. Duncan, "Characteristics of Organizational Environments and Perceived Environmental Uncertainty," *Administrative Science Quarterly*, Vol. 17, No. 3, September 1972, pp. 313–327.

[52] Hugh Courtney, Jane Kirkland, and Patrick Viguerie, "Strategy Under Uncertainty," *Harvard Business Review*, November–December 1997.

[53] Robert B. Duncan, "Characteristics of Organizational Environments and Perceived Environmental Uncertainty," *Administrative Science Quarterly*, Vol. 17, No. 3, September 1972, p. 320.

[54] Moshe Farjoun, "Towards an Organic Perspective on Strategy," *Strategic Management Journal*, Vol. 23, No. 7, July 2002, p. 571.

[55] BHP Billiton 2014 Annual Report.

[56] Juan Aste, José de Echave, and Manuel Glave. "Procesos Multi-Actores para la Cogestión de Impactos Mineros en Perú: Informe Final" (Lima, Peru: La Iniciativa de Investigación Sobre Políticas Mineras, August 2003), p. 63.

[57] Oxfam America, "*Tintaya Copper Mine*," available at http://www.oxfamamerica.org/whatwedo/where_we_work/south_america/news_publications/tintaya/art6243.html, accessed November 2012.

[58] V. Kasturi Rangan, Brooke Barton, and Ezequiel Reficco, "Corporate Responsibility & Community Engagement at the Tintaya Copper Mine (A)," Harvard Business School Case No. 9-506-023, rev. May 20, 2008 (Boston, MA: HBS Publishing, 2006), p. 1.

[59] Ibid., p. 2.

[60] Ibid., p. 3.

[61] Ibid., p. 9.

[62] Ibid., p. 10.

[63] Ibid., p. 13.

第 2 章

[1] Justin Tan and David Tan, "Environment—Strategy Co-Evolution and Co-Alignment: A Staged Model of Chinese SOEs under Transition," *Strategic Management Journal*, Vol. 26, 2004, p. 143.

[2] United States Department of Labor, "Labor Force Statistics from the Current Population," available at http://www.bls.gov/cps/cpsaat01.htm, accessed February 3, 2015.

[3] Nitin Nohria, Anthony J. Mayo, and Mark Benson, "General Electric's 20th Century CEOs," Harvard Business School Case No. 9-406-048, rev. July 25, 2007 (Boston, MA: HBS Publishing, 2006).

[4] McDonald's Corporation, "Geographic Segments," via the OneSource® Business BrowserSM, accessed January 29, 2015; Starbucks Corp, "Geographic Segments," via the OneSource® Business BrowserSM, accessed January 29, 2015; Apple Inc., "Geographic Segments," via the OneSource® Business BrowserSM, accessed January 29, 2015; and Facebook Inc., "Geographic Segments," via the OneSource® Business BrowserSM, accessed January 29, 2015.

[5] Helen H. Wang, "The Chinese Middle Class View of the Leadership Transition," *Forbes*, November 9, 2012.

[6] "Hitting the Sweet Spot: The Growth of the Middle Class in Emerging Markets," Ernst & Young, 2013, available at http://www.ey.com/GL/en/Issues/Driving-growth/Middle-class-growth-in-emerging-markets–China-and-India-tomorrow-s-middle-classes.

[7] Interbrand, "Best Global Brands 2014," http://www.bestglobalbrands.com/2014/ranking/, accessed January 31, 2015.

[8] Anthony J. Mayo and Nitin Nohria , *In Their Time: The Greatest Business Leaders of the Twentieth Century* (Boston, MA: HBS Press, 2005), p. 76; and Coca-Cola, "125 Years of Sharing Happiness: A Short History of the Coca-Cola Company," http://www.thecoca-colacompany.com/heritage/ourheritage.html, accessed July 18, 2012.

[9] Frank Cespedes, "Cola Wars: Going Global," Harvard Business School Case No. 9-709-451, rev. September 30, 2009 (Boston, MA: HBS Publishing, 2008), p. 3.

[10] Ibid., p. 2.

[11] Coca-Cola, "Coca-Cola: Per Capita Consumption of Company Beverage Products," http://www.thecoca-colacompany.com/ourcompany/ar/pdf/2011-per-capita-consumption.pdf, accessed July 18, 2012.

[12] Anne Vandermey, "Keeping a Sparkle, as Sodas Fizzles," *Fortune*, May 19, 2014.

[13] Coca-Cola, "Coca-Cola: Per Capita Consumption of Company Beverage Products," http://www.coca-colacompany.com/annual-review/2012/pdf/2012-per-capita-consumption.pdf, accessed January 31, 2015.

[14] Mike Esterl, "'Share a Coke' Creates Pop in Sales," *Wall Street Journal*, September 26, 2014.

[15] Theodore Levitt, "The Globalization of Markets," *Harvard Business Review*, May–June 1983; and Vijay Govindarajan and Anil K. Gupta, *The Quest for Global Dominance* (San Francisco: Jossey-Bass, 2001).

[16] "A Taste of Adventure," *The Economist*, December 19, 1998, via LexisNexis, accessed March, 2011; and Britannica Online Encyclopedia, "Dutch East India Company," www.britannica.com/EBchecked/topic/174523/Dutch-East-India-Company, accessed March 2011.

[17] Jack High and George C. Lodge, "The World Trade Organization: Toward Freer Trade or World Bureaucracy," Harvard Business School Case No. 9-795-149, rev. August 16, 1995 (Boston, MA: HBS Publishing, 1995), p. 2.

[18] Ibid., p. 2.

[19] World Trade Organization, "About WTO: What We Do," http://www.wto.org/english/thewto_e/whatis_e/what_we_do_e.htm, accessed July 17, 2012.

[20] World Trade Organization, "WTO Lowers Forecast after Sub-par Trade Growth in First Half of 2014," September 23, 2014, http://www.wto.org/english/news_e/pres14_e/pr722_e.htm, accessed January 29, 2015.

[21] World Trade Organization, "International Trade Statistics, 2014," http://www.wto.org/english/res_e/statis_e/its2014_e/its14_toc_e.htm, accessed January 31, 2015.

[22] "The EU Single Market: Fewer Barriers, More Opportunities," European Commission, http://ec.europa.eu/internal_market/index_en.htm, accessed September 27, 2007; and "Activities of the European Union: Internal Market," European Commission, http://ec.europa.eu/internal_market/index_en.htm, accessed September 27, 2009.

[23] "Outs and Ins; the European Union and the Euro Zone," The Economist, March 12, 2011, via LexisNexis, accessed March 2011.

[24] "The Euro: Our Currency" European Commission, available at http://ec.europa.eu/internal_market/index_en.htm, accessed September 27, 2009.

[25] Central Intelligence Agency World Fact Book, "Europe: European Union," https://www.cia.gov/library/publications/the-world-factbook/index.html, accessed January 31, 2015.

[26] Central Intelligence Agency World Fact Book, "North America: United States," https://www.cia.gov/library/publications/the-world-factbook/index.html, accessed January 31, 2015.

[27] "Trade in Goods with Mexico," United States Census Bureau, https://www.census.gov/foreign-trade/balance/c2010.html, accessed January 29, 2015; and "Trade in Goods with Canada," United States Census Bureau, https://www.census.gov/foreign-trade/balance/c1220.html, accessed January 29, 2015.

[28] "Trade in Goods with Mexico," United States Census Bureau, https://www.census.gov/foreign-trade/balance/c2010.html, accessed January 29, 2015; and "Trade in Goods with Canada," United States Census Bureau, https://www.census.gov/foreign-trade/balance/c1220, accessed January 29, 2015.

[29] Margareta Drzeniek Hanouz and Thierry Geiger, "Enabling Trade in the Greater ASEAN Region," World Economic Forum, 2010.

[30] Ibid.

[31] World Trade Organization, "International Trade Statistics, 2011," http://www.wto.org/english/res_e/statis_e/its2011_e/its11_toc_e.htm, accessed July 24, 2012; and Joanna Klonsky, Stephanie Hanson, and Brianna Lee, "Mercosur: South America's Fractious Trade Bloc," Council on Foreign Relations, July 31, 2012, http://www.cfr.org/trade/mercosur-south-americas-fractious-trade-bloc/p12762, accessed August 7, 2012.

[32] Debora Spar and Terrence Mulligan, "Chiquita Brands International (A)," Harvard Business School Case No. 9-797-015, rev. September 12, 2007 (Boston, MA: HBS Publishing, 1996), p. 7.

[33] Ibid.

[34] Theodore H. Cohn, Global Political Economy: Theory and Practice, 5th edition (New York, NY: Pearson Education, 2010).

[35] Peter Debaere, "Why Countries Trade: The Theory of Comparative Advantage," University of Virginia Darden Business Publishing Note No. UV2702, rev. July 24, 2009 (Charlottesville, VA: University of Virginia Darden School Foundation, 2007).

[36] Jeffrey Sachs, The End of Poverty (New York, NY: The Penguin Press, 2005).

[37] "Tablet PC Reviews," http://tabletpc-comparisons.com/, accessed September 2011.

[38] L. J. Bourgeois, III, "Strategy and Environment: A Conceptual Integration," Academy of Management Review, Vol. 5, No. 1, January 1980, p. 26.

[39] Lisa Baertlien, "McDonald's Looking to Heat Up U.S. Sales with Breakfast, Coffee," Reuters, February 11, 2014.

[40] Central Intelligence Agency World Fact Book, "North America: Mexico," and "North America: Canada," https://www.cia.gov/library/publications/the-world-factbook/index.html, accessed January 31, 2015.

[41] Central Intelligence Agency World Fact Book, "Europe: European Union," https://www.cia.gov/library/publications/the-world-factbook/index.html, accessed January 31, 2015.

[42] Central Intelligence Agency World Fact Book, "East and Southeast Asia: China," https://www.cia.gov/library/publications/the-world-factbook/index.html, accessed January 31, 2015.

[43] Central Intelligence Agency World Fact Book, "South Asia: India," https://www.cia.gov/library/publications/the-world-factbook/index.html, accessed January 31, 2015.

[44] Central Intelligence Agency World Fact Book, "East and Southeast Asia: Japan," https://www.cia.gov/library/publications/the-world-factbook/index.html, accessed January 31, 2015.

[45] Calculated from annual revenue and sales figures. Toll Brothers Inc., Toll Brothers 2007 Annual Report, Global Reports LLC, 2007.

[46] United States Census Bureau, "New Residential Construction," available at http://www.census.gov/construction/nrc/pdf/compann.pdf, accessed February 4, 2015.

[47] Patrice Hall, "Blame Abounds for Housing Bust; Easy Money, Greed a Toxic Mix," The Washington Post, December 26, 2007; and J. W. Elphinstone, "Mortgage Volume Drops to 4-Year Low, Latest Sign of Slowing Real Estate Market," The Associated Press, August 2, 2006.

[48] United States Census Bureau, "New Residential Construction," available at http://www.census.gov/construction/nrc/pdf/compann.pdf, accessed February 4, 2015.

[49] Gerald D. Keim and Amy J. Hillman, "Political Environments and Business Strategy: Implications for Managers," Business Horizons, 2008, p. 48.

[50] Ian Bremmer, "The New Rules of Globalization," Harvard Business Review, January-February 2014.

[51] Caroline Winter, "FIJI Water: Shutting Off the Tap?" Bloomberg Businessweek, November 25–December 5, 2010.

[52] The White House, Office of the Press Secretary, "Obama Administration Finalizes Historic 54.5 MPG Fuel Efficiency Standards," August 28, 2012.

[53] David P. Baron, "Obesity and McLawsuits," Stanford Graduate School of Business Case No. P-49, (Stanford, CA: Stanford Graduate School of Business, 2005), p. 1.

[54] Stephanie Strom, "McDonald's Menu to Post Calorie Data," New York Times, September 12, 2012.

[55] U.S. Census Bureau, 2015, available at http://www.census.gov/population/projections/data/national/2012/summary-tables.html.

[56] Daisuke Wakabayashi and Miho Inada, "Baby Bundle: Japan's Cash Incentive for Parenthood," The Wall Street Journal, October 8, 2009.

[57] Tim Triplett, "Golf Industry Links Future to Aging Boomers," Marketing News, Vol. 30, Issue 12, 1996, p. 2.

[58] David Frabotta, "Riding the Wave of the Future," Cosmetic Surgery Times, Vol. 5, Issue 8, 2002, p. 22.

[59] Laurie Burkitt, "China's Aging Boomers Are Lucrative Market," Wall Street Journal, January 20, 2015.

[60] U.S. Census Bureau, 2015 available at http://www.census.gov/population/projections/data/national/2012/summarytables.html.

[61] "Homing In on Hispanics," Home Channel News, Special Reports, December 12, 2005.

[62] "The Home Depot's New Splash," Chain Store Age, Vol. 81, Issue 10, 2005, p. 17.

[63] Miriam Jordan, "Mall Owners Woo Hispanic Shoppers," Wall Street Journal, August 14, 2013.

[64] Pankaj Ghemawat, "Distance Still Matters: The Hard Reality of Global Expansion," Harvard Business Review, September 2001.

[65] James Hookway, "IKEA Products Makes

Shoppers Blush in Thailand," *The Wall Street Journal*, June 5, 2012.

[66] Pankaj Ghemawat, "Distance Still Matters: The Hard Reality of Global Expansion," *Harvard Business Review*, September 2001.

[67] McDonald's Corporation, "Our Company," http://www.aboutmcdonalds.com /mcd/our_company.html, accessed January 31, 2015.

[68] Efraim Levy, "Industry Surveys Autos & Auto Parts: Global," *Standard & Poor's Industry Surveys*, August 2008, www. netadvantage.com, accessed October 15, 2009.

[69] Vivek Wadhwa, "Why China's Chip Industry Won't Catch America's," *Business Week*, September 3, 2009, www.BusinessWeek. com, accessed October 15, 2009.

[70] Raman Chitkara and Jianbin Gao, PWC, "A Decade of Unprecedented Growth: China's Impact on the Semiconductor Industry—2014 Update," available at http://www.pwc.com/gx/en/technology /chinas-impact-on-semiconductor-industry /index.jhtml, accessed February 4, 2015.

[71] Jason Dean, Ilan Brat, and Annie Gasparro, "McDonald's CEO Is Out Amid Decline in Sales," *Wall Street Journal*, January 29, 2015.

[72] Beth Kowitt, "Why McDonald's Wins in Any Economy," *Fortune*, September 5, 2011.

[73] David Upton and Joshua D. Margolis, "McDonald's Corporation," Harvard Business School Case No. 9-693-028, rev. September 23, 1996 (Boston, MA: HBS Publishing, 1992), p. 3.

[74] Erik German, "Morocco Loving the McArabia," *GlobalPost*, August 26, 2009, www.globalpost.com/dispatch /morocco/090825/morocco-loving-the-mcarabia, accessed October 13, 2009.

[75] U.S. Census Bureau, "Number of Firms, Number of Establishments, Employment, and Annual Payroll by Enterprise Employment Size for the United States and States, Totals: 2012," accessed January 23, 2015.

[76] Lynn Sharp Paine and James Weber, "The Sarbanes-Oxley Act," Harvard Business School Case No. 9-304-079, rev. July 12, 2004 (Boston, MA: HBS Publishing, 2004).

[77] Deloitte & Touche, Ernst & Young, KPMG, and PricewaterhouseCoopers, "Perspectives on Internal Control Reporting: A Resource for Financial Market Participation," p. 5.

[78] Diya Gullapalli, "Living with Sarbanes-Oxley: How Companies Are Coping in the New Era of Corporate Governance," *The Wall Street Journal*, October 17, 2005.

[79] Stu Woo, "Welcome to Amazon Town," *The Wall Street Journal*, December 20, 2011.

[80] Regina Wolfe, Laura Hartman, Justin Sheehan, and Jenny Mead, "Started as Crew (C): McDonald's Strategy for Corporate Success and Poverty Reduction," University of Virginia Case Study No. UV1156 (Charlottesville, VA: Darden Business Publishing, 2008), p. 10.

[81] Clayton M. Christensen and Kirstin Shu "What Is an Organization's Culture?" Harvard Business School Case No. 9-399-104, rev. August 2, 2006 (Boston, MA: HBS Publishing, 1999).

[82] Ibid.

第 3 章

[1] Sandra J. Sucher and Matthew Preble, "An Intern's Dilemma," Harvard Business School Case No. 9-611-401, rev. August 6, 2013 (Boston, MA: HBS Publishing, 2011).

[2] Manuel G. Velasquez, *Business Ethics: Concepts and Cases*, 4th edition (Upper Saddle River, NJ: Prentice Hall, 1998), p. 8.

[3] Sandra J. Sucher and Matthew Preble, "An Intern's Dilemma," Harvard Business School Case No. 9-611-401, rev. August 6, 2013 (Boston, MA: HBS Publishing, 2011).

[4] Rebecca Henderson, Ranjay Gulati, and Michael Tushman, eds. *Leading Sustainable Change: An Organizational Perspective* (Oxford: Oxford University Press, 2015).

[5] Laurie Havelock, "U.S. Companies Rally toward Sustainability Reporting," *IR Magazine*, June 13, 2014.

[6] Charles Fombrun and Mark Shanley, "What's in a Name? Reputation Building and Corporate Strategy," *The Academy of Management Journal*, Vol. 33, No. 2, 1990, pp. 233–258.

[7] John R. Boatright, *Ethics and the Conduct of Business*, 3rd edition (Upper Saddle River, NJ: Prentice Hall, 2000), pp. 9–10.

[8] Ibid., p. 19.

[9] Manuel G. Velasquez, *Business Ethics: Concepts and Cases*, 4th edition (Upper Saddle River, NJ: Prentice Hall, 1998), pp. 2–5.

[10] Centers for Disease Control and Prevention, "Onchocerciasis FAQs," available at http:// www.cdc.gov/parasites/onchocerciasis/ gen_info/faqs.html, accessed February 21, 2015.

[11] Standard & Poor's Corporation, *Standard & Poor's Industry Surveys*, Vol. 1, 1979, pp. H13–H16.

[12] "Merck to Donate Drug for River Blindness," *The Wall Street Journal*, 1987, p. 42.

[13] David Bollier, *Merck & Company* (Stanford, CA: The Business Enterprise Trust, 1991), p. 5.

[14] John R. Boatright, *Ethics and the Conduct of Business*, 3rd edition (Upper Saddle River, NJ: Prentice-Hall, 2000), p. 16; and Tom L. Beauchamp and Norman E. Bowie, *Ethical Theory and Business*, 7th edition (Upper Saddle River, NJ: Prentice-Hall, 2004), p. 4.

[15] John R. Boatright, *Ethics and the Conduct of Business*, 3rd edition (Upper Saddle River, NJ: Prentice-Hall, 2000), p. 16.

[16] Tom L. Beauchamp and Norman E. Bowie, *Ethical Theory and Business*, 7th edition (Upper Saddle River, NJ: Prentice Hall, 2004), p. 5.

[17] Ibid.

[18] Linda K. Treviño and Katherine A. Nelson, *Managing Business Ethics: Straight Talk About How to Do It Right*, 3rd edition (Hoboken, NJ: Wiley, 2004), p. 16.

[19] Augusto Blasi, "Moral Cognition and Moral Action: A Theoretical Perspective," *Development Review*, Vol. 3, 1983, pp. 178–210.

[20] Manuel G. Velasquez, *Business Ethics: Concepts and Cases*, 4th edition (Upper Saddle River, NJ: Prentice Hall, 1998), p. 6.

[21] Tom L. Beauchamp and Norman E. Bowie, *Ethical Theory and Business*, 7th edition (Upper Saddle River, NJ: Prentice Hall, 2004), p. 17.

[22] O. C. Ferrell, John Fraedrich, and Linda Ferrell, *Business Ethics: Ethical Decision Making and Cases*, 5th edition (Boston, MA: Houghton Mifflin, 2002), p. 59.

[23] Thomas L. Beauchamp and James F. Childress, *Principles of Biomedical Ethics* (New York, NY: Oxford University Press, 2011), pp. 337–377.

[24] Tom L. Beauchamp and Norman E. Bowie, *Ethical Theory and Business*, 7th edition (Upper Saddle River, NJ: Prentice Hall, 2004), p. 17.

[25] Tom L. Beauchamp and James F. Childress, *Principles of Biomedical Ethics* (New York: Oxford University Press, 2001), p. 347; and Michael Sandel, *Justice: What's the Right Thing to Do?* (New York: Farrar Strauss and Giroux, 2009), p. 37.

[26] Tom L. Beauchamp and Norman E. Bowie, *Ethical Theory and Business*, 7th edition (Upper Saddle River, NJ: Prentice Hall, 2004), p. 23.

[27] Ibid.

[28] Ibid., p. 24.

[29] Anthony J. Mayo, Masako Egawa, and Mayuka Yamazaki, "Kazuo Inamori, A Japanese Entrepreneur," Harvard Business School Case No. 9-408-039, rev. April 7, 2009 (Boston, MA: HBS Publishing, 2008), p. 15.

[30] Tom L. Beauchamp and Norman E. Bowie, *Ethical Theory and Business*, 7th edition (Upper Saddle River, NJ: Prentice Hall, 2004), p. 22.

[31] Ibid., p. 23.

[32] Mary Schlangenstein, "Workers Chip In

to Help Southwest Employees Offer Free Labor," *The Seattle Times*, September 26, 2001, p. E1.

[33] Tom L. Beauchamp and Norman E. Bowie, *Ethical Theory and Business*, 7th edition (Upper Saddle River, NJ: Prentice Hall, 2004), p. 32.

[34] Nitin Nohria, Sandra J. Sucher, and Bridget Gurtler, "Note on Human Behavior: Character and Situation," Harvard Business School Note No. 9-404-091, rev. February 1, 2011 (Boston, MA: HBS Publishing, 2004), p. 2.

[35] Tom L. Beauchamp and Norman E. Bowie, *Ethical Theory and Business*, 7th edition (Upper Saddle River, NJ: Prentice Hall, 2004), p. 31.

[36] Nitin Nohria, Sandra J. Sucher, and Bridget Gurtler, "Note on Human Behavior: Character and Situation," Harvard Business School Note No. 9-404-091, rev. February 1, 2011 (Boston, MA: HBS Publishing, 2004), p. 2.

[37] Tom L. Beauchamp and Norman E. Bowie, *Ethical Theory and Business*, 7th edition (Upper Saddle River, NJ: Prentice Hall, 2004), p. 32.

[38] Ibid., p. 31.

[39] Tom L. Beauchamp and Norman E. Bowie, *Ethical Theory and Business*, 7th edition (Upper Saddle River, NJ: Prentice Hall, 2004), p. 631; and Carolyn Wiley, "The ABC's of Business Ethics: Definitions, Philosophies and Implementation," *IM*, 1995, pp. 22–27.

[40] Gerald F. Cavanaugh, Dennis J. Moberg, and Manuel Velasquez, "The Ethics of Organizational Politics," *Academy of Management Review*, Vol. 6, No. 3, 1981, pp. 363–374.

[41] Tom L. Beauchamp and Norman E. Bowie, *Ethical Theory and Business*, 7th edition (Upper Saddle River, NJ: Prentice Hall, 2004), p. 632.

[42] Ibid., p. 633.

[43] Ibid.

[44] Carolyn Wiley, "The ABC's of Business Ethics: Definitions, Philosophies and Implementation," *IM*, 1995, pp. 22–27.

[45] David M. Mayer, "How Can We Create Ethical Organizations?," July 22, 2011, http://www.centerforpos.org/2011/07/how-can-we-create-ethical-organizations/

[46] O. C. Ferrell, John Fraedrich, and Linda Ferrell, *Business Ethics: Ethical Decision Making and Cases*, 5th edition (Boston, MA: Houghton Mifflin, 2002), p. 16.

[47] Linda K. Treviño and Katherine A. Nelson, *Managing Business Ethics: Straight Talk about How to Do It Right*, 3rd edition (Hoboken, NJ: Wiley, 2004), p. 138.

[48] Max H. Bazerman, George Loewenstein, and Don A. Moore, "Why Good Accountants Do Bad Audits," *Harvard Business Review*, November 2002.

[49] Jason Snyder, "Gaming the Liver Transplant Market," *Journal of Law, Economics,*

& Organization, Vol. 26, No. 3, December 2010.

[50] Lynn Sharp Paine, "The Fiduciary Relationship: A Legal Perspective," Harvard Business School Note No. 9-304-064, rev. April 10, 2009 (Boston, MA: HBS Publishing, 2004), pp. 1–2.

[51] Robert C. Clark, "Agency Costs versus Fiduciary Duties," *Principles and Agents: The Structure of Business*, eds. John W. Pratt and Richard J. Zeckhauser (Boston, MA: HBS Press, 1985), pp. 55–79.

[52] Lynn Sharp Paine, "The Fiduciary Relationship: A Legal Perspective," Harvard Business School Note No. 9-304-064, rev. April 10, 2009 (Boston, MA: HBS Publishing, 2004), p. 4.

[53] Alexander Trowbridge, "Identity Theft Rises, Consumers Rage," CBS News, July 1, 2014 accessed at http://www.cbsnews.com/news/identity-theft-rises-consumers-rage/.

[54] Federal Trade Commission, "About Identity Theft-Deter, Detect, Defend, Avoid ID Theft," Federal Trade Commission, www.ftc.gov/bcp/edu/microsites/idtheft/consumers/about-identity-theft.html#Howdothievesstealanidentity, accessed March 2011.

[55] Michael Kranish, "IRS Is Overwhelmed by Identity Theft Fraud," *Boston Globe*, February 16, 2014.

[56] Manuel G. Velasquez, *Business Ethics: Concepts and Cases*, 4th edition (Upper Saddle River, NJ: Prentice Hall, 1998), p. 252.

[57] Ibid., pp. 253–255.

[58] Ibid., p. 258.

[59] "BP Oil Spill Investigation Reveals 'Fundamental Mistake,' Highlights Potential Cost Implications," *BMI Industry Insights—Oil & Gas, Americas*, May 26, 2010, available via Factiva, accessed March 2011.

[60] Manuel G. Velasquez, *Business Ethics: Concepts and Cases*, 4th edition (Upper Saddle River, NJ: Prentice Hall, 1998), p. 290.

[61] Ibid., p. 449.

[62] "Facebook and Your Privacy," *Consumer Reports*, June 2012.

[63] John R. Boatright, *Ethics and the Conduct of Business*, 3rd edition (Upper Saddle River, NJ: Prentice Hall, 2000), pp. 162–165.

[64] Ibid.

[65] Mary C. Gentile, *Giving Voice to Values* (New Haven, CT: Yale University Press, 2010), p. 179.

[66] Manuel G. Velasquez, *Business Ethics: Concepts and Cases*, 4th edition (Upper Saddle River, NJ: Prentice Hall, 1998), pp. 430–432.

[67] Ibid.

[68] John R. Boatright, *Ethics and the Conduct of Business*, 3rd edition (Upper Saddle River, NJ: Prentice Hall, 2000), pp. 143–145.

[69] Robert F. Worth, "Shoe Designer Jailed 41 Months, Fined $3.1M: IPO Manipulation," *The New York Times*, April 5, 2002, p. FP3, available via LexisNexis, accessed March 2011.

[70] Sheelah Kolhatkar, "Why SAC Capital's Steven Cohen Isn't in Jail," Bloomberg.com, January 2, 2014; Matthew Goldstein, "Ex-Trader at SAC Fund Is Sentenced to 3 Years," *New York Times*, May 16, 2014; and Nathan Vardi, "Matthew Martoma Sentenced to Nine Years for Insider Trading," *Forbes*, September 8, 2014.

[71] John R. Boatright, *Ethics and the Conduct of Business*, 3rd edition (Upper Saddle River, NJ: Prentice Hall, 2000), p. 130.

[72] Ibid., p. 132.

[73] "Pharma Chief Says He Supports the US Administration's Moves on IP Priorities," *Pharma Marketletter*, May 5, 2006, available via LexisNexis, accessed March 2011.

[74] John T. Noonan, Jr., *Bribes* (New York, NY: Macmillan, 1984), pp. 578–579.

[75] Lynn Sharp Paine and Christopher M. Bruner, "Bribery in Business: A Legal Perspective," Harvard Business School Note No. 9-306-012, rev. August 18, 2006 (Boston, MA: HBS Publishing, 2006), p. 2.

[76] Jessica Holzer and Shayndi Raice, "IBM Settles Bribery Charges," *The Wall Street Journal*, March 19, 2011, p. B1.

[77] Lynn Sharp Paine and Christopher M. Bruner, "Bribery in Business: A Legal Perspective," Harvard Business School Note No. 9-306-012, rev. August 18, 2006 (Boston, MA: HBS Publishing, 2006), p. 2; and Rajib Sanyal and Subarna Samata, "Correlates of Bribe Giving in International Business," *International Journal of Commerce & Management*, Vol. 14, No. 2, 2004, pp. 1–2.

[78] O. Thomas Johnson, Jr., "International Law & Practice: Foreign Corrupt Bribery: A Comparison of National and Supranational Legal Structures," www.abanet.org/genpractice/lawyer/spring97/johnson.html, accessed March 2011.

[79] Transparency International, 2014 Index available at http://www.transparency.org/cpi2014/results, accessed February 14, 2015.

[80] Manuel G. Velasquez, *Business Ethics: Concepts and Cases*, 4th edition (Upper Saddle River, NJ: Prentice Hall, 1998), p. 429.

[81] John R. Boatright, *Ethics and the Conduct of Business*, 3rd edition (Upper Saddle River, NJ: Prentice Hall, 2000), p. 107.

[82] Richard Lacayo and Amanda Ripley, "Persons of the Year," *Time*, December 30, 2002.

[83] Adam Waytz and Vasilia Kilibarda, "Through the Eyes of a Whistle-Blower: How Sherry Hunt Spoke Up About Citibank's Mortgage Fraud," Northwestern University Kellogg School of Management Case No. KEL862 (Chicago, IL: Kellogg School of Management, 2014).

[84] Ibid.

[85] John R. Boatright, *Ethics and the Conduct of Business*, 3rd edition (Upper Saddle River, NJ: Prentice Hall, 2000), p. 106.

[86] Ibid., pp. 122–123.

[87] Ruth V. Aguilera, Debora E. Rupp, Cynthia A. Williams, and Jyoti Ganapathi, "Putting the S Back in Corporate Social Responsibility: A Multilevel Theory of Social Change in Organizations," *Academy of Management Review*, Vol. 32, No. 3, 2007, pp. 836–863.

[88] Abagail McWilliams, Donald S. Siegel, and Patrick M. Wright, "Corporate Social Responsibility: Strategic Implications," *Rensselaer Working Papers in Economics*, No. 0506, May 2005; Ruth V. Aguilera, Debora E. Rupp, Cynthia A. Williams, and Jyoti Ganapathi, "Putting the S Back in Corporate Social Responsibility: A Multilevel Theory of Social Change in Organizations," *Academy of Management Review*, Vol. 32, No. 3, July 2007, pp. 836–863; and Roger L. Martin, "The Virtue Matrix: Calculating the Return on Corporate Responsibility," *Harvard Business Review*, March 2002.

[89] Varkey Foundation, "Business Backs Education, 2014," available at https://www.varkeyfoundation.org/sites/default/files/BBE%20EPG%20Report%20online.pdf.

[90] H. R. Bowen, *Social Responsibilities of the Businessman* (New York: Harper & Row, 1953), p. 6.

[91] Donna J. Wood, "Corporate Social Performance Revisited," *The Academy of Management Review*, Vol. 16, No. 4, 1991, pp. 691–718.

[92] Steven L. Wartick and Philip L. Cochran, "The Evolution of the Corporate Social Performance Model," *The Academy of Management Review*, Vol. 10, No. 4, 1985, pp. 758–769.

[93] Mark S. Schwartz and Archie B. Carroll, "Corporate Social Responsibility: A Three-Domain Approach," *Business Ethics Quarterly*, Vol. 13, No. 4, 2003, pp. 503–530.

[94] Archie B. Carroll, "A Three-Dimensional Conceptual Model of Corporate Performance," *The Academy of Management Review*, Vol. 4, No. 4, 1979, pp. 497–505.

[95] Mark S. Schwartz and Archie B. Carroll, "Corporate Social Responsibility: A Three-Domain Approach," *Business Ethics Quarterly*, Vol. 13, No. 4, 2003, pp. 503–530.

[96] Ibid.

[97] Kate Linebaugh, "The Toyota Recall: Toyota Is Unable to Hit the Brakes on Crisis," *The Wall Street Journal*, 2010.

[98] Sarbanes-Oxley Act of 2002, Pub. L. No. 107-204, 116 Stat. 745(2002), summarized in Lynn Sharp Paine and Christopher M. Bruner, "Deception in Business: A Legal Perspective," Harvard Business School Note No. 9-306-019, rev. August 10, 2009 (Boston, MA: HBS Publishing, 2006), p. 2.

[99] "Financial Regulatory Reform," *The New York Times*, November 4, 2010, http://topics.nytimes.com/topics/reference/timestopics/subjects/c/credit_crisis/financial_regulatory_reform/index.html, accessed March 2011.

[100] "Rechargeable Battery Recycling Corporation; Ritz Camera Western Stores Join the Rechargeable Battery Recycling Corporation's Call2Recycle Program," *Entertainment & Travel*, August 11, 2008, p. 230.

[101] Rosabeth M. Kanter, *Supercorp: How Vanguard Companies Create Innovation, Profits, Growth, and Social Good* (New York: Crown Business, 2009).

[102] Archie B. Carroll, "A Three-Dimensional Conceptual Model of Corporate Performance," *The Academy of Management Review*, Vol. 4, No. 4, 1979, pp. 497–505.

[103] John Schwartz, "Comments by Overseer of BP Fund Irk Lawyers," *The New York Times*, December 22, 2010, p. A18.

[104] R. W. Ackerman, *The Social Challenge to Business* (Cambridge, MA: Harvard University Press, 1975).

[105] Milton Friedman, "The Social Responsibility of Business Is to Increase Its Profits," *The New York Times Magazine*, September 13, 1970, p. 32.

[106] Kenneth E. Aupperle, Archie B. Carroll, and John D. Hatfield, "An Empirical Examination of the Relationship between Corporate Social Responsibility and Profitability, *The Academy of Management Journal*, Vol. 28, No. 2, 1985, pp. 446–463; and Moses L. Pava and Joshua Krausz, "The Association between Corporate Social Responsibility and Financial Performance: The Paradox of Social Cost," *Journal of Business Ethics*, Vol. 15, No. 3, 1996, pp. 321–357.

[107] Sandra A. Waddock and Samuel B. Graves, "The Corporate Social Performance-Financial Performance Link," *Strategic Management Journal*, Vol. 14, No. 4, 1997, pp. 303–319.

[108] Jennifer J. Griffin and John F. Mahon, "The Corporate Social Performance and Corporate Financial Performance Debate: Twenty-Five Years of Incomparable Research," *Business and Society*, Vol. 36, No. 1, 1997, pp. 5–31; and Marc Orlitzky, Frank L. Schmidt, and Sara L. Rynes, "Corporate Social and Financial Performance: A Meta-Analysis," *Organization Studies*, Vol. 24, 2003, pp. 403–441.

[109] Lee Burke and Jeanne M. Logsdon, "How Corporate Social Responsibility Pays Off," *Long Range Planning*, Vol. 29, No. 4, 1996, pp. 495–502; Michael V. Russo and Paul A. Fouts, "A Resource-Based Perspective on Corporate Environmental Performance and Profitability," *The Academy of Management Journal*, Vol. 40, No. 3, 1997, pp. 534–559; and Sandra A. Waddock and Samuel B. Graves, "The Corporate Social Performance-Financial Performance Link," *Strategic Management Journal*, Vol. 14, No. 4, 1997, pp. 303–319.

[110] Susan Berfield, "Hard Times in Happy Town," *Bloomberg Businessweek*, December 29, 2014-January 11, 2015.

[111] C. B. Bhattacharya and Sankar Sen, "Doing Better at Doing Good: When, Why, and How Consumers Respond to Corporate Social Initiatives," *California Management Review*, Vol. 47, No. 1, Fall 2004, pp. 9–24.

[112] Lois A. Mohr, Debora J. Webb, and Katherine E. Harris, "Do Consumers Expect Companies to Be Socially Responsible? The Impact of Corporate Social Responsibility on Buying Behavior," *Journal of Consumer Affairs*, Vol. 35, No. 1, Summer 2001, pp. 45–72; and C. B. Bhattacharya and Sankar Sen, "Doing Better at Doing Good: When, Why, and How Consumers Respond to Corporate Social Initiatives," *California Management Review*, Vol. 47, No. 1, Fall 2004, pp. 9–24.

[113] Patrick Sullivan, "Consumers Will Pay More for Corporate Social Responsibility," *The NonProfit Times*, June 17, 2014

[114] Geoffrey B. Sprinkle and Laureen A. Maines, "The Benefits and Costs of Corporate Social Responsibility," *Business Horizons*, Vol. 53, 2010, pp. 445–453.

[115] Michael V. Russo and Paul A. Fouts, "A Resource-Based Perspective on Corporate Environmental Performance and Profitability," *The Academy of Management Journal*, Vol. 40, No. 3, 1997, pp. 534–559.

[116] Michael E. Porter and Mark R. Kramer, "Strategy & Society: The Link between Competitive Advantage and Corporate Social Responsibility," *Harvard Business Review*, December 2006.

[117] Ibid.

[118] Oliver Falck and Stephan Heblich, "Corporate Social Responsibility: Doing Well by Doing Good," *Business Horizons*, Vol. 50, 2007, pp. 247–254.

[119] Beth Kowitt, "A Founder's Bold Gamble on Panera," *Fortune*, August 13, 2012; and Panera Cares, "Our Mission," available at http://paneracares.org/our-mission/, accessed October 1, 2012.

[120] Panera Cares, "FAQs," available at http:// paneracares.org.

[121] Lee Burke and Jeanne M. Logsdon, "How Corporate Social Responsibility Pays Off," *Long Range Planning*, Vol. 29, No. 4, 1996, pp. 495–502.

[122] C. B. Bhattacharya, Sankar Sen, and Daniel Korschun, "Using Corporate Social Responsibility to Win the War for Talent," *MIT Sloan Management Review*, Vol. 49, No. 2, Winter 2008, pp. 37–44.

[123] Jeffrey Pfeffer, "Competitive Advantage through People," *California Management Review*, Vol. 36, No. 2, 1994, pp. 9–28.

[124] Roben Farzad, "The Scrappiest Car Manufacturer in America," *Bloomberg Businessweek*, June 6–12, 2011.

[125] Brad Stone, "Pay Up, You Stingy Nerds," *Bloomberg Businessweek*, Decem-

ber 29, 2014-January 11, 2015.

126 Daniel B. Turban and Daniel W. Green-ing, "Corporate Social Performance and Organizational Attractiveness to Prospec-tive Employees," *The Academy of Man-agement Journal*, Vol. 40, No. 3, 1997, pp. 658–672; and Ruth V. Aguilera, Debora E. Rupp, Cynthia A. Williams, and Jyoti Ga-napathi, "Putting the S Back in Corporate Social Responsibility: A Multilevel Theory of Social Change in Organizations," *Acad-emy of Management Review*, Vol. 32, No. 3, 2007, pp. 836–863.

127 Daniel W. Greening and Daniel B. Tur-ban, "Corporate Social Performance as a Competitive Advantage in Attracting a Quality Workforce," *Business and Society*, Vol. 39, No. 3, 2000, pp. 254–280.

128 C. B. Bhattacharya, Sankar Sen, and Daniel Korschun, "Using Corporate Social Responsibility to Win the War for Talent," *MIT Sloan Management Review*, Vol. 49, No. 2, Winter 2008, pp. 37–44.

129 Michael E. Porter and Mark R. Kramer, "The Competitive Advantage of Corporate Philanthropy," *Harvard Business Review*, December 2002.

130 Michael E. Porter and Mark R. Kramer, "Strategy & Society: The Link between Competitive Advantage and Corporate Social Responsibility," *Harvard Business Review*, December 2006.

131 Ibid.

132 Ibid.

133 Ibid.

第二部分

第 4 章

1 Michael E. Porter, "What Is Strategy?," *Harvard Business Review*, November–December 1996.

2 Kenneth R. Andrews, *The Concept of Corporate Strategy* (Homewood, IL: Dow-Jones-Irwin, 1971), p. 28.

3 Roger L. Martin, "The Big Lie of Strate-gic Planning," *Harvard Business Review*, January–February 2014.

4 David Collis and Jan W. Rivkin, "Stra-tegic Renewal," Harvard Business School Module Note No. 9-708-503, rev. April 6, 2009 (Boston, MA: HBS Publishing, 2008), p. 1.

5 Online database of players and statistics, www.baseball-reference.com, accessed November 18, 2009.

6 Michael Lewis, *Moneyball: The Art of Winning an Unfair Game* (New York: W.W. Norton, 2003).

7 Bruce D. Henderson, "The Origin of Strategy," *Harvard Business Review*, November–December 1989, p. 141.

8 R. L. Wing, *The Art of Strategy: A New Translation of Sun Tzu's Classic "The Art of War,"* (New York: Doubleday, 1988), p. 13.

9 Ibid.

10 Mark B. Fuller, "Business as War," *Fast Company*, December 19, 2007, www.fast-company.com/magazine/00/war.html.

11 R. L. Wing, *The Art of Strategy: A New Translation of Sun Tzu's Classic "The Art of War,"* (New York: Doubleday, 1988).

12 Henry Mintzberg, *The Rise and Fall of Strategic Planning* (New York: Free Press, 1994), pp. 239–245.

13 C. Chet Miller and Laura B. Cardinal, "Strategic Planning and Firm Performance: A Synthesis of More Than Two Decades of Research," *Academy of Management Jour-nal*, Vol. 37, No. 6, 1994, p. 1649.

14 Keith Naughton, "The Happiest Man in Detroit," *Bloomberg Businessweek*, February 7–13, 2011; and Jena McGregor, "Ford Appoints Mark Fields New CEO," *Washington Post*, July 5. 2014.

15 Milton Friedman, "The Social Responsi-bility of Business Is to Increase Its Profits," *The New York Times Magazine*, September 13, 1970, pp. 122–126.

16 Netflix, "Corporate Fact Sheet," http://ir.netflix.com, accessed October 1, 2009.

17 Warren Bennis and Burt Nanus, *Lead-ers: The Strategies for Taking Charge* (New York: Harper & Row, 1985), p. 89.

18 Chris Groscurth, "Why Your Company Must Be Mission-Driven," *Gallup Busi-ness Journal*, March 6, 2014 at http://www.gallup.com/businessjournal/167633/why-company-mission-driven.aspx, accessed February 28, 2015.

19 John A. Pearce II and Fred Davis, "Cor-porate Mission Statements: The Bottom Line," *Academy of Management Executive*, Vol. 1, No. 2, 1987, p. 109.

20 Chip Jarnagin and John W. Slocum, Jr., "Creating Corporate Cultures Through Mythopoetic Leadership," *Organizational Dynamics*, Vol. 36, No. 3, 2007, p. 292.

21 Forest R. David and Fred R. David, "It's Time to Redraft Your Mission Statement," *Journal of Business Strategy*, Vol. 24, No. 1, 2003, p. 11; and John A. Pearce II and Fred Davis, "Corporate Mission Statements: The Bottom Line," *Academy of Management Executive*, Vol. 1, No. 2, 1987, p. 112.

22 Forest R. David and Fred R. David, "It's Time to Redraft Your Mission Statement," *Journal of Business Strategy*, Vol. 24, No. 1, 2003, p. 11; and Jerome H. Want, "Corporate Mission: The Intangible Con-tributor to Performance," *Management Review*, 1986, p. 47.

23 David J. Collis and Michael G. Rukstad, "Can You Say What Your Strategy Is?," *Harvard Business Review*, April 2008, p. 3.

24 Henry Mintzberg, "The Design School: Reconsidering the Basic Premises of Stra-tegic Management," *Strategic Management Journal*, 1990, pp. 171–195.

25 Arthur A. Thompson, Jr. and A. J. Strick-land III, *Strategy Formulation and Imple-mentation: Task of the General Manager*, 5th edition (Boston, MA: Irwin, 1992), pp. 5, 7.

26 Arnoldo C. Hax and Nicolas S. Majluf, "The Corporate Strategic Planning Pro-cess," *Interfaces*, Vol. 14, No. 1, 1984, p. 49.

27 Henry Mintzberg, "Crafting Strategy," *Har-vard Business Review*, July–August 1987.

28 Adelaide Wilcox King, Sally W. Fowler, and Carl P. Zeithaml, "Managing Organi-zational Competencies for Competitive Ad-vantage: The Middle-Management Edge," *Academy of Management Executive*, Vol. 15, No. 2, 2001, p. 98.

29 Kenneth R. Andrews, *The Concept of Corporate Strategy* (Homewood, IL: Dow-Jones-Irwin, 1971), p. 29.

30 Christopher Steiner, "Meet the Fastest Growing Company Ever," *Forbes*, August 30, 2010, http://www.forbes.com/forbes/2010/0830/entrepreneurs-groupon-facebook-twitter-next-web-phenom.html.

31 Ibid.

32 Ingrid Lunden, "Groupon Goes after Costco and Sam's Club with Grou-pon Basics, A Portal for Home Goods," Techcrunch.com, May 1, 2014, and Douglas MacMillan, "Groupon CEO Andrew Mason Fights to Keep His Job," *Bloomberg Busi-nessweek*, January 10, 2013.

33 Richard P. Rumelt, Dan E. Schendel, and David J. Teece, "Fundamental Issues in Strategy," *Fundamental Issues in Strategy: A Research Agenda*, Richard P. Rumelt, Dan E. Schendel, and David J. Teece, eds. (Boston, MA: HBS Press, 1994), p. 9.

34 Donald C. Hambrick and James W. Fred-rickson, "Are You Sure You Have a Strat-egy?," *Academy of Management Executive*, Vol. 15, No. 4, November 2001, p. 54.

35 Michael E. Porter, "What Is Strategy?," *Harvard Business Review*, November–December 1996, pp. 3–18.

36 Ibid., p. 8.

37 Donald C. Hambrick and James W. Fredrickson, "Are You Sure You Have a Strat-egy?," *Academy of Management Executive*, Vol. 15, No. 4, November 2001, p. 52.

38 Charles O'Reilly and Jeffrey Pfef-fer, "Southwest Airlines (A)," Stanford Graduate School of Business Case No.

HR-1A, rev. April 5, 2006 (Stanford, CA: Stanford Graduate School of Business, 1995), p. 3.

[39] Ibid.

[40] Ibid., p. 7.

[41] Paul Betts, "Bic Struggles to Shave into Gillette's Market Leadership," *Financial Times*, October 31, 2007, available via LexisNexis, accessed September 2011.

[42] Michael E. Porter, "What Is Strategy?," *Harvard Business Review*, November–December 1996, p. 3.

[43] Michael E. Porter, *Competitive Strategy: Techniques for Analyzing Industries and Competitors* (New York: The Free Press, 1980), pp. 34–46.

[44] Richard S. Allen, Marilyn M. Helms, Margaret B. Takeda, and Charles S. White, "Porter's Generic Strategies: An Explanatory Study of Their Use in Japan," *Journal of Business Strategies*, Vol. 24, No. 1, Spring 2007, p. 74.

[45] Michael E. Porter, "What Is Strategy?," *Harvard Business Review*, November–December 1996, p. 10.

[46] David J. Collis and Michael G. Rukstad, "Can You Say What Your Strategy Is?," *Harvard Business Review*, April 2008, p. 1.

[47] Michael E. Porter, "What Is Strategy?," *Harvard Business Review*, November–December 1996, pp. 10–14.

[48] Steven Spear and H. Kent Bowen, "Decoding the DNA of the Toyota Production System," *Harvard Business Review*, September–October 1999, p. 1.

[49] Ibid., p. 2

[50] Kenneth R. Andrews, *The Concept of Corporate Strategy* (Homewood, IL:

Richard D. Irwin, Inc., 1980), p. 13.

[51] David Collis and Cynthia Montgomery, "Corporate Strategy: A Conceptual Framework," Harvard Business School Note No. 9-391-284, rev. April 17, 1995 (Boston, MA: HBS Publishing, 1991), p. 6.

[52] Christopher A. Bartlett and Sumantra Ghoshal, *Managing across Borders: The Transnational Solution*, 2nd edition (Boston, MA: HBS Press, 1998), p. 26.

[53] Ibid.

[54] Ibid., p. 69.

[55] "The New Intel: Craig Barrett Is Leading the Chip Giant into Riskier Terrain," *Bloomberg BusinessWeek*, March 13, 2000, http://www.businessweek.com/2000/00_11/b3672001.htm, accessed September, 2011.

[56] Ashlee Vance, "Stretching Intel Flash Memory," *International Herald Tribune*, December 3, 2008, available via Factiva, accessed September, 2011.

[57] Ryan Bradley, "Where Grills Are Born," *Fortune*, August 13, 2012.

[58] Anil K. Gupta and Vijay Govindarajan, "Managing Global Expansion: A Conceptual Framework," *Business Horizons*, March–April 2000, p. 47.

[59] Ibid., p. 48.

[60] Paul Beamish, "Note on International Licensing," *Ivey Management Services*, 2005, p. 1.

[61] Ibid., p. 10.

[62] Ibid., p. 3.

[63] Beth Kowitt, "High Tech's Fashion Model," *Fortune*, June 11, 2012.

[64] Paul Beamish, "Note on International

Licensing," *Ivey Management Services*, 2005, p. 1.

[65] Yum!, "YUM! Financial Data," at http://www.yum.com/investors/restcounts.asp, accessed February 20, 2015.

[66] Bradley Seth McNew, "Following China, This Is Where Yum! Brands' Growth Could Come From Next," *The Motley Fool*, January 20, 2015.

[67] Joe Bleeke and David Ernst, "The Way to Win in Cross-Border Alliances," *The McKinsey Quarterly*, Vol. 28, No. 1, 1992, pp. 113–133.

[68] Juan Alcacer, Abjishel Agrawal, and Harshit Vaish, "Walmart around the World," Harvard Business School Case No. 9-714, 431, rev. December 6, 2013 (Boston, MA: HBS Publishing, 2013).

[69] Anil K. Gupta and Vijay Govindarajan, "Managing Global Expansion: A Conceptual Framework," *Business Horizons*, March–April 2000, p. 49.

[70] Ibid.

[71] Ibid.

[72] "Disney Gets a Second Chance in China," *Bloomberg Businessweek*, April 18–24, 2011.

[73] Juan Alcacer, Abjishel Agrawal, and Harshit Vaish, "Walmart around the World," Harvard Business School Case No. 9-714, 431, rev. December 6, 2013 (Boston, MA: HBS Publishing, 2013).

[74] Paul Ziobro and Rita Trichur, "Target Bails Out of Canada," *Wall Street Journal*, January 16, 2015; and Matt Townsend, "Why Target is Raking Up Its Maple Leaves," *Bloomberg Businessweek*, January 26, 2015-February 1, 2015.

第 5 章

[1] Michael E. Porter, "Understanding Industry Structure," Harvard Business School Note No. 9-707-493, rev. August 13, 2007 (Boston, MA: HBS Publishing, 2006), p. 1.

[2] Nancy F. Koehn, "Howard Schultz and Starbucks Coffee Company," Harvard Business School Case No. 9-801-361, rev. September 30, 2005 (Boston, MA: HBS Publishing, 2001), p. 11.

[3] Ibid.

[4] *Starbucks Corporation, 10K* (Seattle, WA: Starbucks Corporation, 2014).

[5] Madhav V. Rajan and Brian Tayan, "Financial Restatements: Methods Companies Use to Distort Financial Performance," Stanford Graduate School of Business Case No. A-198 (Stanford, CA: Stanford Graduate School of Business, 2008), pp. 6–7.

[6] Krispy Kreme Doughnuts Inc., April 28, 2006 10-K (Winston-Salem: Krispy Kreme Doughnuts Inc., 2006), p. 44, http://investor.krispykreme.com/secfiling.cfm?filingID=950123-06-5450, accessed December 10, 2009.

[7] Datastream, "Interactive Price Chart, Krispy Kreme Donuts," http://banker

.thomsonib.com, accessed December 9, 2009.

[8] Erika Fry, "Gorging on Krispy Kreme," *Fortune*, December 9, 2013.

[9] Bob Horovitz, "Starbucks' Growth Strategy Thinks Outside the Cup," *USA Today*, March 24, 2011.

[10] Rachel Z. Arndt, "Adam Brotman: How Not to Reinvent the Wheel and Still Merrily Roll along," *Fast Company*, 2012.

[11] Julie Jargon, "Starbucks CEO to Focus on Digital," *Wall Street Journal*, January 30, 2014.

[12] R. Duane Ireland, Michael A. Hitt, S. Michael Camp, and Donald L. Sexton, "Integrating Entrepreneurship and Strategic Management Actions to Create Firm Wealth," *Academy of Management Executive*, Vol. 15, No. 1, 2001, p. 53.

[13] Michael E. Porter, "Understanding Industry Structure," Harvard Business School Note No. 9-707-493, rev. August 13, 2007 (Boston, MA: HBS Publishing, 2006), pp. 2–7.

[14] Ibid.

[15] Jan W. Rivkin and Michael E. Porter, "Matching Dell," Harvard Business School Case No. 9-799-158 (Boston, MA: HBS Publishing, 1999), p. 2.

[16] Ibid.

[17] Ibid.

[18] Ibid.

[19] Ibid.

[20] Ibid.

[21] Martyn Williams and Paul Kallender, "IBM Sells Its PC Business," *IDG News Service*, December 8, 2004.

[22] David Lei and John W. Slocum, Jr., "Strategic and Organizational Requirements for Competitive Advantage," *Academy of Management Executive*, Vol. 19, No. 1, 2005, p. 32.

[23] Michael E. Porter, "Understanding Industry Structure," Harvard Business School Note No. 9-707-493, rev. August 13, 2007 (Boston, MA: HBS Publishing, 2006), p. 3.

[24] Ibid.

[25] Ibid.

[26] Ibid.

[27] Jon Brodkin, "Windows on Verge of Dropping below 90% Market Share," *Network World*, January 13, 2011, http://www.networkworld.com/news/2011/011311-windows-on-verge-of-dropping.html, accessed August 15, 2012.

[28] Gladys Rama, "Microsoft's Windows Phone Market Share Declined in 2014," *Redmond Magazine*, December 2, 2014.

[29] Michael E. Porter, "Understanding Industry Structure," Harvard Business School Note No. 9-707-493, rev. August 13, 2007 (Boston, MA: HBS Publishing, 2006), p. 3.

[30] Ibid.

[31] Ibid.

[32] Jason Millman, "Does It Really Cost $2.6 Billion to Develop a New Drug?" *Washington Post*, November 18, 2014.

[33] Michael E. Porter, "Understanding Industry Structure," Harvard Business School Note No. 9-707-493, rev. August 13, 2007 (Boston, MA: HBS Publishing, 2006), p. 3.

[34] Ibid., p. 4.

[35] Gwendolyn Bounds, "Move Over Coke: How a Small Beverage Maker Managed to Win Shelf Space in One of the Most Brutally Competitive Industries," *Wall Street Journal*, January 30, 2006.

[36] Michael E. Porter, "Understanding Industry Structure," Harvard Business School Note No. 9-707-493, rev. August 13, 2007 (Boston, MA: HBS Publishing, 2006), p. 4.

[37] Virginia Weiler, Paul Farris, Gerry Yemen, and Kusum Ailawadi, "Uber Pricing Strategies and Marketing Communication," University of Virginia Darden School Foundation Case No. UV6878, rev. July 30, 2014 (Charlottesville, VA: University of Virginia Darden School Foundation, 2014).

[38] Michael E. Porter, "The Five Competitive Forces That Shape Strategy," *Harvard Business Review*, January 2008.

[39] David J. Ketchen, Jr., Charles C. Snow, and Vera L. Street, "Improving Firm Performance by Matching Strategic Decision-Making Processes to Competitive Dynamics," *Academy of Management Executive*, Vol. 18, No. 4, 2004, p. 31.

[40] Michael E. Porter, "Understanding Industry Structure," Harvard Business School Note No. 9-707-493, rev. August 13, 2007 (Boston, MA: HBS Publishing, 2006), pp. 4–5.

[41] Virginia Weiler, Paul Farris, Gerry Yemen, and Kusum Ailawadi, "Uber Pricing Strategies and Marketing Communication," University of Virginia Darden School Foundation Case No. UV6878, rev. July 30, 2014 (Charlottesville, VA: University of Virginia Darden School Foundation, 2014).

[42] David Hoyt and Steven Callander, "Uber: 21st Century Technology Confronts 20th Century Regulation," Stanford Graduate School of Business Case No. P-81 (Stanford, CA: Stanford Graduate School of Business, 2012).

[43] Virginia Weiler, Paul Farris, Gerry Yemen, and Kusum Ailawadi, "Uber Pricing Strategies and Marketing Communication," University of Virginia Darden School Foundation Case No. UV6878, rev. July 30, 2014 (Charlottesville, VA: University of Virginia Darden School Foundation, 2014).

[44] Brad Stone, "Uber and Google Move toward a Breakup," *Bloomberg Businessweek*, February 9–15, 2015.

[45] USPS, "A Decade of Facts and Figures," available at https://about.usps.com/who-we-e/postal-facts/decade-of-facts-and-figures.htm, accessed at February 21, 2015.

[46] Juliette Garside, "OMG, Number of UK Text Messages Falls for First Time," *The Guardian*, January 12, 2014.

[47] Michael E. Porter, "Understanding Industry Structure," Harvard Business School Note No. 9-707-493, rev. August 13, 2007 (Boston, MA: HBS Publishing, 2006), p. 7.

[48] Michael E. Porter, "The Five Competitive Forces That Shape Strategy," *Harvard Business Review*, January 2008.

[49] Timothy A. Luehrman, "Kaiser Steel Corporation, 1950," Harvard Business School Case No. 9-291-005, rev. August 1, 1990 (Boston, MA: HBS Publishing, 1990), p. 4.

[50] Timothy A. Luehrman, "Kaiser Steel Corporation, 1972," Harvard Business School Case No. 9-291-012, rev. December 21, 1990 (Boston, MA: HBS Publishing, 1990), p. 5.

[51] Ibid.

[52] Ibid., p. 6.

[53] William E. Fruhan, Jr., "Restructuring the U.S. Steel Industry," Harvard Business School Case No. 9-203-042, rev. June 19, 2003 (Boston, MA: HBS Publishing, 2002), p. 8.

[54] Terrence P. Stewart, Elizabeth J. Drake, Stephanie M. Bell, Jessica Wang, and Robert E. Scott, "Surging Steel Imports Put Up to Half a Million U.S. Jobs at Risk," *Economic Policy Institute*, May 13, 2014 at http://www.epi.org/publication/surging-steel-imports/

[55] Michael E. Porter, "Understanding Industry Structure," Harvard Business School Note No. 9-707-493, rev. August 13, 2007 (Boston, MA: HBS Publishing, 2006), pp. 7–8.

[56] Ibid., p. 2.

[57] Richard P. Rumelt, Dan E. Schendel, and David J. Teece, "Fundamental Issues in Strategy," *Fundamental Issues in Strategy: A Research Agenda,* Richard P. Rumelt, Dan E. Schendel, and David J. Teece, eds. (Boston, MA: HBS Press, 1994).

[58] Jay Barney, "Firm Resources and Sustained Competitive Advantage," *Journal of Management,* 1991, Vol. 17, No. 1, pp. 101–102.

[59] David G. Sirmon, Michael A. Hitt, and R. Duane Ireland, "Managing Firm Resources in Dynamic Environments to Create Value: Looking Inside the Black Box," *Academy of Management Review,* Vol. 32, No. 1, 2007, p. 273.

[60] Margaret A. Peteraf, "The Cornerstones of Competitive Advantage: A Resource-Based View," *Strategic Management Journal*, Vol. 14, No. 3, 1993, pp. 179–191.

[61] David J. Collis and Cynthia A. Montgomery, "Competing on Resources," *Harvard Business Review*, July–August 2008; and Moshe Farjoun, "Towards an Organic Perspective on Strategy," *Strategic Management Journal,* Vol. 23, No. 7, 2002, p. 564.

[62] David G. Sirmon, Michael A. Hitt, and R. Duane Ireland, "Managing Firm Resources in Dynamic Environments to Create Value: Looking Inside the Black Box," *Academy of Management Review,* Vol. 32, No. 1, p. 280; and Nils Stieglitz and Klaus Heine, "Innovations and the Role of Complementarities in a Strategic Theory of the Firm," *Strategic Management Journal*, Vol. 28, 2007, p. 2.

[63] R. Duane Ireland, Michael A. Hitt, S. Michael Camp, and Donald L. Sexton, "Integrating Entrepreneurship and Strategic Management Actions to Create Firm Wealth," *Academy of Management Executive,* Vol. 15, No. 1, 2001, p. 58.

[64] David Lei and John W. Slocum, Jr., "Strategic and Organizational Requirements for Competitive Advantage," *Academy of Management Executive*, Vol. 19, No. 1, 2005, p. 35.

[65] Toyota Motor Corporation, "Worldwide Operations," at http://www.toyota-global.com/company/profile/facilities/worldwide_operations.html, accessed February 22, 2015.

[66] Adelaide Wilcox King, Sally W. Fowler, and Carl P. Zeithaml, "Managing Organizational Competencies for Competitive Advantage: The Middle-Management Edge," *Academy of Management Executive,* Vol. 15, No. 2, 2001, p. 96.

[67] Michael E. Porter, *Competitive Advantage: Creating and Sustaining Superior Performance* (New York: The Free Press, 1985), p. 33.

[68] Ibid., p. 38.

[69] David J. Ketchen, Jr. and G. Tomas M. Hult, "Bridging Organization Theory and Supply Chain Management: The Case of Best Value Supply Chains," *Journal of Operations Management*, Vol. 25, No. 2, 2007, pp. 573–580; and Michael E. Porter, *Competitive Advantage: Creating and Sustaining Superior Performance* (New York: The Free Press, 1985).

[70] Michael E. Porter, *Competitive Advantage: Creating and Sustaining Superior Performance* (New York: The Free Press, 1985), p. 51.

[71] Richard P. Rumelt, Dan E. Schendel, and David J. Teece, "Fundamental Issues in Strategy," *Fundamental Issues in Strategy: A Research Agenda,* Richard P. Rumelt,

Dan E. Schendel, and David J. Teece, eds. (Boston, MA: HBS Press, 1994), p. 17.

[72] Arnoldo C. Hax and Nicolas S. Majluf, "The Corporate Strategic Planning Process," *Interfaces,* Vol. 14, No. 1, 1984, p. 55.

[73] Moshe Farjoun, "Towards an Organic Perspective on Strategy," *Strategic Management Journal,* Vol. 23, No. 7, 2002, pp. 562, 565.

[74] C. Brooke Dobni and George Luffman, "Determining the Scope and Impact of Market Orientation Profiles on Strategy Implementation and Performance," *Strategic Management Journal,* Vol. 24, 2003, p. 583; and R. Duane Ireland, Michael A. Hitt, S. Michael Camp, and Donald L. Sexton, "Integrating Entrepreneurship and Strategic Management Actions to Create Firm Wealth," *Academy of Management Executive,* Vol. 15, No. 1, 2001, p. 53.

[75] Katsuhiko Shimizu and Michael A. Hitt, "Strategic Flexibility: Organizational Preparedness to Reverse Ineffective Strategic Decisions," *Academy of Management Executive,* Vol. 18, No. 4, 2004, p. 44.

[76] Michael E. Porter, *Competitive Advantage: Creating and Sustaining Superior Performance* (New York: The Free Press, 1985), p. 3.

[77] Ibid., and Pankaj Ghemawat and Jan W. Rivkin, "Creating Competitive Advantage," Harvard Business School Note No. 9-798-062, rev. February 25, 2006 (Boston, MA: HBS Publishing, 1998), p. 3.

[78] Pankaj Ghemawat and Jan W. Rivkin, "Creating Competitive Advantage," Harvard Business School Note No. 9-798-062, rev. February 25, 2006 (Boston, MA: HBS Publishing, 1998), p. 4.

[79] Marvin B. Lieberman and Shigeru Asaba, "Why Do Firms Imitate Each Other?," *Academy of Management Review,* Vol. 31, No. 2, 2006, p. 367.

[80] Michael E. Porter, *Competitive Advantage: Creating and Sustaining Superior Performance* (New York: The Free Press, 1985), p. 12.

[81] Ibid., p. 13.

[82] Ibid.

[83] "The Vanguard Group, Inc. Company Report," 2014, http://www.premium.hoovers.com, accessed February 16, 2015.

[84] Luis M. Viceira and Helen H. Tung, "The Vanguard Group, Inc. in 2006 and Target Retirement Funds," Harvard Business School Case No. 9-207-129, rev. January 28, 2008 (Boston, MA: HBS Publishing, 2007), p. 2.

[85] Ibid., p. 3.

[86] Michael E. Porter, *Competitive Advantage: Creating and Sustaining Superior Performance* (New York: The Free Press, 1985), p. 14.

[87] Pankaj Ghemawat and Jan W. Rivkin, "Creating Competitive Advantage," Harvard Business School Note No. 9-798-062, rev. February 25, 2006 (Boston, MA: HBS Publishing, 1998), pp. 7–8.

[88] Michael E. Porter, *Competitive Advantage: Creating and Sustaining Superior Performance* (New York: The Free Press, 1985), p. 14.

[89] Ibid.

[90] Marvin B. Lieberman and Shigeru Asaba, "Why Do Firms Imitate Each Other?," *Academy of Management Review,* Vol. 31, No. 2, 2006, p. 374.

[91] Michael E. Porter, *Competitive Advantage: Creating and Sustaining Superior Performance* (New York: The Free Press, 1985), p. 14.

[92] Forest Reinhardt, Ramon Casadesus-Masanell, and Hyun Jin Kim, "Patagonia," Harvard Business School Case No. 9-711-020, rev. October 19, 2010 (Boston, MA: HBS Publishing, 2010), p. 4.

[93] Brian Dumaine, "Built to Last," *Fortune,* August 13, 2012.

[94] "Patagonia, Inc. Company Report," 2015, http://www.hoovers.com, accessed February 17, 2015.

[95] Forest Reinhardt, Ramon Casadesus-Masanell, and Hyun Jin Kim, "Patagonia," Harvard Business School Case No. 9-711-020, rev. October 19, 2010 (Boston, MA: HBS Publishing, 2010), p. 5.

[96] Michael E. Porter, *Competitive Advantage: Creating and Sustaining Superior Performance* (New York: The Free Press, 1985), p. 15.

[97] Ibid.

[98] Barbara Martinez and Jacob Goldstein, "Industry Fails to Find New Drugs to Replace Wonders Like Lipitor," *Wall Street Journal,* December 6, 2007.

[99] Henry Chesbrough and Clarissa Ceruti, "Genzyme: Engineering the Market for Orphan Drugs," Harvard Business School Case No. 9-602-147, rev. May 13, 2002 (Boston, MA: HBS Publishing, 2002), p. 3.

[100] Ibid., p. 7.

[101] Michael E. Porter, *Competitive Advantage: Creating and Sustaining Superior Performance* (New York: The Free Press, 1985), p. 16.

[102] Ibid., and Gregory G. Dess and Peter S. Davis, "Porter's (1980) Generic Strategies as Determinants of Strategic Group Membership and Organizational Performance," *Academy of Management Journal,* Vol. 27, No. 3, 1984, pp. 480, 484.

[103] Stewart Thornhill and Roderick E. White, "Strategic Purity: A Multi-Industry Evaluation of Pure vs. Hybrid Business Strategies," *Strategic Management Journal,* Vol. 28, 2007, p. 559.

[104] Nitin Nohria, William Joyce, and Bruce Roberson, "What Really Works," *Harvard Business Review,* July 2003.

[105] Eonsoo Kim, Dae-il Nam, and J. L. Stimpert, "The Applicability of Porter's Generic Strategies in the Digital Age: Assumptions, Conjectures, and Suggestions," *Journal of Management,* Vol. 30, No. 5, 2004, p. 571.

[106] Ibid., p. 577.

[107] Michael E. Porter, *Competitive Advantage: Creating and Sustaining Superior Performance* (New York: The Free Press, 1985), p. 23.

[108] Ibid., p. 24.

第 6 章

[1] David Collis and Cynthia Montgomery, "Corporate Strategy: A Conceptual Framework," Harvard Business School Note No. 9-391-284, rev. April 17, 1995 (Boston, MA: HBS Publishing, 1991), p. 6.

[2] Michael E. Porter, "From Competitive Advantage to Corporate Strategy," *Harvard Business Review,* May–June 1987.

[3] Bharat N. Anand, "Corporate Strategy: Course Introduction," Harvard Business School Note No. 9-705-482, rev. April 11, 2005 (Boston, MA: HBS Publishing, 2005), pp. 2–3.

[4] David Collis and Cynthia Montgomery, "Corporate Strategy: A Conceptual Framework," Harvard Business School Note No. 9-391-284, rev. April 17, 1995 (Boston, MA: HBS Publishing, 1991), p. 6.

[5] Bharat N. Anand, "Corporate Strategy: Course Introduction," Harvard Business School Note No. 9-705-482, rev. April 11, 2005 (Boston, MA: HBS Publishing, 2005), p. 1.

[6] R. Duane Ireland and C. Chet Miller, "Decision-Making and Firm Success," *Academy of Management Executive,* Vol. 18, No. 4, 2004, p. 9.

[7] Michael G. Rukstad, David Collis, and Tyrrell Levine, "The Walt Disney Company: The Entertainment King," Harvard Business School Case No. 9-701-035, rev. January 5, 2009 (Boston, MA: HBS Publishing, 2001), p. 2.

[8] Ibid., p. 5.

[9] Ibid., p. 7.

[10] Ibid., pp. 11–12.

[11] Gerald F. Davis, Kristina Diekmann, and Catherine Tinsley, "The Decline and Fall of the Conglomerate Firm in the 1980s: The Deinstitutionalization of an Organization Form," *American Sociological Review,* Vol. 59, 1994, p. 552.

[12] Ibid., p. 553.

[13] Ibid.

[14] Bruce D. Henderson, *On Corporate Strategy* (Cambridge, MA: Abt Books, 1979), pp. 164–166.

[15] David J. Collis and Cynthia A. Montgomery, "Competing on Resources: Strategy in the 1990s," *Harvard Business Review*, July-August 1995.

[16] Martin Reeves, Sandy Moose, and Thijs Venema, "BCG Classics Revisited: The Growth Share Matrix," *BCG Perspectives*, June 4, 2014 available at https://www.bcgperspectives.com/content/articles/corporate_strategy_portfolio_management_strategic_planning_growth_share_matrix_bcg_classics_revisited/, accessed June 9, 2015.

[17] David Collis and Cynthia Montgomery, "Corporate Strategy: A Conceptual Framework," Harvard Business School Note No. 9-391-284, rev. April 17, 1995 (Boston, MA: HBS Publishing, 1991), p. 1.

[18] David Collis, "Managing the Multibusiness Corporation," Harvard Business School Note No. 9-391-286, rev. April 24, 1997 (Boston, MA: HBS Publishing, 1991), p. 5.

[19] Cynthia A. Montgomery, "Corporate Diversification," *Journal of Economic Perspectives*, Vol. 8, No. 3, 1994, p. 166.

[20] Carolin Decker and Thomas Mellewigt, "Thirty Years After Michael E. Porter: What Do We Know About Business Exit?," *Academy of Management Perspectives*, Vol. 21, No. 2, 2007, p. 42.

[21] Michael Lubatkin and Sayan Chatterjee, "Extending Modern Portfolio Theory into the Domain of Corporate Diversification: Does It Apply," *Academy of Management Journal*, Vol. 37, No. 1, 1994, p. 109.

[22] Carolin Decker and Thomas Mellewigt, "Thirty Years After Michael E. Porter: What Do We Know About Business Exit?," *Academy of Management Perspectives*, Vol. 21, No. 2, 2007, p. 47.

[23] Rajesh K. Aggarwal and Andrew A. Samwick, "Why Do Managers Diversify Their Firms?: Agency Reconsidered," *Journal of Finance*, Vol. 58, No. 1, 2003, pp. 71–118.

[24] Mikolaj Jan Piskorski, "Choosing Corporate and Global Scope," Harvard Business School Note No. 9-707-496, (Boston, MA: HBS Publishing, 2007), p. 1.

[25] Mary Kwak, "Maximizing Value through Diversification," *MIT Sloan Management Review*, Winter 2002, p. 10.

[26] Mikolaj Jan Piskorski, "Choosing Corporate and Global Scope," Harvard Business School Note No. 9-707-496 (Boston, MA: HBS Publishing, 2007), p. 3.

[27] Christopher A. Bartlett and Afroze Mohammed, "3M: Profile of an Innovating Company," Harvard Business School Case No. 9-395-016 (Boston, MA: HBS Publishing, 1995), p. 3.

[28] Ibid., p. 3.

[29] James R. Hagerty, "50,000 Products Aren't Enough," *Wall Street Journal*, November 19, 2013.

[30] Arthur A. Thompson, Jr., and A. J., Strickland, III, *Strategy Formulation and Implementation: Tasks of the General Manager*, 5th edition (Homewood, IL: Irwin, 1992), p. 170.

[31] David B. Yoffie, Dharmesh M. Mehta, and Rudina I. Seseri, "Microsoft in 2005," Harvard Business School Case No. 9-705-505, rev. January 9, 2006 (Boston, MA: HBS Publishing, 2006), p. 4.

[32] Michael E. Porter, "From Competitive Advantage to Corporate Strategy," *Harvard Business Review*, May–June 1987.

[33] Ibid.

[34] Julie Chen, Anchor, "CBS News: Morning News," January 12, 2001, www.factiva.com, accessed January 2010.

[35] Michael E. Porter, "From Competitive Advantage to Corporate Strategy," *Harvard Business Review*, May–June 1987.

[36] Mikolaj Jan Piskorski, "Choosing Corporate and Global Scope," Harvard Business School Module Note No. 9-707-496 (Boston, MA: HBS Publishing, 2007).

[37] Cynthia A. Montgomery, "Corporate Diversification," *Journal of Economic Perspectives*, Vol. 8, No. 3, 1994, p. 172; and Peter Taylor and Julian Lowe, "A Note on Corporate Strategy and Capital Structure," *Strategic Management Journal*, Vol. 16, No. 5, 1995, pp. 411–414.

[38] Douglas J. Miller, "Technological Diversity, Related Diversification, and Firm Performance," *Strategic Management Journal*, Vol. 27, 2006, pp. 601–619; Leslie E. Palich, Laura B. Cardinal, and C. Chet Miller, "Curvilinearity in the Diversification Performance Linkage: An Examination of Over Three Decades of Research," *Strategic Management Journal*, Vol. 22, 2000, pp. 155–174; and Michael Lubatkin and Sayan Chatterjee, "Extending Modern Portfolio Theory into the Domain of Corporate Diversification: Does It Apply," *Academy of Management Journal*, Vol. 37, No. 1, 1994, pp. 130–133.

[39] Michael Shayne Gary, "Implementation Strategy and Performance Outcomes in Related Diversification," *Strategic Management Journal*, Vol. 26, 2005, pp. 643–664.

[40] Tarun Khanna and Krishna Palepu, "The Future of Business Groups in Emerging Markets: Long-Run Evidence from Chile," *Academy of Management Journal*, Vol. 43, No. 3, 2000, pp. 368–285; Tarun Khanna, Krishna G. Palepu, and Jayant Sinha, "Strategies That Fit Emerging Markets," *Harvard Business Review*, June 2005; and Michael E. Porter, "From Competitive Advantage to Corporate Strategy," *Harvard Business Review*, May–June 1987.

[41] Tata at http://www.tata.com/company/index/Tata-companies, accessed February 7, 2015.

[42] David Collis, David Young, and Michael Goold, "The Size, Structure, and Performance of Corporate Headquarters," *Strategic Management Journal*, Vol. 28, 2007, pp. 383–405.

[43] Michael E. Raynor and Joseph L. Bower, "Lead from the Center: How to Manage Divisions Dynamically," *Harvard Business Review*, May 2001.

[44] Mikolaj Jan Piskorski, "Choosing Corporate and Global Scope," Harvard Business School Note No. 9-707-496, (Boston, MA: HBS Publishing, 2007), p. 5.

[45] R. H. Coase, "The Nature of the Firm," *Economica* Vol. 4, 1937, pp. 386–405.

[46] John Stuckey and David White, "When and When Not to Vertically Integrate," *Sloan Management Review*, Spring 1993, pp. 71–83.

[47] James L. Heskett and W. Earl Sasser, "Rackspace Hosting in Late 2000," Harvard Business School Case No. 9-808-166 (Boston, MA: HBS Publishing, 2008).

[48] Gregory G. Dees, Abdul M.A. Rasheed, Kevin J. McLaughlin, and Richard L. Priem, "The New Corporate Architecture," *Academy of Management Executive*, Vol. 9, No. 3, 1995, pp. 7–18.

[49] Frank T. Rothaermel, Michael A. Hitt, and Lloyd A. Jobe, "Balancing Vertical Integration and Strategic Outsourcing: Effects on Product Portfolio, Product Success, and Firm Performance," *Strategic Management Journal*, Vol. 27, 2006, p. 1051.

[50] Ibid.

[51] Pankaj Ghemawat and Jose Luis Nueno, "Zara: Fast Fashion," Harvard Business School Case No. 9-703-497, rev. December 21, 2006 (Boston, MA: HBS Publishing, 2003), p. 9.

[52] Ibid.

[53] Christopher Bjork, "Zara Owner Prepares for Expansion," *Wall Street Journal*, March 20, 2014.

第三部分

第 7 章

[1] W. Richard Scott, *Organizations: Rational, Natural, and Open Systems*, 5th edition (Upper Saddle River, NJ: Prentice Hall, 2003), p. 11; and R. H. Coase, "The Nature of the Firm," *Economica*, Vol. 4, No. 16, 1937, pp. 386–405.

[2] Danny Miller and John O. Whitney, "Beyond Strategy: Configuration as a Pillar of Competitive Advantage," *Business Horizons*, May–June 1999, pp. 5–17.

[3] Edgar H. Schein, "Three Cultures of Management: The Key to Organizational Learning," *Sloan Management Review*, Fall 1996, p. 9.

[4] Jan W. Rivkin and Michael Roberto, "Federal Bureau of Investigation, 2001 (Abridged)," Harvard Business School Case No. 9-710-450, rev. May 24, 2010 (Boston, MA: HBS Publishing, 2010), pp. 1–2.

[5] Ibid., p. 4.

[6] Ibid., p. 6.

[7] Ibid., pp. 4–5.

[8] Ibid., p. 10.

[9] Jan W. Rivkin, Michael Roberto, and Ranjay Gulati, "Federal Bureau of Investigation, 2007," Harvard Business School Case No. 9-710-451 (Boston, MA: HBS Publishing, 2010), p. 2.

[10] Ibid., p. 5.

[11] Ibid.

[12] Jan W. Rivkin, Michael Roberto, and Ranjay Gulati, "Federal Bureau of Investigation, 2009," Harvard Business School Case No. 9-710-452, rev. May 18, 2010 (Boston, MA: HBS Publishing, 2010), p. 1.

[13] Ibid., pp. 1–2.

[14] Ibid., pp. 2–4.

[15] Ibid., pp. 4–5.

[16] Ibid., pp. 5–8.

[17] Alfred D. Chandler, Jr., *Strategy and Structure: Chapters in the History of American Industrial Enterprise* (Cambridge, MA: MIT Press, 1962).

[18] Robert Simons, *Levers of Organization Design: How Managers Use Accountability Systems for Greater Performance and Commitment* (Boston, MA: HBS Press, 2005), p. 17.

[19] Terry L. Amburgey and Tina Dacin, "As the Left Foot Follows the Right? The Dynamics of Strategic and Structural Change," *Academy of Management Journal*, Vol. 37, No. 6, 1994, pp. 1427–1452.

[20] This section on Organizational Design Decisions is extensively drawn from Nitin Nohria, "Note on Organization Structure," Harvard Business School Note No. 9-491-083, rev. June 30, 1995 (Boston, MA: HBS Publishing, 1991).

[21] Gregory A. Bigley and Karlene H. Roberts, "The Incident Command System: High-Reliability Organizing for Complex and Volatile Task Environments," *Academy of Management Journal*, Vol. 44, No. 6, 2001, pp. 1281–1299.

[22] William G. Ouchi, "A Conceptual Framework for the Design of Organizational Control Mechanisms," *Management Science*, Vol. 25, No. 9, 1979, pp. 833–848.

[23] Ibid.

[24] Peter H. Grinyer and Masoud Yasai-Ardekani, "Dimensions of Organizational Structure: A Critical Replication," *Academy of Management Journal*, Vol. 23, No. 3, 1980, pp. 405–421.

[25] William G. Ouchi, "Markets, Bureaucracies, and Clans," *Administrative Science Quarterly*, Vol. 25, 1980, pp. 129–141.

[26] James R. Barker, "Tightening the Iron Cage: Concertive Control in Self-Managing Teams," *Administrative Science Quarterly*, Vol. 38, 1993, pp. 408–437.

[27] *Organization Theory: Selected Readings*, 2nd edition, D. S. Pugh, ed. (Middlesex, England: Penguin, 1984), p. 10.

[28] Linda A. Hill and Jennifer M. Suesse, "Sun Hydraulics: Leading in Tough Times (A), Abridged," Harvard Business School Case No. 9-403-139, rev. May 6, 2003, (Boston, MA: HBS Publishing, 2003).

[29] Richard E. Walton, "From Control to Commitment in the Workplace," *Harvard Business Review*, March–April 1985, pp. 77–84.

[30] James R. Barker, "Tightening the Iron Cage: Concertive Control in Self-Managing Teams," *Administrative Science Quarterly*, Vol. 38, 1993, pp. 408–437.

[31] Richard L. Daft and Norman B. Macintosh, "The Nature and Use of Formal Control Systems for Management Control and Strategy Implementation," *Journal of Management*, Vol. 10, No. 1, 1984, pp. 43–66.

[32] B. R. Baliga and Alfred M. Jaeger, "Multinational Corporations: Control Systems and Delegation Issues," *Journal of International Business Studies*, Vol. 15, Fall 1984, pp. 25–40.

[33] Jan W. Rivkin and Nicolaj Siggelkow, "Balancing Search and Stability: Interdependencies among Elements of Organizational Design," *Management Science*, Vol. 49, No. 3, 2003, pp. 290–311.

[34] Nitin Nohria, "Note on Organization Structure," Harvard Business School Note No. 9-491-083, rev. June 30, 1995 (Boston, MA: HBS Publishing, 1991), p. 4.

[35] Ibid.

[36] Ibid.

[37] R. Duane Ireland and Justin W. Webb, "Strategic Entrepreneurship: Creating Competitive Advantage Through Streams of Innovation," *Business Horizons*, 2007, p. 55.

[38] Nitin Nohria, "Note on Organization Structure," Harvard Business School Note No. 9-491-083, rev. June 30, 1995 (Boston, MA: HBS Publishing, 1991), p. 4.

[39] David Collis, "Managing the Multibusiness Corporation," Harvard Business School Note No. 9-391-286, rev. April 24, 1997 (Boston, MA: HBS Publishing, 1991), p. 1.

[40] Nitin Nohria, "Note on Organization Structure," Harvard Business School Note No. 9-491-083, rev. June 30, 1995 (Boston, MA: HBS Publishing, 1991), p. 6.

[41] Michael Goold and Andrew Campbell, "Making Matrix Structures Work: Creating Clarity on Unit Roles and Responsibility," *European Management Journal*, Vol. 21, No. 3, 2003, pp. 361–363.

[42] Ibid.

[43] Alan Hurwitz, "Organizational Structures for the 'New World Order,'" *Business Horizons*, May–June 1996, pp. 5–14.

[44] Nitin Nohria, "Note on Organization Structure," Harvard Business School Note No. 9-491-083, rev. June 30, 1995 (Boston, MA: HBS Publishing, 1991), p. 6.

[45] Jeffrey T. Polzer and Alison Berkley Wagonfeld, "Flextronics: Deciding on a Shop-Floor System for Producing the Microsoft Xbox," Harvard Business School Case No. 9-403-090, rev. August 23, 2004 (Boston, MA: HBS Publishing, 2003).

[46] Gregory G. Dees, Abdul M.A. Rasheed, Kevin J. McLaughlin, and Richard L. Priem, "The New Corporate Architecture," *Academy of Management Executive*, Vol. 9, No. 3, 1995, pp. 7–18.

[47] Nitin Nohria, "Note on Organization Structure," Harvard Business School Note No. 9-491-083, rev. June 30, 1995 (Boston, MA: HBS Publishing, 1991), p. 8.

[48] Melissa A. Schilling and H. Kevin Steensma, "The Use of Modular Organizational Forms: An Industry-Level Analysis," *Academy of Management Journal*, Vol. 44, No. 6, 2001, pp. 1149–1168.

[49] Nitin Nohria, "Note on Organization Structure," Harvard Business School Note No. 9-491-083, rev. June 30, 1995 (Boston, MA: HBS Publishing, 1991), p. 8.

[50] David Collis, "Managing the Multibusiness Corporation," Harvard Business School Note No. 9-391-286, rev. April 24, 1997 (Boston, MA: HBS Publishing, 1991), p. 2.

[51] Herbert A. Simon, *Administrative Behavior: A Study of Decision-Making Processes in Administrative Organizations*, 3rd edition (New York: The Free Press, 1976).

[52] Gary A. Yukl, *Leadership in Organizations* (Englewood Cliffs, NJ: Prentice-Hall, 1981), pp. 226–230.

[53] Khandwalla (1977), Stinchcombe (1959), Kimberly (1976), Blau et al. (1976), Reimann (1973), and Pugh et al. (1968) quoted in B. R. Baliga and Alfred M. Jaeger, "Multinational Corporations: Control Systems and Delegation Issues," *Journal of International Business Studies*, Vol. 15, Fall 1984, pp. 25–40.

[54] Jeffrey A. Alexander, "Adaptive Change in Corporate Control Processes," *Academy of Management Journal*, Vol. 34, No. 1, 1991, pp. 162–193.

[55] Ibid.

56 Jeffrey A. Alexander, "Adaptive Change in Corporate Control Processes," *Academy of Management Journal*, Vol. 34, No. 1, 1991, pp. 162–193, and B. R. Baliga and Alfred M. Jaeger, "Multinational Corporations: Control Systems and Delegation Issues," *Journal of International Business Studies*, Vol. 15, Fall 1984, pp. 25–40.

57 D. S. Pugh, "The Measurement of Organization Structures: Does Context Determine Form?," *Organization Theory: Selected Readings*, 2nd edition, D. S. Pugh, ed. (Middlesex, England: Penguin, 1984), p. 75; and William G. Ouchi, "A Conceptual Framework for the Design of Organizational Control Mechanisms," *Management Science*, Vol. 25, No. 9, 1979, pp. 833–848.

58 David Collis, "Managing the Multibusiness Corporation," Harvard Business School Note No. 9-391-286, rev. April 24, 1997

(Boston, MA: HBS Publishing, 1991), p. 5.

59 Allen C. Bluedorn, "Pilgrim's Progress: Trends and Convergence in Research on Organizational Size and Environments," *Journal of Management*, Vol. 19, No. 2, 1993, pp. 163–191.

60 Ken G. Smith, Terrence R. Mitchell, and Charles E. Summer, "Top Level Management Priorities in Different Stages of the Organizational Life Cycle," *Academy of Management Journal*, Vol. 28, No. 4, 1985, pp. 815–816.

61 Ibid., pp. 817–818.

62 Jan W. Rivkin and Nicolaj Siggelkow, "Balancing Search and Stability: Interdependencies among Elements of Organizational Design," *Management Science*, Vol. 49, No. 3, 2003, pp. 290–311.

63 Paul R. Lawrence and Davis Dyer, *Renewing American Industry* (New York: The Free Press, 1983), p. 4.

64 Charles A. O'Reilly III and Michael L. Tushman, "The Ambidextrous Organization," *Harvard Business Review*, April 2004.

65 David Lei and John W. Slocum, Jr., "Organization Designs to Renew Competitive Advantage," *Organizational Dynamics*, Vol. 31, No. 1, 2002, pp. 1–18.

66 Julian Birkinshaw and Cristina Gibson, "Building Ambidexterity Into an Organization," *Sloan Management Review*, Vol. 45, No. 4, Summer 2004, pp. 47–55.

67 Ibid.

68 Ranjay Gulati, "Silo Busting: How to Execute on the Promise of Customer Focus," *Harvard Business Review*, May 2007.

69 Ibid.

70 Ibid.

第 8 章

1 Joseph A. Michelli, "Be the New Gold Standard," *Industrial Management*, Vol. 51, No. 2, 2009, p. 26, www.proquest.com, accessed July 2010.

2 Chip Jarnagin and John W. Slocum, Jr., "Creating Corporate Cultures through Mythopoetic Leadership," *Organizational Dynamics*, Vol. 36, No. 3, 2007, p. 288.

3 Ibid.

4 Christopher A. Bartlett and Afroze Mohammed, "3M: Profile of an Innovating Company," Harvard Business School Case No. 9-395-016 (Boston, MA: HBS Publishing, 1995), pp. 4–5.

5 Ralph H. Kilmann, Mary J. Sexton, and Roy Serpa, "Issues in Understanding and Changing Culture," *California Management Review*, Vol. 28, No. 2, Winter 1986, p. 89.

6 Danny Miller and John O. Whitney, "Beyond Strategy: Configuration as a Pillar of Competitive Advantage," *Business Horizons*, 1999, pp. 5–17.

7 Clayton M. Christensen and Kirsten Shu, "What Is an Organization's Culture?," Harvard Business School Note No. 9-399-104, rev. August 2, 2006 (Boston, MA: HBS Publishing, 1999), p. 2.

8 John Theroux, "Ben & Jerry's Homemade Ice Cream Inc.: Keeping the Mission(s) Alive," Harvard Business School Case No. 9-392-025, rev. December 15, 1993 (Boston, MA: HBS Publishing, 1993), p. 18.

9 Ibid., p. 9.

10 Edgar H. Schein, *Organizational Culture and Leadership*, 3rd edition (San Francisco, CA: Jossey-Bass, 2004), p. 17.

11 Charles O'Reilly, "Corporations, Culture, and Commitment: Motivation and Social Control in Organizations," *California Management Review*, Vol. 31, No. 4, Summer 1989, pp. 9–25.

12 Ralph H. Kilmann, Mary J. Sexton, and

Roy Serpa, "Issues in Understanding and Changing Culture," *California Management Review*, Vol. 28, No. 2, Winter 1986, p. 90.

13 Jennifer A. Chatman and Sandra Eunyoung Cha, "Leading by Leveraging Culture," *California Management Review*, Vol. 45, No. 4, Summer 2003, p. 23.

14 Chip Jarnagin and John W. Slocum, Jr., "Creating Corporate Cultures through Mythopoetic Leadership," *Organizational Dynamics*, Vol. 36, No. 3, 2007, p. 291.

15 John P. Kotter and James L. Heskett, *Corporate Culture and Performance* (New York: Free Press, 1992); Jeff Rosenthal and Ann Masarech, "High-Performance Cultures: How Values Can Drive Business Results," *Journal of Organizational Excellence*, Spring 2003, pp. 3–18; and Nitin Nohria, William Joyce, and Bruce Roberson, "What Really Works," *Harvard Business Review*, July 2003.

16 Paul Meehan, Darrell Rigby, and Paul Rogers, "Creating and Sustaining a Winning Culture," *Harvard Management Update*, Reprint No. U0801C, January 2008.

17 Jesper B. Sorensen, "Note on Organizational Culture," Stanford Graduate School of Business Note No. OB-69 (Stanford, CA: Stanford Graduate School of Business, 2009), p. 2.

18 Jennifer A. Chatman and Sandra Eunyoung Cha, "Leading by Leveraging Culture," *California Management Review*, Vol. 45, No. 4, Summer 2003, p. 21.

19 Jesper B. Sorensen, "Note on Organizational Culture," Stanford Graduate School of Business Note No. OB-69 (Stanford, CA: Stanford Graduate School of Business, 2009), p. 2.

20 Eric Van den Steen, "Culture Clash: The Costs and Benefits of Homogeneity," *Management Science*, Vol. 56, No. 10, 2010, pp. 1718–1738.

21 Clayton M. Christensen and Kirsten Shu, "What Is an Organization's Culture?," Harvard Business School Note No. 9-399-104, rev. August 2, 2006 (Boston, MA: HBS Publishing, 1999), p. 4.

22 Tom Tyler, John Dienhart, and Terry Thomas, "The Ethical Commitment to Compliance: Value-Based Cultures," *California Management Review*, Vol. 50, No. 2, Winter 2008, pp. 31–51.

23 Chip Jarnagin and John W. Slocum, Jr., "Creating Corporate Cultures through Mythopoetic Leadership," *Organizational Dynamics*, Vol. 36, No. 3, 2007, p. 289; and Charles O'Reilly, "Corporations, Culture, and Commitment: Motivation and Social Control in Organizations," *California Management Review*, Vol. 31, No. 4, Summer 1989, pp. 9–25.

24 Ronald R. Sims, "Linking Groupthink to Unethical Business Practices," *Journal of Business Ethics*, Vol. 11, No. 9, 1992, p. 651.

25 Ronald R. Sims and Johannes Brinkmann, "Enron Ethics (or Culture Matters More Than Codes)," *Journal of Business Ethics*, Vol. 45, No. 3, 2003, pp. 243–256.

26 Dean McFarlin, "Strong Culture Can Be a 'Double-Edged Sword'," *Dayton Business Journal*, October 14, 2012.

27 Jennifer A. Chatman, David F. Caldwell, Charles A. O'Reilly, and Bernadette Doerr, "Parsing Organizational Culture: How the Norm of Adaptability Influences the Relationship between Culture Consensus and Financial Performance in High-Technology Firms," *Journal of Organizational Behavior*, Vol. 35, No. 6, August 2014, pp. 785–808.

28 Charles O'Reilly, "Corporations, Culture, and Commitment: Motivation and Social Control in Organizations," *California Management Review*, Vol. 31, No. 4,

Summer 1989, p. 14.

29 Michael L. Tushman and Charles A. O'Reilly, III, "Shaping Organizational Structure," *Winning through Innovation: A Practical Guide to Leading Organizational Change and Renewal* (Boston, MA: HBS Press, 2007), p. 2.

30 Edgar H. Schein, "Three Cultures of Management: The Key to Organizational Learning," *Sloan Management Review*, Fall 1996.

31 Edgar H. Schein, *Organizational Culture and Leadership*, 3rd edition (San Francisco, CA: Jossey-Bass, 2004), pp. 25–26.

32 Ibid., p. 28.

33 Ibid., p. 30.

34 Ibid., p. 31.

35 Michael Beer, Rakesh Khurana, and James Weber, "Hewlett-Packard: Culture in Changing Times," Harvard Business School Case No. 9-404-087, rev. January 25, 2005 (Boston, MA: HBS Publishing, 2004), p. 2.

36 Ibid.

37 Ibid., p. 6.

38 Peter Burrows, *Backfire: Carly Fiorina's High-Stakes Battle for the Soul of Hewlett-Packard* (Hoboken, NJ: John Wiley & Sons, 2003), pp. 141, 153.

39 Michael Beer, Rakesh Khurana, and James Weber, "Hewlett-Packard: Culture in Changing Times," Harvard Business School Case No. 9-404-087, rev. January 25, 2005 (Boston, MA: HBS Publishing, 2004), p. 11.

40 Roy Harris, "Doubly Blessed?," *CFO*, September 1, 2003, www.proquest.com, accessed August 2010.

41 Dean Takahashi, "Hewlett-Packard's Failure to Make Best-Employer's List Raises Questions," *San Jose Mercury News,* January 27, 2004, www.proquest.com, accessed August 2010.

42 Clayton M. Christensen and Kirsten Shu, "What Is an Organization's Culture?," Harvard Business School Note No. 9-399-104, rev. August 2, 2006 (Boston, MA: HBS Publishing, 1999), p. 4.

43 Chip Jarnagin and John W. Slocum, Jr., "Creating Corporate Cultures through Mythopoetic Leadership," *Organizational Dynamics*, Vol. 36, No. 3, 2007, p. 289.

44 Edgar H. Schein, "The Role of the Founder in Creating Organizational Culture," *Organizational Dynamics*, Summer 1983, p. 27, www.proquest.com, accessed August 2010.

45 Anthony J. Mayo, Nitin Nohria, and Mark Rennella, *Entrepreneurs, Managers and Leaders: What the Airline Industry Can Teach Us About Leadership* (New York: Palgrave-MacMillan, 2009), pp. 155–172.

46 Paul McDonald and Jeffery Gandz, "Getting Value from Shared Values," *Organizational Dynamics*, Winter 1992, pp. 64–76.

47 Harrison M. Trice and Janice M. Beyer, "Cultural Leadership in Organizations," *Organization Science*, Vol. 2, No. 2, May 1991, p. 150.

48 Ralph H. Kilmann, Mary J. Sexton, and Roy Serpa, "Issues in Understanding and Changing Culture," *California Management Review*, Vol. 28, No. 2, Winter 1986, p. 89.

49 John J. Sherwood, "Creating Work Cultures With Competitive Advantage," *Organizational Dynamics*, Winter 1988, pp. 5–27.

50 Nitin Nohria, William Joyce, and Bruce Roberson, "What Really Works," *Harvard Business Review*, July 2003.

51 Jesper B. Sorensen, "Note on Organizational Culture," Stanford Graduate School of Business Note No. OB-69 (Stanford, CA: Stanford Graduate School of Business, 2009), p. 1.

52 Clayton M. Christensen and Kirsten Shu, "What Is an Organization's Culture?," Harvard Business School Note No. 9-399-104, rev. August 2, 2006 (Boston, MA: HBS Publishing, 1999), p. 3.

53 Edgar H. Schein, *Organizational Culture and Leadership*, 3rd edition (San Francisco, CA: Jossey-Bass, 2004), pp. 28–29.

54 Larry Page and Sergey Brin, "2004 Founders' IPO Letter," http://investor.google.com/corporate/2004/ipo-founders-letter.html, accessed August 2010.

55 Google Inc., "Our Philosophy: Ten Things We Know to Be True," www.google.com/corporate/tenthings.html, accessed August 2010.

56 Boris Groysberg, David A. Thomas, and Alison Berkley Wagonfeld, "Keeping Google 'Googley'," Harvard Business School Case No. 9-409-039, rev. July 7, 2011 (Boston, MA: HBS Publishing, 2009), p. 6.

57 Geoff Colvin, "Personal Bests," *Fortune*, March 15, 2015.

58 Bala Iyer and Thomas H. Davenport, "Reverse Engineering Google's Innovation Machine," *Harvard Business Review*, April 2008.

59 Miguel Helft, "Larry Page Looks Ahead," *Fortune*, January 14, 2013.

60 "Jeff Charney, CMO, Progressive Insurance: How to Keep a Work Culture Fresh," *Fast Company*, June 2012, p. 110.

61 Google Inc., "Our Philosophy: Ten Things We Know to Be True," www.google.com/corporate/tenthings.html, accessed August 2010.

62 Boris Groysberg, David A. Thomas, and Alison Berkley Wagonfeld, "Keeping Google 'Googley'," Harvard Business School Case No. 9-409-039, rev. July 7, 2011 (Boston, MA: HBS Publishing, 2009), p. 10.

63 John Theroux, "Ben & Jerry's Homemade Ice Cream Inc.: Keeping the Mission(s) Alive," Harvard Business School Case No. 9-392-025, rev. December 15, 1993 (Boston, MA: HBS Publishing, 1993), p. 7.

64 Steven Spear, "Decoding the DNA of the Toyota Production System," *Harvard Business Review*, September–October 1999, p. 9.

65 Boris Groysberg, David A. Thomas, and Alison Berkley Wagonfeld, "Keeping Google 'Googley'," Harvard Business School Case No. 9-409-039, rev. July 7, 2011 (Boston, MA: HBS Publishing, 2009), p. 5.

66 Ibid.

67 Ibid., pp. 6–7.

68 James L. Heskett, W. Earl Sasser, and Jon Wheeler, *The Ownership Quotient: Putting the Service Profit Chain to Work for Unbeatable Competitive Advantage* (Boston, MA: HBS Press, 2008); and Daniel R. Denison and Aneil K. Mishra, "Toward a Theory of Organizational Culture and Effectiveness," *Organization Science*, Vol. 6, No. 2, 1995, pp. 204–223.

69 Clayton M. Christensen and Kirsten Shu, "What Is an Organization's Culture?," Harvard Business School Note No. 9-399-104, rev. August 2, 2006 (Boston, MA: HBS Publishing, 1999), p. 5.

70 Chip Jarnagin and John W. Slocum, Jr., "Creating Corporate Cultures Through Mythopoetic Leadership," *Organizational Dynamics*, Vol. 36, No. 3, 2007, p. 289.

71 Clayton M. Christensen and Kirsten Shu, "What Is an Organization's Culture?," Harvard Business School Note No. 9-399-104, rev. August 2, 2006 (Boston, MA: HBS Publishing, 1999), p. 6.

第9章

1 Brian E. Becker and Mark A. Huselid, "High Performance Work Systems and Firm Performance: A Synthesis of Research and Managerial Implications," *Research in Personnel and Human Resources Management*, Vol. 16, 1998, pp. 53–101.

2 R. Levering and M. Moskowitz, "100 Best Companies to Work For," *Fortune*, February 4, 2008.

3 "Google, Inc.," www.google.com/support/jobs/bin/static.py?page=benefits.html, accessed October 1, 2008.

4 Milton Moskowitz and Robert Levering, "The 100 Best Companies to Work For," *Fortune*, February 3, 2014.

5 "Wegmans Employees Scholarship Program Announces 1,766 New Recipients in 2014," Press Release May 27, 2014, www.wegmans.com, accessed March 24, 2015.

6 "Wegmans, 2008, Company Overview," www.wegmans.com, accessed October 1, 2008.

7 Laurie Burstein, "St. Louis Companies Rank High on Best Places to Work Lists," *St. Louis Commerce*, July 1, 2010.

[8] Patrick M. Wright and Scott A. Snell, "Toward an Integrative View of Strategic Human Management," *Human Resource Management Review*, Vol. 1, No. 3, 1991, pp. 203–225; Brian E. Becker and Mark A. Huselid, "High Performance Work Systems and Firm Performance: A Synthesis of Research and Managerial Implications," *Research in Personnel and Human Resources Management*, Vol. 16, 1998, pp. 53–101; Patrick M. Wright and Gary C. McMahan, "Theoretical Perspectives for Strategic Human Resource Management," *Journal of Management*, Vol. 18, No. 2, 1992, pp. 295–320; and Randall S. Schuler and Susan E. Jackson, "Linking Competitive Strategies with Human Resource Management Practices," *The Academy of Management Executive*, Vol. 1, No. 3, 1987, pp. 207–219.

[9] Frances X. Frei, Robin J. Ely, and Laura Winig, "Zappos.com 2009: Clothing, Customer Service and Company Culture," Harvard Business School Case No. 9-612-701 (Boston, MA: HBS Publishing, 2011).

[10] Ibid.

[11] Ibid.

[12] Ibid.

[13] Ibid.

[14] Adam Auriemma, "Zappos Zaps Job Postings, Seeks Hires on Social Media," *Wall Street Journal*, May 27, 2014.

[15] Frances X. Frei, Robin J. Ely, and Laura Winig, "Zappos.com 2009: Clothing, Customer Service and Company Culture," Harvard Business School Case No. 9-612-701 (Boston, MA: HBS Publishing, 2011).

[16] R. H. Miles and K. S. Cameron, *Coffin Nails and Corporate Strategy* (Englewood Cliffs, NJ: Prentice-Hall, 1982); Raymond E. Miles and Charles C. Snow, "Designing Strategic Human Resources Systems," *Organizational Dynamics*, Vol. 13, No. 1, 1984, pp. 36–52; Larry Greiner, "Evolution and Revolution as Organizations Grow," *Harvard Business Review*, May-June 1998; and Paul Milgrom and John Roberts, "Complementarities and Fit Strategy, Structure, and Organizational Change in Manufacturing," *Journal of Accounting and Economics*, Vol. 19, No. 2–3, 1995, pp. 179–208.

[17] R. C. Davis, *The Fundamentals of Top Management* (New York: Harper, Row, and Brothers, 1951); A. C. Filey and R.J. Aldag, "Organizational Growth and Types: Lessons from Small Institutions," *Research in Organizational Behavior*, B. M. Straw and L. L. Cummings, eds. (Greenwich, CT: JAI Press, 1980), pp. 279–321; Larry Greiner, "Evolution and Revolution as Organizations Grow," *Harvard Business Review*, May-June 1998; and B. R. Scott, *Stages of Corporate Development* (Cambridge, MA: Intercase Clearing House, Harvard Business School, 1971).

[18] A. C. Filey and R. J. Aldag, "Organizational Growth and Types: Lessons from Small Institutions," *Research in Organizational Behavior*, B. M. Straw and L. L. Cummings, eds. (Greenwich, CT: JAI Press, 1980), pp. 279–321; H. Mintzberg, *The Structuring of Organizations* (Englewood Cliffs, NJ: Prentice-Hall, 1979); M. S. Salter, "Stages of Corporate Development, Implication for Management Control," Unpublished doctoral dissertation, Harvard University, 1968; and B. R. Scott, *Stages of Corporate Development* (Cambridge, MA: Intercase Clearing House, Harvard Business School, 1971).

[19] M. S. Salter, "Stages of Corporate Development, Implication for Management Control," Unpublished doctoral dissertation, Harvard University, 1968.

[20] Larry Greiner, "Evolution and Revolution as Organizations Grow," *Harvard Business Review*, May–June 1998.

[21] Michael E. Porter, *Competitive Strategy* (New York, NY: The Free Press, 1980); and Michael E. Porter, *Competitive Advantage* (New York, NY: The Free Press, 1985).

[22] Randall S. Schuler and Susan E. Jackson, "Linking Competitive Strategies with Human Resource Management Practices," *The Academy of Management Executive*, Vol. 1, No. 3, 1987, pp. 207–219.

[23] Sunil J. Ramlall, "Strategic HR Management Creates Value at Target," *Journal of Organizational Excellence*, Spring 2006, pp. 57–62.

[24] Edmund Heery and Mike Noon, "Job analysis," *A Dictionary of Human Resource Management* (Oxford: Oxford University Press, 2008).

[25] Frederick P. Morgeson and Michael A. Campion, "Social and Cognitive Sources of Potential Inaccuracy in Job Analysis," *Journal of Applied Psychology*, Vol. 82, No. 5, 1997, p. 628.

[26] Data from Current Population Survey, U.S. Bureau of Labor Statistics.

[27] Christopher Tkaczyk, "Nordstrom," *Fortune*, October 18, 2010.

[28] John Sullivan, "The Top 25 Benchmark Firms in Recruiting and Talent Management," *Ere.net*, February 28, 2005, http://www.ere.net/2005/02/28/the-top-25-benchmark-firms-in-recruiting- and-talent-management/, accessed September 2012.

[29] Jennifer Alsever, "Objective: Hire Top Talent," *Fortune*, February 3, 2014.

[30] Robert G. Eccles, Boris Groysberg, and Ann Cullen, "A Note on Compensation Research," Harvard Business School Note No. 9-408-114 (Boston, MA: HBS Publishing, 2011), p. 1.

[31] Susan Adams, "Why Promoting From Within Usually Beats Hiring from Outside," *Forbes*, April 5, 2012, http://www.forbes.com/sites/susanadams/2012/04/05/why-promoting-from-within-usually-beats-hiring-from-outside/, accessed September 2012.

[32] Geoff Colvin, "Kayak Takes on the Big Dogs," *Fortune*, October 8, 2012.

[33] Ibid.

[34] Edmund Heery and Mike Noon, "Realistic Job Preview," *A Dictionary of Human Resource Management* (Oxford: Oxford University Press, 2008).

[35] Jean M. Phillips, "Effects of Realistic Job Previews on Multiple Organizational Outcomes: A Meta-Analysis," *The Academy of Management Journal*, Vol. 41, No. 6, 1998, p. 673.

[36] John W. Boudreau and Sara L. Rynes, "Role of Recruitment in Staffing Utility Analysis," *Journal of Applied Psychology*, Vol. 70, No. 2, 1985, p. 673.

[37] Robert M. Guion and Wade M. Gibson, "Personnel Selection and Placement," *Annual Review of Psychology*, Vol. 39, 1988, p. 363.

[38] Joseph Walker, "Companies Trade In Hunch-Based Hiring for Computer Modeling," *Wall Street Journal*, September 20, 2012.

[39] Ibid.

[40] Ibid.

[41] Jeff A. Weekley and Joseph A. Gier, "Reliability and Validity of the Situational Interview for a Sales Position," *Journal of Applied Psychology*, Vol. 72, No. 3, 1987, p. 486.

[42] Vickie Elmer, "Avoid Hiring the Unexpected," *Fortune*, September 24, 2012.

[43] Claudio Fernández-Aráoz, Boris Groysberg, and Nitin Nohria, "The Definitive Guide to Recruiting in Good Times and Bad," *Harvard Business Review*, May 2009.

[44] Irwin L. Goldstein, *Training in Organizations* (Pacific Grove, CA: Brooks Cole Publishing, 1993).

[45] K. Galvin, "Texaco Settlement with Female Staff to Cost $3 million," *Arizona Republic*, January 7, 1999, p. D-1.

[46] Cynthia D. Fisher, Lyle F. Schoenfeldt, and James B. Shaw, *Human Resources Management*, 4th edition (Boston, MA: Houghton Mifflin, 1999), p. 394.

[47] Zandy B. Leibowitz, "Designing Career Development Systems: Principles and Practices," *Human Resource Planning*, Vol. 10, No. 4, 1987, pp. 195–207.

[48] J. E. A. Russell, "Career Development Interventions in Organizations," *Journal of Vocational Behavior*, Vol. 38, 1991, pp. 237–287.

[49] R. A. Noe, "An investigation of the determinants of successful assigned mentoring relationships," *Personnel Psychology*, Vol. 41, 1988, pp. 457–479.

[50] Cynthia D. Fisher, Lyle F. Schoenfeldt, and James B. Shaw, *Human Resources Management*, 4th edition (Boston, MA: Houghton Mifflin, 1999), p. 411.

[51] Luis R. Gómez-Mejia, David B. Balkin, and Robert L. Cardy, *Managing Human Resources*, 5th edition (Upper Saddle River, NJ: Pearson, 2007), p. 251.

[52] Jeanne C. Meister, "The Brave New World

of Corporate Education," *The Chronicle of Higher Education*, February 9, 2001, http://chronicle.com.ezp-prod1.hul.harvard.edu/article/The-Brave-New-World-of/17032/, accessed October 30, 2012.

53 McDonald's, "Hamburger University," http://www.aboutmcdonalds.com/mcd/corporate_careers/training_and_development/hamburger_university.html, accessed September 2012.

54 Georgia T. Chao, "Unstructured Training and Development: The Role of Organizational Socialization," *Improving Training Effectiveness in Work Organizations*, J. K. Ford et al., eds. (Mahwah, NJ: Lawrence Erlbaum Associates, 1997), pp. 129–151.

55 K. Tyler, "Do the Right Thing," *HR Magazine*, Vol. 50, No. 2, February 1, 2005.

56 T. G. Gutteridge, Z. B. Leibowitz, and J. E. Shore, *Organizational Career Development: Benchmarks for Building a World-Class Workforce* (Silver Springs, MD: Conceptual Systems, 1993).

57 Manuel London and Richard W. Beatty, "360-Degree Feedback as a Competitive Advantage," *Human Resource Management*, Vol. 32, No. 2–3, Summer/Fall 1993, pp. 353–372; and Walter W. Tornow, "Editor's Note: Introduction to Special Issue on 360-Degree Feedback," *Human Resource Management*, Vol. 32, No. 2–3, Summer/Fall 1993, pp. 211–219.

58 David A. Waldman, Leanne E. Atwater, and David Antonioni, "Has 360 Degree Feedback Gone Amok?," *The Academy of Management Executive*, Vol. 12, No. 2, 1998, pp. 86–94; and Ginka Toegel and Jay A. Conger, "360-Degree Assessment: Time for Reinvention," *Center for Effective Organizations CEO Publication G 03-17(445)*, May 2003.

59 William L. Mihal and Janet L. Graumenz, "An Assessment of the Accuracy of Self-Assessment for Career Decision Making," *Journal of Vocational Behavior*, Vol. 25, 1984, pp. 245–253.

60 Manuel London and Richard W. Beatty, "360-Degree Feedback as a Competitive Advantage," *Human Resource Management*, Vol. 32, No. 2–3, Summer/Fall 1993, pp. 353–372; and Walter W. Tornow, "Editor's Note: Introduction to Special Issue on 360-Degree Feedback," *Human Resource Management*, Vol. 32, No. 2–3, Summer/Fall 1993, pp. 211–219.

61 David A. Waldman, Leanne E. Atwater, and David Antonioni, "Has 360 Degree Feedback Gone Amok?," *The Academy of Management Executive*, Vol. 12, No. 2, 1998, pp. 86–94; and H. J. Barnardin and R. W. Beatty, "Subordinate Appraisals to Enhance Managerial Productivity," *Sloan Management Review*, Vol. 28, 1987, pp. 63–74.

62 William W. Tornow, "Editor's Note: Introduction to Special Issue on 360-Degree Feedback," *Human Resources Manage-ment*, Vol. 32, No. 2–3, Summer/Fall 1993, pp. 211–219; D. M. Pollack and I. J. Pollack, "Using 360 Degree Feedback in Performance Appraisal," *Public Personnel Management*, Vol. 25, 1996, pp. 507–528; J. E. Jones and W. L. Bearley, *360 Degree Feedback: Strategies, Tactics and Techniques for Developing Leaders* (Amherst, MA: HRD Press, 1996); M. Dalton, "When the Purpose of Using Multi-Rater Feedback is Behavior Change," *Should 360-Degree Feedback be Used Only for Developmental Purposes?*, D. Bracken, M. Dalton, R. Jacko, C. McCauley, and V. Pollman, eds. (Greensboro, NC: Center for Creative Leadership, 1997); V. Pollman, "Some Faulty Assumptions that Support Using Multi-Rater Feedback for Performance Appraisal," *Should 360-Degree Feedback be Used Only for Developmental Purposes?*, D. Bracken, M. Dalton, R. Jacko, C. McCauley, and V. Pollman, eds. (Greensboro, NC: Center for Creative Leadership, 1997); and A. DeNisi and A. Kluger, "Feedback Effectiveness: Can 360-degree Feedback Appraisals be Improved?," *Academy of Management Executive*, Vol. 14, No. 1, 2000, pp. 129–139.

63 M. London and J. Smither, "Can multisource feedback change perceptions of goal accomplishment, self-evaluations, and performance related outcomes? Theory-based applications and directions for research," *Personnel Psychology*, Vol. 48, 1995, pp. 803–839.

64 Mark R. Edwards and Ann J. Ewen, "How to Manage Performance and Pay With 360-Degree Feedback," *Compensation and Benefits Review*, Vol. 28, May/June 1996, pp. 41–46; and Lauren Keller Johnson, "The Ratings Game: Retooling 360s for Better Performance," *Harvard Management Update*, January 2004, pp. 3–5.

65 David A. Waldman, Leanne E. Atwater, and David Antonioni, "Has 360 Degree Feedback Gone Amok?," *The Academy of Management Executive*, Vol. 12, No. 2, 1998, pp. 86–94.

66 Ginka Toegel and Jay A. Conger, "360-Degree Assessment: Time for Reinvention," *Center for Effective Organizations CEO Publication G 03-17(445)*, May 2003; and David A. Waldman, Leanne E. Atwater, and David Antonioni, "Has 360 Degree Feedback Gone Amok?," *The Academy of Management Executive*, Vol. 12, No. 2, 1998, pp. 86–94.

67 Deloitte, "Global Human Capital Trends 2015," Deloitte University Press, available at http://www2.deloitte.com/us/en/pages/human-capital/articles/introduction-human-capital-trends.html, accessed March 26, 2015.

68 Edwin A. Locke, "The Ubiquity of the Technique of Goal Setting in Theories of and Approaches to Employee Motivation," *Academy of Management Review*, July 1978, pp. 594–601.

69 Barnard (1938), Drucker (1954), and Odiorne (1976, 1986) quoted in Robert Rodgers and John E. Hunter, "Impact of Management by Objectives on Organizational Productivity," *Journal of Applied Psychology Monograph*, Vol. 76, No. 2, 1991, pp. 322–336.

70 Robert N. Anthony, John Dearden, and Norton M. Bedford, *Management Control Systems*, 5th edition (Homewood, IL: R. D. Irwin, 1984), p. 387.

71 Edwin A. Locke, "The Ubiquity of the Technique of Goal Setting in Theories of and Approaches to Employee Motivation," *Academy of Management Review*, July 1978, pp. 594–601, www.proquest.com, accessed May 2010.

72 E. A. Locke, L. M. Saari, K. N. Shaw, and G. P. Latham, "Goal Setting and Task Performance, 1969–1980," *Psychological Bulletin*, Vol. 90, No. 1, 1980, pp. 125–1, quoted in Michael Goold and John J. Quinn, "The Paradox of Strategic Controls," *Strategic Management Journal*, Vol. 11, No. 1, 1990, pp. 43–57, www.proquest.com, accessed June 2010.

73 Anat Drach-Zahavy and Miriam Erez, "Challenge Versus Threat Effects on the Goal-Performance Relationship," *Organizational Behavior and Human Decision Processes*, Vol. 88, 2002, pp. 667–682.

74 Edwin A. Locke, "The Ubiquity of the Technique of Goal Setting in Theories of and Approaches to Employee Motivation," *Academy of Management Review*, July 1978, pp. 594–601, www.proquest.com, accessed May 2010.

75 Neil C. Churchill, "Budget Choice: Planning vs. Control," *Harvard Business Review*, July–August 1984.

76 Robert N. Anthony, John Dearden, and Norton M. Bedford, *Management Control Systems*, 5th edition (Homewood, IL: R. D. Irwin, 1984), p. 392.

77 Ibid, p. 391.

78 Neil C. Churchill, "Budget Choice: Planning vs. Control," *Harvard Business Review*, July–August 1984.

79 Neil C. Churchill, "Budget Choice: Planning vs. Control," *Harvard Business Review*, July–August 1984; and Robert N. Anthony, John Dearden, and Norton M. Bedford, *Management Control Systems*, 5th edition (Homewood, IL: R. D. Irwin, 1984), p. 391.

80 James P. Guthrie, "Alternative Pay Practices and Employee Turnover: An Organization Economics Perspective," *Group & Organization Management*, Vol. 25, No. 4, 2000, pp. 419–439.

81 Luis R. Gomez-Mejia, "Structure and Process of Diversification, Compensation Strategy, and Firm Performance," *Strategic Management Journal*, Vol. 13, 1992, pp. 381–397.

82 Edilberto F. Montemayor, "Congruence Between Pay Policy and Competitive

Strategy in High-Performing Firms," *Journal of Management*, Vol. 22, No. 6, 1996, pp. 889–908.

[83] James P. Guthrie, "Alternative Pay Practices and Employee Turnover: An Organization Economics Perspective," *Group & Organization Management*, Vol. 25, No. 4, 2000, pp. 419–439; Edilberto F. Montemayor, "Congruence Between Pay Policy and Competitive Strategy in High-Performing Firms," *Journal of Management*, Vol. 22, No. 6, 1996, pp. 889–908; and Luis R. Gomez-Mejia, "Structure and Process of Diversification, Compensation Strategy, and Firm Performance," *Strategic Management Journal*, Vol. 13, 1992, pp. 381–397.

[84] James P. Guthrie, "Alternative Pay Practices and Employee Turnover: An Organization Economics Perspective," *Group & Organization Management*, Vol. 25, No. 4, 2000, pp. 419–439.

[85] James P. Guthrie, "Alternative Pay Practices and Employee Turnover: An Organization Economics Perspective," *Group & Organization Management*, Vol. 25, No. 4, 2000, pp. 419–439; and Luis R. Gomez-Mejia, Theresa M. Welbourne, and Robert M. Wiseman, "The Role of Risk-Sharing and Risk Taking under Gainsharing," *The Academy of Management Review*, Vol. 25, No. 3, 2000, pp. 492–507.

[86] James P. Guthrie, "Alternative Pay Practices and Employee Turnover: An Organization Economics Perspective," *Group & Organization Management*, Vol. 25, No. 4, 2000, pp. 419–439.

[87] Theresa M. Welbourne and Luis R. Gomez Mejia, "Gainsharing: A Critical Review and a Future Research Agenda," *CAHRS Working Paper #95-10* (Ithaca, NY: Cornell University, School of Industrial and Labor Relations, Center for Advanced Human Resource Studies, 1995).

[88] Luis R. Gomez-Mejia, Theresa M. Welbourne, and Robert M. Wiseman, "The Role of Risk-Sharing and Risk Taking under Gainsharing," *The Academy of Management Review*, Vol. 25, No. 3, 2000, pp. 492–507.

[89] Ibid.

[90] Luis R. Gomez-Mejia, Theresa M. Welbourne, and Robert M. Wiseman, "The Role of Risk-Sharing and Risk Taking under Gainsharing," *The Academy of Management Review*, Vol. 25, No. 3, 2000, pp. 492–507; and James P. Guthrie, "Alternative Pay Practices and Employee Turnover: An Organization Economics Perspective," *Group & Organization Management*, Vol. 25, No. 4, 2000, pp. 419–439.

[91] Lauren Weber, "Benefits Matter," *Wall Street Journal*, April 4, 2012.

[92] "Employer Costs for Employee Compensation–September 2014," Bureau of Labor Statistics, U.S. Department of Labor, December 10, 2014, http://www.bls.gov/news.release/pdf/ecec.nr0.htm, ac-

cessed March 23, 2015.

[93] Frank E. Kuzmits, "Communicating Benefits: A Double-Click Away," *Compensation & Benefits Review*, Vol. 30, 1998, pp. 60–64.

[94] Karen Wey Smola and Charlotte D. Sutton, "Generational Differences: Revisiting Generational Work Values for the New Millennium," *Journal of Organizational Behavior*, Vol. 23, 2002, pp. 363–382.

[95] Teresa M. Amabile, "The Motivation for Creativity in Organizations," Harvard Business School Note No. 9-396-240 (Boston, MA: HBS Publishing, 1996).

[96] Sylvia Ann Hewlett, Laura Sherbin, and Karen Sumberg, "How Gen Y and Boomers Will Reshape Your Agenda," *Harvard Business Review*, July–August 2009.

[97] Karen Wey Smola and Charlotte D. Sutton, "Generational Differences: Revisiting Generational Work Values for the New Millennium," *Journal of Organizational Behavior*, Vol. 23, 2002, pp. 363–382.

[98] Sylvia Ann Hewlett, Laura Sherbin, and Karen Sumberg, "How Gen Y and Boomers Will Reshape Your Agenda," *Harvard Business Review*, July–August 2009.

[99] Karen Wey Smola and Charlotte D. Sutton, "Generational Differences: Revisiting Generational Work Values for the New Millennium," *Journal of Organizational Behavior*, Vol. 23, 2002, p. 380.

[100] B. W. Graham, "The Business Argument for Flexibility," *HR Magazine*, May 1996, pp. 104–110.

[101] Ibid.

[102] Lucy M. Chan, "Work/Life Integration at IBM," PowerPoint Presentation, May 2, 2011, IBM available at http://webcache.googleusercontent.com/search?q=cache:JsGnSsQyjusJ:globewomen.org/summit/2011/ppt%2520-%2520Lucy%2520Chan.ppt+&cd=4&hl=en&ct=clnk&gl=us, accessed March 24, 2015.

[103] Ken Dychtwald, Tamara J. Erickson, and Robert Morison, "Flexible Work Arrangements: Why You Need Them and How to Make Them Work," *Workforce Crisis: How to Beat the Coming Shortage of Skills and Talent* (Boston, MA: HBS Publishing, 2007), p. 7.

[104] R. W. Griffen, *Management*, 9th edition (New York, NY: Houghton Mifflin, 2008).

[105] Ken Dychtwald, Tamara J. Erickson, and Robert Morison, "Flexible Work Arrangements: Why You Need Them and How to Make Them Work," *Workforce Crisis: How to Beat the Coming Shortage of Skills and Talent* (Boston, MA: HBS Publishing, 2007), p. 7.

[106] "Abbott Laboratories Recognized as One of the Top 10 Best Places to Work for Mothers Nationwide," *PR Newswire*, September 24, 2002; and Ken Dychtwald, Tamara J. Erickson, and Robert Morison, "Flexible Work Arrangements: Why You Need Them and How to Make Them Work," *Workforce*

Crisis: How to Beat the Coming Shortage of Skills and Talent (Boston, MA: HBS Publishing, 2007), pp. 13–14.

[107] J. P. West, "Employee-Friendly Policies and Development Benefits for Millennials," in *Managing Human Resources for the Millennial Generation* eds. William I. Sauser, Jr. and Ronald R. Sims (Charlotte, NC: Information Age Publishing, 2012), p. 209.

[108] Ibid.

[109] AT&T, "Work/Life Balance," available at http://about.att.com/content/csr/home/issue-brief-builder/people/work-life-balance.html, accessed March 24, 2015.

[110] Nicholas Bloom, James Liang, John Roberts, and Zhichun Jenny Ying, "Does Working from Home Work? Evidence from a Chinese Experiment," Stanford University Draft Research Paper, July 2012.

[111] Luis R. Gómez-Mejia, David B. Balkin, and Robert L. Cardy, *Managing Human Resources*, 5th edition (Upper Saddle River, NJ: Pearson, 2007), p. 185.

[112] J. Taylor, "Avoid Avoidable Turnover," *Workforce*, April 1999.

[113] Luis R. Gómcz-Mejia, David B. Balkin, and Robert L. Cardy, *Managing Human Resources*, 5th edition (Upper Saddle River, NJ: Pearson, 2007), p. 187.

[114] Steven H. Appelbaum, Claude Delage, Nadia Labib, and George Gault, "The Survivor Syndrome: Aftermath of Downsizing," *Career Development International*, Vol. 2, No. 6, 1997, pp. 278–286.

[115] Kim S. Cameron, "Strategies for Successful Organizational Downsizing," *Human Resource Management*, Vol. 33, No. 2, 1994, pp. 189–211.

[116] Ibid.

[117] R. G. Ehrenberg and G. H Jakubson, "Advance Notification of Plant Closing: Does it Matter?," *Industrial Relations*, Vol. 28, No. 1, 1989, pp. 60–71.

[118] Luis R. Gómez-Mejia, David B. Balkin, and Robert L. Cardy, *Managing Human Resources*, 5th edition (Upper Saddle River, NJ: Pearson, 2007), p. 196.

[119] Rocki-Lee DeWitt, "The Structural Consequences of Downsizing," *Organization Science*, Vol. 4, No. 1, 1993, pp. 30–40.

[120] Joel Brockner, "Managing the Effects of Layoffs on Survivors," *California Management Review*, Vol. 34, No. 2, 1992, pp. 9–28; and Steven H. Appelbaum, Claude Delage, Nadia Labib, and George Gault, "The Survivor Syndrome: Aftermath of Downsizing," *Career Development International*, Vol. 2, No. 6, 1997, pp. 278–286.

[121] R. Henkoff, "Cost-Cutting: How to Do It Right," *Fortune*, April 9, 1990.

[122] Steven H. Appelbaum, Claude Delage, Nadia Labib, and George Gault, "The Survivor Syndrome: Aftermath of Downsizing," *Career Development International*, Vol. 2, No. 6, 1997, pp. 278–286; and

William McKinley, Carol M. Sanchez, Allen G. Schick, and A. Catherine Higgs, "Organizational Downsizing: Constraining, Cloning, Learning (and Executive Commentary)," *The Academy of Management Executive*, Vol. 9, No. 3, 1995, pp. 32–44.

123 J. Brockner, R. L. DeWitt, S. Grover, and T. Reed, "When it is Especially Important to Explain Why: Factors Affecting the Relationship between Managers' Explanations of a Layoff and Survivors' Reactions to the Layoff," *Journal of Experimental Social Psychology*, Vol. 26, 1990, pp. 389–407; and J. Brockner, B. M. Wiesenfeld, T. F. Reed, S. Grover, and C. Martin, "Interactive Effect of Job Content and Context on the Reactions of Layoff Survivors," *Journal of Personality and Social Psychology*, Vol. 64, 1993, pp. 187–197.

124 U.S. Department of Labor, "Fair Labor Standards Act of 1938," http://www.dol.gov/whd/regs/statutes/FairLaborStandAct.pdf, accessed August 2012.

125 National Archives, "The Civil Rights Act of 1964 and the Equal Employment Opportunity Commission," http://www.archives.gov/education/lessons/civil-rights-act/, accessed September 2012.

126 U.S. Equal Employment Opportunity Commission, "Laws & Guidance," http://www.eeoc.gov/laws/index.cfm, accessed

September 2012.

127 U.S. Bureau of Labor Statistics, "Union Members—2014," January 23, 2015 available at http://www.bls.gov/news.release/union2.nr0.htm, accessed March 23, 2015.

128 James N. Baron and David M. Kreps, *Strategic Human Resources: Frameworks for General Managers* (Hoboken, NJ: Wiley and Sons, 1999), p. 121.

129 Steven L. Premack and John E. Hunter, "Individual Unionization Decisions," *Psychological Bulletin*, Vol. 103, No. 2, 1998, pp. 223–234.

130 Richard B. Freeman and James L. Medoff, *What do Unions Do?* (New York: Basic Books, 1984).

131 "Suddenly, Made in USA Looks Like a Strategy," *Bloomberg Businessweek*, March 28–April 3, 2011; and Andrew Ward, "Made in America? Why More of Your Clothes Soon Might Be," *Daily Finance*, August 25, 2014 available at http://www.dailyfinance.com/2014/08/25/made-in-america-why-more-of-your-clothes-soon-might-be/.

132 Steven Tadelis, "The Innovative Organization: Creating Value Through Outsourcing," *California Review Management*, Vol. 50, 2007, p. 264.

133 Richard H. K. Vietor and Alexander Veytsman, "American Outsourcing," Harvard Business School Case No. 9-705-037, rev. February 2, 2007 (Boston, MA: HBS Publishing, 2005), p. 2.

134 Ibid.

135 Ravi Aron and Jitendra V. Singh, "Getting Offshoring Right," *Harvard Business Review*, December 2005.

136 U.S. Department of State, "2000 Country Reports on Human Rights Practices," www.state.gov/g/drl/rls/hrrpt/2000, accessed October 2005.

137 Christopher A. Bartlett, Vincent Dessain, and Anders Sjöman, "IKEA's Global Sourcing Challenge: Indian Rugs and Child Labor (B)," Harvard Business School Case No. 9-906-414, rev. November 14, 2006 (Boston, MA: HBS Publishing, 2006), p. 1.

138 U.S. Bureau of Labor Statistics, "Employee Turnover in 2014," September 18, 2014 available at http://www.bls.gov/news.release/pdf/tenure.pdf, accessed March 24, 2015.

139 Peter F. Drucker, "Managing Oneself," *Harvard Business Review*, January 2005.

140 Boris Groysberg and Robin Abrahams, "Five Ways to Bungle a Job Change" *Harvard Business Review*, January 2010.

第 10 章

1 William J. Bruns, "Responsibility Centers and Performance Measurement," Harvard Business School Note No. 9-193-101, rev. May 13, 1993 (Boston, MA: HBS Publishing, 1993), p. 1.

2 David Otley, "Performance Management: A Framework for Management Control Systems Research," *Management Accounting Research*, Vol. 10, 1999, pp. 363–382.

3 Eric Flamholtz, "Organizational Control Systems as a Managerial Tool," *California Management Review*, Winter 1979, pp. 50–59, www.proquest.com, accessed May 2010.

4 Jane Wei-Skillern, "Sustainable Development at Shell (A)," Harvard Business School Case No. 9-303-005, rev. July 6, 2004 (Boston, MA: HBS Publishing, 2004), p. 1.

5 Ibid., p. 2.

6 Ibid., p. 3.

7 Ibid., p. 4.

8 Ibid., p. 5.

9 Ibid., p. 6.

10 Ibid., p. 7.

11 Ibid., p. 8.

12 Ibid., p. 9.

13 Ibid., p. 3.

14 David A. Garvin, "Building a Learning Organization," Harvard Business Review, July–August 1993.

15 William J. Bruns, "Responsibility Centers

and Performance Measurement," Harvard Business School Note No. 9-193-101, rev. May 13, 1993 (Boston, MA: HBS Publishing, 1993), p. 1.

16 William G. Ouchi, "The Transmission of Control through Organizational Hierarchy," *Academy of Management Journal*, Vol. 21, 1978, pp. 173–192, www.proquest.com, accessed May 2010.

17 Andy Neely and Mohammed Al Najjar, "Management Learning Not Management Control: The True Role of Performance Measurement," *California Management Review*, Vol. 48, Spring 2006, pp. 101–114.

18 David Otley, "Performance Management: A Framework for Management Control Systems Research," *Management Accounting Research*, Vol. 10, 1999, pp. 363–382, www.idealibrary.com, accessed May 2010.

19 Ibid.

20 Gerhard Speckbacher, Juergen Bischof, and Thomas Pfeiffer, "A Descriptive Analysis on the Implementation of Balanced Scorecards in German-Speaking Countries," *Management Accounting Research*, Vol. 14, 2003, pp. 361–387.

21 Nils-Göran Olve, Carl-Johan Petri, Jan Roy, and Sofie Roy, "Twelve Years Later: Understanding and Realizing the Value of Balanced Scorecards," *Ivey Business Journal*, May–June 2004, pp. 1–7.

22 Robin Goldwyn Blumenthal, "Tis the Gift to Be Simple," *CFO Magazine*, January 1, 1998, www.cfo.com/printable/article.cfm/2990236, accessed June 2010.

23 Michael Contrada, "Using the Balanced Scorecard to Manage Value in Your Business," *Balanced Scorecard Report*, Article Reprint No. B0001C, http://hbsp.harvard.edu/product/cases, accessed July 2010.

24 Robert S. Kaplan and David P. Norton, "Linking the Balanced Scorecard to Strategy," *California Management Review*, Vol. 39, No. 1, Fall 1996, p. 59.

25 Elizabeth Candler Graham and Ralph Roberts, *The Real Ones: Four Generations of the First Family of Coca-Cola* (Fort Lee, NJ: Barricade Books, 1992), pp. 293–204.

26 Lawrence M. Fisher, "Inside Dell Computer Corporation: Managing Working Capital," *Strategy + Business*, January 1, 1998, www.strategy-business.com/article/9571?gko=d8c29, accessed May 2010.

27 Michael Hammer, "Process Management and the Future of Six Sigma," *MIT Sloan Management Review*, Winter 2002, pp. 26–32.

28 Robert S. Kaplan and David P. Norton, "Linking the Balanced Scorecard to Strategy," *California Management Review*, Vol. 39, No. 1, Fall 1996, pp. 59–60.

29 Ibid., p. 60.

30 T. O. Jones and W. E. Sasser, "Why Satisfied Customers Defect," *Harvard Business Review*, November–December 1995.

31 Robert S. Kaplan and David P. Norton, "Linking the Balanced Scorecard to Strategy," *California Management Review*, Vol. 39, No. 1, Fall 1996, p. 61.

32 Ibid.

33 Ibid., p. 62.

34 Ibid., p. 63.

35 Ibid.

36 Robert S. Kaplan and David P. Norton, *The Balanced Scorecard: Translating Strategy Into Action* (Boston, MA: HBS Press, 1996), pp. 130–131.

37 David A. Garvin, "Building a Learning Organization," *Harvard Business Review*, July–August 1993.

38 "Water policy 'fails world's poor,'" BBC News, http://news.bbc.co.uk/2/hi/science/nature/4787758.stm, accessed October 7, 2011.

39 Robert S. Kaplan and Ricardo Reisen de Pinho, "Amanco: Developing the Sustainability Scorecard," Harvard Business School Case No. 9-107-038, rev. January 29, 2008 (Boston, MA: HBS Publishing, 2007), p. 2.

40 Ibid., p. 3.

41 Ibid., p. 4.

42 Ibid., p. 5.

43 Ibid., p. 19.

44 Ibid., p. 9.

45 Ibid., p. 23.

46 Ibid., p. 19.

47 Ibid., p. 9.

48 Ibid., p. 10.

49 Ibid., p. 11.

50 Ibid., p. 19.

51 Neil C. Churchill, "Budget Choice: Planning vs. Control," *Harvard Business Review*, July–August 1984.

52 Robert C. Camp, *Benchmarking: The Search for Industry Best Practices that Lead to Superior Performance* (Milwaukee, WI: ASQC Quality Press, 1989), p. 12.

53 Jac. Fitz-enz, "Benchmarking Best Practices," *Canadian Business Review*, Vol. 19, No. 4, Winter 1992, p. 28, www.proquest.com, accessed July 2010.

54 Jeremy Hope and Robin Fraser, "Who Needs Budgets?," *Harvard Business Review*, February 2003.

55 Jac. Fitz-enz, "Benchmarking Best Practices," *Canadian Business Review*, Vol. 19, No. 4, Winter 1992, p. 28, www.proquest.com, accessed July 2010.

56 Jennifer Alsever, "Job Swaps: Are They for You?" *Fortune*, October 29, 2012.

57 David Otley, "Performance Management: A Framework for Management Control Systems Research," *Management Accounting Research*, Vol. 10, 1999, pp. 363–382, www.idealibrary.com, accessed May 2010.

58 Robert S. Kaplan and David P. Norton, "Linking Strategy to Planning and Budgeting," *Balanced Scorecard Report*, Article Reprint No. B0005A, http://hbsp.harvard.edu/product/cases, accessed July 2010.

59 Ibid.

60 Perry Pascarella, "Open the Books to Unleash Your People," *Management Review*, Vol. 87, No. 5, May 1998, pp. 58–60, www.proquest.com, accessed July 2010.

61 "Understanding Financial Statements: Making More Authoritative Decisions," in *Manager's Toolkit: The 13 Skills Managers Need to Succeed* (Boston, MA: HBS Press, 2006).

62 Ibid.

63 David Hawkins, "Financial Statement Analysis," Harvard Business School Note No. 9-195-177, rev. November 24, 2010 (Boston, MA: HBS Publishing, 1994).

64 "Facebook, Inc. Company Profile," Hoover's, www.hoovers.com, accessed November 1, 2012.

65 A. Blanton Godfrey, "Section 14: Total Quality Management," Joseph M. Juran, ed. *Juran's Quality Handbook*, 5th edition (New York, NY: McGraw-Hill, 1999), p. 14.2.

66 James W. Dean, Jr., and David E. Bowen, "Management Theory and Total Quality: Improving Research and Practice through Theory Development," *Academy of Management Review*, Vol. 19, No. 3, 1994, pp. 392–418, www.proquest.com, accessed July 2010.

67 A. Blanton Godfrey, "Section 14: Total Quality Management," Joseph M. Juran, ed. *Juran's Quality Handbook*, 5th edition (New York, NY: McGraw-Hill, 1999), p. 14.5.

68 Peter Murray and Ross Chapman, "From Continuous Improvement to Organizational Learning: Developmental Theory," *The Learning Organization*, Vol. 10, 2003, pp. 272–282.

69 Richard M. Hodgetts, *Blueprint for Continuous Improvement: Lessons from the Baldridge Winners* (New York, NY: American Management Association, 1993), pp. 39–50.

70 Ibid., pp. 70–71.

71 James W. Dean, Jr., and David E. Bowen, "Management Theory and Total Quality: Improving Research and Practice through Theory Development," *Academy of Management Review*, Vol. 19, No. 3, July 1994, pp. 392–418, www.proquest.com, accessed July 2010.

72 Peter Murray and Ross Chapman, "From Continuous Improvement to Organizational Learning: Developmental Theory," *The Learning Organization*, Vol. 10, 2003, pp. 272–282.

73 David A. Garvin, "Building a Learning Organization," *Harvard Business Review*, July–August 1993.

74 A. Blanton Godfrey, "Section 14: Total Quality Management," Joseph M. Juran, ed. *Juran's Quality Handbook*, 5th edition (New York, NY: McGraw-Hill, 1999), pp. 14–20.

75 "True Six Sigma Leads to Performance Improvements beyond Manufacturing; Top Performers Slash Costs, Improve Quality and Reduce Cycle Times," *Marketwire*, November 10, 2009, available at Lexis-Nexis, accessed July 2010.

76 A. Blanton Godfrey, "Section 14: Total Quality Management," Joseph M. Juran, ed. *Juran's Quality Handbook*, 5th edition (New York, NY: McGraw-Hill, 1999), p. 14.32.

77 Dr. Michael Hammer and Jeff Goding, "Putting Six Sigma in Perspective," *Quality*, October 2001, pp. 58–62.

78 Jim Biolos, "Six Sigma Meets the Service Economy," *Harvard Management Update*, Article Reprint No. U0211A, http://hbsp.harvard.edu/product/cases, accessed July 2010.

79 Hal Plotkin, "Six Sigma: What It Is and How to Use It," *Harvard Management Update*, Article Reprint No. U9906C, http://hbsp.harvard.edu/product/cases, accessed July 2010.

80 Ibid.

81 "Six Sigma Certification Booms as Employment Busts," *Marketwire*, December 22, 2008, available at LexisNexis, accessed July 2010.

82 Michael Hammer, "Process Management and the Future of Six Sigma," *MIT Sloan Management Review*, Winter 2002, pp. 26–32.

83 Dr. Michael Hammer and Jeff Goding, "Putting Six Sigma in Perspective," *Quality*, October 2001, pp. 58–62.

84 Jim Biolos, "Six Sigma Meets the Service Economy," *Harvard Management Update*, Article Reprint No. U0211A, http://hbsp.harvard.edu/product/cases, accessed July 2010.

85 Frank C. Barnes, "ISO 9000 Myth and Reality: A Reasonable Approach to ISO 9000," *Sam Advanced Management Journal*, Spring 1998, pp. 23–30.

86 Thomas H. Stevenson and Frank C. Barnes, "Fourteen Years of ISO 9000: Impact, Criticisms, Costs, and Benefits," *Business Horizons*, May–June 2001, pp. 45–51.

87 Robert S. Kaplan and David P. Norton, "Linking the Balanced Scorecard to Strategy," *California Management Review*, Vol. 39, No. 1, Fall 1996, p. 67.

88 David A. Garvin, "Building a Learning Organization," *Harvard Business Review*, July–August 1993.

89 Ibid.

90 James W. Dean, Jr., and David E. Bowen, "Management Theory and Total Quality: Improving Research and Practice through Theory Development," *Academy of Management Review*, Vol. 19, No. 3, 1994, 392–418, www.proquest.com, accessed July 2010.

91 Y. Li, L. Li, Y. Liu, and L. Wang, "Linking Management Control System With Product Development and Process Decisions to Cope with Environment Complexity," *International Journal of Production Research*,

Vol. 43, No. 12, 2005, pp. 2577–2591.

92 Eric Flamholtz, "Organizational Control Systems as a Managerial Tool," *California Management Review*, Winter 1979, pp. 50–59, www.proquest.com, accessed May 2010.

93 Ibid. and Peter Lorange, Michael F. Scott Morton, and Sumantra Ghoshal, *Strate-gic Control Systems* (St. Paul, MN: West, 1986).

94 Kenneth A. Merchant, *Control in Business Organizations* (Marshfield, MA: Pitman, 1985), p. 50.

95 N.R.F. Maier, *The Appraisal Interview* (New York: Wiley, 1958), quoted in Mark B. Gavin, Stephen G. Green, and Gail T. Fairhurst, "Managerial Control Strategies for Poor Performance over Time and the Impact on Subordinate Reactions," *Organizational Behavior and Human Decision Processes*, Vol. 63, No. 2, 1995, pp. 207–221.

第 11 章

1 Lynda M. Applegate and Elizabeth Collins, "IBM's Decade of Transformation: Turnaround to Growth," Harvard Business School Case No. 9-805-130, rev. July 8, 2009 (Boston, MA: HBS Publishing, 2005).

2 Ibid.

3 Ibid.

4 Ibid.

5 Anthony Wilson-Smith and Berton Woodward, "The Customer Drives Everything," *Maclean's*, Vol. 115, No. 50, 2002, pp. 40–41.

6 Lynda M. Applegate and Elizabeth Collins, "IBM's Decade of Transformation: Turnaround to Growth," Harvard Business School Case No. 9-805-130, rev. July 8, 2009 (Boston, MA: HBS Publishing, 2005).

7 Anthony J. Mayo and Nitin Nohria, *In Their Time: The Greatest Business Leaders of the 20th Century* (Boston, MA: HBS Press, 2005), p. 346.

8 OneSource® Business BrowserSM, www.onesource.com, accessed August, 2010.

9 Joseph L. Bower and Sonja Ellingson Hout, "Leaders Who Make a Difference: Sam Palmisano's Smarter IBM: Day 1," Harvard Business School Case No. 9-311-030, rev. January 5, 2012 (Boston, MA: Harvard Business School Publishing, 2010).

10 Ibid.

11 William W. George, "Leading by Values: Sam Palmisano and IBM," Harvard Business School Case No. 9-411-097, rev. July 21, 2011 (Boston, MA: Harvard Business School Publishing, 2011).

12 Joseph L. Bower and Sonja Ellingson Hout, "Leaders Who Make a Difference: Sam Palmisano's Smarter IBM: Day 1," Harvard Business School Case No. 9-311-030, rev. January 5, 2012 (Boston, MA: Harvard Business School Publishing, 2010).

13 Larry Dignan, "IBM CEO Rometty Tales Reinvention, Strategy," *Between the Lines*, March 2014, accessed at http://www.zdnet.com/article/ibm-ceo-rometty-talks-reinvention-strategy/, accessed April 6, 2015.

14 IBM Global Business Services, "Global CEO Survey," 2008.

15 Teresa J. Colvin and Ralph H. Kilmann, "A Profile of Large Scale Change," *An Experiential Approach to Organization Development*, Donald F. Harvey and Donald R. Brown, eds. (Upper Saddle River, NJ: Prentice Hall, 2001), p. 202.

16 Jean Fang quoted in Felix Oberholzer-Gee, Michael Chen, Nancy Dai, and G.A. Donovan, "Doing Business in China," Harvard Business School Case No. 9-713-428 (Boston, MA: HBS Publishing, 2012).

17 Michael A. Hitt, "The New Frontier: Transformation of Management for the New Millennium," *Organizational Dynamics*, Vol. 28, No. 3, Winter 2000, pp. 6–17.

18 IBM Global Business Services, "Global CEO Survey," 2008.

19 Ray Yang quoted in Felix Oberholzer-Gee, Michael Chen, Nancy Dai, and G. A. Donovan, "Doing Business in China," Harvard Business School Case No. 9-713-428 (Boston, MA: HBS Publishing, 2012).

20 Lynda M. Applegate, Robert D. Austin, and F. Warren McFarlan, *Corporate Information Strategy and Management: Text and Cases* (Boston, MA: McGraw-Hill/Irwin, 2003).

21 Thomas L. Friedman, *The World Is Flat: A Brief History of the Twenty-First Century* (New York: Farrar, Straus and Giroux, 2005).

22 Stephen P. Bradley, Pankaj Ghemawat, and Sharon Foley, "Walmart Stores, Inc.," Harvard Business School Case No. 9-794-024, rev. November 6, 2002 (Boston, MA: HBS Publishing, 1994), p. 1.

23 IBM Global Business Services, "Global CEO Survey," 2008.

24 Ibid.

25 Michael A. Hitt, "The New Frontier: Transformation of Management for the New Millennium," *Organizational Dynamics*, Vol. 28, No. 3, Winter 2000, pp. 6–17.

26 Kevin J. Boudreau and Karim R. Lakhani, "How to Manage Outside Innovation," *MIT Sloan Management Review*, Summer 2009; and Gary P. Pisano and Roberto Verganti, "Which Kind of Collaboration is Right for You?" *Harvard Business Review*, December 2008.

27 Karim Lakhani and Zahra Kanji, "Threadless: The Business of Community," Harvard Business School Case No. 608-719 (Boston, MA: HBS Publishing, 2008).

28 Charles A. O'Reilly, III, and Michael L. Tushman, "The Ambidextrous Organization," *Harvard Business Review*, April 2004.

29 Jeffery Pfeffer, *New Directions for Organization Theory: Problems and Prospects* (New York, Oxford University Press, 1997).

30 Bala Iyer and Thomas H. Davenport, "Reverse Engineering Google's Innovation Machine," *Harvard Business Review*, April 2008.

31 Karl E. Weick and Robert E. Quinn, "Organizational Change and Development," *Annual Review of Psychology*, Vol. 50, No. 1, 1999, pp. 361–386.

32 J. Stewart Black and Hal B. Gergersen, *It Starts With One: Changing Individuals Changes Organizations* (Upper Saddle River, NJ: Wharton School Publishing, 2008).

33 David L. Cooperrider, Diana Whitney, and Jacqueline M. Stavros, *Appreciative Inquiry Handbook* (Brunswick, OH: Crown Custom Publishing, 2008).

34 Christopher A. Bartlett, "GE's Two-Decade Transformation: Jack Welch's Leadership," Harvard Business School Case No. 9-399-150, rev. May 3, 2005 (Boston, MA: HBS Publishing, 1999).

35 Jerry I. Porras and Robert C. Silvers, "Organization Development and Transformation," *Annual Review of Psychology*, Vol. 42, No. 1, 1991, p. 51.

36 Wanda J. Orlikowski, "Improvising Organizational Transformation Over Time: A Situated Change Perspective," *Information Systems Research*, Vol. 7, No. 1, 1996, pp. 63–92.

37 Karl E. Weick and Robert E. Quinn, "Organizational Change and Development," *Annual Review of Psychology*, Vol. 50, No. 1, 1999, pp. 361–386.

38 Linda A. Hill, "Leadership as Collective Genius," *Management 21C: New Visions for the New Millennium*, Subir Chowdry, ed. (New York: Financial Times Publishing, 1999).

39 Clayton M. Christensen, "Why Great Companies Lose Their Way," *Across the Board*, Vol. 35, No. 9, 1998, pp. 36–42.

40 Clayton M. Christensen, *The Innovator's Dilemma: When New Technologies Cause Great Firms to Fail* (Boston, MA: HBS Press, 1997).

41 Joseph L. Bower and Clayton M. Christensen, "Disruptive Technologies: Catching the Wave," *Harvard Business Review*, January–February 1995.

42 Clayton M. Christensen, "Will Kodak's New Strategy Work?," *Forbes*, February 26, 2007.

43 Jeremy Dann, "Interview: Focusing on the Next Big Thing," *Strategy and Innovation* (Boston, MA: HBS School Publishing and Innosight, 2003).

[44] Michael L. Tushman, William H. Newman, and Elaine Romanelli, "Convergence and Upheaval: Managing the Unsteady Pace of Organizational Evolution," *California Management Review*, Vol. 20, No. 1, Fall 1986, pp. 29–44.

[45] Anthony J. Mayo, Nitin Nohria, and Mark Rennella, *Entrepreneurs, Managers, and Leaders: What the Airline Industry Can Teach Us about Leadership* (New York: Palgrave MacMillan, 2009), pp. 149–153.

[46] Michael Beer, "Leading Change," Harvard Business School Note No. 9-488-037, rev. January 12, 2007 (Boston, MA: HBS Publishing, 1988).

[47] Kurt Lewin, "Frontiers in Group Dynamics: Concept, Method and Reality in Social Science; Social Equilibria and Social Change," *Human Relations*, 1947, pp. 5–41.

[48] "Are You Change-Ready? Preparing for Organizational Change," *Managing Change and Transitions* (Boston, MA: HBS Publishing, 2003).

[49] John P. Kotter, "Leading Change: Why Transformation Efforts Fail", *Harvard Business Review*, March–April 1995; and John P. Kotter, *Leading Change* (Boston, MA: HBS Press, 1996).

[50] Arnoud Franken, Chris Edwards, and Rob Lambert, "Executing Strategic Change: Understanding the Critical Management Elements That Lead to Success," *California Management Review*, Spring 2009.

[51] Rosabeth Moss Kanter, "Moving Ideas into Action: Mastering the Art of Change," Harvard Business School Note No. 9-388-022, rev. October 10, 1989 (Boston, MA: HBS Publishing, 1987).

[52] Kurt Lewin, "Frontiers in Group Dynamics: Concept, Method and Reality in Social Science; Social Equilibria and Social Change," *Human Relations*, 1947, pp. 5–41.

[53] Michael Beer and Nitin Nohria, "Cracking the Code of Change," *Harvard Business Review*, May–June 2000; and Kerry A. Bunker and Michael Wakefield, "The Balance Needed to Lead Change," *Harvard Management Update*, November 2008.

[54] John P. Kotter and Leonard A. Schlesinger, "Choosing Strategies for Change," *Harvard Business Review*, March–April 1979.

[55] Michael Beer, "Why Total Quality Management Programs Do Not Persist: The Role of Management Quality and Implications for Leading a TQM Transformation," *Decision Sciences*, Vol. 34, No. 4, Fall 2003, p. 626.

[56] John P. Kotter, "Leading Change: Why Transformation Efforts Fail," *Harvard Business Review*, March–April 1995.

[57] Michael Beer and Nitin Nohria, "Cracking the Code of Change," *Harvard Business Review*, May–June 2000.

[58] Freek Vermeulen, Phanish Puranam, and Ranjay Gulati, "Change for Change's Sake," *Harvard Business Review*, June 2010.

[59] Rosabeth Moss Kanter, "Leadership for Change: Enduring Skills for Change Masters," Harvard Business School Note No. 9-304-062, rev. November 17, 2005 (Boston, MA: HBS Publishing, 2003).

[60] John P. Kotter and Leonard A. Schlesinger, "Choosing Strategies for Change," *Harvard Business Review*, March–April 1979.

[61] Clayton M. Christensen and Michael Overdorf, "Meeting the Challenge of Disruptive Change," *Harvard Business Review*, March–April 2000.

[62] Ibid.

[63] Michael L. Tushman and Charles A. O'Reilly, "Ambidextrous Organizations: Managing Evolutionary and Revolutionary Change," *California Management Review*, Vol. 38, No. 4, Summer 1996, p. 8.

[64] Clayton M. Christensen and Michael Overdorf, "Meeting the Challenge of Disruptive Change," *Harvard Business Review*, March–April 2000.

[65] Roger Connors and Tom Smith, *Journey to the Emerald City: Achieve a Competitive Edge by Creating a Culture of Accountability* (Paramus, NJ: Prentice Hall, 1999).

[66] John P. Kotter and Dan S. Cohen, *The Heart of Change: Real-Life Stories of How People Change Their Organizations* (Boston, MA: HBS Press, 2002).

[67] Gail McGovern, "Lead from the Heart," *Harvard Business Review*, March 2014.

[68] Jayne Alexandre Dias de Lima, "Managing Change: Winning Hearts and Minds," *Balanced Scorecard Report*, January–February 2009.

[69] Rosabeth Moss Kanter, "Moving Ideas into Action: Mastering the Art of Change," Harvard Business School Note No. 9-388-022, rev. October 10, 1989 (Boston, MA: HBS Publishing, 1987).

[70] Jon R. Katzenbach and The RCL Team, *Real Change Leaders: How You Can Create Growth and High Performance at Your Company* (New York: Times Books, 1995).

第四部分

第 12 章

[1] Nitin Nohria and Rakesh Khurana, *Handbook of Leadership Theory and Practice* (Boston, MA: HBS Press, 2010), p. 7.

[2] Anthony J. Mayo, Masako Egawa, and Mayuka Yamazaki, "Kazuo Inamori, A Japanese Entrepreneur," Harvard Business School Case No. 9-408-039, rev. April 7, 2009 (Boston, MA: HBS Publishing, 2008), pp. 2–3.

[3] Ibid., p. 6.

[4] Ibid.

[5] Kyocera Corporation, Inc., "Company Overview," www.hoovers.com, accessed April 13, 2015.

[6] KDDI Corporation, Inc., "Company Overview," www.hoovers.com, accessed April 13, 2015.

[7] Anthony J. Mayo, Masako Egawa, and Mayuka Yamazaki, "Kazuo Inamori, A Japanese Entrepreneur," Harvard Business School Case No. 9-408-039, rev. April 7, 2009 (Boston, MA: HBS Publishing, 2008), p. 9.

[8] Ibid., p. 10.

[9] Ibid.

[10] Ibid., p. 11.

[11] Ibid., p. 30.

[12] Ibid., p. 11.

[13] Ibid., pp. 21–22.

[14] Peter G. Northouse, *Leadership: Theory and Practice* (Thousand Oaks, CA: Sage Publications, 1997), p. 13.

[15] Ralph M. Stogdill, *Stogdill's Handbook of Leadership: A Survey of Theory and Research* (New York: Free Press, 1981), p. 26.

[16] Shelley A. Kirkpatrick and Edwin A. Locke, "Leadership: Do Traits Matter?," *The Executive*, Vol. 5, 1991, pp. 48–60.

[17] Thomas R. Piper, "Johnson & Johnson's Corporate Credo," Harvard Business School Case No. 9-304-084, rev. May 9, 2008 (Boston, MA: HBS Publishing, 2004), pp. 1–4.

[18] Gary A. Yukl, *Leadership in Organizations*, 6th edition (Upper Saddle River, NJ: Pearson/Prentice Hall, 2006), p. 189.

[19] Peter G. Northouse, *Leadership: Theory and Practice* (Thousand Oaks, CA: Sage Publications, 1997), pp. 17–18.

[20] Shelley A. Kirkpatrick and Edwin A. Locke, "Leadership: Do Traits Matter?," *The Executive*, Vol. 5, 1991, pp. 48–60.

[21] Ibid.

[22] "Samsung Receives CES Innovations Awards for 2008," *Business Wire*, November 14, 2007.

[23] Gary A. Yukl, *Leadership in Organizations*, 6th edition (Upper Saddle River, NJ: Pearson/Prentice Hall, 2006), p. 185; and Robert L. Katz, "Skills of an Effective

Administrator," *Harvard Business Review*, September–October, 1974.

24 Gary A. Yukl, *Leadership in Organizations*, 6th edition (Upper Saddle River, NJ: Pearson/Prentice Hall, 2006), p. 198; and Robert L. Katz, "Skills of an Effective Administrator," *Harvard Business Review*, September–October, 1974.

25 Bernard M. Bass, *The Bass Handbook of Leadership: Theory, Research, and Managerial Applications* (New York: Free Press, 2008), pp. 112–114.

26 Shelley A. Kirkpatrick and Edwin A. Locke, "Leadership: Do Traits Matter?," *The Executive*, Vol. 5, 1991, pp. 48–60.

27 Gary A. Yukl, *Leadership in Organizations*, 6th edition (Upper Saddle River, NJ: Pearson/Prentice Hall, 2006), p. 198.

28 Gary A. Yukl, *Leadership in Organizations*, 6th edition (Upper Saddle River, NJ: Pearson/Prentice Hall, 2006), p. 185; Robert L. Katz, "Skills of an Effective Administrator," *Harvard Business Review*, September–October, 1974; and Bernard M. Bass, *The Bass Handbook of Leadership: Theory, Research, and Managerial Applications* (New York: Free Press, 2008), p. 103.

29 Gary A. Yukl, *Leadership in Organizations*, 6th edition (Upper Saddle River, NJ: Pearson/Prentice Hall, 2006), p. 185; and Bernard M. Bass, *The Bass Handbook of Leadership: Theory, Research, and Managerial Applications* (New York: Free Press, 2008), p. 103.

30 Gary A. Yukl, *Leadership in Organizations*, 6th edition (Upper Saddle River, NJ: Pearson/Prentice Hall, 2006), pp. 192–193; Shelley A. Kirkpatrick and Edwin A. Locke, "Leadership: Do Traits Matter?," *The Executive*, Vol. 5, 1991, pp. 48–60; and Ralph M. Stogdill, *Stogdill's Handbook of Leadership: A Survey of Theory and Research* (New York: Free Press, 1981), pp. 81–82.

31 Peter G. Northouse, *Leadership: Theory and Practice* (Thousand Oaks, CA: Sage Publications, 1997), p. 18.

32 Teresa M. Amabile, Elizabeth A. Schatzel, Giovanni B. Moneta, and Steven J. Kramer, "Leader Behaviors and the Work Environment for Creativity: Perceived Leader Support," *The Leadership Quarterly*, Vol. 15, 2004, pp. 5–32.

33 Daniel Katz and Robert L. Kahn, *The Social Psychology of Organizations*, 2nd edition (New York: Wiley, 1978), p. 543.

34 Gary Yukl, Angela Gordon, and Tom Taber, "A Hierarchical Taxonomy of Leadership Behavior: Integrating a Half Century of Behavior Research," *Journal of Leadership and Organizational Studies*, Vol. 9, No. 1, 2002, pp. 15–32.

35 Ralph M. Stogdill, *Stogdill's Handbook of Leadership: A Survey of Theory and Research* (New York: Free Press, 1981), p. 498; and Edwin A. Fleishman, "The Description of Supervisory Behavior," *Journal of Applied Psychology*, Vol. 37,

No. 1, 1953, pp. 1–6.

36 Gary A. Yukl, *Leadership in Organizations*, 6th edition (Upper Saddle River, NJ: Pearson/Prentice Hall, 2006), pp. 68–71; and Bernard M. Bass, *The Bass Handbook of Leadership: Theory, Research, and Managerial Applications* (New York: Free Press, 2008), p. 498.

37 Bernard M. Bass, *The Bass Handbook of Leadership: Theory, Research, and Managerial Applications* (New York: Free Press, 2008), pp. 507–511; and Timothy A. Judge, Ronald F. Piccolo, and Remus Ilies, "The Forgotten Ones? The Validity of Consideration and Initiating Structure in Leadership Research," *Journal of Applied Psychology*, Vol. 89, No. 1, 2004, pp. 36–51.

38 Gary A. Yukl, *Leadership in Organizations*, 6th edition (Upper Saddle River, NJ: Pearson/Prentice Hall, 2006), p. 51; Peter G. Northouse, *Leadership: Theory and Practice* (Thousand Oaks, CA: Sage Publications, 1997), p. 35; and Gary Yukl, Angela Gordon, and Tom Taber, "A Hierarchical Taxonomy of Leadership Behavior: Integrating a Half Century of Behavior Research," *Journal of Leadership and Organizational Studies*, Vol. 9, No. 1, 2002, pp. 15–32.

39 Gary A. Yukl, *Leadership in Organizations*, 6th edition (Upper Saddle River, NJ: Pearson/Prentice Hall, 2006), pp. 71–72.

40 Gary Yukl, Angela Gordon, and Tom Taber, "A Hierarchical Taxonomy of Leadership Behavior: Integrating a Half Century of Behavior Research," *Journal of Leadership and Organizational Studies*, Vol. 9, No. 1, 2002, pp. 15–32.

41 Ibid.

42 Gary A. Yukl, *Leadership in Organizations*, 6th edition (Upper Saddle River, NJ: Pearson/Prentice Hall, 2006), pp. 74–75.

43 Bernard M. Bass, *The Bass Handbook of Leadership: Theory, Research, and Managerial Applications* (New York: Free Press, 2008), pp. 505–508; Teresa M. Amabile, Elizabeth A. Schatzel, Giovanni B. Moneta, and Steven J. Kramer, "Leader Behaviors and the Work Environment for Creativity: Perceived Leader Support," *The Leadership Quarterly*, Vol. 15, 2004, pp. 5–32; and Timothy A. Judge, Ronald F. Piccolo, and Remus Ilies, "The Forgotten Ones? The Validity of Consideration and Initiating Structure in Leadership Research," *Journal of Applied Psychology*, Vol. 89, No. 1, 2004, pp. 36–51.

44 Robert R. Blake and Jane S. Mouton, *The Managerial Grid III: A New Look at the Classic That Has Boosted Productivity and Profits for Thousands of Corporations Worldwide* (Houston, TX: Gulf Publication Co., 1985), pp. 12–13.

45 Gary A. Yukl, *Leadership in Organizations*, 6th edition (Upper Saddle River, NJ: Pearson/Prentice Hall, 2006), p. 249; and Maxwell Weber, *The Theory of Social and Economic Organizations* (New York: Free

Press, 1947).

46 Boas Shamir, Robert J. House, and Michael B. Arthur, "The Motivational Effects of Charismatic Leadership: A Self-Concept Based Theory," *Organization Science*, Vol. 4, No. 4, 1993, pp. 577–594.

47 Robert J. House, "A 1976 Theory of Charismatic Leadership," *Leadership: The Cutting Edge*, James G. Hunt and Lars L. Larson, eds. (Carbondale, IL: Southern Illinois University Press, 1977), pp. 189–207; and Jay A. Conger and Rabindra N. Kanungo, "Toward a Behavioral Theory of Charismatic Leadership in Organizational Settings," *Academy of Management Review*, Vol. 12, No. 4, 1987, pp. 637–647.

48 Robert J. House, William D. Spangler, and James Woycke, "Personality and Charisma in the U.S. Presidency: A Psychological Theory of Leader Effectiveness," *Administrative Science Quarterly*, Vol. 36, 1991, pp. 364–396; and Rakesh Khurana, "The Curse of the Superstar CEO," *Harvard Business Review*, September 2002.

49 Robert J. House, William D. Spangler, and James Woycke, "Personality and Charisma in the U.S. Presidency: A Psychological Theory of Leader Effectiveness," *Administrative Science Quarterly*, Vol. 36, 1991, pp. 364–396.

50 Lev Grossman, "How Apple Does It," *Time*, October 16, 2005.

51 Boas Shamir, Robert J. House, and Michael B. Arthur, "The Motivational Effects of Charismatic Leadership: A Self-Concept Based Theory," *Organization Science*, Vol. 4, No. 4, 1993, pp. 577–594; and Katherine J. Klein and Robert J. House, "On Fire: Charismatic Leadership and Levels of Analysis," *Leadership Quarterly*, Vol. 6, No. 2, 1995, pp. 183–192.

52 Alan Bryman, *Charisma and Leadership in Organizations* (Newbury, CA: Sage Publications, 1992), pp. 116–118.

53 Jaepil Choi, "A Motivational Theory of Charismatic Leadership: Envisioning, Empathy, and Empowerment," *Journal of Leadership and Organizational Studies*, Vol. 13, No. 1, 2006, pp. 24–43.

54 Jay A. Conger and Rabindra N. Kanungo, "Toward a Behavioral Theory of Charismatic Leadership in Organizational Settings," *Academy of Management Review*, Vol. 12, No. 4, 1987, pp. 637–647.

55 Gary A. Yukl, *Leadership in Organizations*, 6th edition (Upper Saddle River, NJ: Pearson/Prentice Hall, 2006), p. 259; and Robert J. House and Jane M. Howell, "Personality and Charismatic Leadership," *The Leadership Quarterly*, Vol. 3, No. 2, Summer 1992, pp. 81–108.

56 Robert J. House, "A 1976 Theory of Charismatic Leadership," *Leadership: The Cutting Edge*, James G. Hunt and Lars L. Larson, eds. (Carbondale, IL: Southern Illinois University Press, 1977), pp. 189–207; and Robert J. House, William D. Spangler, and James Woycke, "Personality and

Charisma in the U.S. Presidency: A Psychological Theory of Leader Effectiveness," *Administrative Science Quarterly*, Vol. 36, 1991, pp. 364–396.

[57] James MacGregor Burns, *Leadership* (New York: Harper Perennial, 1978), p. 244.

[58] Peter G. Northouse, *Leadership: Theory and Practice* (Thousand Oaks, CA: Sage Publications, 1997), p. 134.

[59] Gary A. Yukl, *Leadership in Organizations*, 6th edition (Upper Saddle River, NJ: Pearson/Prentice Hall, 2006), p. 264; and Alan Bryman, *Charisma and Leadership in Organizations* (Newbury, CA: Sage Publications, 1992), p. 128.

[60] Gary A. Yukl, *Leadership in Organizations*, 6th edition (Upper Saddle River, NJ: Pearson/Prentice Hall, 2006), p. 263; James MacGregor Burns, *Leadership* (New York: Harper Perennial, 1978), pp. 243–244; Warren G. Bennis and Bert Nanus, *Leaders: The Strategies for Taking Charge* (New York: Harper & Row, 1985), pp. 27–33; and Bernard M. Bass, *Leadership and Performance Beyond Expectations* (New York: Free Press, 1985), pp. 37–48.

[61] James M. Kouzes and Barry Z. Posner, *The Leadership Challenge*, 4th edition (San Francisco, CA: Jossey-Bass, 2008), p. 16; and Noel M. Tichy and Mary Anne Devanna, *The Transformational Leader* (New York: Wiley, 1986), pp. 30–31.

[62] Warren G. Bennis and Bert Nanus, *Leaders: The Strategies for Taking Charge* (New York: Harper & Row, 1985), pp. 43–55; and James M. Kouzes and Barry Z. Posner, *The Leadership Challenge*, 4th edition (San Francisco, CA: Jossey-Bass, 2008), p. 26.

[63] James M. Kouzes and Barry Z. Posner, *The Leadership Challenge*, 4th edition (San Francisco, CA: Jossey-Bass, 2008), pp. 20–21.

[64] Bernard M. Bass, *Leadership and Performance beyond Expectations* (New York: Free Press, 1985), p. 99.

[65] Peter G. Northouse, *Leadership: Theory and Practice* (Thousand Oaks, CA: Sage Publications, 1997), p. 136; and Bruce J. Avolio, Bernard M. Bass, and Dong I. Jung, "Re-Examining the Components of Transformational and Transactional Leadership Using the Multifactor Leadership Questionnaire," *Journal of Occupational and Organizational Psychology*, Vol. 72, 1999, pp. 441–462.

[66] Bernard M. Bass, *Transformational Leadership: Industrial, Military, and Educational Impact* (Mahwah, NJ: Lawrence Erlbaum, 1998), pp. 5–6.

[67] Bernard M. Bass, *The Bass Handbook of Leadership: Theory, Research, and Managerial Applications* (New York: Free Press, 2008), p. 622; and Bruce J. Avolio, Bernard M. Bass, and Dong I. Jung, "Re-Examining the Components of Transformational and Transactional Leadership using the Multifactor Leadership Questionnaire," *Journal of Occu-*

[68] pational and Organizational Psychology, Vol. 72, 1999, pp. 441–462.

[68] Bernard M. Bass, *Transformational Leadership: Industrial, Military, and Educational Impact* (Mahwah, NJ: Lawrence Erlbaum, 1998), p. 6.

[69] Alan Bryman, *Charisma and Leadership in Organizations* (Newbury, CA: Sage Publications, 1992), p. 97; Bernard M. Bass, *Leadership and Performance Beyond Expectations* (New York: Free Press, 1985), p. 20; and Bernard M. Bass, *Transformational Leadership: Industrial, Military, and Educational Impact* (Mahwah, NJ: Lawrence Erlbaum, 1998), p. 4.

[70] Alan Bryman, *Charisma and Leadership in Organizations* (Newbury, CA: Sage Publications, 1992), p. 95.

[71] Peter G. Northouse, *Leadership: Theory and Practice* (Thousand Oaks, CA: Sage Publications, 1997), p. 131.

[72] Robert E. Quinn, "Moments of Greatness: Entering the Fundamental State of Leadership," *Harvard Business Review*, July–August 2005.

[73] John J. Hater and Bernard M. Bass, "Superiors' Evaluations and Subordinates' Perceptions of Transformational and Transactional Leadership," *Journal of Applied Psychology*, Vol. 73, No. 4, 1988, pp. 695–702.

[74] John P. Kotter, *A Force for Change: How Leadership Differs from Management* (New York: Free Press, 1990), p. 4.

[75] Peter G. Northouse, *Leadership: Theory and Practice* (Thousand Oaks, CA: Sage Publications, 1997), p. 137; Bernard M. Bass, *Leadership and Performance beyond Expectations* (New York: Free Press, 1985), p. 14; and Bruce J. Avolio, Bernard M. Bass, and Dong I. Jung, "Re-Examining the Components of Transformational and Transactional Leadership Using the Multifactor Leadership Questionnaire," *Journal of Occupational and Organizational Psychology*, Vol. 72, 1999, pp. 441–462.

[76] Karl W. Kuhnert and Philip Lewis, "Transactional and Transformational Leadership: A Constructive/Developmental Analysis," *Academy of Management Review*, Vol. 12, No. 4, 1987, pp. 648–657; and Bernard M. Bass, "From Transactional to Transformational Leadership: Learning to Share the Vision," *Organizational Dynamics*, Vol. 18, No. 3, 1990, pp. 19–31.

[77] Gary A. Yukl, *Leadership in Organizations*, 6th edition (Upper Saddle River, NJ: Pearson/Prentice Hall, 2006), p. 138; Bruce J. Avolio, Bernard M. Bass, and Dong I. Jung, "Re-Examining the Components of Transformational and Transactional Leadership Using the Multifactor Leadership Questionnaire," *Journal of Occupational and Organizational Psychology*, Vol. 72, 1999, pp. 441–462; and Bernard M. Bass, *Transformational Leadership: Industrial, Military, and Educational Impact* (Mahwah, NJ: Lawrence Erlbaum, 1998), p. 7.

[78] Bernard M. Bass, *Leadership and Perfor-*

[78] mance Beyond Expectations (New York: Free Press, 1985), pp. 147–148.

[79] Gary A. Yukl, *Leadership in Organizations*, 6th edition (Upper Saddle River, NJ: Pearson/Prentice Hall, 2006), p. 138; and Bernard M. Bass, *Leadership and Performance beyond Expectations* (New York: Free Press, 1985), p. 135.

[80] Alan Bryman, *Charisma and Leadership in Organizations* (Newbury, CA: Sage Publications, 1992), p. 98; and Bernard M. Bass, "From Transactional to Transformational Leadership: Learning to Share the Vision," *Organizational Dynamics*, Vol. 18, No. 3, 1990, pp. 19–31.

[81] Bruce J. Avolio, Bernard M. Bass, and Dong I. Jung, "Re-Examining the Components of Transformational and Transactional Leadership Using the Multifactor Leadership Questionnaire," *Journal of Occupational and Organizational Psychology*, Vol. 72, 1999, pp. 441–462; and Jane M. Howell and Bruce J. Avolio, "Transformational Leadership, Transactional Leadership, Locus of Control, and Support for Innovation: Key Predictors of Consolidated-Business-Unit Performance," *Journal of Applied Psychology*, Vol. 78, No. 6, 1993, pp. 891–902.

[82] John P. Kotter, *A Force for Change: How Leadership Differs from Management* (New York: Free Press, 1990), p. 3.

[83] Bruce J. Avolio, Bernard M. Bass, and Dong I. Jung, "Re-Examining the Components of Transformational and Transactional Leadership Using the Multifactor Leadership Questionnaire," *Journal of Occupational and Organizational Psychology*, Vol. 72, 1999, pp. 441–462.

[84] Bernard M. Bass, *Leadership and Performance Beyond Expectations* (New York: Free Press, 1985), pp. 24–28; and John P. Kotter, *A Force for Change: How Leadership Differs from Management* (New York: Free Press, 1990), p. 3.

[85] Bernard M. Bass, "From Transactional to Transformational Leadership: Learning to Share the Vision," *Organizational Dynamics*, Vol. 18, No. 3, 1990, pp. 19–31.

[86] Bernard M. Bass, *Leadership and Performance Beyond Expectations* (New York: Free Press, 1985), p. 28.

[87] George B. Graen and Mary Uhl-Bien, "Relationship-Based Approach to Leadership: Development of Leader-Member Exchange (LMX) Theory of Leadership Over 25 Years: Applying a Multi-Level Multi-Domain Perspective," *Leadership Quarterly*, Vol. 6, No. 2, 1995, pp. 219–247; Richard M. Dienesch and Robert C. Liden, "Leader–Member Exchange Model of Leadership: A Critique and Further Development," *Academy of Management Review*, Vol. 11, No. 3, 1986, pp. 618–634; and Fred Dansereau, Jr., George Graen, and William J. Haga, "A Vertical Dyad Linkage Approach to Leadership within Formal Organizations:

A Longitudinal Investigation of the Role Making Process," *Organizational Behavior and Human Performance*, Vol. 13, 1975, pp. 46–78.

[88] Gary A. Yukl, *Leadership in Organizations*, 6th edition (Upper Saddle River, NJ: Pearson/Prentice Hall, 2006), p. 117; and Peter G. Northouse, *Leadership: Theory and Practice* (Thousand Oaks, CA: Sage Publications, 1997), p. 109.

[89] Richard M. Dienesch and Robert C. Liden, "Leader-Member Exchange Model of Leadership: A Critique and Further Development," *Academy of Management Review*, Vol. 11, No. 3, 1986, pp. 618–634; and Fred Dansereau, Jr., George Graen, and William J. Haga, "A Vertical Dyad Linkage Approach to Leadership within Formal Organizations: A Longitudinal Investigation of the Role Making Process," *Organizational Behavior and Human Performance*, Vol. 13, 1975, pp. 46–78.

[90] George B. Graen and Mary Uhl-Bien, "Relationship-Based Approach to Leadership: Development of Leader-Member Exchange (LMX) Theory of Leadership Over 25 Years: Applying a Multi-Level Multi-Domain Perspective," *Leadership Quarterly*, Vol. 6, No. 2, 1995, pp. 219–247; and Charlotte R. Gerstner and David V. Day, "Meta-Analytic Review of Leader-Member Exchange Theory: Correlates and Construct Issues," *Journal of Applied Psychology*, Vol. 82, No. 6, 1997, pp. 827–844.

[91] Fred Dansereau, Jr., George Graen, and William J. Haga, "A Vertical Dyad Linkage Approach to Leadership within Formal Organizations: A Longitudinal Investigation of the Role Making Process," *Organizational Behavior and Human Performance*, Vol. 13, 1975, pp. 46–78.

[92] Gary A. Yukl, *Leadership in Organizations*, 6th edition (Upper Saddle River, NJ: Pearson/Prentice Hall, 2006), pp. 117–120; and Robert C. Liden and George Graen, "Generalizability of the Vertical Dyad Linkage Model of Leadership," *Academy of Management Journal*, Vol. 23, No. 3, 1980, pp. 451–465.

[93] Gary A. Yukl, *Leadership in Organizations*, 6th edition (Upper Saddle River, NJ: Pearson/Prentice Hall, 2006), pp. 118–120; and Peter G. Northouse, *Leadership: Theory and Practice* (Thousand Oaks, CA: Sage Publications, 1997), p. 115.

[94] Fred Dansereau, Jr., George Graen, and William J. Haga, "A Vertical Dyad Linkage Approach to Leadership within Formal Organizations: A Longitudinal Investigation of the Role Making Process," *Organizational Behavior and Human Performance*, Vol. 13, 1975, pp. 46–78.

[95] Gary A. Yukl, *Leadership in Organizations*, 6th edition (Upper Saddle River, NJ: Pearson/Prentice Hall, 2006), p. 118.

[96] Peter G. Northouse, *Leadership: Theory and Practice* (Thousand Oaks, CA: Sage Publications, 1997), p. 112.

[97] Gary A. Yukl, *Leadership in Organizations*, 6th edition (Upper Saddle River, NJ: Pearson/Prentice Hall, 2006), p. 136; and Peter G. Northouse, *Leadership: Theory and Practice* (Thousand Oaks, CA: Sage Publications, 1997), pp. 110–111.

[98] Peter G. Northouse, *Leadership: Theory and Practice* (Thousand Oaks, CA: Sage Publications, 1997), p. 117.

[99] George B. Graen and Mary Uhl-Bien, "Relationship-Based Approach to Leadership: Development of Leader-Member Exchange (LMX) Theory of Leadership Over 25 Years: Applying a Multi-Level Multi-Domain Perspective," *Leadership Quarterly*, Vol. 6, No. 2, 1995, pp. 219–247.

[100] George B. Graen and Mary Uhl-Bien, "Relationship-Based Approach to Leadership: Development of Leader-Member Exchange (LMX) Theory of Leadership Over 25 Years: Applying a Multi-Level Multi-Domain Perspective," *Leadership Quarterly*, Vol. 6, No. 2, 1995, pp. 219–247; and Robert C. Liden, Sandy J. Wayne, and Dean Stilwell, "A Longitudinal Study on the Early Development of Leader-Member Exchanges," *Journal of Applied Psychology*, Vol. 78, No. 4, 1993, pp. 662–674.

[101] Gary A. Yukl, *Leadership in Organizations*, 6th edition (Upper Saddle River, NJ: Pearson/Prentice Hall, 2006), p. 118; Peter G. Northouse, *Leadership: Theory and Practice* (Thousand Oaks, CA: Sage Publications, 1997), pp. 113–115; and George B. Graen and Mary Uhl-Bien, "Relationship-Based Approach to Leadership: Development of Leader-Member Exchange (LMX) Theory of Leadership Over 25 Years: Applying a Multi-Level Multi-Domain Perspective," *Leadership Quarterly*, Vol. 6, No. 2, 1995, pp. 219–247.

[102] Gary A. Yukl, *Leadership in Organizations*, 6th edition (Upper Saddle River, NJ: Pearson/Prentice Hall, 2006), p. 121; Peter G. Northouse, *Leadership: Theory and Practice* (Thousand Oaks, CA: Sage Publications, 1997), p. 113; and George B. Graen and Mary Uhl-Bien, "Relationship-Based Approach to Leadership: Development of Leader-Member Exchange (LMX) Theory of Leadership Over 25 Years: Applying a Multi-Level Multi-Domain Perspective," *Leadership Quarterly*, Vol. 6, No. 2, 1995, pp. 219–247.

[103] George B. Graen and Mary Uhl-Bien, "Relationship-Based Approach to Leadership: Development of Leader-Member Exchange (LMX) Theory of Leadership Over 25 Years: Applying a Multi-Level Multi-Domain Perspective," *Leadership Quarterly*, Vol. 6, No. 2, 1995, pp. 219–247; and Charlotte R. Gerstner and David V. Day, "Meta-Analytic Review of Leader-Member Exchange Theory: Correlates and Construct Issues," *Journal of Applied Psychology*, Vol. 82, No. 6, 1997, pp. 827–844.

[104] Peter G. Northouse, *Leadership: Theory and Practice* (Thousand Oaks, CA: Sage Publications, 1997), p. 53.

[105] Gary A. Yukl, *Leadership in Organizations*, 6th edition (Upper Saddle River, NJ: Pearson/Prentice Hall, 2006), pp. 215–218; and Peter G. Northouse, *Leadership: Theory and Practice* (Thousand Oaks, CA: Sage Publications, 1997), pp. 74–77.

[106] Gary A. Yukl, *Leadership in Organizations*, 6th edition (Upper Saddle River, NJ: Pearson/Prentice Hall, 2006), pp. 215–218; and Peter G. Northouse, *Leadership: Theory and Practice* (Thousand Oaks, CA: Sage Publications, 1997), p. 76.

[107] Paul Hersey, Kenneth H. Blanchard, and Dewey E. Johnson, *Management of Organizational Behavior: Leading Human Resources*, 8th edition (Upper Saddle River, NJ: Prentice Hall, 2001), p. 171.

[108] Ibid., p. 172.

[109] Gary A. Yukl, *Leadership in Organizations*, 6th edition (Upper Saddle River, NJ: Pearson/Prentice Hall, 2006), p. 223.

[110] Gary A. Yukl, *Leadership in Organizations*, 6th edition (Upper Saddle River, NJ: Pearson/Prentice Hall, 2006), p. 225; and Peter G. Northouse, *Leadership: Theory and Practice* (Thousand Oaks, CA: Sage Publications, 1997), p. 54.

[111] Gary A. Yukl, *Leadership in Organizations*, 6th edition (Upper Saddle River, NJ: Pearson/Prentice Hall, 2006), pp. 218–219; Peter G. Northouse, *Leadership: Theory and Practice* (Thousand Oaks, CA: Sage Publications, 1997), pp. 88–89; Robert J. House, "Path-Goal Theory of Leadership: Lessons, Legacy, and a Reformulated Theory," *Leadership Quarterly*, Vol. 7, No. 3, 1996, pp. 323–352; and Robert J. House, "A Path-Goal Theory of Leader Effectiveness," *Administrative Science Quarterly*, Vol. 16, No. 3, 1971, pp. 321–339.

[112] Gary A. Yukl, *Leadership in Organizations*, 6th edition (Upper Saddle River, NJ: Pearson/Prentice Hall, 2006), pp. 219–221; and Peter G. Northouse, *Leadership: Theory and Practice* (Thousand Oaks, CA: Sage Publications, 1997), p. 93.

[113] Gary A. Yukl, *Leadership in Organizations*, 6th edition (Upper Saddle River, NJ: Pearson/Prentice Hall, 2006), pp. 219–221; and Robert J. House, "Path-Goal Theory of Leadership: Lessons, Legacy, and a Reformulated Theory," *Leadership Quarterly*, Vol. 7, No. 3, 1996, pp. 323–352.

[114] Steven Kerr and John M. Jermier, "Substitutes for Leadership: Their Meaning and Measurement," *Organizational Behavior and Human Performance*, Vol. 22, 1978, pp. 375–403.

[115] Gary A. Yukl, *Leadership in Organizations*, 6th edition (Upper Saddle River, NJ: Pearson/Prentice Hall, 2006), p. 228.

[116] Ibid., pp. 225–227.

[117] Bernard M. Bass, *Transformational Leadership: Industrial, Military, and Educational Impact* (Mahwah, NJ: Lawrence Erlbaum, 1998), p. 160.

第 13 章

[1] George L. Hanbury, Alka Sapat, and Charles W. Washington, "Know Yourself and Take Charge of Your Own Destiny: The 'Fit Model' of Leadership," *Public Administration Review*, Vol. 64, No. 5, 2004, pp. 566–576; William Taggart and Daniel Robey, "Mind and Managers: On the Dual Nature of Human Information Processing and Management," *Academy of Management Review*, Vol. 6, No. 2, 1981, pp. 187–195.

[2] Scott W. Spreier, Mary H. Fontaine, and Ruth L. Malloy, "Leadership Run Amok: The Destructive Potential of Overachievers," *Harvard Business Review*, June 2006.

[3] Jeffrey Polzer and Hillary Anger Elfenbein, "Identity Issues in Teams," Harvard Business School Note No. 9-403-095 (Boston, MA: HBS Publishing, 2003).

[4] Anthony G. Athos and John J. Gabarro, "Understanding Another Person, Part 1: The Individual Frame of Reference," Harvard Business School Note No. 9-473-009, rev. September 1, 1976 (Boston, MA: HBS Publishing, 1972).

[5] John J. Gabarro, Alison Comings, and Jennifer M. Suesse, "Wolfgang Keller at Königsbräu-TAK (A)," Harvard Business School Case No. 9-498-045, rev. October 17, 2008 (Boston, MA: HBS Publishing, 1997); John J. Gabarro, Alison Comings, and Jennifer M. Suesse, "Wolfgang Keller at Königsbräu-TAK (B)," Harvard Business School Case No. 9-498-046, rev. May 20, 2008 (Boston, MA: HBS Publishing, 1997).

[6] Adam M. Grant, Francesca Gino, and David A. Hofmann, "Stop Stealing the Spotlight: The Perils of Extraverted Leadership," *European Business Review*, 2011; and Carmen Nobel, "Introverts: The Best Leaders for Proactive Employees," *HBS Working Knowledge*, October 4, 2010.

[7] Robert Benfari and Jean Knox, *Understanding Your Management Style: Beyond the Myers-Briggs Type Indicators* (Lexington, MA: Lexington Books, 1991).

[8] S. K. Whitbourne, "Language, Problem Solving and Intelligence," *Adult Development and Aging: Biopsychological Perspectives*, 3rd edition (Hoboken, NJ: John Wiley & Sons, 2008), p. 175.

[9] Robert J. Sternberg, "What Should Intelligence Tests Test? Implications of a Triarchic Theory of Intelligence for Intelligence Testing," *Educational Researcher*, Vol. 13, No. 1, 1984, pp. 5–15.

[10] J. G. Clawson, "Leadership and Intelligence," *Level Three Leadership: Getting below the Surface*, 2nd edition (Upper Saddle River, NJ: Prentice Hall, 2003), p. 112.

[11] Dennis Garlick, "Integrating Brain Science Research with Intelligence Research," *Current Directions in Psychological Science*, Vol. 12, No. 5, 2003, pp. 185–189.

[12] Howard Gardner, *Frames of Mind: The Theory of Multiple Intelligences* (New York: Basic Books, 1983).

[13] J. G. Clawson, "Leadership and Intelligence," *Level Three Leadership: Getting below the Surface*, 2nd edition (Upper Saddle River, NJ: Prentice Hall, 2003), p. 111.

[14] Justin Menkes, "Hiring for Smarts," *Harvard Business Review*, November 2005.

[15] Biography.com, "Sir Richard Branson Biography," www.biography.com/articles/Sir-Richard-Branson-9224520.

[16] William Taggart and Daniel Robey, "Mind and Managers: On the Dual Nature of Human Information Processing and Management," *Academy of Management Review*, Vol. 6, No. 2, 1981, pp. 187–195.

[17] Edward M. Bowden and Mark Jung Beeman, "Getting the Right Idea: Semantic Activation in the Right Hemisphere May Help Solve Insight Problems," *Psychological Science*, Vol. 9, No. 6, 1998, pp. 435–440.

[18] Terence Hines, "Left Brain/Right Brain Mythology and Implications for Management and Training," *Academy of Management Review*, Vol. 12, No. 4, 1987, pp. 600–606.

[19] A. Nahavandi, *The Art and Science of Leadership* (Upper Saddle River, NJ: Prentice Hall, 2006), p. 125.

[20] Shelley Carson, *Your Creative Brain* (San Francisco, CA: Jossey-Bass, 2010), p. 9.

[21] A. Nahavandi, *The Art and Science of Leadership* (Upper Saddle River, NJ: Prentice Hall, 2006), p. 125.

[22] L. Thompson, "Creativity: Mastering Strategies for High Performance," *Making the Team: A Guide for Managers* (Upper Saddle River, NJ: Prentice Hall, 2000), p. 151.

[23] Mihaly Csikszentmihalyi, "Creativity," *Encyclopedia of Leadership*, eds. George R. Goethals, Georgia J. Sorenson, and James MacGregor Burns (Thousand Oaks, CA: Sage Publications, 2004), pp. 286–288.

[24] Lynne C. Levesque, *Breakthrough Creativity: Achieving Top Performance Using the Eight Creative Talents* (Palo Alto, CA: Davies-Black Publishing, 2001).

[25] Linda A. Hill, "Leadership: Leading from Behind," Harvard Business Review Blog, http://blogs.hbr.org/imagining-the-future-of-leadership/2010/05/leading-from-behind.html, accessed November 9, 2012.

[26] Robert J. Sternberg, *The Triarchic Mind: A New Theory of Human Intelligence* (New York: Viking, 1988).

[27] Robert J. Sternberg, "What Should Intelligence Tests Test? Implications of a Triarchic Theory of Intelligence for Intelligence Testing," *Educational Researcher*, Vol. 13, No. 1, 1984, pp. 5–15.

[28] Robert J. Sternberg, *The Triarchic Mind: A New Theory of Human Intelligence* (New York: Viking, 1988).

[29] Anthony J. Mayo and Nitin Nohria, *In Their Time: The Greatest Business Leaders of the Twentieth Century* (Boston, MA: HBS Press, 2005), p. xv.

[30] Ibid., pp. 359–360.

[31] Anthony J. Mayo and Nitin Nohria, *In Their Time: The Greatest Business Leaders of the Twentieth Century* (Boston, MA: HBS Press, 2005).

[32] Dennis Garlick, "Integrating Brain Science Research with Intelligence Research," *Current Directions in Psychological Science*, Vol. 12, No. 5, 2003, pp. 185–189.

[33] Ronald E. Riggio, "Intelligences, Other," *Encyclopedia of Leadership*, eds. George R. Goethals, Georgia J. Sorenson, and James MacGregor Burns (Thousand Oaks, CA: Sage Publications, 2004), pp. 733–735.

[34] Lynn R. Offerman and Ly U. Phan, "Culturally Intelligent Leadership in a Diverse World," *Multiple Intelligence in Leadership*, eds. R. E. Riggio, S. E. Murphy, and F. J. Pirozzolo (Mahwah, NJ: Lawrence Erlbaum Associates, 2002), pp. 187–214.

[35] Kerri Anne Crowne, "What Leads to Cultural Intelligence?," *Business Horizons*, Vol. 51, 2008, pp. 391–399.

[36] Daniel Goleman, *Emotional Intelligence: Why It Can Matter More Than IQ* (New York: Bantam Book, 1995).

[37] Barbara Mandell and Shilpa Pherwani, "Relationship Between Emotional Intelligence and Transformational Leadership Style: A Gender Comparison," *Journal of Business and Psychology*, Vol. 17, No. 3, Spring 2003, pp. 387–404; and Daniel Goleman, "What Makes a Leader?," *Harvard Business Review*, November–December 1998.

[38] The Hay Group, "The Emotional Intelligence Workbook," 2008.

[39] Daniel Goleman, Richard Boyatzis, and Anne McKee, *Primal Intelligence: Realizing the Power of Emotional Intelligence* (Boston, MA: Harvard Business Review Press, 2002), p. 40.

[40] Daniel Goleman, "What Makes a Leader?," *Harvard Business Review*, November–December 1998.

[41] Michael Maccoby, "Chapter 5," *The Leaders We Need: And What Makes Us Follow* (Boston, MA: HBS Press, 2007).

[42] Daniel Goleman, "What Makes a Leader?," *Harvard Business Review*, November–December 1998, p. 9.

[43] The Hay Group, "Being Clever Isn't Everything: Making the Business Case for

Emotional and Social Intelligence," Power-Point presentation, 2008.

[44] Robert R. McCrae and Paul T. Costa, Jr., *Personality in Adulthood: A Five-Factor Theory Perspective*, 2nd edition (New York: Guilford Press, 2003).

[45] Shelley A. Kirkpatrick and Edwin A. Locke, "Leadership: Do Traits Matter?," *The Executive*, Vol. 5, 1991, pp. 48–60.

[46] John M. Digman, "Personality Structure: Emergence of the Five-Factor Model," *Annual Review Psychology*, Vol. 41, 1990, pp. 417–440.

[47] G. Jung, *Psychological Types* (New York: Harcourt, Brace & Company, 1923).

[48] J. G. Clawson, J. P. Kotter, V. A. Faux, and C.C. McArthur, *Self-Assessment and Career Development* (Upper Saddle River, NJ: Prentice Hall, 1992), p. 72.

[49] Jamie L. Franco and Greg Reaume, "Personality and Group Roles," *Encyclopedia of Leadership*, eds. George R. Goethals, Georgia J. Sorenson, and James MacGregor Burns (Thousand Oaks, CA: Sage Publications, 2004), pp. 1187–1192.

[50] Isabel Briggs Myers and Peter B. Myers, *Gifts Differing* (Palo Alto, CA: Consulting Psychologists Press, 1980).

[51] Robert Benfari and Jean Knox, *Understanding Your Management Style: Beyond the Myers-Briggs Type Indicators* (Lexington, MA: Lexington Books, 1991).

[52] Anne Field, "Intuitor, Thinker, Feeler, Senser: Which One Are You Talking To?" *Harvard Management Communication Letter*, July 2003.

[53] George L. Hanbury, Alka Sapat, and Charles W. Washington, "Know Yourself and Take Charge of Your Own Destiny: The 'Fit Model' of Leadership," *Public Administration Review*, Vol. 64, No. 5, 2004, pp. 566–576.

[54] J. B. Rotter, "Generalized Expectancies for Internal versus External Control of Reinforcement," *Psychological Monographs*, Vol. 80, No. 1, 1966.

[55] Mark J. Martinko and William L.

Gardner, "Learned Helplessness: An Alternative Explanation for Performance Deficits," *Academy of Management Review*, Vol. 7, No. 2, 1982, pp. 195–204.

[56] Herbert M. Lefcourt, "Personality and Locus of Control," *Human Helplessness: Theory and Applications*, eds. Judy Garber and Martin F. Seligman (New York: Academic Press, 1980), pp. 245–259.

[57] Paul E. Spector, "Behavior in Organizations as a Function of Employee's Locus of Control," *Psychological Bulletin*, Vol. 91, No. 3, 1982, pp. 482–497.

[58] Micha Popper, "Psychological Substructures," *Encyclopedia of Leadership*, eds. George R. Goethals, Georgia J. Sorenson, and James MacGregor Burns (Thousand Oaks, CA: Sage Publications, 2004), pp. 1265–1270.

[59] Carol Dweck, "How Companies Can Profit from a 'Growth Mindset,'" *Harvard Business Review*, November, 2014.

[60] Paul E. Spector, "Behavior in Organizations as a Function of Employee's Locus of Control," *Psychological Bulletin*, Vol. 91, No. 3, 1982, pp. 482–497.

[61] Herbert M. Lefcourt, "Personality and Locus of Control," *Human Helplessness: Theory and Applications*, eds. Judy Garber and Martin F. Seligman (New York: Academic Press, 1980), pp. 245–259.

[62] Karen Reivich and Andrew Shatte, *The Resilience Factor: 7 Keys to Finding Your Inner Strength and Overcoming Life's Hurdles* (New York: Broadway Books, 2002); and Suniya S. Lithar, Dante Cicchetti, and Bronwyn Becker, "The Construct of Resilience: A Critical Evaluation and Guidelines for Future Work," *Child Development*, Vol. 71, No. 3, 2000, pp. 543–562.

[63] Diane Coutu, "How Resilience Works," *Harvard Business Review*, May 2002.

[64] Jeffrey Pfeffer, *What Were They Thinking? Unconventional Wisdom about Management* (Boston, MA: HBS Press, 2007).

[65] Lyn Y. Abramson, Judy Garber, and Martin E. P. Seligman, "Learned Helplessness in Humans: An Attributional Analysis," *Human Helplessness: Theory and Applications*, eds. Judy Garber and Martin F. Seligman (New York: Academic Press, 1980), pp. 3–34.

[66] Carol Dweck, *Self-Theories: Their Role in Motivation, Personality, and Development* (Philadelphia, PA: Psychology Press, 2000), pp. 138–141.

[67] Paul G. Stoltz, *Adversity Quotient @ Work* (New York: HarperCollins, 2000).

[68] Joshua D. Margolis and Paul G. Stoltz, "How to Bounce Back from Adversity," *Harvard Business Review*, January–February 2010.

[69] Paul G. Stoltz, *Adversity Quotient @ Work* (New York: HarperCollins, 2000).

[70] Ronald A. Heifetz and Marty Linsky, *Leadership on the Line: Staying Alive through the Dangers of Leading* (Boston, MA: HBS Press, 2002).

[71] Warren G. Bennis and Robert J. Thomas, *Geeks & Geezers: How Era, Values, and Defining Moments Shape Leaders* (Boston, MA: HBS Press, 2002).

[72] A. Nahavandi, *The Art and Science of Leadership* (Upper Saddle River, NJ: Prentice Hall, 2006) p. 134.

[73] V. J. Derlega, B. A. Winstead, and W. H. Jones, *Personality: Contemporary Theory and Research*, 3rd edition (Belmont, CA: Wadsworth, 2005), p. 285.

[74] A. Nahavandi, *The Art and Science of Leadership* (Upper Saddle River, NJ: Prentice Hall, 2006), p. 134.

[75] Peter F. Drucker, "Managing Oneself," *Harvard Business Review*, January 2005.

[76] L. M. Roberts, J. Dutton, G. Spreitzer, and E. D. Heaphy, "Composing the Reflected Best Self-Portrait: Building Pathways for Becoming Extraordinary in Work Organizations," *Academy of Management Review*, Vol. 30, No. 4, 2005, pp. 712–736.

第 14 章

[1] Ann Frost and Lyn Purdy, "An Introductory Note on Managing People in Organizations," Richard Ivey School of Business Note No. 908C22 (London, Ontario: University of Western Ontario, 2008).

[2] Joseph S. Nye, Jr., "Power and Leadership," *Handbook of Leadership Theory and Practice: A Harvard Business School Centennial Colloquium*, Nitin Nohria and Rakesh Khurana, eds. (Boston, MA: HBS Press, 2010); and Abraham Zaleznik and Manfred F. R. Kets de Vries, *Power and the Corporate Mind* (Chicago, IL: Bonus Books, 1985), p. 3.

[3] Warren Bennis and Burt Nanus, *Lead-*

ers: *The Strategies for Taking Charge* (New York: Harper & Row, 1985); and "The Necessity of Power: You Can't Manage Without It," *Power, Influence, and Persuasion: Sell Your Ideas and Make Things Happen* (Boston, MA: HBS Press, 2006).

[4] Abraham Zaleznik and Manfred F. R. Kets de Vries, *Power and the Corporate Mind* (Chicago, IL: Bonus Books, 1985), p. xiii; and Linda A. Hill, "What It Means to Manage: Exercising Power and Influence," Harvard Business School Note No. 9-400-041, rev. February 15, 2000 (Boston, MA: HBS Publishing, 1999).

[5] B. Kim Barnes, *Exercising Influence*

(Berkeley, CA: Barnes & Conti Associates, 2000), p. 9.

[6] Linda A. Hill, "What It Means to Manage: Exercising Power and Influence," Harvard Business School Note No. 9-400-041, rev. February 15, 2000 (Boston, MA: HBS Publishing, 1999).

[7] Abraham Zaleznik and Manfred F. R. Kets de Vries, *Power and the Corporate Mind* (Chicago, IL: Bonus Books, 1985), p. 44.

[8] John P. Kotter, *Power and Influence* (New York: The Free Press, 1985).

[9] Jeffery Pfeffer, *Managing with Power: Politics and Influence in Organizations* (Boston, MA: HBS Press, 1992); and "The

Necessity of Power: You Can't Manage Without It," *Power, Influence, and Persuasion: Sell Your Ideas and Make Things Happen* (Boston, MA: HBS Press, 2006).

[10] Victoria Chang and Jeffrey Pfeffer, "Keith Ferrazzi," Stanford Graduate School of Business Case No. OB-44, November 15, 2003 (Stanford, CA: Stanford Graduate School of Business, 2003).

[11] Ibid., p. 4.

[12] Ibid., p. 6.

[13] "The Necessity of Power: You Can't Manage Without It," *Power, Influence, and Persuasion: Sell Your Ideas and Make Things Happen* (Boston, MA: HBS Press, 2006).

[14] John R. P. French and Bertram Raven, "The Bases of Social Power," *Group Dynamics: Research and Theory*, 2nd edition, D. Cartwright and A. Zander, eds. (Evanston, IL: Row, Peterson, 1960), pp. 607–623.

[15] Bertram H. Raven, "Six Bases of Power," *Encyclopedia of Leadership*, George R. Goethals, Georgia J. Sorenson, and James MacGregor Burns, eds. (Thousand Oaks, CA: Sage Publications, 2004), p. 1244.

[16] Ibid., pp. 1241–1248.

[17] D. A. Whetten and K. S. Cameron, *Developing Management Skills*, 5th edition (Upper Saddle River, NJ: Prentice Hall, 2000).

[18] "Power Sources: How You Can Tap Them," *Power, Influence, and Persuasion: Sell Your Ideas and Make Things Happen* (Boston, MA: HBS Press, 2006).

[19] A. Nahavandi, *The Art and Science of Leadership* (Upper Saddle River, NJ: Prentice Hall, 2006), pp. 169–170.

[20] "The Necessity of Power: You Can't Manage Without It," *Power, Influence, and Persuasion: Sell Your Ideas and Make Things Happen* (Boston, MA: HBS Press, 2006); and Ann Frost and Lyn Purdy, "An Introductory Note on Managing People in Organizations," Richard Ivey School of Business Note No. 908C22 (London, Ontario: University of Western Ontario, 2008).

[21] Amy Cuddy, Caroline A. Wilmuth, Andy J. Yap, and Dana R. Carney, "Preparatory Power Posing Affects Nonverbal Presence and Job Interview Outcomes," *Journal of Applied Psychology* (in press); and Sue Shellenbarger, "Strike a Powerful Pose," *Wall Street Journal*, August 21, 2013.

[22] "Power Sources: How You Can Tap Them," *Power, Influence, and Persuasion: Sell Your Ideas and Make Things Happen* (Boston, MA: HBS Press, 2006).

[23] Herminia Ibarra, "Managerial Networks," Harvard Business School Note No. 9-495-039, rev. January 25, 1996 (Boston, MA: HBS Publishing, 1995).

[24] Ibid.

[25] Ibid.

[26] Boris Groysberg, "How Star Women Build Portable Skills," *Harvard Business Review*, February 2008.

[27] Ibid.

[28] Jeffery Pfeffer, *Managing with Power: Politics and Influence in Organizations* (Boston, MA: HBS Press, 1992), pp. 306–307.

[29] Ibid.

[30] Linda L. Neider and Chester A. Schriesheim, "Power: Overview," *Encyclopedia of Leadership*, George R. Goethals, Georgia J. Sorenson, and James MacGregor Burns, eds. (Thousand Oaks, CA: Sage Publications, 2004), p. 1249.

[31] Linda A. Hill, "Chapter 10," *Becoming a Manager: How New Managers Master the Challenges of Leadership*, 2nd edition (Boston, MA: HBS Press, 2003).

[32] Kathleen McGinn and Alexis Gendron, "Robert Moses," Harvard Business School Case No. 9-800-271, rev. January 9, 2002 (Boston, MA: HBS Publishing, 2000).

[33] Ibid., pp. 2–3.

[34] Ibid., p. 16.

[35] Gary A. Yukl, *Leadership in Organizations* (Englewood Cliffs, NJ: Prentice-Hall, 1981).

[36] A. Nahavandi, *The Art and Science of Leadership* (Upper Saddle River, NJ: Prentice Hall, 2006).

[37] Jay A. Conger and Rabindra N. Kanungo, "The Empowerment Process: Integrating Theory and Practice," *Academy of Management Review*, Vol. 13, No. 3, pp. 471–482.

[38] Lynn R. Offermann, "Empowerment," *Encyclopedia of Leadership*, George R. Goethals, Georgia J. Sorenson, and James MacGregor Burns, eds. (Thousand Oaks, CA: Sage Publications, 2004), pp. 434–437.

[39] Edwin P. Hollander and Lynn R. Offermann, "Power and Leadership in Organizations," *American Psychologist*, February 1990, pp. 179–189.

[40] Josh Bernoff and Ted Schadler, "Empowered," *Harvard Business Review*, July–August 2010.

[41] Victoria Change and Jeffrey Pfeffer, "Dr. Laura Esserman (A)," Stanford Graduate School of Business Case No. OB-42A, September 30, 2003 (Stanford, CA: Stanford Graduate School of Business, 2003).

[42] Jeffrey Pfeffer, "Power Play," *Harvard Business Review*, July–August 2010.

[43] Jeffrey Pfeffer, *Managing with Power: Politics and Influence in Organizations* (Boston, MA: HBS Press, 1992), pp. 38–45.

[44] Ranjay Gulati and Maxim Sytch, "Dependence Asymmetry and Joint Dependence in Organizational Relationships," *Administrative Science Quarterly*, Vol. 52, No. 1, 2007, pp. 32–69.

[45] Jeffery Pfeffer, *Managing with Power: Politics and Influence in Organizations* (Boston, MA: HBS Press, 1992), pp. 38–40.

[46] Abraham Zaleznik and Manfred F. R. Kets de Vries, *Power and the Corporate Mind* (Chicago, IL: Bonus Books, 1985).

[47] Ibid.

[48] Victoria Chang and Jeffrey Pfeffer, "Dr. Laura Esserman (A)" Stanford Graduate School of Business Case OB-42A, September 30, 2003 (Stanford, CA: Stanford Graduate School of Business, 2003).

[49] SMS, *Managing Influence* (Nashua, NH: Situational Management Systems, 1998).

[50] Kathleen L. McGinn and Elizabeth Long Lingo, "Power and Influence: Achieving Your Objectives in Organizations," Harvard Business School Note No. 9-801-425, rev. July 5, 2007 (Boston, MA: HBS Publishing, 2001).

[51] Robert B. Cialdini, *Influence: The Psychology of Persuasion* (New York: Quill/W. Morrow, 1993).

[52] Jeffery Pfeffer, "Understanding Power in Organizations," *California Management Review*, Winter 1992.

[53] Linda A. Hill, "Power Dynamics in Organizations," Harvard Business School Note No. 9-494-083, rev. March 22, 1995 (Boston, MA: HBS Publishing, 1994), pp. 9–10.

[54] "Power Sources: How You Can Tap Them," *Power, Influence, and Persuasion: Sell Your Ideas and Make Things Happen* (Boston, MA: HBS Press, 2006).

第 15 章

[1] Richard M. Cyert, Herbert A. Simon, and Donald B. Trow, "Observation of a Business Decision," *Management Decision Making*, L. A. Welsch and Ronald M. Cyert, eds. (Harmondsworth, England: Penguin Books, 1970).

[2] R. Duane Ireland and C. Chet Miller, "Decision-Making and Firm Success," *Academy of Management Executive*, Vol. 18, No. 4, 2004, pp. 8–12; and Kathleen M. Eisenhardt, "Strategy as Decision Making," *Sloan Management Review*, Spring 1999, pp. 65–72.

[3] Elbanna Said and John Child, "The Influence of Decision, Environmental and Firm Characteristics on the Rationality of Strategic Decision-Making," *Journal of Management Studies*, Vol. 44, No. 4, 2007, pp. 561–591.

[4] Thomas J. DeLong, Christopher Chang, and Scott Schweitzer, "Coach Roy Williams; What's Next? (A)," Harvard Busi-

ness School Case No. 9-405-070, rev. October 25, 2005 (Boston, MA: HBS Publishing, 2005), p. 3.

[5] Ibid., p. 11.

[6] Ibid., p. 8.

[7] Ibid., p. 3.

[8] Ibid.

[9] Ibid., pp. 6–7.

[10] Ibid., p. 4.

[11] Ibid., p. 5.

[12] Ibid., p. 7.

[13] John von Neumann and Oskar Morgenstern, *Theory of Games and Economic Behavior* (Princeton, NJ: Princeton University Press, 1944).

[14] James G. March and J. P. Olsen, "Organizational Choice under Ambiguity," *Ambiguity and Choice in Organizations*, James G. March and J. P. Olsen, eds. (Oslo: Universitetsforlaget, 1976), p. 67.

[15] Katherine Milkman, Dolly Chugh, and Max Bazerman, "Intuition vs. Deliberation: How Decision Making Can Be Improved," *Rotman Magazine*, Winter 2010, pp. 23–27.

[16] Herbert A. Simon, *Administrative Behavior: A Study of Decision-Making in Administrative Organizations*, 3rd edition (New York, NY: The Free Press, 1976).

[17] K. J. Radford, *Managerial Decision Making* (Reston, VA: Reston Publishing Company, 1975).

[18] Ibid.

[19] Erik Dane and Michael G. Pratt, "Exploring Intuition and Its Role in Managerial Decision Making," *Academy of Management Review*, Vol. 32, No. 1, 2007, pp. 33–54; C. Chet Miller and R. Duane Ireland, "Intuition in Strategic Decision Making: Friend or Foe in the Fast-Paced 21st Century?," *Academy of Management Executive*, Vol. 19, No. 1, 2005, pp. 19–30; and Weston H. Agor, "The Logic of Intuition: How Top Executives Make Important Decisions," *Organizational Dynamics*, Winter 1986, pp. 5–18.

[20] Eric Bonadeau, "Don't Trust Your Gut," *Harvard Business Review*, May 2003, pp. 116–121.

[21] Malcolm Gladwell, *Blink: The Power of Thinking Without Thinking* (Boston, MA: Back Bay Books, 2005).

[22] Ibid., p. 23.

[23] Ibid., pp. 61–62.

[24] Ibid., p. 63.

[25] J. Haidt, "The Emotional Dog and Its Rational Tail: A Social Intuitionist Approach to Moral Judgment," *Psychological Review*, Vol. 108, No. 4, 2001, pp. 814–834.

[26] C. Chet Miller and R. Duane Ireland, "Intuition in Strategic Decision Making: Friend or Foe in the Fast-Paced 21st Century?," *Academy of Management Executive*, Vol. 19, No. 1, 2005, pp. 19–30.

[27] Eric Bonadeau, "Don't Trust Your Gut," *Harvard Business Review*, May 2003, pp. 116–121.

[28] Herbert A. Simon, "Making Management Decisions: The Role of Intuition and Emotion," *Academy of Management Executive*, February 1987, pp. 57–64.

[29] S. Trevis Certo, Brian L. Connelly, and Laszlo Tihanyi, "Managers and Their Not-So Rational Decisions," *Business Horizons*, Vol. 51, 2008, pp. 113–119.

[30] Max H. Bazerman, *Judgment in Managerial Decision Making*, 6th edition (Hoboken, NJ: John Wiley & Sons, 2006), pp. 8–9.

[31] Ibid.

[32] Ibid., p. 9.

[33] Marianne Bertrand and Sendhil Mullainathan, "Are Emily and Greg More Employable than Lakisha and Jamal? A Field Experiment on Labor Market Discrimination," *The American Economic Review*, September 2004, pp. 991–1013.

[34] Amos Tversky and Daniel Kahneman, "Judgment under Uncertainty: Heuristics and Biases," *Science*, New Series, Vol. 185, No. 4157, 1974, pp. 1124–1131.

[35] John S. Hammond, Ralph L. Keeney, and Howard Raiffa, "The Hidden Traps in Decision Making," *Harvard Business Review*, January 2006, pp. 118–126.

[36] Max H. Bazerman and Dolly Chugh, "Decisions Without Blinders," *Harvard Business Review*, January 2006, pp. 88–97.

[37] Max H. Bazerman, *Judgment in Managerial Decision Making*, 6th edition (Hoboken, NJ: John Wiley & Sons, 2006), p. 36.

[38] B. M. Staw, "Knee-Deep in the Big Muddy: A Study of Escalating Commitment to a Chosen Course of Action," *Organizational Behavior & Human Decision Processes*, Vol. 16, No. 1, 1976, pp. 27–44.

[39] Max H. Bazerman, *Judgment in Managerial Decision Making*, 6th edition (Hoboken, NJ: John Wiley & Sons, 2006), pp. 81–82.

[40] John S. Hammond, Ralph L. Keeney, and Howard Raiffa, "The Hidden Traps in Decision Making," *Harvard Business Review*, January 2006, pp. 118–126.

[41] Geoff Colvin, "Retirement Guide 2011: Take Control and Win," *Fortune*, June 13, 2011.

[42] Max H. Bazerman, *Judgment in Managerial Decision Making*, 6th edition (Hoboken, NJ: John Wiley & Sons, 2006), p. 43.

[43] Ibid., p. 41.

[44] S. Trevis Certo, Brian L. Connelly, and Laszlo Tihanyi, "Managers and Their Not-So Rational Decisions," *Business Horizons*, Vol. 51, 2008, pp. 113–119.

[45] Nitin Nohria and Bridget Gurtler, "Note on Human Behavior: Reason and Emotion," Harvard Business School Note No. 9-404-104 (Boston, MA: HBS Publishing, 2004).

[46] Lauren Rivera, "Go with Your Gut: Emotion and Evaluation in Job Interviews," *American Journal of Sociology*, Vol. 120, 2015.

[47] G. V. Bodenhausen, S. Gabriel, and M. Lineberger, "Sadness and Susceptibility to Judgmental Bias: The Case of Anchoring," *Psychological Science*, Vol. 11, No. 4, 2000, pp. 320–323.

[48] Megan Lane, "The Psychology of Super-Casinos," *BBS News Magazine*, May 25, 2006, http://news.bbc.co.uk/2/hi/uk_news/magazine/5013038.stm

[49] Daniel Kahneman and Amos Tversky, "Psychology of Preferences," *Scientific American*, Vol. 246, 1982, pp. 161–173; and M. Spranca, E. Minsk, and J. Baron, "Omission and Commission in Judgment and Choice," *Journal of Experimental Social Psychology*, Vol. 27, 1991, pp. 76–105.

[50] Solomon Asch, "Opinions and Social Pressure," www.panarchy.org/asch/social.pressure.1955.html, accessed August 18, 2008.

[51] J. March, *A Primer on Decision-Making: How Decisions Happen* (New York: Free Press, 1994).

[52] Max H. Bazerman, "The Mind of the Negotiator: The Dangers of Compromise," *Negotiation*, February 2005, p. 3.

[53] James G. March and Herbert A. Simon, *Organizations* (Hoboken, NJ: John Wiley & Sons, 1958).

[54] Ibid.

[55] Ibid.

[56] Ibid., p. 275.

[57] Paul J. H. Shoemaker, "Strategic Decisions in Organizations: Rational and Behavioral Views," *Journal of Management Studies*, Vol. 30, No. 1, 1993, pp. 107–126.

[58] James G. March and Herbert A. Simon, *Organizations* (Hoboken, NJ: John Wiley & Sons, 1958), p. 280.

[59] R. Daft, *Organization Theory and Design*, 4th edition (New York, NY: West Publishing Company, 1993), p. 364.

[60] James G. March, "The Technology of Foolishness," *Ambiguity and Choice in Organizations*, James March and J. P. Olsen, eds. (Oslo: Universitetsforlaget, 1972), pp. 69–81.

[61] Max H. Bazerman, *Judgment in Managerial Decision Making*, 6th edition. (Hoboken, NJ: John Wiley & Sons, 2006), pp. 189–206.

[62] J. K. Murnighan and J. C. Mowen, *The Art of High-Stakes Decision-Making: Tough Calls in a Speed-Driven World* (New York, NY: John Wiley & Sons, 2002), pp. 64–65.

[63] K. E. Weick and K. M. Sutcliffe, *Managing the Unexpected: Resilient Performance in an Age of Uncertainty*, 2nd edition (San Francisco, CA: Jossey-Bass, 2007).

第 16 章

[1] Carsten K. W. De Dreu, "Productive Conflict: The Importance of Conflict Management and Conflict Issue," *Using Conflict in Organizations*, K. Carsten K. W. De Dreu and Evert Van de Vliert, eds. (London: Sage Publications, 1997).

[2] Ibid.

[3] M. E. Turner and A. R. Pratkanis, "Mitigating Groupthink by Stimulating Constructive Conflict," *Using Conflict in Organizations*, Carsten K. W. De Dreu and Evert Van de Vliert, eds. (London: Sage Publications, 1997).

[4] Carsten K. W. De Dreu, "Productive Conflict: The Importance of Conflict Management and Conflict Issue," *Using Conflict in Organizations*, Carsten K. W. De Dreu and Evert Van de Vliert, eds. (London: Sage Publications, 1997).

[5] Linda Babcock and Sara Laschever, *Women Don't Ask: Negotiation and the Gender Divide* (Princeton, NJ: Princeton University Press, 2003).

[6] The case study is derived from W. Earl Sasser and Heather Beckham, "Thomas Green: Power, Office Politics, and a Career in Crisis," Harvard Business School Brief Case No. 2095 (Boston, MA: Harvard Business Publishing, 2008).

[7] Earl Sasser and Heather Beckham, "Thomas Green: Power, Office Politics, and a Career in Crisis," Harvard Business School Brief Case No. 2095 (Boston, MA: Harvard Business Publishing, 2008), p. 2.

[8] Ibid., p. 3.

[9] Ibid.

[10] Ibid.

[11] Ibid., p. 4.

[12] Ibid., p. 5.

[13] J. Richard Hackman, *Leading Teams: Setting the Stage for Great Performances* (Boston, MA: HBS Press, 2002).

[14] M. A. Korsagaard, S. S. Jeong, D. M. Mahony, and A. H. Pitariu, "A Multilevel View of Intragroup Conflict," *Journal of Management*, Vol. 34, No. 6, 2008, pp. 1222–1252.

[15] Nitin Nohria and Carlos Garcia-Pont, "Global Strategic Linkages and Industry Structure," *Strategic Management Journal*, Vol. 12, Summer 1991, pp. 105–124.

[16] Richard E. Walton, *Managing Conflict: Interpersonal Dialogue and Third-Party Roles*, 2nd edition (Boston, MA: Addison-Wesley, 1987), p. 3.

[17] M. A. Korsagaard, S. S. Jeong, D. M. Mahony, and A. H. Pitariu, "A Multilevel View of Intragroup Conflict," *Journal of Management*, Vol. 34, No. 6, 2008, pp. 1222–1252.

[18] Ibid.

[19] Carsten K. W. De Dreu and Evert Van de Vliert, "Using Conflict in Organizations," *Using Conflict in Organizations*, Carsten K. W. De Dreu and Evert Van de Vliert, eds. (London: Sage Publications, 1997).

[20] Ibid.

[21] Martin N. Davidson, "Managing Conflict in Organizations," University of Virginia Case No. UV0416 (Charlottesville, VA: Darden Business Publishing, 2001), p. 2.

[22] Richard E. Walton, *Managing Conflict: Interpersonal Dialogue and Third-Party Roles*, 2nd edition (Boston, MA: Addison-Wesley, 1987), p. 68.

[23] H. Tajfel and J. C. Turner, "The Social Identity Theory of Intergroup Behavior," *Psychology of Intergroup Relations*, Stephen Worchel and William G. Austin, eds. (Chicago, IL: Nelson-Hall Publishers, 1986).

[24] Ibid.

[25] M. Sherif, O. J. Harvey, B. J. White, W. R. Hood, and C. W. Sherif, *Intergroup Conflict and Cooperation: The Robbers Cave Experiment* (Boston, MA: Houghton Mifflin, 1954/1961).

[26] Ibid.

[27] Ibid.

[28] J. Dutton, S. Ashford, R. O'Neill, and K. Lawrence, "Moves that Matter: Issue Selling and Organizational Change," *Academy of Management Journal*, Vol. 44, 2001, pp. 716–736; and J. Dutton, and S. Ashford, "Selling Issues to Top Management," *Academy of Management Review*, Vol. 18, 1993, pp. 397–428.

[29] Martin N. Davidson, "Managing Conflict in Organizations," University of Virginia Case No. UV0416 (Charlottesville, VA: Darden Business Publishing, 2001).

[30] Robert A. Baron, "Countering the Effects of Destructive Criticism: The Relative Efficacy of Four Interventions," *Journal of Applied Psychology*, Vol. 75, No. 3, 1990, pp. 235–245.

[31] Ibid.

[32] D. G. Pruitt and J. Z. Rubin, *Social Conflict: Escalation, Stalemate, and Settlement* (New York, NY: McGraw-Hill, 1986).

[33] D. R. Peterson, "Conflict," *Close Relationship*, H. H. Kelley, E. Berscheid, A. Christensen, J. H. Harvey, T. L. Huston, G. Levinger, E. McClintock, L. A. Peplau, and D. R. Peterson, eds. (New York, NY: W. H. Freeman, 1983).

[34] Karen A. Jehn, "A Multimethod Examination of the Benefits and Detriments of Intragroup Conflict," *Administrative Science Quarterly*, Vol. 40, No. 2, 1995, pp. 256–282.

[35] C. Argyris, *Interpersonal Competence and Organizational Effectiveness* (Homewood, IL: Dorsey, 1962); and W. Evan, "Conflict and Performance in R&D Organizations," *Industrial Management Review*, Vol. 7, 1965.

[36] R. A. Baron, "Countering the Effects of Destructive Criticism: The Relative Efficacy of Four Interventions," *Journal of Applied Psychology*, Vol. 75, 1990; and R. S. Ross, "Conflict," *Small Groups in Organizational Settings*, R. Ross and J. Ross, eds. (Englewood Cliffs, NJ: Prentice Hall, 1989).

[37] M. E. Turner and A. R. Pratkanis, "Mitigating Groupthink by Stimulating Constructive Conflict," *Using Conflict in Organizations*, Carsten K. W. De Dreu and Evert Van de Vliert, eds. (London: Sage Publications, 1997).

[38] L. Thompson, *Making the Team: A Guide for Managers* (Upper Saddle River, NJ: Prentice Hall, 2000).

[39] Ibid.

[40] Ibid.

[41] Katsuhiko Shimizu and Michael A. Hitt, "Strategic Flexibility: Organizational Preparedness to Reverse Ineffective Strategic Decisions," *Academy of Management Executive*, Vol. 18, No. 4, November 2004, p. 52.

[42] R. J. Fisher, *The Social Psychology of Intergroup and International Conflict Resolution* (New York: Springer-Verlag, 1990).

[43] James A. Wall and Ronda R. Callister, "Conflict and Its Management," *Journal of Management*, Vol. 21, No. 3, 1995, pp. 515–558.

[44] Ibid.

[45] Martin N. Davidson, "Managing Conflict in Organizations," University of Virginia Case No. UV0416 (Charlottesville, VA: Darden Business Publishing, 2001), p. 5.

[46] W. H. Schmidt and R. Tannenbaum, "Management of Differences," *Harvard Business Review*, November–December 1960.

[47] Ibid.

[48] Ibid.

[49] Ibid.

[50] Whetten and Cameron identify four steps that should be taken to resolve conflict effectively: (1) establish super-ordinate goals, (2) communicate effectively, (3) generate solutions, and (4) formulate an action plan. D. Whetten and K. Cameron, *Developing Management Skills* (Upper Saddle River, NJ: Prentice Hall, 2002).

[51] R. E. Walton and R. B. McKersie, *A Behavioral Theory of Labor Negotiations: An Analysis of a Social Interaction System*, 2nd edition (Ithaca, NY: ILR Press, Cornell University, 1991).

[52] Roy J. Lewicki, Stephen E. Weiss, and David Lewin, "Models of Conflict, Negotiation, and Third Party Intervention: A Review and Synthesis," *Journal of Organizational Behavior*, Vol. 13, 1992, pp. 209–252.

[53] Max Bazerman, *Judgment in Managerial Decision Making*, 6th edition (Hoboken, NJ: John Wiley & Sons, 2006).

[54] Ibid.

[55] L. Thompson, *The Mind and Heart of*

the *Negotiator* (Upper Saddle River, NJ: Prentice Hall, 2001).

56 Max Bazerman, *Judgment in Managerial Decision Making*, 6th edition (Hoboken, NJ: John Wiley & Sons, 2006).

57 Roy J. Lewicki, Stephen E. Weiss, and David Lewin, "Models of Conflict, Negotiation, and Third Party Intervention: A Review and Synthesis," *Journal of Organizational Behavior*, Vol. 13, 1992, pp. 209–252.

58 Michael Wheeler, "Negotiation Advice: A Synopsis," Harvard Business School Case No. 9-905-059, rev. June 2, 2009 (Boston, MA: HBS Publishing, 2005), p. 1.

59 D. Malhotra and Max Bazerman, *Negotiation Genius* (New York: Bantam Books, 2007).

60 R. Fisher and W. Ury, *Getting to Yes* (New York: Penguin Books, 1981).

61 D. Malhotra and Max Bazerman, *Negotiation Genius* (New York: Bantam Books, 2007).

62 Ibid.

63 Ibid.

64 Max Bazerman and M. Neale, *Negotiating Effectively* (New York: The Free Press,

1992).

65 Max Bazerman and M. Neale, *Negotiating Effectively* (New York: The Free Press, 1992); and Max Bazerman, *Judgment in Managerial Decision Making*, 6th edition (Hoboken, NJ: John Wiley & Sons, 2006).

66 D. Malhotra and Max Bazerman, *Negotiation Genius* (New York: Bantam Books, 2007).

67 Ibid.

68 Max Bazerman, *Judgment in Managerial Decision Making*, 6th edition (Hoboken, NJ: John Wiley & Sons, 2006).

69 D. Malhotra and Max Bazerman, *Negotiation Genius* (New York: Bantam Books, 2007).

70 Leigh Thompson and Reid Hastie, "Social Perception in Negotiation," *Organizational Behavior and Human Decision Processes*, Vol. 47, 1990, pp. 98–123.

71 D. Malhotra and Max Bazerman, *Negotiation Genius* (New York: Bantam Books, 2007).

72 Ibid.

73 Roy J. Lewicki, Stephen E. Weiss, and David Lewin, "Models of Conflict, Ne-

gotiation, and Third Party Intervention: A Review and Synthesis," *Journal of Organizational Behavior*, Vol. 13, 1992, pp. 209–252.

74 Stephen B. Goldberg, "Beyond Blame: Choosing a Mediator," *Negotiation* (Harvard Business School Publishing and the

75 Roy J. Lewicki, Stephen E. Weiss, and David Lewin, "Models of Conflict, Negotiation, and Third Party Intervention: A Review and Synthesis," *Journal of Organizational Behavior*, Vol. 13, 1992, pp. 209–252.

76 Jeswald W. Salacuse, *Making Global Deals: Negotiating in the International Marketplace* (Boston, MA: Houghton Mifflin, 1991).

77 J. M. Brett, *Negotiating Globally: How to Negotiate Deals, Resolve Disputes, and Make Decisions Across Cultural Boundaries* (San Francisco, CA: Jossey-Bass, 2001).

78 Ibid.

79 Ibid.

80 Jeswald W. Salacuse, *Making Global Deals: Negotiating in the International Marketplace* (Boston, MA: Houghton Mifflin, 1991), pp. 42–71.

第 17 章

1 Linda A. Hill and Maria T. Farkas, "A Note on Team Process," Harvard Business School Note No. 9-402-032 (Boston, MA: HBS Publishing, 2001).

2 Jon R. Katzenbach and Douglas K. Smith, "The Discipline of Teams," *Harvard Business Review*, July–August 2005.

3 "Whole Foods, Inc. Company Profile," www.hoovers.com, accessed May 17, 2015.

4 "Whole Foods, Inc. Company Profile," www.hoovers.com, accessed June 29, 2009.

5 G. Hamel and B. Breen, *The Future of Management* (Boston, MA: HBS Press, 2007).

6 Ibid.

7 Anthony J. Mayo, Masako Egawa, and Mayuka Yamazaki, "Kazuo Inamori, A Japanese Entrepreneur," Harvard Business School Case No. 9-408-039, rev. April 6, 2009 (Boston, MA: HBS Publishing, 2008), pp. 8–9.

8 J. Richard Hackman, *Leading Teams: Setting the Stage for Great Performances* (Boston, MA: HBS Press, 2002).

9 R. J. Volkema, "Problem Complexity and the Formulation Process in Planning and Design," *Behavioral Science*, Vol. 33, pp. 292–327.

10 Jeffrey T. Polzer, "Leading Teams," Harvard Business School Note No. 9-403-094 (Boston, MA: HBS Publishing, 2003).

11 Paul R. Lawrence and Jay W. Lorsch, *Organization and Environment* (Boston, MA: Graduate School of Business Administration, Harvard University, 1967); and

James D. Thompson, *Organizations in Action: Social Science Bases of Administrative Theory* (New York: McGraw-Hill, 1967).

12 G. C. Homans, *The Human Group* (New Brunswick, NJ: Transaction Publishers, 2004).

13 Ibid.

14 Jeffrey T. Polzer, "Leading Teams," Harvard Business School Note No. 9-403-094 (Boston, MA: HBS Publishing, 2003).

15 J. R. Katzenbach and D. K. Smith, "The Discipline of Teams," *Harvard Business Review*, July–August 2005.

16 F. LaFasto and C. Larson, *When Teams Work Best* (Thousand Oaks, CA: Sage Publications, 2001).

17 Tsedal Beyene, Thomas J. DeLong, Alison Comings, and Patricia Hernandez, "Managing a Global Team: Greg James at Sun Microsystems, Inc. (A)," Harvard Business School Case No. 9-409-003, rev. November 1, 2009 (Boston, MA: HBS Publishing, 2008).

18 J. R. Katzenbach, and D. K. Smith, "The Discipline of Teams," *Harvard Business Review*, July–August 2005.

19 Jeffrey T. Polzer, "Leading Teams," Harvard Business School Note No. 9-403-094 (Boston, MA: HBS Publishing, 2003), p. 7.

20 I. Steiner, *Group Process and Productivity* (New York: Academic Press, 1972).

21 L. Gratton and T. J. Erickson, "Eight Ways to Build Collaborative Teams," *Harvard Business Review*, November 2007.

22 Stephen C. Wheelwright and Mikelle Fisher Eastley, "Massachusetts General Hospital: CABG Surgery (B)," Harvard Business School Case No. 9-697-021 (Boston, MA: HBS Publishing, 1997).

23 J. Richard Hackman, *Leading Teams: Setting the Stage for Great Performances* (Boston, MA: HBS Press, 2002).

24 L. Thompson, *Making the Team: A Guide for Managers* (Upper Saddle River, NJ: Prentice Hall, 2000).

25 H. Seifter, "The Conductor-less Orchestra," *Leader to Leader*, Summer 2001.

26 G. Hamel and B. Breen, *The Future of Management* (Boston, MA: HBS Press, 2007).

27 P. J. Hinds and S. Kiesler, *Distributed Work* (Cambridge, MA: The MIT Press, 2002).

28 Ibid.

29 Ibid.

30 Linda A. Hill and Maria T. Farkas, "A Note on Team Process," Harvard Business School Note No. 9-402-032 (Boston, MA: HBS Publishing, 2001).

31 Tsedal Beyene, Thomas J. DeLong, Alison Comings, and Patricia Hernandez, "Managing a Global Team: Greg James at Sun Microsystems, Inc. (A)," Harvard Business School Case No. 9-409-003, rev. November 1, 2009 (Boston, MA: HBS Publishing, 2008).

32 Ibid.

33 Kathleen M. Eisenhardt, "Strategy as Decision Making," *Sloan Management Review*, Spring 1999, pp. 65–72.

[34] Linda A. Hill and Maria T. Farkas, "A Note on Building and Leading Your Senior Team," Harvard Business School Note No. 9-402-037, rev. June 6, 2002 (Boston, MA: HBS Publishing, 2002), pp. 15–17.

[35] Jeffrey T. Polzer and Hillary Anger Elfenbein, "Identity Issues in Teams," Harvard Business School Note No. 9-403-095 (Boston, MA: HBS Publishing, 2003).

[36] Patrick Lencioni, The Five Dysfunctions of a Team (San Francisco, CA: Jossey-Bass, 2002).

[37] S. D. Anthony, "Making the Most of a Slim Chance," Strategy and Innovation: Breakthrough Insight and Ideas for Driving Growth (Harvard Business School Publishing and Innosight, July–August 2005).

[38] L. Gratton, A. Voight, and T. Erickson, "Bridging Faultlines in Diverse Teams," Sloan Management Review, Vol. 48, No. 4, Summer 2007.

[39] Bryan L. Bonner and Alexander R. Bollinger, "Bring Out the Best in Your Team," Harvard Business Review, September 2014.

[40] C. J. G. Gersick, "Time and Transition in Work Teams: Toward a New Model of Group Development," Academy of Management Journal, Vol. 31, No. 1, pp. 9–41.

[41] Deborah Ancona, Thomas Kochan, Maureen Scully, John Van Maanen, and Eleanor Westney, Managing for the Future: Organizational Behavior & Processes (Boston, MA: South-Western College Publishing, 1999).

[42] L. Thompson, Making the Team: A Guide for Managers (Upper Saddle River, NJ: Prentice Hall, 2000).

[43] Jeffrey T. Polzer, "Leading Teams," Harvard Business School Note No. 9-403-094 (Boston, MA: HBS Publishing, 2003), p. 15.

[44] Linda A. Hill and Maria T. Farkas, "A Note on Team Process," Harvard Business School Note No. 9-402-032 (Boston, MA: HBS Publishing, 2001).

[45] Anita Williams Woolley, Christopher F. Chabris, Alex Pentland, Nada Hashmi, and Thomas W. Malone, "Evidence for a Collective Intelligence Factor in the Performance of Human Groups," Science, October 29, 2010.

[46] J. Richard Hackman, Collective Intelligence: Using Teams to Solve Hard Problems (San Francisco, CA: Berrett-Koehler Publishers, 2011), p. 15.

[47] Cass R. Sunstein and Reid Hastie, "Making Dumb Groups Smarter," Harvard Business Review, December 2014.

[48] D. A. Whetten and K. S. Cameron, Developing Management Skills, 5th edition (Upper Saddle River, NJ: Prentice Hall, 2002).

[49] R. B. Ross, "Skillful Discussion," The Fifth Discipline Fieldbook: Strategies and Tools for Building a Learning Organization, P. Senge, A. Kleiner, C. Roberts, R. B. Ross, and B. J. Smith, eds.(New York: Doubleday, 1994).

[50] Linda A. Hill and Maria T. Farkas, "A Note on Team Process," Harvard Business School Note No. 9-402-032 (Boston, MA: Harvard Business School Publishing, 2001).

[51] Amy C. Edmondson, "The Competitive Imperative of Learning," Harvard Business Review, July–August 2008.

[52] Amy C. Edmondson, Teaming: How Organizations Learn, Innovate, and Compete in the Knowledge Economy (San Francisco, CA: Jossey-Bass, 2012), p. 77.

[53] Amy C. Edmondson, Richard Bohmer, and Gary P. Pisano, "Disrupted Routines: Team Learning and New Technology Adaptation," Administrative Science Quarterly, Vol. 46, 2001, pp. 685–716.

[54] Amy C. Edmondson, Teaming: How Organizations Learn, Innovate, and Compete in the Knowledge Economy (San Francisco, CA: Jossey-Bass, 2012), p. 129.

[55] Ibid.

[56] J. Richard Hackman, Leading Teams: Setting the Stage for Great Performances (Boston, MA: HBS Press, 2002).

[57] James Ware, "Managing a Task Force," Harvard Business School Note No. 9-478-002, rev. April 6, 1995 (Boston, MA: HBS Publishing, 1995), p. 2.

[58] L. Thompson, Making the Team: A Guide for Managers (Upper Saddle River, NJ: Prentice Hall, 2000).

[59] J. Robinson, "U.S. Men's Basketball Roster Announced," The New York Times, June 23, 2008.

[60] PR Newswire, "USA Basketball Coach Mike Krzyzewski (Duke University's Coach K) to Write About World-Class Team Building and the Olympic Gold Medal Quest," MarketWatch, September 13, 2008.

[61] Deborah Ancona, "Outward Bound: Strategies for Team Survival in an Organization," Academy of Management Journal, Vol. 33, No. 2, 1990, pp. 334–365.

[62] Deborah Ancona, Thomas Kochan, Maureen Scully, John Van Maanen, and Eleanor Westney, Managing for the Future: Organizational Behavior & Processes, (Boston, MA: South-Western College Publishing, 1999).

[63] Ibid.

[64] Deborah Ancona, "Outward Bound: Strategies for Team Survival in an Organization," Academy of Management Journal, Vol. 33, No. 2, 1990, pp. 334–365.

[65] C. Wardell, "The Art of Managing Virtual Teams: Eight Key Lessons," Harvard Management Update, November 1998.

[66] Jeanne M. Brett, Negotiating Globally: How to Negotiate Deals, Resolve Disputes, and Make Decisions Across Cultural Boundaries (San Francisco, CA: Jossey-Bass, 2001).

[67] Ibid.

第 18 章

[1] J. Richard Hackman and Greg R. Oldham, Work Redesign (Reading, MA: Addison-Wesley, 1980).

[2] Michael Beer and Bert A. Spector, "Note on Rewards Systems," Harvard Business School Note No. 9-482-017 (Boston, MA: HBS Publishing, 1981), p. 1; and Marcus Buckingham, "What Great Managers Do," Harvard Business Review, March 2005.

[3] James L. Heskett, W. Earl Sasser, Jr., and Leonard A. Schlesinger, The Service Profit Chain: How Leading Companies Link Profit and Growth to Loyalty, Satisfaction, and Value (New York: The Free Press, 1997).

[4] Rodd Wagner and James K. Harter, "When There's a Freeloader on Your Team," Harvard Management Update, January 1, 2007.

[5] Deloitte, "Global Human Capital Trends 2015," Deloitte University Press, available at http://www2.deloitte.com/us/en/pages/human-capital/articles/introduction-human-capital-trends.html, accessed March 26, 2015.

[6] "Motivation: The Not-So-Secret Ingredient of High Performance," Performance Management: Measure and Improve the Effectiveness of Your Employees (Boston, MA: HBS Press, 2006).

[7] Linda Hill, Tarun Khanna, and Emily Stecker, "HCL Technologies (A)," Harvard Business School Case No. 9-408-004, rev. July 17, 2008 (Boston, MA: HBS Publishing, 2007), pp. 1–2.

[8] Ibid., p. 3.

[9] Ibid., pp. 5–6.

[10] Ibid., p. 4.

[11] Ibid., pp. 6–7.

[12] Ibid., p. 7.

[13] Ibid., p. 8.

[14] Ibid., p. 8; and Vineet Nayar, "A Maverick CEO Explains How He Persuaded His Team to Leap into the Future," Harvard Business Review, June 2010.

[15] Linda Hill, Tarun Khanna, and Emily Stecker, "HCL Technologies (A)," Harvard Business School Case No. 9-408-004, rev. July 17, 2008 (Boston, MA: HBS Publishing, 2007), p. 8.

[16] Ibid., p. 9.

[17] Vineet Nayar, "A Maverick CEO Explains How He Persuaded His Team to Leap into the Future," Harvard Business

Review, June 2010.

18 Linda Hill, Tarun Khanna, and Emily Stecker, "HCL Technologies (A)," Harvard Business School Case No. 9-408-004, rev. July 17, 2008 (Boston, MA: HBS Publishing, 2007), pp. 9–10.

19 Vineet Nayar, "A Maverick CEO Explains How He Persuaded His Team to Leap into the Future," Harvard Business Review, June 2010.

20 Linda Hill, Tarun Khanna, and Emily Stecker, "HCL Technologies (A)," Harvard Business School Case No. 9-408-004, rev. July 17, 2008 (Boston, MA: HBS Publishing, 2007), pp. 11–12.

21 D. Rousseau, Psychological Contracts in Organizations: Understanding Written and Unwritten Agreements (Thousand Oaks, CA: Sage Publications, 1995).

22 S. J. Miles and W. G. Mangold, "Positioning Southwest Airlines through Employee Branding," Business Horizons, Vol. 48, 2005, pp. 535–545.

23 Ibid.

24 Ibid.

25 Children's Healthcare of Atlanta, 2008, "Children's Healthcare Becomes the Only Atlanta Hospital Named Among Atlanta's Best Places to Work," www.choa.org, accessed October 17, 2008.

26 G. Huizinga, Maslow's Need Hierarchy in the Work Situation (Groningen, The Netherlands: Wolters-Noordhoff, 1970).

27 Clayton P. Alderfer, Existence, Relatedness, and Growth: Human Needs in Organizational Settings (New York: The Free Press, 1972).

28 F. Herzberg, "One More Time: How Do You Motivate Employees?" Harvard Business Review, January 2003.

29 Abraham Maslow, Motivation and Personality, 3rd edition (Reading, MA: Addison Wesley Longman, 1970).

30 David C. McClelland, Human Motivation (Glenview, IL: Scott, Foresman, 1985).

31 John J. Gabarro and Wallace Wormley, "A Brief Note on Social Motives," Harvard Business School Note No. 9-477-053, rev. November 1, 1980 (Boston, MA: HBS Publishing, 1976).

32 David C. McClelland, Human Motivation (Glenview, IL: Scott, Foresman, 1985).

33 S. C. Johnson, 2008, "Building a Career with You," http://www.scjohnson.com/en/Careers/overview.aspx.

34 Ibid.

35 Ibid.

36 Scott W. Spreier, Mary H. Fontaine, and Ruth L. Malloy, "Leadership Run Amok: The Destructive Potential of Overachievers," Harvard Business Review, June 2006.

37 Abraham Sagie, Dov Elizur, and Hirotsugu Yamauchi, "The Structure and Strength of Achievement Motivation: A Cross-cultural Example," Journal of

Organizational Behavior, Vol. 17, No. 5, 1996, pp. 431–444.

38 Paul R. Lawrence and Nitin Nohria, Driven: How Human Nature Shapes Our Choices (San Francisco, CA: Jossey-Bass, 2002).

39 N. Nohria, B. Groysberg, and L. Lee, "Employee Motivation: A Powerful New Model," Harvard Business Review, July–August 2008.

40 Ibid.

41 Ibid.

42 Ibid.

43 Ibid.

44 Ibid.

45 S. Tietze, "Motivation and the Meaning of Work," International Journal of Applied HRM, Vol. 1, No. 1, www.management-journals.com/journals/hrm/article19-p2.htm, accessed October 17, 2008.

46 P. A. Gambrel and R. Cianci, "Maslow's Hierarchy of Needs: Does It Apply in a Collectivist Culture?," Journal of Applied Management and Entrepreneurship, Vol. 8, No. 2, April 2003; and J. B. Miner and H. P. Dachler, "Personnel Attitudes and Motivation," Annual Review of Psychology, 1973.

47 E. A. Locke and G. P. Latham, A Theory of Goal Setting & Task Performance (Englewood Cliffs, NJ: Prentice Hall, 1990).

48 Ibid.

49 Edwin A. Locke and Gary P. Latham, "Building a Practically Useful Theory of Goal Setting and Task Motivation," American Psychologist, September 2002, pp. 705–717.

50 Gary P. Latham and Edwin A. Locke, "Enhancing the Benefits and Overcoming the Pitfalls of Goal Setting," Organizational Dynamics, Vol. 35, No. 4, 2006, p. 333.

51 Edwin A. Locke and Gary P. Latham, "Building a Practically Useful Theory of Goal Setting and Task Motivation," American Psychologist, Vol. 57, No. 9, September 2002, p. 712.

52 V. H. Vroom, Work and Motivation (Classic Edition) (San Francisco, CA: Jossey-Bass, 1995).

53 Michael Beer and Bert A. Spector, "Note on Rewards Systems," Harvard Business School Note No. 9-482-017 (Boston, MA: HBS Publishing, 1981), p. 5.

54 J. S. Adams, "Injustice in Social Exchange," Advances in Social Psychology, 2nd edition, L. Berkowitz, ed. (New York: Academic Press, 1965), and J. S. Adams, "Toward an Understanding of Inequity," Journal of Abnormal and Social Psychology, Vol. 67, No. 5, November 1963, pp. 422–436.

55 J. Stacy Adams, "Towards an Understanding of Inequity," Journal of Abnormal and Social Psychology, Vol. 67, No. 5, 1963, pp. 422–436.

56 G. Hamel and B. Breen, The Future of Management (Boston, MA: HBS Press, 2007).

57 Ibid.

58 G. P. Latham, Work Motivation: History, Theory, Research and Practice (Thousand Oaks, CA: Sage Publications, 2007).

59 B.F. Skinner, Science and Human Behavior (New York: Macmillan, 1953).

60 Ibid.

61 Alexander D. Stajkovic and Fred Luthans, "A Meta-Analysis of the Effects of Organizational Behavior Modification on Task Performance, 1975–95," Academy of Management Journal, Vol. 40, No. 5, 1997, pp. 1122–1149.

62 Fortune, "100 Best Companies to Work For 2008," Fortune, February 2008.

63 Nordstrom, "Nordstrom Careers," 2008, http://careers.nordstrom.com/careers/careerpaths/index.asp.

64 S. Kerr, "On the Folly of Rewarding A, While Hoping for B," Academy of Management Journal, Vol. 18, No. 4, December 1975, pp. 769–783.

65 Chip Heath, "The Social Psychology of Agency Relationships: Lay Theories of Motivation Overemphasize Extrinsic Rewards," Organizational Behavior and Human Decision Processes, Vol. 78, 1999, pp. 25–62.

66 Ibid.

67 Elizabeth J. Hawk and Garrett J. Sheridan, "The Right Staff," Management Review, June 1999, pp. 43–48.

68 David E. Bowen and Edward E. Lawler, III, "The Empowerment of Service Workers: What, Why, How, and When," Sloan Management Review, Spring 1992, pp. 31–39.

69 Jena McGregor, "Giving Back to Your Stars," Fortune, November 1, 2010.

70 J. Richard Hackman and Greg R. Oldham, Work Redesign (Reading, MA: Addison-Wesley, 1980), pp. 69–98.

71 Douglas McGregor, The Human Side of Enterprise (New York: McGraw-Hill, 1960).

72 "Motivation: The Not-So-Secret Ingredient of High Performance," Performance Management: Measure and Improve the Effectiveness of Your Employees (Boston, MA: HBS Press, 2006).

73 John Nirenberg, "Theories X, Y, and Z," Encyclopedia of Leadership, George R. Goethals, Georgia J. Sorenson, and James MacGregor Burns, eds. (Thousand Oaks, CA: Sage Publications, 2004), pp. 1538–1541.

74 Christine M. Riordan, Robert J. Vandenberg, and Hettie A. Richardson, "Employee Involvement Climate and Organizational Effectiveness," Human Resource Management, Vol. 44, No. 4, Winter 2005, pp. 471–488.

75 Edward E. Lawler, III, High-Involvement Management: Participative Strategies for Improving Organizational Performance (San Francisco, CA: Jossey-Bass, 1986); and Christine M. Riordan, Robert J.

Vandenberg, and Hettie A. Richardson, "Employee Involvement Climate and Organizational Effectiveness," *Human Resource Management*, Vol. 44, No. 4, Winter 2005, pp. 471–488.

[76] Albert Bandura, *Self-Efficacy: The Exercise of Control* (New York: W. H. Freeman, 1997).

[77] Jay A. Conger and Rabindra N. Kanungo, "The Empowerment Process: Integrating Theory and Practice," *Academy of Management Review*, Vol. 13, No. 3, 1988, pp. 471–482.

[78] Adam Grant, "Relational Job Design and the Motivation to Make a Prosocial Difference," *Academy of Management Review*, Vol. 32, No. 2, 2007, pp. 393–417.

[79] Bill George, *Authentic Leadership: Rediscovering the Secrets to Creating Value* (San Francisco, CA: Jossey-Bass, 2003).

[80] Kim S. Cameron, Jane E. Dutton, and Robert E. Quinn, "Foundations of Positive Organizational Scholarship," *Positive Organizational Scholarship: New Foundations of a New Discipline*, Kim S. Cameron, Jane E. Dutton, and Robert E. Quinn, eds. (San Francisco, CA: Berrett-Koehler, 2003).

[81] Laura Morgan Roberts, Gretchen Spreitzer, Jane Dutton, Robert Quinn, Emily Heaphy, and Brianna Baker, "How to Play to Your Strengths," *Harvard Business Review*, January 2005.

[82] Donald O. Clifton and James K. Harter, "Investing in Strengths," *Positive Organizational Scholarship: New Foundations of a New Discipline*, Kim S. Cameron, Jane E. Dutton, and Robert E. Quinn, eds. (San Francisco, CA: Berrett-Koehler, 2003), pp. 110–121.

[83] Rachel Feintzeig, "You're Awesome! Firms Scrap Negative Feedback," *Wall Street Journal*, February 11, 2015.

[84] Marcus Buckingham, "What Great Managers Do," *Harvard Business Review*, March 2005.

[85] John Gibbons, "Employee Engagement A Review of Current Research and Its Implications," The Conference Board, Inc., November 2006.

第 19 章

[1] Anthony J. Mayo and Nitin Nohria, *In Their Time: The Greatest Business Leaders of the 20th Century* (Boston, MA: HBS Press, 2005), pp. xx–xxi.

[2] Alex "Sandy" Pentland, "The New Science of Building Great Teams," *Harvard Business Review*, April 2012.

[3] Rudi Gassner, "Rudi Gassner at BMG International," lecture and question-and-answer session, Harvard Business School, Boston, MA, June 1, 1994, available from Katherine S. Weber and Linda A. Hill, "Rudi Gassner at BMG International, Video" (Boston, MA: HBS Publishing, 1994).

[4] Carol W. Ellis, *Management Skills for New Managers* (New York: AMACOM, 2005), p. 24.

[5] M. Buckingham and C. Coffman, *First, Break All the Rules: What the World's Greatest Managers Do Differently* (New York: Simon & Schuster, 1999).

[6] Bill George and Andrew N. McLean, "Oprah!," Harvard Business School Case No. 9-405-087, rev. April 11, 2007 (Boston, MA: HBS Publishing, 2005); and Nancy F. Koehn and Erica Helms, "Oprah Winfrey," Harvard Business School Case No. 9-809-068, rev. May 13, 2009 (Boston, MA: HBS Publishing, 2009).

[7] Academy of Achievement, "Oprah Winfrey Interview," http://www.achievement.org.

[8] Paul Noglows, "Oprah: The Year of Living Dangerously," *Working Woman*, May 1, 1994, p. 52.

[9] C. Lavin, "It's All Going Oprah's Way," *Chicago Tribune*, December 19, 1985.

[10] Academy of Achievement, "Oprah Winfrey Interview," http://www.achievement.org.

[11] W. W. Neher, *Organizational Communication: Challenges of Change, Continuity and Diversity* (Needham Heights, MA: Allyn & Bacon, 1997).

[12] Michael E. Hattersley and Linda McJannet, *Management Communication: Principles and Practice* (New York: McGraw-Hill, 1997), p. 3.

[13] Ibid., pp. 4-6.

[14] David A. Garvin and Michael A. Roberto, "Change Through Persuasion," *Harvard Business Review*, February 2005.

[15] Lyle Sussman, "How to Frame a Message: The Art of Persuasion and Negotiation," *Business Horizons*, July–August 1999, pp. 2–6.

[16] M. Munter, *Guide to Managerial Communication: Effective Business Writing and Speaking* (Upper Saddle River, NJ: Prentice Hall, 1997).

[17] Gary Genard, "Leveraging the Power of Nonverbal Communication," *Harvard Management Communication Letter*, April 1, 2004.

[18] M. Shapiro, "Communication Styles on Team Dynamics," Simmons School of Management Course Note: Communication Strategies, 2006.

[19] Ibid.

[20] Ibid.

[21] Ibid.

[22] A. H. Bell and D. M. Smith, *Management Communication* (New York: John Wiley & Sons, 1999).

[23] Ibid.

[24] Ibid.

[25] Ibid.

[26] Ibid.

[27] Anne Field, "What You Say, What They Hear," *Harvard Management Communication Letter*, Winter 2005.

[28] Kathleen E. Allen, "Women's Value Orientation," *Encyclopedia of Leadership*, George R. Goethals, Georgia J. Sorenson, and James MacGregor Burns, eds. (Thousand Oaks, CA: Sage Publications, 2004), pp. 1688–1692.

[29] Deborah Tannen, "The Power of Talk: Who Gets Heard and Why," *Harvard Business Review*, September–October 1995.

[30] Linda L. Carli, "Gender Issues in Workplace Groups: Effects of Gender and Communication Style on Social Influence," *Gender and Communication at Work*, Mary Barrett and Marylyn J. Davidson, eds. (Hampshire, England: Ashgate Publishing, 2006), pp. 69–83; and Deborah Tannen, "The Power of Talk: Who Gets Heard and Why," *Harvard Business Review*, September–October 1995.

[31] Michael J. Glauser, "Upward Information Flow in Organizations: Review and Conceptual Analysis," *Human Relations*, Vol. 37, No. 8, 1984, pp. 613–643.

[32] Dina W. Pradel, Hannah Riley Bowles, and Kathleen L. McGinn, "When Does Gender Matter in Negotiation?" *Negotiation*, November 2005.

[33] Victoria L. Brescoll, "Who Takes the Floor and Why: Gender, Power, and Volubility in Organizations," *Administrative Science Quarterly*, Vol. 56, No. 4, 2011, pp. 622–641.

[34] E. Goffman, *The Presentation of Self in Everyday Life* (New York: Doubleday Anchor, 1959).

[35] Ibid.

[36] Linda A. Hill, "Building Effective One-on-One Work Relationships," Harvard Business School Note No. 9-497-028 (Boston, MA: HBS Publishing, 1996).

[37] James G. Clawson, "Active Listening," University of Virginia Darden School Note No. UV0118, rev. December 28, 2001 (Charlottesville, VA: Darden Business Publishing, 1986).

[38] Peter Senge, *The Fifth Discipline: The Art and Practice of the Learning Organization* (New York: Doubleday, 1990).

[39] Linda A. Hill, "Building Effective One-on-One Work Relationships," Harvard Business School Note No. 9-497-028 (Boston, MA: HBS Publishing, 1996).

[40] "Persuasion I: The Basics," *Power, Influence, and Persuasion: Sell Your Ideas and Make Things Happen* (Boston, MA: HBS Press, 2006).

[41] Nitin Nohria and Brooke Harrington, "Principles of Effective Persuasion," Harvard Business School Note No. 9-497-059 (Boston, MA: HBS Publishing, 1997).

42 Kevin W. Dean, "Rhetoric," *Encyclopedia of Leadership*, George R. Goethals, Georgia J. Sorenson, and James MacGregor Burns, eds. (Thousand Oaks, CA: Sage Publications, 2004), p. 1328.

43 Jay A. Conger, "The Necessary Art of Persuasion," *Harvard Business Review*, May–June 1998.

44 Nitin Nohria and Brooke Harrington, "Six Principles of Successful Persuasion," Harvard Business School Note No. 9-494-037 (Boston, MA: HBS Publishing, 1993).

45 "Persuasion I: The Basics," *Power, Influence, and Persuasion: Sell Your Ideas and Make Things Happen* (Boston, MA: HBS Press, 2006).

46 Beverly Kaye and Betsy Jacobson, "True Tales and Tall Tales: The Power of Organizational Storytelling," *Training & Development*, March 1999.

47 Rob Goffee and Gareth Jones, "Chapter 7," *Why Should Anyone Be Led by You? What It Takes to Be an Authentic Leader* (Boston, MA: HBS Press, 2006).

48 Stephen Denning, "Telling Tales," *Harvard Business Review*, May 2004.

49 Cynthia Trapani Matthew and Robert J. Sternberg, "Intelligence, Verbal," *Encyclopedia of Leadership*, George R. Goethals, Georgia J. Sorenson, and James MacGregor Burns, eds. (Thousand Oaks, CA: Sage Publications, 2004), p. 732.

50 Vickie Elmer, "How Storytelling Spurs Success," *Fortune*, December 6, 2010.

51 W. W. Neher, *Organizational Communication: Challenges of Change, Continuity and Diversity* (Needham Heights, MA: Allyn & Bacon, 1997).

52 MITRE Corporation Center for Advanced Aviation System Development, 2008, Controller Pilot Data Link Communications, www.caasd.org/work/project_details.cfm?item_id=110, accessed October 23, 2008.

53 Ibid.

54 Ibid.

55 W. W. Neher, *Organizational Communication: Challenges of Change, Continuity and Diversity* (Needham Heights, MA: Allyn & Bacon, 1997).

56 Carol W. Ellis, *Management Skills for New Managers* (New York: AMACOM, 2005), pp. 29–32.

57 Ibid.

58 M. Lynne Markus, "Electronic Mail as the Medium of Managerial Choice," *Organization Science*, Vol. 5, No. 4, 1994, pp. 502–527.

59 Zinta S. Byrne and Elaine LeMay, "Different Media for Organizational Communication: Perceptions of Quality and Satisfaction," *Journal of Business and Psychology*, Vol. 21, No. 2, 2006, pp. 149–173.

60 Ronald E. Rice, "Task Analyzability, Use of New Media, and Effectiveness: A Multi-Site Exploration of Media Richness," *Organization Science*, Vol. 3, No. 4, 1992, pp. 475–500.

61 Richard L. Daft and Norman B. Macintosh, "A Tentative Exploration into the Amount of Equivocality of Information Processing in Organizational Work Units," *Administrative Science Quarterly*, Vol. 26, 1981, pp. 207–224.

62 American Century Investments, "Our Culture," www.americancentury.com/careers/our_culture.jsp#1946, accessed October 28, 2010.

63 W. W. Neher, *Organizational Communication: Challenges of Change, Continuity and Diversity* (Needham Heights, MA: Allyn & Bacon, 1997).

64 Ibid.

65 Michael J. Glauser, "Upward Information Flow in Organizations: Review and Conceptual Analysis," *Human Relations*, Vol. 37, No. 8, 1984, pp. 613–643.

66 Bruce Harriman, "Up and Down the Communications Ladder," *Harvard Business Review*, September–October 1974.

67 W. W. Neher, *Organizational Communication: Challenges of Change, Continuity and Diversity* (Needham Heights, MA: Allyn & Bacon, 1997).

68 Children's Healthcare of Atlanta website, www.choa.org/default.aspx?id=5687, accessed October 23, 2008.

69 Ibid.

70 W. L. Gore & Associates website, www.gore.com/en_xx/aboutus/culture/index.html, accessed October 23, 2008.

71 Rob Cross, Nitin Nohria, and Andrew Parker, "Six Myths About Informal Networks—and How to Overcome Them," *Sloan Management Review*, Spring 2002, pp. 67–75.

72 W. W. Neher, *Organizational Communication: Challenges of Change, Continuity and Diversity* (Needham Heights, MA: Allyn & Bacon, 1997).

73 Suzanne M. Crampton, John W. Hodge, and Jitendra M. Mishra, "The Informal Communication Network: Factors Influencing Grapevine Activity," *Public Personnel Management*, Vol. 27, No. 4, 1998, pp. 569–584.

74 Ibid.

75 Don Cohen and Laurence Prusak, *In Good Company: How Social Capital Makes Organizations Work* (Boston, MA: HBS Press, 2001), pp. 103–132.

76 MacNeil/Lehrer Productions, Online Newshour: After Hurricane Katrina, 2005, www.pbs.org/newshour/bb/weather/july-dec05/katrina/fema_background.html, accessed October 23, 2008.

77 Ibid.

78 R. Abelson, A. Feuer, L. K. Altman, and S. Lohr, "10,000 Patients and Staff Members Await Evacuation from Barely Functional Hospitals," *The New York Times*, September 1, 2005.

79 W. W. Neher, *Organizational Communication: Challenges of Change, Continuity and Diversity* (Needham Heights, MA: Allyn & Bacon, 1997).

80 Ibid.

81 Terri Morrison and Wayne A. Conaway, *Kiss, Bow, or Share Hands*, 2nd edition (Avon, MA: Adams Media, 2006), pp. 288–298.

82 Ibid., pp. 322–331.

83 David Livermore, *Leading with Cultural Intelligence* (New York: AMACOM, 2009).

第 20 章

1 John P. Kotter, *The General Managers* (New York: Free Press, 1982).

2 Gretchen M. Spreitzer, "Leading to Grow and Growing to Lead: Leadership Development Lessons from Positive Organizational Studies," *Organizational Dynamics*, Vol. 35, No. 4, 2006, pp. 305–315.

3 R. S. Burt, "The Contingent Value of Social Capital," *Administrative Science Quarterly*, Vol. 42, No. 2, June 1997, pp. 339–365.

4 Herminia Ibarra, "Managerial Networks," Harvard Business School Note No. 9-495-039, rev. January 25, 1996 (Boston, MA: HBS Publishing, 1995).

5 Don Cohen and Laurence Prusak, *In Good Company: How Social Capital Makes Organizations Work* (Boston, MA: HBS Press, 2001), p. 58.

6 Rob Cross and Laurence Prusak, "The People Who Make Organizations Go— or Stop," *Harvard Business Review*, June 2002.

7 Brian Uzzi and Shannon Dunlap, "How to Build Your Network," *Harvard Business Review*, December 2005.

8 R. Burt, *Structural Holes* (Cambridge, MA: Harvard University Press, 1992).

9 Ibid.

10 Nicole Tempest and Kathleen McGinn, "Heidi Roizen," Harvard Business School Case No. 9-800-228, rev. April 28, 2010 (Boston, MA: HBS Publishing, 2000).

11 Ibid.

12 Ibid.

13 W. Tsai and S. Ghoshal, "Social Capital and Value Creation: The Role of Intrafirm Networks," *Academy of Management Journal*, Vol. 41, No. 4. 1998; and R. Cross and A. Parker, *The Hidden Power of Social Networks* (Boston, MA: HBS Press, 2004).

14 Don Cohen and Laurence Prusak, *In Good Company: How Social Capital*

Makes Organizations Work (Boston, MA: HBS Press, 2001), p. 69.

[15] H. Mintzberg, *The Nature of Managerial Work* (New York: Harper Row, 1973); and D. J. Brass and M. E. Burkhardt, "Centrality and Power in Organizations," *Networks in Organizations: Structure, Form, and Action*, N. Nohria and R. Eccles, eds. (Boston, MA: HBS Press, 1992).

[16] Herminia Ibarra and Mark Hunter, "How Leaders Create and Use Networks," *Harvard Business Review*, January 2007.

[17] A. Linden, R. Ball, A. Waldir, and K. Haley, Gartner's Survey on Managing Information, Note #COM-15-0871, Gartner, Inc.; and D. J. Brass and M. E. Burkhardt, "Centrality and Power in Organizations," *Networks in Organizations: Structure, Form, and Action*, N. Nohria and R. Eccles, eds. (Boston, MA: HBS Press, 1992).

[18] D. Krackhardt and J. R. Hanson, "Informal Networks: The Company Behind the Chart," *Harvard Business Review*, July–August 1993.

[19] D. J. Brass and M. E. Burkhardt, "Centrality and Power in Organizations," *Networks in Organizations: Structure, Form, and Action*, N. Nohria and R. Eccles, eds. (Boston, MA: HBS Press, 1992).

[20] D. Krackhardt and J. R. Hanson, "Informal Networks: The Company Behind the Chart," *Harvard Business Review*, July–August 1993.

[21] D. J. Brass and M. E. Burkhardt, "Centrality and Power in Organizations," *Networks in Organizations: Structure, Form, and Action*, N. Nohria and R. Eccles, eds. (Boston, MA: HBS Press, 1992).

[22] Ibid.

[23] Tiziana Casciaro and Miguel Sousa Lobo, "Competent Jerks, Lovable Fools, and the Formation of Social Networks," *Harvard Business Review*, June 2005.

[24] R. Burt, *Structural Holes* (Cambridge, MA: Harvard University Press, 1992).

[25] D. J. Brass and M. E. Burkhardt, "Centrality and Power in Organizations," *Networks in Organizations: Structure, Form, and Action*, N. Nohria and R. Eccles, eds. (Boston, MA: HBS Press, 1992).

[26] Rob Cross and Laurence Prusak, "The People Who Make Organizations Go—or Stop," *Harvard Business Review*, June 2002.

[27] Linton C. Freeman, "Centrality in Social Networks Conceptual Clarification," *Social Networks*, 1978, pp. 215–239; and D. J. Brass and M. E. Burkhardt, "Centrality and Power in Organizations," *Networks in Organizations: Structure, Form, and Action*, N. Nohria and R. Eccles, eds. (Boston, MA: HBS Press, 1992).

[28] D. J. Brass and M. E. Burkhardt, "Centrality and Power in Organizations," *Networks in Organizations: Structure, Form, and Action*, N. Nohria and R. Eccles, eds. (Boston, MA: HBS Press, 1992).

[29] Ibid.

[30] David B. Yoffie, Michael Slind, and Nitzan Achsaf, "LinkedIn Corp., 2008," Harvard Business School Case No. 9-709-426, rev. August 25, 2009 (Boston, MA: HBS Publishing, 2008), p. 2.

[31] R. Burt, *Structural Holes* (Cambridge, MA: Harvard University Press, 1992).

[32] Ibid.

[33] B. Uzzi and S. Dunlap, "How to Build Your Network," *Harvard Business Review*, December 2005; and M. Gladwell, *The Tipping Point* (Boston, MA: Little, Brown and Company, 2002).

[34] Ibid.

[35] Ibid.

[36] R. Burt, *Structural Holes* (Cambridge, MA: Harvard University Press, 1992).

[37] Ronald S. Burt, *Neighbor Networks: Competitive Advantage Local and Personal* (Oxford: Oxford University Press, 2010).

[38] R. Burt, *Structural Holes* (Cambridge, MA: Harvard University Press, 1992).

[39] Ibid.

[40] Ibid.

[41] D. J. Brass and M. E. Burkhardt, "Centrality and Power in Organizations," *Networks in Organizations: Structure, Form, and Action*, N. Nohria and R. Eccles, eds. (Boston, MA: HBS Press, 1992).

[42] Ibid.

[43] Ibid.

[44] D. Krackhardt, "The Strength of Strong Ties: The Importance of *Philos* in Organizations," *Networks and Organizations: Structures, Form, and Action*, N. Nohria and R. Eccles, eds. (Boston, MA: HBS Press, 1992).

[45] R. L. Moreland and R. B. Zajonc, "Exposure Effects in Person Perception: Familiarity, Similarity, and Attraction," *Journal of Experimental Social Psychology*, Vol. 24, 1982, pp. 283–292.

[46] D. Krackhardt, "The Strength of Strong Ties: The Importance of *Philos* in Organizations," *Networks and Organizations: Structures, Form, and Action*, N. Nohria and R. Eccles, eds. (Boston, MA: HBS Press, 1992).

[47] Ibid.

[48] Ibid.

[49] Ibid.

[50] R. S. Burt, "The Contingent Value of Social Capital," *Administrative Science Quarterly*, Vol. 42, No. 2, 1997, pp. 339–365.

[51] M. Granovetter, "The Strength of Weak Ties," *American Journal of Sociology*, Vol. 78, 1973.

[52] R. S. Burt, "The Contingent Value of Social Capital," *Administrative Science Quarterly*, Vol. 42, No. 2, 1997, pp. 339–365.

[53] M. Granovetter, "The Strength of Weak Ties," *American Journal of Sociology*, Vol. 78, No. 6, 1973, pp. 1360–1380.

[54] Ibid.

[55] Ibid.

[56] R. Burt, *Structural Holes* (Cambridge, MA: Harvard University Press, 1992).

[57] Kathleen L. McGinn and Elizabeth Long Lingo, "Power and Influence: Achieving Your Objectives in Organizations," Harvard Business School Note No. 9-801-425, rev. July 5, 2007 (Boston, MA: HBS Publishing, 2001).

[58] R. Cross, N. Nohria, and A. Parker, "Six Myths About Informal Networks—and How to Overcome Them," *Sloan Management Review*, Spring 2002.

[59] B. Uzzi and S. Dunlap, "How to Build Your Network," *Harvard Business Review*, December 2005.

[60] Ibid.

[61] National Association of Black Accountants, 2009, www.nabainc.org, accessed February 16, 2009.

[62] Net Impact, 2009, http://netimpact.org, accessed February 16, 2009.

[63] B. Uzzi and S. Dunlap, "How to Build Your Network," *Harvard Business Review*, December 2005.

[64] Ibid.

[65] Herminia Ibarra, "Managerial Networks," Harvard Business School Note No. 9-495-039, rev. January 25, 1996 (Boston, MA: HBS Publishing, 1995).

[66] W. Baker, *Networking Smart: How to Build Relationships for Personal and Organizational Success* (Lincoln, NE: Iuniverse.com, 2000).

[67] Ibid.

[68] Ibid.

[69] Ibid.

[70] Susan G. Parker, "Are You Ready to Get Serious About Networking?" *Harvard Management Communication Letter*, February 2003.

[71] E. Wenger, R. McDermott, and W. M. Snyder, *Cultivating Communities of Practice* (Boston, MA: HBS Press, 2002).